Hans-Jochen Vogel
Nachsichten

Zu diesem Buch

»Der Weg in die Bundespolitik und damit nach Bonn war mir keineswegs vorgezeichnet.« Damit beginnt Hans-Jochen Vogel, einer der wichtigsten deutschen Politiker nach dem zweiten Weltkrieg, seinen Rückblick auf die zweiundzwanzig politischen Jahre nach seiner Ära als Münchens Oberbürgermeister. In diesen »Nachsichten« erinnert er sich an die Zeit zwischen 1972 und 1994, in der er als Bau- und Justizminister in Bonn, als Regierender Bürgermeister in Berlin, als Kanzlerkandidat, als Fraktionsvorsitzender der SPD, als Oppositionsführer und in Nachfolge Willy Brandts als SPD-Vorsitzender die politischen Geschicke dieser Republik mitlenkte. Er schildert dramatische Ereignisse und umstrittene Entscheidungen, sagt, warum er bestimmte Dinge getan oder gelassen hat, erzählt von den Menschen, die ihm wichtig waren, und beurteilt den Zustand und die Zukunft Deutschlands und seiner Partei.

Hans-Jochen Vogel, geboren 1926 in Göttingen. Der promovierte Jurist wurde 1960 Oberbürgermeister von München, er war Bundesminister für Bauwesen und Justiz, Regierender Bürgermeister von Berlin und bis 1991 SPD-Vorsitzender.

Hans-Jochen Vogel

Nachsichten

Meine Bonner und Berliner Jahre

Piper München Zürich

Ungekürzte Taschenbuchausgabe
Juni 1997
© 1996 Piper Verlag GmbH, München
Umschlag: Büro Hamburg
Simone Leitenberger, Susanne Schmitt, Andrea Lühr
Umschlagfoto: J. H. Darchinger
Satz: Uwe Steffen, München
Druck und Bindung: Clausen & Bosse, Leck
Printed in Germany   ISBN 3-492-22469-5

Inhalt

in die Nachfolgestaaten der Sowjetunion – Willy Brandts Tod –
Vorwürfe gegen den toten Herbert Wehner – Meine letzte Rede
im Bundestag – Verabschiedungen in Berlin und das Ende des
Bürgerbüros – Das Projekt »Gegen Vergessen – für Demokratie« – Der letzte Tag in Bonn

demokratischen Widerstandes – Vor dem Ende des sozialdemokratischen Jahrhunderts? – Der Umgang der Partei mit ihrem
Berliner Programm – Ihre gegenwärtigen Stärken und Schwächen – Loyalität und Glaubwürdigkeit als unverzichtbare Verhaltensweisen im Miteinander der heutigen Parteiführung –
Mitgliederentwicklung und Parteistrukturen – Verhältnis zu
den Gewerkschaften und anderen Organisationen – Wahrung
des Charakters einer Reform- und Mitgliederpartei als Voraussetzung für künftige Erfolge – Soll der Begriff des »demokratischen Sozialismus« aufgegeben werden?

17 Das war es – Versuch einer Bilanz

Rückschau auf meine bisherige Lebenszeit – Sinn und Maxime
meines Daseins – Warum ich mich politisch engagiert habe –
Was ich nach Bonn und Berlin mitbrachte – Fähigkeiten, Unzulänglichkeiten und Gefährdungen – Gegner, Freunde und
Kollegen – Meine   Mitarbeiter – »Erstmaligkeiten« – Kar-
riereplanung? – Was als Summe bleibt

Vorwort

Dies ist kein Enthüllungsbuch. Hier wird auch mit niemandem abgerechnet oder endlich einmal erzählt, »wie es wirklich war«. Wer derartiges erwartet, sollte diesen Text gleich wieder aus der Hand legen. Meine Absicht ist eine andere. Ich will schildern, was und auch wer mir in meinen Bonner und Berliner Jahren zwischen 1972 und 1994 wichtig war, warum ich dies oder jenes getan oder auch nicht getan habe und wie ich den Zustand und die Zukunft unseres Gemeinwesens beurteile. Das alles auf meine bekanntermaßen eher nüchterne und etwas pedantische Art, so wie ich das schon einmal für meine Münchner Jahre von 1960 bis 1972 in meinem Buch »Die Amtskette« getan habe. Mir hätte dafür in Anknüpfung an eine meiner bürokratischen Gewohnheiten, über die gelegentlich geschmunzelt wurde, der Titel »Klarsichthülle« gefallen.

Der Verleger, dem das nicht so gut gefiel, hat mich dazu gebracht, statt dessen den Titel »Nachsichten« zu akzeptieren. Und der macht ja auch Sinn. Denn ich will in diesem Buch auf mehr als zwei Jahrzehnte meines Lebens zurückschauen, ihnen sozusagen nachsehen. Ob das immer auch mit Nachsicht geschieht, müssen die Leser selbst beurteilen. Jedenfalls habe ich mich um Ehrlichkeit bemüht und darum, den Männern und Frauen, mit denen ich es in dieser Zeit als Weggefährten, als Freunde oder auch als Gegner zu tun hatte, mit Respekt zu begegnen.

Der Zeitabschnitt, mit dem ich mich in den folgenden Kapiteln beschäftige, umfaßt rund die Hälfte der deutschen Nachkriegsgeschichte. Deshalb, und weil ich einer von der geringer werdenden Zahl derer bin, die den zweiten Weltkrieg und sein Ende, das militärische Niederlage und Befreiung in einem war und sein mußte, noch bewußt erlebt haben, mag dieser Rückblick auch für diejenigen von Interesse sein, die sich nur gelegentlich um Politik kümmern.

Zu danken habe ich meiner Frau für die verständnisvolle Begleitung meiner Arbeit und Gunther Adler für die Nachprüfung von Fakten, Daten und Zitaten.

München, im Oktober 1995   *Hans-Jochen Vogel*

1 Von München nach Bonn

Der Weg in die Bundespolitik und damit nach Bonn war mir keineswegs vorgezeichnet. Als Münchner Oberbürgermeister und als Präsidiumsmitglied des Deutschen Städtetages – zuletzt in der Nachfolge Alfred Dreggers als amtierender Präsident – war ich zwar gelegentlich – insbesondere wenn es um kommunale Fragen ging – auch auf der Bundesebene in Erscheinung getreten. So bei dem Ringen um eine gemeindefreundliche Gestaltung der Finanzreform des Jahres 1969 oder mit meinem Referat »Rettet unsere Städte jetzt!« auf der Vollversammlung des Deutschen Städtetages im Jahre 1971, das eine umfassende Analyse der Stadtentwicklung und der den Städten aus dem unkontrollierten Selbstlauf dieser Entwicklung erwachsenden Gefahren zum Gegenstand hatte. Ebenso hatten meine erfolgreichen Bemühungen um die Olympischen Spiele bundesweite Aufmerksamkeit gefunden. Zudem gehörte ich seit dem Saarbrücker Parteitag im Mai 1970 dem Vorstand meiner Partei an.

Dennoch war mir in dieser Zeit der Gedanke fremd, einmal in Bonn Verantwortung übernehmen zu sollen. Wohl war von einem stärkeren Engagement auf Landesebene – stellvertretender Landesvorsitzender meiner Partei in Bayern war ich als Nachfolger Wilhelm Hoegners bereits seit 1967 – schon 1970 die Rede. Auch wurde mir zunehmend klar, daß ich mich rechtzeitig vor dem Ablauf meiner zweiten Amtszeit zwischen einer erneuten Kandidatur für das Oberbürgermeisteramt und der Verlagerung des Schwerpunkts meiner politischen Arbeit auf die Landesebene würde entscheiden müssen. Volkmar Gabert, damals Vorsitzender der bayerischen SPD, drängte mich, diese Position zu übernehmen. Das schien mir aber unter gleichzeitiger Fortsetzung meiner Funktion als Oberbürgermeister nicht möglich und war, soweit es um die Mitgliedschaft im Landtag und um den Fraktionsvorsitz ging, auch rechtlich unzulässig. Aber Bonn? Das war kein Thema. Auch deshalb nicht, weil mir eine räumliche Trennung von der Stadt, mit der ich mich so sehr identifiziert hatte, undenkbar erschien.

Das änderte sich erst unter dem Eindruck meiner Niederlage in den Münchner innerparteilichen Auseinandersetzungen, die sich um die Jahreswende 1971/72 abzuzeichnen begann und im April 1972 mit meiner De-facto-Abwahl als örtlicher Parteivorsitzender – ich verzichtete mangels Erfolgsaussicht auf eine erneute Kandidatur – besiegelt wurde.

Bei diesen Auseinandersetzungen, die durchaus im Kontext der Achtundsechziger-Bewegung zu sehen sind und die weit über München hinaus Aufmerksamkeit erregten, ging es um grundsätzliche Fragen sozialdemokratischer Politik. Ich habe sie damals in zugespitzter Form so gestellt: Haben wir trotz Vollbeschäftigung, starker Gewerkschaften und umfassender Sozialgesetzgebung noch immer eine Klassengesellschaft, die nur durch Klassenkampf verändert werden kann? Ist unser Staat wirklich eine Agentur des Monopolkapitals, die zerschlagen werden muß? Ist die Vollsozialisierung der Produktionsmittel wirklich das Wundermittel, das alle gesellschaftlichen Widersprüche beseitigt? Bezieht sich der Freiheitsbegriff nur auf das Kollektiv der Arbeiterklasse oder auf das einzelne Individuum? Ist ein dogmatischer Marxismus mit seinem erkenntnistheoretischen und politischen Absolutheitsanspruch wirklich der Weg zur besseren Lebensqualität? Sind Kompromiß, Pluralismus und parlamentarische Demokratie wirklich Fäulniserscheinungen des Spätkapitalismus? Wichtige Sprecher derjenigen, die meine Freunde und ich im Februar und März 1971 zunächst zurückdrängen konnten, die dann aber zusehends an Anhang unter den Delegierten gewannen, waren durchaus geneigt, diese Fragen mehr oder minder deutlich zu bejahen. Auch traten sie für das imperative Mandat und auf kommunaler Ebene für umfassende Nulltarife, also für die Unentgeltlichkeit vieler städtischer Leistungen ein. Eine Art Mentor und Berater dieser Kräfte, von denen sich einige mit ihm auch in seiner Wohnung trafen, war übrigens ein gewisser Franz Schönhuber, dessen Frau Ingrid 1972 als eine sogenannte Linkssozialistin in Schwabing für den Stadtrat kandidierte und auch gewählt wurde.

Mir machte diese Niederlage damals schwer zu schaffen. Im Abstand von über zwanzig Jahren sehe ich heute manches gelassener als damals. Und Fehler gab es sicher schon deshalb auch auf meiner Seite, weil ich einiges zu wörtlich und damit ernster genommen habe, als es gemeint war. Mit nicht wenigen, die damals auf der anderen Seite standen und die inzwischen ebenso hinzugelernt haben wie ich, normalisierte sich das Verhältnis auch nach einiger Zeit so, daß wir eher schmunzelten, wenn wir uns an die früheren Kämpfe erinnerten. Die radikalsten Wortführer von ehedem haben die Partei ohnehin schon in den siebziger Jahren verlassen. Die Grundpositionen, die meine Freunde und ich in diesem Konflikt vertraten, nämlich das Konzept einer Volkspartei, die sich auf der Grundlage ihres – damals des Godesberger – Programms zu einer Politik fortschreitender Reformen auf demokratisch-rechtsstaatlichem Wege bekennt und für eine solche Politik um Mehrheiten wirbt, sind ja auch seit langem nicht mehr umstritten. Die Frage ist heute eher, ob nicht der Reformcharakter der deutschen Sozialdemokratie, wie ihn das Berliner Grundsatzprogramm definiert, zu sehr in den Hintergrund tritt.

Aber daß ich diese Positionen damals nicht durchsetzen konnte, daß Männer und Frauen, die sich an meiner Seite engagierten, in der Münchner SPD geraume Zeit geradezu gemieden wurden – darunter mit Ludwig Koch ein Mann, der vor 1945 wegen seines Widerstandes gegen die NS-Gewaltherrschaft Jahre seines Lebens im Zuchthaus verbringen mußte –, daß auf dem Höhepunkt der Auseinandersetzung in einem Blatt einer Parteigliederung öffentlich erörtert werden konnte, ob »die physische Vernichtung eines Herrn Abs, Flick, Vogel, Schiller etc.« für die Abschaffung des Systems – gemeint war das dort so bezeichnete »kapitalistische Ausbeutungs- und Unterdrückungssystem« – etwas einbrächte, das traf mich. Immerhin war ich ja als engagierter Reformer nicht gerade ein unbeschriebenes Blatt. Und außerdem war es nach vielen Erfolgen meine erste augenfällige und substantielle Niederlage.

Ich habe damals ernsthaft erwogen, meine politische Tätigkeit mit Ablauf meiner zweiten Amtsperiode als Oberbürgermeister im Sommer 1972 zu beenden und in das Privatleben zurückzukehren. Ein Angebot, in eine renommierte Anwaltskanzlei als Sozius einzutreten, bedeutete eine starke Verlockung. Doch Willy Brandt und Volkmar Gabert überzeugten mich, daß ich – wie sie sagten – jetzt nicht davonlaufen dürfe. Willy Brandt entwickelte dabei die Idee, mich schon während der laufenden Legislaturperiode als Bundesminister ohne Geschäftsbereich nach Bonn zu holen. Um dies zu erörtern, lud er mich im April 1972 zu einem Gespräch in seine Bonner Wohnung ein, an dem auch Walter Scheel teilnahm, der mir einige prüfende Fragen stellte. Ich konnte dem Gedanken aber keinen Geschmack abgewinnen und beschränkte mich auf die Bekundung meiner generellen Bereitschaft, angesichts der nun einmal gegebenen Umstände den bayerischen Landesvorsitz zu übernehmen und gegebenenfalls auch nach Bonn zu kommen.

Willy Brandt verwandte vor allem das Argument, daß sich die Münchner Entwicklung als ein Sonderfall darstelle und nicht auf die Bundespartei insgesamt übertragen werden könne. Auch würde mein Rückzug aus der Politik den Kräften Auftrieb geben, denen ich in München unterlegen sei. Schließlich befänden sich die sozial-liberale Koalition und mit ihr die Ostverträge in einer kritischen Situation, die spektakuläre Schritte bekannter Sozialdemokraten nicht gut vertrage. In der Tat hatte die Koalition in den Monaten zuvor mehrere Abgeordnete durch Übertritte verloren und ein konstruktives Mißtrauensvotum, mit dessen Hilfe die Union Willy Brandt stürzen und Rainer Barzel an seine Stelle setzen wollte, Ende April 1972 nur ganz knapp überstanden.

Heute bin ich froh, daß ich mich damals so entschieden habe. Wahrscheinlich hätte die gegenteilige Entscheidung einen empfindlichen Bruch in meinem Leben bedeutet. Hätte ich mich doch immer wieder fragen müssen, ob mir nicht das persönliche Wohlergehen, die eigene Bequemlichkeit und auch der materielle Erfolg wichtiger gewesen seien als das Engagement für das, was ich zum Besten des Gemeinwohls für notwendig und richtig hielt. Meiner Selbstachtung hätte das auf Dauer Abbruch getan. Außerdem weiß ich seitdem aus eigener Erfahrung, wie wichtig es für jeden ist, der politische Verantwortung trägt, daß er auch mit Niederlagen zurecht kommt. Ich habe deshalb bei wichtigen Personalentscheidungen, an denen ich später in meinen verschiedenen Funktionen beteiligt war, immer auch danach gefragt, welche Niederlagen der Betreffende schon erlitten hat und wie er mit ihnen fertig geworden ist.

Die folgenden Monate verliefen einigermaßen turbulent. Am 6. Mai 1972 wurde ich auf einem außerordentlichen Parteitag der bayerischen SPD zum Landesvorsitzenden gewählt. Am 11. Juni 1972 siegte Georg Kronawitter, dessen Kandidatur in der Münchner Partei nur mit großer Mühe durchzusetzen war, bei der Oberbürgermeisterwahl. Am 30. Juni 1972 endete nach genau 4 444 Tagen – wie ein Tüftler exakt errechnete – meine Amtszeit als Münchner Oberbürgermeister. Es war ein Tag, an dem mich 25 000 bis 30 000 Münchnerinnen und Münchner auf dem Marienplatz sehr herzlich verabschiedeten und an dem ich noch einmal einen Augenblick zweifelte, ob ich nicht doch in München hätte bleiben sollen. Am 7. Juli 1972 trat Karl Schiller als Wirtschafts- und Finanzminister zurück; bald darauf verließ er auch die Partei und damit das Parteipräsidium, dem er angehörte. Auf Vorschlag Willy Brandts trat ich dort an seine Stelle.

Eine Andeutung, daß Schiller etwas Spektakuläres plane, hatte mir Willy Brandt schon am 29. Juni 1972 bei der Einweihung der neuen Olympiahalle auf dem Münchner Oberwiesenfeld gemacht, an der er als Bundeskanzler teilnahm. Er erschien zu dieser Veranstaltung verspätet und in einem Zustand, der von Übermüdung und Enttäuschung gekennzeichnet war. Erst später erfuhr ich, daß Schiller am Morgen desselben Tages nach einer zermürbenden zweitägigen Kabinettssitzung seinen Rücktritt angekündigt hatte, weil das Kabinett gegen seine Stimme als Ressortminister die vorübergehende Einführung von Devisenkontrollen guthieß, um so den übermäßigen Zustrom von Dollargeldern einzudämmen. Das war aber wohl nur der letzte Anlaß seines Entschlusses. Die tieferen Gründe lagen in Meinungsverschiedenheiten über grundsätzliche Fragen der Finanz-, Währungs- und Wirtschaftspolitik und auch in einem Spannungsverhältnis persönlicher Art, das sich zwischen ihm und einer Reihe von Kabinettsmitgliedern entwickelt hatte. Da Anfang Juli zur Unterzeichnung eines deutsch-sowjetischen Handelsabkommens eine hochrangige sowjetische Delegation in Bonn erwartet wurde, die Schiller noch als Bundesminister empfangen wollte oder auch sollte, wurde der Rücktritt erst am 7. Juli vollzogen.

Karl Schiller hat dann im darauf folgenden Wahlkampf Willy Brandt und die SPD öffentlich bekämpft – und zwar sinnigerweise in Anzeigen, die er gemeinsam mit Ludwig Erhard formulierte und publizierte. Obwohl er Anfang der achtziger Jahre der Partei neuerdings beitrat – ein Saarbrücker Ortsverein nahm den in Hamburg Wohnhaften auf Betreiben Oskar Lafontaines wieder auf –, hat er sich auch in späteren Bundestagswahlkämpfen gerne negativ über die Partei und über jeweilige Spitzenkandidaten geäußert. Das hat auf seine unbestrittenen fachlichen Leistungen – zumindest in meinen Augen – Schatten geworfen und deutlich gemacht, daß hoher Intellekt nicht immer mit ebenso ausgeprägter Loyalität einhergeht.

Innerparteiliche Auseinandersetzungen über die Fragen, über die in München gestritten wurde, fanden zu jener Zeit – Willy Brandt war in dieser Hinsicht etwas zu optimistisch – auch an anderen Orten, so etwa in Frankfurt am Main, in Berlin und in Kiel, statt. Darüber hinaus gab es die Sorge, die Partei könnte insgesamt hinter Godesberg zurückfallen und dadurch auch ihren Erfolg bei den nächsten Bundestagswahlen mit der Konsequenz gefährden, daß sie wieder in die Opposition zurückkehren müßte. Ebenso wurden weitere Übertritte im Parlament und ein neuerliches und dann erfolgreiches Mißtrauensvotum nicht für ausgeschlossen gehalten. Zu den Besorgten gehörte auch Helmut Schmidt, damals Wirtschafts- und Finanzminister und stellvertretender Parteivorsitzender. Er lud deshalb Hermann Schmidt-Vockenhausen, damals Vizepräsident des Bundestages, Adolf Schmidt, damals Vorsitzender der Bergbaugewerkschaft und Bundestagsabgeordneter, und mich zu einem Gespräch in sein Ferienhaus am Brahmsee ein. In dem Gespräch, das im August 1972 stattfand, wurde ausführlich darüber geredet, wie dieser Entwicklung begegnet werden könnte, ohne daß man zu konkreteren Ergebnissen gekommen wäre. Insbesondere blieb offen, ob für die, die in der Partei ähnlich dachten, eine gewisse Struktur angestrebt werden und was im Falle des Verlustes der Regierungsmacht in der Partei geschehen sollte. Helmut Schmidt übernahm es, Willy Brandt zu unterrichten. Dieser hat das Treffen in den folgenden Jahren nicht selten mit Bitterkeit erwähnt. Während die einen mit ihm zusammen den Wahlkampf vorbereitet und begonnen hätten, so sagte er – allerdings ohne Namensnennungen – auch vor der Bundestagsfraktion, hätten sich andere mit den Folgen einer eventuellen Niederlage beschäftigt. Ein Vorwurf, der aus seiner Sicht im nachhinein verständlich war, aber außer acht ließ, daß derartige Treffen nicht nur in der einen Hälfte des innerparteilichen Spektrums stattfanden.

Das wichtigste allgemeine Ereignis waren im Spätsommer 1972 die Olympischen Sommerspiele in München. Daß sie im April 1966 auf Grund einer erst im Dezember 1965 eingereichten Bewerbung vom Internationalen Olympischen Komitee in Rom an München vergeben wurden, war – wie man spätestens nach der gescheiterten Berliner Bewerbung weiß – keine Selbstverständlichkeit, sondern das Ergebnis einer intensiven Zusammenarbeit aller Beteiligten über die Grenzen von Sport und Politik und innerhalb der Politik auch über Parteigrenzen hinweg. Sie machte es auch möglich, bei der Überwindung der deutschlandpolitischen Probleme – die DDR sollte immerhin in München zum erstenmal in der Bundesrepublik mit ihren Emblemen, also mit

Fahne, Hymne und Wappen, auftreten – immer wieder Lösungen zu finden. Willi Daume, Ludwig Erhard, Alfons Goppel und Hans-Heinrich von Herwarth, damals deutscher Botschafter in Rom, sind hier für den Bewerbungszeitraum besonders zu nennen. Auch in der Vorbereitungszeit bewährte sich diese Zusammenarbeit. Das gesamte Bauprogramm und auch die organisatorischen Vorarbeiten konnten so termingerecht bewältigt werden. Dabei hatte München seine olympische Medaille schon vor Beginn der Spiele gewonnen. Nämlich in Gestalt vorbildlicher Sportanlagen auf dem Oberwiesenfeld, die bis zum heutigen Tag voll genutzt werden, und einer Verbesserung seiner Infrastruktur, die sonst innerhalb weniger Jahre so niemals zu schaffen gewesen wäre. Das U-und-S-Bahn-Netz, das damals begonnen und in Betrieb genommen wurde, und das von Günther Behnisch entworfene Zeltdach, das zu den wenigen architektonischen Meisterwerken der sechziger und siebziger Jahre gehört, legen davon noch heute Zeugnis ab.

Natürlich hielt die Kostenentwicklung alle Beteiligten in Atem. Aus dem zunächst geschätzten Betrag von 520 Millionen DM wurden schließlich insgesamt 1 972 Millionen DM – für heutige Verhältnisse eine eher bescheidene Summe. Ein erheblicher Teil der Deckungsmittel floß jedoch nicht aus Steuermitteln, sondern aus der Olympia-Lotterie und anderen besonderen Quellen; so rund 750 Millionen DM aus 100 Millionen eigens zu diesem Zweck geprägten silbernen Zehn-Mark-Stücken, die in mehreren Serien mit wechselnden Aufschriften und Emblemen hergestellt wurden. Der Vater dieser Idee – wahrscheinlich ein Beamter im Bundesfinanzministerium – hätte noch heute in München auf dem Oberwiesenfeld ein Denkmal verdient. Für die Stadt München blieb auf diese Weise ein Gesamtaufwand aus eigenen Mitteln in Höhe von rund 170 Millionen DM, der sich zudem auf mehrere Jahre verteilte. Das war die Sache wahrlich wert. Die Münchnerinnen und Münchner sehen das auch heute noch so, und mancher spricht mich selbst noch nach dreiundzwanzig Jahren darauf an, wenn er mir in meinem

Ruhestand in der U- oder S-Bahn oder auf dem Oberwiesenfeld begegnet.

Die Spiele selbst habe ich nicht mehr als Oberbürgermeister, sondern nur noch als Vizepräsident des Organisationskomitees erlebt. Sie verliefen, verglichen mit späteren Spielen, in einem überschaubaren Rahmen und ohne den dominierenden Einfluß der elektronischen Medien und sonstiger kommerzieller Erwägungen. Es waren in der Tat heitere Spiele, für die München nicht nur den Hintergrund und die Organisation bot, sondern die mit der Stadt zu einer Symbiose eigener Art verschmolzen. Es war ein beeindruckendes, farbiges und mannigfaltiges Fest, ohne Superlative oder auch nur einen Anflug von Gigantismus, aber voll herzlicher Lebensfreude und guter Kameradschaft unter den Teilnehmern.

Das alles galt jedoch nur bis zum 5. September 1972, dem Tag, an dem die palästinensische Terrororganisation »Schwarzer September« die israelische Mannschaft überfiel und sich ein dunkler Schatten des Todes auf die Spiele senkte. Ich habe diesen Tag Stunde für Stunde miterlebt und die Geschehnisse noch heute deutlich vor Augen. Die Schreckensnachricht am frühen Morgen, die dramatischen Verhandlungen mit den Geiselnehmern, bei denen unter anderem Hans-Dietrich Genscher, damals Bundesinnenminister, und ich uns als Austauschgeiseln anboten, die vergeblichen Bemühungen, arabische Regierungen zu einer Einflußnahme auf die Geiselnehmer zu bewegen, den abendlichen Hubschrauberflug mit den Terroristen und ihren Geiseln nach Fürstenfeldbruck, wo die Geiseln auf dem Luftwaffenflughafen gewaltsam befreit werden sollten, die erste Meldung von dort, daß alle Geiseln gerettet seien, und schließlich die Nachricht, daß keiner von ihnen überlebt hatte. Ich war auch bei den schwierigen Erörterungen dabei, ob die Spiele abgebrochen oder fortgesetzt werden sollten. Bei ihnen gab Avery Brundage mit seinem berühmt gewordenen Satz »The games must go on!«, den er mit einem Faustschlag auf den Tisch bekräftigte, den Ausschlag. Und es war richtig, nach einer vierundzwanzigstündigen Unterbrechung am Tag der Trauerfeier, bei der Gustav Heinemann eine bewegende Rede hielt, so zu verfahren. Anderenfalls wäre die Verfügungsgewalt über Beginn, Ende und Fortsetzung großer internationaler Veranstaltungen nicht nur in diesem Fall in die Hände potentieller Terroristen übergegangen.

Noch jemand habe ich in dieser Nacht wegen seines Instinktes bewundert – und das war Willy Brandt. Er saß lange über Mitternacht hinaus in der Studiozentrale des Fernsehens am Oberwiesenfeld. Als dort die – falsche – Meldung über die Rettung der Geiseln eintraf, bedrängte ihn Karl Holzamer, der damalige Intendant des ZDF, diese freudige Botschaft den Fernsehzuschauern persönlich mitzuteilen; er habe deshalb den Sender noch nicht abschalten lassen. Willy Brandt stimmte schließlich zu, daß Conrad Ahlers als Sprecher der Bundesregierung vor die Kamera ging. Er selbst weigerte sich mit der Begründung, er wolle erst eine Bestätigung aus dem Munde des Bundesinnenministers. Als dieser sich nach geraumer Zeit aus Fürstenfeldbruck meldete, mußte er das genaue Gegenteil, nämlich den Tod aller Geiseln, berichten. Zusammen mit dem damaligen bayerischen Innenminister Bruno Merk und Manfred Schreiber, dem Präsidenten der seinerzeit noch kommunalen Münchner Polizei, hat Hans-Dietrich Genscher anschließend noch vor Tagesanbruch der internationalen Presse den Ablauf der Ereignisse geschildert und ihre Fragen beantwortet. Das geschah in einer würdigen, der Tragik des Geschehens angemessenen und auch solidarischen Weise; keiner von den dreien schob Zuständigkeitsfragen in den Vordergrund oder betonte die Verantwortung des jeweils anderen. Alle drei Männer beherrschte ersichtlich das Gefühl der Erschütterung und der Trauer darüber, daß das Leben der Geiseln nicht hatte gerettet werden können. Nach meinem Dafürhalten hatten sie allerdings keinen Anlaß, sich deshalb selbst oder den beteiligten Beamten Vorwürfe zu machen. Die Sicherheitsvorkehrungen entsprachen ebenso wie die getroffenen Maßnahmen dem Erfahrungs- und Erkenntnisstand der damaligen Zeit. Willy Brandt hat dann am frühen Morgen mit Golda Meir, der damaligen israelischen Ministerpräsidentin, telefoniert, die in der Nacht mit der Nachricht von der Rettung zu Bett gegangen war. Es muß eines der bedrückendsten Gespräche gewesen sein, die er als Bundeskanzler geführt hat.

Ich flog am 7. September als Repräsentant des Organisationskomitees mit den Särgen der Opfer nach Tel Aviv und nahm dort auf dem Flugplatz Lod an der Trauerzeremonie teil. Sie war kurz, weil nach jüdischer Tradition die Toten – es war ein Freitag – noch vor Sonnenuntergang an ihren Heimatorten beerdigt werden mußten. Aber die Ansprache Yigal Allons, der Golda Meir vertrat und dabei einen Satz aus der Gedenkrede Gustav Heinemanns zitierte, und die Totenklage des Rabbiners haften mir noch ebenso im Gedächtnis wie die fassungslose Trauer der Hinterbliebenen.

Spätestens seit dem Patt, das sich am Tage vor dem gescheiterten Mißtrauensvotum bei der Abstimmung über den Haushalt des Bundeskanzleramts ergab, lagen vorgezogene Bundestagswahlen in der Luft, da die sozial-liberale Koalition jedenfalls von diesem Zeitpunkt an keine sichere Mehrheit mehr besaß. Endgültig wurde der Weg dorthin aber erst mit der Vertrauensabstimmung vom 22. September 1972 frei, an der sich die Kabinettsmitglieder mit der – gewollten – Folge nicht beteiligten, daß die Nein-Stimmen die Ja-Stimmen überstiegen. Gustav Heinemann löste daraufhin den Bundestag noch am gleichen Tage auf und bestimmte den 19. November 1972 als Wahltermin. Die Meinungsumfragen sagten den Sozialdemokraten zu diesem Zeitpunkt keineswegs einen sicheren Sieg voraus. Im Gegenteil: Die Union lag bis Anfang September deutlich in Führung. Das galt im besonderen auch für Bayern, wo ich Anfang Oktober 1972 ohne eigenen Wahlkreis als Spitzenkandidat meiner Partei nominiert worden war.

Erst ab September änderte sich dieses Meinungsbild zunächst langsam und dann immer schneller zugunsten der SPD. Maßgebend war dafür einmal das Engagement Willy Brandts, der auf dem Wahlparteitag in Dortmund am 12. Oktober 1972 eine der stärksten Reden hielt, die ich je aus seinem Mund gehört habe. Es war die Rede, in deren Schlußpassagen er den von John F. Kennedy in die Politik eingeführten Begriff der »compassion« aufgriff und neben der Ost- und der Reformpolitik in den Mittelpunkt seiner Ausführungen rückte. Wörtlich sagte er:

»Für John F. Kennedy und seinen Bruder Robert gab es ein Schlüsselwort, in dem sich ihre politische Leidenschaft sammelte, und es wird von ihren Landsleuten, die ihre Trauer um den Tod dieser beiden Männer noch nicht abgeschüttelt haben, wieder und wieder zitiert. Dieses Wort heißt ›compassion‹. Die Übersetzung ist nicht einfach Mitleid, sondern die richtige Übersetzung ist die Bereitschaft, mitzuleiden, die Fähigkeit, barmherzig zu sein, ein Herz für den anderen zu haben.

Liebe Freunde, ich sage Ihnen und ich sage den Bürgern und Bürgerinnen unseres Volkes: Habt doch den Mut zu dieser Art Mitleid! Habt Mut zur Barmherzigkeit! Habt Mut zum Nächsten! Besinnt euch auf diese so oft verschütteten Werte! Findet zu euch selbst!«

Der Eindruck gerade dieser Stelle seiner Rede auf die rund 1 500 Anwesenden war so nachhaltig, daß man die berühmte Stecknadel hätte fallen hören können. Es war – nicht nur für mich – einer der Momente, in denen man geradezu körperlich spürt, warum es lohnt, für eine politische Perspektive alle Kraft einzusetzen. Der Impuls, der von diesem Parteitag ausging, riß nicht nur die Parteimitglieder mit. Es bildeten sich auch zahlreiche Bürgerinitiativen, und Künstler und Wissenschaftler engagierten sich wie nie zuvor und – leider – auch danach nicht wieder. Vorbildliche Arbeit leistete unter Verantwortung von Holger Börner als Bundesgeschäftsführer auch das Wahlkampfteam im Erich-Ollenhauer-Haus, dessen Kern aus Volker Riegger, Albrecht Müller und Henning von Borstell bestand. Höhe- und Schlußpunkt der von ihnen entworfenen Aktionen war ein Plakat, das Willy Brandt zusammen mit dem Slogan »Deutsche, ihr könnt stolz sein auf euer Land!« zeigte. Das war auch eine Antwort auf die Kampagne, mit der die Union auf die persönliche

Integrität Willy Brandts zielte. Und es waren die Wochen, in denen Elisabeth Noelle-Neumann den Begriff der Schweigespirale entwickelte, womit sie die Erscheinung umschrieb, daß sich immer weniger Unionsanhänger öffentlich zu ihrer Partei bekannten. Ich habe als bayerischer Spitzenkandidat in diesem Wahlkampf vor allem in, aber auch außerhalb Bayerns zahlreiche Versammlungen bestritten, auf Plätzen, in Sälen und in Bierzelten. Die Menschen waren interessiert, erschienen in großer Zahl und gaben mir ihre Sympathie zu erkennen.

Am Abend des 19. November 1972 hatte die SPD das beste Ergebnis ihrer Geschichte erzielt. Erstmals war sie auf nationaler Ebene zur stärksten Partei geworden. Das galt natürlich nicht für Bayern. Aber mit 37,8 Prozent der abgegebenen Stimmen und einem Abstand gegenüber der CSU von 17,3 Prozent – in München waren es sogar 48 Prozent und gegenüber der CSU ein Vorsprung von 7,4 Prozent – mußten sich weder die bayerische SPD noch ihr Spitzenkandidat schämen. Abgesehen von meinen beiden Münchner Oberbürgermeisterwahlen war das der schönste Wahlabend, den ich erlebt habe, und jedenfalls für ein neues Kapitel meiner politischen Arbeit ein Auftakt, der auch die Zweifel in den Hintergrund treten ließ, die mich in der ersten Hälfte des Jahres umgetrieben hatten.

2 Die ersten Schritte auf Bundesebene

An meine ersten Tage als Bundestagsabgeordneter erinnere ich mich nicht sehr präzise. Die üblichen Prozeduren für erstmals gewählte Parlamentsmitglieder – etwa der Wettbewerb um ein günstig gelegenes Büro oder die Mitgliedschaft in einem interessanten und gewichtigen Ausschuß – gingen einigermaßen an mir vorbei, weil ich ja bereits als Kabinettsmitglied vorgesehen war. Infolgedessen entfiel für mich auch die Installierung eines Abgeordnetenbüros. Statt dessen gewährte mir Karl Wienand, damals parlamentarischer Geschäftsführer der SPD-Bundestagsfraktion und nach Herbert Wehner eines ihrer einflußreichsten Mitglieder, eine vorübergehende Unterkunft in einem seiner Vorzimmer. Von dort aus gewann ich erste Eindrücke, und ich erkannte bald, welch erheblicher Unterschied zwischen dem Arbeitsablauf eines Stadtrats und dem einer parlamentarischen Körperschaft schon der schieren zahlenmäßigen Größe wegen, aber auch wegen der größeren Distanz zur Lebensrealität bestand – und sicher auch bestehen mußte.

Ich selbst wurde nicht unfreundlich, aber mit einer gewissen Zurückhaltung aufgenommen. Insbesondere Herbert Wehner legte mir gegenüber zu Beginn eine deutliche Distanz an den Tag. Wahrscheinlich fand er es nicht in Ordnung, daß ein eben erstmals in den Bundestag Gewählter sogleich ein Ministerium übernehmen sollte. Auch andere Fraktionskollegen und -kolleginnen gaben mir zu verstehen, daß die Sozialdemokratie in Bonn auch ohne mich ganz gut zurechtgekommen wäre. Dabei spielte weniger das Etikett des »Juso-Fressers« eine Rolle, das mir seit dem Münchner Konflikt noch lange Zeit anhaftete. Vielmehr war es eine in der Presse kolportierte angebliche Äußerung Herbert Wehners über mich: »Der will was werden!«, die mir zu schaffen machte. Mein Hinweis, daß ich eigentlich schon etwas sei, fruchtete da wenig. Jedenfalls wurde mir schnell klar, daß sich die Art und Weise, in der ich als Oberbürgermeister auf die Diskussion und die Entscheidung der städtischen Angelegenheiten hatte Einfluß nehmen können, nicht auf Bonn und mein neues Umfeld übertragen ließ. Eine Erfahrung, die nach mir auch andere – so etwa zu Hause erfolgreiche Ministerpräsidenten – machen mußten.

Von den Koalitionsverhandlungen habe ich wenig mitbekommen. Sie waren wohl auch nicht sonderlich schwierig, litten aber darunter, daß Willy Brandt alsbald nach der Wahl infolge einer Stimmbandverdickung, die er sich während des Wahlkampfes zugezogen hatte, für einige Zeit das Krankenhaus aufsuchen mußte und sich deshalb nur schriftlich äußern konnte. Mehr Aufmerksamkeit fand der fraktionsinterne Wettbewerb zwischen Annemarie Renger und Marie Schlei um das der Sozialdemokratie 1972 zum ersten – und bislang auch einzigen – Mal zugefallene Amt der Bundestagspräsidentin, den Annemarie Renger schließlich für sich entschied. Beide Frauen habe ich danach in ihrer Art schätzen gelernt. Marie Schlei als Musterbeispiel einer mütterlichen Sozialdemokratin, die stets eine Atmosphäre des Vertrauens, des gesunden Menschenverstandes und der Hilfsbereitschaft umgab. Und Annemarie Renger als Frau, die das Erbe Kurt Schumachers, so wie sie es sah, immer da, wo sie es für geboten hielt, mit Leidenschaft verteidigte und dabei niemandem gegenüber ein Blatt vor den Mund nahm. Ich habe das später auch selber gelegentlich zu spüren bekommen, ohne daß das unseren Beziehungen Abbruch getan hätte.

Diese Zwischenphase endete am 15. Dezember 1972 mit meiner Vereidigung als Bundesminister für Raumordnung, Bauwesen und Städtebau. Am Tage zuvor war bei der Wahl Willy Brandts zum Bundeskanzler zunächst ein Ergebnis bekanntgegeben worden, dem zufolge ihn auch mindestens achtzehn Unionsabgeordnete gewählt haben mußten. Erstaunlicherweise wurde das sogar von der darüber lebhaft irritierten Fraktionsführung der Union zunächst für möglich gehalten. Ich veröffentlichte eine kurze

Presseerklärung mit dem Tenor, damit sei Willy Brandt endgültig zum Kanzler des ganzen Volkes geworden. Erst einige Stunden später ergab eine dann doch von einem zweifelnden Unionsmitglied veranlaßte Nachprüfung, daß ein Päckchen mit zwanzig Nein-Stimmen versehentlich zu den Ja-Päckchen gelegt und dort mitgezählt worden war.

Mein Ressort sollte nach den Vorstellungen Willy Brandts einen wesentlichen Beitrag zur Politik der inneren Reformen leisten. Der Wohnungsbau ebenso wie die Städtebauförderung – für das Mietrecht war das Bundesjustizministerium federführend – hatte wegen seiner Bedeutung für die Lebenssituation der breiten Volksschichten ohnehin einen hohen Stellenwert. Jetzt sollte die Reform des Bodenrechts in den Mittelpunkt rükken und auch die Raumordnung mehr Gewicht bekommen. Willy Brandt bezeichnete die Reform des Bodenrechts in seiner Regierungserklärung vom Januar 1973 sogar als einen Schwerpunkt der Regierungsarbeit in der neuen Legislaturperiode. Mit beiden Themen hatte ich mich bereits in München intensiv beschäftigt. Das war auch der Grund, warum ich Willy Brandts Vorschlag, mir gerade dieses Ressort zu übertragen, gerne entsprochen hatte.

Das Bodenrecht litt damals – und leidet auch heute noch – unter einem fundamentalen Mangel. Nämlich darunter, daß es den Grund und Boden im Prinzip wie eine beliebig vermehrbare und reproduzierbare Ware behandelt und den Gesetzen von Angebot und Nachfrage unterwirft. Dabei ist der Boden von Natur aus begrenzt und gerade in den dicht besiedelten Regionen zu einem nicht mehr beliebig vermehrbaren Gut geworden. Überdies ist er für eine intensivere Nutzung nur verfügbar, wenn die Gemeinschaft eine entsprechende Planungsentscheidung getroffen und durch eine ausreichende Erschließung einschließlich der Bereitstellung der örtlichen und überörtlichen Infrastruktur dafür die Voraussetzungen geschaffen hat. Der genannte Mangel war und ist die Hauptursache dafür, daß über die Art der Nutzung zu häufig nicht das Gemeinwohl, sondern die Höhe des

Gewinns entscheidet, den eine bestimmte Nutzung erwarten läßt. Das heißt, die gewinnträchtigste Nutzung – also beispielsweise das Kaufhaus, das Bürohaus oder auch ein Sexshop – setzt sich in zu vielen Fällen letzten Endes durch und verdrängt weniger gewinnträchtige, aber dem Gemeinwohl besser entsprechende Nutzungen – also einen Altwohnungsbestand, handwerkliche Betriebe oder auch Grünflächen. Außerdem hat das geltende Recht bis heute exorbitante Preissteigerungen und Vermögenszuwächse ermöglicht, jedenfalls aber nicht verhindern können. Allein in München stiegen die Bodenpreise von 1950 bis 1971 um 2 850 Prozent. Und seitdem sind sie – bezogen auf 1950 – schätzungsweise mindestens noch einmal um den gleichen Prozentsatz gestiegen. Die Summe, die in der Bundesrepublik seit 1949 auf Grund von kommunalen Planungsentscheidungen – also ohne eigene Leistung – an einen kleinen Kreis von Bodeneigentümern geflossen ist, wird auf einen hohen dreistelligen Milliardenbetrag geschätzt. Und das Horten von Bauerwartungsland oder schon ausgewiesenem Bauland, um zum günstigsten Zeitpunkt die Preissteigerungsgewinne zu realisieren, ist noch heute steuerlich begünstigt.

Diese Mißstände waren in jenen Jahren Gegenstand lebhafter und auch parteiübergreifender Kritik. Der Münchner Stadtrat faßte im März 1972 mit sehr großer Mehrheit, also auch mit Stimmen der CSU, einen Beschluß, in dem unter anderem ein allgemeines kommunales Vorkaufsrecht, die Abschöpfung des Planungsgewinns und eine Bodengewinnabgabe gefordert wurden. Zu den Sachverständigen, die der Stadtrat zur Vorbereitung seines Beschlusses hörte, zählte mit Oswald von Nell-Breuning auch der Altmeister der katholischen Soziallehre. Ein Arbeitskreis der CSU unter Vorsitz des damaligen bayerischen Innenministers Bruno Merk äußerte sich ähnlich. Ja, sogar Franz Josef Strauß hatte es auf einem Parteitag im Sommer 1970 als unverantwortlich bezeichnet, die Gewinne infolge der übermäßig gestiegenen Grundstückspreise unversteuert in die Taschen einiger fließen zu lassen. Die katholische und die evangelische Kirche vertraten in einem gemeinsamen Memorandum vergleichbare Positionen. Meine eigene Partei verabschiedete auf ihrem Hannoveraner Parteitag im April 1973 einen Beschluß, an dem ich als Berichterstatter mitwirkte und der unter anderem Reformen des Planungsrechts, des Enteignungs- und Entschädigungsrechts sowie der Bodenbewertung und die Einführung eines Planungswertausgleichs und einer Bodenwertzuwachssteuer ins Auge faßte. Zusätzlich erteilte er den Auftrag, eine Aufspaltung des Bodeneigentums in ein Verfügungs- und ein Nutzungseigentum zu untersuchen.

Für die Raumordnung, also für die gesamträumliche Entwicklung der Bundesrepublik, hatte der Bund gemäß Artikel 75 des Grundgesetzes eine rahmenrechtliche Zuständigkeit. Das daraufhin ergangene Bundesraumordnungsgesetz von 1965 bestimmte, daß ein Raumordnungsprogramm festzulegen sei; es sollte dem freien Spiel der die Raumordnung bestimmenden Kräfte Ziele vorgeben, einen Rahmen setzen und auch korrigierende Eingriffe ermöglichen. Die Federführung lag bis 1972 beim Bundesinnenministerium und wurde dann meinem Ressort übertragen. Gleichzeitig wechselte die Kompetenz für das Bauwesen des Bundes einschließlich der Bundesbaudirektion vom Bundesfinanzministerium zum Bundesbauministerium. Mein Versuch, vom Bundesfinanzministerium auch die Zuständigkeit für die Einheitsbewertung zu erlangen, scheiterte jedoch. Das erschwerte – wie sich bald zeigte – die Bemühungen um die Reform des Bodenrechts nicht unerheblich.

Zunächst ging ich unverdrossen ans Werk. Als parlamentarischen Staatssekretär gewann ich Dieter Haack, den ich als Erlanger Abgeordneten von Bayern her kannte und der später mein Nach-Nachfolger wurde, als beamteten Staatssekretär Hubert Abreß, der mit mir schon in München als Leiter des Stadtentwicklungsreferats zusammengearbeitet hatte. Die Pressearbeit übernahm Sepp Binder, der mich bereits im Wahlkampf 1972 unterstützt hatte und jetzt von der »Zeit« in Hamburg zu mir kam. Das Ministerium, das in einem zu Anfang des

Jahrhunderts im Landhausstil erbauten und zuletzt vom Hohen Kommissar der Vereinigten Staaten benutzten schloßähnlichen Gebäude in der Deichmanns Aue in Bad Godesberg untergebracht war, stöhnte zunächst unter meinem Arbeitsstil und den neuen Anforderungen, legte sich dann aber durchaus ins Zeug.

Manche Besonderheiten und Eigentümlichkeiten entdeckte ich erst nach und nach. So etwa den beträchtlichen Einfluß der Neuen Heimat, die mit ihren offiziellen Eingaben und Stellungnahmen, aber auch mit ihren informellen Kontakten jedenfalls immer dann eine Art Richtlinienkompetenz auszuüben bestrebt war, wenn es um ihre Interessen ging. Und die waren weit gespannt. Vorsprachen des damaligen Vorstandsvorsitzenden der Neuen Heimat wiesen anfangs Züge einer Inspektion des Ministeriums auf. Es kostete einige Anstrengungen, allen Beteiligten klarzumachen, daß die Neue Heimat ebenso zu behandeln sei wie alle anderen vergleichbaren Wohnungsbaugesellschaften und daß Initiativen des Ministeriums nicht ihrer Billigung bedurften.

Auch sonst gab es einige Auffälligkeiten. So erschienen mir die Bedingungen, unter denen Mitgliedern des Bundestages bei der Wohnungsbeschaffung in Bonn und insbesondere beim Bau von Eigenheimen geholfen werden konnte, einigermaßen großzügig. Mein Erstaunen darüber, daß dies von den Medien zu keiner Zeit aufgegriffen wurde, verringerte sich, als ich darauf kam, daß die einschlägigen Regelungen – sie beruhten auf einem Kabinettsbeschluß aus dem Jahre 1951 – auch für die Mitglieder der Bundespressekonferenz galten. Die Förderung von Eigentumsmaßnahmen ist dann Anfang 1975 für Abgeordnete und Mitte 1975 auch für Journalisten aufgehoben worden. Einen entsprechenden Beschluß hat der Haushaltsausschuß des Bundestages schon im März 1974, also noch während meiner Ressortverantwortung, gefaßt.

Von den Ergebnissen meiner kurzen Amtszeit – sie dauerte nicht ganz einneinhalb Jahre – konnten sich die Wohnungsbauzahlen durchaus sehen lassen. Sie beliefen sich 1973 auf 714 000 und 1974 auf 600 000 Wohnungseinheiten, davon 125 000 beziehungsweise 150 000 Sozialwohnungen. Das war nicht so sehr mein Verdienst, sondern beruhte auf Grundsatzentscheidungen der sozial-liberalen Koalition während der Amtszeit meines Vorgängers Lauritz Lauritzen. Verglichen mit der Wohnungsbaupolitik der folgenden Koalition waren das übrigens Rekordzahlen, die seitdem nie mehr auch nur annähernd erreicht wurden.

Gut voran kam auch der Vollzug des Städtebauförderungsgesetzes, für den der Bund 1973 200 Millionen DM und 1974 215 Millionen DM zur Verfügung stellte. Viele Städte wurden in diesen beiden Jahren in das Förderungsprogramm aufgenommen. Sie haben im allgemeinen von den Mitteln einen vernünftigen Gebrauch gemacht und vor allem viel für die Wiederherstellung und Erhaltung ihrer historischen Innenstadtbereiche getan. Bei meinen späteren Reisen und Besuchen bin ich noch nach Jahren und Jahrzehnten auf die seinerzeitigen Entscheidungen angesprochen worden.

Ein Raumordnungsprogramm – es war das erste seit Bestehen der Bundesrepublik und ist bislang auch das einzige geblieben – wurde von der Ministerkonferenz für Raumordnung, die aus dem Bundesminister und den zuständigen Landesministern bestand, bis zum Frühjahr 1974 weitgehend fertiggestellt, förmlich allerdings erst nach meinem Weggang im April 1975 verabschiedet. Es enthielt vernünftige Grundsätze und Zielsetzungen, beispielsweise für eine ausgewogene Raumstruktur und eine räumlich-funktionale Aufgabenteilung. Seine Festlegungen waren aber sehr allgemein formuliert und seine praktische Wirkung auch deshalb ziemlich gering. Ich kann mich nicht erinnern, daß ein größeres raumbedeutsames Vorhaben eines Landes oder eines Bundesressorts wegen Unvereinbarkeit mit dem Bundesraumordnungsprogramm unterblieben wäre. Dafür war wohl auch das politische Gewicht des Raumordnungsressorts gegenüber den anderen Bundesministerien – so beispielsweise gegenüber dem Bundesverkehrs- oder dem Bundesvertei-

digungsministerium, aber auch dem Bundesfinanzministerium –
zu schwach.

Für eine Reform des Bodenrechts, also für eine Zurückdrängung privater Gewinninteressen zugunsten des Gemeinwohls,
wären in erster Linie Änderungen des Bundesbaugesetzes, der
Steuergesetze und des Bewertungsrechts notwendig gewesen.
Entsprechende Vorschläge stießen bei dem für das Steuerrecht
federführenden Bundesfinanzministerium auf geringe Gegenliebe. Eines seiner Hauptargumente gegen eine stärkere steuerliche Belastung von baureifen, aber unbebauten Grundstücken
und auch gegen die zeitliche Ausdehnung der sogenannten Spekulationssteuer, also des Zeitraums, innerhalb dessen durch Weiterveräußerung erzielte Gewinne als Einkommen zu versteuern
sind, war, daß solche Maßnahmen angeblich nur zu einer weiteren Steigerung der Bodenpreise führen würden. Deshalb sei auch
die sogenannte Baulandsteuer, die in diese Richtung zielte, Anfang der sechziger Jahre nach kurzer Geltung wieder aufgehoben
worden. In Wahrheit hatte sich aber der Druck der Betroffenen
als zu stark erwiesen. Schon bald wurde deutlich, daß aus diesem Bereich noch nicht einmal mit einem Referentenentwurf, geschweige denn mit einer Kabinettsvorlage gerechnet werden
konnte.

Um so eifriger betrieb ich die Arbeiten am Entwurf einer
Novelle zum Bundesbaugesetz. Sie lag als Referentenentwurf
im Spätsommer 1973 vor und enthielt als bodenrechtsrelevante
Elemente die Einführung einer Ausgleichsabgabe in Höhe der
planungsbedingten Wertsteigerung, ein preislimitierendes Vorkaufsrecht für die Gemeinden und eine Erweiterung der Instrumente zur Durchsetzung der Bebauungspläne. Die Abstimmung
des Entwurfs mit den anderen Ressorts und insbesondere mit der
F.D.P. erwies sich indes als zeitraubend und mühsam, obwohl
mich Willy Brandt mehrfach ermutigte und einmal sogar davon
sprach, daß die Bodenrechtsreform in dieser Legislaturperiode
das innenpolitische Gegenstück zur Ostpolitik werden müsse.
Das erfreute mich zwar, erschien mir aber gleichzeitig als einiger-

maßen übertrieben, weil andere Fragen in den Vordergrund traten und die öffentliche Unterstützung selbst der progressiven Kräfte nachzulassen begann.

Schließlich kam ich mit den sozialdemokratisch geführten Ressorts zum Konsens. Der Koalitionspartner hingegen leistete hinhaltenden Widerstand, bei dem sich insbesondere der damalige Wirtschaftsminister Hans Friderichs und Liselotte Funcke als Vorsitzende des Finanzausschusses hervortaten. Die partielle Unterstützung durch Werner Maihofer, damals Bundesminister für besondere Aufgaben, der sich ohne sonderliches Echo auf eine einschlägige Passage der Freiburger Thesen berief, vermochte daran nichts zu ändern. Hauptstreitpunkt blieb die Höhe der Ausgleichsabgabe. Ein Koalitionsgespräch unter Vorsitz von Willy Brandt, das den Konflikt beenden sollte, kam erst am 24. April 1974 zustande. Willy Brandt war nur Stunden zuvor von einem Besuch in Ägypten zurückgekehrt und deshalb ziemlich müde. Zu allem Überfluß war gerade an diesem Tag auch Günter Guillaume festgenommen worden. Ich selbst hatte wohl auch nicht meinen besten Tag. So konnte der F.D.P. nur die Zustimmung zu einer auf fünfzig Prozent reduzierten Ausgleichsabgabe abgerungen werden. Ich habe den so zurechtgestutzten Entwurf noch als Minister durch das Kabinett und in den Bundesrat gebracht. Verabschiedet wurde die Novelle nach zermürbenden Beratungen, bei denen die Union immer weiter von ihren früheren – für ihre Verhältnisse geradezu fortschrittlichen – Positionen abrückte, erst zwei Jahre später in einer Fassung, die von den ursprünglichen bodenrechtlichen Reformansätzen so gut wie nichts mehr enthielt.

In der Folgezeit hat die Sozialdemokratie das Thema zwar noch einige Jahre in einer Kommission erörtert und ihm zuletzt sogar im Berliner Grundsatzprogramm von 1989 – auf mein Betreiben – einen eigenen Abschnitt gewidmet, der alle seinerzeitigen Forderungen wiederholt. Aber wirklich gezündet hat das Thema trotz des beständig anhaltenden Wehklagens über die Bodenspekulation und die leistungslosen Bodengewinne zu keiner Zeit. Auch ein Versuch, den ich 1990 als Partei- und Fraktionsvorsitzender unternahm, die Frage noch einmal aufzugreifen, verlief im Sand. Mir hat diese Erfahrung immer wieder Anlaß gegeben, über die beschränkte Fähigkeit unserer Gesellschaft zur Verwirklichung durchgreifender Reformen nachzudenken. Offenbar war es auch in den stürmischen Zeiten der späten sechziger Jahre leichter, radikale, aber gänzlich unrealistische Theorien zu entwickeln – einige habe ich im letzten Kapitel genannt –, als realistische und durchaus nicht systemsprengende Reformen gegen Widerstände durchzusetzen; insbesondere wenn diese das Eigentum und damit das Grundrecht tangieren, zu dessen Verteidigung breite Schichten der Einfamilienhaus- und Wohnungseigentümer von konservativer Seite ungeachtet der Tatsache, daß sie selbst gar nicht betroffen sind, am leichtesten mobilisiert werden können. Welche Emotionen sich da wecken lassen, habe ich während meiner Ministerzeit am eigenen Leibe erfahren. Die Behauptung, ich sei Großgrundbesitzer in Liechtenstein, war da noch das amüsanteste Beispiel. Ich bin allerdings fest überzeugt, daß sich die Behebung dieses gesellschaftlichen Mißstandes nicht auf ewige Zeiten verhindern läßt. Vielmehr wird das Problem eines Tages eine Lösung und zu diesem Zweck auch Mehrheiten erzwingen.

Die Kabinettssitzungen waren für einen Neuling wie mich zu Beginn eine Erfahrung eigener Art. Sie fanden bis Juni 1976 noch im Palais Schaumburg statt, in dem das Kabinett schon unter Vorsitz von Konrad Adenauer getagt hatte. Willy Brandt und kurze Zeit auch Helmut Schmidt amtierten noch in Adenauers Arbeitszimmer. Obwohl ich wahrlich kein Parteigänger Adenauers war und seine Politik zu seiner Zeit stets bekämpft habe, hat mich die Vorstellung, daß ich nun in einem Gebäude aus und ein ging, in dem er vierzehn Jahre lang die Geschicke der Bundesrepublik maßgebend gestaltet hat, damals doch berührt. Willy Brandt leitete die Sitzungen außerordentlich tolerant, ja nachsichtig. Meinungsverschiedenheiten führten häufig zu dem Auftrag an die Beteiligten, bis zur nächsten Sitzung einen weiteren

Einigungsversuch zu unternehmen, für den er meist in Frageform Empfehlungen gab. Ein Machtwort habe ich am Kabinettstisch nie von ihm gehört.

Innerhalb des Kabinetts gab es unterhalb der Ebene des Bundeskanzlers eine deutlich abgestufte Hierarchie. Zur obersten Stufe gehörten Helmut Schmidt und Walter Scheel als Finanz- und als Außenminister, die sich übrigens als einzige im Kabinett mit ihren Vornamen, aber per Sie ansprachen. Dann kamen die alten Hasen, die schon länger im Amt und mit den Bonner Gepflogenheiten und Techniken gut vertraut waren und auch in ihren Fraktionen Gewicht hatten; zu ihnen zählten unter anderem Gerhard Jahn, Walter Arendt, Georg Leber, Hans-Dietrich Genscher und Josef Ertl. Und schließlich gab es diejenigen, die erstmals Bundesminister oder, wie Werner Maihofer und ich, überhaupt Neulinge in Bonn waren. Daß sich solche zur allgemeinen Politik oder gar zu Angelegenheiten anderer Ressorts äußerten, wurde nicht erwartet. Wer es wie ich – etwa zu Maßnahmen im Gefolge der ersten Ölkrise – dennoch tat, mußte sich nicht wundern, wenn ihm das Unangemessene seines Tuns früher oder später zu verstehen gegeben wurde. Bei mir war es Horst Grabert, damals Chef des Bundeskanzleramts, der mich eines Tages beiseite nahm und wissen ließ, daß ich einigen Kabinettsmitgliedern mit meinen Beiträgen auf die Nerven ginge. Um wen es sich handelte, blieb offen. Meine Fähigkeit, aus den Abdrücken eines Fußtritts, den man erhielt, abzulesen, von wem er stammte, war damals noch nicht genügend entwickelt. Beirrt hat mich diese inoffizielle Rüge nicht, zumal ich mich mit dem, was ich sagte – es ging wohl um die Sonntagsfahrverbote, die ich ausgedehnt wissen wollte, und um preisgünstige Heizölbezugsmöglichkeiten für Einkommensschwache –, im Recht glaubte.

Im Bundestag habe ich mich erstmals schon bei der Aussprache über die Regierungserklärung des Bundeskanzlers am 24. Januar 1973 zu Wort gemeldet und dabei Franz Josef Strauß attackiert, der zuvor mit der ihm eigenen Polemik über die bayerische SPD und mich als deren Vorsitzenden hergezogen war. Die Reaktion auf beide Reden war sehr lebhaft. Das Protokoll verzeichnete allein bei meiner Rede fünfzehnmal Beifall und Heiterkeit. Bei Strauß waren es kaum weniger. Richard von Weizsäcker, der unmittelbar nach mir redete, zeigte sich weniger beeindruckt. Er könne meine Rede nicht beurteilen, weil er kein Bayer sei. Zu der von Strauß schwieg er.

Die innerparteilichen Auseinandersetzungen nahmen in dieser Zeit in München, in Bayern und auf der Bundesebene ihren Fortgang. Sichtbar wurde das auch auf dem Hannoveraner Parteitag im Frühjahr 1973, auf dem sich die Zusammensetzung des Parteivorstands erheblich veränderte. Männer wie Carlo Schmid und Egon Franke verfehlten die zu ihrer Wiederwahl erforderliche Mehrheit, ich wurde mit deutlich geringerer Stimmenzahl als bei dem vorhergehenden Saarbrücker Parteitag wiedergewählt. Möglicherweise hat dabei auch eine Rolle gespielt, daß ich ungeachtet meines Engagements für eine Bodenrechtsreform zu den wenigen Delegierten gehörte, die gegen den alsbald berühmt gewordenen Maklerbeschluß – er wollte den Beruf als solchen verbieten – gestimmt hatten. Erstmals fand auf diesem Parteitag auch eine Personaldiskussion statt, bei der sich die Kandidaten für den Parteivorstand einzeln vorstellen mußten. Carlo Schmid tat das mit den Worten: »Ich heiße Carlo Schmid, bin 77 Jahre alt, also nicht mehr jusofähig. Im übrigen eine Zeitlang im Bundestag und auch in der Partei tätig gewesen.«

Er fiel im ersten Wahlgang durch und zog seine Kandidatur zurück. »Das wird meine Liebe zur Partei nicht vermindern«, sagte er bei dieser Gelegenheit. »Ich werde mein Können und meine Kraft zur Verfügung stellen wie bisher.« Der Parteitag antwortete darauf mit einer stehenden Ovation. Damals erschien mir das als ein Akt kollektiver Heuchelei. Heute sehe ich darin eher ein Beispiel für die befreiende Wirkung einer ebenso noblen wie souveränen Äußerung einer großen Persönlichkeit.

Unter dem Eindruck der andauernden Auseinandersetzungen kamen im August 1973 auch auf meine Einladung hin in Lahnstein rund vierzig Parteimitglieder zusammen, die sich als realistische Reformer verstanden und mit ihrem Treffen einen im Gespräch am Brahmsee geäußerten Gedanken aufgriffen. Aus dieser Begegnung gingen im weiteren Verlauf die sogenannten Seeheimer hervor. Als wir in Lahnstein eintrafen, erwartete uns im Hotel ein in Gedichtform abgefaßter Brief des Vorsitzenden der dortigen Jungsozialisten, in dem er uns riet, uns eher den guten Weinen der dortigen Lagen zu widmen und bald wieder nach Hause zu fahren. Der Name des Absenders lautete Rudolf Scharping.

3 Wechsel vom Bundesbauministerium in das Bundesjustizministerium

Das Jahr 1973 wurde – insgesamt betrachtet – nach den ersten Monaten mehr und mehr zu einem Jahr des öffentlichen Mißvergnügens. Ein Streik, mit dem die Fluglotsen materielle Verbesserungen und ihre Überführung aus dem Beamten- in den Angestelltenstatus durchsetzen wollten, führte über Wochen und Monate hin zu Belästigungen der Fluggäste, die auf dem Vorfeld oder in einer Warteschleife mitunter stundenlang auf die Start- oder Landeerlaubnis warten mußten. Im Februar 1973 setzte die Gewerkschaft ÖTV eine Lohn- und Gehaltserhöhung von elf Prozent durch, obwohl die Bundesregierung zuvor eine zweistellige Steigerung für völlig unakzeptabel erklärt hatte. Im Oktober konfrontierte die erste Ölpreiskrise die Bevölkerung mit ungewohnten Einschränkungen wie Fahrverboten für Kraftfahrzeuge an vier aufeinander folgenden Sonntagen und drastischen Verteuerungen der Benzin- und Heizölpreise.

Außen- und deutschlandpolitische Fortschritte wie die Ratifizierung des Grundlagenvertrags mit der DDR und der Abschluß mehrerer Folgeverträge, der UNO-Beitritt beider deutscher Staaten und der Beginn der Helsinki-Konferenz sowie die relativ günstigen wirtschaftlichen Daten – die Arbeitslosigkeit lag damals bei 1,2 Prozent – drangen demgegenüber kaum nachhaltiger ins öffentliche Bewußtsein. Auch die zuletzt durch die Ablehnung des UNO-Beitritts durch die Mehrheit der Unionsfraktion ausgelöste Krise der Opposition, die zur Ablösung Rainer Barzels als Fraktions- und sodann auch als Parteivorsitzender der Union führte, gab der Koalition und der SPD keinen richtigen Auftrieb. Es verbreitete sich vielmehr ein Gefühl der Stagnation, für die in erster Linie der Bundeskanzler verantwortlich gemacht wurde. Dazu trug auch die Attacke bei, die Herbert Wehner im

Oktober 1973 während eines Besuches in Moskau gegen den Bundeskanzler ritt. Der Herr »bade gern lau«, soll er dort über Brandt bei einem Hintergrundgespräch mit deutschen Journalisten gesagt haben.

Ich habe die langen Erklärungen noch im Ohr, die Herbert Wehner dazu nach seiner Rückkehr vor dem Fraktionsvorstand abgab. Sie liefen darauf hinaus, daß er das so nicht geäußert habe. Zwischen den Zeilen machte er aber aus seiner Ansicht kein Hehl, die Ostverträge seien nicht mit Leben erfüllt und der hohe Wahlsieg nicht ausreichend genutzt worden. Jedenfalls war das persönliche Verhältnis zwischen Willy Brandt und Herbert Wehner spätestens von diesem Zeitpunkt an zerrüttet und auch emotional sehr gespannt. Um so bemerkenswerter war es – nicht nur für mich – zu beobachten, wie beide Männer ihre Funktionen – Willy Brandt als Parteivorsitzender und bis Mai 1974 auch als Bundeskanzler, Herbert Wehner bis 1983 als Fraktionsvorsitzender – noch jahrelang neben-, ja in gewissem Sinne sogar miteinander ausübten, ohne daß die Interessen der Sozialdemokratie und des Gemeinwesens unter ihrer persönlichen Situation erkennbar gelitten hätten. Die Art und Weise, in der sie in Fraktions- und Vorstandssitzungen stundenlang nebeneinander saßen, ohne ein Wort miteinander zu wechseln – Herbert Wehner mit seiner unvermeidlichen Pfeife im Munde –, ließ aber erkennen, daß es sich dabei um einen Akt der Disziplin handelte.

Vor allem Willy Brandt mußte sich da wohl einiges abverlangen. Einen Eindruck davon erhielt ich mehrere Tage nach seinem Rücktritt als Bundeskanzler im Anschluß an eine Präsidiumssitzung in Hannover. Tief aufgewühlt und ganz gegen seine Gewohnheit mit erhobener, fast schreiender Stimme machte er Heinz Kühn und mir gegenüber seinem Herzen in einem Ausbruch Luft, der nahezu eine Stunde dauerte. In seinen 1989 erschienenen »Erinnerungen« hat er Herbert Wehner im Zusammenhang mit seinem Rücktritt auch öffentlich aufs schärfste kritisiert. Bei allem Unmut und Mißtrauen, das da zum Ausdruck kam, hat er aber den Vorwurf, Herbert Wehner habe »für die andere Seite gearbeitet«, also mit den Führungen in Moskau und Ost-Berlin zu seinem Nachteil oder gar zum Nachteil der Bundesrepublik kooperiert, bei dieser Gelegenheit nicht erhoben.

Ich habe es zu ihren Lebzeiten stets vermieden, in dem Konflikt der beiden Männer Partei zu ergreifen. Davon werde ich auch heute nicht abgehen. Für mich gehören sie beide – Herbert Wehner ebenso wie Willy Brandt – zu den großen Persönlichkeiten der deutschen Sozialdemokratie und zu den wenigen Politikern, die die deutsche Nachkriegsgeschichte wirklich geprägt haben. Darauf werde ich an anderer Stelle dieses Buches noch zurückkommen. Damals stand ich gefühlsmäßig mehr auf der Seite Willy Brandts.

Deshalb ist mir wohl auch noch ein Empfang im kleinen Kreise im Kanzlerbungalow aus Anlaß des sechzigsten Geburtstags von Willy Brandt kurz vor Weihnachten 1973 im Gedächtnis haften geblieben. Bei diesem Empfang wirkte er auffallend ernst und resignativ und unterstrich diesen Eindruck noch durch Äußerungen wie, er werde künftig nicht mehr über jedes Stöckchen springen, das man ihm hinhalte, er habe schon genug getan. Gemeint war, er werde sich in Zukunft nicht mehr zu jedem Vorwurf äußern, der gegen ihn erhoben werde. Daß er im November 1972 einen strahlenden Wahlsieg errungen hatte, schien in diesem Moment nicht Monate, sondern Jahre zurückzuliegen.

An dieser Grundstimmung änderte sich in den ersten Monaten des Jahres 1974 wenig. Im Gegenteil, das Gefühl, es liege ein Mehltau über der politischen Landschaft, verstärkte sich eher noch. In diese Stimmung platzte am 24. April 1974 die Nachricht von der Verhaftung Günter Guillaumes und seiner Ehefrau. Mir war Guillaume als Referent im Bundeskanzleramt und Begleiter Willy Brandts auf dessen Wahlreisen seit längerem bekannt. Er hatte mich in dieser Eigenschaft wiederholt ermuntert, in den Auseinandersetzungen mit den »Linken«, wie er sie nannte, schärfer aufzutreten; er kenne sie aus seiner Zeit als Sekretär der Frankfurter SPD-Stadtratsfraktion. Mir fiel das auf, weil er sich dabei mehr oder weniger deutlich auf seine Nähe zu

Willy Brandt berief und Willy Brandt sich so nicht zu äußern pflegte.

Guillaumes Verhaftung wegen des Verdachts der Spionage zugunsten der DDR erregte erhebliches Aufsehen und löste lebhafte Diskussionen und eine Fülle von Gerüchten aus. Die Bundestagsfraktion nahm allerlei Berichte entgegen und erging sich in Mutmaßungen, wer dafür verantwortlich zu machen sei, daß ein DDR-Agent in die unmittelbare Nähe des Bundeskanzlers gelangen und dort noch monatelang verbleiben konnte, obwohl auf ihn schon im Frühjahr 1973 ein konkreter Verdacht gefallen war – ein Umstand, für den mir übrigens bis heute eine wirklich plausible Erklärung fehlt. Davon, daß der Vorgang zum Rücktritt Willy Brandts führen könnte, war indes zunächst nicht die Rede. Spekulationen über eine solche Möglichkeit tauchten auch im engeren Kreise erst Anfang Mai 1974 im Zusammenhang mit neuen Gerüchten über angebliche die Privatsphäre Willy Brandts betreffende Aussagen eines Kriminalbeamten aus seinem Begleitkommando auf. Die Spekulationen verdichteten sich im Laufe des 6. Mai und wurden zur Gewißheit, als gegen Mitternacht der erste Sender den Rücktritt meldete.

Zu den Entwicklungen, die diesen Entschluß bewirkt haben, insbesondere zu dem Gespräch zwischen Willy Brandt, Herbert Wehner und Helmut Schmidt am 5. Mai 1974 in Münstereifel – im Anschluß daran traf Willy Brandt seine endgültige Entscheidung –, kann ich aus eigenem Wissen nichts Neues beitragen. Nach all dem, was ich später von den Beteiligten gehört habe, war es wohl so, daß Helmut Schmidt der von Willy Brandt geäußerten Rücktrittsabsicht nachdrücklich widersprochen, Herbert Wehner hingegen den Rücktritt im Hinblick auf das schon erwähnte Vernehmungsprotokoll für mehr oder weniger unvermeidlich gehalten hat – allerdings mit der Maßgabe, daß er jede Entscheidung, die Willy Brandt treffe, respektieren und nach außen vertreten werde. Es ist müßig, heute darüber zu räsonieren, ob der Rücktritt wirklich geboten war. Wahrscheinlich wäre es aber auf dem Hintergrund der allgemeinen Stimmung schon vor dem Fall

Guillaume selbst über die Kräfte eines Willy Brandt gegangen, den Sturm zu bestehen, der da heraufgezogen war.

Ich ging am Abend des 6. Mai gegen zweiundzwanzig Uhr, als sich die Rücktrittsgerüchte konkretisierten, in das Gebäude an der Baunscheidtstraße, in dem der Parteivorstand während des Neubaus des Erich-Ollenhauer-Hauses provisorisch untergebracht war, um Genaueres zu erfahren. Dort traf ich Holger Börner an, der als Bundesgeschäftsführer vernünftigerweise bemüht war, eine Art Nachrichtensperre zu praktizieren, und alle Anfrager an das Bundeskanzleramt verwies. Mir gab er jedoch auf meine Frage hin durch ein Kopfnicken zu verstehen, daß Willy Brandt zurückgetreten sei. Danach saßen wir uns in seinem Zimmer eine Weile schweigend gegenüber. Das Gefühl, es sei ähnlich wie im November 1963 mit dem jähen Ende der Amtszeit John F. Kennedys eine – wenn auch kurze – Ära zu Ende gegangen, hatte uns für einige Minuten sprachlos werden lassen.

Dieses Gefühl war am nächsten Tag auch in der Sitzung der Bundestagsfraktion zu spüren, in der Willy Brandt seinen Entschluß mit wenigen Sätzen begründete. Die meisten konnten ihre Bewegung nicht verbergen. Egon Bahr, der an meinem Tisch saß, hatte Tränen in den Augen. Herbert Wehner dankte Willy Brandt und schloß die Sitzung mit einem Appell, der Opposition gerade jetzt geschlossen und mit besonderer Entschiedenheit entgegenzutreten.

Unvergessen ist mir auch die Verabschiedung Willy Brandts durch den Bundespräsidenten Gustav Heinemann in der Villa Hammerschmidt am gleichen Tag. Die Kabinettsmitglieder hatten sich im Empfangsraum nebeneinander aufgereiht. Willy Brandt, dem Gustav Heinemann zuvor in einem anderen Raum die Entlassungsurkunde überreicht hatte, gab jedem von uns zum Abschied die Hand. Mir schlug er dabei mit der linken Hand leicht auf den Unterarm. Es mag Zufall gewesen sein. Wenn es ein Zeichen der Verbundenheit gerade in dieser Stunde war, entsprach es dem, was ich in diesem Augenblick für einen

Mann empfand, der für mein Leben schon bis dahin viel bedeutet hatte.

Wer Willy Brandt nachfolgen sollte, war keinen Moment zweifelhaft. Helmut Schmidt ging sogleich ans Werk und bereitete sowohl seine Regierungserklärung unter der Devise »Kontinuität und Konzentration« als auch die personelle Zusammensetzung seines Kabinetts mit großer Umsicht vor. Mich sprach er darauf an, ob ich bereit sei, ins Innen- oder Justizministerium zu wechseln. Ich bejahte das auch deshalb, weil mir ein erneuter Anlauf zu einer wirklichen Bodenrechtsreform unter seiner Kanzlerschaft angesichts seiner bisherigen Zurückhaltung gegenüber diesem Thema noch weniger aussichtsreich erschien als zuvor. Hans-Dietrich Genscher beharrte für die F.D.P. auf dem Innenministerium und benannte dafür Werner Maihofer. Das Justizministerium, das daraufhin auf mich zukam, war für mich aber durchaus nicht zweite Wahl. Vielmehr reizten mich die rechtspolitischen Reformprojekte, die auf der Tagesordnung standen; auch bedeutete die Entscheidung für mich die Rückkehr in meinen ursprünglichen Beruf als Jurist.

Mein unmittelbarer Vorgänger, von dem ich das Ministerium am 17. Mai übernahm, war Gerhard Jahn. Obwohl er seine Ablösung sicher als ungerecht empfand, vollzog er die Übergabe in einer sehr noblen Weise. Das Ministerium hinterließ er mir in tadelloser Ordnung. Es verdiente auch zu diesem Zeitpunkt die Bezeichnung, mit der Gustav Radbruch, der ja Anfang der zwanziger Jahre zweimal Reichsjustizminister gewesen war, das Justizministerium der zwanziger Jahre nach dem Kriege charakterisiert hat, nämlich die einer Bauhütte des Rechts. Nicht in dem Sinne, daß dort nur Genies tätig gewesen wären oder eine verschworene Gemeinschaft entschlossener Reformer. Aber in dem Sinne, daß dort solide und zuverlässige Arbeit geleistet und der größere Zusammenhang in aller Regel im Auge behalten wurde. Dazu trug bei, daß die Mitarbeiterinnen und Mitarbeiter unterhalb der Referatsleiterebene in der Regel nicht bereits Bundesbeamte waren, sondern von den Landesjustizverwaltungen als Richter,

Staatsanwälte oder Justizverwaltungsbeamte an das Bundesjustizministerium abgeordnet und erst bei Bewährung nach einigen Jahren endgültig übernommen wurden. Das schützte vor Verkrustungen, sicherte eine gewisse Praxisnähe und förderte einen vernünftigen Wettbewerb – übrigens auch unter den Landesjustizverwaltungen, die sich mit den von ihnen Entsandten nicht gerne blamieren wollten. An der Spitze des Ministeriums stand nach innen als beamteter Staatssekretär Günther Erkel, ein erfahrener, mit der Gabe der Selbstironie reichlich ausgestatteter Praktiker. Als parlamentarischer Staatssekretär trat mir Hans de With zur Seite, der mich während meiner ganzen Amtszeit vorbildlich begleitete. Auch Sepp Binder stieß nach einer kurzen Unterbrechung bald wieder als Pressesprecher zu mir.

Die Rechtsreform gehörte seit den sechziger Jahren zu den zentralen Anliegen der Sozialdemokratie und nach 1969 auch der sozial-liberalen Koalition. Der Veränderungsbedarf hatte sich auf diesem Gebiet während der konservativen Regierungszeit angestaut und wurde auch in der Öffentlichkeit als dringend empfunden. Männer wie Adolf Arndt und Gustav Heinemann hatten – unterstützt von Wissenschaftlern und Praktikern – grundlegende Vorarbeiten geleistet. Kerngedanke der Reformen war es, Grundwerte und Grundentscheidungen der Verfassung fortschreitend und immer aufs neue in die Realität umzusetzen und so eine Ordnung zu verwirklichen, die als obersten Wert die Würde des Menschen anerkennt und mit den Postulaten der Freiheit, der Gerechtigkeit und der Solidarität ernst macht. Im Einklang damit hat die sozialdemokratische Programmatik seit Godesberg Recht nicht mehr als positivistisch und instrumental oder als Reflex äußerer Verhältnisse begriffen, sondern als Ergebnis einer wertgebundenen, der Dialektik von Zweck und Mittel unterliegenden Normsetzung, die ein menschenwürdiges Zusammenleben und die Entfaltung der Einzelpersönlichkeit ermöglichen half. Für die Verwirklichung sozialdemokratischer Vorstellungen von Staat und Gesellschaft wurde der Rechtspolitik – jedenfalls damals – erhebliche Bedeutung beigemessen.

Zu den eifrigsten Vorkämpfern weitreichender Reformen gehörte übrigens seinerzeit Rudolf Wassermann (später Oberlandesgerichtspräsident in Braunschweig), zunächst als Pressesprecher Gustav Heinemanns im Bundesjustizministerium, dann als Landgerichtspräsident in Frankfurt am Main und als Vorsitzender der Arbeitsgemeinschaft Sozialdemokratischer Juristen. In dieser Eigenschaft vor allem hat er schon Gerhard Jahn und dann auch mir mehr als einmal unzulängliches Reformtempo und übertriebene Rücksichtnahme auf konservative Positionen vorgeworfen. Wer heute seine Kommentare in bestimmten Blättern liest, in denen er umgekehrt vor liberalen Positionen warnt und jeweils betont konservative Standpunkte einnimmt, wird kaum glauben, daß es sich dabei um ein und dieselbe Person handelt. Allerdings ist er nicht das einzige Beispiel dafür, daß der Marsch durch die Institutionen bisweilen die Marschierer stärker verändert hat als die Institutionen.

Gustav Heinemann hatte als Bundesjustizminister der großen Koalition die große Strafrechtsreform bereits unter Dach und Fach gebracht. Sie hatte den Allgemeinen Teil des Strafgesetzbuchs neu gefaßt, die Zuchthausstrafe abgeschafft, die kurzfristige Freiheitsstrafe eingeschränkt, die bisherigen Übertretungen durch das Institut der Ordnungswidrigkeit ersetzt und das Sexualstrafrecht modernisiert. Gerhard Jahn hatte die Reformen weiter vorangebracht. Bei meinem Amtsantritt befanden sich Novellen zum Paragraphen 218 des Strafgesetzbuchs und zum Eherecht im Gesetzgebungsverfahren. Andere Entwürfe – so eine gesetzliche Regelung des Strafvollzugs, für den es bis dahin im wesentlichen nur Verwaltungsvorschriften gab, und die Erneuerung des Rechts der elterlichen Sorge – waren weit gediehen, von der Bundesregierung aber noch nicht beschlossen worden. Ich habe mich zunächst auf die Vollendung des schon Begonnenen konzentriert und auch einiges beiseite gelegt, was mir – wie die Dreistufigkeit der ordentlichen Gerichtsbarkeit – damals nicht durchsetzbar erschien. Mein eigenes Arbeitsprogramm umfaßte schließlich, außer den schon genannten Entwürfen, Gesetzgebungsmaßnahmen zur Bekämpfung der Wirtschafts- und Umweltkriminalität, Verbesserungen des sozialen Mietrechts und des Verbraucherschutzes, eine Reform des Staatshaftungsrechts, Vorbereitungen für ein neues Insolvenzrecht, Novellen zur Beschleunigung der Zivil- und Strafprozesse sowie Regelungen für eine vor- und außergerichtliche Rechtsberatung und eine wirksame Prozeßkostenhilfe.

Besonders akut war im Frühjahr 1974 die Reform des Schwangerschaftsrechts. Der Bundestag hatte Ende April 1974 das fünfte Strafrechtsreformgesetz verabschiedet, das eine Fristenregelung zum Gegenstand hatte. Noch vor seinem Inkrafttreten erließ das Bundesverfassungsgericht, bei dem die Unionsfraktion und mehrere unionsregierte Länder Klage erhoben hatten, eine einstweilige Anordnung, die bis zur endgültigen Entscheidung die Fristenregelung suspendierte und durch eine Indikationenlösung ersetzte. Das abschließende Urteil des Gerichts erklärte im Februar 1975 wesentliche Teile des Gesetzes für verfassungswidrig und leitete aus dem Grundgesetz ab, daß der Gesetzgeber zum Schutz des vorgeburtlichen Lebens auch das Mittel der Strafandrohung einsetzen müsse. Daraufhin legten die Koalitionsfraktionen im Oktober 1975 einen Entwurf vor, der sich an dem Indikationenmodell orientierte und neben der medizinischen und der ethischen Indikation auch die soziale Indikation vorsah. Diese Regelung – der Bundestag verabschiedete sie im Mai 1976 – ist im Jahre 1992 vom sogenannten Lebensschutzkonzept abgelöst worden, das auf eine Strafandrohung verzichtet und den Schutz des vorgeburtlichen Lebens unter Respektierung der Letztverantwortung der Frau durch soziale Sicherungen und eine ergebnisoffene, aber an der Lebenssicherung orientierte Beratung anstrebt. Es hat inzwischen nicht in allen Details, aber doch im Grundsatz die Billigung des Bundesverfassungsgerichts gefunden.

Diese Entwicklung habe ich intensiv begleitet. Und nur wenige andere Fragen haben mich auch persönlich so nachhaltig beschäftigt wie diese. Mir war von Anfang an nicht zweifelhaft, daß auch das vorgeburtliche Leben schutzwürdig und schutzbedürftig ist. Mir leuchtete aber ebenso ein, daß zwischen dem Leben der Mutter und dem Leben des noch nicht geborenen Kindes eine von der Natur vorgegebene und einmalige Verbindung besteht, die es ausschließt, das Leben des Kindes gegen den Willen der Mutter mit den Mitteln des Strafrechts zu bewahren. Auch war der ins Strafgesetzbuch geschriebene Paragraph zu lange und zu oft eine Ausflucht, mit deren Hilfe man die Augen vor den Lebensrealitäten verschließen und die Mutter ihrem Schicksal überlassen konnte. Die gesellschaftliche Ächtung der nichtehelichen Mutter tat lange Zeit ein übriges, daß ihr der Weg zur »Engelmacherin« als der letzte Ausweg erschien. Darum bin ich schon früh dafür eingetreten, die verantwortete Entscheidung der Schwangeren anzuerkennen und ihr dabei durch eine am Lebensschutz orientierte, aber ergebnisoffene Beratung und durch soziale Vorkehrungen – etwa den Rechtsanspruch auf einen Kindergartenplatz – zu helfen.

Das alles habe ich – jedenfalls im Ansatz – schon 1979 in einer Fernsehdiskussion mit Joseph Kardinal Ratzinger – damals noch Erzbischof in München – vertreten. Ich habe auch erreicht, daß der Gedanke der Schutzbedürftigkeit des vorgeburtlichen Lebens in das Grundsatzprogramm meiner Partei von 1989 Eingang gefunden hat, um damit deutlich zu machen, daß der Streit mit den Vertretern des Strafkonzepts nicht um das Ob, sondern um das Wie des Schutzes geführt wird. Ein Streit, bei dem – erfreulicherweise – die Fronten zuletzt quer zu den Trennungslinien zwischen den Fraktionen und Parteien liefen und bei dem auch praktizierende Katholiken und Katholikinnen auf der Seite des Lebensschutzkonzepts stehen. Das hätte ich im Frühjahr 1974 nicht zu hoffen gewagt. Und dankbar bin ich auch dafür, daß offenbar die Mehrheit der Diözesen die Beratungstätigkeit fortsetzen will. Beharrliches und geduldiges Eintreten für eine fundierte Überzeugung vermag also selbst auf einem so sensiblen Feld die Dinge – wie ich meine, zum Besseren – zu verändern. Wobei sich sicher günstig ausgewirkt hat, daß in den letzten

Jahren im Bundestag die Frauen zu diesem Thema die Federführung übernommen haben. Zu lange haben die Männer die Debatte fast allein bestritten – und in meiner, der katholischen Kirche tun sie es aus hierarchischen Gründen auch heute noch in viel zu starkem Maße.

Das alles ändert nichts daran, daß ich auch denen meinen Respekt nicht versage, die eine andere Meinung vertreten; denen meine Position zu weit oder nicht weit genug geht – vorausgesetzt, sie lassen umgekehrt das gleiche gelten. Sie mögen irren, bösen Willen mag ich ihnen nicht unterstellen. Außerdem: Keiner, der an solchen Entscheidungen mitwirkt, der dafür oder dagegen stimmt, bleibt gänzlich frei von Schuld, zumindest aber von dem Gefühl, vielleicht doch etwas versäumt oder nicht bedacht zu haben. Es ist gut, sich daran als Parlamentarier von Zeit zu Zeit zu erinnern.

Von beträchtlicher Sensibilität war auch das zweite im Frühjahr 1974 aktuelle Reformthema – die Reform des Scheidungsrechts. Hier ging es um das staatliche Eheverständnis. Soll für den Staat der Vertragscharakter der Ehe, der Rechtsanspruch der Eheleute auf- und gegeneinander, im Vordergrund stehen, dessen Auflösung dann vornehmlich unter dem Gesichtspunkt der Vertragsverletzung zu beurteilen ist, oder soll der Bestand der personalen Gemeinschaft ausschlaggebend sein, deren Wegfall dann auch die Ehe obsolet werden läßt? Das war die prinzipielle Frage, die übrigens gegenwärtig bei der innerkatholischen Kontroverse über die wiederverheirateten Geschiedenen ebenfalls eine Rolle spielt. Bei meinem Amtsantritt fand ich einen Entwurf vor, der mit dem Zerrüttungsprinzip ernst machte, also für die Ehescheidung den Wegfall der personalen Gemeinschaft maßgebend sein ließ und folgerichtig auch von in der Praxis ohnehin häufig nur schwer zu verifizierenden Schuldfeststellungen absah. Das Leitbild der Hausfrauenehe ersetzte der Entwurf durch das Leitbild der partnerschaftlichen Ehe. Im Einklang damit ließ er den bis dahin hinsichtlich ihrer Altersversorgung in der Regel benachteiligten Frauen durch einen Versorgungsausgleich mehr Gerechtigkeit widerfahren, indem er ihnen im Falle der Scheidung an Stelle eines abgeleiteten Anspruchs ein eigenständiges Recht einräumte.

Der Entwurf ist nach kontroversen Beratungen im Dezember 1975 im wesentlichen Gesetz geworden. Nach einem Vermittlungsverfahren stimmten ihm im Bundestag auch eine größere Anzahl von Unionsabgeordneten zu. Die Kritik an dieser Reform – sie wurde vom Bundesverfassungsgericht nur in einigen Nebenpunkten korrigiert – blieb noch lange lebhaft und richtete sich stärker als in anderen Fällen auch gegen mich persönlich. Sie war allerdings ausgesprochen geschlechtsspezifisch. Denn es waren fast nur Männer, die mich in Briefen und bei Veranstaltungen noch bis in die jüngste Zeit wegen der Unterhaltsregelung und vor allem wegen des Versorgungsausgleichs attackierten. Mein Argument, es sei hier im Grunde nur ein altes männliches Privileg beseitigt worden, verfing nur selten – übrigens auch bei solchen Scheidungsbetroffenen nicht, die sich zu den Progressiven zählen und sonst für einschneidende Reformen eintreten. Die Frauen hingegen wußten die Verbesserungen zu schätzen und brachten das durch Zuschriften und auf andere Weise auch zum Ausdruck.

Naturgemäß stand im Bundesjustizministerium die Gesetzgebungsarbeit im Vordergrund. Aber immer wieder hatte ich mich auch mit mehr oder weniger heiklen Einzelvorgängen zu befassen. Zu einem erheblichen Teil stammten sie aus dem Zuständigkeitsbereich der Bundesanwaltschaft, die dem Ministerium nachgeordnet ist und ihm über alle Verfahren von Belang fortlaufend zu berichten hat. Nach dem Gesetz steht dem Justizminister gegenüber dem Generalbundesanwalt sogar ein Weisungsrecht zu. Obwohl es der Bundesanwaltschaft – vor allem in Verfahren mit politischem Hintergrund – mitunter durchaus angenehm gewesen wäre, sich auf eine Weisung berufen zu können, habe ich während meiner Amtszeit kein einziges Mal von diesem Weisungsrecht Gebrauch gemacht. Statt dessen habe ich mit dem jeweiligen Generalbundesanwalt im Beisein der mit der Sache befaßten Mitarbeiter gründliche Gespräche geführt, bei denen die beiderseitigen Argumente – bisweilen recht lebhaft – ausgetauscht wurden. Meistens kam es zu einem Konsens. War er nicht zu erreichen, blieb es bei der Position der Bundesanwaltschaft.

Ein sensibler Vorgang dieser Art war die Frage, ob gegen Willy Brandt im Zusammenhang mit dem Fall Guillaume ein Ermittlungsverfahren einzuleiten und deshalb zunächst die Aufhebung seiner Immunität zu betreiben sei. Dazu hätte es vorweg auch noch einer förmlichen Ermächtigung durch die Bundesregierung bedurft. Willy Brandt hatte in seinem veröffentlichten Rücktrittsschreiben an den Bundespräsidenten »die politische Verantwortung für Fahrlässigkeiten im Zusammenhang mit der Agentenaffäre Guillaume« übernommen. Nach längerem Meinungsaustausch schloß sich der damalige Generalbundesanwalt, der zunächst der Einleitung eines Verfahrens zuneigte, meiner Beurteilung an, daß Willy Brandt nicht die strafrechtliche, sondern die politische Verantwortung im Auge und auch keinen Grund hatte, den Empfehlungen der zuständigen Stellen – insbesondere aus dem Bereich des Bundesinnenministeriums –, Guillaume zunächst in seiner Funktion zu belassen, nicht zu entsprechen.

Als Verfassungsministerium war das Bundesjustizministerium auch für die verfassungsrechtliche Begutachtung von Fragen aus anderen Ressorts zuständig. Meist ging es dabei um Themen von einiger politischer Brisanz. Das galt beispielsweise für die Frage, ob das Grundgesetz den Einsatz der Bundeswehr im Rahmen von UNO-Aktivitäten zulasse. Diese Problematik tauchte nämlich erstmals schon sehr frühzeitig auf. Das Auswärtige Amt verneinte die Frage unter Berufung auf Artikel 87a des Grundgesetzes. Die Verfassungsabteilung meines Ministeriums hielt reine Blauhelmeinsätze aus Gründen für zulässig, die mir plausibel erschienen. Im weiteren Verlauf setzte sich jedoch das Auswärtige Amt mit seiner Auffassung durch, der sich auch Helmut Schmidt anschloß und der auch ich mich nicht mehr widersetzte, weil der Außenminister die besseren Argumente hatte. Der erstaunliche Vorgang, daß die F.D.P.-Bundestagsfraktion im Jahre 1993 beim

Bundesverfassungsgericht Klage gegen den Beschluß einer Bundesregierung erhob, der sie selbst angehörte, hat hier seine eigentliche Wurzel. So paradox dieses Vorgehen auch erschienen sein mag – eine gewisse, wohl in erster Linie auf Hans-Dietrich Genscher zurückzuführende, Folgerichtigkeit ist ihm nicht abzusprechen.

Natürlich gab es auch weniger schwerwiegende Probleme, die bis zum Minister gelangten. Etwa Meinungsverschiedenheiten zwischen dem Bundesgerichtshof und der Bundesanwaltschaft darüber, ob der große Saal des Karlsruher Erbherzoglichen Palais – des Amtsgebäudes des Bundesgerichtshofs – auch für eine Kaffeegesellschaft der Ehefrauen aus dem anderen Bereich zur Verfügung stehen sollte. Mein diskreter Rat, dort von Kaffeegesellschaften überhaupt abzusehen, fand Gehör.

Auch als Bundesjustizminister habe ich mich in meiner Partei in meinen verschiedenen Funktionen weiterhin voll engagiert. Im Vordergrund stand zunächst wegen des herannahenden Wahltermins im Herbst 1974 die bayerische Landtagswahl. Als Landesvorsitzender der bayerischen SPD war ich mehr oder weniger automatisch auch deren Spitzenkandidat. Obwohl die Euphorie des Jahres 1972 – damals erhielt die SPD bei der Bundestagswahl in Bayern 37,8 Prozent der Stimmen, und der Abstand der CSU reduzierte sich, unter Einbeziehung der F.D.P., auf 11,2 Prozent – abgeklungen war, gab es in den eigenen Reihen doch einigen Optimismus hinsichtlich des erreichbaren Zuwachses. Es kam auch zu einer Unterredung mit Josef Ertl als dem damaligen Landesvorsitzenden der F.D.P. und Hildegard Hamm-Brücher über eine etwaige Koalitionsaussage der F.D.P. zugunsten der SPD, bei der sich meine Gesprächspartner allerdings unter Hinweis auf den fortdauernden innerparteilichen Streit der Sozialdemokratie in München und an anderen Orten sehr zurückhielten und es schließlich – von ihrem Standpunkt aus wohl zu Recht – als Entgegenkommen bezeichneten, daß die F.D.P. auf jede Koalitionsaussage verzichten und die CSU als ihren Hauptgegner ansehen wolle.

Ich tat mit Unterstützung vieler, aber bei weitem nicht aller Funktionsträger und Mandatsbewerber im Wahlkampf, was nur möglich war. Auch die allermeisten Mitglieder halfen nach besten Kräften. Wir legten ein ganz vernünftiges Wahlprogramm vor, in dem insbesondere die Erhaltung der Umwelt, ein Entwicklungskonzept für Bayern und die Stärkung der kommunalen Verantwortung eine Rolle spielten. Außerdem präsentierten wir ein Schattenkabinett, dem unter anderem Volkmar Gabert, Dieter Haack, der damalige DGB-Landesbezirksvorsitzende Willi Rothe und Helmut Rothemund angehörten. Auch reiste ich unermüdlich landauf und landab. Aber die innerparteilichen Konflikte lähmten die Anstrengungen in wichtigen Gebieten – in München beispielsweise fand keine einzige größere Veranstaltung statt –, und auch sonst war die CSU aus mehreren Gründen deutlich überlegen.

Am Wahlabend zeigte sich, daß die Realität auf unseren Wahlslogan »Bayern braucht Dr. Vogel« keine Rücksicht genommen hatte. Die CSU erreichte mit Alfons Goppel als überaus beliebtem Landesvater mit 62,1 Prozent ihr bestes Ergebnis seit 1945, das übrigens auch Franz Josef Strauß als Ministerpräsident nie einholen konnte. Die SPD verlor gegenüber der letzten Landtagswahl 3,1 Prozent und kam auf 30,2 Prozent. Daß ich selbst mit 418 000 Zweitstimmen auf der oberbayerischen Bezirksliste mit weitem Abstand das beste Zweitstimmenergebnis erzielte, das dort ein Sozialdemokrat bis heute verzeichnen konnte, bewies zwar, daß ich unverändert bei den Wählerinnen und Wählern in gutem Ansehen stand, war aber sonst ein schwacher Trost. An der schweren Niederlage – es war meine erste bei einer allgemeinen Wahl – war nicht zu rütteln. Luft machte ich meinem Ärger und meinem Verdruß bei einer bald nach der Wahl stattfindenden Sitzung der bayerischen SPD-Bundestagsabgeordneten, bei der ich meine damaligen innerparteilichen Gegner mit bitteren Vorwürfen eindeckte und eine halbe Stunde lang mit großer Lautstärke anschrie. Aber auch das half wenig. Zustimmung fand indes meine Entscheidung, meine Tätigkeit in Bonn fortzusetzen und das Landtagsmandat nicht anzunehmen. Das hatte ich für den Fall der Niederlage auch schon im voraus angekündigt.

Nach nicht allzulanger Pause begannen die Nominierungen für die Bundestagswahl 1976. Während ich 1972 ohne eigenen Wahlkreis nur die Landesliste angeführt hatte, wollte ich diesmal auch in einem Wahlkreis kandidieren, und zwar im Wahlkreis München-Nord, in dem ich damals wohnte. Er war frei geworden, weil der bisherige Mandatsinhaber aus Altersgründen auf eine erneute Nominierung verzichtete. Dennoch erwies sich das Unternehmen als außergewöhnlich schwierig. Mit Mühe und Not entschied sich die Wahlkreiskonferenz im November 1975 schließlich mit ganz knapper Mehrheit für mich und gegen einen innerparteilich engagierten, der Wählerschaft aber weithin unbekannten Gegenkandidaten – ein Zeichen dafür, wie tief der Graben noch immer war, den die internen Kämpfe in den Jahren 1969 bis 1972 aufgerissen hatten. Im Bundestagswahlkampf begann sich dieser Graben langsam zu schließen. Ehemalige Gegner verteilten mit mir gemeinsam am frühen Morgen Wahlflugblätter vor den Toren von BMW. Daß der Wahlkreis dann 1976 als einziger in München direkt gewonnen wurde, tat ein übriges.

In dieser Zeit verfestigten sich die Kontakte derjenigen Sozialdemokraten und Sozialdemokratinnen, von deren erster Begegnung in Lahnstein im Frühjahr 1973 ich am Ende des vorigen Kapitels berichtet habe. Sie – im Durchschnitt rund achtzig bis hundert Parteimitglieder aus dem ganzen Bundesgebiet – tagten in gewissen Abständen zunächst weiterhin in Lahnstein und später in Seeheim bei Darmstadt, wovon sich die Bezeichnung »Die Seeheimer« herleitete. Wichtig waren ihnen die Bewahrung des Godesberger Programms, die Analyse neuer Herausforderungen und die Entwicklung programmatischer Antworten, die Beeinflussung personeller Entscheidungen im Sinne dieser Ziele und die Erhaltung der Regierungsfähigkeit der Partei. In gewissem Sinne waren die Seeheimer auch die Antwort auf entsprechende Kontaktkreise in der anderen Hälfte des innerparteilichen

Spektrums wie etwa dem Frankfurter oder dem Leverkusener Kreis. Und auch eine Antwort auf die sogenannte Doppelstrategie, die glaubte, Mitarbeit in der Partei und Bekämpfung von Teilen ihrer Führung und der eigenen Regierung miteinander verbinden zu können.

Ein frühes Ergebnis des theoretisch-programmatischen Engagements der Seeheimer war die Schrift »Godesberg und die Gegenwart«, die 1974 in Angriff genommen wurde und im Sommer 1975 als Gemeinschaftsarbeit erschien. Ihre Kernaussagen sind auch heute noch lesenswert. So die Betonung wesentlicher Elemente der programmatischen Erneuerung von Godesberg, darunter das uneingeschränkte Ja zur Demokratie, und zwar als allgemeine Lebensform, die Identifizierung mit dem Staat des Grundgesetzes ungeachtet seiner Mängel und Unzulänglichkeiten, die Charakterisierung des demokratischen Sozialismus als dauernde Aufgabe und nicht als verdinglichter Endzustand, die Überwindung der Gleichsetzung von Sozialismus und Sozialisierung, die Ablehnung einer zentralisierten Verwaltungswirtschaft zugunsten einer »kontrollierten« Marktwirtschaft, die Bejahung der Pluralität der Begründungen für die Grundwerte und Grundforderungen und die entschiedene Ablehnung ideologischer Monopole und absoluter Wahrheitsansprüche. Ebenso fanden sich dort aber auch Ansätze für reformerische Antworten auf neue Herausforderungen. Und zwar unter anderem die Relativierung der Bedeutung des quantitativen Wachstums zugunsten einer nicht mehr nur materiell verstandenen Lebensqualität, erste Ansätze für eine realistische Umweltpolitik, die Humanisierung der Arbeitswelt, die Demokratisierung wirtschaftlicher Macht durch den Ausbau der Mitbestimmung und die Beteiligung der Arbeitnehmer am Produktivvermögen und die Verstärkung der Bürgerbeteiligung. Mitgearbeitet haben an dieser Broschüre unter anderen Hermann Buschfort, Heinz Ruhnau und Jürgen Mahrun. Außerdem zählten zu den treibenden Kräften Richard Löwenthal, Gesine Schwan und Günther Metzger. Günther Metzger zunächst als stellvertretender Vorsitzender der Bundestagsfraktion und dann als Darmstädter Oberbürgermeister, Gesine Schwan, Berliner Politologin und leidenschaftliche Gegnerin jeder ideologischen Verfestigung, und Rix Löwenthal, auch er Professor in Berlin, ein brillanter Analytiker mit weltweitem Horizont und genauer Kenntnis des Kommunismus, dem er in den zwanziger Jahren selbst angehangen hatte. Unter dem Namen Paul Sering hat er unmittelbar nach dem Kriege mit seinem Buch »Jenseits des Kapitalismus« eine ganze Generation junger Studenten mit dem demokratischen Sozialismus vertraut gemacht. Auch mich hat das Buch damals fasziniert. Zu Vorträgen bei den Seeheimern wurden auf mein Drängen auch Persönlichkeiten gewonnen, die der Partei nicht angehörten. So im November 1978 Carl Friedrich von Weizsäcker, der über »Wege in die Zukunft« sprach.

Der Einfluß der Seeheimer auf die Gesamtpartei war wechselhaft, zumal es auch in ihren Reihen zu wichtigen Fragen unterschiedliche Meinungen gab. Etwa schon damals zur Nutzung der Kernenergie und später zum Doppelbeschluß und zur Haltung gegenüber der Friedensbewegung und den anderen sozialen Bewegungen. Immerhin hat der Kreis auf seine Weise zur Stabilisierung der Partei in den späten siebziger und in den achtziger Jahren beigetragen und ihr mehr als einmal auch Impulse gegeben. Und er hat Kräfte vor der Resignation bewahrt, auf die eine sozialdemokratische Volkspartei nicht verzichten kann.

Wahrscheinlich sind solche Substrukturen in großen Volksparteien kaum zu entbehren. Die sich in ihnen engagieren, müssen sich allerdings bewußt bleiben, daß sie Teil eines größeren Ganzen sind, das es nicht zu beherrschen, sondern zu befördern gilt, und sie müssen sich die Bereitschaft zum Gespräch und auch zum Kompromiß mit denen bewahren, die im Rahmen der gemeinsamen Ziele zu konkreten Problemen andere Ansichten vertreten. Ich gebe zu, daß ich das 1975 konfrontativer gesehen habe. Daß auch die Seeheimer den Willen haben müßten, nicht nur abzuwehren und zu verteidigen, sondern im Sinne des Reformauftrags der Sozialdemokratie auch zu verändern und zu gestalten – das habe ich allerdings schon damals vertreten und mir damit nicht nur Freunde gemacht.

Mitgewirkt habe ich in diesen Jahren auch in der vom Hannoveraner Parteitag 1973 eingesetzten Kommission zur Erarbeitung des »Orientierungsrahmens '85«. Das Papier versuchte, die gesellschaftliche Entwicklung der nächsten zehn Jahre zu prognostizieren und für diesen Zeitraum auf der Grundlage des Godesberger Programms Leitlinien sozialdemokratischer Politik und auch konkrete Problemlösungen zu formulieren. Es wurde auf dem Mannheimer Parteitag 1975 einstimmig gebilligt und geriet dann rasch in Vergessenheit. Damit teilt es das Schicksal mancher Texte, die mühsam erarbeitet, lange kontrovers diskutiert, auf Parteitagen und zuvor in den Antragskommissionen in stundenlangen Beratungen in eine konsensfähige Fassung gebracht wurden und dann alsbald aus dem Bewußtsein der Partei verschwanden.

Dennoch war die Arbeit am »Orientierungsrahmen '85« nicht sinnlos. Unter der klugen und behutsamen Leitung von Peter von Oertzen kam nämlich in der Kommission ein Integrationsprozeß in Gang, der zwischen den auf Grund der parteiinternen Konflikte verfeindeten Mitgliedern, die sich ja auch als Repräsentanten der soeben erwähnten Substrukturen gegenübersaßen, zunächst einen sachlichen Dialog und dann das gemeinsame Streben nach konsensfähigen Lösungen möglich machte. Alle Beteiligten begegneten sich am Ende der Arbeit unbeschadet fortbestehender Meinungsverschiedenheiten mit persönlichem Respekt. Das teilte sich auch der Gesamtpartei mit und hat dazu beigetragen, daß die Gesamtinteressen wieder mehr in den Vordergrund traten und die Konflikte allmählich jedenfalls an persönlicher Schärfe verloren. Da ich als einer der Hauptvertreter des einen Lagers galt, habe ich das vielleicht noch deutlicher wahrgenommen als andere.

Inhaltlich lohnt das Papier übrigens auch heute noch die Lektüre. Vieles – so etwa die Passage zum Stichwort Investitionslenkung – würde heute so nicht mehr artikuliert werden. Anderes hingegen – etwa das, was über die Probleme der modernen Industriegesellschaften gesagt wird – ist inzwischen durchaus bestätigt worden. Die Lektüre lohnt aber auch eine humorvolle Sammlung von bemerkenswerten Geistesblitzen einzelner Kommissionsmitglieder, die Peter von Oertzen nach getaner Arbeit nach Art einer Abiturzeitung präsentierte. Dort finden sich so beachtliche Aussprüche wie: »Sozialismus ist die Aufgabe, sich selbst an den eigenen Haaren aus dem Sumpf zu ziehen, was physikalisch nicht geht, aber gesellschaftlich möglich ist, wie wir am Neandertaler sehen, der sich selbst zum Menschen gemacht hat.« Oder: »Bei Reformen im Hochschulbereich ist es überall so, daß es fürs Doppelte an Stellen und Aufwand die Hälfte der bisherigen Leistung gibt.«

4 Die RAF fordert den Staat heraus

Naturgemäß waren die Kriminalität und ihre Bekämpfung ein Thema, das das Bundesjustizministerium auch zu meiner Zeit kontinuierlich beschäftigte. Dabei ging es jedoch aus Zuständigkeitsgründen fast ausschließlich um gesetzgeberische Maßnahmen. Die Verfolgung einzelner Straftaten – auch besonders schwerer – war – von den hier nicht einschlägigen Staatsschutzbestimmungen, beispielsweise gegen Hoch- und Landesverrat und gegen geheimdienstliche Tätigkeit, abgesehen – nicht Sache des Bundes, sondern fiel in die Kompetenz der Bundesländer und nahm deshalb mein Ministerium auch politisch kaum in Anspruch. Das änderte sich, als die RAF in Erscheinung trat und mit terroristischen Anschlägen begann. Um die Bekämpfung dieser Anschläge zu erleichtern, wurde 1976 als Paragraph 129a der Tatbestand der terroristischen Vereinigung in das Strafgesetzbuch aufgenommen und dafür eine primäre Verfolgungszuständigkeit des Generalbundesanwalts geschaffen.

Morde, die mit dem Ziel, die gesellschaftliche und die staatliche Ordnung der Bundesrepublik zu erschüttern und umzustülpen, von einer organisierten Vereinigung sorgfältig geplant, kaltblütig vollzogen und anschließend ideologisch gerechtfertigt wurden, waren, auf deutschem Boden von deutschen Tätern gegen Deutsche begangen, etwas Neues. Gewiß hatte es schon vorher terroristische Anschläge in der Bundesrepublik gegeben. Den auf die israelische Olympiamannschaft beispielsweise, von dem schon die Rede war. Oder den Anschlag auf ein israelisches Flugzeug in München-Riem im Februar 1970. Aber das waren Gewalttaten im Rahmen eines Konfliktes, der seine Wurzeln außerhalb der Bundesrepublik hatte und die deshalb – so verabscheuungswürdig sie auch waren – unser Gemeinwesen nicht direkt betrafen. Jetzt aber wurde unser Gemeinwesen von Menschen, die in unserer Mitte aufgewachsen waren und unter uns lebten, unmittelbar herausgefordert. Und auf diese Herausforderung waren jedenfalls zu Beginn weder die Politik noch die Sicherheitsorgane des Staates vorbereitet.

Ins öffentliche Bewußtsein drang diese Herausforderung zum erstenmal deutlicher im April 1968. Damals legten Andreas Baader und Gudrun Ensslin in zwei Frankfurter Kaufhäusern Brandsätze, die nicht unerhebliche Sachschäden verursachten und auch Menschen in Gefahr brachten. In Erklärungen und Schriften, die auf verschiedenen Wegen verbreitet wurden, bezeichneten sie und andere Angehörige der RAF diesen Anschlag als Teil eines bewaffneten Kampfes, dessen Ziel es sei, das gesellschaftliche, wirtschaftliche und politische System der Bundesrepublik, das eine Ausbeutung und Unterdrückung der Menschen bewirke und grundlegenden Reformen nicht zugänglich sei, zu zerstören und damit für eine bessere Ordnung Raum zu schaffen. Zu diesem Zweck sollte der Staat durch Gewaltakte zu Reaktionen veranlaßt werden, die die rechtsstaatlichen Prinzipien mißachteten und seine Legitimität in Frage stellten. Da die Hauptbeteiligten wenig später verhaftet wurden und auch in Haft blieben und zunächst keine weiteren Anschläge folgten, ließ die öffentliche Aufmerksamkeit wieder nach, und auch ich hielt nach meinem Amtsantritt die Situation nicht für besonders alarmierend.

Alsbald zeigte sich jedoch, daß die RAF fortbestand und zu weiteren Anschlägen entschlossen und in der Lage war. Am 10. November 1974 wurde der Präsident des Berliner Kammergerichts, Günther von Drenkmann, erschossen, als er den Tätern auf ihr Läuten hin ahnungslos die Wohnungstüre öffnete. Ich war zufällig an diesem Tage in Berlin und habe den Tatort wenige Stunden nach dem Mord aufgesucht. Als Motiv, gerade ihn zu töten, reichte den Mördern die Tatsache aus, daß er der ranghöchste Richter des Landes Berlin war.

Wenige Monate später wurde wiederum von RAF-Angehörigen der Berliner CDU-Abgeordnete Peter Lorenz entführt. Seine unversehrte Rückkehr machten sie von der Freilassung von fünf anderen RAF-Angehörigen abhängig, die sich unter anderem wegen versuchten Mordes, wegen Bankraubs und anderer Raubüberfälle in Haft befanden. Darüber, ob diese Forderung erfüllt werden sollte, kam es mehr in Bonn als in Berlin – dort neigte man schon bald zum Nachgeben – zu einer internen Kontroverse. Ich machte geltend, daß die fünf Häftlinge im Falle ihrer Freilassung mit größter Wahrscheinlichkeit früher oder später neue Morde begehen würden. Auch bedeute es eine empfindliche Schwächung der staatlichen Fähigkeit, den Gesetzen Geltung zu verschaffen, wenn Terroristen künftig damit rechnen könnten, daß sie alsbald wieder freigepreßt würden. Insgesamt werde die konkrete Lebensgefahr, in der sich Lorenz befinde, nur um den Preis beendet, daß dafür in Zukunft andere ihr Leben verlören.

Mir wurde entgegengehalten, jetzt gehe es darum, Lorenz zu retten. Das sei auf andere Weise nicht möglich. Was daraus künftig entstehe, wisse heute niemand. Diese Ansicht setzte sich zuerst in Berlin und dann auch in Bonn durch. Dabei spielte eine Rolle, daß die Entscheidung de facto und weitgehend auch de jure – von den Freizugebenden saßen zwei in Berliner Vollzugsanstalten, und eine Verfolgungszuständigkeit des Generalbundesanwalts bestand noch nicht – beim Berliner Senat lag, der auch mit den Alliierten Verbindung halten mußte. Die fünf Häftlinge wurden daraufhin in Begleitung von Heinrich Albertz – selbst einmal Regierender Bürgermeister von Berlin – in den Jemen ausgeflogen. Nachdem Albertz zurückgekehrt war und im Fernsehen das Kennwort – »So ein Tag, so wunderschön wie heute« – genannt hatte, wurde Lorenz in der Nacht zum 5. März 1975 freigelassen.

Ich habe mich danach oft gefragt, ob meine Position, bei der ich seine Ermordung nicht ausschließen konnte, Lorenz gegenüber verantwortbar war. Die Antwort fiel mir nicht leicht. Aber ich habe sie auch nach neuerlicher Prüfung immer wieder bejaht. Schon deshalb, weil von ihm nicht mehr verlangt worden wäre als beispielsweise von jedem Polizeibeamten, deren Vorgesetzter er geworden wäre, wenn seine damals aktuelle Kandidatur für das Amt des Regierenden Bürgermeisters Erfolg gehabt hätte – nämlich den Einsatz des eigenen Lebens für das Gemeinwesen. Lorenz hat mir übrigens später, als wir in Berlin am Schlachtensee Wohnungsnachbarn geworden waren und uns auch persönlich begegneten, wegen meiner ihm bekannten Haltung nie auch nur andeutungsweise einen Vorwurf gemacht. Für mich wäre das nicht entscheidend gewesen – aber es spricht für Peter Lorenz, und deshalb erwähne ich es.

Der nächste Anschlag kam nur sechs Wochen später. Diesmal besetzten Terroristen die Deutsche Botschaft in Stockholm, ermordeten den Militärattaché und einen Botschaftsrat und forderten die Freilassung von sechsundzwanzig in Haft befindlichen Terroristen. Eine von Helmut Schmidt eilig zusammengerufene Krisenrunde von Partei- und Fraktionsvorsitzenden, einigen Länderministerpräsidenten und den zuständigen Bundesministern einigte sich in diesem Fall rasch auf die Ablehnung der Forderungen. Dabei fiel ins Gewicht, daß, anders als im Falle Lorenz, schon zwei Menschen ihr Leben verloren hatten und die Forderungen exzessiv erschienen. Andererseits befanden sich noch elf Geiseln in der Gewalt der Terroristen. Meine Argumente für sich allein hätten wohl noch nicht zur Ablehnung geführt, obwohl sie jetzt von einzelnen Teilnehmern an der Runde und auch von Helmut Schmidt unterstützt wurden. Nach der Ablehnung detonierten in der Botschaft Sprengladungen, die zwei Terroristen töteten. Die anderen wurden verhaftet.

Die Atempause, die sich daran anschloß, dauerte rund zwei Jahre bis zur Karwoche 1977. Ich befand mich zu dieser Zeit auf einer Urlaubsreise durch den Peloponnes. Am Gründonnerstag erreichte mich in einem Restaurant in der Nähe von Mistra eine bei der Übersetzung verstümmelte Nachricht der Deutschen Botschaft in Athen, daß der Gerichtspräsident von Bonn ermordet worden sei. Mein Rückruf ergab, daß Generalbundesanwalt Siegfried Buback einem Anschlag zum Opfer gefallen sei. Näheres erfuhr ich erst in Bonn, wohin ich mit Hilfe der Flugbereitschaft der Bundeswehr sofort zurückkehrte. Danach war Buback zusammen mit seinem Fahrer Wolfgang Göbel in Karlsruhe bei der morgendlichen Fahrt in sein Büro von Angehörigen eines Kommandos »Ulrike Meinhof« von einem vorbeifahrenden Motorrad aus erschossen worden. Der Leiter der Fahrbereitschaft seiner Behörde, Georg Wurster, erlitt schwere Verletzungen, an denen er wenige Tage später starb.

Diese Morde empfand ich noch stärker als die vorhergehenden Attentate als einen bedrückenden Schlag gegen den Schutzauftrag des Staates, aber auch als einen persönlichen Verlust. Was sollte man von einem Staat halten, der nicht in der Lage war, das Leben seines höchsten Anklägers zu bewahren? Außerdem waren Buback, den ich wegen seiner Objektivität und seiner unermüdlichen Dienstbereitschaft schätzte, und ich uns nach anfänglicher beiderseitiger Reserve auch menschlich nähergekommen. Und auch sein Fahrer war mir gut bekannt. Es dauerte einige Zeit, bis ich den Tod dieser Männer verwunden hatte. Regelmäßige Besuche bei den Hinterbliebenen halfen mir dabei.

Um so deprimierender war es für mich, daß knapp zwei Wochen nach dem Mordanschlag in einer vom Allgemeinen Studentenausschuß der Universität Göttingen herausgegebenen Zeitschrift ein Artikel erschien, in dem im Zusammenhang mit diesen Morden von »klammheimlicher Freude« die Rede war. Interpretationsversuche einzelner Apologeten, die dieser Wendung einen anderen Sinn geben oder sie gar als nicht zu beanstandende Meinungsäußerung werten wollten, und die bundesweite Debatte, die sich darüber entspann, machten die Sache eher noch schlimmer. An die Familien der Ermordeten hat wohl von denen, die da das Wort führten, keiner gedacht. Der Tabubruch war ihnen offenbar wichtiger. Inzwischen sind einige von denen, die damals die Aktivitäten der Terroristen oder doch ihre Beweggründe verständnisvoll begleiteten, zu besseren Einsichten gelangt. Darunter auch Klaus Rainer Röhl, dessen Selbstkritik in seinem Buch »Linke Lebenslügen« allerdings für meinen Geschmack reichlich emphatisch geraten ist und auch dadurch nicht

überzeugender wird, daß darin nunmehr sehr weit rechts einzu-
ordnende Positionen anklingen. Widerwärtig war auch der Versuch, den Umstand, daß der Attentäter ein Suzuki-Motorrad fuhr
und dieser Markenname dadurch eine makabre Publizität erlangt
hatte, für Werbezwecke auszunutzen. Wir sind diesem Versuch,
mit dem Entsetzen ein Geschäft zu machen, nachdrücklich entgegengetreten.

Das nächste Opfer war im Juli 1977 Jürgen Ponto, der Vor-
standssprecher der Dresdner Bank. Er wurde in seiner Wohnung
erschossen, als er arglos einen Blumenstrauß entgegennahm, den
ihm die mit seiner Familie befreundete Susanne Albrecht reichte.
Er sei, lautete die Begründung in der Mitteilung, die kurz danach
bei einer Nachrichtenagentur einging, ein »Mitglied der Aus-
beuterklasse«. Nur einen Monat später mißglückte ein sorgfältig
vorbereiteter Anschlag auf das Dienstgebäude der Bundesanwaltschaft in Karlsruhe, bei dem aus einem benachbarten Gebäude
mit Hilfe einer Art Stalinorgel mehrere Raketen automatisch
abgefeuert werden sollten, lediglich deshalb, weil die Automatik
versagte.

Aber das waren alles nur Vorspiele. Der Hauptakt des Terror-
dramas begann am 5. September 1977 mit der gewaltsamen Entführung Hanns Martin Schleyers, bei der die ihn begleitenden
Polizeibeamten Helmut Ulmer, Reinhold Brändle und Roland
Pieler ebenso erschossen wurden wie sein Fahrer Heinz Marcisz.
Ich nenne ihre Namen wie zuvor die Namen von Wolfgang Göbel
und Georg Wurster, weil es mich immer bedrückt hat und noch
heute bedrückt, daß sie zumeist unerwähnt bleiben, wenn von
den Anschlägen auf diejenigen gesprochen wird, in deren Begleitung sie starben. Ihr Opfer und das Leid ihrer Angehörigen
waren nicht geringer.

Die erste Information, daß in Köln ein neuer Anschlag stattgefunden habe, ging im Bundeskanzleramt gegen achtzehn Uhr
während einer Besprechung bei Helmut Schmidt ein. Hans-Jürgen Wischnewski, der bei der Besprechung zugegen war, und ich
fuhren sofort an den Tatort. Dort bot sich uns ein grauenhafter

Anblick. Die Toten lagen – mit Planen zugedeckt – auf der Straße und den Bürgersteigen noch an den Stellen, an denen sie niedergestreckt worden waren. Dazwischen stand auch noch der Kinderwagen, den die Terroristen zur Tarnung benutzt hatten. Von Schleyer und seinen Entführern fehlte jede Spur. Ein Text, der noch am Abend gefunden wurde, ließ keinen Zweifel daran, daß es sich wiederum um einen Anschlag der RAF handelte. Ein zweiter Text, der das Bundeskriminalamt am 6. September erreichte, enthielt dann die in der Folge immer wieder wiederholte Forderung, elf namentlich genannte Häftlinge, darunter Andreas Baader, Gudrun Ensslin und Irmgard Möller, freizulassen. Auch seien die Fahndungsmaßnahmen sofort einzustellen. Anderenfalls werde Schleyer sofort erschossen.

Die nächsten sechs Wochen gehörten zu den angespanntesten und verantwortungsschwersten meines ganzen Lebens. Mir und allen Beteiligten war von Anfang an klar, daß alles, was jetzt getan oder unterlassen wurde, unmittelbare Auswirkungen auf Leben oder Tod des Entführten haben konnte. Die meisten, die in den sofort gebildeten Krisengremien zusammentraten, kannten Hanns Martin Schleyer auch persönlich oder waren mit ihm – wie Helmut Kohl – sogar befreundet. Ich selbst war ihm ein- oder zweimal bei öffentlichen Veranstaltungen begegnet.

Dem sogenannten großen politischen Beratungskreis gehörten die Partei- und Fraktionsvorsitzenden, die Bundesminister des Innern, der Justiz und des Auswärtigen sowie die Ministerpräsidenten der vier Bundesländer an, in deren Haftanstalten die Häftlinge einsaßen, deren Freilassung die Terroristen verlangten, also Helmut Kohl, Willy Brandt, Franz Josef Strauß – er ließ sich zumeist durch Friedrich Zimmermann vertreten –, Hans-Dietrich Genscher, Herbert Wehner, Wolfgang Mischnick, Werner Maihofer und ich, sowie die Ministerpräsidenten Filbinger, Goppel, Kühn und Klose, die allerdings zumeist Vertreter entsandten. In der sogenannten kleinen Lage, die oft mehrfach am Tag zusammenkam, saßen die zuständigen Bundesminister und ihre Staatssekretäre. Bei beiden Runden waren stets auch Manfred Schüler als Chef des Bundeskanzleramts, Horst Herold als der hochmotivierte Präsident des Bundeskriminalamts und Klaus Bölling zugegen, der als Sprecher der Bundesregierung einen ebenso wichtigen wie schwierigen Part wahrzunehmen hatte. Häufig war auch der Generalbundesanwalt anwesend. Den Vorsitz führte in allen Sitzungen beider Runden Helmut Schmidt selber. Seine ruhige Entschlossenheit, seine Fähigkeit, nach Anhörung aller Beteiligten jeweils klare Entscheidungen herbeizuführen, und sein fester Wille, den Rechtsstaat von keiner Seite antasten zu lassen, gaben den Beratungen einen beständigen und belastbaren Rahmen. Wichtig war auch der stillschweigende Konsens, daß die letzte Entscheidung und damit auch die letzte Verantwortung – jedenfalls im politischen Sinne – bei ihm lagen. Zuständigkeitsprobleme, die angesichts der Beteiligung von vier Bundesländern und mehrerer Bundesressorts immerhin denkbar gewesen wären, kamen infolgedessen nur ganz gelegentlich auf und wurden dann sehr rasch gelöst.

Die Beteiligung der Opposition war von Beginn an unstreitig und schon deshalb richtig und notwendig, weil so deutlich wurde, daß es bei allen Meinungsverschiedenheiten im Detail in der Grundfrage, nämlich der Wahrung des Gewaltmonopols und der Schutzfähigkeit des demokratischen Rechtsstaates, keinen Dissens gab. Helmut Kohl hat daran auch nach außen keinen Zweifel gelassen und die Entscheidungen loyal mitverantwortet. Das gleiche galt für Friedrich Zimmermann, der sich in sachkundiger Weise engagierte. Von den übrigen Politikern beteiligte sich Herbert Wehner besonders lebhaft, und zwar vor allem dann, wenn es um die Integrität des Staates ging. Zu den Sach- und Rechtsfragen äußerten sich in erster Linie Werner Maihofer und ich.

Die Atmosphäre war stets sachlich und sehr ernst. Ich kann mich nicht erinnern, daß es auch nur einmal einen Scherz oder Gelächter gegeben hätte, wie das sonst bei Politikerrunden üblich ist. Am bedrückendsten war die Vorführung des von den Entführern angefertigten und der Krisenrunde zugespielten Videobandes, auf dem Schleyer vor dem RAF-Emblem zu sehen war und einen Text verlas, in dem er seinen Wunsch, weiterzuleben, deutlich artikulierte. Auch andere Botschaften, in denen Schleyer im Laufe seiner Gefangenschaft vorwurfsvolle Fragen an uns richtete, hinterließen noch lange tief zwiespältige Empfindungen, bei denen Gefühle des Mitleids mit dem Opfer, des Zorns auf die Entführer und der Machtlosigkeit mit der Überzeugung im Widerstreit lagen, im Interesse des Gemeinwesens nicht anders handeln zu können, als wir es taten. Entgegen späteren Spekulationen wurden übrigens in beiden Krisenrunden Verfassungsänderungen nicht ernsthaft erörtert. Der bei solchen Spekulationen gelegentlich erwähnte Gedanke, den Artikel 102 des Grundgesetzes durch die Einführung einer bedingten Todesstrafe zu modifizieren, die im Falle terroristischer Morde zwar zu verhängen und nur dann zu vollstrecken sei, wenn die Freipressung eines solchermaßen Verurteilten versucht werde, kam über eine Frage nicht hinaus. Als er mir zu Ohren kam, hatte ihn derjenige, der solches einen Augenblick erwog, schon von sich aus fallengelassen. Er wäre – nicht nur bei mir – auch sofort auf entschiedenen Widerspruch gestoßen.

Die große Krisenrunde und das Bundeskabinett einigten sich schon sehr früh auf folgende Grundsätze:

- Es sollte alles geschehen, um Schleyers Aufenthaltsort ausfindig zu machen und ihn dann zu befreien. Dafür sollte vor allem Zeit gewonnen werden.
- Die Entführer sollten ergriffen und vor Gericht gebracht werden.
- Der Forderung der Terroristen sollte nicht entsprochen werden.
- Die Medien sollten gebeten werden, nichts zu veröffentlichen, was die Lebensgefahr für Schleyer hätte erhöhen und den Entführern die Erreichung ihrer Ziele hätte erleichtern können.

Um die Verwirklichung des vierten Punktes hat sich Klaus Bölling insgesamt erfolgreich bemüht. Erfreulicherweise gab es auch kaum Indiskretionen. Entgegen gelegentlichen kritischen Kommentaren hat es sich auch nicht um eine Manipulation oder gar um eine Zensur gehandelt. Vielmehr war es eine nachdrückliche Bitte an die Medien, in eigener Verantwortung das Rechtsgut des Lebens gegen andere Güter und Interessen abzuwägen. Damals hat die Abwägung im allgemeinen zu dem gewünschten und wohl auch ethischen Maßstäben entsprechenden Ergebnis geführt. Ich bin nicht sicher, ob so eine Bitte heute den gleichen Erfolg hätte.

Der dritte Grundsatz war der zentrale und auch der, der die Beteiligten ihre Verantwortung am stärksten spüren ließ. Als Justizminister vertrat ich dazu die gleiche Auffassung wie bei der Entführung von Peter Lorenz und der Besetzung der Botschaft in Stockholm. Diesmal mußte ich darauf hinweisen, daß das, was ich im Falle Lorenz als Hypothese geäußert hatte, inzwischen in bedrückender Weise Wirklichkeit geworden war. Den fünf damals Freigepreßten lag nämlich unter anderem zur Last, seit ihrer Freilassung neuerdings vier Menschen ermordet und in einem weiteren Fall einen Mordversuch unternommen zu haben; alles Taten, derentwegen bereits Haftbefehle ergangen waren. Nachgeben hätte also nur den Tod anderer, namentlich jetzt noch nicht feststehender Menschen und insgesamt eine Ermutigung der Terroristen und eine Schwächung der Schutzfähigkeit des Staates zur Folge gehabt. Um einen solchen Preis – so faßte ich meine Argumentation zusammen – könne das Leben des Entführten nicht gerettet werden. Außerdem könne man im Falle der Freilassung nicht erwarten, daß Polizeibeamte künftig ihr Leben riskierten, um einen Terroristen festzunehmen, wenn sie damit rechnen müßten, daß der Festgenommene nächstens doch wieder in Freiheit komme. Helmut Schmidt, das Kabinett und die große Krisenrunde schlossen sich dieser Argumentation an. Werner Maihofer kämpfte am längsten mit seinen Zweifeln.

Leicht fiel das keinem. Heute noch sehe ich das Videobild von Schleyer vor mir, wenn ich meine damalige Argumentation von neuem überdenke. Und ich erinnere mich an die täglichen Telefongespräche, die ich seinerzeit im Auftrag der Krisenrunde mit dem Sohn Hanns Martin Schleyers führte. Natürlich hoffte ich mit den anderen, es werde doch gelingen, Schleyer zu finden und zu befreien. Aber die Konsequenz meiner Argumentation stand mir durchaus vor Augen. Dennoch hielt und halte ich sie für zwingend. Eine Hilfe war mir in jenen Tagen der Gedanke, daß es jenseits allen menschlichen Bemühens und aller menschlichen Fehlsamkeit eine höhere Instanz gibt, deren Ratschlüsse unserer Einsicht nur in ganz beschränktem Maß zugänglich sind. Für mich ist das der Herrgott. Und ich scheue mich nicht, das in einem solchen Zusammenhang auszusprechen. Wenn man glaubt, bei all seinem Tun und Unterlassen einen solchen archimedischen Punkt zu besitzen, muß man das nicht verschweigen.

Am wichtigsten war in der täglichen Aktivität das Bemühen um Zeitgewinn. Dem dienten Befragungen der von den Entführern benannten Häftlinge über die Länder, in die sie ausgeflogen werden wollten, und Gespräche mit diesen Ländern – es ging um Algerien, Libyen, Jemen, den Irak und um Vietnam –, ob sie zur Aufnahme bereit waren. Diese Gespräche führte Hans-Jürgen Wischnewski. Die Informationen, die er mitbrachte, gaben Anlaß zu neuen Befragungen der Häftlinge. Gleichzeitig wurden über einen Anwalt in Genf, der als Mittelsperson tätig wurde, Nachrichten ausgetauscht. Unterschiedliche Einlassungen einzelner Häftlinge sollten in diesem Hin und Her neue Rückfragen nötig machen und so – erwünschte – weitere Verzögerungen bewirken. Schon früh ergab sich indes der Verdacht, daß Häftlinge in derselben, aber auch in verschiedenen Anstalten miteinander in Kontakt standen und ihre Informationen austauschten. Mehrere Bundesländer unterbrachen daraufhin unter Berufung auf den Paragraphen 34 Strafgesetzbuch jede Außenverbindung der bei ihnen einsitzenden Häftlinge, auch die mit den jeweiligen Verteidigern. Andere Bundesländer lehnten letzteres unter Hinweis auf zwingende Bestimmungen der Strafprozeßordnung ab.

Mir erschien die Unterbrechung des Kontaktes auch zu den Verteidigern unter den gegebenen Umständen unerläßlich. Ich sah jedoch im Paragraphen 34 Strafgesetzbuch keine geeignete Rechtsgrundlage für einen solchen Eingriff. Diese Bestimmung besagt, daß im Falle eines übergesetzlichen Notstandes, bei dem es um die Abwehr einer gegenwärtigen, anders nicht abwendbaren Gefahr für Leib und Leben oder andere Rechtsgüter geht, Handlungen, die zur Beseitigung dieses Notstandes begangen werden, dann nicht rechtswidrig sind, wenn das geschützte Interesse das beeinträchtigte wesentlich überwiegt. Eine generelle Ermächtigung für staatliche Eingriffe in Rechte Dritter enthält sie hingegen nicht. Deshalb schlug ich eine gesetzliche Regelung – das sogenannte Kontaktsperregesetz – vor, das von allen Fraktionen am 28. September 1977 gemeinsam im Bundestag eingebracht wurde und am 2. Oktober 1977 in Kraft trat. Das Gesetz bestimmte im Einklang mit der Rechtsweggarantie des Artikels 19 Abs. 4 Grundgesetz, daß der Bundesgerichtshof auf Beschwerde hin die Rechtmäßigkeit verhängter Kontaktsperren nachzuprüfen habe. Auf Grund dieser Bestimmung hat der Bundesgerichtshof am 13. Oktober 1968 zweiundsiebzig der von mir am 2. Oktober verfügten Kontaktsperren bestätigt. Später hat auch das Bundesverfassungsgericht die Verfassungsmäßigkeit des Gesetzes bejaht.

Ich gebe zu, die Unterbrechung des Kontaktes zwischen einem Häftling und seinem Anwalt berührt auch dann einen rechtsstaatlich sehr sensiblen Punkt, wenn – wie das Gesetz es tut – der Ablauf aller für den Häftling bedeutsamen Fristen für die Dauer der Kontaktsperre gehemmt wird. Und eine Zeitspanne von vier Tagen zwischen der Einbringung und dem Wirksamwerden eines Gesetzentwurfs ist auch dann ganz anormal, wenn man bedenkt, daß der Rechtsausschuß des Bundestages innerhalb dieser Spanne den Entwurf immerhin einen halben Tag lang beraten hat. Aber dieses Vorgehen, das jedenfalls eine geordnete richterliche Kontrolle ermöglichte, erschien mir immer noch erträglicher als die Fortdauer eines geheimen Informationsaustausches zwischen den Häftlingen, die freigepreßt werden sollten, oder die Berufung auf einen übergesetzlichen Notstand. Über die Gesamtproblematik der sogenannten Antiterrorgesetze, zu denen das Kontaktsperregesetz gehörte, wird im Folgenden noch zu reden sein.

Die Suche nach Hanns Martin Schleyer, die wegen der Drohung der Entführer, ihn beim Bekanntwerden von Fahndungsmaßnahmen sofort umzubringen, verdeckt ins Werk gesetzt werden mußte, blieb in all diesen Wochen erfolglos. Das Bundeskriminalamt und die Polizeien der Länder waren unermüdlich tätig. Schließlich vermuteten sie, daß der Entführte im Ausland gefangengehalten werde. Aber auch dort gab es keine konkrete Spur.

In dieser Phase empfahl Helmut Schmidt allen Beteiligten, wieder mehr ihren normalen Dienstgeschäften nachzugehen. Dem lag der Gedanke zugrunde, der nun schon Wochen andauernden Fixierung der deutschen – und in beträchtlichem Maße auch der ausländischen – Öffentlichkeit auf dies eine Ereignis entgegenzuwirken. Ich flog deshalb am 12. Oktober 1975 zu einem schon Monate zuvor mit meinem portugiesischen Justizministerkollegen vereinbarten Besuch nach Lissabon. Schon wenige Stunden nach meiner Ankunft erfuhr ich über die Deutsche Botschaft, daß Terroristen soeben die Lufthansa-Maschine »Landshut« auf dem Flug von Mallorca nach Frankfurt mit der fünfköpfigen Besatzung und sechsundachtzig Passagieren an Bord gekapert hatten und auf dem Wege nach Rom waren. Daraufhin kehrte ich noch in der Nacht zum 14. Oktober nach Bonn zurück.

Auch diese Terroristen forderten ultimativ die Freilassung der Häftlinge, die schon die Schleyer-Entführer hatten freipressen wollen. Die Geschehnisse, die sich daran anschlossen, so die vergeblichen Versuche, die Maschine in Rom, Larnaca oder Dubai festzuhalten, und die Erschießung des Flugkapitäns Jürgen Schuhmann während einer Zwischenlandung in Aden sind noch allgemein im Gedächtnis und kürzlich durch die Festnahme einer an der Entführung beteiligten Terroristin in Norwegen erneut in Erinnerung gerufen worden. Sie brauchen daher hier nicht noch einmal dargestellt zu werden. Die Krisenrunden und das Kabinett befaßten sich nunmehr auch mit dieser Entführung, die verständlicherweise eine noch stärkere Empörung auslöste. Die Entscheidung, den erpresserischen Forderungen nicht nachzugeben, wurde auch angesichts der neuen Situation bekräftigt.

Ein zusätzlicher Aspekt ergab sich zu diesem Zeitpunkt daraus, daß die Entführer übereinstimmend ein Lösegeld in Höhe von 25 Millionen DM verlangten, das von Hanns-Eberhard Schleyer in Frankfurt am Main übergeben werden sollte. Die Entführer äußerten sich jedoch nicht klar dazu, ob sie Hanns Martin Schleyer und die Insassen der »Landshut« nach Erhalt des Lösegeldes freigeben oder nur die von ihnen gesetzten Fristen verlängern wollten. Auch war nicht völlig auszuschließen, daß der Überbringer ebenfalls entführt werden würde. Im Auftrag der großen Krisenrunde riet ich Hanns-Eberhard Schleyer deshalb und auch deswegen, weil der Vorgang einschließlich des Übergabeortes inzwischen öffentlich bekannt geworden war, davon ab, der Forderung der Entführer nachzukommen. Er entsprach diesem Rat, obwohl ihm das nicht leichtfiel.

Eine andere Initiative ging zur gleichen Zeit von den in Stammheim inhaftierten Gudrun Ensslin und Andreas Baader aus. Sie verlangten ein Gespräch mit dem Chef des Bundeskanzleramts in Abwesenheit Dritter. Ich riet davon ab, darauf einzugehen. Ohne daß ich gewußt hatte, was sich einige Tage später herausstellte – nämlich daß die Inhaftierten Waffen in ihren Zellen hatten –, erschien mir die Gefahr für Staatssekretär Manfred Schüler zu groß. Statt seiner sprach mit Baader ein in üblicher Weise mit einer Dienstwaffe ausgerüsteter Kriminalbeamter in Begleitung eines Beamten des Bundeskanzleramtes.

Während der Irrflug der »Landshut« noch im Gange war, erhob der Sohn Hanns Martin Schleyers am 15. Oktober im Namen seines Vaters Verfassungsbeschwerde mit dem Antrag, das Bundesverfassungsgericht möge die Bundesregierung durch eine einstweilige Anordnung verpflichten, den Forderungen der Entführer Hanns Martin Schleyers stattzugeben und den von ihnen Benannten die Ausreise aus der Bundesrepublik zu gewähren. Das Gericht setzte daraufhin einen Termin zur mündlichen Verhandlung für den Abend des 16. Oktober an.

Die Verhandlung, die unter dem Vorsitz von Ernst Benda vor dem Ersten Senat stattfand, ist mir noch in allen Einzelheiten gegenwärtig. Sie begann gegen einundzwanzig Uhr. Die Anwälte Schleyers machten geltend, dieser – und ebenso auch die Passagiere der »Landshut« – befinde sich in höchster Lebensgefahr. Der Staat habe auf Grund des Artikels 2 Abs. 2 Grundgesetz die Pflicht, diese Lebensgefahr durch die Erfüllung der Forderungen der Entführer abzuwenden, weil ein anderes Mittel dafür nicht zur Verfügung stünde. Nachdem er dies im Falle Lorenz getan habe, sei er dazu auch unter dem Gesichtspunkt der grundrechtlich durch den Artikel 3 Abs. 1 Grundgesetz verbürgten Gleichbehandlung gehalten. Ich trug für die Bundesregierung die oben bereits geschilderte Argumentation vor und fügte hinzu, in dieser außerordentlichen Notsituation gebe es keine Entscheidung, die, an den Maßstäben des Grundgesetzes gemessen, als die allein richtige bezeichnet werden könne. Vielmehr müsse den verantwortlichen staatlichen Organen ein Beurteilungs- und Entscheidungsspielraum verbleiben.

Nach einigen Fragen zog sich der Senat kurz vor Mitternacht zur Beratung zurück. Gegen sechs Uhr morgens des folgenden Tages verkündete Präsident Benda im leeren Sitzungssaal, in dem außer dem Senat und dem Urkundsbeamten nur noch die Anwälte Schleyers und ich mit zwei Mitarbeitern zugegen waren, das Urteil, in dem der Antrag abgelehnt wurde. Das während der Nacht sorgfältig formulierte und im vollen Wortlaut schriftlich abgesetzte Urteil bejaht die Verpflichtung der staatlichen Organe zum effektiven Lebensschutz, überläßt aber diesen die Entscheidung darüber, wie sie diese Verpflichtung im konkreten Fall erfüllen. Die danach gebotenen Maßnahmen könnten weder generell im voraus normiert noch aus einem Individualgrundrecht als Norm hergeleitet werden. Dann fährt das Urteil wörtlich fort:

»Das Grundgesetz begründet eine Schutzpflicht nicht nur gegenüber dem einzelnen, sondern auch gegenüber der Gesamtheit aller Bürger. Eine wirksame Wahrnehmung dieser Pflicht setzt voraus, daß die zuständigen staatlichen Organe in der Lage sind, auf die jeweiligen Umstände des Einzelfalles angemessen zu reagieren; schon dies schließt eine Festlegung auf ein bestimmtes Mittel aus. Darüber hinaus kann eine solche Festlegung insbesondere deshalb nicht von Verfassung wegen erfolgen, weil dann die Reaktion des Staates für Terroristen von vornherein kalkulierbar würde. Damit würde dem Staat der effektive Schutz seiner Bürger unmöglich gemacht. Dies stünde mit der Aufgabe, die ihm durch Art. 2 Abs. 2 Satz 1 gestellt ist, in unaufhebbarem Widerspruch.«

Es stellt den an diesem Verfahren Beteiligten und insbesondere dem Bundesverfassungsgericht kein schlechtes Zeugnis aus, daß auch unter den extremen Bedingungen der konkreten Situation eine ernsthafte und sorgfältige Prüfung der zu entscheidenden Frage möglich war. Daß von ihrer Entscheidung Tod oder Leben all derer abhängen konnte, die sich zu diesem Zeitpunkt in der Gewalt von Terroristen befanden – aber eben nicht nur dieser –, war allen, die daran mitwirkten, zutiefst bewußt.

Am nächsten Tag suchte ich auf Bitte des Bundeskanzlers die Familie Schleyer in deren Haus in Stuttgart auf. Dort tat ich mich nach dem Karlsruher Urteil noch schwerer als bei den vorangegangenen täglichen Telefongesprächen. Aber ich wollte mich der unmittelbaren Begegnung mit denen, die ein besonders hartes Los zu tragen hatten, nicht entziehen.

Eine andere Begegnung schwierigster Art absolvierte in diesen Tagen Ernst Haar, damals parlamentarischer Staatssekretär im Bundesverkehrsministerium. Er traf mit den Angehörigen der Passagiere zusammen, die sich an Bord der »Landshut« in der Gewalt der Terroristen befanden. Sie hatten sich in größerer Zahl im Bundeskanzleramt eingefunden, verlangten Aufklärung und drängten in ihrer Mehrheit darauf, den Forderungen der Terroristen nachzugeben, wenn anders das Leben der Geiseln nicht gerettet werden könne. Ernst Haar gelang es durch sein menschliches Auftreten, sie für den Augenblick zu beruhigen und für die Position der Bundesregierung wenn schon nicht Verständnis, so doch eine gewisse Duldung zu erreichen.

Die Entscheidung, die gewaltsame Befreiung der inzwischen in Mogadischu gelandeten Passagiere zu versuchen, traf Helmut Schmidt am 17. Oktober. Das hohe Risiko, das er damit auf sich nahm, stand ihm klar vor Augen. Wäre der Versuch blutig gescheitert, hätte er die Verantwortung für den Tod vieler Menschen zu tragen gehabt. Daß die Krisenrunde seiner Entscheidung zustimmte, hat – wie ich ihn kenne – für ihn seine höchstpersönliche Verantwortung nicht gemindert. Mein fortdauernder hoher Respekt vor Helmut Schmidt beruht gerade auf dieser Erfahrung.

Der Versuch glückte in den ersten Minuten des 18. Oktober, ohne daß eine einzige Geisel zu Schaden kam. Das Verdienst daran gebührt den Grenzschutzbeamten der GSG 9, der Flugzeugbesatzung und nicht zuletzt Hans-Jürgen Wischnewski, dessen eiserne Nerven und dessen Erfahrung und Geschick im Umgang mit Machthabern in fremden Ländern sich einmal mehr glänzend bewährten. Durch Zufall war ich im selben Raum des Bundeskanzleramtes wie Helmut Schmidt, als Hans-Jürgen Wischnewski ihm über eine Standleitung den Erfolg der Aktion mit den Worten meldete: »The work is done.« Es war das einzige Mal, daß ich in den Augen Helmut Schmidts ein paar Tränen zu erkennen glaubte.

Die große Freude über die Rettung der »Landshut«-Passagiere wurde überschattet durch die Sorge über die Auswirkung dieses Ereignisses auf das Schicksal Hanns Martin Schleyers. Für ihn war die Gefahr durch das Scheitern der »Landshut«-Entführer, von denen drei bei der Erstürmung des Flugzeugs ums Leben gekommen waren, noch gewachsen. Über den Ort, an dem Schleyer gefangengehalten wurde, gab es nach wie vor keine brauchbaren Hinweise. Die Entführer selbst meldeten sich nicht mehr – auch nicht über die Genfer Mittelsperson. Da kam am frühen Morgen des 18. Oktober 1977 die Nachricht, daß sich Andreas Baader, Gudrun Ensslin und Jan-Carl Raspe in der Nacht in ihren Zellen umgebracht hatten, während Irmgard Möller ihren Selbstmordversuch schwerverletzt überlebte. Mir war klar, daß dieser Vorfall zu schlimmen Verdächtigungen und Spekulationen Anlaß geben würde. Deshalb bestand ich darauf, die Obduzenten auch von international anerkannten Organisationen benennen zu lassen und der Menschenrechtskommission in Straßburg, bei der eine Beschwerde Baaders anhängig war, Gelegenheit zur Beweissicherung an Ort und Stelle zu geben. Das Ergebnis, zu dem die Sachverständigen kamen, war eindeutig. Es gab keinerlei Indiz für eine Einwirkung von dritter Seite. Ein Untersuchungsausschuß des baden-württembergischen Landtags gelangte später zum gleichen Ergebnis.

Ein makabrer Streit erhob sich anschließend über die Frage, ob und wo die Toten beerdigt werden sollten. Der Vater von Gudrun Ensslin wünschte die Beerdigung seiner Tochter in einem Grab auf einem Stuttgarter Friedhof, neben dem auch Andreas Baader und Jan-Carl Raspe beigesetzt werden sollten. Nicht wenige wandten sich dagegen mit der Behauptung, die Grabstätte könne zu einer Kultstätte werden. Auch der CDU-Kreisverband Stuttgart protestierte gegen die Beisetzung der drei auf einem Stuttgarter Friedhof. Oberbürgermeister Manfred Rommel ließ sich dadurch nicht irritieren und entschied, daß die Beerdigung auf dem von der Familie gewünschten Grabplatz stattzufinden habe. »Mit dem Tode«, sagte er, »muß jede Feindschaft enden.« Es war die richtige Entscheidung.

Am 19. Oktober kam dann die Nachricht, mit der von Stunde zu Stunde mehr gerechnet werden mußte: Hanns Martin Schleyers Leiche war im Kofferraum eines Autos in Mühlhausen im Elsaß gefunden worden. Für alle, die wochenlang bemüht gewesen waren, sein Leben zu retten, ohne die Schutzfähigkeit des Staates zu erschüttern, war das die bitterste Stunde. Ich fühlte mich als Mitverursacher seines Todes, auch wenn ich glaubte und heute noch glaube, mir keinen Schuldvorwurf machen zu müssen. Aber letzte Sicherheit vermag ich in diesem Punkt nicht zu gewinnen. Anderen an den Entscheidungen Beteiligten mag es ebenso ergehen.

Helmut Schmidt gab zu den Geschehnissen im Bundestag am 20. Oktober eine Regierungserklärung ab. Ergänzend legte Klaus

Bölling am 2. November eine von mir angeregte minuziöse Dokumentation des zeitlichen Ablaufs der Ereignisse vor. Ein wesentlicher Umstand fehlt in dieser Dokumentation, weil er erst später ans Licht kam. Nämlich die Tatsache, daß bei einer örtlichen Polizeidienststelle schon am 7. September ein Hinweis auf eine Wohnung eingegangen war, die kurz zuvor unter verdächtigen Umständen angemietet worden war. Die Meldung der Dienststelle über diesen Hinweis ging auf dem Dienstwege zum Teil verloren, zum Teil wurde sie in Anbetracht der Vielzahl solcher Hinweise nicht für relevant gehalten. Später stellte sich heraus, daß Schleyer in der ersten Septemberhälfte in dieser Wohnung gefangengehalten worden war. Es ist nicht gewiß, ob Schleyer lebend hätte befreit werden können, wenn diesem Hinweis nachgegangen worden wäre. Möglich erscheint es immerhin. Das läßt sein Ende im nachhinein noch tragischer erscheinen.

Eine Episode verdient noch erwähnt zu werden. Als Zeichen des Dankes für die Kooperationsbereitschaft der somalischen Regierung lud Helmut Schmidt den somalischen Botschafter in Bonn am 18. Oktober ein, vorübergehend an der Kabinettssitzung teilzunehmen. Nach meiner Erinnerung war es das einzige Mal, daß ein ausländischer Diplomat an einer solchen Sitzung teilnahm. Der Botschafter erwiderte den Dank Helmut Schmidts in sehr eindrucksvoller und würdiger Weise. Vierzehn Jahre später, im Oktober 1991, las ich in der Presse, daß sich derselbe Botschafter in Bonn vergeblich um Asyl bemühte und eine Zeitlang noch nicht einmal Sozialhilfe erhielt. Es bedurfte erst einer Intervention, um seine Lage zu bessern. Offenbar hatten die jetzt mit ihm befaßten Stellen keine Vorstellung mehr von seinem damaligen Engagement.

Die Antwort des Staates auf die Herausforderung der RAF in den konkreten Fällen habe ich im Vorstehenden geschildert. Sie war getragen von dem Bestreben, das staatliche Gewaltmonopol zu bewahren und den Gesetzen Geltung zu verschaffen, ebenso aber auch von dem Willen, die rechtsstaatlichen Prinzipien nicht anzutasten. Daß dies insgesamt gelang und auch von der ganz großen Mehrheit unseres Volkes gutgeheißen wurde, war die entscheidende Niederlage der RAF. Wichtig war dafür das Bemühen um einen breiten Konsens und um rasche Entscheidungen, die an der Handlungsfähigkeit des Staates keine Zweifel aufkommen ließen. Mir lag gerade deshalb sehr daran, daß beispielsweise die Nachfolge für den ermordeten Generalbundesanwalt Siegfried Buback alsbald geregelt wurde. Das gelang binnen nicht ganz drei Monaten, weil sich Kurt Rebmann, anders als andere befragte Persönlichkeiten – Bewerber gab es in diesem Falle ohnehin nicht mehr –, unbeschadet der konkreten Gefahr, der er sich damit aussetzte, zur Nachfolge bereit erklärte. Das habe ich ihm hoch angerechnet und auch dann nicht vergessen, wenn wir – vor allem nach meinem Ausscheiden aus dem Bundesjustizministerium – gelegentlich unterschiedlicher Meinung waren.

Überhaupt bedarf der ausdrücklichen Erwähnung, wie viele Polizei- und Strafvollzugsbeamte, Richter und Staatsanwälte, aber auch Ministerialbeamte damals ihre Pflicht ungeachtet der damit verbundenen Gefahren erfüllten und dabei auch empfindliche Einschränkungen ihrer eigenen Lebensführung in Kauf nahmen. Ich selbst bin siebzehn Jahre lang rund um die Uhr von Sicherheitsbeamten begleitet und bewacht worden und weiß deshalb, wovon da die Rede ist. Und ich habe allen Anlaß, den dreihundert Beamten und Beamtinnen, die nacheinander mehr oder weniger intensiv zur Familie gehörten, für ihre Diskretion und ihre liebenswürdige Hilfsbereitschaft zu danken. Aber davon, was das in den kritischen Jahren für meine Frau und meine – seinerzeit zum Teil noch schulpflichtigen – Kinder bedeutet hat, haben Außenstehende kaum eine Vorstellung. Wahrscheinlich hätte ich die ständige Begleitung ablehnen können. Das hätte vielleicht sogar den Eindruck von Unerschrockenheit und Sparsamkeit erweckt. Aber von den konkreten Erfahrungen her wußte ich, in welch schlimme Verwicklungen ein Gemeinwesen geraten kann, wenn einer, der herausgehobene Verantwortung trägt, gerade deshalb zum Ziel terroristischer Aktivitäten wird, weil er sich nicht bewachen läßt. Ich habe es daher bei der allgemeinen Übung bewenden lassen und mich in das Unvermeidliche gefügt.

Ich sprach von Konsens. Den gab es in den entscheidenden Momenten. Es gab aber aus den Reihen der damaligen Opposition auch Vorwürfe, die ich selbst nach Jahren nur als infam bezeichnen kann. So wurde die Sozialdemokratie dafür verantwortlich gemacht, daß »jetzt die Saat aufgehe, die aus ihren Reihen mit Schulplänen, Rahmenrichtlinien oder Ausbildungsleitlinien gesät« worden sei. Franz Josef Strauß hat sich da hervorgetan. Auf der anderen Seite gab es gelegentlich auch ein öffentlich geäußertes Maß an Verständnis für die RAF und fundamentaler Kritik an den staatlichen Maßnahmen, die mir schwer verständlich und mitunter bedrückend erschienen. Unter dem Stichwort »klammheimliche Freude« habe ich mich dazu weiter oben schon geäußert. Heinrich Böll zähle ich übrigens nicht zu denen, die hier gemeint sind. Seine »Katharina Blum« gab – jedenfalls mir – vielmehr Anlaß, über gesellschaftliche Fehlentwicklungen in den sechziger Jahren nachzudenken und anzuerkennen, daß diese im Einzelfall auch zu Lebensverläufen beigetragen haben können, die in terroristischen Gewalttaten endeten. Eine Entschuldigung für Mord oder andere Gewalttaten habe ich darin aber nie gesehen.

Mir stand schon früh vor Augen, daß es eines Tages auch zu terroristischen Gewalttaten vom rechtsextremistischen Rand des politischen Spektrums kommen könnte und daß der Rechtsstaat dann nicht anders vorzugehen habe als gegen den Terror der RAF. Erstaunlicherweise hat es zu Beginn der neunziger Jahre geraume Zeit gedauert, bis die Gefährlichkeit des rechten Terrorismus genauso hoch eingeschätzt wurde wie die der RAF. Dem entsprach, daß beispielsweise der von einem Rechtsradikalen im September 1980 in München verübte sogenannte Oktoberfestanschlag, bei dem zwölf Menschen getötet und über zweihundert zum Teil schwer verletzt wurden, nur eine vorübergehende Aufmerksamkeit fand.

Ob der Rechtsstaat damals Schaden gelitten hat, wird noch heute unterschiedlich beantwortet. Gewiß sind bei den staatlichen Aktivitäten damals unter dem Druck der Ereignisse und den durch sie ausgelösten Emotionen mitunter Gesetzesbestimmungen überinterpretiert und nicht immer sorgfältig genug beachtet worden. Die bedenkliche Auslegung des Paragraphen 34 Strafgesetzbuch erwähnte ich schon. Auch die seinerzeitige Gesetzgebung – neben dem Kontaktsperregesetz unter anderem die Neuregelung des Verteidigerausschlusses, die Einführung der obligatorischen Trennscheibe bei Verteidigergesprächen in bestimmten Fällen und die Einfügung eines Paragraphen 129a in das Strafgesetzbuch, der den Tatbestand der terroristischen Vereinigung unter Strafe stellte und die Zuständigkeit der Bundesanwaltschaft für die Verfolgung solcher Delikte begründete – begegnete und begegnet unter diesem Gesichtspunkt noch immer der Kritik. Ich will nicht jedes Detail dieser Regelungen in gleicher Weise verteidigen. Insgesamt aber waren sie notwendig und auch mit den Prinzipien des Rechtsstaates vereinbar. Gerade deshalb blieben sie auch deutlich hinter dem zurück, was seinerzeit die Opposition vorschlug. Übrigens haben damals innerhalb der SPD-Bundestagsfraktion ebenso intensive wie sachliche Gespräche über diese Regelungen mit denen stattgefunden, die gegen meine Vorlagen ernste Bedenken hatten. Wir haben uns gegenseitig nicht vollständig überzeugen können. Aber der wechselseitige Respekt und das wechselseitige Vertrauen, die seitdem das Verhältnis etwa zwischen mir und Herta Däubler-Gmelin und Peter Conradi bestimmen, haben in diesen Diskussionen ihre Wurzel.

Wenn ich zum Schluß dieses Kapitels ein Resümee zu ziehen versuche, sind Zahlen nicht zu vermeiden. Als ich im Januar 1981 aus dem Bundesjustizministerium ausschied, waren bis dahin im Zusammenhang mit Anschlägen der RAF zweiunddreißig Menschen getötet worden. Andererseits waren wegen solcher Taten zweiundzwanzig Männer und Frauen rechtskräftig verurteilt. Seitdem hat sich die Zahl der Opfer um vierzehn Ermordete, die der rechtskräftig Verurteilten um einundachtzig erhöht. Terroristische Anschläge gab es also auch nach dem Herbst 1977. Aber unser Gemeinwesen hatte eine schwere Bewährungsprobe bestanden und einen Weg gefunden, auch einer in ihrer Brutalität neuartigen Herausforderung entgegenzutreten, ohne seine Qualität zu verändern.

In späterer Zeit bin auch ich in Bonn mit der Frage befaßt worden, wie mit den zu lebenslänglicher Freiheitsstrafe Verurteilten hinsichtlich der Aussetzung ihrer Strafen zu verfahren sei. Ich habe dazu – auch Richard von Weizsäcker als Bundespräsidenten gegenüber – die Ansicht vertreten, sie dürften nicht besser, aber auch nicht schlechter behandelt werden als andere Lebenslängliche, sondern müßten unter den gleichen Voraussetzungen wie diese bedingt entlassen oder begnadigt werden. Insoweit habe ich Klaus Kinkel und Antje Vollmer unterstützt. Der Begriff »Versöhnung« erschien mir allerdings dafür schon deswegen weniger passend, weil es sich dabei um einen Bereich handelt, für den allein die Opfer und ihre Hinterbliebenen maßgebend sein können.

Erschüttert hat mich, was nach der Wende über das Verhalten der ehemaligen DDR-Führung gegenüber RAF-Angehörigen bekannt geworden ist. Schon daß wegen Mordes Gesuchte dort eine neue Identität erhielten und in Ruhe leben konnten, bedeutete eine mittelbare Unterstützung der terroristischen Aktivitäten. Wenn es aber zutrifft, daß solche Personen sogar geschult wurden und von dort aus zur Begehung von Straftaten vorübergehend in die Bundesrepublik reisen konnten, dann würde das ein vernichtendes Urteil über die moralische Qualität der DDR-Führung darstellen. Es ist mir im nachhinein schwer erträglich, daß ich vor dem Herbst 1989 vielleicht Männern gegenübergesessen habe, die davon wußten.

5 Wachsende Verantwortung

Die Auseinandersetzung mit dem Terrorismus hat das Bundesjustizministerium und mich selbst vor allem in den Jahren 1975 bis 1977 stark in Anspruch genommen. Dennoch gingen die Arbeiten an der Rechtsreform auch in dieser Zeit weiter. Von dem Programm, das ich mir zu Beginn meiner Amtszeit vorgenommen hatte, ist bis zum Januar 1981 nicht alles, aber doch ein wesentlicher Teil Gesetz geworden. Außer den schon ausführlicher behandelten Reformen des Schwangerschaftsrechts und des Ehe- und Scheidungsrechts waren das insbesondere
- die Gesetze zur Bekämpfung der Wirtschafts- und der Umweltkriminalität,
- das Strafvollzugs- und das Opferentschädigungsgesetz,
- die Gesetze zur Reform des Rechts der elterlichen Sorge und des Adoptionsrechts,
- die Verbesserung des Sozialen Mietrechts durch das Zweite Wohnraumkündigungsschutzgesetz und des Verbraucherschutzes durch die Gesetze zur Regelung des Rechts der allgemeinen Geschäftsbedingungen und über den Reisevertrag,
- die sogenannte Vereinfachungsnovelle zur Zivilprozeßordnung, das Gesetz zur Änderung der Revision in Zivilsachen sowie das Strafverfahrensänderungsgesetz und
- das Prozeßkostenhilfe- und das Beratungshilfegesetz.
Das Gesetz über die bedingte Aussetzung lebenslanger Freiheitsstrafen und ein Staatshaftungsgesetz, das an die Stelle der unterschiedlichen und auch inhaltlich unbefriedigenden Regelungen im Bund und in den Ländern treten sollte, haben das Bundesgesetzblatt erst 1981 erreicht. Sie sind zwar in der achten Legislaturperiode vom Bundestag verabschiedet worden, mußten aber in der neunten Legislaturperiode neuerdings eingebracht werden, weil der Bundestag über die Einwendungen, die der Bundes-

rat im zweiten Durchgang erhoben hatte, nicht mehr rechtzeitig beschließen konnte. Das Staatshaftungsgesetz scheiterte übrigens später beim Bundesverfassungsgericht, weil das Gericht die Materie nicht dem bürgerlichen Recht, für das der Bund die konkurrierende Zuständigkeit besitzt, sondern dem öffentlichen Recht zuordnete und deshalb die Kompetenz des Bundes für die Normierung der Haftung der Länder verneinte. Diesen Mangel hat erst die Verfassungsreform des Jahres 1994 beseitigt, so daß jetzt ein neuer Anlauf unternommen werden kann.

Noch länger hat es mit der Reform des Insolvenzrechts gedauert. Die von mir 1978 berufene Kommission hat ihre Ergebnisse erst Mitte der achtziger Jahre vorlegen können. Der danach erarbeitete Entwurf einer neuen Insolvenzordnung hat dann erneut fünf Jahre benötigt, bis er verabschiedet wurde. Bis zu seinem Inkrafttreten am 1. Januar 1999 werden noch einmal vier Jahre vergehen. Erst dann wird die Erhaltung lebensfähiger Unternehmen und ihrer Arbeitsplätze bei der Bewältigung von Insolvenzen stärker in den Vordergrund treten.

Anderes blieb ganz auf der Strecke. So der 1979 im Bundestag eingebrachte Entwurf eines Transplantationsgesetzes, der eine positive Entscheidung möglichst erleichtern wollte und deshalb die Entnahme von Organen für zulässig erklärte, wenn der Betroffene trotz entsprechender Belehrung bei der Ausstellung oder Verlängerung seines Personalausweises dort keinen Widerspruch eintragen ließ. Hier hielt ein Konsens, der sich zunächst abzeichnete, nicht lange vor. Insbesondere aus dem Bereich der katholischen Moraltheologie wurden starke Bedenken laut. Es erschien mir deshalb angesichts der Sensibilität des Themas klüger, die Sache vorerst ruhen zu lassen. Die gegenwärtige Koalition hat sie erst jetzt wieder aufgegriffen. Nicht weiter verfolgt wurden nach dem Regierungswechsel von 1982 die zu meiner Zeit begonnenen Vorarbeiten für eine Verwaltungsprozeßordnung, die die unterschiedlichen Verfahrensordnungen für die Verwaltungs-, die Sozial- und die Finanzgerichtsbarkeit vereinheitlichen und zusammenfassen sollte. Auch die Ansätze zu einer Bereinigung des Schuldrechts, bei der es darum gegangen wäre, die weit verstreuten schuldrechtlichen Normen in das Bürgerliche Gesetzbuch zurückzuholen und auch hier die inhaltliche Chancengleichheit zu verstärken – Otto von Gierke sprach schon vor Ende des letzten Jahrhunderts von dem Tropfen sozialen Öls (im Originaltext heißt es sogar »sozialistischen« Öls), der dem Schuldrecht des Bürgerlichen Gesetzbuchs fehlen werde –, kamen kaum von der Stelle. Ich halte beide Vorhaben unverändert für überaus wünschenswert und bedaure, daß sie seit mehr als zehn Jahren nicht weiter vorangekommen sind.

Das gleiche Schicksal ist leider dem ebenso gründlichen wie ideenreichen Bericht der Unternehmensrechtskommission aus dem Jahre 1980 zuteil geworden. Er hätte nach meiner Vorstellung die Vorstufe zur Erarbeitung einer modernen Unternehmensverfassung bilden können, die Kapital und Arbeit als gleichberechtigte Faktoren behandelt. Aber unserer Zeit mangelt es – von den gemeinschaftsrechtlichen Aspekten eines solchen Unterfangens einmal abgesehen – auf diesem Feld offenbar ebenso an der Berufung zur Gesetzgebung oder auch nur an dem dafür erforderlichen Druck wie auf dem Feld des Bodenrechts. Die Kritik, die ich damit artikuliere, richtet sich nicht nur an die konservative Adresse.

Dennoch ziehe ich insgesamt für die Reformanstrengungen während meiner Jahre als Bundesjustizminister eine positive Bilanz. Es würde zu weit führen, die Tragweite der Gesetz gewordenen Reformnovellen hier im einzelnen zu erörtern. Wollte man für jedes Rechtsgebiet den wesentlichsten Reformgedanken in einem Satz umreißen, so wäre das
- für das Strafrecht die Betonung des Ultima-ratio-Charakters des staatlichen Strafens und die Hinwendung zum Gedanken der Resozialisierung,
- für das Familienrecht die schrittweise weitere Durchsetzung der Gleichberechtigung und der Partnerschaft sowie die Anerkennung der sich in einem Entwicklungsprozeß entfalten-

den Grundrechtsmündigkeit des Kindes und des jungen Menschen,

- im Verbraucherschutz der Übergang von der formellen Rechtsgleichheit zur inhaltlichen Chancengleichheit und
- bei den Prozeßordnungen die stärkere Berücksichtigung der Tatsache, daß verzögertes Recht in aller Regel minderes Recht bedeutet.

Die Rechtspolitik dieser Jahre war evolutionär und bemüht, für ihre Vorstellungen einen möglichst breiten Konsens zu gewinnen. Fast alle der hier erwähnten Rechtsänderungen sind von den Gesetzgebungskörperschaften am Ende einstimmig oder mit breiter Mehrheit oder doch zumindest in Fassungen beschlossen worden, denen gegenüber die Anträge und Vorschläge der Minderheit inhaltlich nur mehr oder minder geringfügige Abweichungen aufwiesen. Der gegenteilige Eindruck, den lärmende Veranstaltungen auf der politischen Vorderbühne gelegentlich hervorgerufen haben, entsprach nicht den Tatsachen. Die damalige Gesetzgebung hat auch das Recht nicht ruckartig verändert. Sie hat auch nicht einfach dekretiert. Sie hat vielmehr regelmäßig an Rechtsentwicklungen früherer Zeiten angeknüpft oder die Ergebnisse der Rechtsprechung aufgegriffen, und sie hat die Diskussion mit den Organisationen und Verbänden im Vorfeld und noch während des Gesetzgebungsverfahrens sorgfältig gepflegt. Ungeduldigen mag dies oft langwierig erschienen sein und der Verwirklichung der reinen Idee abträglich. Die Konsensfähigkeit der schließlich Gesetz gewordenen Entwürfe hat dieses Verfahren gefördert, ohne daß dadurch sozialdemokratischen Grundvorstellungen Abbruch getan worden wäre.

Ein Einwand, der in jenen Jahren oft gegen die Reformgesetzgebung erhoben wurde, war der der Normenflut. Nicht nur die Opposition, sondern auch Verbände und Wissenschaftler warfen uns häufig vor, alles ersticke in einer Flut neuer Paragraphen, die keiner mehr erfassen und verstehen könne und die schon wieder geändert worden seien, bevor man sie überhaupt richtig habe zur Kenntnis nehmen können. Dem war nicht ganz leicht zu begegnen. Zwar blieb mein regelmäßiger Hinweis darauf, daß Kritiker der Normenflut zumeist im unmittelbaren Anschluß an ihre Kritik dringend neue Vorschriften auf ihrem jeweiligen Tätigkeitsgebiet verlangten, nicht ohne Wirkung. Auch war dem Argument, daß der Rechtsstaat im letzten Viertel des 20. Jahrhunderts angesichts der zunehmenden Komplexität aller Lebensverhältnisse einen höheren Normbedarf habe als die Monarchie des 19. Jahrhunderts, die Berechtigung kaum abzusprechen. Dennoch trafen die Reizwörter von der Normenflut und der Überreglementierung einen empfindlichen Punkt und stießen in der Öffentlichkeit auf lebhaften Widerhall.

Ich habe in diesem Kapitel an mehreren Stellen von mir, meinen Absichten und Vorstellungen und von Fortschritten oder Ergebnissen gesprochen, die ich erzielt oder auch nicht erzielt habe. Ich war aber keineswegs der einzige, der sich engagierte. Allein hätte ich auch nur wenig ausrichten können. An den Reformen hat vielmehr eine große Zahl von nicht minder engagierten Beamten und Abgeordneten mitgewirkt. Zu ihnen gehörten die Angehörigen des Ministeriums, und hier insbesondere auch diejenigen, die in meiner unmittelbaren Umgebung arbeiteten. Das waren Rainer Faupel, Peter Gielen, Peter Macke, Manfred Balz und Thomas Wagenitz. Andere habe ich schon im 3. Kapitel genannt. Ebenso gehörten dazu die Rechtspolitiker der Koalition und in ihrer Weise auch die Rechtspolitiker der Union, und zwar jeweils im Bund wie in den Ländern. Wenn ich Hermann Dürr, Alfred Emmerlich, Detlef Kleinert und Hans Engelhard in diesem Zusammenhang erwähne, dann deshalb, weil die beiden Erstgenannten als Vorsitzende des zuständigen Arbeitskreises der SPD-Bundestagsfraktion meine wichtigsten Verbündeten waren, und die beiden anderen, weil sie als die rechtspolitischen Repräsentanten der F.D.P. nicht immer einfache, aber stets faire Partner gewesen sind. Von der Union sind mir Heinz Eyrich, Carl Otto Lenz und Benno Erhard in Erinnerung geblieben. Sie ließen es an Schärfe des Widerspruchs und mitunter auch an polemischer Zuspitzung nicht fehlen. Doch hat die gegenseitige Achtung darunter nicht gelitten. Von gegenseitigem Respekt war auch die Zusammenarbeit in der Justizministerkonferenz getragen, in der die der Union angehörenden Kollegen damals die Mehrheit besaßen. Obwohl ich als Bundesminister dort nur den Status eines Gastes hatte, sind meine Vorschläge in der Regel förderlich behandelt worden. Die gesellige Runde am Abend war dafür allerdings mitunter noch wichtiger als die eigentliche Sitzung.

Natürlich kam es auch im Alltag nicht selten auf den Minister an. Für die Angehörigen des Ministeriums war es wichtig, wie die Öffentlichkeit den Minister wahrnahm und ob er im Kabinett und in seiner Fraktion etwas durchsetzen konnte. Niemand arbeitet gern für den Papierkorb, und jeder spürt es im Umgang mit anderen Ministerien, ob sein Haus Gewicht hat oder nicht. Für die Motivation spielte weiter eine Rolle, ob der Minister Vorlagen liest, notfalls zurückfragt, für den einzelnen erreichbar ist und klar erkennen läßt, was er eigentlich will. Da gab es mit mir nach gewissen Irritationen in der Anfangszeit nur selten Probleme. Zu meiner Genugtuung konnte ich bald feststellen, daß die politische Einstellung und sogar eine etwaige Parteizugehörigkeit des einzelnen Ministeriumsangehörigen auf die Sacharbeit keinerlei Einfluß nahm, wie auch ich bei meinen Entscheidungen, etwa bei den personellen – von meinen persönlichen Mitarbeitern abgesehen –, diesem Gesichtspunkt keinerlei Bedeutung beimaß. Gefreut habe ich mich aber doch, daß die Gewerkschaft, der ich angehörte – die ÖTV –, bei den Personalratswahlen des Jahres 1977 ausgerechnet in dem als konservativ geltenden Bundesjustizministerium erstmals im Personalrat die absolute Mehrheit erzielte.

Auf gutem Fuß stand ich zumeist auch mit den für das Bundesjustizministerium einschlägigen Institutionen und Verbänden, also beispielsweise der Bundesrechtsanwaltskammer, dem Richterbund, dem Anwaltverein und dem Rechtspflegerverband. Hier zahlte sich aus, daß ich die Verbände nicht nur bei ihren Kongressen und Hauptversammlungen besuchte, sondern auch sonst mit ihnen engen Kontakt hielt. Manchmal wurde mir deshalb halb im Spaß und halb im Ernst nachgesagt, ich würde meine Partner geradezu penetrant informieren. Dadurch verlören sie die anderweit gern genutzte Möglichkeit, Kritik mit dem Vorwurf einzuleiten, man sei noch nicht einmal gefragt worden und wisse deshalb von nichts. Beim Rechtspflegerverband hatte ich einen zusätzlichen Stein im Brett, weil ich – was meiner Erfahrung und meiner Überzeugung entsprach – die Rechtspfleger neben den Richtern als die zweite Säule der dritten Gewalt bezeichnet hatte.

Aus dem Rahmen der normalen Gesetzgebungstätigkeit fiel während meiner Amtszeit eine Frage völlig heraus, und das war die Frage, ob die Verjährung für Morde aufgehoben werden sollte oder nicht. Sie stellte sich im Jahre 1979, weil nationalsozialistische Mordtaten ohne ein erneutes Eingreifen des Gesetzgebers am Ende des Jahres endgültig verjährt wären. 1945 hatte die allgemeine zwanzigjährige Verjährungsfrist zu laufen begonnen. Sie war 1965 mit der Begründung um vier Jahre verlängert worden, daß die Strafverfolgung zwischen Kriegsende und Schaffung der Bundesrepublik erschwert gewesen sei. 1969 war sie mit dem Argument verlängert worden, die Zeit reiche nicht aus, um auch nur die schwersten Mordtaten wenigstens so weit aufzuklären, daß die Verjährung gegen konkrete Personen unterbrochen werden könnte. Nach 1979 hätten deshalb noch nicht bekannte nationalsozialistische Mordtaten aus der Zeit vor 1945 nicht mehr verfolgt werden können, und zwar selbst dann nicht, wenn sich der Täter ihrer öffentlich gerühmt hätte.

Die Auseinandersetzung war schon 1965 und 1969 sehr grundsätzlich geführt, im Ergebnis aber vertagt worden. Wie damals liefen die Fronten der Meinungsbildung auch 1979 quer durch die Bundestagsfraktionen. Im wesentlichen standen sich zwei Positionen gegenüber. Die eine wollte an dem geltenden Recht festhalten und die Verjährung nationalsozialistischer Mordtaten in Kauf nehmen. Die Möglichkeiten der Wahrheitsfindung im Strafprozeß würden mit dem Zeitablauf immer brüchiger. Eine individuelle Schuldfeststellung könne nach dreißig, vierzig oder gar fünfzig Jahren nicht mehr getroffen werden. Die andere Position hielt es für unerträglich, daß Mörder, deren Untaten nach dem 31. Dezember 1979 bekannt würden, nicht mehr zur Rechenschaft gezogen werden könnten und sich dann ihrer Verbrechen aus der Zeit des NS-Gewaltregimes sogar straflos rühmen dürften. Auch wollte sie durch die generelle Aufhebung der Verjährung für Morde ein Zeichen setzen; ein Zeichen für die radikale Absage an das Verwerflichste der Schreckensherrschaft, nämlich das Mörderische, das Lebenvernichtende im Nationalsozialismus. Ich vertrat in der großen Bundestagsdebatte über dieses Thema im Juli 1979 die zweite Position und konnte mich dabei einmal mehr auf Adolf Arndt berufen, der schon 1965 für die Aufhebung der Mordverjährung eingetreten war. In der namentlichen Abstimmung entschied sich eine deutliche Mehrheit für meine Position.

Ungewöhnliche Einzelvorgänge, mit denen ich außerhalb der Gesetzgebung zu tun hatte, gab es auch in dem Zeitabschnitt, von dem hier die Rede ist. So hatte sich das Ministerium immer wieder zu sogenannten Austauschaktionen zu äußern, in deren Vollzug wegen Landesverrats oder geheimdienstlicher Tätigkeit zugunsten der DDR Verurteilte nach teilweiser Verbüßung ihrer Strafe im Austausch gegen in der DDR verurteilte Mitarbeiter bundesdeutscher Nachrichtendienste in die DDR entlassen wurden. Dazu waren entsprechende Gnadenentscheidungen des Bundespräsidenten oder – wenn es sich um Personen handelte, die in erster Instanz von einem Landgericht verurteilt worden waren – des Ministerpräsidenten des betreffenden Landes gegebenenfalls unter Mitzeichnung des jeweiligen Justizministers notwendig.

Auf diesem Weg war beispielsweise der 1963 zu vierzehn Jahren Zuchthaus verurteilte DDR-Agent Werner Felfe schon nach sechs Jahren und sieben Monaten freigekommen. Ich mußte mich mit dieser Form des Menschenhandels erst vertraut machen. Meinen Widerwillen überwand ich nach einigem Zögern mit der

Überlegung, daß ein Staat, der bewußt in Kauf nahm, daß für ihn außerhalb seiner Grenzen tätige Personen hohe Freiheitsstrafen erhielten, wohl gehalten war, diesen auch mit ungewöhnlichen, aber nicht rechtswidrigen Mitteln wieder zur Freiheit zu verhelfen. Ende der siebziger Jahre begann die DDR auf die Freilassung Guillaumes im Rahmen einer solchen Austauschaktion zu drängen. Dieser hatte zu dem Zeitpunkt noch nicht einmal die Hälfte seiner dreizehnjährigen Strafe abgesessen. Ich widersetzte mich diesem Verlangen 1979 und noch einmal Ende 1980 mit dem Argument, daß Guillaume noch immer über abschöpfbares Wissen verfüge und eine so frühzeitige Freigabe auf die Strafverfolgungsbehörden demotivierend wirke. Auch stehe die damals angebotene Gegenleistung in keinem akzeptablen Verhältnis zur Bedeutung des Falles Guillaume, der zudem, wenn es zum Austausch komme, noch einmal breit in der Öffentlichkeit erörtert werden würde. Helmut Schmidt schloß sich dieser Position an. Guillaume ist dann erst nach meiner Justizministerzeit im Oktober 1981 freigegeben worden.

Heikel war ein Fall, in dem ein Abgeordneter der SPD im Sommer 1978 in den Verdacht nachrichtendienstlicher Kontakte geriet, weil ihn ein rumänischer Geheimdienstoffizier, der in den Westen übergetreten war, zu belasten schien. Auch weil der Abgeordnete zu Recht auf eine rasche Klärung drängte und dafür die Aufhebung seiner Immunität notwendig war, fand zu diesem Zweck auf meine Bitte hin während der Sommerpause eine Sondersitzung des Bundestages statt. Sie dauerte knapp fünf Minuten und dürfte die kürzeste in der bisherigen Geschichte des Bundestages gewesen sein. Der Generalbundesanwalt hat das Verfahren kurz darauf eingestellt. Es endete mit der vollständigen Rehabilitierung des Betroffenen.

In Erinnerung ist mir weiter der Fall eines bayerischen Landtagsabgeordneten, der von der Bundesanwaltschaft angeklagt und vom Bayerischen Obersten Landesgericht auch verurteilt wurde, weil er sich in Stockholm mit Markus Wolf, dem damaligen Chef der DDR-Auslandsaufklärung, getroffen hatte. Parteifreunde aus dem Umfeld des Abgeordneten erwarteten von mir eine Initiative zu seinen Gunsten. Sie stützten sich dabei auf das Argument, er habe keine relevanten Kenntnisse besessen und wohl mehr aus Überschätzung seiner politischen Bedeutung gehandelt. Ich mußte sie darauf hinweisen, daß es darauf nach den einschlägigen strafrechtlichen Bestimmungen nicht ankomme und für die Strafbarkeit schon die Anknüpfung eines geheimdienstlichen Kontaktes genüge. Als Jahre später bekannt wurde, mit welcher Unbefangenheit Franz Josef Strauß über Details der Raketenstationierung auf seiten der NATO mit Herrn Schalck-Golodkowski gesprochen hat, kam mir dieser Abgeordnete, der eine längere Gefängnisstrafe verbüßt hat, wieder in den Sinn. Verteidigt wurde er übrigens seinerzeit von Hermann Höcherl.

Einflußnahmen wurden gelegentlich auch von außerhalb unserer Grenzen versucht. So hat sich Bruno Kreisky einmal bei mir sehr nachdrücklich dafür eingesetzt, daß die Bundesrepublik ein italienisches Auslieferungsersuchen ablehnen solle. Es handelte sich um einen Südtiroler, dem ein italienischer Haftbefehl die Beteiligung an den seinerzeitigen Sprengstoffanschlägen zur Last legte. Auch Kreisky mußte ich auf die Rechtslage hinweisen. Das tat ich unmißverständlich. Daß er mir das nicht übelnahm, spricht für diesen bedeutenden Mann.

Während meiner ganzen Amtszeit gab es lebhafte Kontakte mit meinen ausländischen Kollegen, mit denen ich bei den alljährlichen Justizministerkonferenzen der EG und des Europarats und bei wechselseitigen Besuchen zusammentraf. Besonders fruchtbar war die Zusammenarbeit mit meinem österreichischen Kollegen Christian Broda, der in seinem Lande den deutschen vergleichbare Rechtsreformen ins Werk setzte. Wir unterstützten uns dabei auch durch wechselseitige Vorträge in Bonn und in Wien. Nach einem solchen Vortrag in Wien trat ein alter Mann an mich heran, den ich zunächst nicht erkannte. Es war Alfred Loritz, der in der Nachkriegszeit als Gründer und Vorsitzender der Wirtschaftlichen Aufbauvereinigung (WAV) in München und im ersten Bundestag auch in Bonn als ein großer Demagoge

Furore gemacht hatte. Er suchte mich in ein Gespräch über die Verfolgungen zu verwickeln, denen er damals nach seiner Meinung ausgesetzt war und derenthalben er nach Österreich geflohen sei. Auch von Geheimdiensten war die Rede; dies allerdings so verwirrt und verwirrend, daß mir Einzelheiten nicht mehr in Erinnerung geblieben sind.

Christian Broda trat auch mit mir gemeinsam auf internationaler Ebene für die Abschaffung der Todesstrafe ein. Unsere Bemühungen auf den Justizministerkonferenzen des Europarats, die er nach meinem Ausscheiden aus dem Bundesjustizministerium fortsetzte, hatten recht beachtliche Erfolge. So wurde im März 1983 ein Zusatzprotokoll zur Europäischen Menschenrechtskonvention über die Abschaffung der Todesstrafe aufgelegt, das inzwischen von zahlreichen Mitgliedsstaaten gezeichnet und von einer ganzen Reihe auch ratifiziert worden ist. Schon vorher war die Todesstrafe 1978 in Dänemark und Spanien, 1981 in Frankreich und 1983 in den Niederlanden beseitigt worden.

Berühmt war Christian Broda dafür, daß er von all seinen Reisen, die ihn bis in entlegene Gebiete Chinas führten, an eine Vielzahl von Bekannten Ansichtskarten schickte und solche auch umgekehrt erwartete. Nach vorsichtigen Schätzungen hat er auf diese Weise allein als Minister mehr als zehntausend Ansichtskarten versandt. Mir ist kaum eine intensivere und liebenswürdigere Form der Kontaktpflege begegnet, in die Christian Broda übrigens schon früh auch einige Minister des damaligen Ostblocks einbezog.

Von diesen besuchte ich als ersten im Frühjahr 1979 den polnischen Justizminister Jerzy Bafia. Der Aufenthalt in Warschau und in Krakau ließ mich erkennen, daß die Uhren in Polen schon damals deutlich anders gingen, als es der offiziellen kommunistischen Lesart entsprach. Bafia selbst machte da ebenfalls einige Andeutungen. Auch begegnete ich auf Schritt und Tritt – nicht nur in Auschwitz – den Spuren der deutschen Verbrechen am polnischen und am jüdischen Volk während des Krieges. So gehörte die Gemahlin meines Gastgebers zu den Frauen, an denen im KZ Ravensbrück medizinische Versuche vorgenommen worden waren. Ich verstand, daß sie in unserer Gegenwart lange Zeit sehr schweigsam blieb.

Im Januar des gleichen Jahres stattete mir der sowjetische Justizminister Wladimir Terebilow in Bonn einen Besuch ab, den ich noch im selben Jahr erwiderte. Die praktischen Ergebnisse der Besuche hielten sich in Grenzen; ihre Bedeutung lag mehr im Atmosphärischen. Dazu gehörte, daß wir den Austausch von zwei Artikeln in Fachzeitschriften des jeweils anderen Landes vereinbarten. Mein Artikel handelte vom Umweltrecht in der Bundesrepublik und erschien in der Moskauer Zeitschrift »Sowjetischer Staat und sowjetisches Recht«. Sein Artikel befaßte sich mit der internationalen Zusammenarbeit auf dem Gebiet des Umweltschutzes und wurde in der »Zeitschrift für Rechtspolitik« veröffentlicht. Ich habe das mir angebotene Honorar nicht angenommen und stellte meinem Kollegen anheim, ebenso zu verfahren. Der fand diesen Rat nicht so gut und ließ sich den ihm zustehenden Betrag über die sowjetische Botschaft auf Heller und Pfennig nach Moskau transferieren.

Ein anderer Besuch ist mir deshalb in Erinnerung geblieben, weil der Justizministerkollege, der mich nach Kairo eingeladen und am Flughafen persönlich begrüßt hatte, am zweiten Tage meines Aufenthalts zur allgemeinen und auch zu seiner eigenen Überraschung von seinem Staatspräsidenten seines Amtes enthoben wurde. Zuvor hatten wir noch über ein deutsch-ägyptisches Rechtshilfeabkommen und seinen Gegenbesuch gesprochen. Über die Gründe für die Abberufung war ebensowenig Klarheit zu erlangen wie über die Person des Nachfolgers. Jedenfalls wurde ich nacheinander mit drei Personen bekannt gemacht, die sich mir gegenüber als die neuen Gastgeber zu erkennen gaben. Zu dem Empfang, den der deutsche Botschafter am Abend vor meiner Abreise gab, erschienen nicht nur die präsumtiven Nachfolger, sondern auch der entlassene Kollege mit seiner Frau. Sie vergoß bittere Tränen, und meine Frau und ich gaben uns Mühe, sie zu trösten. Der ganze Vorgang war in hohem Maße ungewöhnlich und mit den internationalen Gepflogenheiten kaum zu vereinbaren. Da es sich aber bei dem Staatspräsidenten um Anwar as-Sadat handelte und dieser offenbar nichts von der Anwesenheit eines ausländischen Gastes wußte, habe ich die Sache auf sich beruhen lassen.

Zu den Aufgaben des Ministeriums gehörte auch die Erarbeitung von Stellungnahmen, um die das Bundesverfassungsgericht die Bundesregierung in bei ihm anhängigen Verfahren bat. Im Jahresdurchschnitt war das im Zuständigkeitsbereich des Bundesjustizministeriums sechzig- bis achtzigmal der Fall. Wenn das Gericht eine mündliche Verhandlung anberaumte und es um Fragen von besonderer Bedeutung ging, habe ich als Vertreter der Bundesregierung an solchen Verhandlungen teilgenommen. So etwa an der Verhandlung über die Verfassungsbeschwerde mehrerer Unternehmen und Arbeitgeberverbände gegen das 1976 verabschiedete Mitbestimmungsgesetz im Jahre 1978. Die Beschwerdeführer machten unter anderem geltend, daß sich das Grundgesetz für eine Wirtschaftsordnung entschieden habe, mit der das Mitbestimmungsgesetz nicht vereinbar sei. Zudem verletze es die Grundrechte der Anteilseigner oder der Unternehmen aus den Artikeln 14, 9, 12 und 2 des Grundgesetzes und sei auch deshalb verfassungswidrig.

Die Verhandlung und das Urteil, das daraufhin erging, haben damals bei allen Beteiligten – nicht nur bei mir – einen starken Eindruck hinterlassen; die Verhandlung, weil dort unter Vorsitz von Ernst Benda ein intensives Rechtsgespräch zwischen den Parteivertretern, den Gutachtern und den Mitgliedern des Senats zustande kam, das wesentlich zur Klärung der vielschichtigen Problematik beitrug; und das Urteil – Berichterstatter war Konrad Hesse, einer der hervorragendsten Verfassungsrechtler, denen ich begegnet bin –, weil es mit äußerster Knappheit nur das behandelte, was zur Entscheidung stand. Wenn der Begriff »lean« damals schon im Schwange gewesen wäre, hätte man sicher von einer »lean sentence« gesprochen.

Inhaltlich lag die Bedeutung des Urteils darin, daß es die These vom Verfassungsrang der in der Bundesrepublik bestehenden Wirtschaftsordnung verwarf und für deren Gestaltung einen Spielraum ließ, innerhalb dessen das Spannungsverhältnis zwischen den einschlägigen Grundrechten vom Gesetzgeber in verschiedener Weise verfassungskonform aufgelöst werden kann. Das konkrete Mitbestimmungsgesetz hält sich nach dem Urteil innerhalb dieses Spielraums, wobei offenblieb, ob es diesen Spielraum bereits ausschöpft oder ob die Verfassung eine noch weitergehende Mitbestimmungsregelung erlauben würde.

Das Bundesverfassungsgericht ist von mir gelegentlich durchaus auch kritisch angesprochen worden. So habe ich das Gericht im September 1978 in einem Aufsatz unter der Überschrift »Videant judices!« davor gewarnt, die Verfassung in allzu kleine Münze zu wechseln, also in seinen Urteilen Fragen bis ins kleinste Detail von der Verfassung her zu beantworten. Anlaß dafür gaben unter anderem Urteile, in denen es als verfassungswidrig angesehen wurde, Ausschußvorsitzenden in den Parlamenten eine höhere Entschädigung zu gewähren als anderen Abgeordneten oder Richtertitel vorzuschreiben, die nicht »anredefähig« sind, weil man sie in der mündlichen Anrede nur verkürzt verwenden kann.

Insgesamt aber ist das Gericht der ihm vom Grundgesetz gestellten Aufgabe in eindrucksvoller Weise gerecht geworden. Und ich stimme denen zu, die diese Institution als die wichtigste Neuschöpfung des Parlamentarischen Rates erachten und ihm ein wesentliches Verdienst an der Bewährung und der Fortentwicklung des Grundgesetzes und seiner Verwurzelung im Bewußtsein unseres Volkes zuschreiben. Dazu hat auch die ebenso qualifizierte wie ausgewogene personelle Besetzung des Gerichts beigetragen, auf die sich die Wahlgremien im Bundestag und im Bundesrat manchmal erst nach hartem und mitunter auch zeitraubendem Ringen – aber letzten Endes auf der Grundlage von Vorschlagsabreden der beiden großen Parteien eben doch mit der vorgeschriebenen Zweidrittelmehrheit – verständigt haben.

Deshalb sehe ich auch keinen Grund, das geltende Wahlverfahren zu ändern.

Der sogenannte Kruzifix-Beschluß vom Mai 1995, der erst drei Monate später bekannt wurde, gibt mir übrigens keinen Anlaß, diese positive Gesamteinschätzung des Bundesverfassungsgerichts zu korrigieren. Sicher läßt sich über einzelne Formulierungen des Beschlusses streiten. Und offensichtlich ist der erste der beiden Leitsätze, die das Gericht dem Beschluß beigegeben hat, mißglückt. Das hat der Vorsitzende des zuständigen Senats selber eingeräumt. Das Gericht hat auch die Sensibilität des Themas gerade auf dem bayerischen Hintergrund nicht genügend erkannt. Das alles mag man dem Gericht vorwerfen. Und es ist selbstverständlich niemand verpflichtet, die Entscheidung für richtig zu halten. Das eigentlich Erstaunliche ist für mich aber, daß sich außerbayerische Kirchenmänner und Politiker mit lautstarker Empörung gegen einen Beschluß wenden, der in Bayern nur den Rechtszustand herbeigeführt hat, der in ihren Ländern seit Jahr und Tag besteht, ohne daß dort von Protesten, geschweige denn von Empörung derselben Personen irgend etwas bekannt geworden wäre. Nicht nur erstaunlich, sondern schlechterdings verfassungswidrig ist es hingegen, daß ein Ministerpräsident – nämlich der bayerische – den Eindruck erweckt, er wolle dem höchsten deutschen Gericht den Rechtsgehorsam verweigern. Wenn ein junger Student in den siebziger Jahren ähnliches geäußert hätte, wäre er in Bayern mit hoher Wahrscheinlichkeit nicht in den öffentlichen Dienst aufgenommen worden.

Auch in den Jahren 1976 bis 1980 habe ich mich nicht auf das mir übertragene Ressort beschränkt, sosehr es auch im Vordergrund meines Engagements stand. Ich habe vielmehr auch im Kabinett und in der Bundestagsfraktion, im Präsidium und im Vorstand meiner Partei nach Kräften mitgearbeitet, und zwar gerade auch bei Themen, die mit der Rechtspolitik nichts zu tun hatten. Daneben kümmerte ich mich um meinen Münchner Wahlkreis und um die besondere Parteistruktur, von der im vorletzten Kapitel unter den Stichworten Lahnstein und Seeheim die Rede war.

Mein Anfang in Bonn und meine ersten Jahre dort – ich erwähnte das schon – waren nicht sehr glanzvoll. Auf dem Mannheimer Parteitag war ich 1975 wohl wieder in den Parteivorstand gewählt worden, jedoch mit einem schwächeren Ergebnis als zuvor 1970 in Saarbrücken und 1973 in Hannover. Meinen Sitz im Präsidium konnte ich bei der Neukonstituierung nach dem Mannheimer Parteitag nur in einer Stichwahl und da nur mit zwei Stimmen Vorsprung behaupten. Dabei spielte eine Rolle, daß ich damals in größeren Teilen der Partei unverändert als Exponent eines bestimmten Flügels angesehen wurde. Auch steckte mir die Niederlage bei den bayerischen Landtagswahlen 1974 noch in den Kleidern. Manche hatten mit mir auch wegen meiner Neigung zu einer mitunter pedantisch wirkenden Genauigkeit Schwierigkeiten. Ein angesehener Bonner Journalist kommentierte das damals in einer überregionalen Tageszeitung mit den Worten, daß ich ein Vogel im Sinkflug sei.

Das begann sich in der zweiten Hälfte der siebziger Jahre zu ändern. Im Kabinett gehörte ich inzwischen nicht mehr zu den Neulingen. Seit der Kabinettsumbildung im Februar 1978 zählte ich vielmehr neben Hans-Dietrich Genscher, Josef Ertl und Egon Franke – jedenfalls dem Dienstalter nach – schon eher zu den Kabinettssenioren. Helmut Schmidt leitete die Sitzungen, auf die er sich sorgfältig vorbereitete, straff. Zu Fragen, die er für bedeutsam hielt, äußerte er sich ausführlich, gelegentlich sogar noch vor dem zuständigen Minister. Widerspruch akzeptierte er, wenn er knapp und präzise vorgebracht wurde. Bei Weitschweifigkeiten konnte er sehr ungemütlich werden. Außerdem war er sicherlich im Innern überzeugt, nahezu jedes Ressort mindestens so gut leiten zu können wie der jeweilige Minister. Daß er dabei hinsichtlich des Bundesjustizministeriums wohl eine Ausnahme machte, verschaffte mir einen gewissen Vorteil.

Ich meldete mich auch weiterhin zu Themen zu Wort, die mein Ressort nicht unmittelbar berührten, wenn ich glaubte, etwas zu sagen zu haben. Anders als in den ersten Jahren wurde das nicht mehr als unangemessen empfunden. Dazu trug bei, daß das Justizministerium für die rechtsförmliche Prüfung von Vorlagen der übrigen Ministerien zuständig war und meine Kabinettskollegen es schon deshalb nicht gerne auf einen Streit mit dem Justizminister ankommen ließen. Auch hatte mir meine Haltung gegenüber den terroristischen Anschlägen im Jahre 1977 die erkennbare Wertschätzung der meisten Kollegen und Kolleginnen eingetragen.

Besonders gut verstand ich mich mit meinen Platznachbarn am Kabinettstisch. Das war zu meiner Linken Josef Ertl und zur Rechten erst Walter Arendt und dann Herbert Ehrenberg. Josef Ertl – Bruder Josef, wie Helmut Schmidt ihn meist nannte – machte aus seiner eher konservativen Grundeinstellung kein Hehl. Bei aller Schlitzohrigkeit, die ihm als Altbayern durchaus zu Gebote stand, und unbeschadet seines verständlichen Bestrebens, für die Landwirtschaft immer noch etwas herauszuholen, war er stets loyal und in der Art seiner Interventionen nicht nur seiner Mundart wegen zumeist herzerfrischend. Walter Arendt war die Verkörperung eines Gewerkschaftsvorsitzenden alter Schule. Selbst als Bergarbeiter im Ruhrgebiet groß geworden, später Vorsitzender der Bergbaugewerkschaft, war er auch als Minister in seinem Denken und Fühlen ein Arbeiter geblieben, der sich in seiner Ruhe, seiner Festigkeit und seinem Sinn für soziale Gerechtigkeit von keinem Akademiker verunsichern oder gar die Schneid abkaufen ließ. Ich habe es sehr bedauert, daß es 1976 zwischen Helmut Schmidt und ihm wegen Unstimmigkeiten bei der Kalkulation der finanziellen Entwicklung der Rentenversicherung und der darauf beruhenden, vor der Bundestagswahl 1976 für das Jahr 1977 angekündigten Rentenerhöhung – sie mußte nach der Wahl korrigiert werden – zu einem Zerwürfnis kam, auf Grund dessen er verbittert aus dem Amt schied.

Der Start in die neue Legislaturperiode, die im Dezember 1976 begann, war aber nicht nur deshalb schwierig. Helmut Kohl und die Union hatten bei der Wahl 48,6 Prozent der Stimmen erreicht, die SPD war nur auf 42,6 Prozent gekommen und hatte gegenüber 1972 über drei Prozent verloren. Die Mehrheit der sozial-liberalen Koalition war im Bundestag von sechsundvierzig auf zehn Sitze gesunken. Zu Beginn des Jahres 1976 hatte die SPD zudem Niedersachsen verloren, weil bis heute nicht eindeutig identifizierte Mitglieder der SPD-Landtagsfraktion bei einem – während der Legislaturperiode durchaus nicht zwingend gebotenen – Wechsel nicht für den sozialdemokratischen Nachfolger Alfred Kubels im Amt des Ministerpräsidenten stimmten und damit Ernst Albrecht zum Erfolg verhalfen. Die Mehrheit der Union im Bundesrat wurde dadurch weiter gestärkt.

Im Februar 1976 sorgten zwei Affären für beträchtliche Unruhe. Bei der sogenannten Generalsaffäre hatten zwei Luftwaffengenerale mit abwegigen Argumenten die Teilnahme von Hans-Ulrich Rudel am Traditionstreffen eines Luftwaffengeschwaders in einer Bundeswehrkaserne gegenüber Journalisten verteidigt. Rudel, im zweiten Weltkrieg hoch dekorierter Stukaflieger, hatte nach 1945 mit rechtsradikalen Äußerungen und Aktivitäten Anstoß erregt. Hohe Wellen schlug wenig später noch eine Affäre: Gespräche des Atomwissenschaftlers Klaus Traube waren in dessen Wohnung in der Annahme, es gäbe Kontakte zu einem terroristischen Umfeld, ohne Rechtsgrundlage mit Wissen des Ministers wochenlang durch das Bundesamt für Verfassungsschutz belauscht worden.

Zweimal – bei der Verabschiedung eines Antiterrorgesetzes im August 1976 und bei einer Entschließung über den Bau des sogenannten Schnellen Brüters in Kalkar im Dezember 1977 – entging die Koalition im Bundestag nur haarscharf einer Abstimmungsniederlage. Im ersten Falle lautete das Ergebnis in namentlicher Abstimmung 245 zu 244.

Kein Wunder, daß sich in der Koalition und in ihren Fraktionen Anwandlungen von Nervosität zeigten. Helmut Schmidt wußte sie mit Unterstützung von Herbert Wehner, aber auch von Hans-Dietrich Genscher und Wolfgang Mischnick, jeweils alsbald zu dämpfen. Seine ausgeprägte Fähigkeit zu selbstbewußter

Darstellung seiner Positionen im Plenum des Deutschen Bundestages, bei der er sich seinem Gegenspieler Helmut Kohl regelmäßig deutlich überlegen zeigte, kam ihm dabei sehr zustatten. Dennoch habe ich ihm widersprochen, als er einmal in einer Kabinettssitzung Helmut Kohl als Zaunkönig bezeichnete, der keine Zukunft habe. Meinen Einwand, daß er damit seine eigene Leistung schmälere, weil es doch ein leichtes hätte sein müssen, eine Wahl gegen einen Zaunkönig zu gewinnen, während er dazu 1976 alle seine Kraft habe einsetzen müssen, ließ er knurrend auf sich beruhen.

Ab 1977 bezog mich Helmut Schmidt in den kleinen Verteiler der Betrachtungen ein, die er über die politische Gesamtsituation jeweils zu Jahresanfang zu Papier brachte. Es waren dies umfassend angelegte und zunächst auch erfolgreiche Versuche, unter den Führungspersonen der Sozialdemokratie ein möglichst hohes Maß an Übereinstimmung herbeizuführen. Detaillierte Analysen und ebenso detaillierte Handlungsprogramme, vor allem zu ökonomischen und zu sicherheitspolitischen Fragen, hielten sich dabei die Waage. Die Umweltproblematik sowie die Frage, ob der Mensch wirklich alles tun dürfe, wozu er technisch in der Lage ist, und in diesem Zusammenhang die Verantwortbarkeit der Kernenergie, spielten nur am Rande eine Rolle. Bei den Überlegungen zur Bekämpfung der Arbeitslosigkeit und zur Belebung der Konjunktur stand das keynesianische Instrumentarium für eine antizyklische Wirtschafts- und Finanzpolitik noch sehr im Vordergrund. Der Gedanke, bei der Arbeitslosigkeit könne es sich mehr um ein strukturelles als um ein konjunkturelles Problem handeln, tauchte jedenfalls erst allmählich auf.

Mir steht nicht zu, das im nachhinein zu kritisieren. Meine eigene Meinungsbildung zu diesen Fragen steckte damals noch in den Anfängen. Über gelegentliche Einwände gegen einen als selbstverständlich unterstellten Prozeß kontinuierlichen Wachstums, vorsichtige Zweifel an der Kernenergie und besorgte Fragen bezüglich einer auf das menschliche Erbgut zielenden Gentechnologie bin ich jedenfalls kaum hinausgegangen. Im übrigen konnte Helmut Schmidt gerade in dieser Zeit beachtliche Erfolge aufweisen. Die Bundesrepublik wurde mit den Auswirkungen der beiden Ölpreiskrisen besser fertig als die meisten Industrienationen. Der soziale Friede blieb – auch infolge des Mitbestimmungsgesetzes von 1976 – insgesamt gewahrt. Die Einführung des Europäischen Währungssystems – eine ganz persönliche Initiative Helmut Schmidts – wirkte stabilisierend. Und auf den ebenfalls wesentlich von ihm initiierten Weltwirtschaftsgipfeln war die Bundesrepublik zusammen mit den Vereinigten Staaten ein maßgebender Partner. Auch die Ost- und Deutschlandpolitik wurde mit vernünftigen Ergebnissen fortgeführt.

Die Opposition hatte dem wenig entgegenzusetzen. Franz Josef Strauß hatte schon 1974 vergeblich versucht, sie mit seiner berühmt-berüchtigten Sonthofener Rede auf eine Politik der totalen Konfrontation einzuschwören, bei der er den Weizen der Union blühen sah, wenn alles möglichst rasch möglichst schlecht würde. Die Mehrzahl der Unions-Ministerpräsidenten – auch Alfons Goppel, der bayerische Ministerpräsident – versagten sich dem aber und stimmten im Bundesrat letzten Endes zumindest halbwegs vertretbaren Kompromissen zu. So billigte beispielsweise zur Erbitterung von Franz Josef Strauß auch Bayern im Bundesrat das deutsch-polnische Rentenabkommen. Und Helmut Kohl versuchte, was wenige Jahre später unter anderen Vorzeichen meine Aufgabe wurde – nämlich seine Partei und die Unionsfraktion zusammenzuhalten, wobei ihm mit der Annullierung des von Strauß initiierten Kreuther Trennungsbeschlusses vom November 1976 ein strategisches Glanzstück gelang. Dabei hatte er stets das Ziel im Auge, eines Tages die F.D.P. für einen Koalitionswechsel zu gewinnen. Ich unterstützte Helmut Schmidt im Rahmen meiner Möglichkeiten. Mir ging es dabei auch darum, die Sozialdemokratie in der Regierungsverantwortung zu halten. Die Chance, etwas für die Schwächeren tun und die Entwicklung im sozialdemokratischen Sinne gestalten zu können, erschien mir in der Regierungsverantwortung wesentlich größer als in der Opposition.

So äußerte ich mich auch in der Fraktion sowie im Präsidium und im Vorstand der Partei. Dabei kam mir das Vertrauen zugute, das ich mir durch meine Gesprächs- und Diskussionsbereitschaft während der Zeit der Terroranschläge auch bei denen erworben hatte, die sich dem sogenannten linken Spektrum zuordneten. Ich konnte in der Fraktion gelegentlich Kompromisse vorschlagen, mit deren Hilfe sich Widerstände gegen Regierungsvorlagen leichter ausräumen ließen.

Im Präsidium, das damals wöchentlich zunächst in der Wohnung Willy Brandts am Paulushof und später im Erich-Ollenhauer-Haus tagte, war die Atmosphäre nicht selten angespannt. Das lag an dem besonderen Verhältnis zwischen Willy Brandt, Helmut Schmidt und Herbert Wehner, das zwischen Brandt und Wehner – ich schilderte das schon – nachhaltig zerrüttet und zwischen Brandt und Schmidt gelegentlich auch nicht frei von wechselseitiger Empfindlichkeit war, während Schmidt und Wehner zumeist ganz gut miteinander zurecht kamen. Dafür gab es zwischen Helmut Schmidt und Erhard Eppler einen Graben, der im Laufe der Zeit immer tiefer wurde. Die Atmosphäre litt seit der Rückkehr des Präsidiums in das Erich-Ollenhauer-Haus auch darunter, daß die Sitzungen in einem fensterlosen Raum stattfanden, in dem die elf Mitglieder des Gremiums und zwei Mitarbeiter bei künstlicher Beleuchtung um einen sechseckigen Tisch beieinandersaßen. Nicht nur ich hatte dabei das Gefühl, man befände sich in einer Art Bunker. Es war deshalb 1987 eine meiner ersten Entscheidungen als Parteivorsitzender, diese Sitzungen in einen großen Raum zu verlegen, in dem bei Tageslicht beraten werden konnte.

Willy Brandt präsidierte den Beratungen mit bewundernswerter, mitunter geradezu stoischer Geduld. Auch wenn er sich im Laufe der Zeit mehr und mehr als Moderator denn als Vorsitzender im herkömmlichen Sinn verstand, gelang es ihm doch zumeist, ein Ergebnis herbeizuführen, mit dem die Regierung, die Fraktion und die Partei einigermaßen leben konnten. Wer ihn genau kannte, spürte jedoch, daß er Helmut Schmidt schon Ende der siebziger Jahre in manchen Fragen, so etwa in der Nachrüstungsfrage oder in seiner Haltung gegenüber den sozialen Bewegungen, nur noch mit halbem Herzen begleitete. Ich versuchte Spannungen abzubauen und, wo es gelang, zu vermitteln. Dabei bediente ich mich einer in Bonn eher ungewöhnlichen Methode. Ich erzählte dem jeweils Betroffenen nämlich weiter, was der andere in seiner Abwesenheit über ihn Positives gesagt hatte. Gelegenheit dazu hatte ich bei Brandt und Schmidt häufiger, bei Brandt und Wehner seltener, dann aber mit um so größerem Überraschungseffekt.

Wichtig war mir auch die Mitarbeit in der Grundwertekommission, der ich seit 1975 angehörte. Unter Vorsitz von Erhard Eppler wurden dort mit Sorgfalt und nicht ohne Leidenschaft Themen erörtert, die über den Tag hinausreichten. Was dabei unter Mitwirkung von Rix Löwenthal, Gesine Schwan, Heinz Rapp, Johano Strasser, Iring Fetscher und Klaus Matthiesen an Ausarbeitungen zustande kam – etwa über Grundwerte in einer gefährdeten Welt oder über die humanen Grenzen des technisch Machbaren –, ist auch heute noch von Belang. Manches ist sogar dort zum erstenmal angestoßen worden. Auch für das Berliner Grundsatzprogramm hat die Kommission schon ab 1982 wichtige Vorarbeiten geleistet.

In München bemühte ich mich in meinem Wahlkreis, den schon während des Wahlkampfes in Gang gekommenen Prozeß des Wieder-aufeinander-Zugehens voranzubringen. Trotz gelegentlicher Rückschläge gelang mir das durch beharrliche Präsenz und die Einrichtung eines Bürgerbüros, das schon bald viel Zuspruch fand. Bereits 1978, also zwei Jahre nach seiner Gründung, wurde es von mehreren hundert Rat- und Hilfesuchenden in Anspruch genommen. Das überzeugte auch einen wachsenden Teil meiner ehemaligen innerparteilichen Gegner. Am Anfang gab es allerdings noch einmal einen Konflikt, weil auf dem Türschild meines Bürgerbüros hinter meinem Namen die Buchstaben SPD fehlten. Sicher wüßten die Münchnerinnen und Münchner, daß ich Sozialdemokrat sei. Aber man müsse einem Personenkult schon im Ansatz vorbeugen, argumentierten die Kritiker. Mir kam das lebensfremd vor, und deshalb blieb es bei dem parteilosen Schild. Außerhalb meines Wahlkreises hielten in der Münchner Partei leider die Auseinandersetzungen an. Sie führten dazu, daß Georg Kronawitter – mein erfolgreicher Nachfolger im Amt des Oberbürgermeisters – 1978 als der Partei nicht mehr vermittelbar bezeichnet wurde und nicht mehr kandidierte. Er brauchte dann sechs Jahre, um sich in der Partei aufs neue Mehrheiten zu erkämpfen, mit deren Hilfe er 1984 neuerdings antreten und das Oberbürgermeisteramt zurückerobern konnte. Gegen meinen alten Freund Hans Preißinger, der seit 1960 den Vorsitz der Stadtratsfraktion innehatte, wurde sogar ein Parteiordnungsverfahren eingeleitet, als er 1977 den Vorsitz unter Protest niederlegte und diesen Schritt in einer Presseerklärung mit schweren Vorwürfen gegen den Münchner Parteivorstand begründete. Erst die Bundesschiedskommission, vor der ich ihn persönlich vertrat, ließ ihm Gerechtigkeit widerfahren. Den bayerischen Landesvorsitz gab ich 1977 an Helmut Rothemund ab. Die starke Inanspruchnahme durch meine anderen Funktionen veranlaßte mich dazu. Auch schien es mir geboten, daß die bayerische Partei bei der Landtagswahl 1978 mit einem neuen Spitzenkandidaten einen neuen Anlauf nahm.

Wenn ich meine Situation im Jahre 1972 oder auch noch im Jahre 1975 mit der im Jahre 1978 vergleiche, war meine Wirkungsmöglichkeit und damit auch meine Verantwortung auf der Bundesebene fühlbar gewachsen. Als Georg Leber im Februar 1978 von seinem Amt als Bundesverteidigungsminister zurücktrat, war ich wohl auch deswegen für einige Tage als sein Nachfolger im Gespräch. Ich habe mich damals dazu nicht geäußert. Im nachhinein war ich jedoch erleichtert, daß die Wahl auf Hans Apel und damit erstmals auf einen Mann fiel, der nicht mehr Soldat im zweiten Weltkrieg gewesen war. Für mich hätte die Aufgabe ein Wiederanknüpfen an einen lange abgeschlossenen Lebensabschnitt und damit auch eine emotionale Komplikation bedeutet. Georg Leber gehörte übrigens zu den Männern, denen ich mich in Bonn persönlich verbunden fühlte. Als sich sein Rücktritt wegen Eigenmächtigkeiten des militärischen Abschirmdienstes abzeichnete, habe ich ihm zur Seite gestanden, so gut ich konnte. Auch bei ihm fielen Anlaß und Grund seines Rücktritts nicht zusammen. Nicht nur von seinem Rücktritt her weiß ich, daß es viel wichtiger ist, da zu sein, wenn sich nur wenige melden. Wenn Anlaß zum Gratulieren besteht, kommen ohnehin genug. Da darf man schon eher fehlen!

Aus dem Jahre 1979 haften noch die Beinahekatastrophe im Kernkraftwerk Harrisburg, die Wahl und der Amtsantritt Karl Carstens' als Nachfolger Walter Scheels im Amt des Bundespräsidenten, die Auseinandersetzung in der Union über die Nominierung ihres Kanzlerkandidaten für die Bundestagswahl 1980 und schließlich die monatelange Geiselnahme von Angehörigen der amerikanischen Botschaft in Teheran durch die sogenannten Revolutionsgarden Ayatollah Chomeinis sowie die sowjetische Invasion in Afghanistan in meinem Gedächtnis.

Daß Ende März 1979 im Kernkraftwerk Harrisburg im US-Staat Pennsylvania infolge eines Bedienungsfehlers Uran überhitzt wurde und tagelang die Gefahr einer Wasserstoffexplosion bestand, versetzte meiner Überzeugung, diese Art von Technologie lasse sich verantworten, weil menschliches und technisches Versagen ausgeschlossen seien, einen nachhaltigen Stoß. Immerhin hatten 200 000 Menschen die Umgebung des Kraftwerks für einige Tage verlassen müssen. Dadurch wurde mir erstmals in Umrissen deutlich, daß die räumlichen Auswirkungen einer solchen Katastrophe alle bisherigen Menschheitserfahrungen übersteigen könnten. Von heute her betrachtet war der Unfall jedenfalls für mich ein erstes Vorspiel zu dem, was sieben Jahre später in Tschernobyl geschah und dann das Bewußtsein vieler Menschen nachhaltig zu verändern begann.

Das herannahende Ende der Amtszeit von Walter Scheel führte der Sozialdemokratie die seit 1974 im Bund und in den Ländern eingetretenen Stimmen- und Mandatsverluste deutlich vor Augen. Die Union verfügte nämlich inzwischen in der Bundesversammlung über eine bequeme absolute Mehrheit. Versuche, Carl Friedrich von Weizsäcker oder Marion Gräfin Dönhoff für eine eher symbolische Kandidatur zu gewinnen, waren schon deshalb wenig aussichtsreich und scheiterten auch alsbald. Vor der peinlichen Situation, am Wahltag ohne eigene Kandidatur dazustehen, bewahrte uns Annemarie Renger, die sich auf eine Bitte Willy Brandts buchstäblich in letzter Minute bereit erklärte, in die Bresche zu springen. Walter Scheel und Karl Carstens haben die Funktion des Staatsoberhaupts in ihrer Weise mit Anstand wahrgenommen; Walter Scheel mit dem wiederholt bekundeten Bestreben, die rechtlich aus gutem Grund sehr beschränkten Befugnisse seines Amtes voll auszuschöpfen, wozu ihm allerdings die Umstände keine sonderliche Gelegenheit gaben; Karl Carstens, der als Fraktionsvorsitzender der Union seinen Grundhabitus als Mann der Exekutive in seinen Parlamentsreden durch eine ziemlich aufgesetzt wirkende Polemik zu kaschieren versuchte, bald in der ihm gemäßeren Rolle eines ausgleichenden Repräsentanten des Gemeinwesens, der auch mit dem der Gegenpartei angehörenden Bundeskanzler und den Mitgliedern der Bundesregierung in fairer Weise zurechtkam.

Ein Problem, das uns Kabinettsmitglieder in diesem Zusammenhang zunächst beunruhigte, war die Tatsache, daß gemäß der Geschäftsordnung an den Kabinettssitzungen regelmäßig der Chef des Bundespräsidialamts als Zuhörer teilnahm. Das war unter Karl Carstens der der Union angehörende Staatssekretär Hans Neusel, der vorher persönlicher Referent der Bundeskanzler Erhard und Kiesinger gewesen war. Die Sorge, die Opposition werde nun künftig im Detail über die Kabinettsberatungen im Bilde sein, erwies sich jedoch rasch als grundlos. Herr Neusel und der durch ihn jeweils unterrichtete Bundespräsident verhielten sich völlig korrekt und vermieden jede Indiskretion, was man – jedenfalls der Presse gegenüber – so nicht von allen Teilnehmern der Kabinettsrunde behaupten konnte.

Die Diskussion über den Kanzlerkandidaten der Union für die Bundestagswahl 1980 begann schon im Frühjahr 1979. Der Vorstand der CDU nominierte schließlich im Mai 1979 den niedersächsischen Ministerpräsidenten Ernst Albrecht, obwohl ihm die Ambitionen Franz Josef Strauß' durchaus bekannt waren. Nach längeren Auseinandersetzungen einigten sich CDU und CSU darauf, die endgültige Entscheidung durch die Bundestagsfraktion treffen zu lassen, weil sie das einzige gemeinsame Organ der beiden Parteien war. Diese votierte am 2. Juli 1979 mit 135 zu 102 Stimmen für Franz Josef Strauß und gegen Ernst Albrecht. Ich habe sowohl das Verfahren als auch diese Entscheidung schon damals nach der Annullierung des Kreuther Trennungsbeschlusses für den zweiten und entscheidenden Punktsieg Helmut Kohls in seinem ständigen Nervenkrieg mit Franz Josef Strauß gehalten. Ihm war offenbar klar, daß seine Führungsposition erst mit einer eindeutigen Wahlniederlage von Strauß als Kanzlerkandidat endgültig gesichert sein würde, und die war damals für 1980 unschwer vorauszusehen.

Die Besetzung der amerikanischen Botschaft in Teheran im November 1979 und der Einmarsch der Sowjetunion in Afghanistan kurz vor Jahresende erschütterten das internationale Gefüge und riefen auch in der Bundesrepublik Sorgen und Ängste hervor. Helmut Schmidt gelang es jedoch, die Erregung über die sowjetische Intervention zu kanalisieren und bei voller Wahrung der durch Völkerrecht und Bündnisverpflichtung vorgezeichneten Positionen das Gespräch mit der sowjetischen Seite in Gang zu halten. Das Fernbleiben der deutschen Sportler von den Olympischen Spielen in Moskau erwies sich dabei als ein nicht unumstrittenes, letztlich aber adäquates Mittel, die Mißbilligung des sowjetischen Schrittes zum Ausdruck zu bringen, ohne daß der durch die Ostpolitik erreichte Status der deutsch-sowjetischen Beziehungen definitiven Schaden litt.

Vorerst drängte jedoch ein anderes Thema auf der politischen Tagesordnung nach vorne, und das war die Frage, wie der Westen auf die von der Sowjetunion in Gang gesetzte Stationierung der sogenannten SS-20-Raketen reagieren sollte. Zuvor waren Versuche, den atomaren Rüstungswettlauf der Supermächte zum

Stehen zu bringen, über einen Teilerfolg – das Salt-I-Abkommen – nicht hinausgelangt. Ein weiteres Abkommen – Salt II –, das verringerte Höchstzahlen für atomare Fernwaffen vorsah, wurde zwar im Juni 1979 unterzeichnet, seine Ratifizierung stieß aber in den Vereinigten Staaten bald auf Schwierigkeiten. Dessen unbeschadet begann die Sowjetunion mit der Stationierung von modernen Raketen, deren atomare Mehrfachsprengköpfe Ziele bis in eine Entfernung von fünftausend Kilometern erreichen konnten. Bei einem Treffen in Guadeloupe gelangten der amerikanische Präsident Jimmy Carter, der englische Ministerpräsident James Callaghan, der französische Präsident Valéry Giscard d'Estaing und Helmut Schmidt zu dem Ergebnis, dem müsse notfalls mit einer westlichen atomaren Nachrüstung begegnet werden. Anderenfalls sei das Gleichgewicht der atomaren Bedrohung substantiell gefährdet. Dabei drängte Helmut Schmidt von Anfang an darauf, daß der Westen diese Ankündigung mit der Bereitschaft zu konkreten Begrenzungsvereinbarungen verband.

Beide Elemente waren denn auch Gegenstand einer Beschlußvorlage für den Berliner SPD-Bundesparteitag vom 3. bis 7. Dezember 1979. Diese Vorlage wurde in Berlin zunächst in einer Sitzung des Parteirats diskutiert. In dieser Sitzung, die auf seinen Antrag für vertraulich erklärt wurde, schilderte Helmut Schmidt die Gefahrenlage in eindringlicher Weise. Einige seiner Ausführungen waren dabei so zu verstehen, daß es ihm schwerfallen würde, sein Amt fortzuführen, wenn ihm der Parteitag nicht folge. Auf dem Parteitag selbst wurde die Vorlage am 5. Dezember 1979 nach mehrstündiger Debatte schließlich mit deutlicher Mehrheit angenommen. Ausschlaggebend dafür war das Plädoyer Helmut Schmidts, der sich an diesem Tage in Höchstform befand, die Unterstützung durch Herbert Wehner, auf den es in seiner Eigenschaft als Vorsitzender der Antragskommission schon vorher angekommen war, und die eher verhaltene Unterstützung Willy Brandts. Die Gegner des Beschlusses machten unter anderem geltend, daß es sich entgegen allen Beteuerungen doch um einen Aufrüstungsbeschluß handele und ein Automatismus bis hin zur Stationierung nicht auszuschließen sei. Nicht wenige Delegierte, die ähnliche Zweifel hegten, stimmten dennoch zu, weil der Beschluß es als Verhandlungsziel bezeichnete, die Aufstellung zusätzlicher Mittelstreckenwaffen in Westeuropa überflüssig zu machen, die Stationierung nur unter der auflösenden Bedingung guthieß, daß auf deren Einführung verzichtet werde, wenn Rüstungskontrollverhandlungen zu befriedigenden Ergebnissen führten, und weiter außerdem die jederzeitige Überprüfung und Revision in diesem Zusammenhang getroffener Entscheidungen vorsah. Andere Delegierte stimmten zu, weil sie Helmut Schmidt nicht im Stich lassen wollten. Zu den Delegierten, für die die genannten Überlegungen maßgebend waren, gehörte auch ich.

Noch in einem zweiten Punkt behielt Helmut Schmidt auf diesem Parteitag die Oberhand, und das war die Kernkraftfrage. Hier beschloß eine Mehrheit, die etwa sechzig Prozent der Delegierten umfaßte, an der vom Hamburger Parteitag getroffenen Entscheidung festzuhalten. Dieser wollte die Option für die Kernenergie offenhalten und die Option, künftig auf Kernenergie verzichten zu können, öffnen. Der Widerspruch, den Erhard Eppler anführte, war bei diesem Thema noch leidenschaftlicher. Eppler argumentierte vor allem damit, daß die Entsorgungsfrage nicht geklärt und die Inbetriebnahme der im Bau befindlichen Kernkraftwerke und erst recht die Genehmigung des Neubaus solcher Kraftwerke nicht zu verantworten seien. Während der Debatte entzündeten die Delegierten, die seiner Meinung waren, und viele Zuhörer Kerzen, um so ihrer Ablehnung der Kernenergie Ausdruck zu geben. Das ergab in dem raumschiffähnlichen Sitzungssaal des ICC ein ganz ungewohntes Bild, das in seiner Widersprüchlichkeit einiges von der Spannung des Themas widerspiegelte. Auch in mir, der ich damals trotz wachsender Zweifel den Zeitpunkt für den Ausstieg aus der Kernenergie noch nicht für gekommen hielt, verstärkte sich diese Spannung.

Der Berliner Parteitag brachte den Seeheimern, die sich diesmal gut vorbereitet hatten, bei den Wahlen eine leichte Stärkung. Ich selber erreichte bei den Vorstandswahlen erstmals ein Ergebnis, aus dem zu entnehmen war, daß mir von Delegierten quer zu den diversen Richtungen Vertrauen entgegengebracht wurde. Es war übrigens der letzte Parteitag, an dem Carlo Schmid teilnahm. Er starb fünf Tage später. Die deutsche Sozialdemokratie verlor mit ihm eine Persönlichkeit, die in ihrer Bonhomie und ihrer umfassenden Bildung dem weiten Spektrum der Partei ein überaus anregendes Element geschichtsbewußter liberaler Bürgerlichkeit hinzugefügt hatte. Er wäre sicher auch ein guter Bundespräsident gewesen.

Im Jahre 1979 traten für mich erstmals auch die sozialen Bewegungen außerhalb des Parlaments deutlicher in Erscheinung. Ihre Hauptthemen waren die Wachstums-, die Umwelt- und die Kernkraftproblematik sowie die Friedensproblematik. Auf all diesen Feldern nahm die Zahl der Wähler und Wählerinnen zu, die ihre Vorstellungen und Zielsetzungen in den vorhandenen Parteien – auch in der SPD – nicht mehr genügend vertreten fanden. Das galt im Grunde auch für die Dritte-Welt-Problematik, obwohl Willy Brandt als Vorsitzender der von den Vereinten Nationen ins Leben gerufenen Nord-Süd-Kommission diesem Thema viel Zeit und Kraft widmete und im Februar 1980 einen Bericht vorlegte, der große Aufmerksamkeit fand. Aber dieses Engagement wurde ihm persönlich und weniger der Partei zugeordnet, die sich in der Regierung schon schwertat, den Anteil der Entwicklungshilfe am Bruttosozialprodukt wenigstens nicht absinken zu lassen.

Die Auseinandersetzungen um das Projekt eines Kernkraftwerks in Wyhl, bei dem die Kernkraftgegner erstmals die Verwirklichung eines solchen Vorhabens verhindern konnten, die konkreter werdenden Berichte über schwere Schädigungen der Natur, etwa über das Waldsterben, und der Fortgang des Rüstungswettlaufs der Supermächte hatten stimulierend gewirkt. Im Juli 1978 verließ der CDU-Bundestagsabgeordnete Herbert

Gruhl seine Fraktion und seine Partei, nachdem er in seinem Buch »Ein Planet wird geplündert« der Politik im allgemeinen und der seiner Partei im besonderen einen unerbittlichen Spiegel vorgehalten hatte. Er gründete eine »Grüne Aktion Zukunft«. Im November 1979 fand in Offenbach ein erster Kongreß grüner Gruppierungen statt, auf dem die Gründung einer bundesweiten Partei in Aussicht genommen wurde. Zuvor hatte eine Wählervereinigung unter der Bezeichnung »Die Grünen« bei der Europawahl im Juni 1979 – es war die erste Direktwahl zum Europäischen Parlament – 3,2 Prozent der Stimmen erreicht und eine Grüne Liste in Bremen mit 5,1 Prozent den Einzug in das Parlament geschafft.

Zur eigentlichen Gründung der Grünen als Partei kam es dann im Januar 1980 in Karlsruhe. Ihr folgten weitere Kongresse in Saarbrücken und im Juni 1980 in Dortmund. Ich habe diese Entwicklungen seinerzeit durchaus beobachtet und auch bei parteiinternen Diskussionen darauf hingewiesen, daß die neue Partei insbesondere uns Wähler abspenstig machen werde. Es war auch nicht zu übersehen, daß sich in den Reihen der neuen Partei oder doch als Sympathisanten in größerer Zahl ehemalige Sozialdemokraten engagierten, die sich von ihrer Partei enttäuscht abgewandt hatten. Unter ihnen Jochen Steffen, langjähriges Parteivorstandsmitglied, langjähriger SPD-Landesvorsitzender in Schleswig-Holstein und eine der Leitpersönlichkeiten im linken Spektrum der Sozialdemokratie – auch er übrigens noch Anfang der siebziger Jahre ein Befürworter der Kernenergie –, der die Partei im November 1979 wenige Tage vor dem Berliner Parteitag mit der Begründung verließ, sie habe ihre Identität verloren. Aber die ganze Tragweite dessen, was da in Gang kam, wurde mir erst im Laufe der Zeit klar. Zunächst beruhigte ich mich damit, daß die Anziehungskraft so heterogener Führungspersonen wie Herbert Gruhl, Baldur Springmann, Rudolf Bahro und August Haußleiter – er war mir noch aus seiner Münchner Zeit als stellvertretender CSU-Vorsitzender, dann als Vorsitzender der betont rechten Deutschen Gemeinschaft und zuletzt als Vorsitzender der eher neutralistischen Arbeitsgemeinschaft unabhängiger Deutscher ein Begriff – bald nachlassen werde und sich die verschiedenen K-Gruppen dort ihre sektiererischen Kämpfe um Macht und Einfluß liefern würden. Und in der Tat gelangten die Grünen zwar noch im März 1980 mit 5,3 Prozent in den Landtag von Baden-Württemberg, scheiterten jedoch anschließend im Saarland und in Nordrhein-Westfalen an der Fünf-Prozent-Klausel. Bei der Bundestagswahl im Oktober 1980 blieben sie sogar mit nur 1,5 Prozent auf der Strecke.

Der Bundestagswahlkampf des Jahres 1980 begann auf unserer Seite im Juni 1980 mit einem Parteitag in Essen, den Helmut Schmidt als Spitzenkandidat mit einer selbstbewußten und überzeugenden Rede dominierte, die zu Recht vor allem auf die bisherigen Leistungen der sozial-liberalen Koalition und darauf abhob, daß es im deutschen Interesse gelte, einen Sieg von Franz Josef Strauß zu verhindern. Letzteres traf den Nerv des Parteitags und ließ auch diejenigen nachdrücklich zustimmen, die sich eine stärkere programmatische Orientierung gewünscht hätten. Die Alternative Schmidt oder Strauß beherrschte den Wahlkampf denn auch bis zu seinem Ende und sorgte auch für die notwendige emotionale Spannung. Die Siegeszuversicht war auf sozialdemokratischer Seite von Anfang an erheblich und stieg noch, als sichtbar wurde, daß Strauß in der Union und ihrer Anhängerschaft – zumal in Norddeutschland – zunehmend Vorbehalten begegnete.

Ein schwerer Zwischenfall ereignete sich während dieser Zeit am 26. September 1980 am Rande des Oktoberfestes in München. Dort explodierte gegen zweiundzwanzig Uhr dreißig eine in einem Abfallkorb versteckte Sprengstoffbombe. Sie tötete zwölf Menschen – darunter den Attentäter – und verletzte über zweihundert weitere Passanten. Nach den Ermittlungen handelte es sich bei dem Attentäter um einen einundzwanzigjährigen jungen Mann aus Donaueschingen. Er war den dort zuständigen Behörden wegen seiner Kontakte zu der neonazistischen »Wehrsportgruppe« Hoffmann aufgefallen. Ob er noch weitere Kontakte zu rechtsextremistischen Kreisen oder gar Helfer aus dieser Szene hatte, hat sich nicht hinreichend aufklären lassen. Ich war noch am selben Abend am Tatort und traf dort Franz Josef Strauß, der sich als Ministerpräsident von der Einsatzleitung unterrichten ließ. In seiner Begleitung befand sich sein Sohn Max, der sich in unangenehmer Weise in die Erörterungen einmischte und wie eine Amtsperson auftrat. Strauß selbst erging sich in wolkigen Wendungen, die er mit allerlei unklaren Vorwürfen gegen die Bundesregierung garnierte. Meine Feststellung, daß jedenfalls von jetzt an auch der Terror von rechts ernst genommen werden müsse und er auf einen Schlag mehr Opfer gefordert habe als die fünf oder sechs letzten Anschläge der RAF, wies er zurück. Dieser Anschlag und seine Opfer sind danach erstaunlich rasch aus dem öffentlichen Bewußtsein verschwunden. Selbst die Aufstellung einer Gedenktafel stieß bei der damaligen Mehrheit des Münchner Stadtrats zunächst auf einige Schwierigkeiten.

Am Wahlabend mußte Franz Josef Strauß eine empfindliche Niederlage konstatieren. Die Union hatte gegenüber 1976 4,1 Prozent verloren; sogar die CSU schnitt etwas schwächer ab als vier Jahre zuvor. Auf seiten der Koalition war aber der Schmidt-Bonus, also das hohe Ansehen, das Helmut Schmidt besaß, mit einem Zuwachs von 2,7 Prozent fast ausschließlich der F.D.P. zugute gekommen. Das Ergebnis der SPD blieb mit einem Plus von nur 0,3 Prozent gegenüber 1976 nahezu unverändert. Das rief in der Partei bittere Enttäuschung hervor. Herbert Wehner kritisierte die Wahlkampfführung als zu defensiv und rügte vernehmlich, daß er kaum herangezogen worden sei. Auch Willy Brandt meinte, viele Wähler hätten Mühe gehabt, die SPD als bestimmende Kraft zu erkennen. Helmut Schmidt reagierte darauf und auf Kritik, die zu den von mir mehrfach erwähnten Themen laut wurde, gereizt und mit Äußerungen, die als Rücktrittsdrohungen verstanden werden konnten. Das alles im Verein mit dem gestiegenen Selbstbewußtsein der F.D.P., die sich als die eigentliche Gewinnerin der Wahlen betrachtete, und dazu noch der nach den Wahlen deutlicher hervortretende Zwang zu substantiellen Einsparungen im Haushalt machten die Koalitions-verhandlungen überaus schwierig.

Ich half, so gut ich konnte, den Unmut zu dämpfen und die Schwierigkeiten zu überwinden. Das wurde mir durch mein persönliches Wahlergebnis in meinem Münchner Wahlkreis etwas erleichtert. Als einziger Abgeordneter in München war ich nämlich dank einer großen gemeinsamen Anstrengung vieler Sozialdemokraten und Sozialdemokratinnen auf über fünfzig Prozent der Erststimmen gekommen. Der Vorsprung vor meinem CSU-Kontrahenten war dabei von knapp drei auf knapp zehn Prozent gewachsen. Das fiel selbst im Bundesmaßstab ein wenig aus dem Rahmen. Das Rennfahrrad, das mir meine Wahlkreisfreunde und -freundinnen aus diesem Anlaß schenkten, erinnert mich noch heute daran. Die Zeit der innerparteilichen Kämpfe war damit in meinem Münchner Umfeld – leider indes nicht in der ganzen Stadt – endgültig beendet.

Die Koalitionsverhandlungen, die noch im Oktober begannen, fuhren sich unter anderem in der Frage der Montanmitbestimmung fest. Sie war aufs Tapet gekommen, weil die Mannesmann AG ihre Hüttenwerke ausgliedern wollte und damit nicht mehr unter die Kriterien für die Montanmitbestimmung, sondern nur noch unter die Bestimmungen des Mitbestimmungsgesetzes 1976 gefallen wäre. Für die Gewerkschaften und das Gros der Sozialdemokratie hatte diese von Hans Böckler unter Androhung eines Generalstreiks geforderte und von Konrad Adenauer 1951 nach hartem Kampf – er mußte sie im Parlament gegen Teile der eigenen Partei mit Hilfe der Sozialdemokraten durchsetzen – akzeptierte nahezu paritätische Mitbestimmung einen hohen symbolischen Wert, der über ihre 1980 noch verbliebene praktische Bedeutung erheblich hinausging. Die F.D.P. und hier vor allem Graf Lambsdorff, der vorübergehend den Eindruck erweckte, er wolle die Koalition daran insgesamt scheitern lassen, lehnten zunächst jede Novellierung des Gesetzes, die zur Fortdauer der Montanmitbestimmung auch nach Wegfall der für ihre Geltung maßgebenden Bedingungen geführt hätte, kategorisch ab. Schließlich kam unter meiner Mitwirkung ein Kompromiß zustande, der die Montanmitbestimmung für die Dauer von sechs Jahren auch dann sicherte, wenn in einem Unternehmen die Voraussetzungen für die Anwendung dieser Regelung entfielen. Richtig zufrieden war damit zwar niemand, und vor allem die Gewerkschaften protestierten nach wie vor. Aber die Kuh war vom Eis. In zwei anderen Punkten konnte ich Helmut Schmidt mit Unterstützung von Hans-Dietrich Genscher und Gerhart Baum für die Aufnahme von reformerischen Gedanken in die Koalitionsvereinbarungen gewinnen. Das war einmal die Einführung der Verbandsklage, also der Befugnis, gegen umweltrechtliche Verwaltungsentscheidungen auch dann die Gerichte anrufen zu können, wenn die Verbände selbst in ihren Rechten nicht unmittelbar betroffen waren. Sie war von den Umweltverbänden schon lange gefordert worden. Und zum anderen die Zusage, daß die Bundesregierung prüfen werde, ob in das Grundgesetz detaillierte Staatszielvorstellungen oder Gesetzgebungsaufträge aufgenommen werden sollten.

Das politische Klima war in der Zeit der Koalitionsverhandlungen noch zusätzlich durch einen Arbeitskampf bei der Bundespost belastet. Ernst Breit und seine Postgewerkschaft kämpften für eine Verbesserung des Freizeitausgleichs für Schichtarbeiter. Das Bundespostministerium, dem Kurt Gscheidle vorstand, verschärfte den Konflikt, indem es Beamte an Stelle streikender Arbeiter und Angestellter bei der Postverteilung einsetzte. Zwischen Ernst Breit und Kurt Gscheidle, der früher selbst einmal stellvertretender Vorsitzender der Postgewerkschaft gewesen war, gab es keinen unmittelbaren Kontakt. Statt dessen telefonierte Ernst Breit, der zu mir schon damals Vertrauen gefaßt hatte, während der Verhandlungen der Tarifpartner und während des Streiks ebenso regelmäßig mit mir wie Helmuth Becker, damals parlamentarischer Staatssekretär im Bundespostministerium. So war ich imstande, hinter den Kulissen vermittelnd zu wirken. Gerade noch rechtzeitig vor der Regierungserklärung, die Helmut Schmidt am 24. November 1980 abgab, kam es zu einem Kompromiß, der den Streik beendete.

Die öffentliche Meinung beruhigte sich indes auch nach der Regierungserklärung nur langsam. Von dem schlechtesten Start einer Koalitionsregierung seit 1949, einem »Kanzler in Atemnot« und einer angeblichen Amtsmüdigkeit Helmut Schmidts war die Rede. Bei den Nachfolgespekulationen, die sich daran knüpften, wurde neben anderen immer häufiger auch mein Name genannt. Der Journalist, der vor Jahren meinen »Sinkflug« beschrieben hatte, titulierte mich beispielsweise jetzt als den »fast unumstrittenen Thronfolger« des Kanzlers. Leider tat das auch Erhard Eppler in einem »Stern«-Interview. Ich bin solchen Äußerungen schon deshalb entschieden entgegengetreten, weil sie mir gegenüber Helmut Schmidt wenig fair erschienen und mich in eine ziemlich unmögliche Situation brachten. Offenbar mit einigem Erfolg. Denn das Thema verschwand in der zweiten Dezemberhälfte aus den Medien. Helmut Schmidt hat mir übrigens diese Medienkommentare weder damals noch später übelgenommen. Er wußte, daß sie nicht von mir inspiriert waren. Und er wußte ebenso, daß ich ihm in Zustimmung und in – partiellem – Widerspruch stets offen begegnete. Das brachte er auch bei einer Zusammenkunft zum Ausdruck, zu der ihn auf meine Anregung die Seeheimer Ende November eingeladen hatten, um mit ihm gemeinsam das Wahlergebnis zu analysieren und ihm den Rücken zu stärken.

6 Bewährung in Berlin

Schon im Laufe des Jahres 1980 waren aus Berlin und insbesondere aus der dortigen SPD immer wieder beunruhigende Nachrichten zu hören. Die Partei verzehre sich in internen Auseinandersetzungen. Bei Abstimmungen im Parlament könne man nicht mehr aller Stimmen der eigenen Fraktion sicher sein. Für Dietrich Stobbe, der als Regierender Bürgermeister im Juni 1979 auch den Landesvorsitz der Partei übernommen hatte, wurde es offenbar immer schwerer, die Partei und die Fraktion, aber auch die Koalition mit der F.D.P. zusammenzuhalten und sich in der Öffentlichkeit breitere Unterstützung für seine Politik zu sichern. Schlagzeilen machten die zunehmende Zahl leerstehender Wohnungen, die Hausbesetzungen und die nicht immer gewaltlosen Demonstrationen.

Ich war zwar schon seit meinen Münchner Bürgermeisterjahren aus unterschiedlichen Anlässen regelmäßig zu kurzen Aufenthalten in Berlin gewesen und von daher so weit mit Berliner Verhältnissen vertraut, wie das von außen her möglich ist. Diese Nachrichten verstand ich jedoch zunächst nicht als Hinweise auf eine unmittelbar bevorstehende ernste Krise. Das änderte sich, als die Medien Ende 1980 über den sogenannten Garski-Skandal zu berichten begannen und behauptet wurde, dem Bauunternehmer Garski seien bei der Vergabe städtischer Aufträge sehr vorteilhafte Bedingungen und für ein Vorhaben in Saudi-Arabien von einer landeseigenen Bank ohne ausreichende Prüfung Kredite eingeräumt worden, für die das Land Berlin überdies noch Bürgschaften übernommen habe. Jedenfalls geriet Garski in Zahlungsschwierigkeiten, und die Bürgschaft wurde in Anspruch genommen. Aus heutiger Sicht war der Vorgang keineswegs dramatisch. In der damaligen Berliner Situation wurde er jedoch als symptomatisch empfunden oder deklariert. Im Zusammenhang mit die-

sen Skandalvorwürfen, die sich wenig später als erheblich über-
zogen herausstellten, scheiterte am 15. Januar 1981 der schon vorher eingeleitete Versuch Dietrich Stobbes, sich durch eine Senatsumbildung Luft zu verschaffen. Das machte die Krise manifest.
Alle von Stobbe vorgeschlagenen sozialdemokratischen Senatskandidaten – sie bedurften nach der Berliner Verfassung in Ein-
zelwahlen einer Mehrheit – erhielten an diesem Tage im Abgeordnetenhaus in geheimer Wahl mehr Nein- als Ja-Stimmen.
Unter den Nein-Stimmen mußten sich also auch solche von
Abgeordneten der Koalition – mit ziemlicher Wahrscheinlichkeit
sogar solche von Sozialdemokraten – befunden haben. Dietrich
Stobbe und die noch im Amt befindlichen Senatoren, zu denen
auch Peter Glotz als Wissenschaftssenator gehörte, traten daraufhin noch in derselben Sitzung zurück.

Das war eine Entwicklung, der angesichts der besonderen
Situation Berlins und der Spannungen innerhalb der Koalition
bundesweite Bedeutung zukam, zumal sich in der Berliner F.D.P.
unverzüglich Stimmen erhoben, die vor einer Fortsetzung der
Koalition mit den Sozialdemokraten warnten. Mir schwante
auch, daß sich die Berliner Sozialdemokraten in Anbetracht der
Erschöpfung ihres eigenen personellen Potentials und der gegenseitigen Blockade durch innerparteiliche Konflikte möglicherweise um einen Nachfolger von außen bemühen würden. Dennoch war ich überrascht, als Peter Glotz, dem man in Berlin die
Aufgabe eines »Formateurs« übertragen hatte, schon am 16. Januar telefonisch bei mir vorfühlte. Immerhin war es ja nicht
alltäglich, daß ausgerechnet ein Bayer gebeten wurde, in Berlin in
die Bresche zu springen. Ich verhielt mich zunächst rezeptiv, sagte
aber zu, daß ich mir die Sache überlegen wolle.

Das habe ich dann in den nächsten vierundzwanzig Stunden zusammen mit meiner Frau getan. Das Ergebnis war positiv.
Ich erklärte meine grundsätzliche Bereitschaft, machte das Weitere aber von eindeutigen Aufforderungen des Berliner Landesvorstandes und der Abgeordnetenhausfraktion sowie von der
Zustimmung Helmut Schmidts, Willy Brandts und Herbert Weh-

ners abhängig. Über die Gründe für mein rasches Ja ist später viel gerätselt worden. Einige vermuteten, ich hätte mich rechtzeitig von der Bundesregierung und von wesentlichen Elementen der Politik Helmut Schmidts absetzen wollen. Andere meinten, der Ehrgeiz hätte mich getrieben, und es wäre mir um die Verbesserung künftiger persönlicher Chancen gegangen. Oder ich hätte eben als »Parteisoldat« einfach einen Befehl der Partei befolgt.

Das alles war und ist abwegig. In Wahrheit habe ich ja gesagt, weil ich glaubwürdig bleiben wollte. Natürlich lagen mir Berlin und seine mit den Namen Louise Schroeder, Ernst Reuter und Willy Brandt verbundene sozialdemokratische Tradition am Herzen. Auch reizte mich die Rückkehr zur Kommunalpolitik. Aber das allein hätte mich nicht dazu gebracht, meine gefestigte Bonner Position aufzugeben, meinen gerade erst wiedererrungenen Münchner Wahlkreis zu verlassen und meine ganze Lebenssituation mit fünfundfünfzig Jahren noch einmal von Grund auf zu verändern. Den Ausschlag gab vielmehr die Überlegung, daß auch ich viele Male zuvor von Solidarität im allgemeinen und mit Berlin im besonderen geredet und dieses Füreinander-Einstehen als zentrale Orientierung des eigenen Verhaltens bezeichnet hatte. Ich wäre mir ganz einfach schäbig vorgekommen, wenn ich nun im konkreten Fall meine persönlichen Interessen und meine Bequemlichkeit höher veranschlagt hätte als die Notlage meiner Freundinnen und Freunde in Berlin. Ich habe diese Entscheidung, über deren Risiken ich mir keine Illusionen machte, übrigens nie bereut. Sie hat mir – und mehr noch meiner Frau – eine Menge abverlangt. Aber sie hat mir für die folgenden Jahre meines Lebens eine innere Sicherheit gegeben, um die mich mancher beneidete. Nach meinem grundsätzlichen Ja und einstimmigen Beschlüssen des Landesvorstandes und der Abgeordnetenhausfraktion vollzog sich alles Weitere zunächst in atemberaubendem Tempo.

Am 18. Januar – einem Sonntag – traf ich im Kanzleramt mit Helmut Schmidt, Herbert Wehner, Egon Bahr – er war noch Bundesgeschäftsführer der Partei – und Peter Glotz zusammen.

Herbert Wehner warf zu Beginn die Frage auf, ob nicht Willy Brandt – er lag in seiner Wohnung krank zu Bett, stand mit uns aber in telefonischer Verbindung – selber als Regierender Bürgermeister nach Berlin zurückkehren sollte. Als Brandt das aus verständlichen Gründen ablehnte, bat die Runde mich, die Aufgabe zu übernehmen. Am 19. Januar äußerten Hans-Dietrich Genscher und Wolfgang Mischnick die gleiche Bitte und sagten mir ihre Unterstützung und eine entsprechende Einwirkung auf schwankende F.D.P.-Abgeordnete in Berlin zu. Dann war der Berliner Landesparteitag an der Reihe. Er trat am 21. Januar abends im Palais am Funkturm zusammen. Dort nahmen Dietrich Stobbe, Willy Brandt und ich das Wort. Die zunächst recht mutlose Versammlung ließ sich schon von Willy Brandt aufmuntern. Meiner Rede folgte sie mit wachsender Zustimmung. Am Ende wurde ich nach kurzer Diskussion mit 134 von 138 Stimmen als Kandidat für das Amt des Regierenden Bürgermeisters nominiert. In meiner Rede hatte ich mit Kritik nicht gespart, aber auch Ansätze für einen Neuanfang entwickelt. Zudem hatte ich angekündigt, daß ich in Bonn alle Brücken hinter mir abbrechen und sofort nach Berlin umziehen würde. Von diesem Augenblick an wurde mir abgenommen, daß ich es ernst meinte.

Der Landesparteitag stimmte auch meinem Verlangen zu, das ich erst Stunden zuvor artikuliert hatte – nämlich dem nach vorgezogenen Neuwahlen. Sie sollten stattfinden, sobald der Fall Garski aufgeklärt sein würde. Damit reagierte ich auf zwei parallele Initiativen der CDU und der Alternativen Liste, die beide Mitte Januar ein in der Berliner Verfassung vorgesehenes Volksbegehren auf Abberufung des Parlaments in Gang gebracht hatten. Diese Initiativen, von denen ich erst in Berlin erfuhr, hatten schon in den ersten Tagen einen beträchtlichen Zulauf. Mir war klar, daß sich die Sozialdemokraten dem nicht verweigern durften, sondern sich an die Spitze dieser Bewegung setzen mußten – auch wenn dies das Risiko erhöhte. Alles andere hätte die Partei unglaubwürdig gemacht. Eine entsprechende Verständigung über eine Verfassungsänderung, die die Selbstauflösung des Parlaments ermöglichte, kam mit den anderen Fraktionen schon Ende Januar zustande. Damit wurden die Volksbegehren gegenstandslos.

Meine nächste Aufgabe war es, eine Senatsmannschaft auf die Beine zu bringen. Da der neue Senat und ich selber schon am 23. Januar gewählt werden sollten, standen mir dafür noch nicht einmal ganze zwei Tage zur Verfügung. Die F.D.P. benannte für ihre Ressorts Walter Rasch und Gerhard Meyer, die das Schul- und das Justizressort schon bisher innehatten, und als Bürgermeister und Wirtschaftssenator Guido Brunner, bis 1980 EG-Kommissar in Brüssel und dann Bundestagsabgeordneter. Er war übrigens der einzige, der bei dem Stobbeschen Versuch einer Senatsumbildung am 15. Januar 1981 im Abgeordnetenhaus eine Mehrheit erlangt hatte. Ich übernahm Olaf Sund als Senator für Arbeit und Soziales, Peter Ulrich als Bausenator und Dieter Sauberzweig als Senator für kulturelle Angelegenheiten. Für das Finanzressort, das Innenressort, das Ressort Wissenschaft und Forschung, das Ressort Gesundheit und Umweltschutz und das Ressort für Bundesangelegenheiten konnte ich binnen weniger Stunden Konrad Porzner, Frank Dahrendorf, Günter Gaus, Reinhard Überhorst und Gerhard Konow gewinnen. Um Gaus hatte sich Stobbe schon bemüht. Konrad Porzner und Reinhard Überhorst waren mir als Fraktionskollegen aus dem Bundestag vertraut. Frank Dahrendorf kannte ich als Hamburger Justizsenator und Gerhard Konow als bewährten Abteilungsleiter im Bundeskanzleramt. Gleichzeitig mußte ich ihren Vorgängern beziehungsweise den von Dietrich Stobbe am 15. Januar Vorgeschlagenen verständlich machen, warum ich sie nicht erneut nominieren konnte oder auch wollte. Sie zeigten dafür und für die Gründe, aus denen ich mich um eine sogenannte externe Lösung bemühte, durchaus Verständnis.

Ein spezielles Problem ergab sich noch hinsichtlich des Ressorts für Jugend, Familie und Sport. Hier war ich mit Herta Däubler-Gmelin einig geworden. Auch ihren Namen hatte ich am Abend bereits zusammen mit denen der anderen auf einer Pressekonferenz genannt. Da ließ sie mich gegen einundzwanzig Uhr wissen, daß sie ihre Zusage aus einem zwingenden persönlichen Grund zurücknehmen müsse. Nach ziemlich hektischen Telefonaten konnte ich die Lücke in den frühen Morgenstunden des 23. Januar schließen. Anke Brunn, die stellvertretende Vorsitzende der nordrhein-westfälischen Landtagsfraktion, erklärte sich bereit einzuspringen. Pünktlich um elf Uhr war sie zur Wahl zur Stelle. Ihr und den anderen, die da von einem Augenblick auf den anderen alles stehen und liegen ließen und nach Berlin kamen – zwei davon unter Aufgabe ihres Bundestagsmandats –, gelten noch heute mein Dank und mein Respekt. Und ebenso danke ich Sepp Binder, Thomas Wagenitz und Ellen Samieske, die ihren Chef als Pressesprecher, als juristischer Mitarbeiter und als Sekretärin aus dem Bundesjustizministerium ohne Zögern an die Spree begleiteten. Daß alle, die da mit mir zusammen antraten, hoch qualifiziert und ebenso hoch motiviert waren, hat mir den Start in Berlin sehr erleichtert.

Die Wahlen im Abgeordnetenhaus verliefen weniger aufregend als vermutet. Ich selber erhielt vermutlich alle Stimmen der Koalition und noch zwei – wenn mich nicht alle Koalitionsabgeordneten gewählt haben, sogar noch entsprechend mehr – Stimmen von CDU-Abgeordneten. Die Senatoren – mit einer Ausnahme, bei der es etwas knapp wurde – brachten es jeweils auf deutlich mehr Ja- als Nein-Stimmen. Am Nachmittag konnte der Senat unter meinem Vorsitz zu seiner ersten Sitzung zusammentreten. Nur acht Tage nach dem Rücktritt Dietrich Stobbes hatte Berlin wieder eine arbeitsfähige Regierung. Jedenfalls für Berlin war das ein Rekord.

Ich löste unverzüglich mein Versprechen ein und legte am 28. Januar mein Bundestagsmandat nieder. Als Bundesjustizminister war ich bereits am 22. Januar, also vor meiner Wahl zum Regierenden Bürgermeister, zurückgetreten. Zu meinem Nachfolger in diesem Amt berief Helmut Schmidt Jürgen Schmude. Ich hätte mir keinen Besseren wünschen können. Entsprechend freundschaftlich und kollegial waren die Amtsübergabe und auch mein Abschied im Kabinett und in der Bundestagsfraktion. Bei allen drei Gelegenheiten spürte ich, daß es sich nicht um Routine handelte, sondern daß Dank, Sympathie und Anerkennung ehrlich gemeint waren.

Meine Aufnahme in Berlin war insgesamt freundlich. Die öffentliche Meinung zeigte sich von meiner Konsequenz beeindruckt. Auch außerhalb der Sozialdemokratie wurde es wieder für möglich gehalten, daß die Koalition bei der bevorstehenden Wahl doch von neuem eine Mehrheit erlangen könnte. In sehr fairer Weise hieß mich auch Richard von Weizsäcker, der Spitzenkandidat der Union und damit mein Gegenspieler im Wahlkampf, willkommen. Eine Kostprobe dafür, zu welch unorthodoxem Verhalten er ohne Rücksicht auf die Linie seiner eigenen Partei bereit war, hatte er übrigens schon am Tag meiner Wahl geliefert. Obwohl die CDU die Alternative Liste in schärfster Weise bekämpfte und ihre demokratische Grundeinstellung in Zweifel zog, nahm er nämlich keinen Anstand, den Repräsentanten der AL am Eingang des Schöneberger Rathauses zur Unterzeichnung des Unions-Volksbegehrens auf Abberufung des Abgeordnetenhauses einzuladen und sich umgekehrt in die entsprechenden Listen der AL einzutragen und das Ganze auch noch fotografieren und veröffentlichen zu lassen.

Zwei Begrüßungen fielen aus dem Rahmen und sind mir deshalb in Erinnerung geblieben. Die eine stammte von Konrad Naumann, dem Ost-Berliner SED-Bezirkssekretär. Er meinte, West-Berlin werde der DDR alsbald wie ein fauler Apfel zufallen. Daran könnten alle westdeutschen Anstrengungen nichts ändern. Die andere war ein Telegramm von Axel Springer, in dem es sinngemäß hieß, er heiße mich in einer Zeit tiefster Erniedrigung willkommen, in der Kandidaten wie Hunde nach Berlin geprügelt werden müßten. Wie er angesichts meines Verhaltens zu dieser Auffassung kommen konnte, blieb sein Geheimnis. Er hat es mir auch bei einem privaten Mittagessen, zu dem wir im Februar 1981 in Berlin zusammenkamen, nicht erklären können. Naumanns

Prophezeiung war eine klassische Fehlprognose. Dennoch ist er wohl nicht deshalb, sondern wegen seiner ungezügelten Trinkgewohnheiten kurz darauf abgelöst und in ein Archiv in Potsdam abgeschoben worden.

Die ersten Tage nach meiner Wahl waren randvoll ausgefüllt mit meinem Bemühen, mir ein detailliertes Bild von der Lage der Stadt und ihren drängendsten Problemen zu verschaffen. Zu diesem Zweck absolvierte ich – beginnend mit einem Wochenendgespräch mit den Präsidenten der Industrie- und Handelskammer und der Handwerkskammer sowie den Landesvorsitzenden des Deutschen Gewerkschaftsbundes und der Deutschen Angestelltengewerkschaft – eine lange Kette von Begegnungen mit Repräsentanten aller Institutionen, Verbände und Organisationen. Ergänzend dazu bewältigte ich eine Vielzahl von Lokalterminen. Nach zwei Wochen konnte ich ein erstes Resümee ziehen. Danach standen folgende Probleme im Vordergrund:

An erster Stelle die Wohnungsleerstände und die Hausbesetzungen. Infolge einer Stadterneuerungspolitik, die unter Ausnutzung der speziell für Berlin geschaffenen Steuervergünstigungen primär auf Abriß und Neubau abstellte, standen Ende 1980 vor allem in den Innenstadtbezirken zahlreiche Häuser leer. Gleichzeitig gab es in großer Zahl Wohnungssuchende, für die Neubauwohnungen in der Regel nicht erschwinglich waren. Gegen den Abriß noch erneuerbarer Bausubstanz regte sich auch ein grundsätzlicher emotionaler Widerstand, der mit alternativer Lebens- und Gesellschaftsauffassung verknüpft war und zu den herkömmlichen materiellen und kommerziellen Kriterien im Widerspruch stand. Aus diesem Umfeld war es bereits zu Protestdemonstrationen, zu Hausbesetzungen und vereinzelt auch zu Sachbeschädigungen und zu gewalttätigen Auseinandersetzungen mit der Polizei gekommen. Bei meinem Amtsantritt waren rund dreißig Häuser besetzt, an einer Demonstration vor dem Schöneberger Rathaus hatten kurz zuvor mehrere tausend Personen teilgenommen. Diese Aktivitäten dauerten an. Bis Mitte Februar verdreifachte sich die Zahl der besetzten Häuser.

Ein zweites Problem, das durch den Fall Garski nachdrücklich ins Bewußtsein der Öffentlichkeit trat, war das tatsächliche oder vermutete Versagen von Kontrollmechanismen. Der Anschein des Versagens wurde dadurch begünstigt, daß vor allem in den städtischen Wohnbaugesellschaften Senatoren sowohl die Stadt als Gesellschafter vertraten als auch in den Aufsichtsräten saßen. Sie kontrollierten sich also letzten Endes selber. Mehrere Vorkommnisse in der Vergangenheit hatten dem Vorwurf der Ämterpatronage und dem Mißtrauen gegenüber solchen schwer durchschaubaren personellen Verflechtungen zusätzliche Nahrung gegeben.

Zum dritten gab es eine Art Entscheidungsstau. Auf vielen Gebieten – insbesondere auf dem Gebiet der Stadtentwicklung – waren Fragen jahrelang diskutiert worden, ohne daß es zu endgültigen Entscheidungen gekommen wäre. Das verbreitete ein Gefühl der Lähmung.

Schließlich wurde ich in diesen Tagen erstmals konkret mit der deutsch-deutschen Wirklichkeit konfrontiert. Natürlich hatte ich in Bonn an der Deutschlandpolitik, die ja ein zentrales Feld der sozial-liberalen Koalition war, Anteil genommen. Aber was die Mauer, das Maß ihrer Durchlässigkeit, die Insellage Berlins und die freie Passierbarkeit der Transitwege für das tägliche Leben von zwei bis drei Millionen Menschen in der Realität bedeutete, das wurde mir erst an Ort und Stelle wirklich klar. Bewußt wurde mir auch jetzt erst, daß der Ostteil der Stadt und die DDR bis dahin für mich eine Art weißer Fleck gewesen waren, von dem ich weniger wußte als von den meisten Ländern Westeuropas. Mein letzter Besuch in Ost-Berlin lag zwanzig Jahre zurück. In der DDR war ich nach dem Kriege überhaupt nur einmal gewesen, und zwar 1973 zu einer privaten Visite der Goethe-Gedenkstätten in Weimar.

Ungewohnt war für mich weiter der besondere rechtliche Status Berlins. Er drückte sich unter anderem darin aus, daß Bundesgesetze jeweils durch gesonderten Beschluß des Abgeordnetenhauses für Berlin übernommen werden mußten und daß es für die West-Berlinerinnen und West-Berliner nur einen eigenen behelfsmäßigen Personalausweis gab.

Außerdem hatten die Alliierten nach wie vor die oberste Gewalt inne, die von den drei westlichen Stadtkommandanten ausgeübt wurde. Im täglichen Leben war das kaum zu spüren, wenn man von den Aktivitäten der alliierten Nachrichtendienste einmal absieht, die von ihren weitgehenden Befugnissen insbesondere im Abhörbereich regen Gebrauch machten. Protokollarisch spielte die Letztverantwortung der Alliierten jedoch eine erhebliche Rolle. So mußte sich der Regierende Bürgermeister einmal im Monat bei den Stadtkommandanten einfinden und ihnen förmlich über die Lage der Stadt Vortrag halten. Diese Begegnungen verliefen zu meiner Zeit ebenso wie schon meine Antrittsbesuche, die ich den Stadtkommandanten noch am Tage meiner Wahl abstattete, in einer angenehmen und eher zwanglosen Atmosphäre. Die Stadtkommandanten nahmen auch keinen tagespolitischen Einfluß. Die Gesandten als ihre diplomatischen Stellvertreter machten allerdings aus ihren Ansichten kein Hehl und gaben jeweils mehr oder weniger deutlich zu verstehen, was sie für richtig hielten. Insgesamt fühlte ich mich zu Beginn ein wenig in die Jahre nach 1945 zurückversetzt.

Beide soeben erwähnten Aspekte – die Insellage und die fortdauernde Letztverantwortung der alliierten Schutzmächte – wurden mir gleich in den ersten Tagen durch ein merkwürdiges Ereignis drastisch vor Augen geführt. In dem Polizeibericht, der jeden Morgen auf meinen Tisch kam und die besonderen Vorkommnisse der letzten vierundzwanzig Stunden zusammenfaßte, hieß es nämlich eines Tages, die Sowjetunion habe in der Nacht in Polen eine militärische Intervention begonnen, und die in Berlin stationierten US-Streitkräfte hätten daraufhin Stellungen im Grunewald bezogen. Völlig ausgeschlossen erschien das angesichts der inneren Spannungen in Polen, die damals einen neuen Höhepunkt erreicht hatten, nicht. Meine Rückfragen bei den alliierten Dienststellen und in Bonn ergaben indes, daß es sich nur um eine Übung handelte, die von der Annahme einer solchen

Intervention ausging, und daß der Verfasser des Berichts entweder selbst einem Mißverständnis erlegen war oder sich grob mißverständlich ausgedrückt hatte. Mir genügte dieser Anlaß, um ein Szenario ausarbeiten zu lassen, was denn seitens des Senats geschehen sollte, wenn ein solcher Fall wirklich einträte. Gott sei dank ist der Fall nie praktisch geworden.

Ein weiteres Novum bedeutete für mich schließlich der hohe Anteil ausländischer Mitbürgerinnen und Mitbürger. Auch in München gab es viele nichtdeutsche Einwohner. Eine so dichte Massierung wie etwa im Norden Neuköllns, wo um den Hermannplatz auf engem Raum an die zwanzigtausend türkische Mitbürgerinnen und Mitbürger zusammenlebten, habe ich aber erst in Berlin erfahren. Ähnliches galt für die besondere Struktur von Kreuzberg, wo sich ein hoher Ausländeranteil mit einer großen Zahl aus Westdeutschland übersiedelter junger Deutscher mischte, die dort ein alternatives Leben führen wollten. Zum erstenmal begegnete mir auch die Tatsache, daß in vielen Grundschulklassen der Innenstadtbezirke die deutschen Kinder in der Minderheit waren.

Antworten auf die drängendsten Probleme versuchte ich in der Regierungserklärung zu geben, die ich am 12. Februar im Abgeordnetenhaus vortrug. Das war nach noch nicht einmal drei Wochen ein kühnes Unterfangen, aber es gelang einigermaßen.

In der Erklärung räumte ich gleich zu Beginn ein, daß sich Berlin im allgemeinen und meine Partei im besonderen in einer Krise befänden. Sie berge in sich die Gefahr einer weiteren Verschlimmerung, aber auch die Chance einer Wende zum Besseren. Dann entwickelte ich meine grundsätzlichen Vorstellungen zur politischen Kultur und zur Lage der Metropolen insgesamt. Städte, so sagte ich, sind steingewordene Gesellschaftspolitik. Die Konzeption für ihre weitere Entwicklung kann nicht errechnet, sie muß aus Wertordnungen abgeleitet werden. Dazu bedürfe es der Antwort auf folgende Fragen:

»Was soll Vorrang haben? Der Mensch und die Entwicklung seiner Persönlichkeit oder die Optimierung der Bodenrente? Die

Vielfalt der Landschaft und der Bebauung, der privaten und der öffentlichen Funktionen oder ein einförmiger Stadtbrei? Die flächenfressende Straße oder die flächensparende Schiene? Die verkehrsberuhigte Fläche, in der Fußgänger und Kinder Vorrang haben, oder die als Durchfahrtsweg fehlgenutzte Wohnstraße, die zugleich noch mit parkenden Fahrzeugen verstopft ist? Die nach einem gemeinsamen Willen gestaltete Stadt oder die Addition vieler in sich vielleicht sogar schlüssiger Zufälligkeiten? Die Stadt als Persönlichkeit oder die perfekte, aber anonyme und beliebig austauschbare Stadtmaschine?«

Hier liege der Kern unserer gemeinsamen Sache. Häufig genug richte sich die Antwort auf diese Fragen nicht nach den Wertvorstellungen unserer Verfassung oder den Grundwerten, denen sich alle demokratischen Parteien nach dem Wortlaut ihrer Programme verpflichtet hätten. Vielmehr geben statt dessen immer wieder die Ausweitung der Produktion, die Steigerung des Ertrags, des Einkommens und des Konsums, die Zuwachsrate und der technologische Fortschritt den Ausschlag. Ein Fortschritt, der zudem als ein Dahineilen auf einer konstant aufwärts gerichteten Geraden mißverstanden werde.

Das alles bedeute keine Verteufelung der Ökonomie oder der Technik. Aber es bedeute, beide sollten dienen, nicht herrschen. Die Stadt dürfe ihnen nicht ausgeliefert werden, wenn sie menschlich bleiben solle. Der Gemeinschaftswille, also die Politik, müsse ihnen Rahmen und Schranken setzen. Nicht alles, was die Zuwachsrate steigere, sei schon deshalb der Kritik, dem Einwand und der weiteren Überlegung entzogen.

Im zweiten Teil der Erklärung beschäftigte ich mich mit den konkreten Fragen. Für die Stadterneuerung sollte künftig die Maxime gelten: Instandsetzung vor Modernisierung, Modernisierung vor Neubau. Hausbesetzungen könnten auch künftig nicht in jedem Fall verhindert werden, da die Zahl der Leerstände zu groß und die Kräfte der Polizei nicht unbeschränkt seien. Gewalttaten und Zerstörungen werde jedoch mit allen rechtsstaatlichen Mitteln begegnet, das Gewaltmonopol des Staates entschieden verteidigt werden. Mit denen, die gewaltlos protestieren oder Wohnungen gewaltlos besetzt hätten, sei der Senat zum Gespräch und zu Übereinkünften im Rahmen des geltenden Rechts bereit. Wo eine Rechtspflicht zur Räumung bestehe, werde ihr Genüge getan, dabei aber der Grundsatz der Verhältnismäßigkeit gewahrt, und zwar auch hinsichtlich der Wahl des geeigneten Zeitpunkts. Das waren zugleich schon die Kernelemente der sogenannten Berliner Linie, die Frank Dahrendorf als Innen- und Peter Ulrich als Bausenator gemeinsam entwickelten und anzuwenden versuchten und die Richard von Weizsäcker und sein Senat später weitgehend übernahmen.

In diesem Zusammenhang warf ich die Frage auf, warum so viele junge Menschen aus fast allen Berufs- und Bildungsschichten zu exzessivem Protest neigten. Im Bemühen, sie zu beantworten, verwies ich auf eine Untersuchung der Eidgenössischen Kommission für Jugendfragen, in der diese Art des Protestes auf eine um sich greifende Isolation junger Menschen zurückgeführt und als ein Zeichen zunehmender Sprachlosigkeit gedeutet wurde. Der von Produktion und Konsum bestimmte Lebensrhythmus ersticke die Entfaltung von Persönlichkeit und Gemeinschaft. Diese Sprachlosigkeit und Isolation gelte es zu durchbrechen.

Den Entscheidungsstau suchte ich durch eine ganze Reihe konkreter Entscheidungen abzubauen. Das waren die wichtigsten:
- Die Mietpreisbindung für Altbauwohnungen solle bis 1990 bestehen bleiben.
- Die Internationale Bauausstellung (IBA) solle in ihren wesentlichen Teilen auf das Jahr 1986 verschoben und auf die Innenstadtbezirke konzentriert werden.
- Die Planung und der Bau der sogenannten Autobahn-Westtangente werde aufgegeben.
- Vorbehaltlich einvernehmlicher Lösungen der hier gegebenen Implikationen, die in voller Übereinstimmung mit den alliierten Schutzmächten und in enger Abstimmung mit der Bundes-

regierung gefunden werden müßten, solle die S-Bahn in das Nahverkehrskonzept der Stadt einbezogen und nach Maßgabe dieses Konzepts in ein Schienenschnellverkehrssystem einbezogen werden. (Mit Rücksicht auf die Alliierten und die DDR ließ sich das beim besten Willen nicht einfacher ausdrücken!)

Bemerkenswerterweise sind diese Entscheidungen vom Senat Richard von Weizsäckers im wesentlichen bestätigt und zum guten Teil unter unserer Mithilfe als Opposition realisiert worden.

Einen Schritt nach vorn unternahm ich ebenso zur Trennung von Entscheidung, Vollzug und Kontrolle im Bereich der städtischen Gesellschaften, indem ich ankündigte, daß Senatoren künftig nur noch in drei besonders begründeten Ausnahmefällen Aufsichtsräten angehören würden. In allen anderen Fällen würden Verwaltungsangehörige, die auf den jeweiligen Gebieten nicht mit Entscheidungen befaßt seien, an deren Stelle treten. Das hatte für die Senatoren übrigens auch gewisse finanzielle Auswirkungen, die sie dankenswerterweise ebenso ohne Murren hinnahmen wie den von mir angeregten Beschluß, die Senatsmitglieder von der allgemeinen Besoldungserhöhung für das Jahr 1981 auszunehmen.

Am Schluß ging ich auf die deutschlandpolitische Rolle Berlins ein und unterstrich, wie stark gerade in Berlin auf Grund der Deutschlandpolitik der sozial-liberalen Bundesregierung die grenzüberschreitenden und die Mauer überwindenden Kontakte zugenommen hatten. Auf dieser Grundlage gelte es, das Wissen um die geschichtlichen Zusammenhänge und die gemeinsamen Wurzeln unserer nationalen Existenz wachzuhalten. Das Echo auf diese Regierungserklärung war durchweg positiv. Die Union hatte ihr im Parlament wenig entgegenzusetzen. Richard von Weizsäcker war dadurch behindert, daß er wohl dem Bundestag, nicht aber dem Abgeordnetenhaus angehörte und auch erst am 21. März 1981 zum Landesvorsitzenden seiner Partei gewählt wurde. Wir hatten uns also für den Augenblick einen gewissen Vorsprung verschafft.

Diesen Vorsprung versuchten wir im sofort einsetzenden Wahlkampf – als Termin war inzwischen der 10. Mai festgesetzt worden – zu behaupten und auszubauen. Zunächst ließ es sich auch nicht schlecht an. Die Partei und die Fraktion faßten Tritt und gewannen wieder an Selbstvertrauen. Peter Glotz, inzwischen Bundesgeschäftsführer der Gesamtpartei, übernahm auf meine Bitte hin trotz der Bedenken von Willy Brandt, der eine Überforderung befürchtete, ab Februar in der Nachfolge Dietrich Stobbes auch noch den Landesvorsitz der Berliner SPD und organisierte den Wahlkampf überaus kompetent. Die Konflikte innerhalb der Partei verschwanden nicht völlig, traten aber sogar bei der Kandidatennominierung für das Abgeordnetenhaus in den Hintergrund. Dietrich Stobbe, der sich in seiner schwierigen Situation überaus fair verhielt, Harry Ristock, den ich schon von der Bundesebene her als Exponenten der Linken kannte und nun als einen in Berlin fest verwurzelten Sozialdemokraten ganz eigener Prägung erlebte, Jürgen Brinkmeier, der im rechten Lager Resonanz hatte, sowie Alexander Longolius als Fraktionsvorsitzender und Rainer Papenfuß als Chef der Senatskanzlei taten ein übriges, um dem Senat ein konzentriertes Arbeiten zu ermöglichen. Von Bonn aus halfen Brandt, Schmidt und Wehner. Und quer durch die Partei kamen aus allen Teilen der Republik Parteimitglieder nach Berlin, um uns an Ort und Stelle zu unterstützen. Zu meiner Freude engagierten sich die Freunde aus meinem Münchner Wahlkreis, die mir zunächst wegen meines Weggangs gram waren, mit Jürgen Böddrich an der Spitze ganz besonders.

Meine Senatskollegen arbeiteten in dieser Zeit Tag und Nacht. Die Mehrheit der Verwaltungsangehörigen fand das erstaunlich, sie leisteten aber ihren Beitrag, so gut sie konnten. Es gab allerdings auch Fälle offensichtlicher Inkompetenz und hin und wieder sogar von politisch motivierter Obstruktion. Als sich später der Regierungswechsel abzeichnete, machte sich in einzelnen Bereichen ein gewisser Attentismus breit. Ich selber lernte in jenen Tagen, daß man vorübergehend auch einen Achtzehn-Stunden-Tag bewältigen kann. Das hatte zur Folge, daß die ersten

Besprechungen meist schon um fünf Uhr dreißig oder sechs Uhr und die letzten Aktivitäten auch noch nach Mitternacht stattfanden. Damals entstand auch die von Sepp Binder geförderte Legende vom »Feldbett«, das ich mir angeblich in meinem Amtszimmer aufstellen ließ. In Wahrheit handelte es sich um ein Sofa in einem Nebenraum, der als Notquartier für den Fall akuter Berlinkrisen hergerichtet worden war. Diese Schlafgelegenheit benutzte ich für gelegentliche Übernachtungen, weil ich so eine Stunde Fahrzeit sparte. In diesem Raum befand sich seit den Tagen des Mauerbaus auch eine Vorrichtung, mit deren Hilfe ich mich jederzeit zur Abgabe einer Erklärung in das laufende RIAS-Programm hätte einschalten können. Ich bin froh, daß ich es während meiner kurzen Amtszeit nicht benutzen mußte.

Die Meinungsumfragen, die von vielen Auftraggebern – nicht nur von den Parteien – in dichter Folge veranlaßt wurden, zeigten bis in den April hinein die SPD im Aufwind. Ich selber lag bis dahin auch deutlich vor Richard von Weizsäcker. Die Botschaft, daß es keines Wechsels mehr bedürfe, daß die Erneuerung schon stattgefunden habe, schien anzukommen. Dann aber drehte sich der Wind. Dabei spielte eine Rolle, daß die Medien des Springer-Verlages und die Abendschau des SFB offen für die Union Partei nahmen – und zwar auch in der Nachrichtengebung. Ihr Favorit war mehr noch als Richard von Weizsäcker Heinrich Lummer – damals wie heute der Rechtsaußen der Berliner CDU. Auch der »Tagesspiegel«, der sich um journalistische Fairneß bemühte, obwohl sein Herausgeber über Subventionen, die der Senat 1980 einem Konkurrenzblatt hatte zukommen lassen, sehr verärgert war, sprach sich am Wahltag in seinem Leitartikel für einen Regierungswechsel und damit für die CDU aus. Ausschlaggebend war aber, daß nicht nur in den Medien der Widerstand gegen den Umgang mit der Hausbesetzerproblematik wuchs. Es entstand der Eindruck, Rechtsbrüche würden hingenommen, ja noch belohnt. Einzelne Staatsanwälte, so ein Herr Müllenbrock, taten das ihrige, um diesen Eindruck zu verstärken, und dachten laut darüber nach, ob sie nicht gegen den Innensenator und mich Ermittlungsverfahren wegen des Verdachts der Strafvereitelung einleiten sollten. Scharfmacher aus der autonomen Szene arbeiteten ihnen auf ihre Weise in die Hände. Ein Beschluß des Oberverwaltungsgerichts, der Ende April ausdrücklich die Rechtmäßigkeit der Handhabung des Verhältnismäßigkeitsprinzips durch den Innensenator feststellte, drang demgegenüber in der Öffentlichkeit nicht mehr durch. Hinderlich war auch, daß die Gespräche mit den Hausbesetzern trotz der Vermittlungsbemühungen insbesondere der evangelischen Kirche, bei denen sich der Kreuzberger Superintendent Gustl Roth vor allem engagierte, nur langsam in Gang kamen und nur wenige vorzeigbare Ergebnisse erbrachten.

Typisch für die Automatik, die hier wirksam wurde, war ein Vorfall Ende Februar. Der Justizsenator Gerhard Meyer hatte auf einem F.D.P.-Landesparteitag vorgeschlagen, einen jungen Hausbesetzer in den Landesvorstand zu wählen. Das geschah auch. Daraufhin erklärte sein ebenfalls der F.D.P. angehörender Senatsdirektor (vergleichbar einem Staatssekretär), der auf dem Parteitag unterlegen war – es handelte sich um den späteren Generalbundesanwalt Alexander von Stahl –, öffentlich, er wolle aus Protest von seinem Amt zurücktreten. Als ich ihn wissen ließ, daß ich dies als Antrag auf Entlassung aus dem Beamtenverhältnis und auf Nachversicherung in der Rentenversicherung verstünde, teilte er mir mit, so ernst sei seine Erklärung nicht gemeint, es sei eine »politische« Äußerung gewesen. An der öffentlichen Wirkung seiner Erklärung änderte das aber nichts. Der Justizsenator und mit ihm der Senat erschienen als Sympathisanten eines »Rechtsbrechers«, obwohl gegen diesen noch nicht einmal ein Strafantrag wegen Hausfriedensbruchs vorlag.

Das ließ sich noch ertragen. Der entscheidende Schlag traf uns sechs Wochen später, am Palmsonntag, dem 12. April 1981. Am Abend dieses Tages rotteten sich im Zusammenhang mit einer angemeldeten Demonstration in der Nähe der Gedächtniskirche mehrere Dutzend Gewalttäter zusammen, die nach einiger Zeit den Kurfürstendamm entlangstürmten und dabei zahllose Schaufensterscheiben zertrümmerten. Starke Polizeikräfte standen bereit, griffen aber aus Gründen nicht ein, die sich nicht völlig aufklären ließen. Einige Passanten wollten Äußerungen gehört haben, das entspreche der Berliner Linie. Wenn es so gewesen wäre, könnte man dafür keine Entschuldigung finden, denn die Berliner Linie erlaubte in keinem Fall, einem Vandalismus – zudem noch solchen Ausmaßes – tatenlos zuzusehen.

Die Auswirkungen waren jedenfalls verheerend. Die Bilder von den zerstörten Schaufensterfassaden in den Zeitungen und im Fernsehen beunruhigten auch diejenigen, die unserer Politik grundsätzlich zustimmten. Und Heinrich Lummer und seine Freunde gossen noch zusätzlich Öl ins Feuer. Ich war an dem fraglichen Tag nicht in Berlin, kehrte aber unverzüglich zurück und besuchte am nächsten Tag einige der betroffenen Geschäfte, darunter das Kaufhaus des Westens, das KaDeWe. Ändern konnte ich an dem entstandenen Eindruck nichts mehr. Ob die Kurve dann für die Sozialdemokratie Anfang Mai doch noch einmal ein Stück nach oben ging, ist schwer zu beurteilen. Das Wahlergebnis spricht eher dafür.

Natürlich habe ich in diesen Monaten auch überlegt, was geschehen könnte, um die DDR zu Maßnahmen zu bewegen, die zur Verbesserung der Lebensverhältnisse in Berlin dringend erwünscht waren. Es ging dabei um die Senkung des eben erst erhöhten Mindestumtausches, um die Übernahme des S-Bahn-Betriebs durch das Land Berlin und um die Offenhaltung des Grenzübergangs Staaken, der nach der Öffnung des Übergangs Heiligensee im Zuge der neuen Autobahnverbindung nach Hamburg hätte geschlossen werden sollen. Einen Augenblick erwog ich, zu diesem Zweck mit Erich Honecker zusammenzutreffen. Das hätte durchaus der Perspektive der Deutschlandpolitik entsprochen. Aber für ein solches Treffen des Regierenden Bürgermeisters von Berlin mit dem Staatsratsvorsitzenden der DDR war die Zeit noch nicht reif und wohl auch das Plazet der Schutzmächte nicht zu erlangen. Diesen Schritt unternahm erst Richard von Weizsäcker im September 1983, was ihm einige Kritik aus dem eigenen Lager eintrug. So sprach ich mit Pjotr Abrassimow, dem sowjetischen Botschafter in Ost-Berlin, wegen des Grenzübergangs Staaken und – statusmäßig korrekt – wegen aller vier Punkte Klaus Bölling als Ständiger Vertreter im Auftrag der Bundesregierung mit den zuständigen Repräsentanten der DDR. Herausgekommen ist dabei während meiner Amtszeit nichts. Teilzugeständnisse machte die DDR erst später meinem Nachfolger. Das hinderte die Union nicht, mir dreizehn Jahre später vorzuwerfen, die DDR habe mir Wahlhilfe leisten wollen!

Zustande kam hingegen ein Arrangement auf einem ganz anderen Gebiet. Berlin-West übergab der DDR im April 1981 im Zuge des Schinkel-Gedenkjahres – er war vor zweihundert Jahren geboren worden – die seit dem Krieg im Westteil der Stadt lagernden Figuren der von Karl Friedrich von Schinkel entworfenen Schloßbrücke. Diese Figuren sind zur Freude der Ost-Berliner alsbald wieder auf der Brücke aufgestellt worden. Dafür gab die DDR das künstlerisch und historisch wertvolle Archiv der Königlichen Porzellanmanufaktur zurück. Wenn man so will, zwei Wiedervereinigungen im kleinsten Maßstab.

Vom Wahlkampf ist mir als bemerkenswert in Erinnerung geblieben, daß Richard von Weizsäcker und ich unsere gleich nach meinem Wechsel nach Berlin getroffene Vereinbarung, uns eine faire Auseinandersetzung zu liefern, sorgsam eingehalten haben. Den einen oder anderen unserer Anhänger mag das enttäuscht haben, der Demokratie hat es genützt. Für uns beide war es zugleich der Anfang einer von Respekt und Wertschätzung getragenen persönlichen Beziehung, die bis zum heutigen Tage andauert.

Das Wahlergebnis vom 10. Mai war nur noch insofern eine Überraschung, als es günstiger ausfiel, als das noch acht Tage zuvor vorausgesagt worden war. Die Union verfehlte knapp die sicher geglaubte absolute Mehrheit, unsere Verluste waren beträchtlich, aber nicht katastrophal. Die 38,3 Prozent, auf die wir schließlich kamen, lagen weit über dem, was im Januar zu erwarten stand, und sind übrigens seitdem nicht wieder erreicht worden. Der eigentliche Gewinner war die AL, die mit über sieben Prozent und neun Mandaten als drittstärkste Partei ins Abgeordnetenhaus einzog. In eine arge Klemme geriet die auf wenig mehr als fünf Prozent reduzierte F.D.P., von deren Stimmverhalten nunmehr die Wahl des nächsten Regierenden Bürgermeisters und des nächsten Senats abhing. Richard von Weizsäcker hatte denn auch einige Mühe, bis er mit Hilfe der Bonner F.D.P.-Spitze vier von den sieben F.D.P.-Abgeordneten für sich und seine Senatskandidaten gewonnen hatte. Diese mußten sich immerhin über einen Beschluß ihres Landesparteitags hinwegsetzen, in dem in Übereinstimmung mit entsprechenden Erklärungen vor der Wahl jede Unterstützung eines CDU-Senats abgelehnt worden war. Am 11. Juni kam dann ein Minderheitssenat unter Richard von Weizsäcker zustande, wobei der Wirtschaftssenator Elmar Pieroth die erforderliche Stimmenzahl allerdings erst im zweiten Anlauf erreichte.

Damit war der Wechsel der Berliner Sozialdemokratie in die Opposition nach so vielen Jahren in der Regierungsverantwortung auch formal vollzogen. Die Partei und die Fraktion bewältigten ihn ohne die sonst nach Wahlniederlagen üblichen wechselseitigen Schuldzuweisungen. Daß sich die Kraft der Partei in den Jahrzehnten der Regierung erschöpft hatte, daß sie starr geworden war, daß sie zuviel Energien in inneren Auseinandersetzungen verbraucht hatte und daß die Zeit vom Januar bis zum Mai 1981 nicht ausgereicht hatte, um all diese Defizite in einer großen Anstrengung aufzuholen, lag auf der Hand. Jetzt galt es, die ihr von der Wählerschaft zugewiesene Aufgabe der Opposition zu akzeptieren und die damit verbundene Chance der Erneuerung zu nutzen. Das war auch für mich eine neue Erfahrung. Denn erstmals in meinem politischen Leben saß ich jetzt auf der Oppositionsbank.

Die notwendigen organisatorischen Entscheidungen einschließlich meiner Wahl zum Fraktionsvorsitzenden wurden rasch getroffen. Auch die Arbeit begann im Rahmen eines strengen Sitzungsplans und akribischer Tagesordnungen unverzüglich.

Eine große Hilfe bedeutete für mich und Gerhard Schneider als parlamentarischer Geschäftsführer, daß sich Dieter Schröder, ein kluger und erfahrener Beamter der Senatskanzlei, der mir schon als Regierendem Bürgermeister vorzüglich zugearbeitet hatte, beurlauben ließ und als Syndikus in den Dienst der Fraktion trat. Ich selber übernahm – zum Erstaunen der Routiniers – zusätzlich zum Fraktionsvorsitz den Vorsitz im Petitionsausschuß. Damit wollte ich deutlich machen, wie wichtig mir der unmittelbare Kontakt mit den Menschen und ihren Problemen war. Und ich wollte möglichst rasch möglichst viel über und von Berlin lernen. Diese Erwartung hat sich in den nächsten eineinhalb Jahren in hohem Maß erfüllt. Daß mir manche Sorgen der Berlinerinnen und Berliner und manche Unzulänglichkeiten der Verwaltung bald besser bekannt waren als alteingesessenen Kollegen, verdanke ich dieser Tätigkeit, bei der mich der Ausschußsekretär Klaus Kreibig und seine Mitarbeiterinnen und Mitarbeiter vorbildlich unterstützten. Bemerkenswert war, daß der Ausschuß in aller Regel zu einstimmigen Entscheidungen gelangte, und zwar unter Einschluß der Vertreterin der AL, die von Anfang an konstruktiv mitarbeitete.

Aus den soeben geschilderten Erwägungen hielt ich auch an meinem Bürgerbüro fest. In München mußte ich es mit meinem Weggang aufgeben. In Berlin habe ich es in meinem Stimmkreis in Neukölln an der Schönstedtstraße mit Hilfe des SPD-Kreisverbands und eines Fördervereins, der sich allmählich bildete, wieder ins Leben gerufen und am 1. Juli 1981 in einem ehemaligen Friseurladen eröffnet. Dank meines Mitarbeiters Heinz Harting, der schon im Münchner Büro tätig gewesen war, und weiterer haupt- und ehrenamtlicher Helfer haben wir dort bis zum Oktober 1994 vielen Tausenden von Mitbürgerinnen und Mitbürgern helfen können. Ich komme darauf noch zurück.

Richard von Weizsäcker gab am 2. Juli seine Regierungserklärung ab. Ich erwiderte in der Sitzung des Abgeordnetenhauses vom 16. Juli. Beachtung fand, daß wir uns bei dieser Gelegenheit gegenseitig Plato-Zitate vorhielten, was im Berliner Abgeordnetenhaus eher selten geschah. Er machte sich die Frage Platos zu eigen, ob es nicht so sei, daß sich die Demokratie durch eine gewisse Unersättlichkeit in der Freiheit selber auflöse, und zielte damit wohl auf die AL. Ich wies darauf hin, daß Plato an der zitierten Stelle auch die Befürchtung geäußert habe, daß sich dann der Hintersasse und der Fremde daran gewöhnen, sich dem Bürger gleichzustellen. Ja, dann drohe sogar die Rechtsgleichheit zwischen Sklaven und Bürgern und zwischen Frauen und Männern. Wir einigten uns schließlich darauf, daß es Grenzen der Freiheit geben müsse, die von Plato als beunruhigend und tadelnswert angesehene Rechtsgleichheit aber ein unverzichtbares Wesensmerkmal der Demokratie sei und Plato selbst wohl bei aller Hochschätzung nicht gerade als ein Urvater des demokratischen Denkens angesehen werden könne.

In der Substanz unserer Aussagen fand sich bei allem – auch polemischen – Geplänkel im Detail eine ganze Menge von Übereinstimmungen. So beispielsweise hinsichtlich der Berliner Linie, der Übernahme der S-Bahn, hinsichtlich der Deutschlandpolitik und der Bereitschaft zur Weiterentwicklung der Beziehungen zur DDR trotz mancher Rückschläge. Weizsäcker ging hier für einen Unionspolitiker sehr weit und betonte ausdrücklich die Notwendigkeit des Gleichklangs mit der sozial-liberalen Bundesregierung. Seinen Hardlinern – etwa Heinrich Lummer –, aber auch den Entspannungsgegnern in Bonn – etwa Franz Josef Strauß – mutete er da einiges zu.

Mehr Rücksicht nahm er auf diese Kräfte bei seiner Stellungnahme zur AL, die ja am 10. Mai den Schritt – eigentlich war es sogar ein Sprung – von der außerparlamentarischen Opposition zur drittstärksten Kraft im Parlament getan hatte. Ich erwähnte schon, daß Weizsäcker im Januar, als es um die von der Union und der AL parallel betriebene Abberufung des Parlaments ging, keinerlei Berührungsängste gezeigt hatte. Jetzt war er auf strikte Abgrenzung bedacht. Und die unklare Haltung zur Gewaltfrage und Äußerungen, die Zweifel an der Rechtstreue aufkommen ließen, gaben dazu ja auch einigen Anlaß. Schwer erträglich war auch, daß die AL zunächst die infolge des Status der Stadt notwendige Übernahme von Bundesgesetzen durch generelle Beschlüsse ablehnte und darüber von Fall zu Fall entscheiden wollte. Sicher gab es innerhalb der AL auch Kräfte, die eher zu den sogenannten K-Gruppen oder den Maoisten tendierten und mit der Demokratie nicht allzuviel im Sinn hatten. All dem war entschieden entgegenzutreten.

Das änderte aber nach meiner Auffassung nichts daran, daß sich in Berlin erstmals ein breiteres Protestpotential im Parlament artikulierte und daß darin auch eine Chance lag. Der Parlamentarisierungsprozeß, dem sich die AL damit aussetzte, sollte deshalb – so sagte ich – nicht mit Häme oder allgemeiner Diskriminierung begleitet werden. Vielmehr sollten die älteren Parteien mit Aufmerksamkeit verfolgen, ob die Transformation von Emotion, Engagement, Fundamentalkritik und Utopie in reale Politik gelingt und daraus Fruchtbares erwächst. Demokratie solle solche Transformation ermöglichen und unterstützen, nicht blockieren und erschweren. Sonst bleibe alles Reden von Pluralismus an der Oberfläche. Schließlich seien die vorhandenen Parteien an dem Erstarken der AL ihrerseits schon deshalb nicht schuldlos, weil sie sich den Themen, die diese aufgegriffen habe, nicht genügend gewidmet und auch sonst eine ganze Reihe von Fehlern begangen hätten. Weizsäcker dachte wohl im Grunde seines Herzens nicht wesentlich anders. Jedenfalls sagte er im April 1982 bei einem Vortrag in Stuttgart, für die Parteienlandschaft sei durch die Alternativen eine Art notwendige Erfrischung eingetreten. Hausbesetzer hätten auch etwas Ermutigendes an sich. Das sei der Kampf des frechen David gegen den etablierten Goliath.

Diese Standpunkte waren innerhalb der Berliner Sozialdemokratie nicht unumstritten. Und Fehlverhalten der AL in kritischen Situationen, so etwa bei den von ihr mitzuverantwortenden schweren Krawallen anläßlich des Berlinbesuchs von Präsident Ronald Reagan im Juni 1982, stellten diese Position zudem auf harte Proben. Einige Sozialdemokraten machten aus ihrer Sympathie für manche Positionen der AL – nicht für die Gewalttätigkeiten – kein Hehl. Andere plädierten für eine noch schärfere Konfrontation, als sie die Union praktizierte. Ungewohnt war ferner, daß es außer uns eine zweite Oppositionsfraktion gab, neben der wir mitunter wie eine weitere Regierungsfraktion wirkten. Dennoch folgte mir die Mehrheit. Und von heute her gesehen hat sich ja mein Vertrauen in die prägende Kraft unseres demokratischen Systems und die Chancen eines parlamentarischen Transformationsprozesses, als durchaus berechtigt erwiesen. Sonst wäre nicht inzwischen sogar ernsthaft von schwarzgrünen Koalitionen die Rede.

Mit den Personen, die damals für die AL im Abgeordnetenhaus saßen, wären allerdings Koalitionen schwer vorstellbar gewesen. Es war eine bunte Truppe mit viel Freude an gezielten Provokationen und Regelverletzungen. Aber es waren auch pfiffige Gestalten darunter, die manchen altgedienten Parlamentarier in Verlegenheit brachten, weil sie floskelhafte Reden und Rituale und Widersprüche zwischen Reden und Handeln rücksichtslos bloßstellten und anprangerten. Einigen war es mit ihren Visionen einer gewaltfreien, umweltfreundlichen und solidarischen Gesellschaft durchaus ernst. Ungeachtet ihrer gelegentlich recht naiven Realitätsferne lohnte es sich, diesen zuzuhören.

In der praktischen Politik war der Vollzug der Berliner Linie der Hauptstreitpunkt zwischen dem Senat und uns. Der Bausenator Ulrich Rastemborski verfolgte dabei einen eher moderaten Kurs und bemühte sich, Hausbesetzungen durch Gespräche in vertraglich geregelte Verhältnisse überzuleiten. Innensenator Heinrich Lummer – wohl vom Justizsenator Rupert Scholz unterstützt – hielt das für zu lasch und befürwortete demonstrative Räumungen auch in Fällen, in denen weiteres Verhandeln sinnvoll gewesen wäre. Richard von Weizsäcker versuchte, diese Spannungen auszugleichen, wobei seine Sympathien wohl mehr auf der Seite von Rastemborski lagen. Im September 1981 gewann Herr Lummer, unterstützt von einem Teil der Berliner Presse, die Oberhand und konnte die Zustimmung des Senats für die Räumung von acht besetzten Häusern erreichen. Diese Räumungen waren rechtlich gedeckt. Rechtlich zwingend waren sie jedoch nicht. Der Senat hätte vielmehr auch das Ergebnis weiterer Verhandlungen abwarten können.

Die Räumungen wurden am 22. September morgens in sehr robuster Form durchgeführt. Infolge unglücklicher Umstände kam im Zusammenhang damit ein junger Mann aus Westdeutschland zu Tode, der von einem Bus der Verkehrsbetriebe überrollt wurde. Das ließ die Emotionen sehr hoch gehen. Sie wurden durch Bilder noch weiter angefacht, die im Fernsehen und am nächsten Tag in den Zeitungen zu sehen waren und Herrn Lummer in einer geräumten Wohnung in der Pose eines siegreichen Feldherrn zeigten. Die Folge waren anhaltende Demonstrationen, in deren Umfeld es zu schweren Ausschreitungen kam. Dabei wurden zahlreiche Polizeibeamte und Demonstranten verletzt.

Die Vorgänge spalteten die Stadt für längere Zeit in zwei Lager, die sich in gefährlicher Polarisierung gegenüberstanden. Eine Mehrheit stimmte dem Vorgehen des Senats zu und forderte ein noch schärferes Durchgreifen. Eine Minderheit fürchtete um den Frieden in der Stadt und darum, daß künftig zwischen kritischen jungen Menschen und Gewalttätern nicht mehr unterschieden und die ersteren in eine Zwangssolidarität mit den letzteren getrieben würden. Ich vertrat die Position der Minderheit auch in einem Streitgespräch mit Herrn Lummer, das vom RIAS gesendet wurde. Das trug mir vehemente Kritik bis in die Reihen der eigenen Partei ein; einige Dutzend Mitglieder erklärten deshalb ihren Austritt. Viele ermutigten mich aber auch oder ließen sich in Delegiertenkonferenzen und Mitgliederversammlungen überzeugen. Selten in meinem Leben sah ich mich jedenfalls so massiven Mißfallensbekundungen ausgesetzt. Ich ließ mich dadurch aber von meiner Position nicht abbringen.

Für die Abgeordnetenhaus-Sitzung vom 24. September beschloß die SPD-Fraktion auf meinen Vorschlag Mißtrauensanträge gegen den Bau- und den Innensenator. Während der Debatte kam es zu harten Auseinandersetzungen. Schließlich erklärte Richard von Weizsäcker, dem das Ausmaß der Konfrontation in der Stadt ebenfalls Sorge bereitete, er wolle alle politischen und gesellschaftlichen Kräfte der Stadt zu gemeinsamen Gesprächsrunden einladen, um auf diesem Wege den inneren Frieden wieder zu festigen. Nach einer Sitzungsunterbrechung begrüßte die SPD-Fraktion diese Absicht und verzichtete bis auf weiteres auf die Abstimmung über ihre Mißtrauensanträge.

Dieses Vorgehen erwies sich als konstruktiv. Die Gesprächsrunden traten alsbald zusammen und trugen dazu bei, die vorübergehend explosiven Spannungen zu mildern. Hilfreich waren dabei vor allem die Vertreter der evangelischen, aber auch der katholischen Kirche und der Gewerkschaften. Insgesamt überwogen die Stimmen, die zur Mäßigung rieten und vor weiteren demonstrativen Räumungen warnten. Auch die Synode der Evangelischen Landeskirche äußerte sich in diesem Sinne. In der Folgezeit haben sich dann auch Räumungen in der Art wie am 22. September nicht mehr wiederholt.

Ein weiterer Streitpunkt war die Verlängerung der Mietpreisbindung für Altbauwohnungen, die bis zum 31. Dezember 1982 befristet war. Das Thema betraf Hunderttausende ganz unmittelbar. Der Senat machte zunächst unzureichende Vorschläge, die von einem einstimmigen Parlamentsbeschluß vom April 1981 – also vor dem Senatswechsel – abwichen, die Mieter bei Neuvermietungen schutzlos gelassen und auch sonst benachteiligt hätten. Die Berliner Verfassung kannte damals keine unmittelbare Bürgerbeteiligung auf Landesebene. Sie ließ aber Bürgerbegehren auf Bezirksebene zu, bei denen Bürger auch zu Fragen ihre Meinung äußern konnten, für die der Bundesgesetzgeber zuständig ist. Mit dem Mieterverein und den Gewerkschaften und unterstützt von parallel gerichteten Aktivitäten der AL brachten wir solche Bürgerbegehren in Gang. In neun Stadtbezirken sprachen sich dabei am Ende 220 000 Berlinerinnen und Berliner für eine umfassende Mietpreisbindung aus. Das half eine Lösung durchzusetzen, die weitgehend unseren Vorstellungen entsprach. Sie wurde im Juni 1982 vom Bundesgesetzgeber verabschiedet.

Erfolg hatten wir auch mit unserer Forderung nach einer Reform der Berlinförderung, die nicht mehr in erster Linie auf die Höhe des Umsatzes, sondern auf die Wertschöpfung und auf die Arbeitsplätze abstellte. In schwierigen Verhandlungen wurde ein Konsens gefunden, den der Bundesgesetzgeber im Jahre 1982 übernahm.

So gab es neben frustrierenden Abstimmungsniederlagen im Abgeordnetenhaus auch einige Erfolgserlebnisse, die den Sozial-demokraten und auch mir persönlich guttaten. Im Landesvorsitz hatte im November 1981 Peter Ulrich die Nachfolge von Peter Glotz angetreten. Auf ihn, sein Standvermögen und seine kluge Beharrlichkeit war unbedingter Verlaß. Er hatte auch vorher schon geholfen, als sich auf einem Landesparteitag im Sommer 1981 ein Teil der sogenannten Rechten noch einmal aufbäumte, weil ihm nach eigener Bekundung die ganze Richtung nicht paßte. Man solle sich mehr um den »normalen« Bürger und weniger um Ausländer, Ausgeflippte, Hausbesetzer, Friedens-bewegte und ähnliche Leute kümmern, warnte ihr Sprecher. Ich entgegnete nicht ohne Schärfe, es sei keineswegs unsozialdemo-kratisch, mit den normalen Bürgern für Schwächere einzutreten und ihnen zu helfen. Solidarität sei nicht nur ein Begriff für Jubiläen und andere festliche Gelegenheiten. Wer so rede, ver-sündige sich an der Grundsubstanz der Sozialdemokratie. Da-nach hat sich diese Gruppe während meiner Berliner Zeit nicht mehr zu Wort gemeldet.

Noch bei einer anderen Gelegenheit habe ich energisch ein-gegriffen. Das war auf einem Landesparteitag im Juni 1982. Er war in seinem ersten Teil der Situation der Frauen und ihrer Gleich-berechtigung gewidmet. Die Redner überboten sich in Bekun-dungen, was alles geschehen müsse, um in und außerhalb der Partei die Gleichstellung voranzubringen und mehr Frauen in der Verantwortung zu haben. Anschließend wurde der Landes-vorstand neu- und dabei ausgerechnet die Frau, die neben zwei

Männern erneut für eine der beiden Positionen eines stellvertretenden Landesvorsitzenden kandidierte, nicht wiedergewählt. Dieser Widerspruch zwischen Reden und Handeln, dieser Rückfall in alte Gruppengewohnheiten empörte mich dermaßen, daß ich nach einer scharfen Philippika eine Unterbrechung des Parteitags und sodann den Rücktritt der beiden gewählten Männer, eine Satzungsänderung, die die Zahl der Stellvertreter auf drei erhöhte, und die Wiederholung der Wahl verlangte. Der Parteitag folgte dem teils zerknirscht, teils zähneknirschend. Am Ende waren alle drei gewählt, die Frau mit dem mit Abstand höchsten Stimmergebnis.

Gekümmert habe ich mich stets auch um die Mitgliederzahl meiner Partei. Sie blieb während der Zeit, von der hier die Rede ist, insgesamt einigermaßen stabil und lag deutlich über 30 000. Mitunter habe ich auch selber neue Mitglieder geworben. Mein bemerkenswertester Werbeerfolg war der Beitritt von Günter Grass. Ich stand mit ihm schon lange in Verbindung und kam eher zufällig darauf, daß er, den ich stets für ein Mitglied gehalten hatte, das im Rechtssinne gar nicht war. Als ich ihn darauf ansprach, unterschrieb er das Formular im September 1982. Auf meine Einladung erschien er sogar einmal im Fraktionsvorstand. Was dort verhandelt wurde, hat ihn nur mäßig beeindruckt. Verständlich, daß ich auf diesem Hintergrund seinen Austritt im Jahre 1993 besonders bedauert habe. Aber er ließ sich auch von mir nicht mehr umstimmen.

An freier Zeit ist mir in diesen Jahren nicht viel geblieben. Genutzt habe ich sie zusammen mit meiner Frau und dem Ehepaar Schröder – von Dieter Schröder war schon die Rede – an einigen Wochenenden zu privaten Besuchen in Ost-Berlin und in der DDR. Dabei habe ich stets alle Regularien einschließlich des Mindestumtausches beachtet und Bevorzugungen, die mir gelegentlich angeboten wurden, abgelehnt. Die »Organe« haben sich vermutlich den Kopf zerbrochen, was wir eigentlich im Schilde führten, und darüber sicher auch eine Menge aufgeschrieben. Dabei wollten wir nichts anderes, als den Menschen begegnen, etwas über ihre Lebensbedingungen erfahren und von ihnen selbst hören, wie sie über die deutsche Teilung und die Politik der beiden deutschen Staaten dachten. Außerdem wollten wir einfach die Städte und Landschaften kennenlernen, die wir bis dahin nicht gesehen hatten. Das gelang uns – um nur ein paar Beispiele zu nennen – in Brandenburg und im Oderbruch, in Dresden, in Naumburg und in Leipzig und auch in Ost-Berlin. Dort drangen wir sogar ins Rote Rathaus vor – aber nur in die Gaststätte, in der man so tat, als ob man mich nicht erkannte, aber immerhin nach einiger Zeit »plazierte«. Gesprochen haben wir mit den unterschiedlichsten Menschen. Mit Pastoren, mit Dozenten des evangelischen Oberseminars in Naumburg, mit Ingenieuren, mit Kirchenältesten und mit Studenten. Langsam lernten wir dabei zwischen der Vorderfront des Systems und der privaten Realität zu unterscheiden. Von einer sich anbahnenden Umwälzung oder gar von einer vorrevolutionären Situation war nichts zu spüren. Wohl aber wurde überall eine deutliche Distanz gegenüber der offiziellen Ideologie sichtbar.

Berlin war mir in all diesen Monaten ans Herz gewachsen. Auf andere Weise als München und nicht ohne gelegentliche Reibungsverluste. Wir fühlten uns zwischen Schlachtensee und Krummer Lanke zu Hause, und ich ertappte mich dabei, wie ich meinen Klassenkameraden bei einem unserer alljährlichen Treffen Kreuzberg und Zehlendorf und das Schöneberger Rathaus, aber auch das Bode-Museum und das Ermeler-Haus im Ostteil der Stadt zeigte, als ob ich schon lange hierher gehörte und als ob es ganz selbstverständlich sei, daß man erst als Oberbürgermeister in München und später als Regierender Bürgermeister und Oppositionschef in Berlin amtiere.

7 Zurück nach Bonn

Auch nach meiner Übersiedlung nach Berlin habe ich meine Parteifunktionen in Bonn – also meine Mitgliedschaft im Präsidium, im Parteivorstand und in der Grundwertekommission – kontinuierlich wahrgenommen. Dadurch war ich über die Entwicklung in der Koalition und der Bundesregierung, aber auch innerhalb der Partei und der Bundestagsfraktion ziemlich genau im Bilde und konnte gelegentlich gerade deshalb einen gewissen Einfluß nehmen, weil ich infolge meiner Ortsabwesenheit die Dinge mit mehr Distanz sah und nicht in die täglichen Auseinandersetzungen verwickelt war.

So war schon im Laufe des Jahres 1981 nicht zu übersehen, daß die Schwierigkeiten und die Spannungen in der Koalition und in der eigenen Partei zunahmen. Die steigende Arbeitslosigkeit und die sich verschärfende Haushaltslage, die wiederholt Eingriffe in Gestalt sogenannter Haushaltsstrukturgesetze notwendig machten, belasteten die Stimmung. Der Partei machten auch Demonstrationen gegen öffentliche Bundeswehrgelöbnisse, gegen neue Kernkraftwerke in Brokdorf und in Krümmel sowie gegen die Erweiterung des Frankfurter Flughafens zu schaffen, an denen sich Sozialdemokraten und Sozialdemokratinnen in großer Zahl beteiligten; von den sogenannten Autonomen veranlaßt, kam es dabei häufig auch zu Gewalttätigkeiten. Ebenso verstärkte sich in und außerhalb der Partei die Debatte über den Rüstungswettlauf und den Doppelbeschluß. Zu einer Demonstration im Bonner Hofgarten, zu der die Friedensbewegung aufgerufen hatte, versammelten sich im Oktober 1981 nicht weniger als 250 000 Menschen. Neben Sprechern der Friedensbewegung ergriff dort auch Erhard Eppler das Wort. Was er sagte, verstieß nicht gegen den Berliner Parteitagsbeschluß. Der eigentliche Streitpunkt war vielmehr, daß er überhaupt bei einer solchen Gelegenheit als Redner auftrat. Vor allem Helmut Schmidt – aber nicht nur er – nahm daran erheblichen Anstoß und beschwerte sich über eine in der Partei um sich greifende Disziplinlosigkeit.

Eine Funktionärskonferenz in Bad Godesberg, die für Anfang Oktober 1981 kurzfristig einberufen worden war, hatte eine Woche zuvor den Versuch unternommen, das äußere Erscheinungsbild der Partei zu stabilisieren und wenn schon nicht die inhaltliche Geschlossenheit der Partei, so doch wenigstens ihren Willen deutlich zu machen, auch weiterhin an der Regierungsverantwortung unter Helmut Schmidt festzuhalten. Trotz in der Zielsetzung übereinstimmender Appelle von Willy Brandt und Helmut Schmidt gelang das nur in beschränktem Umfang. Die Spannungen in der Partei wurden vielmehr alsbald ein weiteres Mal sichtbar, als Rix Löwenthal, Annemarie Renger und Herbert Weichmann, der frühere Hamburger Bürgermeister, in einem offenen Brief, dem sich zahlreiche Repräsentanten des rechten Parteispektrums, darunter namhafte Gewerkschaftsführer, anschlossen, Willy Brandt ungenügende Abgrenzung gegenüber der Friedensbewegung und indirekt auch eine zu passive Haltung als Parteivorsitzender vorwarfen. Erstaunlicherweise unterzeichnete diesen Brief auch Herbert Wehner. Willy Brandt und Helmut Schmidt haben damals auf die an ihnen geäußerte Kritik jeweils auch mit unüberhörbaren Ankündigungen reagiert, bei Änderungen des von ihnen vertretenen Kurses müsse sich die Partei einen anderen Kanzler oder einen anderen Vorsitzenden suchen. Sehr ermutigend wirkte das nicht.

Auch in der Bundestagsfraktion nahmen die Spannungen zu. Eine Gruppe um die Abgeordneten Karl-Heinz Hansen und Manfred Coppik setzte den die Regierung unterstützenden Mehrheitsbeschlüssen der Fraktion nicht nur in wichtigen Punkten – so vor allem in der Sicherheits- und der Steuerpolitik – eigene Positionen entgegen, sondern brachte auch im Bundestag entsprechende eigene Anträge ein. Hansen, der wegen verunglimpfender Angriffe auf Helmut Schmidt nach einem monatelangen, sehr mühsamen Verfahren schon im Dezember 1981 ausgeschlossen worden war, und Coppik – er kam seinem Ausschluß im Januar 1982 durch seinen Austritt zuvor – bereiteten zudem ab Frühjahr 1982 unter dem Namen »Demokratische Sozialisten« die Gründung einer eigenen Partei vor. Wenn diese auch alsbald wieder von der Bildfläche verschwand, fand sie doch zunächst in einzelnen Städten Resonanz. Das führte dort innerhalb der Partei zu beträchtlicher Unruhe.

Natürlich gab es in dieser Zeit auch beachtliche Erfolge. So hatte Helmut Schmidt – von Willy Brandt unterstützt – maßgebend dazu beigetragen, daß Ende November 1981 in Genf Verhandlungen zwischen den Vereinigten Staaten und der Sowjetunion über die Reduzierung weiterer Raketenstationierungen in Gang kamen. Sie begannen auch deswegen erst jetzt, weil die Abneigung der neu ins Amt gekommenen Reagan-Administration gegen solche Verhandlungen zunächst nicht viel geringer war als die der sowjetischen Führung.

Positiv zu Buche schlug auch, daß die Begegnung Helmut Schmidts mit Erich Honecker Anfang Dezember 1981 am Werbellinsee nach jahrelangem Vorlauf endlich stattfand. Ob Honecker den Termin des Treffens – die konservative Seite behauptete das sogleich – bewußt so wählte, daß Helmut Schmidt am 13. Dezember 1981, an dem in Polen das Kriegsrecht verhängt wurde, noch sein Gast war, wird kaum mehr zu klären sein. Die Vorwürfe, die die Opposition deshalb erhob, waren jedenfalls abwegig, weil eine vorzeitige Abreise Helmut Schmidts weder den Polen noch den deutsch-deutschen Beziehungen geholfen hätte. Makaber und von bleibender Wirkung waren hingegen die Bilder, die von den bombastischen Absperrungsmaßnahmen der Staatssicherheit während der kurzen Barlach-Visite Helmut Schmidts in Güstrow zu sehen waren. Offenbarte sie doch für einen Moment die Unsicherheit des SED-Regimes gegenüber der eigenen Bevölkerung. Das berühmte Hustenbonbon, das Honecker Helmut Schmidt auf dem Bahnhof in Güstrow in den Zug reichte, konnte diesen Eindruck nicht mehr verwischen.

Der SPD half das alles nur beschränkt. Sie sah sich in wachsendem Maße mit dem Dilemma konfrontiert, daß sich gegenüber den alternativen Positionen ein Teil der Partei öffnen, der andere Teil dagegen möglichst scharf abgrenzen wollte. Ungefähr entlang den gleichen Grenzlinien wollten die einen so lange wie nur irgend vertretbar an der Regierung bleiben, während die anderen den Übergang in die Opposition selbst während der laufenden Legislaturperiode für das kleinere Übel, ja einige sogar bereits für überfällig hielten. Ich habe mich zu diesem Dilemma im Präsidium und ab Sommer 1981 auch öffentlich so konkret geäußert, wie mir das verantwortbar erschien. Am umfassendsten im Juni 1981 gleich nach dem Ausscheiden aus dem Amt des Regierenden Bürgermeisters von Berlin vor einem Parteitag des Bezirks Hessen-Süd. Dort sagte ich unter anderem:

»In den konkreten, zur Entscheidung anstehenden Fällen müssen wir uns... innerhalb der Partei um Kompromisse bemühen. So wie die Dinge stehen, ist gegenwärtig weder ein vollständiger Sieg derer denkbar, die bewußt oder nur aus Gewohnheit an der Wachstumsphilosophie festhalten, noch ein vollständiger Sieg derer, die für eine sofortige Kursänderung eintreten und deshalb jedes relevante Projekt ablehnen.

Ein vollständiger Sieg der zweiten Richtung wäre übrigens aller Voraussicht nach gleichbedeutend mit dem raschen Übergang in die Opposition. Nun ist der Übergang in die Opposition für mich nicht in jedem Fall eine Katastrophe, und in der Demokratie muß jede Partei die Möglichkeit eines solchen Überganges akzeptieren. Wir in Berlin bemühen uns ja auch gerade, einen solchen Übergang zu bewältigen und daraus das Beste zu machen. Wer diesen Übergang als Folge seiner eigenen Handlungen aber bewußt in Kauf nimmt oder gar anstrebt – das haben wir in Berlin wahrlich nicht getan –, der muß dartun, warum er glaubt, seine Ziele aus der Opposition eher erreichen zu können. Der einleuchtende Beweis dafür erscheint mir bisher nicht erbracht. Ich fürchte vielmehr, wir würden durch eine derartige Operation unsere Stammwählerschaft so verunsichern, daß ihre Rückgewinnung uns längere Zeit in Anspruch nähme. Ähnliches fürchte ich für den Fall, daß die Koalition wegen des Doppelbeschlusses auseinanderbräche. Anders wäre es wohl, wenn man uns bei der Haushaltssanierung eine einseitige Belastung der breiten Schichten unseres Volkes zumuten wollte.

Wir müssen neue Formen des Umgangs zwischen Partei und Regierung finden. Die Regierung darf es nicht als Dolchstoß in den eigenen Rücken ansehen, wenn die Partei Themen erörtert und Lösungen vorschlägt, die über den Tag hinausführen und in der Gegenwart nicht realisierbar erscheinen. Das ist ihre Aufgabe, und das hat sie auch früher getan. Die Ostpolitik wäre beispielsweise ohne diese Vorarbeit nicht zustande gekommen. Umgekehrt muß es aber auch die Partei ertragen, daß Regierungen Parteitagsbeschlüsse nicht sofort oder in vollem Umfang, ja gelegentlich auch einmal gar nicht ausführen können. Und zwar nicht nur wegen des Koalitionspartners. Und die mit diesem Spannungsverhältnis notwendig verbundenen Kontroversen dürfen nicht so ausgetragen werden, daß sie zu Haß und Feindschaft führen. Das sage ich an beide Adressen. Jeder sollte bedenken, daß er unrecht haben könnte. Und ich habe auch gelernt, daß man nicht schwächer, sondern stärker wird, wenn man einen Irrtum eingesteht und korrigiert. Das Wort des unvergessenen Gustav Heinemann, daß der, der mit dem ausgestreckten Zeigefinger anklagend auf andere deute, nicht übersehen dürfe, daß drei Finger derselben Hand auf ihn zurückweisen, gilt auch hier.«

Da war einiges von meinen Berliner Erfahrungen eingeflossen.

Ob die Partei auf dieser Linie ihre Krise und die der Koalition hätte überwinden und 1984 nach den nächsten Bundestagswahlen weiter hätte regieren können, wage ich nicht zu behaupten. Voraussichtlich wäre das schon daran gescheitert, daß die Zeit für eine Koalition mit den Grünen innerhalb und außerhalb der Partei noch nicht reif und ein sozialdemokratisches Wahlergebnis, das die Fortsetzung der Koalition mit der F.D.P – deren

Bereitschaft unterstellt – erlaubt hätte, wenig wahrscheinlich war. Auch mußte es ja in der Raketen- und in der Kernkraftfrage in absehbarer Zeit zum Schwur kommen. Ich wollte und konnte mich jedenfalls nicht – und darauf wäre es ja hinausgelaufen – gegen Willy Brandt und für Helmut Schmidt oder umgekehrt für Willy Brandt und gegen Helmut Schmidt entscheiden. Dazu fühlte ich mich beiden persönlich viel zu eng verbunden – Willy Brandt mehr vom Gefühl, Helmut Schmidt mehr vom Verstand her. Außerdem hätte ein solcher Konflikt die Partei nicht nur erschüttert, sondern gespalten und auf lange Zeit als relevanten Faktor der deutschen Politik bedeutungslos werden lassen.

Deshalb ging mein ganzes Bemühen schon damals dahin, Zeit zu gewinnen, den großen Konflikt zu vermeiden und den Übergang in die Opposition so vor sich gehen zu lassen, daß die Chance zu neuer Integration und auch zur inhaltlichen Erneuerung nicht verschüttet wurde. Das war – zugegebenermaßen – nicht sehr glanzvoll und schon gar nicht die Botschaft eines »starken Mannes« oder gar eines »Übervaters«. Andere taten sich da aus unterschiedlichen Richtungen mit schneidigen Reden oder mit pointierten, jeweils an die andere Adresse gerichteten Schuldvorwürfen leichter. Zudem konnten sie sicher sein, damit breit in den Medien zitiert zu werden. Das half zwar dem eigenen Profil, nicht aber der Partei. Was ich vertrat, stand mehr im Einklang mit Grunderfahrungen der sozialdemokratischen Geschichte – so wie ich sie verstand. Es war auch offener für die Suche nach überzeugenden und mehrheitsfähigen Antworten auf die fundamentalen Herausforderungen, vor denen wir schon damals standen und die sich noch verstärkt für die Zukunft ankündigten. Wie sich zeigte, entsprach meine Linie auch am ehesten den Vorstellungen und Wünschen der Mehrheit der Parteimitgliedschaft. Und ganz erfolglos war sie – von heute her gesehen – schließlich auch nicht. Daß mir Willy Brandt und Helmut Schmidt in Kenntnis meiner Position unabhängig voneinander ihr Vertrauen und ihre Sympathie bewahrten und mich im weiteren Verlauf in den entscheidenden Momenten je auf ihre Weise uneingeschränkt unterstützten, läßt mich vermuten, daß sie bei allen Unterschieden in der Akzentsetzung und in der Darstellung jedenfalls im Ergebnis nicht völlig anders dachten. Herbert Wehner hat sich damals zu solchen grundsätzlichen Aspekten kaum mehr geäußert. Was ihm an Kraft noch geblieben war, wendete er fast ausschließlich auf die tägliche Arbeit in der Fraktion und im Bundestag. Es war die Zeit, in der er am liebsten nur noch Zitate verwandte, um seine Meinungen kundzutun, und in der er oft auch deshalb stunden- und tagelang im Plenum saß, weil er dort vor lästigen Fragern einigermaßen sicher war.

Ende 1981 kam es in der Koalition zu einem Konflikt in einer besonders heiklen Frage. Ermittlungsverfahren wegen illegaler Parteispenden, die sich auch schon auf den sogenannten Flick-Komplex erstreckten und bei denen es um den Verdacht von Steuerhinterziehungen in Millionenhöhe, wenn nicht sogar von Vorteilsnahme oder Bestechung ging, nährten zu dieser Zeit bei der F.D.P. die Besorgnis, daß es früher oder später zu Verurteilungen und auch zu empfindlichen Bestrafungen kommen werde. Daraufhin wurde von dort die Forderung nach einer Amnestie laut. Einige Sozialdemokraten standen dem – auch aus Sorge um den Erhalt der Koalition – relativ aufgeschlossen gegenüber. Andere – darunter Jürgen Schmude als Justizminister und ich – widersprachen nachdrücklich und stellten öffentliche Konsequenzen in Aussicht, weil für uns Grundfragen der politischen Moral und der Glaubwürdigkeit auf dem Spiel standen. Wieder andere verhielten sich abwartend. Schließlich machte Helmut Schmidt der Sache mit einem Vermerk ein Ende, in dem er festhielt, daß er ein solches Gesetz ablehne und im Falle seines Zustandekommens nicht gegenzeichnen werde. Ich habe Grund zur Annahme, daß dieser Vorgang das Ende der Koalition beschleunigt hat. Nach dem Koalitionswechsel ist von der neuen Koalition das gleiche noch einmal versucht worden.

Das Jahr 1982 brachte kaum Erleichterung. Das von Helmut Schmidt Anfang Februar im Bundestag herbeigeführte Vertrauensvotum, dem alle 269 Koalitionsabgeordneten zustimmten, hatte mehr eine Augenblickswirkung, als daß es der Koalition zu größerer Geschlossenheit verholfen hätte. Mitte Februar lieferten Veröffentlichungen über Mißstände bei der Neuen Heimat die ersten Hinweise auf einen Skandal, der den Gewerkschaften und der Sozialdemokratie dann jahrelang hart zusetzte. Schon aufgetaucht waren am Horizont Vorboten eines weiteren Skandals, der die Republik und insbesondere die Glaubwürdigkeit der Parteien nachhaltig erschütterte – nämlich der Verdacht strafbarer Praktiken bei der Parteienfinanzierung.

Dem Bundesparteitag in München im April 1982 konnte man vor diesem Hintergrund nur mit Sorge entgegensehen. Daß dort zu allen Reizthemen, also zur Arbeitsbeschaffung, zu den Staatsfinanzen, zur Kernkraftnutzung und zur Raketenstationierung, dennoch Beschlüsse zustande kamen, die die Konflikte nicht weiter verschärften, war in erster Linie den ebenso mühsamen wie zeitraubenden Bemühungen der Antragskommission zuzuschreiben. Das ist eine vor und während des Parteitags tagende Gruppe von über dreißig Delegierten der Parteibezirke und des Parteivorstands, die von der Öffentlichkeit kaum wahrgenommen wird. Sie besitzt aber deshalb beträchtlichen Einfluß, weil sich die Parteitage in aller Regel scheuen, die von ihr im Kompromißwege aus voneinander abweichenden Anträgen der Bezirke und des Parteivorstands formulierten Beschlußvorlagen abzulehnen oder substantiell zu verändern. Die unterschiedlichen Strömungen innerhalb der Partei bemühen sich deshalb intensiv um eine entsprechende Vertretung in der Antragskommission. Da Herbert Wehner, der seit 1972 der Kommission vorsaß, aus Gesundheitsgründen am Parteitag nicht teilnehmen konnte, habe ich in München erstmals an seiner Stelle amtiert. Es war eine harte Probe, aber sie gelang, so gut es eben ging.

Innerparteilich am heikelsten waren wiederum die Vorlagen zur Friedenssicherung und zur Kernkraftproblematik. Hier enthielten die Beschlüsse jedenfalls nichts, was Helmut Schmidt zu – von ihm auch auf dem Parteitag in Aussicht gestellten – persönlichen Konsequenzen Anlaß gegeben hätte. Allerdings wurde nun ausdrücklich festgelegt, daß die SPD auf einem außerordentlichen Parteitag im Herbst 1983 entscheiden werde, welche Folgerungen sie aus dem bis dahin erreichten Verhandlungsstand für die Frage der Stationierung ziehen wolle. Das beschlossene Beschäftigungsprogramm, das vor allem von Wolfgang Roth, dem heutigen Vizepräsidenten der Europäischen Investitionsbank in Luxemburg, vertreten wurde, sah hingegen zu seiner Finanzierung unter anderem Erhöhungen der Vermögensteuer, der Spitzensteuersätze bei der Einkommen- und Körperschaftsteuer und die Ausdehnung der Gewerbesteuer auf die freien Berufe vor. Das waren alles Dinge, die mit der F.D.P. nicht nur nicht zu machen waren, sondern die auf die ohnehin in bezug auf die Koalition schwankend gewordene Partei wie das berühmte rote Tuch wirken mußten.

Aber selbst auf diesem von seiner Stimmung her eher grauen und lustlosen Parteitag, der sinnigerweise in der für diesen Zweck viel zu großen und deshalb zu den leeren Rängen hin mit einem riesigen tiefschwarzen Tuch abgedeckten Olympiahalle stattfand, ereignete sich Erfreuliches. Besonders erfreulich war, wie rasch es zu einer Verständigung über die Nachfolge für Hans-Jürgen Wischnewski in der Funktion des stellvertretenden Parteivorsitzenden kam. Hans-Jürgen Wischnewski war 1979 auf dem Berliner Parteitag in diese Funktion und 1980 nach der Bundestagswahl auch zum stellvertretenden Fraktionsvorsitzenden gewählt worden. Helmut Schmidt hatte gehofft, so eine festere Verklammerung zwischen der Regierung, der Fraktion und der Partei herzustellen. Gerade deshalb stieß er aber bei nicht wenigen – auch bei Herbert Wehner, der das als einen möglichen Vorgriff auf seine Nachfolge empfand – auf Mißtrauen. Hans-Jürgen Wischnewskis eigentliche Stärke lag auf einem ganz anderen Gebiet, nämlich in seinen weltweiten persönlichen Kontakten und dem uneingeschränkten Vertrauen, das er selbst bei Parteien und Personen genoß, die untereinander in schärfster Konfrontation standen. Insbesondere im Nahen Osten, aber auch in Mittelamerika hat er so mehr zur Entspannung und zu friedlichen Lösungen beigetragen als manch anderer. In München verzichtete er auf eine erneute Kandidatur, weil Helmut Schmidt ihn als Staatsminister und Troubleshooter und Klaus Bölling als den bewährten Chef des Bundespresseamts dringend wieder in ihren alten Funktionen im Kanzleramt bei sich haben wollte. Er hatte wohl eingesehen, daß die nach der Bundestagswahl 1980 vollzogene Auflösung des sogenannten Kleeblatts, dem außer den genannten noch der ebenso loyale wie effektive Manfred Schüler als Chef des Bundeskanzleramts angehörte – an seine Stelle war Manfred Lahnstein getreten –, eine gravierende Fehlentscheidung gewesen war.

Für die Position des zweiten stellvertretenden Parteivorsitzenden neben Helmut Schmidt kamen in München nach Lage der Dinge nur Johannes Rau und ich in Betracht. Willy Brandt ließ erkennen, daß er seinen Vorschlag von unserer Verständigung abhängig machen werde. Das dauerte knapp eine halbe Stunde. Dann hatte ich Johannes Rau davon überzeugt, daß der engsten Parteispitze zumindest einer angehören müsse, der auch dann ein wichtiges Regierungsamt behalten werde, wenn die Bonner Koalition scheitere, und daß er von Düsseldorf aus in das aktuelle Geschehen unmittelbarer eingreifen könne als ich von Berlin aus. Ich hielt ihn in der konkreten Situation einfach für den Geeignetsten.

Unsere Freundschaft – und ich bin mit diesem Wort außerordentlich sparsam –, die sich schon seit unserer ersten Begegnung in der zweiten Hälfte der sechziger Jahre entwickelt hatte – er war damals noch Vorsitzender der Stadtratsfraktion in Wuppertal –, hat seitdem alle Proben, an denen es durchaus nicht fehlte, bestanden. Wegen seiner Zuverlässigkeit, seiner durchaus selbstbewußten, aber ganz unprätentiösen Art, auf Menschen zuzugehen, ihnen zuzuhören und ihnen Orientierung zu geben, wegen seiner Fähigkeit, Entscheidungen immer erst dann zu treffen, wenn alle Aspekte bedacht und ausgereift waren, aber auch als ein praktizierender Christ, der diese Wurzel seines politischen und persönlichen Engagements nie verleugnet hat, ist Johannes Rau für mich unter den zahllosen Akteuren, denen ich im Laufe meines langen politischen Lebens begegnet bin, bis heute eine besondere Erscheinung geblieben. Natürlich sind auch ihm Niederlagen und Enttäuschungen nicht erspart worden. Aber sein unerschöpfliches Gedächtnis für Anekdoten und erst recht sein schlagfertiger, nie verletzender Witz haben darunter nicht gelitten. Noch an dem Tage, von dem hier die Rede ist, lieferte er auf dem Parteiabend eine Kostprobe, indem er den Versammelten zu deren großem Gaudium erläuterte, wir hätten uns darauf geeinigt, daß die Partei eine Führung der Einsilbigen brauche. Diese Voraussetzung habe eben der zweisilbige Vogel neben Brandt, Schmidt, Glotz und Rau nicht erfüllen können.

Der Parteitag war mit unserem Ergebnis sehr einverstanden und wählte mit großer Mehrheit Johannes Rau zum stellvertretenden Vorsitzenden und mich wieder in den Vorstand. Zufrieden war er auch mit einer Ausstellung und einem Wettbewerb, bei dem rund um den Tagungssaal erstmals bei einem Parteitag siebzig Ortsvereine, Arbeitsgemeinschaften und andere Gliederungen ihre örtliche Arbeit darstellten und unter der Devise »Lebendiger Ortsverein« um den Wilhelm-Dröscher-Preis konkurrierten. Die Idee stammte von Peter Glotz. Ich hatte gerne den Vorsitz der betreffenden Kommission übernommen, den ich nach meinem Ausscheiden aus allen übrigen Funktionen auch heute noch innehabe.

Manche mögen sich wundern, daß ich das hier erwähne und es mir überhaupt wichtig erschien. Aber es war erstaunlich und ermutigend, was da selbst in dieser schwierigen Phase starker innerer Spannungen alles an ganz konkreten Projekten und Beispielen solidarischen Engagements zusammenkam. In den rund zehntausend Ortsvereinen der Sozialdemokratie gab es eben nicht nur Vereinsmeierei, Postengerangel und das Bestreben, möglichst unter sich zu bleiben, wie oft grob verallgemeinernd geschrieben wurde, sondern es gab auch zahllose

Gruppen, die das taten, wovon andere nur redeten; also sich um Langzeitarbeitslose kümmerten, Behinderten halfen, ausländische Mitbürger und Asylbewerber unterstützten, in ihrem Wohnviertel eine Grünanlage herrichteten oder auch die Wahlkämpfe und Mitgliederwerbung wirklich als Vertrauensarbeit verstanden und praktizierten. So wurde neben dem diskutierenden und mitunter geradezu erbittert um einzelne Formulierungen ringenden Parteitag auch die Partei sichtbar, die mitten unter den Menschen präsent ist und den Schwächeren und Bedrängten durch konkretes mitmenschliches Engagement hilft. Die vielen, die dafür tagaus tagein Zeit und Kraft aufwandten, waren überrascht und dankbar, daß der Parteitag ihre Arbeit mit Respekt zur Kenntnis nahm. Und ich habe später immer wieder an sie denken müssen und sie auch nachdrücklich verteidigt, wenn die Parteien und ihre Mitglieder in Bausch und Bogen als machtversessen, egoistisch und unglaubwürdig kritisiert wurden, weil leider nicht ganz wenige in den oberen Chargen schlechte Beispiele gaben und mitunter auch ihren öffentlichen Auftrag und ihren persönlichen Vorteil nicht sauber auseinanderhielten.

Seit damals haben an den Ausstellungen und Wettbewerben, die bei jedem Parteitag wiederholt wurden, über sechshundert Gruppen teilgenommen. Das hat dem Selbstbewußtsein der Partei gutgetan und auch das Andenken an Wilhelm Dröscher wachgehalten. Er, der der gute Mensch von Kirn genannt wurde, hat als Bürgermeister dieser Stadt, als Landtagsabgeordneter und in all seinen Funktionen, zuletzt noch als Schatzmeister der Partei Tausenden von Menschen geholfen, bis ihn der Tod im November 1977 auf dem Hamburger Parteitag am Morgen des Tages ereilte, an dem er seinen Bericht erstatten wollte.

Insgesamt war der Parteitag einigermaßen über die Runden gekommen. Verbessert hatte er die Lage jedoch nicht. Die mit den Steuererhöhungsbeschlüssen hadernde F.D.P. versuchte Helmut Schmidt mit der Feststellung zu beruhigen, daß die SPD und vor allem er selbst Parteitagsbeschlüsse durchaus von Koalitions- und

Regierungsbeschlüssen zu unterscheiden wüßten. Zugleich sollte unmittelbar nach dem Parteitag eine personelle Umbesetzung an der Spitze sozialdemokratisch geführter Ressorts der Regierung noch einmal Auftrieb geben. Dazu wollte Helmut Schmidt auch mich von Berlin wieder nach Bonn holen. Er verstand aber, daß ich Berlin nicht nach einem Jahr schon wieder im Stich lassen konnte. Obwohl mit Heinz Westphal, Manfred Lahnstein und Anke Fuchs durchaus kompetente Persönlichkeiten in die Regierung eintraten, blieb ihnen und den neuen Staatssekretären, unter denen mit Eckart Kuhlwein und Dietrich Sperling auch Männer aus dem linken Spektrum berufen wurden, einfach nicht mehr genügend Zeit, um noch Wesentliches zu bewirken.

Statt dessen verschärfte sich der Ton der Auseinandersetzung allenthalben. Zu einer Massendemonstration anläßlich eines Besuches von Präsident Reagan kamen Anfang Juni in Bonn zwischen 300 000 und 350 000 Männer und Frauen zusammen, die gegen den Rüstungswettlauf und auch gegen den Präsidenten selbst demonstrierten. Das war eine Manifestation, die sich zumindest mittelbar auch gegen die Bundesregierung und den Bundeskanzler richtete. Graf Lambsdorff und andere Sprecher der F.D.P. verlangten unentwegt Haushaltskorrekturen und Einsparungen auf dem sozialen Sektor. Die eigene Anhängerschaft erregte sich über eine drastische Kürzung des Taschengeldes für Heimbewohner, die auf Sozialhilfe angewiesen waren, und über die Anrechnung von früher erworbenen Rentenansprüchen auf eine später erworbene Beamtenversorgung. Das war eine Regelung, die vor allem bei Bahn- und Postbeamten, die als Arbeiter begonnen hatten, zu fühlbaren Einkommensminderungen führte. Gewerkschaften veranstalteten Protestdemonstrationen gegen den Sozialabbau – wie sie es nannten –, wobei Franz Steinkühler eine besonders scharfe Klinge focht und allein in Stuttgart über siebzigtausend Arbeitnehmer und Arbeitnehmerinnen auf die Beine brachte. Und Hans-Dietrich Genscher sprach immer öfter davon, daß sich neue Probleme notfalls neue Mehrheiten suchen würden.

Der nächste Schlag gegen die Koalition war die Absicht der F.D.P., die in Hessen bis dahin mit der SPD regiert hatte, dort nach den für Ende September anstehenden Landtagswahlen eine Koalition mit der CDU zu bilden. Der darüber wenig glückliche Wolfgang Mischnick begründete das Mitte Juni 1982 auf dem hessischen F.D.P.-Parteitag mit dem eher fadenscheinigen Argument, man wolle so im Bundesrat eine Blockademehrheit der CDU verhindern und auf diese Weise der sozial-liberalen Koalition helfen. In Wahrheit ging es aber um die Sorge der hessischen F.D.P., anders nicht überleben zu können, und um die Vorbereitung des Wechsels auch in Bonn. Helmut Schmidt, den schon vorher empfindliche Stimmenverluste der SPD in Schleswig-Holstein, in Niedersachsen und in seiner eigenen Vaterstadt Hamburg – hier verlor die Partei Anfang Juni fast neun Prozent – nicht beeindruckt hatten, zeigte sich auch jetzt unerschütterlich. In einer kämpferischen Rede vor der Bundestagsfraktion nahm er Ende Juni 1982 kein Blatt vor den Mund und sagte, eine noch höhere Staatsverschuldung komme ebensowenig in Betracht wie eine noch stärkere Belastung der Arbeitnehmereinkommen. Wer dennoch für beschäftigungswirksame Maßnahmen des Staates Geld ausgeben wolle, müsse noch viel tiefer in die Sozialleistungen hineinschneiden. Er jedenfalls zweifle nicht daran, daß sich die F.D.P. in der Schlußabstimmung über den nächsten Haushalt mit einem sehr überzeugenden Ergebnis für die Fortsetzung der Koalition aussprechen werde.

Verbittert reagierte Helmut Schmidt hingegen auf kritische Bemerkungen Oskar Lafontaines, damals Landesvorsitzender der Partei im Saarland, Mitglied des Parteivorstands und Oberbürgermeister von Saarbrücken. Er wurde Mitte Juli 1982 in einer »Stern«-Reportage für Äußerungen in Anspruch genommen wie: »das Gerede von der Notwendigkeit der Nachrüstung ist Augenwischerei«, und mit den Sekundärtugenden, von denen Helmut Schmidt spreche, könne man, ganz präzise gesagt, auch ein KZ betreiben. Willy Brandt nannte das eine »verleumderisch wirkende Veröffentlichung«, die zu ernstesten Konsequenzen hätte führen müssen, gab sich aber mit einer Richtigstellung Lafontaines zufrieden, die im wesentlichen darauf hinauslief, daß er sich so nicht ausgedrückt und den veröffentlichten Wortlaut vorher nicht gebilligt habe. Helmut Schmidt hat dieser Vorgang tief verletzt. Wenn ich es richtig gesehen habe, hat er darunter erst zwölf Jahre später in einem Gespräch mit Oskar Lafontaine am Rande eines Empfangs zu seinem 75. Geburtstag einen Schlußstrich gezogen.

Mir schien inzwischen die Schlußphase der Koalition begonnen zu haben. In mehreren Treffen hatten Johannes Rau, Hans Koschnick, Peter von Oertzen und ich die politische Situation so gründlich wie möglich zu analysieren versucht; einmal viele Stunden lang an einem Wochenende in einem Refugium Peter von Oertzens am Steinhuder Meer. Unser Ergebnis war, daß die Partei nunmehr nicht mehr allein die Regierungsfähigkeit, sondern auch die Oppositionsfähigkeit zu verlieren drohe – und das für lange Zeit, weil die F.D.P. uns bei Fortdauer des gegenwärtigen Zustandes unter beständiger Androhung des Koalitionsbruches zu Entscheidungen zwingen würde, die unsere Identität zerstören, unsere sozialpolitische Kompetenz erschüttern und den alternativen Gruppen weiter steigenden Zulauf verschaffen würden. Auf Grund dieser Erwägungen und auch unter dem Eindruck des quälenden Verlaufs des hessischen Wahlkampfs, bei dem die eigene Partei wie gelähmt erschien und die CDU schon im voraus triumphierte, trat ich im August 1982 dafür ein, von uns aus das Ende der Koalition herbeizuführen. An Helmut Schmidt gewandt, fügte ich hinzu, daß auch sein Ansehen zu leiden beginne und damit auf das spätere Gesamturteil über seine Kanzlerschaft ein Schatten fallen könne. Gewiß hat mein Beitrag die Sache nicht entschieden. Aber er gab die einmütige Stimmung des Präsidiums wieder und stieß weder bei Helmut Schmidt und erst recht nicht bei Willy Brandt auf Widerspruch.

Die weitere Entwicklung bis zur Wahl Helmut Kohls im Wege des konstruktiven Mißtrauensvotums am 1. Oktober 1982 ist häufig dargestellt worden und braucht deshalb hier nicht erneut geschildert zu werden. Helmut Schmidt hat diese Schlußphase jedenfalls meisterhaft gestaltet, das Gesetz des Handelns bis zum Ende in der Hand behalten und mit seiner großen Rede vom 1. Oktober 1982 einen ebenso eindrucksvollen wie würdigen Schlußpunkt gesetzt. Klaus Bölling hat dazu in seinem »Tagebuch« aus seiner Sicht Hintergründe erläutert und viele Details festgehalten.

Ein Haupteffekt dessen, was mitunter auch als wohlgelungene Inszenierung bezeichnet wurde, war, daß die F.D.P. in eine Zerreißprobe geriet und zunächst in der Öffentlichkeit ganz überwiegend einer breiten Ablehnung begegnete, in die sich Elemente von Empörung und Wut mischten. Die Wahlen in Hessen, bei der die F.D.P. wenige Tage vor dem schon terminierten Sturz Helmut Schmidts über die Hälfte ihrer Stimmen verlor und mit der Folge nicht mehr in den Landtag kam, daß die CDU den sicher geglaubten Sieg verfehlte, zeigten das besonders deutlich. Sich darüber zu beklagen, hatte sie schon deshalb keinen Anlaß, weil sie knapp ein Jahr zuvor im Bundestagswahlkampf ihren großen Stimmenzuwachs mit der Parole erreicht hatte, wer Schmidt als Bundeskanzler wolle, müsse F.D.P. wählen. Auch hatte sie noch Anfang Februar Helmut Schmidt als Bundeskanzler einstimmig das Vertrauen ausgesprochen. Hildegard Hamm-Brücher hatte daher durchaus recht, wenn sie in ihrer Rede zum Mißtrauensantrag, die ihr alle Ehre machte, fragte, warum sie und ihre Fraktionskolleginnen und -kollegen jetzt einen Kanzler abwählen sollten, dem sie erst neun Monate zuvor das Vertrauen bekundet hätten. Es blieb Herrn Geißler vorbehalten, ihr daraufhin in einem seiner kühl kalkulierten Ausfälle, deren Zweck die herabsetzende Provokation war, einen Anschlag auf die Verfassung vorzuwerfen.

Hildegard Hamm-Brücher blieb aus Gründen, die zu respektieren sind, dennoch in der F.D.P. und hat ihr und der neuen Koalition, solange sie dem Bundestag angehörte, immer wieder den Spiegel vorgehalten. Andere – so Günter Verheugen, Ingrid Matthäus-Maier und Andreas von Schoeler – kamen folgerichtig zur Sozialdemokratie und haben in deren Reihen im Laufe der

Zeit herausragende Verantwortung übernommen. Ich habe alle drei im Herbst 1982 in längeren Gesprächen dazu ermutigt und sie bald als kompetente, kenntnisreiche und loyale Mitstreiter und Mitstreiterinnen schätzen gelernt. Sie hatten übrigens kaum Schwierigkeiten, in der Sozialdemokratie heimisch zu werden. Günter Verheugen war sogar schon bald Vorsitzender eines oberfränkischen Unterbezirks. Und das will wahrlich etwas heißen, wenn man bedenkt, daß es dort eher ein oder zwei Jahrzehnte dauert, bis ein neu Hinzugekommener wirklich akzeptiert wird.

Dennoch will es mir heute scheinen, daß jeder Kenner der bisherigen Geschichte der F.D.P. mit ihrem Grundprinzip vertraut sein mußte. Und das war eben das aufs engste mit einer andauernden Regierungszugehörigkeit verbundene Überlebensprinzip. Von ihr zu verlangen, die eigene Existenz aufs Spiel zu setzen – und ganz abwegig war diese Sorge damals ja nicht –, hätte wohl eine Überforderung bedeutet. Außerdem hat Hans-Dietrich Genscher in meinen Augen nicht weniges dadurch wiedergutgemacht, daß er sich im wesentlichen mit Erfolg um die Kontinuität der Ost- und der Deutschlandpolitik auch in der neuen Koalition bemüht hat. Und noch etwas ist schlechterdings nicht zu leugnen: Daß für das Ende der Koalition auch die zuletzt kaum mehr überbrückbaren Meinungsverschiedenheiten und Gegensätze innerhalb der SPD ursächlich waren. Das schimmert in einem Briefwechsel zwischen Willy Brandt und Helmut Schmidt vom 11. Oktober, 27. Oktober und 2. November 1982 durch, der von wechselseitigen Empfindlichkeiten nicht frei ist und in dem Helmut Schmidt – wie auch bei anderen Gelegenheiten – die Frage aufwarf, ob es nicht besser, ja notwendig gewesen wäre, nach dem Rücktritt Willy Brandts die Ämter des Parteivorsitzenden und des Bundeskanzlers in seiner Hand zu vereinigen. Ich bin da übrigens auch im nachhinein nicht sicher. Möglicherweise wären die Konflikte in diesem Fall sogar noch früher und schärfer aufgetreten. Und ganz unrecht hatte Willy Brandt ja auch mit seiner Replik nicht, daß er – ungeachtet mancher Zweifel – mehr als einmal Mehrheiten für Positionen Helmut Schmidts hat herbeiführen helfen, die gegen seinen – Brandts – erklärten Widerspruch nicht zustande gekommen wären. Einige dieser Fälle habe ich schon erwähnt.

Da ich dem Bundestag zu jener Zeit nicht angehörte, habe ich den 1. Oktober nicht an Ort und Stelle miterlebt. Aber ich habe auf einer Autofahrt nach Regensburg zu einer Kundgebung im bayerischen Wahlkampf, der ja schon im Gange war, die Reden mitangehört und konnte mich dabei trotz aller Einsicht in die Notwendigkeit, die Koalition zu beenden, wehmütiger und auch zorniger Gefühle über den Verlust der Regierungsverantwortung doch nicht erwehren. Und ich war sicher, daß die Leistungen der Regierungen Brandt und Schmidt vor der Geschichte würden bestehen können. Georg Leber hat diese Leistungen kurz nach dem Regierungswechsel im Bundestag in einer Rede überzeugend dargestellt. In der Partei selbst sind sie leider zu rasch in Vergessenheit geraten.

Mich beschlich schon wenig später eine leise Ahnung, daß nunmehr auf mich eine neue und größere Aufgabe zukommen könnte. Helmut Schmidt hatte schon im September nach dem Bruch der Koalition Neuwahlen als Voraussetzung für einen demokratisch legitimierten Kanzler- und Regierungswechsel bezeichnet und gefordert. Alles andere manipuliere das Wahlergebnis vom Oktober 1980. Einen Augenblick sah es so aus, als ob sich Franz Josef Strauß, der bei dieser Gelegenheit wohl der F.D.P. den Garaus machen zu können hoffte, dem anschließen würde. Aber gerade aus diesem Grunde entschieden sich Helmut Kohl und Hans-Dietrich Genscher für Neuwahlen erst im März 1983.

Der Weg zu diesen Wahlen erwies sich als rechtlich überaus riskant. Zwar bewirkte die Koalition durch ihre Stimmenthaltung, daß der erst zweieinhalb Monate zuvor mit deutlicher Mehrheit gewählte Helmut Kohl bei der von ihm Mitte Dezember 1982 gestellten Vertrauensfrage mehr Nein- als Ja-Stimmen erhielt. Aber die daraus für die Anwendung des Artikels 68 Grundgesetz abgeleitete Folgerung, Helmut Kohl besitze keine regierungsfähige Mehrheit mehr – Willy Brandt hatte seine im Gegensatz dazu im September 1972 ja tatsächlich verloren –, war so gekünstelt, daß Bundespräsident Carstens den Bundestag erst am 7. Januar 1983 und nur unter schwersten Bedenken auflöste. Auch das von einigen Abgeordneten angerufene Bundesverfassungsgericht gelangte nur um den Preis eines »sacrificium intellectis« mit einer Mehrheit von fünf zu drei Richtern des zuständigen Senats zu der Feststellung, die Auflösung stehe mit dem Grundgesetz im Einklang. Es mußte nämlich zu dem Argument seine Zuflucht nehmen, Helmut Kohls Mehrheit habe am 13. Dezember 1982, also zweieinhalb Monate nach seiner Wahl, nicht außer Zweifel gestanden. Der Vorgang zeigt, zu welch künstlichen Umwegen die Verfassungsorgane in solchen Krisensituationen gezwungen sind, weil dem Bundestag das in den meisten anderen Staaten selbstverständliche parlamentarische Recht fehlt, sich mit qualifizierter Mehrheit vorzeitig aufzulösen. Leider hat mein Vorschlag, diesen Mangel zu beheben, auch zehn Jahre später bei der Verfassungsreformdiskussion nicht die nötige Zweidrittelmehrheit gefunden. Dies könnte – so wurde mir entgegengehalten – den Bundestag dazu verleiten, sich schwierigen Situationen durch Selbstauflösung zu entziehen; ein wenig überzeugendes Argument angesichts der Tatsache, daß die meisten Landtage über dieses Recht verfügen. Dem Bundestag kann wohl kaum ein geringeres Verantwortungsbewußtsein unterstellt werden als den Landtagen, die ja bisher dieses Recht keineswegs mißbraucht haben.

Unabhängig von diesen verfassungsrechtlichen Komplikationen trug die Bundestagsfraktion Helmut Schmidt Ende Oktober – auch unter Berufung auf seine eigene Forderung nach Neuwahlen – für die kommende Bundestagswahl einstimmig die erneute Kanzlerkandidatur an. Das entsprang bei einem Teil der Fraktion nach dem Vorangegangenen mehr einem spontanen Solidaritätsgefühl, wenn nicht sogar taktischen Überlegungen. Helmut Schmidt lehnte dann die Kandidatur auch nicht nur aus gesundheitlichen Gründen ab, die gewiß Gewicht hatten. Vielmehr fügte er hinzu, er beabsichtige keinesfalls, seine bisherige Politik aufzugeben. Ein nicht unerheblicher Teil der Fraktion habe aber seinen Widerstand gegen diese Politik wohl nur vorübergehend zurückgestellt. Auch könne er sich nicht vorstellen, nach der Bundestagswahl mit der CDU/CSU oder mit den Grünen oder gar mit Herrn Genscher Koalitionsverhandlungen zu führen. Da eine absolute Mehrheit der SPD – dafür wäre ein Plus von sechs bis sieben Prozent gegenüber dem Oktober 1980 notwendig gewesen – ganz unrealistisch erschien, umriß das bereits das ganze Dilemma, dem ich mich wenig später gegenübersah.

Der Andrang anderer Bewerber hielt sich nach dieser Vorentscheidung – ebenso übrigens wie seinerzeit bei der Berliner Krise im Jahr 1981 – in engsten Grenzen – um das mindeste zu sagen. Das heißt, im Grunde ließ niemand auch nur andeutungsweise erkennen, daß er zur Kandidatur bereit sein könnte; selbst der sonst nicht selten zu hörende Satz, man werde sich nicht verschließen, wenn die Partei rufe, war nirgends zu vernehmen. Da sich die Partei aber zu Recht auf Neuwahlen festgelegt hatte, wäre ein längeres Hinschleppen der Kandidatenfrage im höchsten Maße schädlich gewesen. Die Frage lief daher wieder, wie schon im April in München, zugleich auf Johannes Rau und mich zu. Wir sprachen zunächst miteinander, dann mit Willy Brandt und schließlich in Hamburg in seiner Wohnung mit Helmut Schmidt. Diesmal überzeugte Johannes Rau mich, daß seine Kandidatur für die sozialdemokratische Position in Nordrhein-Westfalen – insbesondere im Falle einer Niederlage – mehr Nachteile als Vorteile bringen würde. So sagte ich am Ende, nachdem auch meine Frau eingewilligt hatte, ja.

Ich tat das nicht einfach als Lückenbüßer oder gar als »Parteisoldat«. Vielmehr traute ich mir das Amt des Bundeskanzlers nach all den Erfahrungen, die ich gesammelt, und den Proben, von denen ich auch schwierige bestanden hatte, durchaus zu. Unbeschadet des trotzigen Rucks, der nach dem, was als Verrat der F.D.P. angesehen wurde, durch die Sozialdemokratie und breitere Schichten unseres Volkes ging, machte ich mir über die

Erfolgsaussichten keine Illusionen. Was ich erhoffen konnte und erreichen wollte, war ein respektables Ergebnis, das der deutschen Sozialdemokratie das Selbstbewußtsein bewahrte und sie nicht in lang andauernde Resignation verfallen ließ.

Die notwendigen Entscheidungen fielen dann in kürzester Frist. Am 29. Oktober nominierte mich der Parteivorstand, Mitte November stimmte der Parteirat in Kiel im Rahmen einer Parteikonferenz der Nominierung zu, und am 21. Januar 1983 wurde sie vom Parteitag in Dortmund förmlich vollzogen. Auf dem Parteitag legte ich ein Wahlprogramm vor, das unter der Federführung von Jürgen Schmude in wenigen Tagen entstanden war und ebenso wie meine Nominierung einstimmig oder nahezu einstimmig beschlossen wurde. Drei Tage später präsentierte ich eine Mannschaft, der unter Zuordnung von jeweils mehreren der Benannten zu bestimmten programmatischen und sachlichen Schwerpunkten Hans Apel, Egon Bahr, Herta Däubler-Gmelin, Horst Ehmke, Anke Fuchs, Volker Hauff, Hans-Jürgen Krupp, Manfred Lahnstein, Günther Metzger, Klaus Michael Meyer-Abich, Eva Rühmkorf, Jürgen Schmude, Heinz Westphal und Hans-Jürgen Wischnewski angehörten. Kurz danach nahm ich noch Renate Lepsius, Heide Simonis, Brigitte Traupe, Anke Brunn und Inge Wettig-Danielmeier hinzu. Weiter bat ich Carl Friedrich von Weizsäcker, als mein Berater zu fungieren. Sozusagen als Stabschef amtierte der getreue Frank Dahrendorf, den Manfred Balz und andere zu diesem Zweck beurlaubte Mitarbeiterinnen und Mitarbeiter aus dem Bundesjustizministerium aufs intensivste unterstützten. Aus dem Erich-Ollenhauer-Haus halfen vor allem Peter Glotz als Bundesgeschäftsführer, Wolfgang Clement als Pressesprecher und wohlinformierter und urteilsfähiger Kenner der Bonner Szene und später Pit Weber, Christiane von Herder, Hans Fieber und Walter Kuppe, die meine Wahlveranstaltungen vorbereiteten und mich dabei begleiteten. Scherzhaft nannte ich die beiden letzteren deshalb meine Sklaventreiber. Das fulminante Tempo, das wir vorlegten, die guten Namen derer, die sich zur Verfügung stellten, und ein »Jetzt-erst-recht-Gefühl«, das die Partei motivierte und zusammenrücken ließ, verhalfen uns zu einem ganz respektablen Start. Willy Brandt und Helmut Schmidt taten ebenfalls ihr Bestes und nahmen sich so weit zurück, wie das notwendig war, um mich im Zentrum der Vorderbühne agieren zu lassen.

Starkes öffentliches Echo lösten meine Besuche in Washington und in Moskau aus, wo ich in der ersten Januarhälfte 1983 noch vor Helmut Kohl mit Präsident Ronald Reagan und Generalsekretär Juri Andropow zusammentraf. Reagan empfing mich korrekt, präsentierte sich mit mir auf der Terrasse des Weißen Hauses vor den Journalisten und ließ seine zweifellos vorhandene Sympathie für Helmut Kohl und die Union kaum durchschimmern. Das Gespräch im Oval Office führte er unter Benutzung kleiner Stichwortkärtchen, die er verdeckt unter der Hand hielt und mit deren Hilfe er für seine Politik betonter Stärke gegenüber der Sowjetunion warb. Meine Erwiderung, die NATO-Zugehörigkeit der Bundesrepublik sei für mich und meine Partei ebenso unstreitig wie die Notwendigkeit, die Ost- und Deutschlandpolitik fortzusetzen, machte auf ihn ebensowenig einen wahrnehmbaren Eindruck wie meine Feststellung, daß eine beiderseitige Null-Lösung im besonderen Interesse der Bundesrepublik liege, weil sie in jedem Fall das Hauptziel der schon vorhandenen und etwa neu hinzukommender Atomwaffen sein werde. So blieb das eigentliche Ereignis die Tatsache der Begegnung mit dem Präsidenten, der solche mit George Shultz, Caspar Weinberger, Paul Nitze, Henry Kissinger und George Kennan folgten. Mir kam dabei mein einigermaßen passables Englisch zupaß, das meine Anfangsunsicherheit auf dem auf dieser Ebene doch ungewohnten internationalen Parkett schnell milderte und mir auch Zugang zu einer landesweit ausgestrahlten Morgensendung eines Fernsehprogramms verschaffte. Spezialisten wollten sogar Meldungen in amerikanischen Zeitungen entdeckt haben, was bei europäischen Besuchern ehe als die Ausnahme galt. Die deutsche Medienresonanz war jedenfalls beachtlich; das auch dank der aktiven Mitwirkung Carl Friedrich von Weizsäckers, der in Washington seine Skepsis gegenüber dem neuen atomaren Rüstungswettlauf und neuerlichen Raketenstationierungen nicht verbarg.

In Moskau saß ich vier Tage später General Andropow gegenüber, der von Boris Ponomarjow und Wadim Sagladin flankiert war. Er machte einen bestimmten und wohlinformierten Eindruck. Sprechzettel ließ er unbeachtet. Seinen Delegationsmitgliedern, insbesondere Boris Ponomarjow, der damals immerhin Leiter der Internationalen Abteilung des ZK und Kandidat des Politbüros der KPdSU war, schnitt er mehrfach das Wort ab. Zwischentöne ließen vermuten, daß er an vorsichtige Reformen des sowjetischen Systems dachte. Über die Ost- und die Deutschlandpolitik Brandts und Schmidts äußerte er sich unter ausdrücklicher Erwähnung der Verdienste des mich begleitenden Egon Bahr positiv. Sie solle fortgesetzt und vertieft werden. Meinen Hinweis, daß in meiner Person erstmals ein Bürger von Berlin (West) in Moskau als Leiter einer bundesdeutschen Delegation auftrat und überdies für das Amt des Bundeskanzlers kandidiere, überging er schweigend, obwohl diese Statusfrage im Vorfeld einige Probleme aufgeworfen hatte. Mein auch hier wiederholtes Bekenntnis zur NATO-Zugehörigkeit der Bundesrepublik und meine Forderung nach weiteren Verbesserungen im deutsch-deutschen Verhältnis akzeptierte er. In der Raketenfrage zeigte er sich ziemlich starr, schloß aber nicht aus, daß es bei den Genfer Verhandlungen noch Bewegung geben könnte. In einem anschließenden Vier-Augen-Gespräch bat ich ihn um Ausreiseerlaubnisse für mehrere, zum Teil auch inhaftierte Personen, die seit Jahren in die Bundesrepublik übersiedeln wollten. Er hat das zugesagt und auch Wort gehalten. Dennoch blieb es für mich bedrückend, daß es dazu der Einschaltung des ersten Mannes einer Weltmacht bedurfte. Offensichtlich war nur er imstande, den einfachsten menschenrechtlichen Prinzipien in seinem Lande wenigstens in einzelnen Fällen Geltung zu verschaffen. Und auch das wohl nur aus politischen Zweckmäßigkeitserwägungen.

Besuche in Paris und bei der Europäischen Gemeinschaft in Brüssel verliefen weniger spektakulär. François Mitterrand, der damals übrigens mit einer Koalition von Sozialisten und Kommunisten regierte, zeigte sich darüber verärgert, daß von unserer Seite vorgeschlagen worden war, in die ost-westlichen Berechnungen über die Bestände an atomaren Raketen auch die französischen und die britischen Atomraketen einzurechnen. Er ließ daraufhin nicht nur den französischen Geschäftsträger in Bonn bei mir offiziell wegen der Beeinträchtigung der französischen Souveränität protestieren. Zusätzlich nutzte er auch eine Gedenkveranstaltung zum zwanzigsten Jahrestag des deutsch-französischen Vertrages von 1963 am 20. Januar 1983 im Bundestag zu einer Rede, in der er ohne Umschweife für die Nachrüstung und damit für die Union und gegen uns Stellung nahm. Dieser Affront wog um so schwerer, als sein Auftritt mit unserem Wahlparteitag zusammenfiel und folglich die Berichterstattung über den Parteitag beeinträchtigte, wenn nicht sogar überdeckte.

In der innenpolitischen Auseinandersetzung waren die Hauptthemen der Union die angeblich von ihr übernommene finanzielle Erblast, die Arbeitslosigkeit und die geistig-moralische Wende, die sie herbeiführen wolle. Wir konterten mit einem Beschäftigungsprogramm, mit der Verteidigung rechtsstaatlicher und sozialer Errungenschaften und mit umweltpolitischen Vorhaben. Friedenspolitisch argumentierten wir, mit der Union werde es jedenfalls zu weiteren Stationierungen von Atomraketen kommen, obwohl schon die vorhandenen ausreichten, den Globus viele Male unbewohnbar zu machen. Die SPD werde hingegen alles tun, um Neustationierungen durch eine Null-Lösung zu verhindern und so den tödlichen Rüstungswettlauf nicht noch weiter eskalieren zu lassen. Schwer taten wir uns aus den schon geschilderten Gründen bei der Auseinandersetzung mit den Grünen. Die von ihnen angeprangerten Defizite konnten wir ja nicht einfach leugnen. So konzentrierte ich mich darauf, vor ihrer außenpolitischen und volkswirtschaftlichen Unberechenbarkeit und ihrer unklaren Haltung gegenüber dem staatlichen Gewaltmonopol zu warnen.

Nach bewährtem Muster wurden gegen mich als Spitzenkandidaten von konservativer Seite auch die offenbar unvermeidlichen persönlichen Tiefschläge versucht. Noch am raschesten zu begegnen war der im Februar 1983 in einer großen Sonntagszeitung lancierten Behauptung, ich sei mit sechzehn Jahren so etwas wie ein verlängerter Arm Joseph Goebbels' gewesen. Hier half eine sogleich erwirkte einstweilige Verfügung. Noch mehr freute mich, daß rund hundertfünfzig Journalisten des SpringerVerlages in einer gemeinsamen Erklärung öffentlich gegen Inhalt und Stil dieser Veröffentlichung protestierten und sich bei mir für die »unjournalistische und unfaire Attacke« entschuldigten. Einer der Redakteure nahm dafür sogar den vorübergehenden Verlust seines Arbeitsplatzes in Kauf.

Raffinierter war die von der Münchner CSU-Landesleitung eingefädelte Verleumdung, ich sei in den Neue-Heimat-Skandal verwickelt. Mir seien als Münchner Oberbürgermeister geheime Beteiligungen von Vorstandsmitgliedern der Neuen Heimat an Grunderwerbsgesellschaften bekannt gewesen, die diesen Millionenbeträge eingebracht hätten. Ein auf Antrag der CSU noch vor der Wahl vom bayerischen Landtag eingesetzter Untersuchungsausschuß kam naturgemäß erst lange nach der Wahl zu dem Ergebnis, daß daran kein wahres Wort war. Aber in der Zwischenzeit ließ sich die Verleumdung immer wieder aufwärmen.

Am hinterhältigsten war die nach meiner Moskaureise ausgegebene Parole, ich sei der Kandidat Andropows, und die Sowjetunion wünsche den Wahlsieg der Sozialdemokratie. Zwar hielt mich wohl kaum einer in der Bundesrepublik für einen verkappten Kommunisten, aber es war die Neuauflage des gegen die Sozialdemokratie noch bei jedem Wahlkampf ausgestreuten Verdachts der »nationalen Unzuverlässigkeit«. Da schwang im Hintergrund noch immer das böse Wort von den vaterlandslosen Gesellen mit, das aus der Zeit des Kaiserreichs stammte. Der Zweck dieser Übung war, die eigenen Anhänger und vor allem den rechten Rand der konservativen Wählerschaft zu mobilisieren.

Auch wir taten, was wir konnten – allerdings ohne uns derartiger Schäbigkeiten zu bedienen. Mitunter ist uns das als Schwäche oder mangelnde Professionalität angekreidet worden. Mir waren und sind solche Kampfmethoden in der Seele zuwider. Und ich hätte mich geradezu innerlich verbiegen müssen, um auf diesem Feld mithalten zu können. So flog und fuhr ich – auch mit dem berühmten Sonderzug, den schon Willy Brandt und Helmut Schmidt benutzt hatten – kreuz und quer durch die Bundesrepublik, sprach auf mehr als zweihundert Versammlungen zu über 500 000 Menschen und vertrat dabei unsere Positionen so eindringlich, wie mir das möglich war. Viele Versammlungen waren überfüllt. Gelegentlichen Störungen – etwa durch Angehörige sogenannter K-Gruppen – begegnete ich durch die Aufforderung, gemeinsam so lange zu singen, bis die Störer die Lust verloren. Das war etwas anderes als das sonst übliche Einschreiten der Ordner oder der Polizei und gefiel den Versammlungsteilnehmern ebenso, wie es die Störer verblüffte.

Über mangelnde Unterstützung hatte ich nirgends zu klagen. Die Partei war mir für meine erneute Bereitschaft, mich in einer schwierigen Situation voll einzubringen, von rechts bis links dankbar und gab das auch deutlich zu erkennen. Am Ende des Wahlkampfes machte sich – allen Meinungsumfragen zum Trotz – sogar ein Hauch von Euphorie bemerkbar. Einen Augenblick lang beflügelte das selbst einen so erfahrenen Mann wie Willy Brandt, der mit mir zusammen Ende Februar ernsthaft erwog, im Falle eines Falles für eine gewisse Zeit in einer von mir geführten Regierung als Außenminister zu amtieren. Die von Helmut Schmidt schon im Oktober 1982 gestellte Frage, mit wem wir denn eine Regierung hätten auf die Beine bringen sollen, brachte mich jedoch jedesmal rasch auf den Boden der Tatsachen zurück.

Am 4. und 5. März absolvierte ich die letzten Kundgebungen, die traditionell in Lübeck und in Berlin stattfanden. Am 6. März vormittags wurde ich zusammen mit den anderen einundzwanzig Berliner Bundestagsabgeordneten, dem besonderen Status der Stadt entsprechend, vom Berliner Abgeordnetenhaus gewählt. Anschließend flog ich nach Bonn. Dort stand dann das Ergebnis schon bald nach Schließung der Wahllokale fest. Die Union hatte ihr zweitbestes Resultat seit 1949, die F.D.P. war noch einmal davongekommen, die Grünen hatten den Einzug in den Bundestag geschafft, und wir waren mit 38,2 Prozent und einem Verlust von 4,7 Prozent auf den Stand von 1965 zurückgefallen.

Wer dabei Stimmen an wen verloren hatte, beschäftigte die Experten noch längere Zeit. Ihren angeblich so exakten Wählerstromberechnungen habe ich ohnehin stets mißtraut. Ziemlich sicher erschien mir aber, daß die Grünen ihren Zuwachs im wesentlichen auf unsere Kosten erreicht hatten; und die Stimmen ehemaliger F.D.P.-Wähler, die aus Enttäuschung über ihre Partei zu uns wechselten, konnten das und unsere Verluste an die Union nicht ausgleichen. Das Ergebnis war für die SPD eine eindeutige Niederlage – eine Katastrophe war es nicht. Diejenigen, die der Verlust von 4,7 Prozent gegenüber der Bundestagswahl von 1980 schockierte, mußten daran erinnert werden, daß der Verlust von 1972 auf 1976 unter unvergleichlich günstigeren Bedingungen – die SPD stellte den Bundeskanzler, die Koalition war nicht gefährdet, und die Grünen existierten noch nicht – immerhin ebenfalls über drei Prozent betragen hatte. Auch hat Helmut Kohl gegen mich mit 48,8 Prozent der Stimmen nur 0,2 Prozent mehr erreicht als 1976 gegen Helmut Schmidt. Ich erwähne das nicht zur Selbstverteidigung. Zu der bestand und besteht kein Anlaß. Aber als kleinen Fingerzeig an die besonders Klugen, die nach der Wahl meinten, es hätte vieles besser laufen können, wenn man ihren – sich zumeist diametral widersprechenden – Ratschlägen gefolgt wäre.

Für lange Manöverkritiken und komplizierte personelle und organisatorische Erörterungen – sonst auch eine sozialdemokratische Lieblingsbeschäftigung nach verlorenen Wahlen – war nach dem 6. März wenig Zeit. Schon zwei Tage später wählte mich die neue Bundestagsfraktion in ihrer konstituierenden Sitzung als Nachfolger Herbert Wehners zu ihrem Vorsitzenden. Daß ich damit künftig nicht nur an ihm, sondern auch an seinen Vorgängern Helmut Schmidt, Fritz Erler, Erich Ollenhauer und sogar an Kurt Schumacher gemessen werden würde, war mir wohl bewußt. Soweit sie nicht mehr am Leben waren, sahen mir ihre Konterfeis, die an der Stirnseite des Fraktionssaals angebracht waren, ja auch während der Sitzungen ständig über die Schultern. Und immer wieder ging mir in kritischen Situationen der Gedanke durch den Kopf, was sie wohl an meiner Stelle tun würden. Nach meiner nahezu einstimmigen Wahl verabschiedete ich als erstes Herbert Wehner und dankte ihm für mehr als dreißig Jahre Parlamentsarbeit, davon dreizehn Jahre an der Spitze der Bundestagsfraktion. Die Kernsätze meiner kurzen Rede lauteten:

»Wir alle spüren, welchen Einschnitt diese Stunde bedeutet. Was es heißt, daß du künftig nicht mehr unsere Sitzungen leiten und auch nicht mehr für uns im Plenum das Wort nehmen wirst. Es ist wie der Abschied von einem Vater, dessen ständige Sorge und Anwesenheit selbstverständlich erschien und dessen Weggang das Gefühl der Einsamkeit, ja der Verlassenheit aufkommen läßt. Denn wenn wir dich auch alle unter uns in einer freundschaftlichen Mischung von Vertrautheit und Respekt den Onkel nannten – in Wahrheit warst du doch für die meisten von uns eine Art Vater.

Zu all dem gehört, daß du wie wenige Autorität besitzt. Übrigens auch gegenüber deinen Gegnern und gegenüber denen, die sich an deinen Ecken und Kanten reiben. Es ist nicht die Autorität des Amtes, das du innehattest. Es ist die Autorität des Lebens, das du gelebt, der Irrtümer, die du überwunden, der Gefahren und Herausforderungen, die du bestanden hast.«

Herbert Wehner reagierte darauf und auf die Ovationen, die ihm die Fraktion darbrachte, indem er sich in der für ihn typischen Weise ruckartig erhob und leicht verneigte. Zu einer gesprochenen Erwiderung reichte seine Kraft nicht mehr. Ich glaube, keiner, der dabei war, hat diesen Abschied des großen Mannes je vergessen. Eine seiner letzten politischen Äußerungen war übrigens die Voraussage, wenn die SPD in die Opposition gerate, werde es mindestens fünfzehn Jahre dauern, bis sie wieder an die Regierung gelange. Es wird sich zeigen, ob er auch damit noch einmal recht behalten hat. In den folgenden Jahren hat seine schwere Krankheit mehr und mehr über ihn Gewalt gewonnen. Seine Stieftochter und spätere Frau Greta pflegte ihn aufopfernd. Zweimal noch hat er Mitte der achtziger Jahre seine sächsische Heimat besucht und einige Tage in Dresden zugebracht. Auch die Feier seines achtzigsten Geburtstages im Recklinghäuser Festspielhaus hat er noch ziemlich bewußt miterlebt. Dann wurde es immer schwerer, ihn wirklich zu erreichen. Bei meinen regelmäßigen Besuchen nickte er hin und wieder, wenn ich ihn ansprach. Und manchmal, aber immer seltener, blitzte es in seinen Augen wie in alten Zeiten. Aber im Grunde war er nur noch ein Schatten seiner selbst. Am 19. Januar 1990 ist er gestorben. Da war der Tod für ihn schon eine Erlösung.

Im März 1983 war es meine nächste Aufgabe, der Fraktion eine neue organisatorische und personelle Struktur vorzuschlagen. Der bisherige Zustand war ganz auf Herbert Wehner zugeschnitten und auch deshalb in der Zuordnung bestimmter Verantwortungen zu bestimmten Personen eher verwirrend. So gab es außer den Arbeitsgruppen, die aus den sozialdemokratischen Mitgliedern der jeweiligen Bundestagsausschüsse bestanden, Arbeitskreisvorsitzende, die für größere Arbeitsbereiche und damit für mehrere Arbeitsgruppen zuständig waren, und zudem noch mehrere stellvertretende Fraktionsvorsitzende und parlamentarische Geschäftsführer, deren Kompetenzen sich gegenseitig und mit denen der Arbeitskreisvorsitzenden überschnitten. Zu bedenken war ferner, daß die Fraktion künftig als Oppositionsfraktion im wesentlichen auf sich selbst angewiesen war und – etwa bei der Formulierung von Gesetzentwürfen oder der Sammlung von Materialien – nicht mehr auf die Zuarbeit eines Regierungsapparates rechnen konnte. Schließlich mußte das ganze

Konzept auch personell so ausgewogen sein, daß sich das breiter gewordene Spektrum der einschließlich der Berliner Abgeordneten zweihundertzwei Fraktionsmitglieder einigermaßen wiedererkannte.

Nach intensiven Einzelgesprächen empfahl ich der Fraktion bereits Mitte März, die Funktion der Arbeitskreisvorsitzenden mit denen der stellvertretenden Fraktionsvorsitzenden zu vereinigen, und nominierte für den Bereich Außen- und Sicherheitspolitik Horst Ehmke, für die Innenpolitik Jürgen Schmude, für die Rechtspolitik Alfred Emmerlich, für die Finanz- und Haushaltspolitik Hans Apel, für die Wirtschaftspolitik Wolfgang Roth, für die Umweltpolitik Volker Hauff, für die Sozialpolitik Anke Fuchs und für die Gleichstellungspolitik Herta Däubler-Gmelin. Außerdem schlug ich Konrad Porzner, Gerhard Jahn, Carl Ewen und Helga Timm, die diese Funktion schon früher innehatten, und zusätzlich Helmuth Becker, der in der Fraktion besonderes Ansehen genoß, als parlamentarische Geschäftsführer vor. Diese Strukturen billigte die Fraktion unter einigem Murren, aber doch mit großer Mehrheit. Anders sah es mit den personellen Vorschlägen aus. Hier fühlten sich die Seeheimer Freunde unterrepräsentiert und setzten bei der Vorentscheidung im Fraktionsvorstand in drei Fällen eigene Kandidaten durch. Das lief auf eine handfeste Kraftprobe gleich zu Beginn hinaus. Ich konnte sie in der Gesamtfraktion für mich entscheiden; auch in diesen drei Fällen wurden meine Kandidaten gewählt.

Das schaffte Klarheit und erleichterte es, nun konkret mit der Arbeit zu beginnen. Natürlich gab es in der Folgezeit aus mannigfachen Gründen personelle Veränderungen. Und die organisatorische Struktur ist 1991 von meinem unmittelbaren Nachfolger zugunsten einer weitgehenden Selbständigkeit der Arbeitsgruppen abgeschafft, von dessen Nachfolger aber im wesentlichen wiederhergestellt worden. Während meiner Amtszeit als Fraktionsvorsitzender – also in den acht Jahren von 1983 bis 1991 – hat sich die von mir eingeführte Ordnung der Fraktion bewährt. Sie hat die Fraktion rasch zu einer arbeitsfähigen parlamentarischen Gemeinschaft werden lassen. Das vor allem deshalb, weil dadurch jedem Regierungsmitglied ein bestimmter Oppositionssprecher gegenüberstand, den auch die Öffentlichkeit mehr und mehr zur Kenntnis nahm, und weil im Geschäftsführenden Fraktionsvorstand alle Politikbereiche präsent waren und sich rasch abstimmen konnten.

Damit war ich etwas mehr als zwei Jahre nach meinem Übergang nach Berlin, wenn auch in ganz neuer Funktion, wieder nach Bonn zurückgekehrt. Und das ohne mein den Berlinern 1981 gegebenes Wort in Frage zu stellen. Ich blieb nämlich Berliner Bürger, behielt dort Wohnung und Bürgerbüro und war als Berliner Bundestagsabgeordneter wohl der einzige Fraktionsvorsitzende, der im Parlament kein volles Stimmrecht besaß. Ebenso war ich der einzige, hinter dessen Schreibtisch ein Bild der Mauer hing, die Berlin bis zum November 1989 in so bedrückender Weise teilte.

8   Kärrnerjahre

Nachdem die strukturellen und die personellen Entscheidungen getroffen waren, galt es nunmehr, mit der Sacharbeit zu beginnen. Dazu bedurfte es zunächst einer Verständigung über die Art und Weise, in der wir unserer Oppositionsrolle gerecht werden wollten. Sie kam alsbald zustande und rückte folgende Aufgaben in den Mittelpunkt:

– die Kontrolle der Regierung; sie obliegt zwar nach der Verfassung dem gesamten Bundestag, wird aber in der Realität fast ausschließlich von der Opposition wahrgenommen, weil sich die Regierungsfraktionen in aller Regel als parlamentarische Schutztruppe des von ihnen gewählten Kanzlers und seiner Regierung verstehen und entsprechend handeln,

– die Entwicklung und Vertretung von Alternativen überall dort, wo die Konzepte der Regierung und ihrer Mehrheit als verfehlt, ungerecht oder gar gefährlich erscheinen, und

– den ständigen Wettbewerb mit der Mehrheit mit dem Ziele ihrer Ablösung und der eigenen Übernahme der Regierungsverantwortung.

Daraus ergab sich schon, daß wir keine Obstruktion treiben und zu allem und jedem nein sagen wollten oder uns gar eine Verschlechterung der allgemeinen Lebenssituation in der Hoffnung herbeiwünschten, daß dadurch unsere Chancen stiegen. Eine solche Oppositionsauffassung hat seinerzeit Franz Josef Strauß propagiert. Das hatten wir damals als Regierungsfraktion auf das schärfste kritisiert, und wir lehnten es folgerichtig auch jetzt als Maxime unseres Handelns ab.

Meine Erwiderung auf die Regierungserklärung des Bundeskanzlers im Mai 1983 entsprach diesen Grundsätzen. Während der Bundeskanzler mehr die angeblich von der vorherigen Regierung übernommenen Lasten – die sogenannte Erblast, die jahrelang als Entschuldigung für alle politischen Defizite der neuen Koalition herhalten mußte – in den Vordergrund stellte und sich längere Zeit in allgemeinen Betrachtungen erging, konzentrierte ich mich auf die aktuellen Probleme. So beschäftigte ich mich mit dem Stand der deutsch-deutschen Beziehungen und der Genfer Verhandlungen über die Mittelstreckenraketen, der Absicht der Bundesregierung, die Rüstungsexporte auszuweiten, mit Maßnahmen zur Belebung der Konjunktur und gegen den weiteren Arbeitsplatzabbau, den verschiedenen Plänen der neuen Koalition zur Kürzung sozialer Leistungen und mit dem Schutz der Umwelt.

Zu einem zusätzlichen Geplänkel mit dem Bundeskanzler kam es, weil dieser in seiner ersten Regierungserklärung im Oktober 1982 das NATO-Bündnis als den Kernpunkt deutscher Staatsräson, also als oberste Richtschnur des gesamten staatlichen Handelns, bezeichnet hatte. Ich hielt dem entgegen, daß nach unserer Auffassung oberste Richtschnur des staatlichen Handelns die Unantastbarkeit der Menschenwürde und die Bewahrung des Friedens seien. Das sei für uns der Kern der deutschen Staatsräson. Dieser Feststellung spendete auch ein Teil der F.D.P. Beifall. Und der Bundeskanzler wird bei ruhiger Überlegung wahrscheinlich ebenfalls meine Definition der Staatsräson für die bessere gehalten haben.

Bald danach verabschiedete die Fraktion ein Konzept für ihre Politik in der gesamten Legislaturperiode. Ausgehend von den Grundsatzbeschlüssen der Partei und dem Wahlprogramm für die zurückliegende Bundestagswahl, legte es fünf Schwerpunkte fest, nämlich

– die Sicherung des Friedens,
– die Überwindung der Arbeitslosigkeit,
– die Erhaltung und Wiederherstellung der Umwelt,
– die Wahrung der sozialen Gerechtigkeit und
– die Behauptung der inneren Liberalität.

Zu diesen Themen entwickelten wir eine große Anzahl von parlamentarischen Initiativen und öffentlichen Aktivitäten. Allein in den ersten beiden Jahren – also bis zur Sommerpause 1985 – brachten wir im Bundestag fast zweihundert Anträge ein, darunter sechsundvierzig Gesetzentwürfe, die unter anderem die Neuregelung des Arbeitszeitrechts, die Verbesserung der Gemeindefinanzen, die Novellierung des Schwerbehindertenrechts, eine Rentenreform, die Verschärfung des Kriegswaffenkontrollgesetzes, den besseren Schutz der Opfer von Sexualdelikten und die Strafbarkeit der Leugnung des Holocaust zum Gegenstand hatten. Der Gefahr der Verzettelung begegneten wir dadurch, daß jede Initiative ausdrücklich von einem der genannten Schwerpunkte hergeleitet werden mußte.

Die Bundesregierung bot auf den meisten dieser Felder mehr oder weniger offene Flanken. Um das uns selber und der Bevölkerung immer wieder ins Bewußtsein zu bringen, veröffentlichten wir fortlaufend Übersichten sogenannter Negativrekorde, das heißt von statistischen Daten aus wichtigen Lebensgebieten, die ungünstiger waren als zu unserer Regierungszeit und zumeist sogar die schlechtesten Werte seit Gründung der Bundesrepublik darstellten. Im Jahre 1986 umfaßte diese Liste nicht weniger als zehn Positionen, darunter so gravierende wie die Arbeitslosigkeit, die Abgabenbelastung, die Lohnsteuerquote, die Renten- und die Krankenversicherungsbeiträge und die Zahl der Haushalte, die laufend Sozialhilfe bezogen. Hier waren die Werte jeweils die seit 1949 höchsten. Hingegen war die Investitionsquote des Bundeshaushalts auf den niedrigsten Stand seit 1949 gesunken.

In der Sache schwerer angreifbar war die Haltung der Bundesregierung auf dem Gebiet der Deutschland- und der Ostpolitik und in der sensiblen Frage der Raketenstationierung. Die Deutschlandpolitik setzte sie im Zeichen operativer Kontinuität mit der sozial-liberalen Koalition – bei aller Bemühung um verbale Distanz – in der Substanz ziemlich unverändert fort.

Das deutsch-sowjetische Verhältnis wurde immer stärker von dem Problem der Raketenstationierung überlagert. Da die Verhandlungen in Genf trotz des sogenannten Waldspaziergangs der amerikanischen und sowjetischen Unterhändler Paul Nitze und Juli Kwizinski im Sommer 1982 – er ließ vorübergehend eine Annäherung der west-östlichen Positionen möglich erscheinen – keine greifbaren Ergebnisse brachten, blieb es bei dem NATO-Beschluß, im Herbst 1983 mit der Aufstellung von Pershing-Raketen mittlerer Reichweite auch in der Bundesrepublik zu beginnen. Damit kam für die deutsche Sozialdemokratie der Zeitpunkt, zu dem sie ihre endgültige Entscheidung treffen mußte. Die Bundesregierung war dabei taktisch im Vorteil, weil sie mit einer gewissen Plausibilität behaupten konnte, sie setze mit ihrem Ja zur Stationierung lediglich das in die Tat um, was aus der Politik ihrer Vorgängerin folge.

Dabei wurde nicht berücksichtigt, daß die Sozialdemokratie auf ihrem Berliner Parteitag 1979 jeden Automatismus abgelehnt und der Stationierung nur unter einer auflösenden Bedingung zugestimmt hatte; gemeint war damit, daß die Zustimmung entfalle, wenn der Verhandlungsstand einen Aufschub der Stationierung rechtfertige oder gar erfordere. 1982 in München und auf dem Wahlparteitag im Januar 1983 in Dortmund war außerdem beschlossen worden, daß die endgültige Entscheidung über das Ja oder Nein zur Stationierung ein Sonderparteitag im Herbst 1983 treffen solle. Der Münchner und der Dortmunder Parteitag bezogen sich dabei auch auf das Kommuniqué der Außen- und Verteidigungsminister der NATO vom 12. Dezember 1979, in dem es wörtlich hieß, daß der Bedarf an westlichen Mittelstreckenraketen seinerzeit »im Lichte konkreter Verhandlungsergebnisse« geprüft werden solle. Ich habe schon dargelegt, daß die Beschlüsse – auch der von Berlin, jedenfalls aber der von München – ohne diesen Vorbehalt kaum eine Mehrheit gefunden hätten. Der außerordentliche Parteitag, der diese Entscheidung treffen sollte, fand zwei Tage vor der entsprechenden Sitzung des Bundestags am 18. und 19. November 1983 in Köln statt. In den Wochen und Monaten zuvor zeichnete sich in der Partei eine immer klarere Tendenz zu einem Nein ab – zumindest zum gegenwärtigen Zeitpunkt. Die meisten Bezirksparteitage faßten entsprechende Beschlüsse mit deutlichen Mehrheiten. Die Friedensbewegung hatte am 22. Oktober 1983 unter Beteiligung vieler Sozialdemokraten und Sozialdemokratinnen in Bonn, Hamburg, Berlin, Stuttgart und Neu-Ulm mehr als eine Million Menschen mobilisiert, die gegen die Stationierung demonstrierten. In Bonn sprach vor rund 300 000 Kundgebungsteilnehmern auch Willy Brandt.

Im Vorfeld des Parteitags beschäftigte sich die Bundestagsfraktion mit der Thematik. Am 13. September 1983 legten vor ihr Willy Brandt, Helmut Schmidt und ich unsere Auffassungen dar. Dabei waren die unterschiedlichen Positionen Willy Brandts und Helmut Schmidts nicht mehr zu überhören. Helmut Schmidt befürwortete die Stationierung. Willy Brandt sagte bei dieser Gelegenheit das erste Mal öffentlich – die Reden wurden anschließend der Presse zur Verfügung gestellt –, daß ihm die Zustimmung zum Beschluß in Berlin nicht leichtgefallen sei, er aber geglaubt habe, als Parteivorsitzender den Bundeskanzler unterstützen zu müssen, wenn dieser auf einem schwierigen Gebiet zu einem Ergebnis gekommen sei. Ich rief die Parteitagsbeschlüsse in Erinnerung, denen zufolge unsere Entscheidung nicht schon zwei Monate im voraus, sondern nach dem Stand der Genfer Verhandlungen zum Zeitpunkt des Parteitags getroffen werden sollte. Außerdem stehe in dieser Frage die Prärogative dem bereits terminierten Parteitag zu. Erst danach und in Kenntnis seiner Entscheidung solle sich die Fraktion ihre endgültige Meinung bilden. In der ganztägigen Diskussion überwogen die Beiträge, die sich gegen die Stationierung aussprachen. Meiner Empfehlung folgend, sah die Fraktion jedoch von einem förmlichen Beschluß ab.

Der Parteitag in Köln trug dramatische Züge. Nicht weil das Ergebnis zweifelhaft gewesen wäre, sondern weil in den Reden von Willy Brandt und Helmut Schmidt die gegensätzlichen Auffassungen zweier ehemaliger sozialdemokratischer Bundeskanzler in aller Öffentlichkeit aufeinandertrafen. Helmut Schmidt begründete sein Ja zur Stationierung damit, daß die Bundesrepublik schon mit Rücksicht auf die Kohärenz des Bündnisses ihr Wort halten müsse und daß das politische Gleichgewicht nachhaltig gestört würde, wenn sich die Sowjetunion mit ihrer Vorrüstung durchsetzen könne. Willy Brandt dagegen hob darauf ab, daß es den Vereinigten Staaten offenbar wichtiger sei, Pershing-II-Raketen nach Deutschland zu bringen, als die SS-20-Raketen im Osten herunterzuverhandeln. Ich trug in einer längeren Rede als Vorsitzender der Antragskommission deren Votum vor und leitete mein Nein zur Stationierung aus der Logik der bisherigen Parteitagsbeschlüsse ab. Das Ziel all dieser Beschlüsse, nämlich die Beschleunigung des Rüstungswettlaufs zu bremsen, ja zu stoppen, werde durch die Stationierung im jetzigen Zeitpunkt nicht befördert, sondern verfehlt. Danach ergriffen dreißig Diskussionsredner das Wort. Schließlich wurde abgestimmt. Vierzehn Delegierte lehnten zusammen mit Helmut Schmidt die Vorlage des Parteivorstandes ab, in der es in den Ziffern 1 und 2 hieß:

»Erstens: Die SPD lehnt die Stationierung von neuen amerikanischen Mittelstreckensystemen auf dem Boden der Bundesrepublik ab.

Zweitens: Die SPD fordert statt dessen weitere Verhandlungen. Sie fordert

– von den Vereinigten Staaten einen Stopp der Stationierung,

– von der Sowjetunion den Beginn der Reduzierung ihrer auf Europa gerichteten SS-20-Raketen bis zu einer beträchtlich verminderten Zahl,

– von den beiden Verhandlungspartnern einen Stopp für die Einführung neuer Nuklearraketen kürzerer Reichweite.«

Drei Delegierte enthielten sich. Die übrigen rund vierhundert Delegierten stimmten der Vorlage zu.

Den Ausschlag gab bei vielen Delegierten die – auch stark gefühlsmäßig geprägte – Ablehnung jeder weiteren Verstärkung eines atomaren Potentials, das auch auf westlicher Seite schon damals zur vielfachen Auslöschung ganzer Länder und Kontinente, ja der gesamten Menschheit ausgereicht hätte. Es war ein

Aufbäumen gegen den Irrweg der wechselseitigen Bedrohung mit dem kollektiven Selbstmord. Wer so argumentierte, konnte sich nicht nur auf die Friedensbewegung, sondern auch auf eine größere Anzahl kirchlicher Stellungnahmen berufen, von denen übrigens die Hirtenbriefe der katholischen Bischöfe der Vereinigten Staaten, aber auch der DDR in der Ablehnung des atomaren Rüstungswettlaufs am eindeutigsten waren. Ich selbst habe damals Joseph Kardinal Höffner bei einem Besuch in Köln die Frage gestellt, ob es in Gottes Plan liegen könne, daß sich die Menschheit selbst ausrotte. Er hielt das in seiner Antwort, mit der er sich viel Mühe gab, nicht für wahrscheinlich, aber auch nicht für ausgeschlossen. Ein anderer Teil der Delegierten stimmte der Vorlage aus den in ihr dargelegten konkreten – also nicht aus prinzipiellen – Gründen zu. Von diesen war der wichtigste, daß die Verhandlungsmöglichkeiten in Genf noch nicht erschöpft und die französischen und englischen Nuklearwaffen für die Beurteilung des Gleichgewichts zwischen Ost und West nicht berücksichtigt worden seien.

Für Helmut Schmidt war das eine bittere Stunde. Die Vorlage suchte ihm zwar dadurch eine Brücke zu bauen, daß sie feststellte, eine Regierung Schmidt hätte, anders als die Regierung Kohl, Druck auf die Vereinigten Staaten ausgeübt und so einen Verhandlungserfolg herbeigeführt. Aber das half nur wenig. Die ganze Bitterkeit, die ihn erfüllte, kam noch lange danach bei mancherlei Gelegenheiten zum Vorschein; so beispielsweise Anfang 1984 auch in einem umfangreichen Brief an Herbert Wehner. Um so höher ist ihm anzurechnen, daß er die Loyalität gegenüber der Partei bewahrte und selber im Ergebnis die Disziplin übte, die er oft genug von anderen eingefordert hat.

Das stellte er schon in der Bundestagssitzung vom 21./22. November 1983 unter Beweis, in der er unter voller Wahrung seiner Position eine gegenüber der sozialdemokratischen Mehrheitsposition maßvolle Rede hielt und der Regierung wegen ihrer Passivität gegenüber den Genfer Verhandlungen mit lebhafter Kritik begegnete. Damit erleichterte er meine Bemühungen, die

Fraktion auch in dieser schwierigen Situation zusammenzuhalten und einen dauernden Riß zu vermeiden. Bei der namentlichen Schlußabstimmung über den sozialdemokratischen Antrag, der die Stationierung ablehnte, enthielten sich dann fünfundzwanzig sozialdemokratische Abgeordnete, unter ihnen auch Helmut Schmidt, der Stimme. Kein einziger aber stimmte dem Antrag der Koalition zu.

Die Friedensbewegung hatte mit den Kundgebungen gegen die Raketenstationierungen ihren Höhepunkt erreicht und bald auch überschritten. Gewiß gab es in ihr einen kommunistischen Einfluß, der über die zahlenmäßige Bedeutung der DKP und anderer kommunistischer Gruppen weit hinausging. Der Protest gegen die westliche Rüstung war wohl auch deshalb lauter und nachdrücklicher als der gegen die sowjetische Rüstung. Auch der Versuch engagierter Christen, unmittelbare politische Handlungsanweisungen aus der Bergpredigt abzuleiten, war nicht überzeugend. Immerhin ist es ein Unterschied, ob man für die eigene Person darauf verzichtet, sich gegen einen Angreifer zu wehren, oder ob es um die Abwehr von Angriffen gegen Menschen geht, die einem anvertraut sind und sich allein nicht ausreichend wehren können. Das Dilemma, in das die Friedensbewegung gegenüber dem Krieg im ehemaligen Jugoslawien geraten ist, hat mit diesem Unterschied zu tun. Das alles ändert aber nichts daran, daß die Friedensbewegung Millionen von Menschen dazu gebracht hat, eine Fehlentwicklung gigantischen Ausmaßes nicht einfach hinzunehmen, sondern sich gegen die immer raschere Umdrehung der Rüstungsspirale zu wenden. Dieses Engagement hat auch etwas bewirkt. Konkret im Hinblick auf die Bereitschaft des Westens und der zunächst hartnäckig widerstrebenden Bundesregierung, umfassende Null-Lösungen zu akzeptieren. Und nicht minder dadurch, daß sie – sehr zum Mißvergnügen der Kommunisten – auf die DDR und andere Staaten des damaligen Warschauer Paktes übergriff. Der Olof-Palme-Friedensmarsch im Jahre 1987 zeigte das besonders deutlich. Die Friedensbewegung hat zudem generell die Sensibilität der Menschen gegen angebliche Selbstverständlichkeiten und Zwangsläufigkeiten geschärft.

Ein Nachklang der großen Kundgebungen waren die Sitzblockaden in Mutlangen und an anderen Stationierungsorten. Sie haben damals auch die Bundestagsfraktion wiederholt beschäftigt. Nicht so sehr wegen der Frage, ob es sich dabei um strafbare Nötigungen oder nur um Ordnungswidrigkeiten handelt. Das hat das Bundesverfassungsgericht inzwischen entschieden. Sondern unter dem Gesichtspunkt, ob Regelverletzungen – und das waren sie jedenfalls – ein vertretbares Mittel des Protestes sein können. Ich habe das unter zwei Voraussetzungen bejaht. Einmal muß die Verhältnismäßigkeit gewahrt sein. Es darf also kein höherwertiges Rechtsgut – etwa die körperliche Unversehrtheit – in Mitleidenschaft gezogen werden. Zum andern muß der, der die Regelverletzung begeht, bereit sein, die dafür normierte staatliche Sanktion auf sich zu nehmen. An dieser Bereitschaft hat es mitunter gefehlt. Aber damit entwertet der, der die staatliche Sanktion nicht akzeptiert, sein eigenes Anliegen. Denn sein Protest wiegt nur dann schwerer als ein Protest ohne Regelverletzung, wenn er bewußt auch die für sein Verhalten in der Rechtsordnung festgelegte Strafe oder Geldbuße in Kauf nimmt.

Die Sozialdemokratie hat das NATO-Bündnis auch in dieser schwierigen Phase nicht in Frage gestellt. Aber sie ist jeder weiteren Eskalation des Rüstungswettlaufs entschieden und mit guten Argumenten entgegengetreten. Vieles ist da inzwischen in Vergessenheit geraten. So etwa, daß die Reagan-Administration noch im Jahre 1987 ernsthaft die Stationierung neuer binärer, also chemischer Waffen auf dem Territorium der Bundesrepublik erwog und ein Anti-Raketen-System (SDI) in Aussicht nahm, das im Weltraum plaziert werden sollte. Wir ließen es jedoch nicht bei der Ablehnung solcher Aktivitäten und Absichten bewenden, sondern entwickelten auch eigene Konzepte zur Verminderung der Gefahr eines bewaffneten Konflikts und damit zur Sicherung des Friedens. Das Konzept der strukturellen Angriffsunfähigkeit der NATO, das unter der Federführung von Andreas von Bülow entstand, war davon das bedeutsamste und fand in Fachkreisen des In- und Auslandes erhebliche Aufmerksamkeit. Auf weitere Vorschläge, die wir zusammen mit Repräsentanten der DDR erarbeiteten, komme ich noch zurück.

Als Fraktionsvorsitzender war es gerade in jenen Jahren mein primäres Ziel, die Fraktion zusammenzuhalten und nach dem Verlust der Regierungsmacht zu einem Zentrum der Integration und Erneuerung der Gesamtpartei und damit wieder zu einem politischen Faktor von Gewicht zu machen. Das gelang auch auf anderen Gebieten unseres Schwerpunktprogramms. So traf ich bereits im Mai 1983 zu einer ersten Begegnung mit Erich Honecker im Jagdhaus Hubertusstock zusammen, um auf diese Weise zu verdeutlichen, daß die Sozialdemokratie auch in der Opposition an dem von ihr in Gang gesetzten deutsch-deutschen Dialog festhalten und zu ihm eigene Beiträge leisten wollte. Das Treffen war der Beginn einer Serie von jährlichen Gesprächen, von denen das letzte im Frühjahr 1989 stattfand. Die beiderseitigen Aufzeichnungen über diese Gespräche – also sowohl die meines Begleiters Dieter Schröder als auch die von Honeckers Mitarbeiter Frank-Joachim Herrmann – sind übrigens kürzlich von Heinrich Potthoff, einem auf diesem Gebiet besonders bewanderten Historiker, zur Gänze veröffentlicht und schon vorher von Timothy Garton Ash, einem der besten Analytiker des inneren Zerfalls der kommunistischen Systeme, sorgfältig und sehr objektiv gewürdigt worden. Soweit ich sehe, bin ich bislang der einzige westdeutsche Politiker, der hier eine so vollständige Transparenz hergestellt hat.

Die erste Begegnung mit Honecker begann für meinen Gastgeber mit einer Überraschung, weil ich am Hubertusstock nicht mit meinem Dienstwagen, sondern mit meinem privaten VW-Golf vorfuhr, den überdies meine Frau chauffierte. Das hatte zur Folge, daß der offenbar für meine Frau bestimmte Blumenstrauß mir übergeben wurde, da sie zunächst das Auto zu einem Abstellplatz bringen mußte. Ein in den Medien veröffentlichtes

Foto dieser Szene führte zu dem Mißverständnis, ich hätte Honecker Blumen mitgebracht, was mir einige kritische Briefe eintrug. Honecker machte damals einen sicheren und gut informierten Eindruck und antwortete auch prompt auf Einwürfe und Zwischenfragen.

Ungewöhnlich war, daß er mich nach dem Mittagessen dazu einlud, mit ihm in einem Sportwagen, den er selbst steuerte, allein durch das benachbarte Jagdrevier zu fahren. Vielleicht wollte er einigermaßen sicher sein, daß dem, was er während der Fahrt sagte, niemand zuhörte – auch nicht sein eigener Lauschdienst. Vielleicht wollte er mir auch nur andeuten, daß er einen Kontakt wünschte, der über das protokollarisch Übliche hinausging. Ich hielt mich indes zurück. An halbwegs Vertraulichem sagte er nur, daß er die Raketen auf dem Territorium der DDR keinesfalls haben wolle. Das sei Teufelszeug. Aber das hat er wenig später auch öffentlich geäußert.

Unsere Vorschläge zur Bekämpfung der Arbeitslosigkeit verbanden wir mit denen zum Schutz und der Wiederherstellung der Umwelt zu einem Programm »Arbeit und Umwelt«, das wir im April 1984 vorlegten. Sein Hauptbestandteil war die Schaffung eines Sondervermögens bei der Kreditanstalt für Wiederaufbau, das durch Kreditgewährungen und nicht rückzahlbare Zuschüsse für Umweltinvestitionen zehn Jahre lang im Durchschnitt mehr als 20 Milliarden DM pro Jahr mobilisieren sollte. Zur Deckung der durch die Finanzierung des Sondervermögens entstehenden Kosten sah das Programm Steuerzuschläge auf den Energieverbrauch in Höhe von einem halben Pfennig pro Kilowattstunde beim Strom, von zwei Pfennig pro Liter bei Benzin, Diesel und Heizöl und von zwei Pfennig pro Kubikmeter beim Erdgas vor. Die Zahl der Arbeitsplätze, die durch diese Investitionen zusätzlich entstehen würden, wurde auf 200 000 veranschlagt. Das Programm sollte auf diese Weise auch dem Vorurteil entgegenwirken, daß der Umweltschutz Arbeitsplätze bedrohe. Heute weiß jeder, daß die Umwelttechnologie zu den am raschesten wachsenden Wirtschaftssparten gehört und daß nur umweltfreundliche Arbeitsplätze sicher sind. Aus der Mitte der Fraktion kam unter Federführung von Hermann Scheer, eines baden-württembergischen Abgeordneten, weiter eine Initiative zur Förderung einer Technologie zustande, mit deren Hilfe die Sonnenenergie für die Stromerzeugung nutzbar gemacht werden kann. Ich unterstützte sie und wies bei vielen Gelegenheiten auf das empörende Mißverhältnis zwischen den wissenschaftlichen, technischen und finanziellen Anstrengungen zur Entwicklung und Herstellung immer neuer und immer tödlicherer Massenvernichtungsmittel einerseits und zur Entwicklung und Anwendung einer lebensrettenden und unerschöpflichen Energiequelle, nämlich der Sonnenenergie, andererseits hin. Der eigentliche Durchbruch hat hier bis heute noch nicht stattgefunden; ich halte ihn für überfällig. Es würde uns angesichts des weltweiten Strombedarfs auch wirtschaftlich voranbringen, wenn die Bundesrepublik zu den ersten Ländern gehören würde, die auf diesem Feld breit einsetzbare Lösungen anbieten. Schon in dieser Legislaturperiode betrieben wir ferner eine Grundgesetzänderung, die den Umweltschutz als Staatsziel normieren sollte. Sie scheiterte daran, daß die Koalition sie unter einen Gesetzesvorbehalt stellen und allein auf den Menschen hin orientieren wollte. Das hätte den Umweltschutz zu einem Staatsziel zweiten Ranges gemacht. Erst im Zuge der Verfassungsreform nach der deutschen Einigung akzeptierte die Koalition unsere Vorstellungen.

Mutiger als Partei und Fraktion heutzutage brachten wir auch den Antrag ein, die Höchstgeschwindigkeit auf Autobahnen auf hundert Kilometer pro Stunde zu begrenzen. Ich halte eine solche Begrenzung – und sei es auf hundertzwanzig oder hundertdreißig Kilometer pro Stunde – aus Gründen des Umweltschutzes unverändert für dringend geboten. Mich kann niemand davon überzeugen, daß der deutsche Automobilexport oder gar die Automobilproduktion darunter leiden würde. Der größte Teil des Exports geht ja ohnehin in Länder, in denen schon lange Geschwindigkeitsbegrenzungen gelten – meist sogar strengere, als wir sie vorgeschlagen haben. Die in diesem Zusammenhang von den Gegnern einer Geschwindigkeitsbeschränkung immer wieder propagierte Parole »Freie Fahrt für freie Bürger« habe ich stets als einen Appell an den nackten, die Gesamtinteressen brüsk beiseite schiebenden Egoismus empfunden.

Zum Kernstück der Auseinandersetzungen um die soziale Gerechtigkeit wurde bald die von der Bundesregierung kurzfristig geplante und dann in wenigen Monaten durchgesetzte Änderung des Paragraphen 116 Arbeitsförderungsgesetz. Diese Änderung überwälzte das Risiko des Beschäftigungsmangels, der bei Zulieferungsbetrieben infolge von Arbeitskämpfen in den belieferten Unternehmen oder auch bei umgekehrten Situationen eintrat, von der Bundesanstalt für Arbeit auf die Gewerkschaften – und das selbst dann, wenn der Beschäftigungsmangel die Folge einer Aussperrung im zuliefernden oder im belieferten Unternehmen war. Den Gewerkschaften drohte dadurch eine übermäßige Belastung ihrer finanziellen Ressourcen; das wiederum lief auf eine Schwächung der Streikfähigkeit und damit der Verhandlungsmacht der Gewerkschaften bei Tarifauseinandersetzungen hinaus.

Dieser soziale Konflikt, in dem sich die Bundesregierung einseitig die Interessen der Arbeitgeberverbände zu eigen machte, beherrschte die öffentliche Diskussion vom Ende des Jahres 1985 bis in das Jahr 1986 hinein. Die Fraktion machte schließlich mit einem Normenkontrollantrag beim Bundesverfassungsgericht die Verfassungswidrigkeit des Gesetzes geltend. Das Verfahren zog sich über acht Jahre hin und endete erst im Juli 1995 mit einem Urteil, in dem das Bundesverfassungsgericht feststellt, daß die angefochtene Bestimmung die Gewichte zwar zugunsten der Arbeitgeber verschoben habe, sich aber noch im Rahmen der Verfassung halte. Wenngleich sich das Gericht unsere verfassungsrechtliche Wertung nicht zu eigen gemacht hat, kommt es damit doch unserer politischen Einschätzung sehr nahe. Die Einseitigkeit der Wirtschafts- und Sozialpolitik der Bundesregierung zeigte sich auch darin, daß der Anteil der Einkommen aus unselbständiger Arbeit am Volkseinkommen von 1983 bis 1991 von 74,6 auf 69,6 Prozent sank, gleichzeitig aber der Anteil der Einkommen aus Unternehmens- und aus Vermögensbesitz von 25,4 auf 30,4 Prozent stieg.

Um zentrale Fragen des Datenschutzes und des Persönlichkeitsrechts ging es bei dem Streit über die Volkszählung. Sie sollte zunächst auf Grund eines noch während unserer Regierungszeit beschlossenen Gesetzes im April 1983 stattfinden. Das Bundesverfassungsgericht setzte die Volkszählung jedoch kurz vorher durch eine einstweilige Anordnung aus und erklärte in seinem Urteil Ende 1983 einige Bestimmungen des Gesetzes für verfassungswidrig. Dabei entwickelte es in überzeugender Weise ein Grundrecht auf »informationelle Selbstbestimmung«, also darauf, daß der einzelne grundsätzlich allein über seine Daten verfügen kann. Eingriffe des Staates in dieses Recht seien unter bestimmten Voraussetzungen zulässig und im Einzelfall – etwa bei einer Volkszählung – auch notwendig. Das Gesetz gehe aber an den beanstandeten Stellen über das Notwendige hinaus.

Die Grünen lehnten daraufhin die Volkszählung überhaupt ab und bezeichneten sie als eine Volksaushorchung. In der Öffentlichkeit fand das eine erhebliche Resonanz. Auch in der Bundestagsfraktion äußerten sich einige in diesem Sinne. Mir erschien das bedenklich. Gerade eine Partei, die wie die unsere dafür eintritt, daß das Gemeinwesen Rahmenbedingungen setzt und gegebenenfalls korrigierend in die Entwicklung eingreift, kann dem Gemeinwesen nicht verbieten, sich die dafür erforderlichen Daten in rechtlich einwandfreier Weise zu beschaffen. Dieser Standpunkt setzte sich durch, und die Fraktion hat deshalb im September 1985 fast einhellig einer überarbeiteten Fassung des Volkszählungsgesetzes zugestimmt. Schon vorher hatten wir eine Novelle zum Datenschutzgesetz vorgelegt, die allgemeine Folgerungen aus dem Verfassungsgerichtsurteil zog.

Der erste ordentliche Parteitag nach dem Regierungswechsel fand vom 17. bis 21. Mai 1984 in Essen statt. Er bestätigte die von der Fraktion eingeschlagene Linie in allen wesentlichen Punkten. In der Energiepolitik brachte er gegenüber früheren Beschlüssen eine Veränderung, weil er die Nutzung der Kernenergie nur noch für eine Übergangszeit akzeptierte. Der Parteitag beschäftigte sich auch mit der Struktur der elektronischen Medien. Nach einer sehr streitigen Diskussion stimmte er schließlich der Zulassung privater Sendeveranstalter neben dem öffentlich-rechtlichen System unter allerlei Kautelen zu. Ich gehörte zu denen, die diesen Schritt widerstrebend und mit großer Skepsis begleiteten. In dieser Skepsis sehe ich mich inzwischen durch die tatsächliche Entwicklung voll bestätigt. Aber ich muß einräumen: Ein unbedingtes Nein wäre angesichts der technischen Möglichkeiten des Satellitenfunks in der Realität nicht durchsetzbar gewesen und hätte wohl auch vor dem Bundesverfassungsgericht keinen Bestand gehabt. Wohl aber hätten die Programmkontrollen und die Vorkehrungen gegen die übermäßige Konzentration wirtschaftlicher Macht von Anfang an viel schärfer sein müssen.

Für mich selbst hatte der Parteitag noch eine persönliche Bedeutung, weil ich an Stelle von Helmut Schmidt mit einem respektablen Ergebnis neben Johannes Rau zum stellvertretenden Vorsitzenden gewählt wurde. Helmut Schmidt hatte seinen Rückzug aus dieser Position schon unmittelbar nach seinem Ausscheiden aus dem Kanzleramt angekündigt.

Wenige Tage später, am 23. Mai 1984, trat die Bundesversammlung zur Wahl des sechsten Bundespräsidenten zusammen. Ich hatte mich frühzeitig dafür eingesetzt, auf eine eigene sozialdemokratische Kandidatur zu verzichten und die Kandidatur Richard von Weizsäckers zu unterstützen. Mir erschien sicher, daß er das Amt in vorbildlicher Weise ausfüllen und dabei auch Positionen vertreten würde, die unseren Ansichten näherstanden als denen des politischen Umfeldes, aus dem er hervorgegangen war. Als Helmut Kohl im Sommer und Herbst 1984 auffallend lange mit seiner förmlichen Nominierung zögerte und es vorübergehend so aussah, als ob Richard von Weizsäcker resignieren könnte, habe ich ihn persönlich gebeten, an seiner Bereitschaft und Absicht zur Kandidatur festzuhalten. Von Willy Brandt unterstützt, gewann ich für meine Haltung auch die Parteigremien und die Bundestagsfraktion.

Bei der Wahl erhielt Richard von Weizsäcker denn auch die Mehrheit der sozialdemokratischen Stimmen, obwohl in der Person von Luise Rinser noch eine weitere, von den Grünen nominierte Kandidatin auftrat. Es war das erste Mal in der Geschichte der Bundesrepublik, daß die Opposition einen Repräsentanten der Regierungspartei schon für die erste Amtszeit als Staatsoberhaupt mitwählte. Unserem Gemeinwesen hat das gutgetan, und wir haben nicht den geringsten Anlaß gehabt, es zu bereuen. Im Gegenteil: Richard von Weizsäcker versah sein Amt hervorragend und gab den Menschen mit seinen eindrucksvollen Reden Orientierung und Vertrauen in unsere politische Ordnung.

In besonderer Weise gelang ihm das mit der Rede, die er am 8. Mai 1985 anläßlich des vierzigsten Jahrestages des Endes des zweiten Weltkriegs hielt. Diese mit großer Sorgfalt vorbereitete Rede überdeckte auf längere Sicht auch das Unbehagen, das zuvor im In- und Ausland im Zusammenhang mit einer Kranzniederlegung auf dem Soldatenfriedhof Bitburg durch mangelnde Sensibilität im Umgang mit unserer jüngeren Geschichte verursacht worden war. Der Bundeskanzler hatte Präsident Reagan im Rahmen seines Deutschlandbesuchs für die Teilnahme an diesem als symbolisch gedachten Akt der Aussöhnung gewonnen, ihm aber nicht deutlich gemacht, daß auf diesem Friedhof auch SS-Angehörige bestattet sind. Eine Kranzniederlegung im ehemaligen Konzentrationslager Bergen-Belsen war daraufhin offenbar erst nachträglich in das Besuchsprogramm eingefügt worden.

Rechtzeitig vor Ablauf der ersten Amtszeit Richard von Weizsäckers traten wir für seine Wiederwahl ein. Da sich die Union wiederum viel Zeit ließ, haben wir ihn dafür im Mai 1988 sogar als erste Fraktion offiziell nominiert. Von den 141 Stimmen, die am 23. Mai 1989 nicht für seine Wiederwahl abgegeben wurden, dürfte übrigens der größere Teil aus den Reihen der Union und insbesondere der CSU gestammt haben.

In den Bundesländern und damit im Bundesrat war unsere Position seit dem Verlust von Niedersachsen und Berlin deutlich geschwächt. Sozialdemokratische Ministerpräsidenten oder Bürgermeister gab es nur in Nordrhein-Westfalen, Bremen, Hamburg und Hessen. Die von ihnen geführten Länder verfügten im Bundesrat lediglich über fünfzehn von einundvierzig Stimmen. Eine absolute sozialdemokratische Mehrheit bestand nur noch in Nordrhein-Westfalen, Hamburg und Bremen. Hingegen besaß die Union absolute Mehrheiten in Baden-Württemberg, Bayern, Niedersachsen, Rheinland-Pfalz und Schleswig-Holstein. Am 10. März 1985 verlor die SPD zwar in Berlin die Wahl zum Abgeordnetenhaus mit einem Minus von fast sechs Prozent gegenüber der Wahl vom 10. Mai 1981. Aber Oskar Lafontaine holte am gleichen Tag mit der saarländischen Partei in Saarbrücken die absolute Mehrheit und wurde im April 1985 zum Ministerpräsidenten gewählt. Das war für ihn die bis dahin spektakulärste Stufe auf der Treppe eines rasanten politischen Aufstiegs. Diesem Erfolg schloß sich zwei Monate später am 12. Mai 1985 ein glänzender Wahlsieg der nordrhein-westfälischen Sozialdemokratie an, die unter Führung von Johannes Rau ihre absolute Mehrheit nicht nur behauptete, sondern auf über zweiundfünfzig Prozent der Stimmen steigerte. Natürlich lagen die Ursachen für diese beiden ermutigenden Ergebnisse, ebenso wie für die Niederlage in Berlin, in erster Linie in den betreffenden Ländern selbst. Sie waren aber auch ein Anzeichen dafür, daß die Konsolidierungsbemühungen auf der Bundesebene Früchte trugen. Das half mir bei den weiteren Anstrengungen in und mit der Fraktion und in der Parteiführung.

Dort kam es indes zunächst Anfang September 1985 zu einem Konflikt zwischen Hans-Jürgen Wischnewski und mir, dem ich den Spitznamen »Oberlehrer« verdanke. Hans-Jürgen Wischnewski war seit dem Essener Parteitag im Amt des Schatzmeisters Nachfolger des früheren nordrhein-westfälischen Finanzministers Fritz Halstenberg, der sich in seiner Funktion sehr bewährt hatte. Als Schatzmeister hatte Wischnewski mit erheblichen Problemen zu kämpfen, die unter anderem durch wachsende Defizite des »Vorwärts«, eines ständigen finanziellen Sorgenkindes, verursacht wurden. Bei der Beratung seiner Sparvorschläge in der Präsidiumssitzung vom 2. September 1985 fühlte er sich ungenügend unterstützt und glaubte deshalb, die Verantwortung nicht länger tragen zu können. In seinem Rücktrittsschreiben an Willy Brandt vom 3. September erläuterte er das im einzelnen. Gegen Ende des Schreibens hieß es dann wörtlich: »Außerdem bin ich auch nicht mehr bereit, die Oberlehrermanieren von Hans-Jochen Vogel hinzunehmen.«

Damit zielte er auf meine Neigung, sehr präzise, mitunter auch bohrende Fragen zu stellen, die ich mir, speziell bei Haushaltsangelegenheiten, seit meiner Oberbürgermeisterzeit bewahrt und wohl auch am Vorabend Hans-Jürgen Wischnewski gegenüber praktiziert hatte. Ich gebe zu, daß dies mitunter Unmut auslösen konnte. Als Rücktrittsgrund spielte es aber nur in zweiter oder dritter Linie eine Rolle. Zu seinem Nachfolger wurde binnen zwei Wochen Hans Matthöfer bestellt, dessen Amtszeit allerdings nur wenig länger als ein Jahr dauerte.

Hans-Jürgen Wischnewski und ich haben uns bald ausgesprochen und zu der in langen Jahren bewährten kameradschaftlichen Form unseres Umgangs zurückgefunden. In der Öffentlichkeit aber blieb der »Oberlehrer« an mir hängen. Darüber habe ich mich nur kurz und in Maßen gegrämt. Herbert Wehner wurde der »Zuchtmeister« und Helmut Schmidt nach einer entsprechenden Formulierung in französischen Zeitungen gelegentlich »le Feldwebel« genannt. Im Vergleich dazu kam mir der »Oberlehrer« recht zivil vor. Nur einmal, als mich ein CDU-Kollege im Plenum mit dem Zwischenruf »Oberlehrer« reizte, geriet ich in Harnisch und erwiderte ihm: »Besser Oberlehrer als Hilfsschüler.« Das hätte ich nicht sagen sollen. Es trug mir eine öffentliche Rüge eines Verbandes von Sonderschullehrern ein, die mir nach ruhiger Überlegung im Blick auf deren Schülerinnen und Schüler berechtigt erschien. Ich habe mich deshalb öffentlich entschuldigt.

Mit dem glänzenden Wahlsieg von Johannes Rau waren de facto die Weichen für die Kanzlerkandidatur bei der nächsten Bundestagswahl gestellt. Willy Brandt, Johannes Rau und ich erörterten die Frage im Laufe des Sommers in vertraulichen Gesprächen miteinander. Ich machte dabei deutlich, daß ich es für wenig förderlich hielte, wenn ich ein zweites Mal anträte. Mein Erscheinungsbild sei inzwischen das eines zuverlässigen und zielstrebigen Kärrners, der den Wagen der Fraktion nach besten Kräften ziehe und damit auch die Partei voranbringe. Die Ausstrahlung des potentiellen Siegers gehe von mir aber nicht aus. Dafür steckten mir die Niederlagen von 1981 in Berlin und von 1983 bei der Bundestagswahl zu sehr in den Kleidern. Meine erneute Nominierung könne deswegen leicht dahin gedeutet werden, daß sich die Sozialdemokratie von vornherein mit dem zweiten Platz zufrieden geben wolle. Das sei bei Johannes Rau ganz anders. Er habe im bevölkerungsstärksten Land der Bundesrepublik zweimal hintereinander die absolute Mehrheit errungen und verkörpere schon von daher eine Siegeserwartung auch auf der Bundesebene. Die Wirkung seiner Persönlichkeit, die weit über die Grenzen der Partei hinausreiche, werde ein übriges tun.

Willy Brandt sah die Lage ähnlich. Johannes Rau zögerte eine Zeitlang und suchte meine Argumente zu entkräften. Dabei bezog er sich auch auf einen zwölfseitigen Brief, in dem ihm Helmut Schmidt in der ersten Julihälfte dringend von einer Kandidatur abgeraten und statt dessen – ohne daß mir das vorher bekannt gewesen wäre – auf mich verwiesen hatte. Hilfsweise empfahl ihm Helmut Schmidt, wenn er sich doch zur Kandidatur entschließe, auf dem nächsten Parteitag auch den Parteivorsitz zu übernehmen. Vorübergehend fiel in den Gesprächen auch der Name von Oskar Lafontaine. Schließlich entschied sich Johannes Rau positiv, wozu vielfältige Bitten und Aufforderungen aus der gesamten Partei und die Tatsache beitrugen, daß sich eine verwirrende öffentliche Debatte zu entwickeln begann, zu der vor allem der durch eine Indiskretion in die Medien gelangte Brief

Helmut Schmidts Anlaß bot. Auf die Frage des Parteivorsitzes kam Johannes Rau nicht zurück. Er ließ jedoch von Anfang an keinen Zweifel daran, daß er eine eigene Mehrheit anstreben und eine Koalition mit den Grünen keinesfalls akzeptieren werde. Weder Willy Brandt noch ich widersprachen ihm.

Dafür war maßgebend, daß die Erfahrungen mit den Grünen auf der Bundesebene bis dahin eine derartige Koalition als unrealistisch erscheinen ließen. Ich war den Grünen gegenüber schon auf Grund der Eindrücke, die ich in Berlin gewonnen hatte, keineswegs voreingenommen. Zu einzelnen, so zu Antje Vollmer, Petra Kelly, Gert Bastian und Joschka Fischer, später auch zu Otto Schily gab es regelmäßige Gesprächskontakte. Unsere Fraktion hatte auch gelernt, mit der Existenz einer weiteren Oppositionsfraktion einigermaßen zurechtzukommen und sich von der Auseinandersetzung mit der Regierungskoalition nicht durch ständige Reibungen mit dieser neuartigen Konkurrenz ablenken zu lassen. Ich blieb auch dabei, daß die Grünen ihre Entstehung nicht zuletzt unseren Defiziten verdankten und daß sie ernst zu nehmende Fragen aufwarfen. Ihre Antworten waren aber in vielen Punkten inakzeptabel – so wenn sie beispielsweise den Austritt aus der NATO, die Abschaffung der Bundeswehr, die sofortige Stillegung aller Kernkraftwerke oder die ersatzlose Streichung des Paragraphen 218 verlangten. Auch in der Frage des staatlichen Gewaltmonopols konnten sie sich nicht zu einer klaren Haltung durchringen. Zudem verbrauchten sie damals einen wesentlichen Teil ihrer Kraft mit unaufhörlichen inneren Streitigkeiten, deren Beweggründe von außen nur schwer zu erkennen waren – von den Motiven einzelner aus den K-Gruppen stammender Fraktionsmitglieder abgesehen, von denen mich ein gewisser Herr Ebermann aus Hamburg des öfteren an Stelle eines Grußes mit der alten kommunistischen Parole anredete: »Wer hat uns verraten? Die Sozialdemokraten!«

Eine Vorentscheidung über die Nominierung traf der Parteivorstand im September 1985 mit der an Johannes Rau gerichteten Bitte, noch im gleichen Jahr vor den Führungsgremien der Partei

seine Vorstellungen über Strategie und Perspektiven sozialdemokratischer Politik darzulegen. Das tat Johannes Rau am 15. Dezember 1985 in Ahlen, dem Ort, an dem die Union im Jahre 1947
ein Grundsatzprogramm verabschiedet hatte, über dessen soziale
Radikalität sie bald danach selbst erschrak und an das sie nicht
mehr erinnert werden wollte. Mit diesem Auftakt und der sich
daran anschließenden förmlichen Nominierung von Johannes
Rau war auf unserer Seite der Wahlkampf früh – wie sich zeigte,
wohl zu früh – eröffnet.

Die Koalition hatte bis dahin mit einer ganzen Reihe von
Skandalen, die Union überdies mit inneren Streitigkeiten zu tun.
Die Streitigkeiten bezogen sich vor allem auf die Außenpolitik
und hier wiederum auf die polnisch gewordenen ehemaligen deutschen Ostgebiete. Unter den Bezeichnungen »Stahlhelm« und
»Genscheristen« standen sich in der Union zwei Gruppen gegenüber, von denen beispielsweise die eine die polnische Westgrenze
nicht als endgültig anerkennen wollte, während die andere Hans-
Dietrich Genscher bei seinem Bemühen unterstützte, den gegen-
teiligen Standpunkt als offizielle Haltung der Bundesrepublik
darzustellen. Förmlich entschieden wurde diese Frage bekanntlich erst im Zuge der deutschen Einigung im Zwei-plus-vier-Ver-
trag. Erst da fand sich auch Helmut Kohl zu einer verbindlichen
Aussage bereit. Die Rücksichtnahme auf die Vertriebenen war
ihm bis dahin wichtiger als die außen- und friedenspolitischen
Aspekte des Problems. Eine ähnliche Frontstellung zwischen
den beiden Gruppen gab es bei dem Streit um die doppelte
Null-Lösung.

In der Koalition herrschte damals ein rüder Ton. Eine Anfang
Januar 1986 von unserer Fraktionspressestelle veröffentlichte Zu-
sammenstellung registrierte, daß sich in den vorausgegangenen
Wochen die Herren Strauß, Lambsdorff, Haussmann, Späth,
Genscher, Geißler und Waigel sowie weitere Koalitionspolitiker
wechselseitig unter anderem als Hofhunde, Clique, Kurpfuscher,
Eisenbärte, Spinner, schwachsinnige Kleingeister, Gernegroße,
Gruselkabinett, Großmaul, schmählicher Versager und als politi-

sche Schlümpfe bezeichnet hatten. Für eine Koalition, die mit dem Anspruch der geistig-moralischen Erneuerung der Politik angetreten war, eine bemerkenswerte Form des Umgangs. Verglichen damit trug die Sozialdemokratie ihre Meinungsverschiedenheiten – damals – in geradezu vornehmer Weise aus. Herr Geißler tat sich aber nicht nur bei koalitionsinternen Beschimpfungen hervor. Unübertroffen war er ganz generell bei der diffamierenden Herabwürdigung von Ansichten, mit denen er nicht einverstanden war. Eine besonders schlimme Entgleisung dieser Art leistete er sich schon in den ersten Monaten der Legislaturperiode in einer Bundestagsrede, in der er wörtlich erklärte, der Pazifismus der dreißiger Jahre habe Auschwitz erst möglich gemacht. Das zielte auf die Friedensbewegung und leistete einer gefährlichen Geschichtsverfälschung Vorschub, weil es die Ursachen, die zu den millionenfachen Morden an den Juden geführt hatten, in unverantwortlicher Weise verkürzte. Dergleichen war bis dahin nur von unverbesserlichen Rechtsreaktionären zu hören gewesen.

Unter den diversen Skandalen hatten um die Jahreswende 1983/84 die Vorgänge um die unehrenhafte Entlassung des Vier-Sterne-Generals Günter Kießling aus dem aktiven Dienst Bundesverteidigungsminister Manfred Wörner ins Zwielicht gebracht. Die von mir als Mitglied der Parlamentarischen Kontrollkommission mitbetriebenen Ermittlungen dieses Gremiums und die Beweisaufnahme des anschließend als Untersuchungsausschuß tätig werdenden Verteidigungsausschusses förderten bedenkliche Zustände und Praktiken im Militärischen Abschirmdienst und auch persönliches Fehlverhalten des Ministers zutage. Kießling wurde rehabilitiert und mit einem Großen Zapfenstreich verabschiedet. Helmut Kohl hielt dennoch an Wörner fest und hatte damit einen dankbaren Gefolgsmann mehr. Mein Verhältnis zu Manfred Wörner war in der Folgezeit gespannt. Das hat mich nicht gehindert, später seine Leistungen als NATO-Generalsekretär in den Zeiten der Auflösung des Warschauer Paktes und der Sowjetunion zu würdigen und vor allem an seinem tapferen Kampf gegen seine heimtückische Krankheit mit Respekt Anteil zu nehmen.

Andere Skandale betrafen den Bereich des Bundesinnenministers Friedrich Zimmermann, der sich während seiner Amtszeit immer wieder als Verfechter einer harten Law-and-order-Linie und als Bonner Sprachrohr von Franz Josef Strauß hervortat. Er trug die politische Verantwortung für den Spionagefall Tiedge, bei dem es sich um einen besonders schweren Verratsfall im Bundesamt für Verfassungsschutz handelte, ebenso wie für undurchsichtige Geldtransfers zwischen Wirtschaftsunternehmen und dem Bundesnachrichtendienst. Wir legten an Zimmermann die Maßstäbe an, mit denen er während der sozial-liberalen Koalition als Sprecher der Opposition den damals amtierenden Bundesinnenministern begegnet war, und forderten seinen Rücktritt. Durchsetzen konnten wir uns damit nicht. Die öffentliche Aufmerksamkeit erlosch auch relativ bald.

Ganz anders verhielt sich das bei zwei Themen, die lange Zeit die Innenpolitik und die öffentliche Diskussion beherrschten. Das waren die Parteispenden-Praktiken und der Niedergang der Neuen Heimat. Beide Skandale haben der Glaubwürdigkeit der Politik schweren und lange nachwirkenden Schaden zugefügt.

Bei den Parteispenden-Praktiken ging es einmal um die Flick-Affäre und zum anderen um illegale Spendentransfers an politische Parteien, bei denen in erheblichem Umfang gegen das Steuerrecht verstoßen wurde. Im Mittelpunkt der Flick-Affäre stand seit 1982 Graf Lambsdorff als Bundeswirtschaftsminister. Schon sein Vorgänger Hans Friderichs hatte dem Flick-Konzern im September 1976 eine Bescheinigung erteilt, der zufolge der Erwerb einer Beteiligung an einem amerikanischen Unternehmen »volkswirtschaftlich besonders förderungswürdig« und geeignet sei, »der internationalen Arbeitsteilung und einer verstärkten weltwirtschaftlichen Verflechtung« zu dienen. Auf Grund der Bescheinigung blieb der für diesen Zweck verwendete Erlös des Flick-Konzerns aus der Veräußerung von Aktien der

Daimler-Benz AG steuerfrei. Im September 1978 erteilte Graf Lambsdorff als Wirtschaftsminister eine entsprechende Bescheinigung für eine weitere Transaktion dieser Art in Höhe von bis zu 500 Millionen DM. Ob die Voraussetzungen für die Erteilung solcher Vorlagen tatsächlich vorgelegen haben, wurde später zunehmend zweifelhaft. Im Dezember 1983 wurden die Bescheinigungen mit der Begründung zurückgenommen, die Voraussetzungen hätten von Anfang an nicht vorgelegen. Der Flick-Konzern mußte deshalb Steuern in erheblicher Höhe nachentrichten. Während der fraglichen Zeit spendete der Konzern, der sowohl an der Erteilung der Bescheinigungen als auch an ihrer Aufrechterhaltung ein erhebliches finanzielles Interesse hatte, größere Beträge an die Parteien, die für die F.D.P. als deren nordrhein-westfälischer Schatzmeister Graf Lambsdorff entgegennahm. Nach langen Ermittlungen erhob die Staatsanwaltschaft im Dezember 1983 gegen Lambsdorff, Hans Friderichs und Eberhard von Brauchitsch, den vormaligen Generalbevollmächtigten des Flick-Konzerns, Anklage zum Landgericht Bonn. Dieses verurteilte Lambsdorff im Februar 1987 wegen Steuerhinterziehung zu 180 000 DM Geldstrafe, von dem Vorwurf der Bestechlichkeit sprach es ihn jedoch mangels Beweises frei. Parallel dazu versuchte ein auf unser Betreiben eingesetzter Untersuchungsausschuß, die Vorgänge aufzuklären. Während des Prozesses trat Lambsdorff im Juni 1984 nach der Eröffnung des Hauptverfahrens von seinem Ministeramt zurück. Wir hatten den Rücktritt schon nach der Anklageerhebung im Dezember 1983 verlangt. Unmut erregte, daß Lambsdorff nach seiner Verurteilung aus der Bundeskasse zur Deckung seiner Anwaltskosten 500 000 DM erstattet bekam.

Die Flick-Affäre verursachte noch einen weiteren Rücktritt. Im Oktober 1984 mußte Rainer Barzel das Amt des Bundestagspräsidenten aufgeben. Er hatte nach seinem Ausscheiden als Partei- und Fraktionsvorsitzender Vergütungen von einer Anwaltskanzlei als deren Mitarbeiter bezogen, der in der gleichen Zeit vom Flick-Konzern erhebliche Beträge zugeflossen waren. Die

Union hat Barzel gegenüber dem von uns erhobenen Rücktrittsverlangen nur spärliche Rückendeckung gegeben. Offenbar spielten da alte Antipathien aus der Vergangenheit eine Rolle.

Zuwendungen an die Parteien waren und sind nur in beschränktem Umfang steuerfrei. Die Betragsgrenzen änderten sich infolge von Urteilen des Bundesverfassungsgerichts und einzelner Novellierungen mehrfach. Summen, die diese Grenzen übersteigen, dürfen nicht von dem zu versteuernden Einkommen abgesetzt werden. Um dem zu entgehen, wurden bis in die achtziger Jahre Zahlungen zunächst an gemeinnützige und deshalb steuerbegünstigte Institutionen – so beispielsweise an sogenannte staatsbürgerliche Vereinigungen – überwiesen, die sie ihrerseits wiederum steuerfrei ganz oder teilweise an Parteien weiterleiteten. Der Fiskus wurde auf diese Weise im Lauf der Jahre um beträchtliche Summen geschädigt.

Daß diese Vorgänge dem Ansehen der Parteien in schlimmer Weise Abbruch taten, habe ich schon erwähnt. Es gab Zeiten, in denen die Verachtung geradezu körperlich zu spüren war. Und das galt mit Ausnahme der Grünen, die solchen Versuchungen aus naheliegenden Gründen noch nicht ausgesetzt waren, für alle Parteien. Wohl waren die F.D.P. und die beiden Unionsparteien in besonderem Maße betroffen. Sogar der Bundeskanzler geriet vorübergehend in die Nähe der Vorwürfe. In einem Ermittlungsverfahren räumte er als Zeuge ein, daß er vom Flick-Konzern mehrfach Spenden in bar erhalten hatte. Zur Flick-Affäre und zu den Spendenpraktiken in Rheinland-Pfalz wurde er auch von den damit befaßten Untersuchungsausschüssen des Bundestags und des rheinland-pfälzischen Landtags gehört. Zu strafrechtlich relevanten Weiterungen kam es für ihn jedoch nicht. Als die Vermutung auftauchte, er hätte auf eine Frage im rheinland-pfälzischen Untersuchungsausschuß, ob er von bestimmten Transaktionen gewußt habe, statt mit Nein mit Ja antworten müssen, kreierte Herr Geißler den Begriff des »momentanen Blackouts«, dem Helmut Kohl erlegen sei. Damit war die Sache aus der Welt.

Auf unserer Seite ist es zu keinen Verurteilungen gekommen. Der Verdacht, auch die SPD habe von solchen Praktiken Nutzen gehabt, blieb dennoch im Raum und behinderte uns in der Auseinandersetzung mit den Koalitionsparteien. Die sind alle gleich – war die weit verbreitete Meinung. Daß sich der Verdacht gegen die SPD nur auf einen Bruchteil der Summen richtete, die für die Unionsparteien und die F.D.P. feststanden, half uns da wenig. Manche Kommentatoren sahen darin vielmehr eher einen Mangel an Gelegenheit. Und damit hatten sie in einem gewissen Sinne vielleicht nicht einmal ganz Unrecht. Denn beträchtliche Teile der Wirtschaft und ihrer Verbände glaubten ihre Interessen bei der CDU, der CSU und der F.D.P. am besten aufgehoben und taten eine Menge, um diese Parteien – auch finanziell – zu unterstützen. Auf die Politik dieser Parteien, gelegentlich sogar auf personelle Entscheidungen, nahmen sie dabei erheblichen Einfluß.

Manchen mag es auch heute noch erstaunen, daß Graf Lambsdorff seine politische Tätigkeit im Parlament während des Strafprozesses und nach seiner Verurteilung ohne Unterbrechung fortsetzen und später sogar den Vorsitz seiner Partei übernehmen konnte, ohne daß die öffentliche Meinung dagegen Sturm gelaufen wäre. Ursächlich dafür war wohl, daß er seiner Partei, nicht aber sich selber Vorteile verschafft hatte und die Öffentlichkeit annahm, Parallelen zu seinem Verhalten habe es so oder ähnlich bei anderen Parteien ebenfalls gegeben. Auch honorierte zumindest ein Teil der Öffentlichkeit seine Nervenstärke und sein Stehvermögen während seines Prozesses. Seine Sachkunde und seine unverblümte, gelegentlich die Grenze zur Arroganz streifende Art des Auftretens respektierten ohnehin sogar seine Gegner. Dennoch: Eine so rasche und vollständige »Resozialisierung« hätte ich mir auch in anderen Fällen gewünscht. Etwa für Leute, denen die Aufnahme in den öffentlichen Dienst jahrelang versagt wurde, weil sie in ihrer Jugend vorübergehend einer extremistischen Organisation angehört oder ein bedenkliches Flugblatt verteilt hatten. All das habe ich natürlich schon damals gesagt – allerdings ohne besondere Resonanz.

Vorangegangen war dem schon ein anderer Fall sofortiger »Resozialisierung«. Ich meine den Fall von Herrn Peter Boehnisch. Er hatte Einkünfte als Berater der Daimler-Benz AG und als Teilhaber an zwei Schweizer Industrieberatungsfirmen mehrere Jahre lang nicht versteuert. Ein Gericht verhängte deshalb gegen ihn wegen Steuerhinterziehung eine Strafe von über einer Million DM. Korrekterweise trat er daraufhin im Juni 1985 vom Amt des Sprechers der Bundesregierung zurück. Das hinderte ihn aber nicht, sogleich wieder publizistisch hervorzutreten und unter anderem vor dem Mißbrauch des sozialen Netzes zu warnen. Als ich ihm das bei einem Besuch im Hause Burda – er war dort bereits wieder Geschäftsführer und Redaktionsdirektor – gesprächsweise vorhielt, nahm er das ziemlich ungnädig auf.

Der bedrückendste Vorgang – sozusagen der Skandal im Skandal – war aber, daß die Koalition im Frühjahr 1984 einen erneuten Versuch unternahm, die weitere Strafverfolgung wegen der in Rede stehenden Steuerdelikte durch eine amnestieähnliche Normierung unmöglich zu machen. Ich habe schon geschildert, daß ein erster, von der F.D.P. noch zur Zeit der sozial-liberalen Koalition Ende 1981 veranlaßter Vorstoß in dieser Richtung auch an meinem Widerspruch scheiterte. Nun wollte die Koalition das gleiche Ziel erreichen, indem sie erwog, einem vor der abschließenden Beratung im Bundestag stehenden Steuergesetzentwurf in letzter Minute eine Bestimmung anzufügen, der zufolge Steuerhinterziehungen und Steuerverkürzungen, die vor dem 1. Januar 1984 bei Zuwendungen an politische Parteien begangen worden sind, straffrei bleiben sollten. Als selbst die »FAZ« ein solches Vorgehen als ein Schelmenstück bezeichnete, brachte die Koalition einen entsprechenden Gesetzentwurf ein. In seiner Begründung hieß es, wer den politischen Parteien geholfen habe, ihre Aufgaben zu erfüllen, solle nicht mehr strafrechtlich verfolgt werden. Auf Grund unseres Widerstandes und der Empörung, die dieses Unterfangen hervorrief, mußte auch der erneute Versuch alsbald abgebrochen werden. Er wäre auf nichts weniger als eine Durchbrechung der allgemeinen Strafgesetze für Personen hinausgelaufen, die diese Durchbrechung als Abgeordnete zu ihrem eigenen Vorteil beschlossen hätten. Ich habe nur langsam verwunden, daß an diesem anrüchigen Vorhaben auch Männer beteiligt waren, die ich bis dahin bei aller Gegensätzlichkeit der Ansichten und Positionen für persönlich untadelig gehalten hatte.

Der Krise der Neuen Heimat gingen Anfang der achtziger Jahre allerlei Gerüchte voraus. Manifest wurde sie im Februar 1982 mit der Entlassung des Vorstandsvorsitzenden Albert Vietor. Ihm wurde eine ungenügende Abgrenzung seiner Tätigkeit als Vorsitzender von Aktivitäten zur Last gelegt, die seinem persönlichen Vorteil dienten. Ähnliche Vorwürfe wurden gegen andere Vorstandsmitglieder erhoben, die daraufhin ebenfalls ausscheiden mußten. Allmählich wurde auch deutlich, daß sich der Konzern übernommen hatte und in finanzielle Schwierigkeiten geraten war. Sogar ein völliger Zusammenbruch und ein Konkurs erschienen nicht ausgeschlossen. Das hätte für Hunderttausende von Mietern den Verlust aller Schutzrechte zur Folge gehabt. Die Sanierungsbemühungen des Deutschen Gewerkschaftsbundes und seiner Einzelgewerkschaften, denen die Gesellschaft zu hundert Prozent gehörte, zogen sich über mehrere Jahre hin. Das Unternehmen, das bis dahin das Hauptbeispiel für eine erfolgreiche gemeinwirtschaftliche Aktivität gewesen war und in seinen Glanzzeiten einen substantiellen Beitrag zur Behebung der Wohnungsnot geleistet hatte, mußte nach und nach seinen gesamten Wohnungs- und Grundstücksbestand veräußern. Das ging einher mit einer lang anhaltenden Beunruhigung der betroffenen Mieter in fast allen Bundesländern, die zudem in überdurchschnittlichem Maße sozialdemokratische Wählerinnen und Wähler waren. Daß sich die Abwicklung später versachlichte und in ruhigere Bahnen gelenkt wurde, war in erster Linie das Verdienst Hans Matthöfers, der diese Aufgabe im Dezember 1986 übernahm, damit aber – ich erwähnte es schon – der Partei als Schatzmeister verlorenging.

Die Koalition tat wenig oder nichts, um der Neuen Heimat und damit den Mietern zu helfen. Statt dessen brachte sie die Misere des Unternehmens immer wieder im Bundestag und auch in einigen Landtagen zur Sprache und veranlaßte überdies im Juni 1986 die Einsetzung eines Untersuchungsausschusses, der in dichter Folge tagte und das Thema bis unmittelbar vor der Bundestagswahl im Januar 1987 im allgemeinen Bewußtsein hielt. Der Abschlußbericht wurde deshalb auch erst am 7. Januar 1987, also knapp drei Wochen vor dem Wahltermin, vorgelegt. Schon vor, aber auch während der Tätigkeit des Untersuchungsausschusses kamen weitere Unregelmäßigkeiten und auch Praktiken ans Licht, die zwar nicht rechtswidrig, aber doch einigermaßen anstößig waren. So hatten sich mehrere Gewerkschaftsrepräsentanten, die dem Unternehmen als Aufsichtsräte angehörten, in Berlin an von der Neuen Heimat ins Leben gerufenen Abschreibungsgesellschaften beteiligt. Das war für sie wegen der steuerlichen Sonderregelungen für Berlin besonders lukrativ. Aus dem Blick geraten war ihnen dabei aber, daß die Sozialdemokratie und auch die Gewerkschaften solche Verquickungen stets kritisiert hatten.

Ärger noch war aber die Erkenntnis, daß der Aufsichtsrat seiner Kontrollaufgabe in keiner Weise gerecht geworden war und der Vorstand im Grunde nach Belieben schalten und walten konnte. Einzelne Vorstandsmitglieder verloren dabei das Gefühl dafür, woher sie kamen und wessen Vertrauen sie ihre einträglichen Positionen verdankten. Ihre Lebensführung entsprach ebenfalls nicht mehr dem, was sie einmal selbst vertreten hatten. Aber das gab es auch im weiteren Umkreis der Neuen Heimat. Ein besonders bedrückendes Beispiel dafür lieferte Alfons Lappas. Er war zunächst als Mitglied des geschäftsführenden Bundesvorstands des DGB für die Abteilung Finanzen und die Vermögensverwaltung zuständig und hatte 1977 den Vorstandsvorsitz der BGAG, der Holding aller im Gewerkschaftseigentum stehenden wirtschaftlichen Unternehmen, übernommen. Als er wegen seiner Weigerung, vor dem Untersuchungsausschuß Neue Heimat auszusagen, im Oktober 1986 auf der Eröffnungsveranstaltung des IG-Metall-Kongresses in Hamburg in Haft genommen wurde, gehörte ich zu denen, die dagegen öffentlich protestierten. Ich hätte es wahrscheinlich nicht getan, wenn ich gewußt hätte, daß er regelmäßig zur Großwildjagd nach Zentralafrika flog oder daß er sich nach seiner Inhaftierung das Essen aus dem Hotel »Atlantic« kommen ließ, weil ihm die Anstaltskost nicht gut genug war. Später spielte er übrigens auch im Coop-Skandal eine unrühmliche Rolle.

Die Auswirkungen waren verheerend. Sie diskreditierten für geraume Zeit den Mitbestimmungsgedanken. Noch ein Jahr danach mußte ich der Fraktion raten, mit der Einbringung eines sorgfältig ausgearbeiteten Entwurfs zur Erweiterung der betrieblichen Mitbestimmung bis zur Mitte der Legislaturperiode zuzuwarten, weil die Koalition das Versagen der gemeinwirtschaftlichen Form der Mitbestimmung erneut thematisiert hätte. Das Stichwort Neue Heimat genügte noch lange, um uns als politische Kraft auf einem Gebiet in die Defensive zu drängen, für das wir bis dahin besondere Kompetenz in Anspruch nehmen konnten. Obwohl in den Organen der Neuen Heimat auch einige Unionsmitglieder tätig waren, konnten wir ja nicht in Abrede stellen, daß es sich ganz überwiegend um Sozialdemokraten handelte. Ob sich die Verantwortlichen eigentlich bewußt geworden sind, was sie da angerichtet haben, ist mir bis heute unklar. Ihre öffentlichen Einlassungen sprachen nicht dafür.

Ein anderes Ereignis von hoher politischer Relevanz war in dieser Zeit die Katastrophe oder – wie die sowjetische Führung es zunächst nannte – die Havarie von Tschernobyl. Sie ereignete sich am 26. April 1986, blieb aber im Westen zunächst verborgen. Zwar wurden zuerst in Skandinavien und dann auch in Mitteleuropa von diesem Tage an stark erhöhte Belastungswerte festgestellt, die offenbar aus radioaktiven Niederschlägen herrührten. Die wirkliche Ursache wurde aber erst am 28. April 1986, also zwei Tage später, bekannt. Auch blieb längere Zeit ungewiß, was in Tschernobyl eigentlich geschehen war. Aber schon das, was dann zutage trat – heute wissen wir, daß es nur ein Bruchteil der ganzen Wahrheit war –, genügte, um in den betroffenen Gebieten, zu denen auch die Bundesrepublik gehörte, tiefe Beunruhigung hervorzurufen.

Die Bundesregierung und insbesondere Herr Zimmermann als Bundesinnenminister versuchten, die Gefahren herunterzuspielen. Das gleiche tat übrigens Erich Honecker, mit dem ich knapp drei Wochen nach der Katastrophe zu unserem alljährlichen Gespräch zusammentraf. Er übergab mir bei dieser Gelegenheit einen von ihm abgezeichneten Bericht des Leiters des staatlichen Amtes der DDR für Atomsicherheit und Strahlenschutz vom 15. Mai 1986, in dem ernsthaft behauptet wurde, daß zu keiner Zeit eine Gefahr für die Gesundheit der Bevölkerung bestanden habe.

In meiner Partei wurde sogleich der Ruf laut, nunmehr für den Ausstieg aus der Kernenergie möglichst knappe Fristen festzulegen. Gerhard Schröder, der als Spitzenkandidat kurz vor den niedersächsischen Landtagswahlen stand, machte sich im Mai 1986 auf Sitzungen des Parteivorstands und des Parteirats zum entschiedensten Sprecher dieser Forderung. Ich plädierte ebenfalls für den Ausstieg, fand aber Zustimmung für den Vorschlag, die konkreten Schritte zu diesem Ziel zunächst von einer Kommission unter Vorsitz von Volker Hauff prüfen zu lassen und die endgültige Entscheidung dann auf dem bereits für die Zeit vom 25. bis 29. August 1986 einberufenen Parteitag in Nürnberg zu treffen.

Zuvor fanden am 15. Juli 1986 die niedersächsischen Landtagswahlen statt. Sie brachten der Sozialdemokratie einen Zuwachs von über fünf Prozent. Für einen Regierungswechsel reichte das aber nicht aus. Ernst Albrecht konnte seine Koalition mit der F.D.P. mit einer parlamentarischen Mehrheit von einer Stimme fortsetzen. Da die Erwartungen sehr hoch gespannt gewesen waren, drückte das auf unsere Stimmung. Die Union verstand es in solchen Fällen meisterhaft, derartige Wahlergebnisse ungeachtet ihrer hohen Verluste – in Niedersachsen betrugen sie über sechs Prozent – als eindrucksvolle Siege hinzustellen.

Der Nürnberger Parteitag, dessen Beschlüsse ich wiederum als Vorsitzender der Antragskommission vorbereiten half, brachte auf mehreren Sachgebieten Entwicklungen zum Abschluß, die gegen Ende der sozial-liberalen Regierungszeit in Gang gekommen waren. Positionen, die bis dahin Minderheitspositionen gewesen waren, wurden jetzt zu Positionen der Mehrheit. Das galt in erster Linie für die Nutzung der Kernenergie. Hatte der Essener Parteitag zwei Jahre zuvor noch von einer nicht näher definierten Übergangszeit gesprochen und damit die weitere Nutzung ohne Befristung offen gehalten, lautete der Beschluß nunmehr in seinen Kernsätzen:

»Wir werden von uns aus alles tun, damit innerhalb des Zeitraumes von zehn Jahren eine Energieversorgung ohne Kernkraft in der Bundesrepublik Deutschland verwirklicht wird. ... Zur Erreichung dieses Zieles brauchen wir einen breiten gesellschaftlichen Konsens und Gesetzgebungsmehrheiten.«

Damit war die Endstation eines Weges erreicht, den die Partei 1956 auf dem Münchner Parteitag angetreten hatte – damals noch im ungetrübten Vertrauen auf die Segnungen des naturwissenschaftlichen und technischen Fortschritts. Ich habe diesen Weg mit wachsenden Zweifeln begleitet. Den Schlußpunkt in Nürnberg habe ich deshalb aus voller Überzeugung bejaht und mit herbeigeführt. Auf mein Drängen hin hat die Fraktion noch im gleichen Jahr im Bundestag den Entwurf eines Kernenergie-Abwicklungsgesetzes eingebracht, der die Nürnberger Grundsatzentscheidung in konkrete rechtliche Bestimmungen umsetzte. Da die Legislaturperiode unmittelbar vor ihrem Ende stand, haben wir diesen Entwurf in der nächsten Periode sogleich von neuem vorgelegt. Die Koalition hat ihn – fast möchte ich sagen selbstverständlich – abgelehnt. Immerhin hat sie drei Jahre später zusammen mit der bayerischen Staatsregierung das Projekt einer

Wiederaufbereitungsanlage in Wackersdorf aufgegeben. Der Widerstand breitester Bevölkerungskreise gegen die Anlage ließ sich nach Tschernobyl auch mit stärksten Polizeiaufgeboten auf Dauer nicht mehr überwinden. Den damaligen Gesetzentwurf halte ich in seinem zentralen Ansatz auch heute noch für richtig. Entsprechende Regelungen werden früher oder später nicht nur in der Bundesrepublik kommen – hoffentlich nicht erst nach einer neuen Katastrophe.

Johannes Rau hat in Nürnberg eine überzeugende Rede gehalten und damit in der Partei gelegentlich geäußerte Zweifel ausgeräumt, daß er persönlich – zumindest in Nuancen – mit den vom Parteitag getroffenen Entscheidungen nicht übereinstimme. Noch ein anderes Problem spielte am Rande des Parteitags eine Rolle, und zwar das des immer breiteren Zustroms von tamilischen Flüchtlingen, die mit der Interflug-Linie der DDR nach Ost-Berlin kamen und von dort als Asylbewerber über West-Berlin in die Bundesrepublik einreisten. Die Union instrumentalisierte das Asylthema schon damals gegen uns, bemühte sich jedoch gleichzeitig bei der DDR-Führung darum, den Transfer über Ost-Berlin zu stoppen. Die Gespräche führte Herr Schäuble, seinerzeit Bundesminister für besondere Aufgaben im Kanzleramt. Er machte nach den inzwischen bekannt gewordenen Aufzeichnungen seines Gesprächspartners Schalck-Golodkowski kein Hehl daraus, daß der Sachverhalt für den Wahlkampf bedeutsam sei und es vielleicht gelingen könnte, die SPD für eine Grundgesetzänderung zu gewinnen. Schließlich wurde er Ende August 1986 sogar unmittelbar bei Erich Honecker vorstellig.

Parallel dazu und im Kontakt mit der Bundesregierung bemühte sich im Auftrag der engeren Parteiführung, die sich darauf während des Parteitags in Nürnberg verständigt hatte, Egon Bahr um die Beendigung des Transfers. Auch für uns spielte die bevorstehende Wahl eine Rolle. Das positive Ergebnis dieser gleichlaufenden Anstrengungen konnte dann Johannes Rau am 18. September 1986 als erster bekanntgeben.

Das Ganze war kein Ruhmesblatt für die Bundesrepublik. Nicht weil die eine Partei sich im Umgang mit der DDR-Führung mehr vergeben hätte als die andere. Da gab es keine Unterschiede. Und die Angriffe, die in jüngster Zeit sogar der Bundeskanzler in dieser Sache nach Jahren – es war kurz vor der jüngsten Landtagswahl in Nordrhein-Westfalen – gegen Johannes Rau gerichtet hat, sind schlicht abwegig. Immerhin wertete Herr Schäuble die Mitteilung Raus damals öffentlich als eine »gute Nachricht«. Und Helmut Kohl bedankte sich schriftlich bei Erich Honecker. Bedrückend erscheint es mir aber im nachhinein, daß ausgerechnet Erich Honecker, der dazu auf Grund seiner eigenen Praktiken wahrlich nicht legitimiert war, die westdeutschen Emissäre an das grundgesetzlich gewährleistete Asylrecht erinnerte und sowohl Regierung wie Opposition dennoch auf einer Einschränkung des Zugangs zu diesem Recht beharrten. Hier lag eine der Wurzeln für meine spätere Sensibilität in der Asylrechtsfrage.

Der Auftrieb, der vom Nürnberger Parteitag ausging, hielt nicht lange vor. Der Union gelang es vielmehr, mit einer auf leicht verbesserte Wirtschaftsdaten gestützten Optimismuskampagne Boden gutzumachen. Auf unserer Seite gab es dagegen störende Irritationen. Die nachhaltigste löste Willy Brandt im Juli 1986 durch ein »Zeit«-Interview mit der Bemerkung aus, dreiundvierzig Prozent für die SPD seien auch schon ein »schönes Ergebnis«. Damit setzte er sich zu dem erklärten Wahlziel Johannes Raus, eine eigene Mehrheit zu erreichen, in Widerspruch. Warum er das tat und ob es sich vielleicht doch nur um ein bei der Durchsicht des Interviewtextes überlesenes Versehen handelte, ist mir bis heute unklar geblieben. Johannes Rau litt darunter sehr, auch wenn er versuchte, sich nach außen nichts anmerken zu lassen. In der Partei sorgte die Bemerkung, die vom Gegner weidlich ausgeschlachtet wurde, jedenfalls für große Aufregung. Sie ließ auch immer wieder Stimmen laut werden, die sich für eine rot-grüne Koalition aussprachen. Hinzu kamen Differenzen und Spannungen zwischen dem Erich-Ollenhauer-

Haus und dem Düsseldorfer Stab von Johannes Rau, weil Peter Glotz einerseits und Bodo Hombach andererseits über wesentliche Fragen der Wahlkampfführung unterschiedlicher Meinung waren. Schlichtungsversuche in und außerhalb des Präsidiums verliefen im Sande.

Ein harter Schlag war dann die bayerische Landtagswahl vom 12. Oktober 1986, bei der die Partei über vier Prozent ihrer Stimmen verlor und mit 27,5 Prozent ein enttäuschendes Ergebnis hinnehmen mußte. Der Offenburger Wahlparteitag konnte das vierzehn Tage später nicht auffangen. Im Gegenteil: Es kam noch schlimmer. Bei der Bürgerschaftswahl in Hamburg am 9. November 1986 verlor die Partei sogar fast zehn Prozent und sank auf 42 Prozent. Wolfgang Clement trat noch in der Nacht als Pressesprecher und stellvertretender Bundesgeschäftsführer der Partei zurück. Johannes Rau dachte in dieser Nacht ebenfalls einen Augenblick daran, seine Kandidatur zu beenden. Dann aber biß er die Zähne zusammen und ließ sich auch von neuen Querschüssen nicht mehr erschüttern. Ein solcher kam Anfang Dezember 1986 aus Hannover, wo Gerhard Schröder erklärte, der nächste Spitzenkandidat müsse Oskar Lafontaine heißen. Damit gab Schröder das laufende Rennen bereits zwei Monate vor der Wahl öffentlich verloren.

Zusammen mit anderen unterstützte ich in dieser Phase Johannes Rau, der ein gewaltiges Pensum absolvierte, mit besonderem Nachdruck. Die Meinungsumfragen zogen auch wieder leicht an. Aber am 27. Januar 1987 waren es dann eben doch nur 37 Prozent und damit 1,2 Prozent weniger als vier Jahre zuvor. Daß Helmut Kohl und die Union gegenüber 1983 sogar 4,5 Prozent verloren hatten, ging daneben fast unter. Statt dessen drohte eine kräftezehrende Diskussion darüber, ob die Wahl mit einem anderen Konzept hätte gewonnen werden können. Ich glaube das auch heute nicht. Die Koalitionsfrage, auf die wir keine einleuchtende Antwort geben konnten, war dafür ein kaum zu bewältigendes Hindernis. An Johannes Rau lag es jedenfalls nicht. Bei größerer Geschlossenheit, für die ich auch in mahnenden Briefen an besonders Erklärungsfreudige beständig warb, wäre der Regierungswechsel wohl auch nicht gelungen. Das Ergebnis hätte dann aber um ein oder auch zwei Prozent besser ausfallen können.

9 Nachfolger Willy Brandts

Wie nach der Niederlage vom März 1983 ging es auch in den Tagen und Wochen nach der Bundestagswahl vom Januar 1987 wieder darum, die Partei vor Resignation und internen Schuldzuweisungen zu bewahren. Die Versuchung war wegen erheblicher Meinungsunterschiede vor allem in zwei Punkten stärker als 1983 – nämlich in bezug auf die richtige Haltung gegenüber den Grünen und wegen der von mir im vorigen Kapitel erwähnten, den Wahlkampf Johannes Raus störenden öffentlichen Äußerungen aus den eigenen Reihen. Auch gab es Neigungen, den Streit über das Wahlkampfkonzept zwischen dem Erich-Ollenhauer-Haus und den Düsseldorfer Beratern Johannes Raus, zu denen nach seinem Übergang in die nordrhein-westfälische Staatskanzlei auch Wolfgang Clement gehörte, im nachhinein noch einmal aufzunehmen. Einmal mehr erwies sich in dieser Situation die Fraktion als stabilisierender Faktor. Sie wählte mich schon zwei Tage nach der Bundestagswahl erneut zum Vorsitzenden, bestätigte alsbald die organisatorischen Strukturen der vorangegangenen Periode und im wesentlichen auch die personelle Zusammensetzung ihrer Führungsgremien und ging an die Arbeit.

Dabei knüpfte die Fraktion an ihre früheren Initiativen und das Wahlprogramm an und legte besonderes Gewicht auf die Überwindung der Arbeitslosigkeit, den Schutz der Umwelt, den Übergang zu einer sicheren Energieversorgung ohne Atomkraft und die Wahrung der sozialen Gerechtigkeit und der inneren Liberalität. Ich brachte das Mitte März 1987 in meiner Erwiderung auf die Regierungserklärung Helmut Kohls zum Ausdruck. Kohl hatte zuvor bei seiner erneuten Wahl zum Bundeskanzler am 11. März 1987 eine unangenehme Überraschung erlebt. Trotz einer Koalitionsmehrheit von 269 stimmberechtigten Abgeordneten blieb er nämlich nur vier Stimmen über der erforderlichen

Kanzlermehrheit. Sechzehn Koalitionsabgeordnete hatten nicht für ihn votiert. Äußerlich ließ er sich nichts anmerken. Innerlich muß das aber auch einen Mann seiner Nervenstärke einigermaßen beunruhigt haben. Ein guter Auftakt war es für ihn und die Koalition jedenfalls nicht.

Als eine seiner ersten Entscheidungen rief der neue Bundestag den von uns schon Ende der letzten Legislaturperiode veranlaßten Untersuchungsausschuß zur Aufklärung der Lieferung von U-Boot-Plänen an Südafrika von neuem ins Leben. Dieser Ausschuß machte im weiteren Verlauf das Dilemma, vor dem solche parlamentarischen Gremien regelmäßig stehen, einmal mehr deutlich. Einerseits förderten vor allem die Anstrengungen Norbert Gansels konkrete Anhaltspunkte für merkwürdige Kontakte und Verflechtungen zwischen Repräsentanten der Bundesregierung, wirtschaftlichen Interessen diverser Art und südafrikanischen Stellen zutage. Dabei spielte auch Franz Josef Strauß eine Rolle. Sie entsprach seiner Unbefangenheit gegenüber Rüstungsgeschäften im allgemeinen und seiner Sympathie für das damalige Apartheidregime in Südafrika im besonderen. Andererseits gelang es der Mehrheit, durch Nutzung aller Verfahrensmöglichkeiten immer wieder Verwirrung zu schaffen und eindeutige Feststellungen zu verhindern. Ich leugne nicht, daß sich in dieser Hinsicht je nach Interessenlage alle Fraktionen mehr oder weniger ähnlich verhalten. Um so dringender erscheint es mir, daß mit der Reform des Rechts der Untersuchungsausschüsse, die seit Jahrzehnten nicht vorangekommen ist, Ernst gemacht wird. Insbesondere sollten die Verfahrensrechte der Minderheit gestärkt und eine unabhängige Führung des Vorsitzes ermöglicht werden.

Bald nach der Wahl sahen sich die Sozialdemokraten mit einer besonders bedeutsamen, aber auch heiklen personellen Frage konfrontiert – nämlich mit der Nachfolge Willy Brandts. Spekulationen darüber waren schon seit geraumer Zeit im Gang. Willy Brandt hatte sie selber dadurch verursacht, daß er vor und auf dem Nürnberger Parteitag im August 1986 erklärte, er kandidiere dort zum letztenmal; eine Erklärung, die er später – zu Recht – als

Fehler bezeichnet und bei vielen Gelegenheiten bedauert hat. Danach gehörte es zu den Lieblingsbeschäftigungen der Journalisten, bei Pressekonferenzen danach zu fragen, wer Nachfolger werden solle und ob man selber kandidieren wolle. Auch in der Fraktion und in der Partei kam die Debatte nicht mehr zur Ruhe. In die Diskussion mischten sich dabei Töne, die Willy Brandt kränken mußten, weil sie versteckt oder auch offen darauf hinausliefen, er lasse die Dinge treiben und verstehe sich inzwischen mehr als Parteipräsident denn als Parteivorsitzender. Dazu trug bei, daß Ende Februar 1987 vom Parteivorstand zum Nachfolger Hans Matthöfers als Schatzmeister nicht einer der beiden von Willy Brandt und dem Präsidium empfohlenen Kandidaten, sondern Hans-Ulrich Klose gewählt wurde. Oskar Lafontaine hatte ihn nur Stunden zuvor bei einem Frühstück im Kreise einiger ihm näherstehender Vorstandsmitglieder für eine Kandidatur gewonnen und ohne Vorankündigung erst in der Vorstandssitzung selbst präsentiert. Das Problem dabei war nicht die Qualifikation Hans-Ulrich Kloses. Die war unzweifelhaft und ist auch von niemandem in Frage gestellt worden. Das Problem war das Verfahren, weil es den Eindruck erwecken mußte, wichtige Entscheidungen kämen ohne Beteiligung des Vorsitzenden zustande.

In ein neues Stadium trat die Diskussion im März 1987, als es um die durch Wolfgang Clements Ausscheiden vakant gewordene Funktion des Pressesprechers der Partei ging. Willy Brandt schlug dafür eine seit Jahren als Tochter eines anerkannten Gegners des damaligen griechischen Obristenregimes in Bonn lebende Politikwissenschaftlerin mit beachtlicher Auslandserfahrung vor, die allerdings nicht der Partei angehörte. Im Präsidium wurden deswegen Bedenken erhoben. Ohne daß es zu einer förmlichen Abstimmung gekommen wäre, rieten sechs von elf Präsidiumsmitgliedern Willy Brandt davon ab, seinen Vorschlag weiter zu verfolgen. Ich vertrat die Ansicht, zwischen dem Parteivorsitzenden und dem Pressesprecher oder der Pressesprecherin bestehe ein Kooperationsverhältnis besonderer Art. Schon deshalb, aber auch mit Rücksicht auf Willy Brandt solle das getan werden, was er als Vorsitzender für richtig halte. Es würde ihn in seinem Amt als Vorsitzender beschädigen, wenn die Parteiführung nach der Wahl des Schatzmeisters seinem Vorschlag ein weiteres Mal die Zustimmung verweigere. Johannes Rau teilte diese Meinung. Daraufhin ließ Willy Brandt erkennen, daß er dem Parteivorstand die Ernennung der von ihm in Aussicht genommenen Kandidatin vorschlagen werde. Dies wurde anschließend auch öffentlich bekannt.

Die folgenden fünf Tage verliefen überaus hektisch. Die Kritik, die Hans-Jürgen Wischnewski besonders prägnant artikulierte, überwog. Vor allem wurde geltend gemacht, wer selbst nicht Parteimitglied sei und folglich die Partei nicht kenne, könne für sie auch dann nicht als Sprecherin agieren, wenn sie das Vertrauen des Vorsitzenden besitze. Mehr oder weniger deutlich wurde zudem geäußert, jetzt müsse es zu einem Wechsel im Vorsitz kommen. Willy Brandt bezeichnete die Diskussion, in der auch die Staatsangehörigkeit der Kandidatin eine Rolle zu spielen begann, als provinziell. Daß sie ihn überdies persönlich tief verletzte, deutete er nur an. Eine gemeinsame Erklärung, in der Johannes Rau und ich zur Vernunft mahnten, verhallte. Ich selbst sprach davon, Willy Brandt habe einen Anspruch darauf, daß sich der Wechsel in Würde vollziehe. Dieser Satz, der sich natürlich nicht auf einen Wechsel zum gegenwärtigen Zeitpunkt, sondern beim nächsten Parteitag, und schon gar nicht auf ihn, sondern auf die Art und Weise der öffentlichen Diskussion bezog, führte – wie ich erst später erfuhr – bei Willy Brandt zu Mißverständnissen. Am 23. März 1987 hatte Brandt genug. Er erklärte seinen Rücktritt.

Zuvor hatte es noch eine Vielzahl von unterschiedlichen Aktivitäten gegeben, deren Motive und Ziele mir damals nicht immer deutlich wurden. So kam es am 20. März – also drei Tage vor Brandts Rücktritt – am Rande einer Veranstaltung im schleswig-holsteinischen Vorwahlkampf in Norderstedt bei Hamburg zu einem Treffen jüngerer Führungspersonen, für die sich schon damals die merkwürdige Bezeichnung »Enkel«

eingebürgert hatte, mit Willy Brandt. Bei diesem Treffen waren unter anderem Björn Engholm, Gerhard Schröder, Herta Däubler-Gmelin, Heidi Wieczorek-Zeul, Rudolf Scharping und Oskar Lafontaine zugegen. Die meisten der Anwesenden waren der Ansicht, daß jetzt die Chance für einen Generationswechsel gekommen sei, und forderten Oskar Lafontaine auf, sie zu nutzen. Der lehnte das aber nach kurzer Bedenkzeit ab. Willy Brandt bezog offenbar keine ganz eindeutige Position, wenn er wohl auch mehr einer Kandidatur Lafontaines zuneigte. Jedenfalls – das vermute ich auf Grund seiner früheren Andeutungen – hätte er aber eine solche Kandidatur auf seine Weise mit Sympathie begleitet. Allerdings war ihm wohl klar, daß es in der Partei nicht nur unter den Älteren auch Widerstand gegeben hätte.

Zwei Tage später, nämlich am 22. März, erschien in meiner Wohnung zu später Abendstunde die designierte Pressesprecherin und fragte mich, ob ich sie im Falle meiner Wahl zum Vorsitzenden zu den in Aussicht genommenen Bedingungen einstellen würde. Ich entgegnete, daß sich die Frage für mich zu diesem Zeitpunkt nicht stelle und ich nicht bereit sei, hypothetische Erklärungen abzugeben. Das verbiete schon der Respekt vor Willy Brandt. Ähnlich hat, wie ich später erfuhr, Oskar Lafontaine reagiert, dem sie dieselbe Frage gestellt hatte. Andere drängten mich schon vor der endgültigen Erklärung Willy Brandts und erst recht danach, mich zur Verfügung zu stellen. Es wird niemanden überraschen, daß ich alle mit dem Hinweis auf die »Kleiderordnung« beschied. Der Begriff »Kleiderordnung«, den ich auch sonst gern verwandte, stand dabei als Synonym für korrektes Verhalten und wurde auch so verstanden.

Über die personelle Seite des Nachfolgeproblems hatte es zwischen Willy Brandt als Vorsitzendem, Johannes Rau und mir als seinen beiden Stellvertretern sowie Oskar Lafontaine schon im Februar 1987 Gespräche gegeben, die sich allerdings auf den Zeitpunkt des nächsten ordentlichen Parteitags im Jahre 1988 bezogen. Johannes Rau hat dabei wiederholt, was er schon im Januar 1987 nach der Bundestagswahl auch öffentlich bekundet hatte –

nämlich daß er keinesfalls die Nachfolge übernehmen wolle. Das sei gerade nach dem Ergebnis der Bundestagswahl mit seiner Aufgabe in Nordrhein-Westfalen unvereinbar. Willy Brandt warf die Frage auf, ob nicht an einen baldigen Generationswechsel gedacht werden müsse, und nannte in diesem Zusammenhang den Namen Oskar Lafontaines. Ich hielt mich zurück, ließ aber durchblicken, daß ich mir Oskar Lafontaine als Spitzenkandidaten für die Bundestagswahl 1991 vorstellen könne. Selber käme ich für die Nachfolge nur in Betracht, wenn er und Johannes Rau mich dazu aufforderten und Oskar Lafontaine das unterstütze. In diesem Zustand befanden sich unsere Überlegungen, als sie von den soeben geschilderten Ereignissen eingeholt wurden.

Ich habe mich in den kritischen Tagen nicht nach der Nachfolge gedrängt. Hätte Oskar Lafontaine kandidiert, so hätte ich mich nicht als Gegenkandidat ins Rennen schicken lassen. Auf ihn im Sinne einer Kandidatur einzuwirken, hatte ich jedoch auch keinen Anlaß. Mein Hauptbedenken gegen meine Kandidatur war die doppelte Belastung, die auf mich zukommen würde, wenn zum Fraktionsvorsitz auch noch der Parteivorsitz hinzuträte. Auch war ja die Sorge nicht ganz von der Hand zu weisen, die Partei könnte zu sehr in Abhängigkeit von der Fraktion geraten, der sie nach dem sozialdemokratischen Selbstverständnis in grundsätzlichen Fragen umgekehrt den Weg hätte weisen sollen. Aber darauf kam es nun nicht mehr an. Ein drittes Mal in sieben Jahren stand ich nach der Berliner Kandidatur und der Kanzlerkandidatur 1983 vor der Situation, daß eine Aufgabe auf mich zukam, die kein anderer übernehmen wollte. Und wieder war eine rasche Entscheidung notwendig. Denn es durfte keinesfalls der Eindruck entstehen, der Vorsitz der ältesten deutschen Partei sei so unattraktiv, daß niemand ihn übernehmen wolle. Deshalb sagte ich ja.

Obwohl sich die Entwicklung abgezeichnet hatte, nahm der Parteivorstand, der am 23. März ohnehin zu einer regulären und schon lange terminierten Sitzung zusammengekommen wäre, die förmliche Erklärung Brandts mit großer Betroffenheit entgegen.

Auch diejenigen, die sich vorher für einen solchen Schritt zum jetzigen Zeitpunkt ausgesprochen hatten, spürten, daß in diesem Moment eine Epoche zu Ende ging; eine Epoche, in der Brandt die deutsche Sozialdemokratie fast ein Vierteljahrhundert lang in hohem Maße geprägt und verkörpert hatte. Am Ende seiner Erklärung sprach sich Brandt für meine Nominierung aus. Dann verließ er die Sitzung. Am Abend nominierte mich der Parteivorstand nach einer längeren Aussprache, bei der keine neuen Gesichtspunkte hervortraten.

Drei Monate später, am 14. Juni 1987, wählte mich ein Sonderparteitag in Bonn mit 404 von 423 Stimmen zum Nachfolger Willy Brandts. Gleichzeitig rückte Oskar Lafontaine in die durch meine Wahl frei gewordene Funktion eines stellvertretenden Vorsitzenden ein. Anke Fuchs folgte Peter Glotz als Bundesgeschäftsführerin nach. Sie hatte ihre Kandidatur schon Anfang März 1987 angemeldet, nachdem Peter Glotz angekündigt hatte, er wolle sich nach sechs Jahren in diesem Amt wieder anderen Aufgaben zuwenden. Willy Brandt bat der Parteitag auf meine Anregung hin, den Ehrenvorsitz der Partei zu übernehmen. Seine herausragende Bedeutung für die deutsche Sozialdemokratie, die nur mit der August Bebels verglichen werden kann, sollte auf diese Weise besonders augenfällig unterstrichen werden.

Die Schilderung des Ablaufs dieser letzten Phase klingt nach Routine. Aber nach Routine war mir am 14. Juni 1987 keineswegs zumute. Ich spürte die große zusätzliche Verantwortung und hatte eine Vorstellung davon, was es heißt, künftig nicht nur an Person und Leistung Herbert Wehners, sondern auch unmittelbar an den Maßstäben gemessen zu werden, die Willy Brandt gesetzt hatte. Andererseits überkam mich auch ein Gefühl der Freude, als ich an diesem Tage erstmals in einer Funktion das Wort ergriff, die, mit Lassalle und Bebel beginnend, vor mir Männer wie Friedrich Ebert, Otto Wels, Kurt Schumacher, Erich Ollenhauer und eben Willy Brandt innegehabt hatten. In meiner Rede habe ich in zehn Punkten die Lage der Partei aus meiner Sicht dargestellt und ein Arbeitsprogramm für die unmittelbare

Zukunft entwickelt. Das muß hier nicht wiederholt werden. Eine Bitte allerdings, die ich damals äußerte, ist unverändert aktuell. Die Bitte nämlich, daß künftig dann, wenn unsere Gegner in Schwierigkeiten sind, Sozialdemokraten nicht herbeieilen und Sichtblenden vor diesen Schwierigkeiten aufstellen, um die Aufmerksamkeit auf Streitigkeiten zu lenken, die sie gerade in den eigenen Reihen in Gang gesetzt haben.

Willy Brandt hatte vorher in seiner Rede auf seine Art eine Bilanz seines politischen Lebens gezogen. Besonders stark war der Beifall an zwei Stellen, die auch heute noch ihre Bedeutung besitzen. Sie lauteten: »Dabei gilt es nicht zu vergessen, daß große Dinge noch nie allein durch Intelligenz bewirkt wurden. Sozialdemokratische Politik muß Herz und Verstand, Leib und Seele haben.« Und: »Es bekäme uns schlecht, wenn Entscheidungen von Parteitagen in belanglose Unverbindlichkeiten mündeten. Was beschlossen ist, muß bis zu einer möglichen demokratischen Korrektur für alle gelten: auch für solche, die sich für noch bedeutender halten als andere.«

Die Partei, deren Führung ich übernommen hatte, galt und gilt auch heute noch als eine zentralistische Organisation. Das ist ein Irrtum. In Wirklichkeit hat sie eine ausgesprochen föderalistische Struktur. Die Bezirke und Landesverbände haben nach dem Statut und den tatsächlichen Gegebenheiten eine starke Stellung. Die Bundespartei besitzt keine Weisungsrechte; Arbeitgeber ist sie nur für die Mitarbeiterinnen und Mitarbeiter des Erich-Ollenhauer-Hauses in Bonn, also des Parteivorstands. Auch finanziell stehen die regionalen und örtlichen Gliederungen besser da als die Bundespartei. Rund zwei Drittel aller Einnahmen fließen ihnen zu, die Bundespartei erhält nur das restliche Drittel. Von den Organen der Bundespartei werden der Parteitag und der Parteirat von den Bezirken unmittelbar gebildet. Auf die Zusammensetzung des Vorstands haben sie ebenfalls einen beträchtlichen Einfluß. Auch die Kandidaten für den Bundestag werden in den Wahlkreisen und auf Bezirksparteitagen ohne Mitwirkung der Bundespartei nominiert. Die Bundesebene der Partei und der

Vorsitzende können folglich auf die Gesamtpartei nur durch die Beschlüsse auf der Bundesebene und im übrigen auf politischem Wege, also durch Wort, Schrift, Präsenz und ständige Kontakte, einwirken. Als parteieigenes Medium, das alle Mitglieder erreicht, stand – und steht – der Bundespartei lediglich der »Vorwärts« zur Verfügung, ursprünglich als Wochenzeitung, dann als Monatsmagazin. Die Parteiführung wurde und wird deshalb nicht nur von der Öffentlichkeit, sondern in der Regel auch von der Mitgliedschaft nur so wahrgenommen, wie sie sich in den allgemeinen Medien darstellt.

Auch über die Parteizentrale, das Erich-Ollenhauer-Haus, sind weithin Vorstellungen verbreitet, die mit der Wirklichkeit kaum in Einklang stehen. Als ich 1987 antrat, umfaßte sie rund zweihundert Mitarbeiterinnen und Mitarbeiter, von denen etwa siebzig im engeren Sinn politische Arbeit leisteten, also Analysen fertigten, Texte entwarfen, Wahlkämpfe, Kongresse, Tagungen und andere Aktivitäten vorbereiteten und durchführten, die Gliederungen und Arbeitsgemeinschaften mit Argumentationsmaterial versorgten, in der Pressestelle und im Archiv tätig waren oder dem Vorsitzenden, seinen Stellvertretern und der Bundesgeschäftsführung unmittelbar zuarbeiteten. Die übrigen waren mit Dienstleistungen befaßt, wie sie bei jeder Großorganisation üblich sind, zum Beispiel der Mitgliederverwaltung und dem Haushalts- und Rechnungswesen. Ein sehr engagierter Betriebsrat sah streng darauf, daß die Partei alles, was sie nach außen an sozialen, arbeitsrechtlichen und vergütungsmäßigen Forderungen erhob, auch im eigenen Bereich auf Punkt und Komma praktizierte. Neue Kräfte zu finden war mitunter schwierig, weil Einsparungszwänge periodisch zum Abbau des jeweils in der Zwischenzeit – insbesondere im Zusammenhang mit Bundestagswahlen – angewachsenen Personals führten und die Aufstiegsmöglichkeiten schwer kalkulierbar waren. Viele private Unternehmen zögerten, jedenfalls damals, jemanden einzustellen, der zuvor hauptamtlich bei einer Partei und zudem noch bei der SPD tätig gewesen war. Auch der Übergang in den öffentlichen Dienst war einigermaßen kompliziert. Die Bundesgeschäftsführerin sah sich angesichts dessen von seiten des Parteivorstands und auch von meiner Seite Erwartungen ausgesetzt, denen sie beim besten Willen nicht immer gerecht werden konnte. Das führte gelegentlich zu Spannungen und dazu, daß ich auch in diesem Bereich mehr selber erledigte, als ich es hätte tun sollen. Dennoch: Die meisten taten ihr Bestes. Stellvertretend für viele erwähne ich den stellvertretenden Bundesgeschäftsführer Erik Bettermann, der die Partei in- und auswendig kannte und schon deshalb für mich und Anke Fuchs eine große Hilfe war. Auch mein persönliches Sekretariat – mit Monika Kramme und Marlies Klein an der Spitze waren dort fast nur Frauen tätig – hat mich vorbildlich unterstützt.

Meine Arbeits- und Koordinierungsinstrumente waren die wöchentlichen Präsidiumssitzungen, die monatlichen Vorstandssitzungen und regelmäßige Bürobesprechungen, bei denen ich den Teilnehmern mitunter durch meine Neigung auf die Nerven ging, mich auch um Einzelheiten zu kümmern. Anke Fuchs hat das in ihren Erinnerungen anschaulich geschildert. Um den Zusammenhalt der Gesamtpartei zu stärken, habe ich außerdem während meiner Amtszeit alle zweiundzwanzig Bezirke und Landesverbände besucht. Dabei ließ ich mich über ihre Situation in Vorstandssitzungen, Betriebsversammlungen der Mitarbeiterschaft und bei Zusammenkünften mit den Funktionären unterrichten und informierte sie meinerseits über die Vorstellungen und Absichten der Gesamtpartei. Schon die Vorbereitungen bewirkten, daß die Bezirke selber danach mehr über sich wußten als vorher – vom Erich-Ollenhauer-Haus ganz zu schweigen. Besonders wichtig war mir die Mitgliederdichte – also die Zahl der Mitglieder je einhundert Wahlberechtigten. Sie schwankte zwischen 4,6 im Saarland und 3,3 im Bezirk Hessen-Nord und 0,8 in Baden-Württemberg am anderen Ende der Skala. Der Zusammenhang zwischen diesen Werten und den Wahlergebnissen lag auf der Hand. Am Anfang wunderten sich die Besuchten darüber, daß sich der Vorsitzende für solche Details interessierte. Mancher, der mich begleitete, stöhnte auch. Am Ende haben aber gerade diese Bezirksbesuche das Zusammengehörigkeitsgefühl gestärkt und mir eine Personen- und Sachkenntnis verschafft, die mir nicht nur in kritischen Phasen zustatten kam.

Auch sonst habe ich mich als Parteivorsitzender, sooft es nur ging, außerhalb Bonns aufgehalten und die Menschen auch außerhalb der Wahlkämpfe an Ort und Stelle aufgesucht. So war ich beispielsweise in der ersten Hälfte des Jahres 1988 mehrere Male in Duisburg-Rheinhausen, wo ein ganzer Stadtteil um den Erhalt von mehreren tausend Arbeitsplätzen im dortigen Krupp-Stahlwerk kämpfte. Natürlich konnte der Vorsitzende der Bundestagsopposition den Betroffenen nichts Konkretes versprechen und auch keinen direkten Einfluß nehmen. Aber er konnte klarmachen, auf wessen Seite er stand. Und er konnte die alte Erfahrung in Erinnerung rufen, daß der, der kämpft, verlieren kann, der aber, der nicht kämpft, schon verloren hat. Ähnlich habe ich es später in Bergkamen gehalten, als es um die dortigen Zechen ging, oder bei der DASA in Lemwerder und bei der Max-Hütte in Sulzbach-Rosenberg. Manche, denen ich bei solchen Gelegenheiten begegnet bin, sprechen mich noch heute darauf an.

Über die Präsidiums- und Vorstandssitzungen zur Zeit Willy Brandts habe ich schon an verschiedenen Stellen berichtet. Bei mir liefen sie etwas straffer. Das eigentliche Zentrum der Willensbildung blieb das Präsidium schon deshalb, weil es in kürzeren Abständen und daher zeitnäher zu den Ereignissen zusammentrat als der Vorstand oder gar der Parteirat. Ich legte aber Wert darauf, den Vorstand nicht vor vollendete Tatsachen zu stellen. Die Beratungen im Präsidium gingen zumeist von dem von mir vorgelegten Entwurf eines politischen Berichtes für die Bundestagsfraktion aus, den ich zuvor schon im geschäftsführenden Vorstand der Fraktion zur Diskussion gestellt hatte und anschließend im Fraktionsvorstand vortrug. Dieser Bericht, der auch veröffentlicht wurde, nahm zu den aktuellen Fragen Stellung, ging kritisch auf Fehler der Bundesregierung ein und kündigte eigene Initiativen an. So war die Koordination zwischen

Partei und Fraktion, aber auch die Prärogative des Präsidiums stets gewährleistet. Der Ton der Beratungen war freimütig, aber kameradschaftlich. Notfalls lockerte Johannes Rau, der mir gegenüber saß, mit einem Bibelzitat oder einer Anekdote die Atmosphäre auf. Indiskretionen waren selten. Das änderte sich erst in den spannungsreichen Monaten des Jahres 1990. Dem Präsidium gehörten bei meinem Amtsantritt Johannes Rau, Oskar Lafontaine, Herta Däubler-Gmelin, Egon Bahr, Holger Börner, Erhard Eppler, Anke Fuchs, Peter Glotz, Heidi Wieczorek-Zeul und – zunächst als Gast, nach der Wahl auf dem Münsteraner Parteitag als volles Mitglied – Hans-Ulrich Klose an. Bei der gleichen Gelegenheit traten Björn Engholm und Inge Wettig-Danielmeier an die Stelle von Holger Börner und Peter Glotz. Erhard Eppler machte im April 1988 aus eigenem Entschluß seinen Platz für Gerhard Schröder frei, dessen niedersächsische Spitzenkandidatur er damit fördern wollte.

An parteispezifischen Themen standen in der ersten Hälfte meiner Amtszeit das sogenannte Gemeinsame Papier der SPD und der SED, auf das ich weiter unten im Gesamtzusammenhang unserer deutschlandpolitischen Aktivitäten eingehen werde, die Einführung einer verbindlichen Frauenquote und der Abschluß der Arbeiten an einem neuen Grundsatzprogramm im Vordergrund. Wichtig war mir außerdem die Pflege des Dialogs mit den Gewerkschaften, den Kirchen und der Bundeswehr und anderen großen gesellschaftlichen Gruppen. Auch die Kontakte zu den Organisationen, die aus der Arbeiterbewegung, wenn nicht sogar aus der Sozialdemokratie selbst hervorgegangen sind, habe ich wieder zu festigen versucht. Dabei handelt es sich um die Arbeiterwohlfahrt, den Arbeiter-Samariter-Bund, die Naturfreunde, die Falken und den Arbeiter-Rad- und Kraftfahrerbund Solidarität. Gekümmert habe ich mich auch um den Kontakt mit der Friedrich-Ebert-Stiftung, die unter dem Vorsitz von Holger Börner im In- und Ausland vorzügliche Arbeit leistet.

Die Stellung der Frau in der Gesellschaft und der Kampf um ihre Gleichberechtigung spielten in der deutschen Sozialdemokratie von Anfang an eine wesentliche Rolle. August Bebel hat dem Thema ein eigenes Buch unter dem Titel »Die Frau und der Sozialismus« gewidmet, das 1879 erstmals erschien und im Laufe der Zeit eine Millionenauflage erlebte. Weite Passagen des Textes sind inzwischen überholt. Aber Bebels Grundthese kann unverändert Geltung beanspruchen: Daß sich nämlich die Rechts- und Chancengleichheit aller Menschen ohne Rücksicht auf Herkunft und materielle Gegebenheiten vor allem im Verhältnis zwischen Männern und Frauen bewähren und daß die Benachteiligung, ja Unterdrückung der Frauen auf vielen Feldern überwunden werden muß. Es war dann ja auch die Sozialdemokratie, die 1918 das Frauenwahlrecht einführte, 1949 in der Person von Elisabeth Selbert die Aufnahme des Satzes »Männer und Frauen sind gleichberechtigt« in die Verfassung durchsetzte und auch auf sozialem Gebiet Verbesserungen für die Frauen erreichte.

Dennoch waren die Frauen auch in den siebziger und achtziger Jahren von der tatsächlichen Gleichstellung mit den Männern noch immer weit entfernt, und zwar auch in der SPD. So blieb die Zahl der Frauen in den Parlamenten und in herausgehobenen Funktionen innerhalb der Partei ganz erheblich hinter dem Anteil der Frauen an der Gesamtbevölkerung und auch hinter dem Frauenanteil an der Parteimitgliedschaft zurück. Objektiv betrachtet hatte es eine Frau bei gleicher Eignung um ein Vielfaches schwerer, in einen Landtag oder in den Bundestag zu gelangen. Weibliche Bundesminister waren ebenso wie Annemarie Renger als Bundestagspräsidentin seltene Ausnahmen. Eine Ministerpräsidentin gibt es in der Bundesrepublik – von Louise Schroeder abgesehen, die den von der sowjetischen Militäradministration an der Amtsausübung gehinderten Ernst Reuter von 1947 bis Anfang 1949 in Berlin vertrat – in der Person von Heide Simonis erst seit dem Jahre 1993. Bei den Ursachen für dieses Mißverhältnis mischten sich objektive und subjektive Elemente. Im Kern ging es um die auch in der SPD fest eingewurzelte, vom Herkommen geprägte Vorstellung von der vermeintlich naturgegebenen

Rollenverteilung zwischen Mann und Frau und um das entsprechende Rollenverständnis.

Dieses Bewußtsein zu ändern und die Männer zu einer schrittweisen Reduzierung ihrer Dominanz zu bewegen erwies sich als außerordentlich schwierig. Die innerparteiliche Diskussion dauerte über Jahre hin an, ohne daß sich praktische Fortschritte ergaben. Die Arbeitsgemeinschaft der Frauen schwankte längere Zeit, ob sie eine förmliche Quotierung fordern sollte. Ich selbst schaltete mich erstmals 1986 im Vorfeld des Nürnberger Parteitags stärker in die Auseinandersetzung ein. Als Vorsitzender der Antragskommission half ich dazu, daß der Parteitag den Parteivorstand verpflichtete, binnen Jahresfrist einen konkreten Vorschlag für eine verbindliche Regelung vorzulegen. Als Parteivorsitzender habe ich dann zusammen mit Inge Wettig-Danielmeier, Peter von Oertzen und anderen einen solchen Vorschlag ausgearbeitet und ihm in mühseligen Verhandlungen zunächst im Parteivorstand zur Annahme verholfen. Kopfzerbrechen bereitete insbesondere die verfassungsrechtliche Beurteilung, weil konservative Gutachter in jeder Quotierung einen Verstoß gegen den Gleichheitsgrundsatz sahen. Demgegenüber schlug jedoch das Argument durch, daß die Quotierung ja gerade den Übergang von der formellen zur materiellen Gleichberechtigung fördern und damit der Verwirklichung des Gleichberechtigungsprinzips dienen sollte. In seiner endgültigen Fassung sah der Vorschlag vor, daß Männer und Frauen in Parteifunktionen ab 1994 und in Mandaten ab 1998 zumindest zu je vierzig Prozent vertreten sein müssen. Dieses Ziel sollte bei den Funktionen in zwei und bei den Mandaten in drei Schritten erreicht werden. Strenggenommen handelte es sich also um eine Geschlechterquote, die aber angesichts der tatsächlichen Gegebenheiten fast ausschließlich zugunsten der Frauen wirkt.

Der Münsteraner Parteitag hat den Vorschlag im August 1988 mit der notwendigen Zweidrittelmehrheit verabschiedet. Ganz sicher war das bis zuletzt nicht. Immerhin wandten sich namhafte Sozialdemokraten wie Friedhelm Farthmann und Ulrich

Maurer noch auf dem Parteitag gegen den Vorschlag. Die anderen Parteien, insbesondere die Union, kritisierten den Beschluß. Inzwischen tritt Helmut Kohl dafür ein, daß ihn die CDU mit sieben Jahren Verspätung nachahmt. Ob ihm das gelingt, ist allerdings noch ungewiß. In der eigenen Partei hat der Beschluß nicht alle Erwartungen erfüllt, aber die Lage deutlich verändert. Daß jetzt die Bundestagsfraktion zu vierunddreißig Prozent, also zu mehr als einem Drittel, aus Frauen besteht – 1983 waren es nur zehn Prozent – und daß es sozialdemokratische Landesregierungen nur noch mit starker, mitunter sogar paritätischer Frauenbeteiligung gibt, sind dafür erfreuliche Indizien. Auch liegt hier wohl eine wesentliche Erklärung dafür, daß die Neubeitritte von Frauen seit 1988 anteilig stets über den männlichen Beitritten lagen.

Das Ganze ist ein weiterer Beweis dafür, wie notwendig, aber auch wie schwierig es ist, daß eine politische Gemeinschaft das, was sie öffentlich proklamiert und von anderen fordert, wirklich im eigenen Bereich praktiziert. Und wie schwer es auch Sozialdemokraten fallen kann, im Einklang mit von ihnen grundsätzlich bejahten Prinzipien eigene Vorteile – mitunter sind es sogar Privilegien – aufzugeben.

Die Arbeiten an einem neuen Grundsatzprogramm waren zum Zeitpunkt meines Amtsantritts als Parteivorsitzender ziemlich weit fortgeschritten. Unter Leitung von Willy Brandt war nach Vorarbeiten der Grundwertekommission und einem entsprechenden Beschluß des Essener Parteitags vom Mai 1984 ein erster Entwurf entstanden. Der Nürnberger Parteitag empfahl eine Überarbeitung und sprach sich für die Verabschiedung auf dem nächsten ordentlichen Parteitag aus. Mit der Überarbeitung befaßte sich anschließend eine weitere Kommission, wiederum unter dem Vorsitz von Willy Brandt.

Gedacht war dabei zu keinem Zeitpunkt an eine Korrektur der Grundentscheidungen des Godesberger Programms von 1959. Aber drei Jahrzehnte nach seiner Verabschiedung gab das Programm auf wichtige seitdem hervorgetretene Fragen keine

Antworten. Und manche seiner Aussagen bedurften angesichts der tiefgreifenden Veränderungen, die in der Zwischenzeit eingetreten waren, der Fortschreibung. Das galt für die Definition des Fortschrittsbegriffs, für den Schutz der Umwelt, für die Grenzen des materiellen Wachstums, für die ökologische Verträglichkeit des Wirtschaftens, für die Zukunft der Arbeit, für die Folgerungen aus der Überwindung der traditionellen Frauenrolle und dafür, daß im Godesberger Programm die NATO überhaupt nicht und die Europäische Gemeinschaft nur in einer recht vagen Form angesprochen waren. Auch sollte sich das neue Programm konkret über das ihm zugrunde liegende Bild vom Menschen äußern. Darauf hatte das Godesberger Programm verzichtet, weil sich die verschiedenen geistigen Strömungen in der Partei damals nicht auf ein bestimmtes Menschenbild hatten einigen können. Schließlich sollte im neuen Programm auch die globale Dimension der neuen Herausforderungen stärker berücksichtigt werden. Zu entscheiden war aber im Sommer 1987 als erstes die Frage des Vorsitzes in der Programmkommission. Willy Brandt wollte ihn trotz einer entsprechenden Bitte des Vorstandes nicht weiterführen. Oskar Lafontaine, der bereits die Federführung für programmatische Arbeiten unter dem Stichwort »Fortschritt 90« übernommen hatte, zeigte sich an dieser Aufgabe interessiert. Nach meinem Verständnis war aber, wenn ein Grundsatzprogramm zur Debatte stand, auch der Parteivorsitzende gefordert. Auf meinen Vorschlag hin wurden deshalb Oskar Lafontaine zum geschäftsführenden Vorsitzenden und ich selbst zum Vorsitzenden bestellt. Diese Regelung erwies sich alsbald auch aus praktischen Gründen als nützlich.

Es zeigte sich nämlich schon nach einigen Monaten, daß Oskar Lafontaine mit den durchaus eigenständigen Mitgliedern der Kommission, zu denen immerhin so eigenwillige Persönlichkeiten wie Erhard Eppler, Peter von Oertzen, Heinz Rapp, Fritz Scharpf, Johano Strasser, Christoph Zöpel, Ilse Brusis, Sigrid Skarpelis-Sperk und Heidi Wieczorek-Zeul gehörten, nur bedingt zurechtkam. Seine sehr pointierten Vorstellungen darüber, was in dem Programm stehen sollte und was nicht, stießen mehr noch aus atmosphärischen Gründen als wegen ihres Inhalts auf Widerstand. Die Beratungen drohten sich festzufahren. In drei mehrtägigen Klausursitzungen, die zwischen November 1988 und Januar 1989 stattfanden, half ich in mühsamen und geduldigen Prozeduren, diese Gefahr abzuwenden. Inhaltlich drehte sich die Debatte zuletzt hauptsächlich um das wirtschaftspolitische Kapitel. Es wurde mit Mehrheit in einer Fassung verabschiedet, die den Godesberger Grundsatz »Wettbewerb so weit wie möglich, Planung so weit wie nötig« in vernünftiger Weise aktualisierte. Auch in der Frage des Verhältnisses der Erwerbsarbeit zur Nicht-Erwerbsarbeit kam ein akzeptabler Kompromiß zustande. Einen wesentlichen Beitrag für das Zustandekommen des Programms leistete Erhard Eppler, der sich dankenswerterweise auch immer wieder der sprachlichen Formulierung des Entwurfs annahm. Schließlich konnte der Entwurf Anfang März 1989 der Öffentlichkeit vorgelegt werden.

Dort und in der Partei fand der Entwurf anfänglich beträchtliche Aufmerksamkeit. Es gab zahlreiche Änderungs- und Ergänzungsvorschläge. Der Landesverband Schleswig-Holstein legte sogar einen Gegenentwurf vor, der sich durch seine Kürze hervortat, dessen wirtschaftspolitische Aussagen sich aber mehr in theoretischen Bahnen bewegten und da und dort auch Anklänge an Positionen aus der Zeit vor Godesberg enthielten. Nach der Sommerpause wurde die Diskussion jedoch mehr und mehr von der deutschlandpolitischen Entwicklung überlagert und in den Hintergrund gedrängt. Es stellte sich deshalb die Frage, ob an der endgültigen Verabschiedung auf dem für Mitte Dezember 1989 in Bremen vorgesehenen außerordentlichen Parteitag festgehalten werden sollte. Ich schlug vor, den Parteitag nach Berlin zu verlegen, die Verabschiedung aber nicht zu verschieben. Erfahrungsgemäß hätte eine solche Verschiebung die bis dahin geleistete Arbeit entwertet und Tendenzen gefördert, das Ganze mit ungewissem Ausgang noch einmal von vorne zu beginnen. Dabei mußte in Kauf genommen werden, daß das Thema nur ein gemindertes Echo finden würde. Wichtiger war, einen Prozeß zum Abschluß zu bringen, an dessen Ende die deutsche Sozialdemokratie wieder über einen Zukunftsentwurf verfügen würde, der auf der Höhe der Zeit stand.

So geschah es. Und sowohl die einschränkende als auch die positive Erwartung gingen in Erfüllung. Der Parteitag in Berlin, der vom 18. bis 20. Dezember 1989 tagte, war ganz von den dramatischen Ereignissen jener Wochen und Tage beherrscht, die durch den Dresdenbesuch Helmut Kohls am 19. Dezember 1989 noch zusätzlich akzentuiert wurden. Aber es wurde durchaus auch beachtet, daß die Partei die Kraft fand, selbst in einer solchen Situation ein Grundsatzprogramm zu verabschieden.

Es würde zu weit führen, den Inhalt des neuen Programms hier auch nur in den Grundzügen zu referieren. Mir haben sich unabhängig von allen anderen wesentlichen Aussagen zwei Sätze des Programms besonders eingeprägt. Der eine – er lautet: »Die Würde des Menschen ist unabhängig von seiner Leistung und Nützlichkeit« –, weil er den Kern der menschlichen Personalität berührt. Und der andere – »Irrtum und Schuld, Krankheit und Unglück, Schmerz und Verzweiflung, Versagen und Scheitern gehören auch in einer Gesellschaft der Freien und Gleichen zum Leben des Menschen« –, weil er in anschaulicher Sprache an die Grenzen politischen Handelns erinnert und dem Gedanken, politische Programmatik könne ein Paradies auf Erden in Aussicht stellen, eine klare Absage erteilt.

Eine demokratische Partei darf sich nicht abschotten, die Sozialdemokratie schon gar nicht. Sie muß vielmehr im ständigen Dialog mit den großen gesellschaftlichen Organisationen und Institutionen Informationen austauschen, Impulse aufnehmen und um Unterstützung für ihre Positionen werben. Dabei ergeben sich Nähe oder Distanz, Kooperation oder Konflikt aus den jeweiligen Grundpositionen, den aktuellen Ereignissen, aber auch aus der geschichtlichen Entwicklung der Beziehungen.

Am nächsten standen und stehen der Sozialdemokratie auch heute noch die Gewerkschaften. Da wirken sich noch immer die

gemeinsame historische Wurzel und eine prinzipielle Übereinstimmung in Fragen der sozialen Gerechtigkeit und der Wahrung
der Arbeitnehmerinteressen aus. Indes war die Selbstverständlichkeit, mit der Sozialdemokraten einer Gewerkschaft und umgekehrt aktive Gewerkschafter in aller Regel der SPD angehörten, schon in den siebziger und erst recht in den achtziger Jahren
im Schwinden begriffen. Die Konflikte in den späten Jahren der
sozial-liberalen Koalition und der Zusammenbruch der Neuen
Heimat hatten das Verhältnis zusätzlich belastet. Auch nach dem
Ende der sozial-liberalen Koalition blieb es an der Tagesordnung,
daß die Partei von seiten der Gewerkschaften öffentlich kritisiert
wurde. Dabei griffen die einen – etwa die IG Medien und Teile der
IG Metall – die Sozialdemokratie eher von links, andere aber – so
die IG Chemie oder die IG Bergbau und Energie – nicht weniger
entschieden von rechts an. Ernst Breit als DGB-Vorsitzender und
ich waren uns darüber im klaren, daß länger andauernde öffentliche Konflikte zwischen der Sozialdemokratie und den Gewerkschaften nur den Konservativen nützen würden. Wir vereinbarten
daher eine möglichst enge persönliche Zusammenarbeit.

Diese Verabredung wurde schon bald auf die Probe gestellt.
Oskar Lafontaine, der solche Initiativen nicht gerne vorher intern
zur Kenntnis brachte oder gar zur Diskussion stellte, trat nämlich
im Februar 1988 als saarländischer Ministerpräsident mit dem
Vorschlag an die Öffentlichkeit, Arbeitszeitverkürzungen – von
den unteren Einkommensgruppen abgesehen – auch ohne Lohn-
ausgleich zu akzeptieren. Konkret forderte er, das Ergebnis der
Tarifverhandlungen für die Angestellten und Arbeiter des öffentlichen Dienstes für die Beamten nur bis zur Besoldungsgruppe
A 12 zu übernehmen. Das rief die Gewerkschaften und vor allem
die ÖTV auf den Plan. Sie reagierte deshalb besonders allergisch,
weil sie sich gerade in schwierigen Tarifauseinandersetzungen
befand. Die Diskussion weitete sich bald auf die Tarifpolitik der
Gewerkschaften im ganzen und darauf aus, ob die Strategie der
Gewerkschaften überhaupt geeignet sei, die Arbeitslosigkeit zu
vermindern. Auch über die Notwendigkeit der Samstags- und

Sonntagsarbeit und die Rolle und Bedeutung der Erwerbsarbeit insgesamt wurde gestritten. Gleichzeitig verschärfte sich der Ton, wozu einerseits Oskar Lafontaine durch eine Rede auf seinem Landesparteitag, andererseits Franz Steinkühler mit harten Angriffen auf Oskar Lafontaine beitrug. Daß beide einander in der Art ihres Auftretens und ihrer Argumentation nicht unähnlich waren, machte die Sache nicht einfacher. Meine Einschätzung, beide hätten an der lebhaften Wahrnehmung ihres Streits durch die Medien und die Öffentlichkeit durchaus auch Freude, stieß kaum auf Widerspruch. Inhaltlich war der Gegensatz – wie häufig in solchen Fällen – trotz oder gerade wegen des lauten Begleitgeräusches schon bald nicht mehr recht zu fassen. Auch die Gewerkschaften berücksichtigten nämlich die Kosten der Arbeitszeitverkürzung bei ihren Lohnforderungen durchaus. Und über die Notwendigkeit eines solidarischen Beitrags der Höherverdienenden zur Bekämpfung der Arbeitslosigkeit war man sich ohnehin einig.

In der zweiten Aprilhälfte drohte der Konflikt außer Kontrolle zu geraten. Die DGB-Kundgebungen zum 1. Mai standen bevor. Die Konservativen konnten hoffen, die Hauptkritik der Kundgebungen werde sich gegen Oskar Lafontaine und die SPD richten, und rieben sich schon im voraus die Hände. Mir war es ungeachtet der mangelnden Abstimmung zunächst nicht unsympathisch gewesen, daß Oskar Lafontaine eine lebhafte Debatte über wichtige Themen ausgelöst hatte. Das konnte er besser als andere. Jetzt stand aber im Verhältnis zwischen den Gewerkschaften und der SPD zuviel auf dem Spiel. Ernst Breit sah das ähnlich. Wir vereinbarten daher eine Krisensitzung, an der am 25. April 1988 in Bonn die Mitglieder des Präsidiums und des geschäftsführenden Fraktionsvorstands und auf seiten des DGB der geschäftsführende Bundesvorstand und fast alle Vorsitzenden der Einzelgewerkschaften teilnahmen. Nachdem sich die Hauptbeteiligten ihren Zorn von der Seele geredet hatten und die Diskussion sachlicher geworden war, nahm ich selbst das Wort. Die Zuspitzung des Konflikts – so sagte ich – hätten mehr die

Begleitumstände als die inhaltlichen Meinungsverschiedenheiten bewirkt. Besorgniserregend sei das Ganze in erster Linie als Indiz für einen Entfremdungsprozeß, der weiter fortgeschritten sei, als uns das bislang bewußt gewesen wäre. Darüber und über die Fragen einer differenzierteren Einkommensentwicklung im Zusammenhang mit Arbeitszeitverkürzungen sowie über die künftige Rolle der Erwerbsarbeit müsse das Gespräch in Ruhe fortgesetzt werden. Dieses Resümee wurde von Ernst Breit unterstützt und von allen Anwesenden akzeptiert. Oskar Lafontaine erleichterte das, indem er sich für Unschärfen in seinen Äußerungen entschuldigte und bekräftigte, daß er bestimmte Aussagen nicht mehr wiederholen werde.

Die Erfahrungen mit diesem Konflikt haben jedenfalls für die Dauer meiner Amtszeit als Vorsitzender vorgehalten. Es kam auch zu einem intensiveren Meinungsaustausch, beispielsweise auf einem großen Zukunftskongreß der IG Metall in Frankfurt im Oktober 1988. Aber das änderte nichts daran: Sozialdemokratie und Gewerkschaften – und da ist die Deutsche Angestellten-Gewerkschaft stets mitgemeint – können ihr Verhältnis nicht mehr dem Selbstlauf überlassen. Sie müssen es verstärkt zum Gegenstand bewußter Pflege und Anstrengungen machen.

Hartnäckig und geduldig habe ich mich in all meinen Funktionen und besonders als Fraktions- und dann als Parteivorsitzender um die Verbesserung und Vertiefung der Beziehungen der Sozialdemokratie zu den Kirchen bemüht. Für diese Beziehungen hatte das Godesberger Programm neue Grundlagen geschaffen. Anders als frühere Programme, die die Religion zur Privatsache erklärten, anerkannte es den besonderen Auftrag und die Eigenständigkeit der Kirchen und ihre Bedeutung für das Gemeinwesen ebenso wie die gesellschaftliche Relevanz religiöser Überzeugungen. Bahnbrechend hatte hier Adolf Arndt gewirkt; das nicht nur als Verfasser der entsprechenden Passagen des Programms, sondern schon vorher mit seinen beiden Münchner Vorträgen zum Thema »Christentum und freiheitlicher Sozialismus«. Den ersten hatte er 1957 vor der Arbeitsgemeinschaft sozialdemokratischer Akademiker, den zweiten 1958 im Rahmen einer Tagung der Katholischen Akademie gehalten. Als junger Mann war ich an der Vorbereitung beider Veranstaltungen als Helfer Waldemar von Knoeringens unmittelbar beteiligt gewesen. Ich habe auch deshalb das Vermächtnis Adolf Arndts auf diesem Gebiet als eine Art persönlichen Auftrag empfunden.

Für die Neugestaltung der beiderseitigen Beziehungen war Godesberg erst ein Anfang. Im Laufe der Zeit verbesserten sich die Beziehungen jedoch zunehmend. Für das Verhältnis zur evangelischen Kirche liegt das auf der Hand. Ihre Ost-Denkschrift beispielsweise hat seinerzeit gegen die Fortführung des kalten Krieges plädiert und auf die Ostpolitik der SPD einen wesentlichen Einfluß genommen. In der Folgezeit gab es dann eine breiter werdende Übereinstimmung auf vielen politisch bedeutsamen Gebieten. So etwa in der Friedensfrage, der Umweltpolitik und bei sozialpolitischen Themen. Auch personell wurde das deutlich. Johannes Rau und Erhard Eppler – um nur zwei führende Sozialdemokraten zu nennen – haben sich stets zu ihrem evangelischen Glauben bekannt. Ein anderer führender Sozialdemokrat, Jürgen Schmude, ist seit Mai 1985 Präses der Synode. Der Fraktion gehören gegenwärtig acht evangelische Geistliche an. Ökumenische Gottesdienste vor der Eröffnung der Bundesparteitage sind schon lange eine Selbstverständlichkeit. Auf evangelischen Kirchentagen treten Sozialdemokraten und Sozialdemokratinnen vielfältig in Erscheinung. Wenn an der Sozialdemokratie evangelische Kritik laut wird, dann in jüngerer Zeit eher unter dem Gesichtspunkt, daß die Sozialdemokratie nicht mehr reformfreudig genug sei. Peter Beier, der Präses der Rheinischen Landeskirche, hat der sozialdemokratischen Bundestagsfraktion dazu erst kürzlich Bemerkenswertes ins Stammbuch geschrieben.

Gegenüber der katholischen Kirche hat der Veränderungsprozeß länger gedauert und auf katholischer Seite erst nach dem Zweiten Vatikanum Mitte der sechziger Jahre an Tiefe und Breite gewonnen. Es ist auch nicht zu übersehen, daß es etwa in der Frage des Schwangerschaftsrechts noch immer erhebliche Meinungsverschiedenheiten gibt. Wie ich schon oben anmerkte, dreht sich hier der Streit aber nicht mehr um das Ob, sondern um das Wie des Schutzes des vorgeburtlichen Lebens. Bei anderen Streitfragen, so der Empfängnisverhütung oder der Rolle der Frau in der kirchlichen Gemeinschaft, verlaufen die Konfliktlinien mittlerweile nicht mehr zwischen der Kirche und der SPD, sondern innerhalb des kirchlichen Bereichs. Dessen unbeschadet haben aber die sachlichen Übereinstimmungen beträchtlich zugenommen. Für das Verhältnis zwischen Aussagen der katholischen Soziallehre und der sozialdemokratischen Programmatik habe ich das in vielen Referaten deutlich gemacht. Und es ist kein Zufall, daß der Begriff der Subsidiarität zu meiner Zeit als Parteivorsitzender erstmals ausdrücklich in ein sozialdemokratisches Grundsatzprogramm aufgenommen worden ist. 1960 meinte Julius Kardinal Döpfner nach der Verabschiedung des Godesberger Programms, damit sei ein Brückenbauwerk errichtet, passierbar sei die Brücke aber noch nicht. Heute würde das – von Herrn Dyba in Fulda vielleicht abgesehen – wohl kein namhafter Repräsentant der Kirche mehr behaupten. Wer das bezweifelt, braucht sich nur auf den katholischen Kirchentagen der jüngeren Zeit umzusehen und sich dabei daran zu erinnern, daß Heinz Kühn als Ministerpräsident noch 1974 auf dem Kirchentag in Mönchengladbach bei seiner Grußansprache ausgebuht wurde. Zu den seitdem erzielten Fortschritten haben unter anderem Georg Leber, Heinz Rapp, Gerlinde Hämmerle, Robert Antretter, Wolfgang Thierse und Burkhard Reichert wesentlich beigetragen.

Wichtig waren in all diesen Jahren die offiziellen Begegnungen mit der Katholischen Bischofskonferenz, dem Rat der Evangelischen Kirche und den Bonner Büros der beiden Kirchen. Nicht minder wichtig waren regelmäßige persönliche Gespräche mit Männern wie den evangelischen Bischöfen Kunst, Lohse, Kruse und Binder und den katholischen Bischöfen Höffner, Hemmerle, Warnke und Lehmann sowie mit den Professoren Oswald von Nell-Breuning und Franz Böckle oder dem Prälaten Paul Bocklet, dem Leiter des Katholischen Büros in Bonn, der seine fränkische Herkunft mit einem vorzüglichen Bocksbeutel zu dokumentieren wußte. Kardinal Höffner habe ich noch kurz vor seinem Tode im Krankenhaus in Köln besucht. Wir haben damals einen endgültigen Schlußstrich unter einen Disput gezogen, bei dem ich Ende der siebziger Jahre der Verwendung des Begriffs »Massenmord« in bezug auf die Schwangerschaftsunterbrechung und Anspielungen auf Auschwitz und den Holocaust entschieden widersprochen hatte. Oswald von Nell-Breuning und Franz Böckle waren mir wertvolle Ratgeber in Fragen der Sozialordnung und der Ethik. Nell-Breuning sehe ich heute noch vor mir, wie er sich im Frühjahr 1990 in der Hochschule St. Georgen in Frankfurt am Main an seinem 100. Geburtstag mit einer Rede für die Geburtstagsglückwünsche bedankte. Er hatte Mühe, das Rednerpult zu erklimmen, und er sprach langsam und mit Augen, die der Decke des Saales zugewandt waren und schon in den Himmel zu blicken schienen. Aber seine Gedanken waren präzise und voller Kraft. Ein guter Gesprächspartner war mir auch Kardinal Franz König in Wien. Er erschien mir und erscheint mir noch heute als Inbegriff einer Weisheit, die fest in seinem Glauben wurzelt und zugleich weit über die Grenzen seiner Kirche hinausreicht. Aus meinem nach katholischem Kirchenrecht eingeschränkten Status als wiederverheirateter Geschiedener habe ich übrigens gegenüber meinen katholischen Gesprächspartnern nie ein Hehl gemacht.

In diesen Zusammenhang gehören auch meine regelmäßigen Besuche im Vatikan. Bei diesen Besuchen bin ich dreimal Papst Johannes Paul II. und jedesmal den maßgebenden vatikanischen Würdenträgern begegnet. Die Spannweite des innerkirchlichen Spektrums, auf das ich dabei traf, war beträchtlich, wenn ich etwa an Kardinal-Staatssekretär Agostino Casaroli einerseits und an Joseph Kardinal Ratzinger andererseits denke. Und es wird noch breiter, wenn ich an die Gespräche mit jungen Priestern im Germanicum denke, einer vatikanischen Bildungsstätte insbesondere für den deutschen Priesternachwuchs.

Johannes Paul II. hat als Persönlichkeit auf mich einen starken Eindruck gemacht. Er empfing mich beide Male in seiner Privatbibliothek. Das Gespräch führte er in hartem, aber gut verständlichem Deutsch mit leicht gesenktem Kopf und immer wieder für längere Zeit geschlossenen Augen, wobei die Finger seiner linken Hand zugleich die Nasenwurzel umfaßten. Dabei saß ich an seinem Schreibtisch wohl der besseren akustischen Verständigung wegen ihm nicht gegenüber, sondern schräg neben ihm. Bei unseren Unterhaltungen erörterten wir insbesondere die Lage in Osteuropa und in der DDR, aber auch die innenpolitische Situation der Bundesrepublik. Einmal hatte er einige Zeit zuvor Erich Honecker empfangen. Das andere Mal war ich nicht allzulange vorher mit General Wojciech Jaruzelski in Warschau zusammengetroffen. Meine Bemerkung, Jaruzelski erscheine mir, bei aller Zwiespältigkeit, als ein polnischer Patriot, quittierte er mit einem Kopfnicken. Auf meine Frage, wie Honecker auf ihn gewirkt habe, schwieg er.

Hier ist nicht der Platz, das bisherige Wirken dieses Papstes insgesamt zu würdigen. Wer ihm Gerechtigkeit widerfahren lassen will, wird zwischen seiner ausgesprochen konservativen Haltung in vielen dogmatischen Fragen und seinen fortschrittlichen Stellungnahmen zu sozialen Fragen, zur Nord-Süd-Problematik und zur Erhaltung der Schöpfung unterscheiden müssen. So hat er die Auswüchse des Kapitalismus in einigen seiner Enzykliken kaum weniger scharf kritisiert als den Kommunismus. Sein Beitrag zur Entwicklung in Osteuropa war von erheblicher Bedeutung. Ich stimme auch dem zu, was er über die tiefsten Ursachen für den Zusammenbruch des kommunistischen Systems gesagt hat. In der Enzyklika »Centesimus annus« schrieb er dazu, daß die tiefste Ursache für das Scheitern des kommunistischen Zwangssystems in der Mißachtung des menschlichen Wesens und der Menschenwürde gelegen habe. Sie habe zur »Herabwürdigung des Menschen zum Molekül des gesellschaftlichen Organismus, zur Verstaatlichung der Gesellschaft selbst und schließlich zur Beutenahme des Staates durch die Partei« geführt. Diese »Entwürdigung des Menschen« habe »auch seine innovativen, gestalterischen und unternehmerischen Fähigkeiten gefesselt« und die Untauglichkeit des kommunistischen Wirtschaftssystems bewirkt. Damit ist übrigens zugleich der Kern des Konfliktes angesprochen, den die deutsche Sozialdemokratie seit der Spaltung der Arbeiterbewegung mit dem Kommunismus ausgetragen hat.

Einen engen Kontakt habe ich auch mit den israelitischen Kultusgemeinden und dem Zentralrat der Juden in Deutschland gehalten. Dabei standen weniger religiöse Fragen als vielmehr die Probleme im Vordergrund, die sich aus unserer jüngeren Geschichte ergaben. Heinz Galinski und zu seiner Zeit auch Werner Nachmann waren meine hauptsächlichen Gesprächspartner. Mit Heinz Galinski zusammen stand ich im Dezember 1986 vor dem Mahnmal in Birkenau. Es war das erste Mal, daß er diesen Ort, an dem er Furchtbares erlitten hatte, wieder aufsuchte. Seine Empfindungen waren – wie vorher schon in Auschwitz – nur seinem Gesicht anzumerken. Es mußte ihn fast übermenschliche Anstrengungen gekostet haben, noch einmal dorthin zu gehen.

Gemahnt habe ich meine Partei immer wieder, sich um die Menschen in der Bundeswehr zu kümmern. Vor allem in der Zeit der Auseinandersetzungen über die Raketenstationierung und den Doppelbeschluß unterstrich ich viele Male, daß unsere Kontrahenten in diesem Konflikt nicht die Soldaten und Offiziere, sondern die für die politischen Entscheidungen Verantwortlichen seien. Die Integration der Streitkräfte in das demokratische Gemeinwesen sei eine der großen Nachkriegsleistungen gewesen, an der Sozialdemokraten von Fritz Erler über Helmut Schmidt bis Georg Leber und Willy Berkhan vollen Anteil gehabt hätten. Das dürfe nicht aufs Spiel gesetzt, zwischen Sozialdemokraten und Streitkräften dürfe nicht von neuem ein Graben aufgerissen werden. Pazifisten hätten ihren Platz in der Sozialdemokratie und Anspruch darauf, zu Wort und zur Geltung zu kommen. Wir seien aber keine pazifistische Partei.

Um es nicht bei Worten zu belassen, veranstalteten wir an verschiedenen Orten der Bundesrepublik sicherheitspolitische Konferenzen, an denen viele hundert Soldaten und Offiziere, einmal auch zweihundert von uns gesondert eingeladene Soldatenfrauen, teilnahmen. 1988 und 1989 führte die Bundestagsfraktion zusätzlich sogenannte Kommandeurstagungen durch, an denen sich die militärische Spitze der Bundeswehr und zahlreiche Generale und Admirale beteiligten. Daneben besuchte ich jedes Jahr eine Teilstreitkraft. Ich habe bei diesen Besuchen eine Menge gelernt. Umgekehrt haben unsere Verteidigungspolitiker bei solchen Gelegenheiten ihre Sachkompetenz unter Beweis gestellt. Ich habe mich allerdings manchmal darüber gewundert, daß hohe Offiziere in den Gesprächen bedrückende Bilder von einer angeblich bestehenden alarmierenden Unterlegenheit des Westens und der Bundeswehr gegenüber den Armeen des Warschauer Paktes entwarfen. Ich kam dann in die merkwürdige Lage, diesen Herren mehr Selbstvertrauen in ihre Leistungsfähigkeit und die ihrer Verbände und ihrer Verbündeten zu empfehlen, wobei ich – was die Bedeutung von zahlenmäßigen Stärkeverhältnissen anging – auch auf meine eigenen Kriegserfahrungen zurückgriff. Die Marine machte hier eine rühmliche Ausnahme. Ihr seinerzeitiger Inspekteur, Vizeadmiral Mann, beteiligte sich nicht an solchem Wehklagen, sondern erklärte mir, daß die Marine der ihr gestellten Aufgabe durchaus gewachsen sei. Um deutlich zu machen, daß wir uns auch in der Opposition für die Bundeswehr verantwortlich fühlten, fand auf mein Betreiben anläßlich des dreißigjährigen Bestehens der Bundeswehr im Herbst 1985 im Erich-Ollenhauer-Haus eine Veranstaltung statt, auf der Willy Brandt und Willy Berkhan sprachen. Es war eine der selten gewordenen Gelegenheiten, bei denen Herbert Wehner als Ehrengast erschien.

Vielfältig, wenn auch nicht spannungsfrei waren die Beziehungen zu den Wirtschafts- und Arbeitgeberverbänden. Die Union und die F.D.P. hatten hier kürzere Drähte. Auch verfügten sie in den Verbandspräsidien und -geschäftsführungen über eine Präsenz, mit der wir nicht konkurrieren konnten. Um unser Defizit zu verringern, rief ich 1988 mit Hilfe von Manfred Schüler, der seit längerem dem Vorstand der Kreditanstalt für Wiederaufbau angehörte, eine Gesprächsrunde ins Leben, bei der sich im Rahmen eines Abendessens in Frankfurt am Main jeweils zehn bis fünfzehn Unternehmensvorstände und Inhaber mittelgroßer Betriebe mit Mitgliedern des Präsidiums und des geschäftsführenden Fraktionsvorstands trafen. Bis 1990 sind so rund einhundertfünfzig Persönlichkeiten aus allen Bereichen der Wirtschaft unsere Gesprächspartner gewesen. Persönlich gekümmert habe ich mich außerdem um den Kontakt zum Spitzenverband des Deutschen Handwerks. Die Präsidenten Paul Schnitker und Heribert Späth sowie die Generalsekretäre Klaus-Joachim Kübler und Hanns-Eberhard Schleyer waren um einen fairen Umgang mit der Sozialdemokratie bemüht, obwohl sie der Union angehörten oder ihr zumindest nahestanden. Eine Besonderheit war das vorweihnachtliche Friedensmahl, zu dem der Verband einmal im Jahr alles einlud, was in Bonn Rang und Namen hatte. In gelöster Atmosphäre entwickelten da einige der Anwesenden überraschende Fähigkeiten. Theo Waigel unterhielt die Gäste als perfekter Imitator, der Willy Brandt, Franz Josef Strauß oder Hermann Höcherl täuschend nachzuahmen verstand. Präsident Schnitker und ich trugen statt Reden Stegreifgedichte vor, bei denen ich meine Antwort auf Herrn Schnitker zwischen Hauptgang und Dessert auf der Menükarte zu Papier brachte. Diese Gedichte trugen mir lebhaften Beifall ein, dessen ich mich damals im Bundestag so ungeteilt nicht erfreuen konnte.

Zwei Ereignisse aus meiner Zeit als Vorsitzender sind noch zu erwähnen. Ein unerfreuliches und ein ermutigendes. Unerfreulich war die Einstellung des »Vorwärts« als Wochenzeitung im Frühjahr 1989. Sie erwies sich nach langwierigen und mitunter quälenden Vorstandsberatungen als zwingend, weil die Defizite in Millionenhöhe nicht mehr zu verantworten waren. Die Zeit für eine Parteizeitung war eben endgültig vorbei. Anders wäre es gewesen, wenn nur ein Bruchteil derer, die energisch die Fortführung des Blattes als Wochenzeitung verlangten, das Blatt auch abonniert hätten. Ermutigend war die Jubiläumsfeier der Partei im Berliner Reichstag Ende Mai 1988 anläßlich der 125. Wiederkehr des Tages, an dem Ferdinand Lassalle 1863 an die Spitze des Allgemeinen Deutschen Arbeitervereins getreten war. Sie hob für einen Augenblick die besondere geschichtliche Tradition der deutschen Sozialdemokratie ins allgemeine Bewußtsein.

Das war nach dem 14. Juni 1987 die mehr auf die Partei bezogene Seite meiner Arbeit als Doppelvorsitzender. Zugleich mußte ich aber die mehr auf die allgemeine Politik bezogenen Aktivitäten mit erhöhter Verantwortung fortsetzen. Diese ergab sich daraus, daß ich mich um Rat und Unterstützung wohl weiterhin an Willy Brandt, aber eben nicht mehr an den Parteivorsitzenden wenden konnte, sondern nun selbst auch Parteivorsitzender war. Das hatte allerdings auch die positive, vor- und nachher keineswegs selbstverständliche Folge, daß der Partei- und der Fraktionsvorsitzende stets einer Meinung waren.

Ein Schwerpunkt war für mich auch in diesem Zeitabschnitt die Fortführung unserer Deutschlandpolitik. Hier war schon wenige Wochen nach meiner Wahl eine bedeutsame Entscheidung zu treffen. Die Grundwertekommission der SPD – diese unter Federführung Erhard Epplers – und die Akademie für Gesellschaftswissenschaften beim Zentralkomitee der SED hatten seit 1985 in mehreren Begegnungen unter dem Titel »Der Streit der Ideologien und die gemeinsame Sicherheit« ein Papier ausgearbeitet. Es befaßte sich in sechs Abschnitten unter anderem mit der Friedenssicherung, dem friedlichen Wettbewerb der Gesellschaftssysteme, der Notwendigkeit einer Kultur des Dialogs und des politischen Streits und Ansätzen sowie Grundregeln für eine Kultur des politischen Streits. Im ideologischen Teil lauteten seine Kernaussagen:

»Die offene Diskussion über den Wettbewerb der Systeme, ihre Erfolge und Mißerfolge, Vorzüge und Nachteile, muß innerhalb jedes Systems möglich sein. Möglicher Wettbewerb setzt sogar voraus, daß diese Diskussion gefördert wird und praktische Ergebnisse hat. Nur so ist es möglich, daß öffentlich eine vergleichende Bilanz von Praxis und Erfahrung beider Systeme gezogen wird, so daß Mißlungenes verworfen, Gelungenes festgehalten und gegebenenfalls übernommen und weiterentwickelt werden kann.

Kritik auch in scharfer Form darf nicht als eine ›Einmischung in die inneren Angelegenheiten‹ der anderen Seite zurückgewiesen werden. Jedenfalls gilt auch hier das Prinzip der souveränen Gleichheit, daß keine Seite praktisch in Anspruch nehmen darf, was sie der anderen nicht zubilligt.«

Jetzt ging es darum, ob das Präsidium der Partei das Papier förmlich zur Kenntnis nehmen, ihm dadurch einen offiziösen Rang geben und seiner Veröffentlichung zustimmen sollte. Die Tragweite des Vorgangs lag auf der Hand. Immerhin war es seit der Spaltung der Arbeiterbewegung das erste Mal, daß sich Sozialdemokraten und Kommunisten auf ein gemeinsames Papier verständigten. Und ebenso war es das erste Mal, daß eine demokratische Partei den Versuch unternahm, mit der SED zur wechselseitigen Beurteilung grundsätzlicher Positionen zu gelangen.

Ich war mir des Wagnisses und der Gefahr von Fehldeutungen durchaus bewußt, zumal sich in der Partei bereits Stimmen gegen das Vorhaben erhoben hatten. So warnte Helmut Schmidt davor, sich mit der SED als Partei einzulassen. Ich setzte dagegen, daß es keinen substantiellen Unterschied mache, ob man sich – wie das ja auch Helmut Schmidt regelmäßig getan hatte – mit den Führungspersonen der DDR in ihren staatlichen Funktionen zusammensetze oder ob das in ihrer Eigenschaft als Parteifunktionäre geschehe. Es handle sich im Ergebnis immer um die gleichen Personen, deren Führungsanspruch der Staat DDR genauso unterliege wie die Partei. Entscheidend war für mich jedoch, daß die SED mit den zitierten Sätzen den Wettbewerb der Systeme akzeptierte, zugleich ihr Wahrheitsmonopol und damit ein zentrales Element der kommunistischen Ideologie in Frage stellte und dennoch bereit war, den vollen Text des Papiers im »Neuen Deutschland« zu publizieren. Das wog schwerer als Bedenken gegen die eine oder andere Formulierung, die hingenommen werden mußten, wenn die Sache überhaupt zustande kommen sollte. Außerdem war ich mir ziemlich sicher: Eine »ideologische Ansteckung« hatte die andere Seite, nicht die deutsche Sozialdemokratie zu fürchten. Auch war vorauszusehen, daß es der anderen Seite immer schwerer werden würde, nach außen Dialogbereitschaft zu demonstrieren, nach innen aber am Monolog der SED festzuhalten. Ich empfahl dem Präsidium deshalb ein positives Votum, das auch so zustande kam. Wenige Tage später erschien der volle Wortlaut im »Neuen Deutschland«. Das erregte in der DDR großes Aufsehen und setzte dort eine lebhafte Diskussion in Gang, die der SED bald unbequem zu werden begann. In der Bundesrepublik war das Aufsehen ebenfalls beträchtlich. Zustimmung und Ablehnung – letzte überwiegend vom rechten Flügel der Union – hielten sich die Waage.

Ermutigend war die Reaktion des Bundespräsidenten, dem ich den Text übersandt hatte. Er schrieb mir unter anderem: »Mit lebhaftem Interesse habe ich die Aufstellung von Grenzen und Berührungspunkten zwischen beiden Seiten nachverfolgt. Ebenso habe ich mit Aufmerksamkeit registriert, wie nicht nur bei uns, sondern auch im DDR-Fernsehen Vertreter beider Seiten in einer sehr instruktiven Weise über das Ziel der Arbeit diskutiert haben.«

Meine Begegnungen mit Erich Honecker, die im Mai 1983 begonnen hatten, setzte ich alljährlich am Hubertusstock fort. Diese Art des Zusammentreffens ermöglichte einen intensiveren Meinungsaustausch. Ich zog sie deshalb den mehr publizitätsorientierten Kurzbegegnungen am Rande der Leipziger Messe vor. Die Reisen zu diesen Fototerminen nahmen auf bundesrepublikanischer Seite geradezu wallfahrtsähnlichen Charakter an. Themen der Gespräche mit Honecker waren jedesmal der Stand der deutsch-deutschen Beziehungen und die Möglichkeiten ihrer Verbesserung sowie die Friedenssicherung unter der beiderseits anerkannten Prämisse, daß von deutschem Boden nie mehr Krieg ausgehen dürfe, sondern Frieden ausgehen müsse. Daneben wurden jeweils aktuelle Punkte erörtert und von mir humanitäre Fälle, also Haftentlassungs- und Ausreisefälle, zur Sprache gebracht.

Zum Thema Friedenssicherung und Abrüstung wurden die Dinge relativ konkret. Wir einigten uns auf Arbeitsgruppen, die unter Federführung von Egon Bahr und Hermann Axen Vorschläge für einen atomwaffenfreien Korridor entlang der Bündnisgrenzen, für eine chemiewaffenfreie Zone in Mitteleuropa und schließlich auch Elemente für eine atomwaffenfreie Zone erarbeiteten. Die Arbeitsergebnisse, über deren Zustandekommen Egon Bahr die Bundesregierung auf dem laufenden hielt, waren für die Verhandlungen in Wien und in Genf von Interesse und halfen, die deutsch-deutschen Beziehungen auch in der Zeit der Raketenstationierungen aufrechtzuerhalten.

Hinsichtlich der Lebensverhältnisse der Menschen in der DDR und der deutsch-deutschen Kontakte insgesamt waren Fortschritte schwerer zu erzielen. Honecker brachte immer wieder seine Geraer Forderungen ins Spiel. Ich machte ihm klar, daß die Staatsangehörigkeitsfrage im Grundgesetz geregelt sei und eine Änderung – schon im Blick auf Berlin – nicht in Betracht komme. Wir könnten die Staatsangehörigkeit der DDR nur in dem Sinne respektieren, daß keinem DDR-Bürger die Rechte aus seiner im Grundgesetz normierten deutschen Staatsangehörigkeit aufgenötigt würden. Jeder könne sich aber auf sie berufen. Wie wir heute wissen, benutzte Herr Schäuble den Terminus »respektieren« übrigens gegenüber der DDR-Führung schon 1986 in ganz ähnlicher Weise.

Die Frage der Elbegrenze, zu der Dieter Schröder ein plausibles Gutachten vorlegte, hätte bei gutem Willen aller Beteiligten durchaus geklärt werden können. Das sah auch die Bundesregierung so. Als ein Einvernehmen Mitte der achtziger Jahre dicht bevorstand, scheiterte die Sache aber am damaligen niedersächsischen Ministerpräsidenten Ernst Albrecht.

Bleibt die Erfassungsstelle Salzgitter, deren Auflösung auch ich seinerzeit mit der Begründung gefordert habe, daß man nicht das Staatsoberhaupt der DDR zu einem Staatsbesuch einladen, gleichzeitig aber die dort begangenen Menschenrechtsverletzungen mit den Verbrechen der NS-Gewaltherrschaft auf eine Stufe stellen könne. Nur für NS-Verbrechen nämlich hat es in diesem Jahrhundert neben den allgemeinen Strafverfolgungsbehörden eine eigene Erfassungsstelle in Ludwigsburg gegeben. Außerdem wäre die strafrechtliche Verfolgung der in der DDR begangenen Delikte durch die Auflösung der Erfassungsstelle nicht tangiert worden, weil die allgemeinen staatsanwaltschaftlichen und strafgerichtlichen Zuständigkeiten ja davon unabhängig fortbestanden hätten. Aus heutiger Sicht mag diese Haltung dennoch ein Fehler gewesen sein, da die von der Erfassungsstelle gesammelten Materialien nach der Wende für Strafverfahren insbesondere im Rahmen der sogenannten Regierungskriminalität herangezogen werden konnten. Das ändert aber nichts daran, daß ich Honecker nichts Substantielles zu bieten hatte. Milliardenkredite hatte er von uns ohnehin nicht zu erwarten.

Positiv ausgewirkt haben sich die Kontakte auf humanitärem Gebiet. Hier konnte ich in zahlreichen sonst zumeist aussichtslosen Fällen Zugeständnisse bei der Familienzusammenführung, bei Besuchserlaubnissen und auch bei Haftfällen erreichen. Manche haben schon heute kaum mehr eine Vorstellung, in welch verzweifelten Situationen sich die Menschen befanden, die da um Hilfe baten. Zwei Beispiele mögen das in Erinnerung rufen. Einmal handelte es sich um ein altes Ehepaar im Rheinland. Der Mann war am Darmkrebs operiert, die Frau war herzkrank und mußte ebenfalls alsbald operiert werden. Die einzigen Angehörigen, von denen sie Hilfe erwarten konnten, waren ihre in Sangershausen lebenden Kinder. Diese bemühten sich seit 1987 vergeblich um die Erlaubnis, zu ihren pflegebedürftigen Eltern übersiedeln zu dürfen. Erst als ich den Fall bei Honecker zur Sprache brachte, erhielten sie 1989 endlich die Genehmigung. Im anderen Fall wurde einer Frau, die 1975 von ihrem Verlobten aus der DDR geholt worden war – wie den allermeisten Ausgereisten – die Erlaubnis verweigert, zu einem Verwandtenbesuch für kurze Zeit wieder in die DDR einzureisen. Sie wollte ihre todkranke Großmutter nach über zwölf Jahren noch einmal sehen. Auch hier half erst mein Insistieren bei Honecker.

Weiter sind durch mein Drängen bei diesen Gesprächen Städtepartnerschaften in größerer Zahl früher oder auch überhaupt zustande gekommen. Schließlich boten meine Begegnungen die Gelegenheit, immer wieder unter Übernahme des vom sächsischen Landesbischof Johannes Hempel geprägten Begriffs der »blutenden Wunde« auf die unnatürliche Situation an der deutsch-deutschen Grenze hinzuweisen und die Ausdehnung der Reisemöglichkeiten und Milderungen des Zwangsumtauschs zu fordern.

Bei der Lösung der humanitären Fälle – insgesamt habe ich in der Nachfolge Herbert Wehners in annähernd sechstausend Fällen, von denen viele mehrere Personen betrafen, interveniert, davon bei knapp der Hälfte mit Erfolg – spielte Rechtsanwalt Wolfgang Vogel eine zentrale Rolle. Ich habe ihn Anfang der achtziger Jahre persönlich kennengelernt, nachdem er mir von seiten der DDR offiziell als Kontaktperson benannt worden war. In der Folgezeit bin ich mit ihm in Bonn, in meinem Bürgerbüro in Berlin, in seiner Berliner Kanzlei und zwei- oder dreimal auch privat zusammengetroffen, um schwierige Fälle voranzubringen oder auch um mit ihm über die deutsch-deutsche Situation zu sprechen. Er hat sich dabei stets korrekt verhalten und geholfen, wo immer er konnte. Daß er seiner Seite gegenüber loyal blieb und sich mit kritischen Andeutungen zurückhielt, war einleuchtend und vernünftig. Daß man ihm nach der Wende Erpressung vorgeworfen und ihn deshalb vor Gericht gestellt hat, halte ich für abwegig. Er war nicht Herr des Grenzregimes der DDR, sondern einer, der dessen Härten zu mildern suchte. Daß er dabei mit der Staatssicherheit zusammenarbeitete und sich das Vertrauen Erich Honeckers erhalten mußte, wußte jeder. Und jeder, der die DDR verlassen wollte, wußte auch, daß er sich vorher seines Grundeigentums zu entledigen hatte. Der Verdacht drängt sich auf, daß mancher den Erpressungsvorwurf gegen Wolfgang Vogel im nachhinein nur erhoben hat, weil er glaubte, so wieder an sein Grundstück kommen zu können, von dem er zuvor nie angenommen hätte, es werde für ihn noch einmal irgendeinen Wert erlangen. Ich habe Wolfgang Vogel deshalb während der Untersuchungshaft im Gefängnis besucht und ihm bei dieser Gelegenheit gesagt, was ich für geboten hielt.

Meine Begegnungen mit Erich Honecker waren nicht die einzigen Kontakte. Es entwickelte sich vielmehr im Laufe der Zeit ein lebhafter Besuchsverkehr wechselseitiger Delegationen. So reisten Delegationen der Bundestagsfraktion nach Berlin und in andere Städte der DDR und führten dort Gespräche über die verschiedensten Themen. Dabei wurde vorausgesetzt, daß die Delegationsmitglieder nach ihrem Ermessen auch spontane Gespräche mit nicht im Programm vorgesehenen Personen führen konnten. Als dies bei einer kulturpolitischen Delegation in Zweifel gezogen wurde, unterblieb die Reise so lange, bis eine entsprechende Zusage vorlag. Umgekehrt kamen unter anderem Hermann Axen, das für die internationalen Beziehungen zuständige Mitglied des Politbüros, im Februar 1985 und Horst Sindermann, der Präsident der Volkskammer, im Februar 1986 auf unsere Einladung nach Bonn.

Mitglieder der Bundesregierung und der Koalitionsfraktionen – so etwa der damalige Bundestagspräsident, aber auch Fraktionsvorsitzende – nahmen eifrig die Gelegenheit wahr, mit unseren Gästen Gespräche zu führen. Manchmal taten sie das so intensiv, daß wir Mühe hatten, unserer Gäste überhaupt wieder habhaft zu werden. Sindermann gab sich weltläufig und liberal, Axen hatte wohl schon wegen seines Erscheinungsbildes – er war ungewöhnlich klein – größere Schwierigkeiten und wirkte stets etwas angespannt. Ärgerlich war er darüber, daß ich ihn in meinem Büro vor dem Bild von der Berliner Mauer empfing und die anwesenden Reporter ihn deshalb mit mir zusammen vor diesem Hintergrund fotografierten. Ich machte ihn darauf aufmerksam, daß sich die Mauer auf dem Bild in der Perspektive verlor, und knüpfte daran die Hoffnung, sie werde eines Tages auch in der Realität verschwinden. Er murmelte etwas von der Notwendigkeit des »antifaschistischen Schutzwalls«. Zu Hause hat er sich dann über den Vorgang ziemlich bitter beschwert. In einer internen Aufzeichnung heißt es dazu, er habe sich gegenüber einem westlichen Gesprächspartner über mich ganz allgemein beklagt und dem hinzugefügt, taktlos sei auch, daß Vogel sich mit

Gesprächspartnern aus der DDR ausgerechnet vor einem Bild der Mauer postiere.

Das Bild hat noch bei einer anderen Gelegenheit eine Rolle gespielt. Als mir der damalige sowjetische Botschafter Juli Kwizinski im Sommer 1986 seinen Antrittsbesuch machte, fiel ihm das Bild ebenfalls ins Auge. Zu mir sagte er dazu nichts. In seinen unter dem Titel »Vor dem Sturm« veröffentlichten Erinnerungen schrieb er jedoch: »Komplizierter hingegen ließen sich meine Gespräche mit dem SPD-Vorsitzenden Hans-Jochen Vogel an. Als er mich zum ersten Mal in seinem Büro im Bundestag empfing, ließ er mich gegenüber einer recht ausladenden Darstellung der Berliner Mauer Platz nehmen. Wir gerieten sofort in einen heftigen Streit über die Ansprüche der Bundesrepublik auf West-Berlin. Vogel beharrte auf der Existenz eines Vier-Mächte-Status für die ganze Stadt.« So ist das Bild – eine Arbeit des Berliner Künstlers Manfred Blessmann – auf seine Weise zu einem Zeitdokument geworden. Als solches habe ich das Bild – die Fraktion hatte es mir zu meinem 65. Geburtstag geschenkt – bei meinem Weggang aus Bonn dem Berlin-Museum zur Verfügung gestellt.

Der Höhepunkt der Besuchsaktivitäten war der Staatsbesuch Honeckers in Bonn in der ersten Septemberhälfte 1987. Das eigentlich Spektakuläre daran war, daß er stattfand. Die deutsche Zweistaatlichkeit schien mit dem Hissen der DDR-Fahne und der Intonation der DDR-Hymne vor dem Bundeskanzleramt in Gegenwart des Bundeskanzlers endgültig und in aller Form anerkannt. Honecker wirkte wie einer, der nach langen Jahren sein wichtigstes Ziel erreicht hat, und deshalb in Grenzen sogar entspannt. Helmut Kohl absolvierte seinen gewiß nicht einfachen Part respektabel und behandelte seinen Gast ebenso wie der Bundespräsident korrekt und aufmerksam. Daß Honecker knapp zwei Jahre später nicht mehr im Amt und das von ihm repräsentierte System am Ende sein würde, hat damals niemand geahnt. Auffälligere Details des Besuchs sind mir nicht in Erinnerung geblieben. Vielleicht davon abgesehen, daß mich der seinerzeitige Außenminister der DDR, Oskar Fischer, bei einem

der offiziellen Essen als Tischnachbar hartnäckig als »Genosse«
titulierte. Erst auf meinen energischen Widerspruch hin benutzte
er die unserem Verhältnis angemessene und protokollarisch korrekte Anrede »Herr«. Er war der einzige DDR-Repräsentant, der
mir gegenüber eine derart plumpe Vertraulichkeit zu praktizieren
versuchte.

Neben den offiziellen gab es auch vielfältige private Kontakte.
So bin ich seit 1981 bei meinen Reisen in die DDR mit zahlreichen
Persönlichkeiten des kirchlichen Lebens zusammengetroffen –
darunter mit solchen, die, wie Friedrich Schorlemmer in Witten-
berg oder Propst Heino Falcke in Erfurt, in klarer, auch öffentlich bekannter Opposition zur SED standen. Andere Sozialdemokraten haben in den achtziger Jahren vielfältige Verbindungen zu dem gleichen Personenkreis, zu Angehörigen der Friedensbewegung und zu Bürgerrechtlern geknüpft. Stellvertretend
für viele nenne ich Erhard Eppler, der regelmäßig in der DDR an
Kirchentagen teilnahm und dabei mit Friedens-, Ökologie- und
Menschenrechtsgruppen zusammentraf, und Gert Weisskirchen,
gegen den wegen solcher Kontakte mehrfach Einreiseverbote
verhängt worden sind, die erst nach entsprechenden Interventionen von meiner Seite wieder aufgehoben wurden. Dazu gehörten
auch die seit Ende 1987 stattfindenden Begegnungen mehrerer
sozialdemokratischer Abgeordneter mit einem von Pfarrer Rainer Eppelmann ins Leben gerufenen Gesprächskreis oppositio-
neller Bürgerinnen und Bürger.

In den Gesprächen mit der DDR-Führung, aber auch in denen
mit den oppositionellen Kräften spielte naturgemäß der Stand der
Rüstungskontrollverhandlungen stets eine wichtige Rolle. Ihr
Fortgang beschäftigte auch die Bonner Politik in diesen Jahren
kontinuierlich. Die völlige Blockade aller Ost-West-Kontakte,
von den Gegnern der Stationierung befürchtet, war nach dem
November 1983 nicht eingetreten. Die Sowjetunion hatte zwar
am Tage nach der Stationierung der ersten Pershing-Raketen auf
dem Boden der Bundesrepublik den Genfer Konferenztisch verlassen. Die Kontakte zwischen Moskau und Washington rissen

aber nicht völlig ab. Im November 1984 nahmen die Außenminister der beiden Weltmächte, George Shultz und Andrei Gromyko, sogar für den Januar 1985 ein Treffen in Genf in Aussicht, bei dem sie über die Wiederaufnahme von Rüstungskontrollgesprächen verhandeln wollten.

Eine substantielle Wende zeichnete sich indes erst nach der Wahl Michail Gorbatschows zum Generalsekretär der KPdSU ab. Beginnend mit einem Stationierungsmoratorium und der – zunächst befristeten – Einstellung der sowjetischen Atomtests im August 1985 hatte Gorbatschow dem Westen immer weiter reichende Abrüstungsvorschläge präsentiert; nach den Treffen mit Präsident Ronald Reagan im November 1985 in Genf und im Oktober 1986 in Reykjavík hatte Gorbatschow zuletzt im April 1987 sogar die doppelte Null-Lösung, also die völlige Beseitigung der Mittelstreckenraketen, vorgeschlagen. Das Tempo dieser sowjetischen Initiativen hatte Washington und die NATO zunächst überrascht und dort einige Verwirrung hervorgerufen. Vorübergehend entstand der Eindruck, der Westen gerate geradezu in Verlegenheit, weil die Sowjetunion nunmehr das tue, was man selbst lange gefordert hatte. Erfreulicherweise wurde dieser Zustand – auch dank entsprechender Reaktionen Präsident Reagans – im Laufe des Jahres 1987 überwunden. Bei ihrem Treffen in Washington unterzeichneten Reagan und Gorbatschow Anfang Dezember 1987 das sogenannte INF-Abkommen, das die weltweite Beseitigung aller landgestützten Mittelstreckenflugkörper zwischen 500 und 5500 Kilometer Reichweite vorsah.

Die Bundesregierung und vor allem den Bundeskanzler brachte diese Entwicklung vorübergehend in erhebliche Bedrängnis. Helmut Kohl hatte noch im Oktober 1986 gegenüber Gorbatschow generelles Mißtrauen zum Ausdruck gebracht und ihn und seine Aktivitäten in einem Interview mit dem amerikanischen Magazin »Newsweek« mit Joseph Goebbels und dessen teuflischen propagandistischen Fähigkeiten verglichen – eine Fehlleistung, die nicht zu verstehen und schon gar nicht zu entschuldigen war.

Als darüber etwas Gras gewachsen war, sah sich der Bundeskanzler im Sommer 1987 vor einem ärgerlichen Dilemma. Einerseits wollte er die sowjetischen Initiativen als Folge der von ihm 1983 gegen unseren Widerstand durchgesetzten Stationierung darstellen. Schon das war für ihn nicht leicht, weil er sich früher wiederholt gegen die Null-Lösung ausgesprochen hatte. Gerade die Null-Lösung – so ließ er beispielsweise nicht allzulange vorher noch verlauten – sei nichts anderes als eine schlichte Täuschung der deutschen Öffentlichkeit. Ein Zitat, das ich ihm im Dezember 1987 genüßlich vorhielt. Das sollte nun nicht mehr gelten. Andererseits konnte er aber der inzwischen von den Vereinigten Staaten und den anderen Bündnispartnern akzeptierten Null-Lösung für alle Mittelstreckenraketen längere Zeit nicht zustimmen, weil Franz Josef Strauß und die CSU-Abgeordneten, aber auch Verteidigungsminister Manfred Wörner und die sogenannte Stahlhelm-Gruppe der CDU dem entschieden widersprachen. Zur Begründung brachten sie vor, daß die doppelte Null-Lösung wegen der Überlegenheit der Sowjetunion bei den konventionellen Streitkräften und den zunächst ausgeklammerten Kurzstreckenraketen die Bedrohung der Bundesrepublik noch steigere. Man müsse deshalb die in der Bundesrepublik stationierten Pershing-Ia-Raketen beibehalten. Diese Ansicht hatte Kohl sogar eine Zeitlang selbst vertreten. Noch im Juni 1987 sagte er im Bundestag, die zweiundsiebzig deutschen Pershing-Ia-Raketen mit ihren amerikanischen Sprengköpfen dürften, weil es sich um deutsche Flugkörper handelte – nur die atomaren Sprengköpfe standen unter amerikanischer Verfügungsgewalt –, überhaupt nicht in eine amerikanisch-sowjetische Vereinbarung eingeschlossen werden.

Wir traten dagegen nachdrücklich dafür ein, die von uns von Anbeginn an geforderte doppelte Null-Lösung zu akzeptieren und als Chance für weitere Abrüstungsschritte zu nutzen. Hans-Dietrich Genscher verfocht als Bundesaußenminister von Anfang an dieselbe Position. Ihm und auch uns war klar, daß das Abkommen zwischen den Vereinigten Staaten und der Sowjetunion nicht zustande kommen würde, wenn die Bundesrepublik auf der Beibehaltung der Pershing-Raketen beharrte. Ende August 1987 half sich Kohl, der den wachsenden Unmut der Vereinigten Staaten spürte, dadurch, daß er seine Zustimmung zur doppelten Null-Lösung und zur Einbeziehung der Pershing-Ia-Raketen nicht im Bundestag, sondern auf einer Pressekonferenz bekanntgab. Als wir daraufhin eine Sondersitzung des Bundestags herbeiführten und den Text seiner Presseerklärung im Wortlaut als Entschließungsantrag einbrachten, gedieh die Sache zur Groteske. Der Antrag wurde nämlich nicht etwa angenommen, sondern von der Koalition an die Ausschüsse überwiesen. Eine Mehrheit für die Position des Bundeskanzlers wäre angesichts der Weigerung der CSU nämlich nur mit unseren Stimmen zustande gekommen.

Eine andere Komplikation ergab sich, als die Vereinigten Staaten, aber auch Großbritannien im Jahre 1988 die Modernisierung der atomaren Kurzstreckenraketen vom Typ Lance – das hieß aber im Klartext die Einführung eines Nachfolgesystems mit größerer Zerstörungskraft – verlangten. Bei Frau Thatcher spielten hier der Gedanke einer »Brandschutzmauer« gegen weitere Abrüstungen und die Sorge vor einer Denuklearisierung Europas eine Rolle. Vom deutschen Standpunkt aus sprachen überzeugende Gründe gegen dieses Vorhaben. Es wäre für die Überwindung der Spaltung Europas, die dank Gorbatschow vorankam, ein kontraproduktives Signal gewesen. Eine Perpetuierung der atomaren Kurzstreckensysteme hätte zudem schon aus geographischen Gründen die Bundesrepublik viel stärkeren Gefahren ausgesetzt als die übrigen europäischen Bündnispartner. Schließlich reichte die Mindestlebensdauer der vorhandenen Lance-Raketen bis zum Jahre 1996. Eine Entscheidung über ein etwaiges Nachfolgesystem war deshalb frühestens im Jahre 1992 erforderlich.

Wir waren aus diesen Erwägungen – wieder in Übereinstimmung mit Hans-Dietrich Genscher – sogleich gegen einen Modernisierungsbeschluß. In der Koalition dauerte es noch länger als bei den Pershing-Ia-Raketen, bis Genscher seinen Standpunkt durchsetzen und endlich auch die Vereinigten Staaten und das Bündnis für eine Lösung gewinnen konnte, die auf eine Entscheidung über die Modernisierung im gegebenen Zeitpunkt verzichtete, Verhandlungen über die Reduzierung der vorhandenen Kurzstreckensysteme befürwortete und auch ihre völlige Beseitigung nicht ausschloß. Genscher hatte in dieser Frage an uns mehr Rückhalt als an seinem Koalitionspartner. Auch Helmut Kohl schwenkte erst spät und nach allerlei irritierenden Zwischenetappen auf diese Linie ein.

Es bleibt die Frage, ob wirklich der NATO-Doppelbeschluß und die in seinem Vollzug durchgeführte Stationierung von einhundertzwei Pershing-Raketen diese Entwicklung ausgelöst und zu dem guten Ergebnis geführt haben. Die Befürworter der Stationierung behaupten das und sagen, daß die sowjetische Führung nach dem Beginn der Dislozierung befürchtet habe, den Wettlauf mit dem Westen insbesondere aus wirtschaftlichen Gründen nicht mehr lange durchhalten zu können. Deshalb sei Gorbatschow schon wenige Monate nach der Stationierung an die Spitze des sowjetischen Imperiums gelangt. Und deshalb habe er einen grundlegenden Wandel der sowjetischen Politik nach innen und außen eingeleitet. Mir erscheint eine solche monokausale Erklärung zunehmend zweifelhaft. Für wahrscheinlicher halte ich es, daß die Auswirkungen der Brandtschen Ostpolitik und des aus ihr hervorgegangenen Helsinki-Prozesses, die im Zuge dieses Prozesses wachsende innere Opposition in Polen und in anderen Staaten des Warschauer Paktes und der Wunsch, die Erstarrung des kommunistischen Systems zu überwinden, für seine Wahl ausschlaggebend waren. Jedenfalls ist für mich die Frage, was Gorbatschow letzten Endes motivierte, eine Politik einzuleiten und durchzuhalten, die das Ost-West-Verhältnis in so fundamentaler Weise veränderte und den kalten Krieg überwand, bis heute nicht eindeutig beantwortet. Ich bin mir noch nicht einmal sicher, daß Gorbatschow selber das Tempo, das Ausmaß und die Folgen dieser Veränderungen jeweils einigermaßen zutreffend vorausgesehen hat. Im übrigen kann wohl niemand ausschließen, daß

Gorbatschow auch dann zum Generalsekretär gewählt worden wäre und seine Politik verwirklicht hätte, wenn der Westen im November 1985 weiter verhandelt und noch nicht mit der Stationierung begonnen hätte.

Für die Fortführung unserer Ostpolitik waren naturgemäß die Verbindungen zur Moskauer Führung besonders bedeutsam. Auch hier mußte dem Eindruck vorgebeugt werden, die Sozialdemokratie wolle nach dem Ausscheiden Willy Brandts das mit seinem Namen verbundene Engagement reduzieren und ihr ostpolitisches Profil verblassen lassen. Ein beachtliches Maß an Kontinuität gewährleisteten Egon Bahr und Horst Ehmke, die in Moskau über gute Kontakte verfügten, gelegentlich aber miteinander nicht recht harmonierten. Grundlage der sozialdemokratischen Ostpolitik waren jedoch von Anbeginn an die seit der historischen Rede Herbert Wehners vom 30. Juni 1960 akzeptierte Westintegration der Bundesrepublik und ihre Zugehörigkeit zum NATO-Bündnis. Ungeachtet gelegentlicher unbedachter Äußerungen aus den eigenen Reihen, die dem Vorwurf der Äquidistanz Nahrung gaben, hat die Sozialdemokratie daran auch in der Opposition stets festgehalten, und zwar auch in den Zeiten erheblicher Differenzen mit der offiziellen amerikanischen Politik. Schon deshalb habe ich auch persönlich den Kontakt zur Reagan-Administration nicht abreißen lassen. In Bonn war in den sensiblen Jahren der seinerzeitige US-Botschafter Arthur Burns mein regelmäßiger Gesprächspartner. Eine ähnlich vertrauensvolle Beziehung wie zu diesem erfahrenen und sehr väterlich wirkenden Mann ergab sich später zu Vernon Walters. Es stellte sich übrigens heraus, daß wir uns 1944/45 an der italienischen Front als Kriegsgegner gegenübergestanden hatten.

Sehr bewußt reiste ich denn auch als Parteivorsitzender im März 1988 zunächst nach Washington. Die Begegnung mit Präsident Reagan verlief diesmal wesentlich unproblematischer als fünf Jahre zuvor. Es gab zwar auch diesmal eine Reihe von Divergenzen, etwa hinsichtlich der amerikanischen Zentralamerikapolitik. In der Abrüstungsfrage konnte ich ihm dagegen, anders als im Jahre 1983, abgesehen von dem Sonderthema SDI – dem Anti-Raketen-System, das Reagan im Weltall stationiert wissen wollte –, das Einverständnis der Sozialdemokratie bekunden, was ihn erstaunlicherweise zu überraschen schien. Trotz der Kärtchen, die er wiederum als Gedächtnisstützen zur Hand hatte, waren ihm die politischen Verhältnisse der Bundesrepublik nur in allgemeinen Zügen präsent. Das war bei Außenminister Shultz und den führenden Mitgliedern des Kongresses, mit denen ich ausgiebiger konferieren konnte, anders. Bei ihnen schwang auch stärker als bei Reagan der Gedanke mit, es könne in der Bundesrepublik in nicht allzu ferner Zukunft zu einem Regierungswechsel kommen.

Einen Monat später empfing mich Michail Gorbatschow in seinem Arbeitszimmer im Moskauer Kreml. Schon auf den ersten Blick zeigte sich der frappante Unterschied gegenüber seinen Vorgängern. Sein unmittelbarer Vorgänger Konstantin Tschernenko war schon todkrank, als er ins Amt kam. Juri Andropow war schwer nierenkrank und als Dialysepatient in seinem Aktionsradius deutlich eingeschränkt. Und Leonid Breschnew nahm bei seinem letzten Besuch in Bonn im November 1981 seine Umgebung kaum mehr wahr. Wenn er sich erheben wollte, mußte er mühsam gestützt werden. Jetzt kam mir ein Mann in den besten Jahren entgegen und begrüßte mich und meine Delegation mit einem kräftigen Handschlag. Für unser Gespräch nahm er sich vier Stunden Zeit. Gleich zu Beginn brachte er seine Sympathie für die deutsche Sozialdemokratie im allgemeinen und für Willy Brandt im besonderen zum Ausdruck. Überraschenderweise äußerte er sich sodann positiv über Franz Josef Strauß; der habe sich sehr geändert, meinte er. Ich zog mich mit der Bemerkung aus der Affäre, daß der Bibel zufolge im Himmel über einen Sünder, der sich bekehre, mehr Freude herrsche als über neunundneunzig Gerechte. Nach diesem freundlichen Eingangsgeplänkel erörterten wir den Stand des Perestroika-Prozesses in der Sowjetunion.

Die Perestroika – so führte Gorbatschow aus – sei nicht das Ergebnis eines plötzlichen Einfalls gewesen, sondern aus der gesellschaftlichen Entwicklung entstanden. Die sowjetische Gesellschaft sei mit Perestroika schwanger gegangen. Ihre Geburt sei ein schmerzhafter Akt. Aber sie werde die Stagnation überwinden und das gewaltige Potential des Landes für die Wohlfahrt der Menschen erschließen. Die Losung laute: »Mehr Sozialismus, mehr Demokratie«. Die wichtigste Absicht sei, die Demokratie im politischen und auch im wirtschaftlichen, geistigen und sozialen Bereich zu entfalten. Und die schwierigste Arbeit der Partei bestehe jetzt darin, das Bewußtsein der Bevölkerung zu ändern. Dann wandte er sich den Details dessen zu, was insbesondere in der Wirtschaft zu geschehen habe. Man benötige Veränderungen in der Strukturpolitik zugunsten des Maschinenbaus, der Elektronik, der Leicht- und Nahrungsmittelindustrie. Hier zeichneten sich schon Fortschritte ab. Wenn es gelungen sei – so schloß er optimistisch –, Fortschritte unter Bedingungen der Instabilität zu erzielen, so würden nach der Übergangsetappe noch größere Fortschritte und Ergebnisse erzielt werden können.

Das Gespräch wandte sich dann der Notwendigkeit weiterreichender Abrüstungsmaßnahmen, der europäischen Entwicklung, den bilateralen Beziehungen und der deutschen Frage zu. Als ich zu dieser Frage auf die fortbestehende deutsche Geschichts-, Kultur-, Sprach- und Gefühlsgemeinschaft verwies, bekräftigte Gorbatschow, daß die Antwort auf die deutsche Frage von der Geschichte gegeben werde. Schließlich verständigten wir uns auf einen Ausbau der Kontakte zwischen unseren Parteien und nahmen die Bildung einer Arbeitsgruppe in Aussicht, die sich mit konkreten Vorschlägen zum Thema des gemeinsamen europäischen Hauses befassen sollte. In diesem Zusammenhang kam auch das Vorhaben der Friedrich-Ebert-Stiftung zur Sprache, in Moskau ein Büro einzurichten.

Es war faszinierend, Gorbatschow zuzuhören und ihn mit lebhafter Miene und festem Blick agieren zu sehen. Zumeist sprach er völlig frei. Auf seine Unterlagen griff er nur selten zurück. Bei aller Autorität, die von ihm ausging, legte er keine Chefallüren an den Tag. Seinen Gast ließ er jederzeit zu Wort kommen. Einwürfe parierte er schlagfertig. Insgesamt verließ ich ihn mit dem Eindruck, einem Manne begegnet zu sein, dessen Name im Buch der Geschichte seinen Platz auch dann noch behaupten wird, wenn die Namen der meisten seiner Zeitgenossen schon längst verblaßt sind.

Dennoch beschlich mich ein unbestimmter Zweifel, ob er sich selbst über die Dimension dessen, was da unter seiner Verantwortung in Gang gekommen war, hinreichend im klaren war und ob er die objektiven und subjektiven Hindernisse einigermaßen realistisch einschätzte. Offensichtlich hielt er die Entwicklung ungeachtet der von ihm selbst erwähnten Schwierigkeiten und Instabilitäten für steuerbar und seine Partei auch in Zukunft für den bestimmenden Faktor. An meiner Sympathie für diesen Mann und meinem aufrichtigen Wunsch, das Werk möge ihm gelingen, hat der Zweifel nichts geändert.

Von den übrigen Begegnungen sind mir noch eine Unterredung mit dem Chef des sowjetischen Generalstabs, Marschall Sergei Achromejew, und eine Diskussion mit der Redaktion einer illustrierten Zeitung im Gedächtnis. Achromejew und ich stellten alsbald fest, daß wir im Kreise unserer Delegationen die einzigen waren, die noch den zweiten Weltkrieg mitgemacht hatten. In einer ganz unpathetischen, sehr persönlichen Weise tauschten wir nach dieser Feststellung unsere Gefühle darüber aus, was es für uns und die Überlebenden unserer Generation, die sich in ihrer Jugend in tödlicher Feindschaft gegenübergestanden hatten, bedeutet, daß nunmehr ein stabiler Frieden und eine ehrliche Freundschaft zwischen unseren Völkern möglich erschien. Ich hätte mir nicht träumen lassen, einmal mit einem Marschall der Sowjetunion ein solches Gespräch führen zu können. Achromejew hat sich im August 1991 nach dem Putschversuch das Leben genommen, wahrscheinlich aus Verzweiflung über den Zerfall der Union.

Die Diskussion in der Redaktion unterschied sich in ihrer Differenziertheit und ihrer kritischen Einstellung gegenüber der Politik im eigenen Lande nicht mehr von entsprechenden Diskussionen in den Redaktionen vergleichbarer deutscher Blätter. Erstmals war es mir bei diesem Aufenthalt möglich, außer an der Kremlmauer auch einen Kranz an den Gräbern deutscher Soldaten auf dem neu geöffneten Friedhof von Krasnogorsk, dreißig Kilometer vor Moskau, niederzulegen.

Ein Jahr später, im April 1989, habe ich Washington und Moskau neuerdings besucht. In Washington war mittlerweile George Bush an die Stelle von Ronald Reagan und als Außenminister James Baker an die Stelle von Georg Shultz getreten. Bush war, anders als sein Vorgänger, über die politische Situation in der Bundesrepublik gut im Bilde und setzte auf manchen Feldern, so in der Zentralamerikapolitik, Akzente, die unseren Auffassungen näherkamen. Baker thematisierte insbesondere die außenpolitische Übereinstimmung zwischen uns und Hans-Dietrich Genscher in vielen damals aktuellen Fragen – so hinsichtlich der Lance-Modernisierung. In Moskau hatten die Schwierigkeiten Gorbatschows zugenommen. Er sprach von der Machtfrage, die sich in Georgien – er meinte die Unruhen, die gerade in Tiflis ausgebrochen waren – gestellt habe und die man eindeutig beantworten werde. Seine Zuversicht schien unerschüttert. Manches von dem, was er sagte, klang jetzt fast sozialdemokratisch. Da er an einem neuen Parteiprogramm arbeitete, zeigte er sich am Entwurf unseres Grundsatzprogramms interessiert und bedankte sich für die russische Übersetzung, die ich ihm mitgebracht hatte. Sie ist anschließend in der theoretischen Zeitschrift seiner Partei veröffentlicht worden.

Ein drittes Mal bin ich Gorbatschow im Juni 1989 bei seinem Besuch in Bonn begegnet. Obwohl durch das Programm sehr in Anspruch genommen, lud er mich in seine Botschaft zu einem Mittagessen ein, an dem außer uns nur Egon Bahr und Alexander Jakowlew als sein persönlicher Berater teilnahmen. Diesmal klangen seine Darlegungen über die innere Entwicklung der Sowjet-

union und der Staaten des Warschauer Paktes besorgter. Aber –
so schloß er – mit den Problemen im eigenen Land werde er schon
zurechtkommen. Wir sollten helfen, daß die Entwicklung in den
übrigen Staaten des Warschauer Paktes und insbesondere in der
DDR nicht außer Kontrolle geriet. Ich erwiderte, daran seien
auch wir nicht interessiert. Aber die Dinge könnten schwierig
werden, wenn sich die Führung der DDR wie bisher allen Reformen widersetze und weit hinter dem zurückbleibe, was inzwischen in der Sowjetunion geschehen sei.

Im November 1990 habe ich Gorbatschow dann noch einmal
in Bonn auf dem Petersberg gesehen. Da waren die wesentlichen
Entscheidungen zur deutschen Einheit schon gefallen. Sein Interesse galt jetzt verstärkt der deutschen Hilfe für die Wirtschaft
seines Landes, deren große Probleme er ohne Beschönigungen
schilderte. Von der Zuversicht, die ihn zwei Jahre zuvor bei
unserer ersten Begegnung beseelt hatte, war nur wenig geblieben.

Auch sonst bin ich als Parteivorsitzender und schon in der Zeit
zuvor viel gereist. Unter anderem mehrfach zur Europäischen
Gemeinschaft, nach Japan und nach China, wiederholt nach
Frankreich, Italien und Israel, nach England, nach Spanien, nach
Bulgarien und nach Polen. Dort war ich im Herbst 1987 und
vorher schon im Herbst 1984. Diese Besuche erforderten wegen
der Grenzfrage und der innenpolitischen Entwicklung in Polen
besondere Umsicht. In der Grenzfrage war die sozialdemokratische Haltung klar. Daß sie aber seitens der Bundesregierung mit
Rücksicht auf die Heimatvertriebenen bis zum Zwei-plus-vier-
Vertrag häufiger ins Zwielicht geriet, verursachte auf polnischer
Seite immer wieder Irritationen, und das auch in den kirchlichen
und den oppositionellen Kreisen. Ich versuchte, die polnische
Seite davon zu überzeugen, daß auch die Bundesregierung nicht
im Ernst an Grenzverschiebungen denke, sondern die Unklarhei-
ten nur aus innenpolitischen Rücksichten in Kauf nehme. Mit den
Repräsentanten der Solidarność und anderen Oppositionellen
gab es in den achtziger Jahren verschiedenartige Kontakte. Bei
offiziellen Besuchen war eine gewisse Rücksichtnahme auf die

Wünsche der Gastgeber unvermeidlich. 1987 bin ich aber während eines offiziellen Besuches mit Bronisław Geremek, Adam Michnik und anderen Solidarność-Persönlichkeiten zusammengetroffen. Mitglieder meiner Delegation hatten Kontakte zu ihnen schon im Herbst 1984 aufgenommen. 1987 besuchte ich auch das Grab des ermordeten Priesters Jerzy Popiełuszko.

Der wichtigste offizielle Gesprächspartner war in Warschau jeweils General Wojciech Jaruzelski. Daß es in Polen nicht zu einer sowjetischen Invasion oder zu einem blutigen Bürgerkrieg kam und daß der Übergang in die postkommunistische Ära dort früher begann als anderswo, hat Polen ungeachtet mancher Widersprüchlichkeiten nicht zuletzt ihm zu verdanken. Ein interessanter Gesprächspartner war bei diesen Besuchen, aber auch in Bonn, wohin er häufiger reiste, Mieczysław Rakowski, seinerzeit zunächst stellvertretender Ministerpräsident, dann Vizepräsident des Sejm, ab September 1988 Ministerpräsident und schließlich der letzte Vorsitzende der Polnischen Vereinigten Arbeiterpartei. Ungewöhnlich geistreich, war er der Intellektuellste unter den polnischen Kommunisten und einer der wenigen Kommunisten überhaupt, die der Selbstironie fähig waren. Diese Eigenschaften haben ihm indes weder in seinem eigenen Lager noch bei der Opposition zu größerer Beliebtheit verholfen. Den endgültigen Zusammenbruch des kommunistischen Systems sah er früher voraus als andere.

In Israel hatte ich seit meinen Oberbürgermeisterjahren und aus meiner Bundesministerzeit alte Bekannte, mit denen ich in ständigem Kontakt stand. Shimon Peres und Teddy Kollek gehörten dazu. Aber auch Itzhak Shamir bin ich in seiner Funktion als Ministerpräsident in Jerusalem begegnet. Er hat mir wegen seiner Festigkeit in kritischen Situationen durchaus imponiert. Aber Peres und Kollek standen mir von ihren politischen Auffassungen und auch von ihrer Persönlichkeitsstruktur her näher. Peres beherrschte alle Facetten der nahöstlichen Problematik und hatte schon in den siebziger und achtziger Jahren den Ausgleich mit den Palästinensern als Ziel vor Augen. Kollek war als Bürgermeister von Jerusalem eine Institution sui generis. Mitunter erinnerte er mich an Nathan den Weisen, und zwar in einer eher heiteren Spielart mit Wiener Einfärbung. Auf den Friedensprozeß im Nahen Osten hat die deutsche Sozialdemokratie auch während meiner Vorsitzendenzeit Einfluß genommen. Große Verdienste hat sich dabei vor allem Hans-Jürgen Wischnewski als Vorsitzender der Nahost-Kommission der Sozialistischen Internationale erworben. Dieses Gremium war lange Zeit das einzige, in dem sich Israelis und Araber gegenübersaßen. In der Partei gab es gelegentlich pointierte propalästinensische Stellungnahmen, die bei den israelischen Freunden Verstimmung hervorriefen. Eine Äußerung von Peter Glotz veranlaßte Johannes Rau, der Israel besonders verbunden war und ist, sogar zu einem persönlichen Protest bei mir. Meine Fähigkeit zum Ausgleich mußte sich auch in diesem Zusammenhang bewähren. Bei meinen Aufenthalten in Israel habe ich stets die Gedenkstätte Yad Vashem aufgesucht. Die Gnade der späteren Geburt habe ich dort nie verspürt. Vielmehr immer aufs neue ein Gefühl tiefer Beschämung darüber, welch beispielloser Untaten Deutsche fähig gewesen sind.

Schon im Frühjahr 1985 traf ich in London mit Margaret Thatcher, der damaligen britischen Premierministerin, zusammen. Sie empfing mich in 10 Downing Street und erläuterte mir, daß sie zwei Politiker in Europa besonders schätze, nämlich Helmut Schmidt und Michail Gorbatschow. Letzterer hatte ihr offenbar nicht allzulange vorher bei einem Besuch in London einen starken Eindruck gemacht. Sie fügte aber vorsorglich hinzu, Gorbatschow sei dennoch Kommunist und nicht willens, der »rule of law« zu folgen. Deshalb sei Vorsicht geboten. Was ich ihr über unsere Vorstellungen zum weiteren Umgang mit der Sowjetunion und mit Gorbatschow und zum Verhältnis zwischen der Bundesrepublik und der DDR vortrug, hörte sie höflich an. Daran, daß diese Vorstellungen mit ihren Ansichten nur sehr partiell übereinstimmten, ließ sie aber keinen Zweifel.

Ein eindrucksvoller Gesprächspartner war in jenen Jahren zweimal der damalige italienische Staatspräsident Sandro Pertini.

Er nahm sich für unsere Unterhaltungen viel Zeit und lud mich einmal sogar spontan zum Essen ein. Seine Direktheit in der Beurteilung der italienischen Verhältnisse, aber auch einzelner europäischer Politiker war herzerfrischend. Nach dem Essen schmauchte er mit großem Behagen eine Pfeife, die vorher eine Ordonnanz in seiner Gegenwart anrauchen mußte. Erstaunlich viel verstand er auch vom Fußball. Ein anderer italienischer Gesprächspartner war mehrmals Giulio Andreotti. Er wirkte ebenso klug wie geschmeidig und hätte ebenso gut in die Zeit der römischen Bürgerkriege nach der Ermordung Cäsars gepaßt. Der Vorwurf, daß er mit der Mafia in Verbindung gestanden haben soll, wurde erst später laut. Ich möchte auch in seinem Fall so lange an der Unschuldsvermutung festhalten, bis sie durch ein Gerichtsurteil widerlegt ist.

Zu einigen Vorsitzenden der sozialdemokratischen Parteien in Europa hatte ich eine engere Verbindung. So zu Neil Kinnock, dem Vorsitzenden der britischen Labour Party, zu den norwegischen und schwedischen Vorsitzenden Gro Harlem Brundtland, Olof Palme und Ingvar Carlsson, zu Lionel Jospin, dem Generalsekretär der französischen Sozialisten, zu Wim Kok, dem Vorsitzenden der holländischen Partei von der Arbeit, zu Fred Sinowatz und seinem Nachfolger im Vorsitz der österreichischen Sozialisten, Franz Vranitzky, und zu Bettino Craxi, dem Vorsitzenden der italienischen PSI. Der Labour Party konnten wir bei ihrer damals beginnenden Abkehr von ihren europakritischen Positionen helfen. Als Skandinavier standen Gro Harlem Brundtland, Olof Palme und Ingvar Carlsson Willy Brandt besonders nahe. Nach seinem Ausscheiden schlossen sie mich als seinen Nachfolger in ihr Vertrauen und ihre Kooperationsbereitschaft ein. Fred Sinowatz litt unter der ungebrochenen Medienpräsenz seines Vorgängers Bruno Kreisky und war in dieser Phase, aber auch anschließend, als er im Gefolge der Vorgänge um Kurt Waldheim in unverdiente Schwierigkeiten geriet, für manches Zeichen persönlicher Sympathie dankbar. Auch hier habe ich mich an meinen Grundsatz gehalten, mich eher dann zu melden, wenn andere sich zurückhielten. Bei Bettino Craxi hatte ich dazu keinen Anlaß. Er hat mich anfänglich und vor allem in der Zeit seiner Ministerpräsidentschaft durch seine Zielstrebigkeit und seine Effektivität beeindruckt. Dann zeigten sich aber bei ihm Allüren, die man eher bei einem neureichen Millionär als bei einem Sozialdemokraten erwartet hätte. Was später über ihn bekannt wurde, hat mich deshalb nicht völlig überrascht.

Mitgearbeitet habe ich weiter in der Sozialistischen Internationale und im Bund der sozialdemokratischen Parteien der Europäischen Gemeinschaft. Die Sozialistische Internationale lebte weitgehend vom weltweiten Ansehen Willy Brandts und nahm unter seiner Präsidentschaft einen bemerkenswerten Aufschwung auch in den außereuropäischen Kontinenten. Ihre Strukturen blieben allerdings schwach. Vor allem sowjetische Gesprächspartner wollten kaum glauben, daß der Generalsekretär der Internationale in London in den achtziger Jahren nur über rund zehn hauptamtliche Kräfte und über ein Jahresbudget von wenig mehr als 500 000 Pfund verfügte. Der Bund der sozialdemokratischen Parteien in der Europäischen Gemeinschaft hatte als Kontakt- und Informationszentrum eine gewisse Bedeutung. Einen wahrnehmbaren Einfluß auf die Politik seiner Mitgliedsparteien übte er nur gelegentlich aus. Seine Integrationsdichte und -kraft blieben hinter dem Integrationsstand, den die Mitgliedsstaaten in der Gemeinschaft bereits erreicht hatten, deutlich zurück. Es ist sehr zu wünschen, daß sich das nach seiner – zunächst einmal deklaratorischen – Umwandlung in die Sozialdemokratische Partei Europas ändert. Beim Europäischen Gewerkschaftsbund liegen die Dinge übrigens ziemlich ähnlich.

Eine spezielle Region, die ich in all meinen Funktionen im Auge behalten habe, ist Südtirol. Mit Silvanus Magnago und mit vielen Repräsentanten der Südtiroler Volkspartei habe ich auf gutem Gesprächsfuß gestanden und dabei im Rahmen meiner Möglichkeiten die Bemühungen um eine vernünftige Autonomieregelung und einen friedlichen Ausgleich mit dem italienischen Zentralstaat unterstützt. Als Sozialdemokrat war ich da ursprünglich ein weißer oder, besser gesagt, ein roter Rabe. Sozialdemokratisches Gedankengut war bis in die siebziger Jahre hinein in Südtirol nicht gerade verbreitet. Und den meisten deutschen Sozialdemokraten gefiel zwar die Landschaft, die nationalen Töne, die von dort oft zu hören waren, verstörten sie jedoch. Heute gibt es innerhalb der Südtiroler Volkspartei einen starken Arbeitnehmerflügel, der sich mit Hubert Frasnelli an der Spitze als sozialdemokratisch versteht. Und es gibt zwischen der Südtiroler Volkspartei und der SPD-Bundestagsfraktion eine förmliche Vereinbarung über eine kontinuierliche Zusammenarbeit. Die Autonomie Südtirols ist inzwischen eine der bestfundierten und erfolgreichsten in ganz Europa; ein Beispiel mehr dafür, was beharrliche Vernunft aller Beteiligten – und die gab es durchaus auch auf italienischer Seite – schließlich vermag. Die Minderheiten in Osteuropa und auf dem Balkan können von solchen Verhältnissen nur träumen.

In der Innenpolitik ließen wir es auch in dieser Legislaturperiode nicht dabei bewenden, die Bundesregierung zu kritisieren. Vielmehr entwickelten wir zahlreiche eigene Initiativen. So legten wir ein gegenüber der vorhergehenden Legislaturperiode erweitertes Sofortprogramm »Arbeit, Umwelt und Investitionen« mit einem Förderungsvolumen des Bundes von 23 Milliarden DM vor, das öffentliche und private Investitionen von 40–50 Milliarden DM mobilisieren und dadurch der Massenarbeitslosigkeit spürbar entgegenwirken sollte. Ein »Zukunftsprogramm Dritte Welt« wollte Rüstungsausgaben einsparen und die dadurch frei werdenden Mittel verstärkt für die Entwicklungshilfe einsetzen. Weitere Vorlagen beschäftigten sich mit der Verschärfung der Umwelthaftung und der Errichtung einer Stiftung für die Gewährung von Leistungen an solche Opfer der NS-Gewaltherrschaft, die bisher nicht oder nicht ausreichend berücksichtigt worden waren. Auch Gesetzentwürfe brachten wir ein. Zum Beispiel ein Arbeitszeitgesetz, ein Gleichstellungsgesetz, aber auch ein Untersuchungsausschußgesetz und ein Gesetz über den auswärtigen Dienst.

Neben vielem anderen haben wir uns auch um die Agrarpolitik gekümmert. Kern unserer damaligen Argumentation war, daß es sinnvoller sei, den Landwirten ein flächenbezogenes Basiseinkommen als Vergütung für die Erhaltung und Pflege der Kulturlandschaft zukommen zu lassen. Für die Produktion und die Preisgestaltung könnten dann stärker marktwirtschaftliche Prinzipien gelten. Das bremse auch den Subventionsanstieg. Im Februar 1988 veranstaltete die Fraktion auch eine agrarpolitische Konferenz, die guten Zuspruch fand. Leider ist sie – auch schon zu meiner Zeit – auf Bundesebene ein einmaliges Ereignis geblieben.

Daß nahezu alle diese Vorstöße im Parlament von der Mehrheit abgelehnt wurden, haben viele Mitglieder der Bundestagsfraktion als frustrierend empfunden. Ich mußte ihnen sagen, daß wir es umgekehrt während unserer Regierungszeit kaum anders gehalten haben. Außerdem stärkten diese Aktivitäten das Kompetenzprofil der Partei, dessen Werte nach den damaligen Meinungsumfragen die der Union auf wichtigen Feldern – etwa hinsichtlich der Bekämpfung der Arbeitslosigkeit, der Sicherung der sozialen Gerechtigkeit und des Umweltschutzes – längere Zeit deutlich übertrafen. Auch war es sicher leichter, eine arbeitende Fraktion als eine räsonierende Fraktion zusammenzuhalten.

Wo es am Platze war, sind wir mit der Koalition auch Kompromisse eingegangen und haben dann die gefundenen Ergebnisse im Bundestag und in der Öffentlichkeit mitverantwortet. Das beachtlichste Beispiel dafür war die Rentenreform des Jahres 1989. Wir akzeptierten die spätere Erhöhung der Regelaltersgrenze, setzten aber die Verstetigung der Bundeszuschüsse und Verbesserungen für die Frauen durch. Gleichzeitig brachten wir unsere Konzepte der sozialen Grundsicherung und des Wertschöpfungsbeitrags in Erinnerung. Unter Federführung von Rudolf Dreßler haben unsere Sozialpolitiker und -politikerinnen auch hier gute Arbeit geleistet. Das erleichterte dem Parteivorstand und der Fraktion die fast einmütige Zustimmung, die bei Kompromissen dieser Art nicht ohne weiteres zu erlangen war.

Ich halte es im übrigen für richtig, daß die großen Parteien seit 1949 alle substantiellen Entscheidungen im Rentenrecht gemeinsam und ohne Rücksicht darauf getroffen haben, wer jeweils an der Regierung war. Das hat ruckartige Veränderungen auf diesem sensiblen Gebiet verhindert und Millionen von Rentnerinnen und Rentnern ein Grundgefühl der Kontinuität und Stabilität gegeben.

Im Jahre 1987 hatte sich zunächst die Serie der Wahlniederlagen aus der zweiten Hälfte des Jahres 1986 fortgesetzt. Wir hatten die Bundestagswahl und im April 1987 auch die hessische Landtagswahl – und damit seit über vierzig Jahren erstmals die Regierungsverantwortung in diesem Lande – verloren. Aber dann begann sich das Blatt zu wenden – und das fiel erfreulicherweise mit meinem Amtsbeginn als Parteivorsitzender zusammen.

In Schleswig-Holstein wurde die Sozialdemokratie bei den Wahlen am 12. September 1987 stärkste Partei. Die bis dahin regierende CDU/F.D.P.-Koalition unter Ministerpräsident Uwe Barschel verlor über sechs Prozent der Stimmen und ihre Mehrheit im Landtag. Bei der Wahl spielten »Spiegel«-Veröffentlichungen eine beträchtliche Rolle. Die erste berichtete am 7. September 1987 über verwerfliche Aktivitäten gegen die Privatsphäre des sozialdemokratischen Spitzenkandidaten Björn Engholm, unter anderem von einer Bespitzelung durch eine Privatdetektei, einer fingierten Steueranzeige und einem ebenfalls fingierten Anruf eines angeblichen Arztes, der Engholm mitteilte, daß er an Aids leide. Am 14. September 1987 – Vorausmeldungen erschienen schon am 12. September – wurden ein Mitarbeiter der schleswig-holsteinischen Staatskanzlei und Ministerpräsident Barschel selbst für diese Machenschaften verantwortlich gemacht. Barschel mußte auf Druck seiner eigenen Partei Anfang Oktober zurücktreten. Am 11. Oktober 1987 verstarb er in Genf unter Umständen, die bis heute nicht völlig aufgeklärt sind. Ein Untersuchungsausschuß des schleswig-holsteinischen Landtags erachtete die Vorwürfe gegen Barschel in allen wesentlichen Punkten als erwiesen. Die Parteien einigten sich daraufhin auf neuerliche Landtagswahlen, bei denen die SPD Anfang Mai 1988 unter Führung von Björn Engholm die absolute Mehrheit errang. Björn Engholm wurde Ende Mai zum ersten sozialdemokratischen Ministerpräsidenten des Landes seit achtunddreißig Jahren gewählt. Das war für die Union über Schleswig-Holstein hinaus ein empfindlicher Schlag. Die Barschelschen Aktivitäten waren aber auch ein schwerer Schlag für die Glaubwürdigkeit der Politik überhaupt. Zu der sich verstärkenden Politik- und Politikerverdrossenheit trug das erheblich bei.

Von den Machenschaften habe ich durch die »Spiegel«-Veröffentlichung vom 7. September 1987 erfahren. Als mich Björn Engholm am 8. September 1987 im Erich-Ollenhauer-Haus aufsuchte, um mit mir seine an diesem Tag bevorstehende Begegnung mit dem in Bonn weilenden Erich Honecker zu besprechen, kam die Rede auf die Veröffentlichung vom Vortage. Engholm zeigte sich vor allem deswegen betroffen, weil seine Familie in Mitleidenschaft gezogen worden war. Mir erschienen die Vorwürfe so unglaublich, daß ich zu großer Vorsicht riet.

Der Sieg in Schleswig-Holstein belebte die Stimmung in der Partei und wirkte sich auch im Vorfeld des Parteitags günstig aus, der für die Zeit vom 30. August bis 2. September 1988 nach Münster einberufen war. Es war mein erster ordentlicher Parteitag nach meiner Wahl zum Parteivorsitzenden. Die wichtigsten Themen waren die Sicherheitspolitik, die Wirtschaftspolitik, die Umweltpolitik, die Sozialpolitik und die Quotenregelung. Über deren Vorgeschichte habe ich schon berichtet. Von den anderen Themen stand die Wirtschaftspolitik im Vordergrund. Eine umfassende Entschließung, um die lange gerungen wurde, machte deutlich, daß die Sozialdemokratie nicht nur schlüssige Konzepte für die gerechte Verteilung des Sozialprodukts besaß, sondern auch für die ökonomische, ökologische und humane Optimierung des Sozialprodukts und die Beteiligung aller, die arbeiten können und wollen, an seiner Herstellung. Erstmals beschäftigte sich dieser Parteitag auch mit der Frage einer deutschen Beteiligung an UNO-Einsätzen. Sie wurde damals nach kurzer Debatte schon im Hinblick auf die noch andauernde deutsche Teilung abgelehnt. Mit ihrem Vorsitzenden waren die Delegierten zufrieden. Sie bestätigten mich mit vierhundertsechsundzwanzig Ja- und vier Nein-Stimmen bei einer Enthaltung im Amt. Das war ein Ergebnis, das bis dahin nur Willy Brandt einmal übertroffen hatte. Johannes Rau und Oskar Lafontaine wurden als Stellvertreter wiedergewählt, letzterer mit einem Dämpfer wegen seines Konflikts mit den Gewerkschaften zu Beginn des Jahres. Und im Einklang mit dem Beschluß über die Gleichstellung der Frauen in der Sozialdemokratie wurde mit Herta Däubler-Gmelin zum erstenmal in der Geschichte der Partei einer Frau das Amt einer stellvertretenden Vorsitzenden übertragen.

Insgesamt war es ein rundum gelungener Parteitag. Nur eine Nachwirkung trübte die Freude. Bei den Vorstandswahlen hatten Peter Glotz und Hans Apel wohl auch infolge der Quotierung, die jetzt erstmals griff, ihre Wiederwahl verfehlt. Peter Glotz trug das mit Fassung und kehrte denn auch später in den Parteivorstand zurück. Hans Apel hingegen legte noch vor der unmittelbar anstehenden Haushaltsdebatte auch seine Funktionen als stellvertretender Fraktionsvorsitzender und Vorsitzender des Arbeitskreises öffentliche Finanzen nieder. In dieser Eigenschaft hätte er dem Finanzminister am ersten Tag der Debatte antworten sollen. Für seine Wiederwahl hatte ich mich gerade auch mit diesem Argument eingesetzt. Aber die Zahl der Delegierten, die mit einigen seiner inhaltlichen Positionen oder auch mit ihm als Person Schwierigkeiten hatten, war zu groß geworden. Zu seiner Nachfolgerin in der Bundestagsfraktion wurde Ingrid Matthäus-Maier gewählt. Sie hat ihre Sache seitdem ausgezeichnet gemacht.

Helmut Kohl geriet ab Sommer 1987 zunehmend in immer größere Schwierigkeiten und vorübergehend sogar an den Rand seines Sturzes. Im Jahr 1988 trug dazu nach der Schleswig-Holstein-Wahl der ihm von Franz Josef Strauß aufgezwungene Dauerstreit über die Befreiung des Benzins für Sport- und Privatflieger von der Mineralölsteuer bei. Sie wurde von einer knappen Mehrheit der Koalitionsabgeordneten mit deutlichem Mißbehagen im Juni 1988 gebilligt. Da gleichzeitig andere Steuern erhöht wurden, löste diese Entscheidung, die Franz Josef Strauß als passionierter Privatflieger unterstützt und dann zu einer Prestigefrage gemacht hatte, wochenlange öffentliche Proteste aus. Im August 1988 gaben ein schweres Unglück bei einem Flugtag in Ramstein, bei dem siebzig Menschen starben, und im Dezember desselben Jahres der Absturz eines US-Kampfflugzeugs über der Stadt Remscheid, bei dem wieder Menschen getötet wurden, der Diskussion über die militärischen Tiefflüge neue Nahrung. Deren Notwendigkeit wurde von der Bundesregierung hartnäckig verteidigt, obwohl die Menschen in den betroffenen Gebieten die Tiefflüge nicht nur als Belästigung, sondern nach den vorangegangenen Ereignissen als Gefährdung empfanden. Am 10. November 1988 hielt Bundestagspräsident Philipp Jenninger zur fünfzigsten Wiederkehr der Reichspogromnacht eine in höchstem Maße mißverständliche Rede. Und am 11. November 1988 stürzte der rheinland-pfälzische CDU-Parteitag meinen Bruder als Landesvorsitzenden, worauf dieser mit seinem Rücktritt als rheinland-pfälzischer Ministerpräsident reagierte.

Die Rede Jenningers habe ich noch in bedrückender Erinnerung. Ich saß während dieser Rede im Wasserwerk in der ersten Reihe und hatte sowohl ihn als auch Ida Ehre, die Prinzipalin der Hamburger Kammerspiele, im Auge, die – selbst Jüdin – vor der Rede die »Todesfuge« von Paul Celan rezitiert hatte. Ihr Angesicht versteinerte, als Jenninger in weiten Passagen seiner Rede Sprachbilder und Begriffe der NS-Gewaltherrschaft verwandte, ohne sie als Zitate zu kennzeichnen. Von »Rassenschande« und »Arisierung« war da ebenso die Rede wie vom »Faszinosum« des »politischen Triumphzugs« Hitlers in den ersten Jahren seiner Kanzlerschaft. Und der Versuch, Hitlers Haß auf die Juden mit dem angeblichen Elend seiner Kindheit und den Obsessionen eines sexuell Gestörten zu erklären, mißlang ebenso peinlich wie der im Zusammenhang mit einem Völkermord gänzlich verfehlte Hinweis darauf, daß die wirtschaftlichen Erfolge vieler Juden während des Prozesses der Industrialisierung einen Neid-

und Inferioritätskomplex unter den Deutschen geweckt hätten. Schon während der Rede gab es laute Unmutsäußerungen. Willy Brandt, der neben mir saß, konnte nur mit Mühe an sich halten. Rund fünfzig Abgeordnete verließen den Saal, noch bevor Jenninger geendet hatte. Nach einer Sondersitzung der SPD-Bundestagsfraktion schrieb ich an Jenninger einen Brief, in dem ich seine innere Einstellung zu den damaligen Ereignissen nicht in Zweifel zog, aber einen bestürzenden Mangel an Sensibilität und eine völlige Verkennung dessen beklagte, was von dem, der in einer solchen Stunde für das gesamte Parlament spricht, an gedanklicher und sprachlicher Einfühlung und Sorgfalt zu fordern ist. Er werde zu erwägen haben, ob er sein Amt fortführen könne und wolle. Diese Gesichtspunkte trug ich ihm am gleichen Tage auch persönlich vor. In Gesprächen mit den anderen Fraktionen ergab sich eine weitgehende Übereinstimmung in der Beurteilung. Ihr schloß sich in Vertretung des abwesenden Alfred Dregger auch Theo Waigel für die Union an. Am nächsten Tag trat Philipp Jenninger zurück. Alles andere wäre – auch für ihn selber – nicht tragbar gewesen.

In der ersten Hälfte 1989 setzte sich diese für Helmut Kohl kritische Entwicklung fort. Ende Januar 1989 verlor die Union die Wahlen zum Berliner Abgeordnetenhaus und damit ein weiteres Bundesland. Den Senat bildete eine rot-grüne Koalition unter Führung von Walter Momper, der es mit der SPD auf 37,3 Prozent der Stimmen gebracht hatte. Ich gratulierte Momper noch am Wahlabend an Ort und Stelle. Dabei ging mir die Erinnerung an mein eigenes Ergebnis vor acht Jahren durch den Kopf, bei dem wir mit 38,3 Prozent in die Opposition gehen mußten. So »dialektisch« kann es in der Demokratie zugehen – dachte ich mir.

Im Februar 1989 wurde bekannt, daß deutsche Firmen am Aufbau einer Giftgasfabrikation im libyschen Rabda mitgewirkt hatten. Wir ergriffen daraufhin neue Initiativen für eine Verschärfung der einschlägigen Kontrollen und zur Beschränkung der Rüstungsexporte insgesamt. Es kam dann auch noch im Frühjahr zu einigen Korrekturen des Außenwirtschaftsrechts und der Vorschriften über den Kriegswaffenexport. Am zentralen Problem aber hat sich nichts geändert. Daran nämlich, daß die NATO-Staaten und auch die Bundesrepublik – sie ist inzwischen der zweitgrößte Waffenexporteur der Welt – Waffen in alle Welt liefern, diese Waffen dann später in blutigen Konflikten viele Menschen töten und die Soldaten bedrohen, die zur Erhaltung oder Wiederherstellung des Friedens in die Konfliktregionen gesandt werden. Das wurde noch nicht einmal ein Jahr später beim Golfkonflikt besonders deutlich. Bei der Verfassungsreformdiskussion der Jahre 1992 bis 1994 haben wir deshalb gefordert, Rüstungsexporte außerhalb von Bündnisverpflichtungen im Grundgesetz zu verbieten. Die Konservativen haben das abgelehnt; sie waren nicht einmal zu einer ernsthaften Auseinandersetzung bereit. Diese Erfahrung gehört zu meinen dauerhafteren Frustrationen. Sie kränkte nicht nur meine Friedensliebe, sondern auch mein Bedürfnis nach logischer Einschätzung von Ursache und Wirkung.

Für Helmut Kohl kam es aber noch schlimmer. Im März 1989 erlitt seine Partei bei den Kommunalwahlen in Hessen neuerdings eine schwere Niederlage. Sie verlor Frankfurt und büßte landesweit fast acht Prozent ein. Bei Meinungsumfragen lag sie zu dieser Zeit konstant um mehrere Punkte hinter der SPD. Die Diskussion innerhalb der Union erfaßte jetzt auch den Bundeskanzler selbst. Manfred Rommel, der Stuttgarter Oberbürgermeister, und andere Unionsrepräsentanten brachten den baden-württembergischen Ministerpräsidenten Lothar Späth als geeigneten Nachfolger ins Gespräch. Ende März 1989 kritisierte der konservative Publizist Rüdiger Altmann in einem aufsehenerregenden Aufsatz in der »Zeit« den Kanzler von rechts, rügte seinen »miserablen Führungsstil« als »Wurzel der Malaise« und forderte ihn auf, Lothar Späth Platz zu machen.

In dieser Situation zeigten sich Kohls Stärken und Schwächen. Seine Schwächen bestanden auch diesmal in unklaren Vorgaben, die zu einem verwirrenden Hin und Her bei der Quellensteuer, der Wehrdienstzeit und der Wiederaufbereitungsanlage Wackers-

dorf führten. Seine Stärke lag einmal mehr in seinem strapazier-
fähigen Nervenkostüm und seinem Stehvermögen. Als ihm das
Wasser bis zum Hals stand, bildete er schließlich im April 1989
sein Kabinett um. Ende April gelang es ihm, nach einer ganztägigen Aussprache über seine Regierungserklärung anläßlich der
Kabinettsumbildung die Koalition und auch seine eigene Fraktion im Bundestag einigermaßen zu stabilisieren. Nicht allzulange vorher hatte er im Fernsehen mit einem bemerkenswerten
Versprecher über das Verhältnis der Koalitionspartner gesagt,
man wolle pfleglich miteinander »untergehen«, wobei er natürlich statt untergehen »umgehen« gemeint hatte. Diesen Versprecher habe ich in meiner Rede im Bundestag nicht ohne
Schadenfreude zitiert. Geholfen hat Helmut Kohl in diesen für
ihn besonders kritischen Tagen Wolfgang Schäuble. Er riet Kohl,
am 23. April 1989 zu einem Parteitag seines CDU-Bezirks-
verbands Südbaden in Tuttlingen zu kommen. Dort gelang es
Kohl, die zunächst skeptischen und frustrierten Delegierten
durch eine kämpferische Rede und eine freimütige Diskussion,
in der er auch Fehler zugab, für sich zu gewinnen. Am Ende
verabschiedeten sie ihn mit einer Ovation. Schäuble hatte sie
zuvor mit seiner Rede eingestimmt. Es spricht vieles dafür, daß
Kohl an diesem Tag den tiefsten Punkt der Krise überwunden hat.

Eine Oppositionspartei ist verständlicherweise über eine solche Schwächephase der Regierung und des Regierungschefs nicht
gerade traurig. Wir begleiteten sie mit bissigen Kommentaren und
wiesen nachdrücklich auf schlimme Defizite der Regierungspoli-
tik hin; so auf die unverändert hohe Arbeitslosigkeit, auf gravierende soziale Ungerechtigkeiten und auf die infolge sinkender
Wohnungsbauleistungen steigende Wohnungsnot, die mit steigenden Mieten einherging. Wir forderten auch die F.D.P. auf –
Hans-Dietrich Genscher sprach damals von einem »Gezeiten-
wechsel« –, die Koalition zu verlassen. Dies hätte allerdings für
einen Koalitionswechsel, also eine sozialdemokratisch geführte
Koalition, nicht ausgereicht. Dazu hätte es auch der Unterstützung der Grünen bedurft, und für eine Ampelkoalition war

die Zeit nicht reif. Unsere Aufforderung hatte also nur demonstrativen Charakter.

Bei aller Genugtuung über eine Situation, deren Fortdauer die Rückgewinnung der Regierungsverantwortung bei der nächsten Bundestagswahl wahrscheinlicher gemacht hätte, waren aber auch retardierende Momente nicht zu übersehen. Einen, die leidige Koalitionsfrage, habe ich schon erwähnt. Der erste Versuch einer rot-grünen Koalition auf Landesebene war in Hessen nach knapp anderthalbjähriger Dauer gescheitert. Der zweite Versuch in Berlin erwies sich als schwierig. Auf Bundesebene war die Fraktion der Grünen ebenso wie die Partei in andauernde interne Streitigkeiten verstrickt. Antje Vollmer, damals eine von drei Fraktionssprecherinnen, meinte im Sommer 1989, die Fraktion der Grünen könnte in ihrer Zusammensetzung und der Form ihrer politischen Arbeit eine tragende Wand für eine Perspektive grüner Regierungsbeteiligung nicht sein. Gespräche, die Horst Ehmke mit Otto Schily und anderen Mitgliedern der Grünen im Juni 1989 auf dem Schloß des Grafen Hatzfeld in der Nähe von Olpe im Sauerland über Fragen des westlichen Bündnisses führte, genügten denn auch schon, um nach ihrem Bekanntwerden bis in die eigene Partei hinein erhebliche Aufregung zu verursachen.

Weiter ließ sich nicht bestreiten, daß die Verluste der Union nur zum Teil uns, zum größeren Teil aber den Republikanern zugute kamen. Diese aus einer Abspaltung von zwei CSU-Abgeordneten im Jahre 1983 hervorgegangene Partei hatte unter dem Vorsitz des Herrn Schönhuber mit rechtsextremistischen Parolen bei den Wahlen zum Abgeordnetenhaus in Berlin im Januar 1989 7,5 Prozent der Stimmen erzielt und erreichte in den folgenden Monaten in Umfragen auch anderswo Werte jenseits der Fünf-Prozent-Marke. Ein Papier über die Auswirkungen eines weiteren Anwachsens der Republikaner für die Union, das eine Abteilung des Erich-Ollenhauer-Hauses im Winter 1988/89 anfertigte, wurde dahin interpretiert, die SPD wünsche ein solches Anwachsen. Das war schon deshalb abwegig, weil sich in bestimmten Gebieten auch SPD-Wähler in größerer Zahl den

Republikanern zuwandten. Dennoch trug uns das Papier, als es durch eine Indiskretion im Juli 1989 bekannt wurde, in der Öffentlichkeit böse Vorwürfe ein. Tatsächlich haben wir die Republikaner von Anbeginn an mit Nachdruck bekämpft und der Versuchung, ihnen durch die Übernahme radikaler Parolen den Wind aus den Segeln zu nehmen – anders als Teile der CDU und insbesondere der CSU –, stets widerstanden. Wahrscheinlich hat Schönhuber damals auch aus dem Tode von Franz Josef Strauß einen gewissen Nutzen gezogen, weil dieser zu Lebzeiten Wähler festhielt, die sich nach seinem Ableben nicht mehr an die CSU gebunden fühlten. Er gab sich auch eine Zeitlang Mühe, sich als der eigentliche Nachfolger von Franz Josef Strauß zu gebärden.

Retardierend wirkte für uns schließlich auch das Ergebnis der Europawahl vom 18. Juni 1989. Zwar hatte die Union gegenüber 1984 über sechs Prozent und 800 000 Wählerinnen und Wähler verloren, die SPD hingegen 1,2 Millionen Wählerinnen und Wähler gewonnen. Aber in Prozenten lag die Union mit 37,9 Prozent hauchdünn vor uns mit 37,3 Prozent. Das ließ die schon bei der Niedersachsen-Wahl des Jahres 1986 beschriebene Interpretation aufs neue zur Geltung kommen, die Union sei die große Siegerin, weil sie eben trotz aller Schwächezeichen stärkste Partei geblieben sei und die SPD sie nicht habe überholen können. So oberflächlich diese Lesart auch war und sosehr auch andere wichtige Aspekte des Wahlergebnisses aus dem Blick gerieten – etwa der, daß die Republikaner in Bayern fast 15 Prozent und in einzelnen Städten, etwa in Rosenheim, sogar mehr als 20 Prozent erreicht hatten –, war doch gegen sie in der Öffentlichkeit fast nicht anzukommen.

Dennoch erschien auch nach der Europawahl das Rennen für die nächste Bundestagswahl viel offener als 1987. Und das auch noch, nachdem sich Helmut Kohl von Herrn Geißler als Generalsekretär getrennt und sich Mitte September 1989 auf seinem Parteitag in Bremen gegen einen halbherzigen Aufstandsversuch Lothar Späths und anderer Epigonen durchgesetzt hatte. Aber es sollte alles ganz anders kommen.

10 Die deutsche Einheit kommt zustande

Manche tun heutzutage so, als hätten sie den Zusammenbruch des SED-Regimes, das Ende der DDR und die deutsche Einigung schon lange vorausgesehen. Sie behaupten, die Geschehnisse in den Jahren 1989 und 1990 hätten sie nicht überrascht. Ich lasse dahingestellt, ob es derart Hellsichtige in der Bundesrepublik damals wirklich gab. Mir sind sie jedenfalls nicht begegnet, und in Bonn gab es sie auch in der Union nicht. Selbst der Springer-Verlag, der die DDR jahrzehntelang als Staatswesen nicht zur Kenntnis nehmen wollte und sie deshalb in seinen Blättern stets in Anführungszeichen setzte, strich diese Anführungszeichen noch im August 1989 mit der Begründung, die Symbolik der Anführungszeichen werde nur noch von wenigen verstanden.

Ich selber habe stets die Ansicht vertreten, die deutsche Frage sei nicht endgültig beantwortet, und eines Tages werde es zur Überwindung der deutschen Teilung kommen. Aber das werde wohl – so vermutete ich – erst jenseits der Jahrhundertschwelle und erst nach einem längeren Übergangszeitraum über einige Zwischenstufen hinweg der Fall sein. Zentrale Bedeutung hatten für mich die Demokratisierung und Liberalisierung der Verhältnisse in der DDR. Franz Josef Strauß dachte übrigens in diesem Punkt ganz ähnlich. Noch zwei Jahre vor seinem Tod äußerte er, daß für ihn die Wiederherstellung demokratischer Zustände in allen Teilen Deutschlands im Vordergrund stehe. In früheren Zeiten hat er sogar den Nationalstaat mehrfach als anachronistisch bezeichnet und hinzugefügt, er glaube nicht an die Wiederherstellung eines deutschen Nationalstaates. Das war eine Position, die ich zu keinem Zeitpunkt teilte. Entscheidend für meine zeitlichen Annahmen war die Erwägung, daß die Sowjetunion nur in einem sehr langfristigen Prozeß bereit sein würde, Korrekturen der aus dem zweiten Weltkrieg hervorgegangenen Ordnung in Mitteleuropa zu akzeptieren.

Der Gedanke, der rasche Fortschritt der Gorbatschowschen Reformen könnte diesen Prozeß beschleunigen, beschäftigte mich erstmals um die Jahreswende 1988/89. Die polnische Entwicklung hatte mich schon einige Zeit vorher daran zweifeln lassen, daß sich die DDR-Führung auf Dauer gegen solche Veränderungen abschotten könnte. »Demokratie und Meinungsvielfalt sind ansteckend«, sagte ich im April 1989 in einem Interview. »Den Geist der Freiheit kann man nicht mehr in die Flasche zurückzwingen.« Das Verbot der sowjetischen Zeitschrift »Sputnik« in der DDR wegen ihrer reformerischen Tendenz im November 1988 erschien mir auf diesem Hintergrund als ein alarmierender, aber auch untauglicher Versuch, Veränderungen in der DDR einen Riegel vorzuschieben.

Erhard Eppler, der Initiator des gemeinsamen SPD/SED-Papiers vom August 1987, kam bei einer Zwischenbilanz über den Stand des von diesem Papier als notwendig bezeichneten kritischen Dialogs zwischen den verschiedenen Systemen und innerhalb der Systeme selbst zu einem ähnlichen Ergebnis. In einer Fernsehsendung kritisierte er Ende März 1989, daß die DDR-Führung im Widerspruch zu dem Papier einzelne und Gruppen, die am öffentlichen Dialog außerhalb der Staatspartei teilnehmen wollten, massiv einschüchtere und sogar die Verbreitung mißliebiger Zeitschriften aus der Sowjetunion und aus Ungarn verhindere. Wer – so fuhr er fort – Personen verhaftet und bestraft, weil sie an friedlichen Demonstrationen teilgenommen haben, wer Menschen benachteiligt, verfolgt oder bedroht, weil sie in unabhängigen gesellschaftlichen Gruppen am Dialog über sie betreffende gesellschaftliche Angelegenheiten teilnehmen, wer Ausreisewillige diskriminiert und schikaniert, wer Personen an der Einreise in das eigene Territorium hindert, weil sie unliebsame Kritik geäußert haben, wer die Verbreitung von Zeitungen und anderen Druckmedien zur freien Urteilsbildung erschwert oder verhindert, kann nicht den Anspruch erheben, die offene Diskussion über den Wettbewerb der Systeme, die umfassende Informiertheit der Bürger in Ost und West, den Dialog zwischen allen gesellschaftlichen Organisationen, Institutionen, Kräften und Personen zu ermöglichen und zu fördern. Er verstoße vielmehr gegen die Norm einer politischen Streitkultur, wie sie in dem gemeinsamen Papier festgelegt worden sei.

Gegen die Verfolgungsmaßnahmen hatte die Konferenz der Vorsitzenden der SPD-Fraktionen des Bundestags, der Landtage und der Bürgerschaften im Zusammenhang mit der Verhaftung von Bürgerrechtlern am Rande der alljährlichen Ost-Berliner Rosa-Luxemburg-Demonstration auf meine Anregung hin schon Ende Januar 1988 protestiert. Die Bürgerrechtler wurden makabrerweise deshalb festgenommen, weil sie sich der Demonstration mit Transparenten angeschlossen hatten, auf denen das berühmte Luxemburg-Zitat »Freiheit ist immer Freiheit der Andersdenkenden« zu lesen war. Aus gegebenem Anlaß habe ich diese Proteste wiederholt und mich dabei jeweils auf das gemeinsame Papier berufen. Das taten übrigens auch Abgeordnete der Koalitionsfraktionen, um ihrer Kritik an dem Vorgehen der DDR-Sicherheitsorgane Nachdruck zu verleihen. Im März 1989 hatte der Parteivorstand zudem eine Entschließung gefaßt und veröffentlicht, in der er an die Verfolgung von Sozialdemokraten in der sowjetischen Besatzungszone und in der DDR nach 1945 erinnerte. Wörtlich lautete sie: »Die SPD kann das Unrecht nicht vergessen, das Sozialdemokraten nach dem Kriege in der sowjetisch besetzten Zone und später in der DDR erlitten haben. Sozialdemokratismus war ein Vorwurf, den viele Menschen mit dem Verlust von Freiheit oder Nachteilen für ihr berufliches Fortkommen zu bezahlen hatten. Die SPD erwartet, daß sich im Zuge der geistigen Veränderungen in Europa auch in der DDR die Bereitschaft entwickelt, dieses Unrecht zu erkennen und als solches zu bezeichnen. Die Hinwendung zur Gerechtigkeit gehört zur gemeinsamen europäischen Zukunft.«

Ende Mai 1989 brachte ich diese Dinge bei meinem Jahrestreffen mit Erich Honecker zur Sprache und problematisierte insbesondere das »Sputnik«-Verbot. Mir erscheine es zweifelhaft, daß sich die DDR auf längere Sicht von den Veränderungen ausschließen könne, die in der Sowjetunion, in Polen und in Ungarn für jedermann sichtbar im Gange seien. Es sei nicht unsere Absicht, die DDR zu destabilisieren. Aber die Ablehnung aller Reformschritte könne eine solche Destabilisierung zur Folge haben. Honecker zeigte sich von meinen Ausführungen wenig beeindruckt. Die Sowjetunion und die DDR seien nicht ohne weiteres zu vergleichen. In der DDR gebe es mehrere Parteien, in der Sowjetunion müsse man eine solche Pluralität erst schaffen. Auch seien die Läden in der DDR mit Waren gefüllt, während es in der Sowjetunion öfters am Notwendigen fehle. Außerdem solle ich mich darauf verlassen: Bei aller Kritik, die es unter den Älteren gebe – die SED habe die Jugend in ihrem Geiste erzogen und deshalb für sich. Der Realitätsverlust, unter dem Honecker im Vergleich zu unseren früheren Begegnungen litt, war nicht zu verkennen. Er schien auch sonst starrer und introvertierter als in den Jahren zuvor. Dennoch habe ich nicht gedacht, daß es unsere letzte Zusammenkunft sein würde. Die oppositionellen Kräfte, mit denen wir im Kontakt standen, haben übrigens zu diesem Zeitpunkt das Tempo der weiteren Entwicklung ebensowenig vorausgesehen.

Anfang Juni gab es ein weiteres Alarmzeichen. Das war die Tatsache, daß die DDR-Führung das brutale Vorgehen der chinesischen Armee gegen die auf dem »Platz des himmlischen Friedens« in Peking für Demokratie und Meinungsfreiheit demonstrierenden Studenten ausdrücklich begrüßte und die Niederschlagung dieser friedlichen Opposition ihrer eigenen Bevölkerung mehrfach im Fernsehen vor Augen führte. Das ließ zwei Deutungen zu. Es konnte als Zeichen der Unsicherheit und der Angst aufgefaßt werden; es konnte aber zugleich auch dahin verstanden werden, daß man entschlossen sei, in der DDR notfalls in gleicher Weise gewaltsam gegen Bürgerbewegungen vorzugehen. Die Sorge, daß es so kommen könnte, hat mich in der folgenden Zeit stets begleitet.

Einer der ersten, die damals öffentlich die Möglichkeit erwogen, die Herrschaft der SED könne rascher zu Ende gehen, war Erhard Eppler. Er sprach auf der Gedenkveranstaltung des Deutschen Bundestags zum 17. Juni. Das Vorschlagsrecht für die Benennung des Redners wechselte zwischen den Fraktionen. Für den 17. Juni 1989 lag es bei uns. In seiner eindrucksvollen Rede, die auch heute noch die Lektüre lohnt, sagte er, die SED bewege sich auf tauendem Eis, auf dem schmelzenden Eis des kalten Krieges. Wer sich da nicht bewege, aus Furcht, er könnte einbrechen, dürfte dem kalten Wasser nicht entkommen. Das ganze Haus spendete Eppler lebhaften Beifall. Hier sah ein Mann, der stets für den Dialog mit der SED eingetreten war, ihr Ende realistischer voraus als mancher Konservative, der noch in den Kategorien des kalten Krieges befangen war. Der Parteivorstand beschloß auch unter dem Eindruck dieser Rede Ende Juni Grundsätze über die Wahrnehmung von Kontakten mit der SED sowie mit Institutionen, Parteiorganisationen und Gruppierungen in der DDR. Gespräche mit kirchlichen Gruppen und Vertretern abweichender Meinungen, die wir – wie ich schon dargelegt habe – bereits lange führten, wurden nun auch öffentlich als notwendig und erwünscht bezeichnet.

Meinerseits traf ich am 26. August im Hause der damaligen »Zeit«-Korrespondentin Marlies Menge in Berlin mit Christa Wolf zusammen. Das Gespräch drehte sich lange um die Frage, wie im Laufe der sich inzwischen deutlicher abzeichnenden Entwicklung Gewalt und Blutvergießen vermieden werden könnten. Wir stimmten darin überein, daß es die Sowjetunion hinnehmen werde, wenn sich die DDR zu einem demokratischen Staat wandle. Ob sie auch die Vereinigung der DDR mit der Bundesrepublik akzeptieren würde, erschien uns nicht so sicher. Christa Wolf meinte, daß sich die Frage derzeit nicht stelle, weil eine breite Mehrheit der oppositionellen Kräfte den Fortbestand einer reformierten DDR wünsche. Kräfte, die Reformen für dringlich hielten, gäbe es auch in der SED. Das und die vermutete Haltung der Sowjetunion rechtfertige die Hoffnung, daß seitens der Staatsorgane jedenfalls so lange nicht geschossen werde, wie die Demonstrationen friedlich verliefen. Ich sah keinen Anlaß, dieser Einschätzung zu widersprechen, obwohl ein Rest an Sorge blieb. Der ergänzende Rat Christa Wolfs, die Bundesrepublik könnte den gewaltfreien Verlauf der Dinge am besten dadurch fördern, daß sie sich nicht unmittelbar einmische, sondern den Willen der Menschen in der DDR respektiere, ihr Schicksal selbst in die Hand zu nehmen, entsprach ohnehin meiner eigenen Vorstellung.

Ähnlich verlief ein Gespräch mit Rechtsanwalt Wolfgang Vogel, der mich wenige Tage zuvor in meinem niederbayerischen Refugium aufgesucht hatte. Er stand unter dem Eindruck seiner Verhandlungen über die zunehmende Zahl von DDR-Bürgern, die ihre Ausreise durch Zuflucht in der Ständigen Vertretung in Ost-Berlin oder in Botschaften der Bundesrepublik in den Warschauer-Pakt-Staaten zu erzwingen suchten. Ohne die Loyalität gegenüber seinen Vollmachtgebern zu verletzen, gab er zu verstehen, daß er nunmehr eine grundlegende Veränderung der Verhältnisse in der DDR für zwangsläufig hielt. In der Frage etwaiger Gewaltanwendung schien ihm das Verhalten der Sowjetunion ausschlaggebend zu sein. Hinweise darauf, daß sich die Entwicklung in der DDR beschleunigte, kamen auch von Walter Momper und von Dieter Schröder, dem alten Weggefährten aus meiner Berliner Zeit, der damals unter Walter Momper als Chef der Senatskanzlei tätig war.

In dieser Situation war darüber zu entscheiden, ob ein im Frühjahr für Mitte September vereinbarter Besuch einer Delegation der SPD-Bundestagsfraktion in der DDR stattfinden oder von uns abgesagt werden sollte. In der Fraktion wurde darüber kontrovers diskutiert. Norbert Gansel und andere plädierten unter dem Stichwort »Wandel durch Abstand« für eine Absage. Ich war der Meinung, es sei gerade jetzt notwendig, sich an Ort und Stelle ein Bild zu machen und den Verantwortlichen unsere Ansichten unmittelbar zur Kenntnis zu bringen. Auch ergäben sich am Rande des Besuchs Gelegenheiten zu Kontakten mit Oppositionellen. Das fand die Zustimmung der Mehrheit. Horst Ehmke, der die Delegation leiten sollte, gab das am 14. September auf einer Pressekonferenz bekannt und legte dabei auch dar, was er den Einladenden an Kritik zu sagen beabsichtigte.

Der Volkskammerpräsident Horst Sindermann reagierte tags darauf mit der Rücknahme der Einladung und dem Vorwurf, wir wollten uns in innere Angelegenheiten der DDR einmischen und die Spannungen erhöhen. Die Kommentare zu diesem Vorgang waren unterschiedlich. Die Konservativen rügten die Besuchsabsicht als Anbiederei. Andere kritisierten umgekehrt, daß wir die Absage verursacht hätten. Wahrscheinlich war es einer der Fälle, in denen man es kaum richtig und eigentlich nur falsch machen konnte – einerlei, was man tat. Im Grunde war das Ganze aber ein weiteres Zeugnis für die Schwäche und die Isolierung der SED-Führung gegenüber ihrer eigenen Gesellschaft.

Um diese Zeit erreichte die Entwicklung ein neues Stadium. An die Stelle des Kampfes um Ausreisegenehmigungen war eine Massenflucht von DDR-Bürgerinnen und -Bürgern zunächst über Ungarn und dann über die Tschechoslowakei getreten. Von historischer Bedeutung war dabei die Entscheidung der ungarischen Regierung vom 11. September 1989, die Grenze zu Österreich für jedermann und damit auch für alle DDR-Flüchtlinge zu öffnen. Das waren das Ende des Eisernen Vorhangs und der Anfang vom Ende des SED-Regimes. Gyula Horn, damals ungarischer Außenminister, und die anderen Verantwortlichen – alle übrigens Kommunisten – verdienen dafür noch heute Dank und Anerkennung. Die Bilder aus der deutschen Botschaft in Prag, die mit Flüchtlingen überfüllten Sonderzüge, die von dort und von Warschau über die DDR in die Bundesrepublik rollten, und die Konfrontation auf dem Dresdner Hauptbahnhof, bei der die Staatssicherheit Menschen zusammenschlug, die in die dort durchlaufenden Sonderzüge zusteigen wollten – all das verstärkte den Eindruck, daß hier ein Regime vor dem Kollaps stand. Insgesamt kamen im August und September auf diesen oder anderen

Wegen Tausende von DDR-Bürgerinnen und -Bürgern in die Bundesrepublik.

Der Parteivorstand beschäftigte sich am 18. September mit der Lage. Nach lebhafter und zum Teil auch kontroverser Diskussion billigte er eine von mir entworfene Entschließung mit wenigen Änderungen. Die Entschließung würdigte zunächst die Ergebnisse der sozialdemokratischen Deutschlandpolitik vor und nach dem Regierungswechsel von 1982 und anerkannte, daß es in der DDR gerade auch als Folge dieser Politik Mitte der achtziger Jahre Ansätze zu positiven Veränderungen gegeben hatte. Als Beispiel nannte die Entschließung die Abschaffung der Todesstrafe, die Amnestie für politische Gefangene, die Verbesserung der Reisemöglichkeiten, die Einführung eines gerichtlichen Rechtsschutzes auf bestimmten Gebieten und die Veröffentlichung des Streit- und Dialogpapiers im »Neuen Deutschland« sowie die Tatsache, daß es in der DDR zu einigen öffentlichen Diskussionen über das Papier unter Teilnahme westdeutscher Sozialdemokraten gekommen war. Dieser Prozeß sei von der SED-Führung jedoch abrupt abgebrochen worden. Ihre Absage an Reformen und ihre erneute Zuflucht zu repressiven Mitteln seien die Ursache dafür, daß Zehntausende, darunter viele junge Menschen, der DDR den Rücken kehrten. Das führe aber gleichzeitig dazu, daß die Zahl derer von Tag zu Tag wachse, die in der DDR offen für Veränderungen einträten und sich zu diesem Zweck auch organisierten. Wir hätten diese Gruppen nicht zu belehren oder an ihrer Stelle zu handeln, aber wir würden auch in Zukunft insbesondere diejenigen Gruppen ermutigen, die mit uns in den Prinzipien der Friedenssicherung und Abrüstung, der demokratischen Mitbestimmung und der sozialen und wirtschaftlichen Entwicklung übereinstimmten. Dann hieß es mit Blick auf die künftige Entwicklung wörtlich:

»Wir gehen auch in Zukunft von den bestehenden Verträgen und Vereinbarungen aus. Deutsche Politik hat auch weiterhin zuerst und vor allem Krieg in Europa unmöglich zu machen. Im

Einklang mit den Prinzipien und bisherigen Ergebnissen der Helsinki-Konferenz, die es auch auf anderen Gebieten zu verwirklichen gilt, haben für uns die Reisefreiheit, also die völlige Durchlässigkeit der Grenze, die Meinungs- und Informationsfreiheit und die selbstverantwortliche Mitwirkung aller Bürgerinnen und Bürger der DDR an der Gestaltung der gesellschaftlichen Verhältnisse Priorität. Die im Grundlagenvertrag anerkannte Staatlichkeit der DDR steht solchen Veränderungen nicht entgegen. Sie würde im übrigen durch Reformen nicht destabilisiert, sondern stabilisiert. Sozialismus ist nur lebensfähig, wenn er mit Demokratie und Freiheit verbunden ist. Wir verlangen nicht, daß die DDR den – so verstandenen – Sozialismus aufgibt, sondern daß sie mit ihm endlich anfängt. Zu welchen Folgerungen künftig die Ausübung des von uns zuletzt im Entwurf des neuen Grundsatzprogramms bekräftigten Selbstbestimmungsrechts der Deutschen führt, kann niemand vorwegnehmen und bleibt deshalb offen.«

Damit war eine Linie festgelegt, die auch in dieser dramatischen Situation die Kontinuität zu unserer bisherigen Politik wahrte, den Menschen in der DDR, aber auch in der Bundesrepublik Orientierung bot und dem in Gang gekommenen Umwandlungsprozeß eine Richtung wies – nämlich die einer verantwortungsbewußten Selbstbestimmung. In der Diskussion, die dieser Entschließung voranging, waren indes auch bereits Meinungsunterschiede zwischen denen deutlich geworden, die den Prozeß beschleunigen und die staatliche Einheit schon jetzt als Ziel proklamieren wollten, und denen, die – auch aus Sorge vor einem Ausbruch nationaler Leidenschaften und einer Belastung des Verhältnisses zu unseren Verbündeten und unseren europäischen Nachbarn – für eine größtmögliche Behutsamkeit eintraten. Einige, vor allem Oskar Lafontaine, betonten besonders die Probleme, die sich für Länder und Gemeinden aus dem Übersiedler- und Flüchtlingsstrom ergaben. Er müsse gebremst werden, weil die Unterbringung und die finanziellen Lasten kaum mehr zu bewältigen seien.

Die DDR-Führung wirkte in diesen Wochen wie gelähmt. Honecker trat infolge einer Erkrankung erst im Zusammenhang mit den Feiern aus Anlaß des vierzigjährigen Bestehens der DDR am 7. Oktober wieder öffentlich in Erscheinung. Falls er oder das Politbüro der SED wirklich geglaubt haben sollte, mit diesem Jubiläum die Position des Regimes zu festigen, so erwies sich dies als eine neuerliche Fehleinschätzung. Die offiziellen Feiern wurden nämlich in Berlin und in anderen Städten von Demonstrationen für Meinungsfreiheit und Reformen und dem gewaltsamen Vorgehen der Staatssicherheit gegen diese Demonstrationen überschattet. Entscheidend war aber, daß Gorbatschow während seines Aufenthalts in Berlin aus Anlaß des Jubiläums öffentlich seine Distanz gegenüber Honecker und der SED-Führung erkennen ließ.

Daß er das tun würde, war nicht von vornherein selbstverständlich. Immerhin hatte mich noch am 3. Oktober 1989 – also drei Tage zuvor – Walentin Falin, damals Leiter der Internationalen Abteilung beim Zentralkomitee der KPdSU, aufgesucht und mir mitgeteilt, Gorbatschow werde versuchen, die DDR-Führung stärker zu unterstützen. Vorschläge, die in eine andere Richtung gegangen seien, habe er abgelehnt. Er werde inzwischen zu Hause beschuldigt, mit der Perestroika innenpolitisch ein Chaos und außenpolitisch die Zersetzung der Gemeinschaft zu bewirken. Sein Bewegungsspielraum sei heute begrenzter als vor drei bis sechs Monaten. Diese Information erwies sich erfreulicherweise jedenfalls im Ergebnis als unzutreffend. Gorbatschow unterstützte die DDR-Führung in Berlin keineswegs. Im Gegenteil – er mahnte im Politbüro der SED Reformen an und beantwortete eine Frage, die ihm auf der Straße gestellt wurde, mit dem in die Geschichte eingegangenen Satz: »Wer zu spät kommt, den bestraft das Leben.« Die Menschen verstanden diesen Satz so, wie er wohl in diesem Moment auch gemeint war, und folgerten daraus, daß die Sowjetunion jedenfalls nicht zugunsten Honeckers und seiner alten Riege intervenieren würde.

Das gab der Bürgerbewegung zusätzlichen Auftrieb. In Leipzig beteiligten sich am 9. Oktober rund siebzigtausend Menschen an einem Demonstrationszug um den Ring. Dabei kam es zu einer gespannten Situation, als der Zug die Bezirksverwaltung der Staatssicherheit passierte und an dort postierten bewaffneten Angehörigen der Staatssicherheit und Polizeibeamten vorbeizog. Ich bewunderte den Mut der Männer und Frauen, die den Zug anführten oder sich an ihm beteiligten, obwohl keiner wußte, ob geschossen werden würde oder nicht. Ich zollte aber auch denen meinen Respekt, die auf der anderen Seite auf welcher Ebene auch immer – und das schließt auch die für die sowjetischen Streitkräfte Verantwortlichen mit ein – den Schießbefehl nicht gaben oder sich ihm verweigerten und damit den Menschen in der DDR und uns allen Schreckliches ersparten. Beide Verhaltensweisen sind zu schnell aus unserem Bewußtsein geschwunden. Das ist schon deshalb zu bedauern, weil Beispiele für Zivilcourage solcher Art in unserer Geschichte nicht eben reichlich zu finden sind.

Die Demonstrationen, die in Leipzig jeden Montag wiederholt wurden, erstreckten sich in den folgenden Wochen über die gesamte DDR. Mit einer Kundgebung auf dem Berliner Alexanderplatz erreichten sie am 4. November 1989 einen Höhepunkt. Etwa eine Million Menschen waren dort zusammengeströmt und bekundeten mit dem Ruf »Wir sind das Volk« in überwältigender Weise ihren Willen, die Bevormundung durch die SED zu beenden und ihre Angelegenheiten selbst in die Hand zu nehmen. Auch hier geschah das gewaltfrei und – auch das nicht gerade typisch deutsch – mit einem guten Quantum Humor, der in den Transparenten und auch in einigen Reden zum Ausdruck kam. Mir ist vor allem der von Christa Wolf in ihrer Rede verwendete Satz »Losung für den 1. Mai: Die Führung zieht am Volk vorbei« im Gedächtnis haften geblieben.

Mittlerweile hatten sich die Ereignisse weiter beschleunigt. Am 7. Oktober 1989 – und damit ganz bewußt an dem Tag, an dem die offizielle DDR ihr vierzigjähriges Jubiläum beging –

gründeten etwa vierzig Männer und Frauen, unter ihnen Markus Meckel, Martin Gutzeit, Konrad Elmer, Angelika Barbe, Stephan Hilsberg, Thomas Krüger und Steffen Reiche, aber auch Ibrahim Böhme in Schwante die Sozialdemokratische Partei in der DDR (SDP). Das »Neue Forum«, das als eine oppositionelle Gruppe unter Führung von Bärbel Bohley und Jens Reich schon Mitte September an die Öffentlichkeit getreten war, weitete seine Tätigkeit aus, obwohl es vom DDR-Innenministerium zunächst als »staatsfeindlich« bezeichnet worden war. Am 18. Oktober wurde Honecker von seinen Funktionen entbunden und Egon Krenz an seiner Stelle zum Generalsekretär gewählt. Am 7. November trat die Regierung der DDR zurück. Am 8. November wählte das Zentralkomitee der SED ein neues Politbüro. Zugleich hielt die Flüchtlingswelle unvermindert an. Es war kaum mehr möglich, die Veränderungen mit detaillierten Einschätzungen und Erklärungen zu begleiten oder zu beeinflussen. Es war die Zeit, in der einem nach einem häufig verwandten Bonmot die Worte im Mund veralteten. Ich versuchte, mit Presseverlautbarungen, mit meinen wöchentlichen politischen Berichten und Ende Oktober mit einer neuen Vorlage für den Parteivorstand und den Parteirat einigermaßen Schritt zu halten. Diese Vorlage setzte die am 18. September festgelegte Linie fort. Zur Frage nach der Zukunft Deutschlands hieß es dort schon konkreter als am 18. September:

»Für uns Sozialdemokraten stand und steht im Mittelpunkt der Deutschlandpolitik das Selbstbestimmungsrecht. Die Bürger der DDR müssen von ihrem Recht auf Selbstbestimmung Gebrauch machen können. Wir werden ihre Entscheidung respektieren, wie immer sie ausfällt. Für die Bürger der DDR haben individuelle Freiheit und Demokratisierung Vorrang. Daher respektieren wir die Bitte aller Reformkräfte in der DDR, nicht in ein Pathos der Wiedervereinigung zu verfallen. In jedem Fall müssen die Beziehungen zwischen beiden deutschen Staaten in einer Weise ausgestaltet werden, wie es die Zugehörigkeit zu einer Nation und der gemeinsamen Geschichte erfordert.«

Von der Absicht, in der DDR eine sozialdemokratische Partei zu gründen, hatten wir im August 1989 erfahren. Eine Initiativgruppe – so hieß es – wolle eine Sozialdemokratische Partei in der DDR ins Leben rufen. Bei Fühlungnahmen mit daran Beteiligten wurde uns – zu Recht – bedeutet, die Gründung müsse der eigenen Initiative von Männern und Frauen in der DDR entspringen. Schon der Anschein, die Partei wäre von außen ins Leben gerufen, verursache zusätzliche Risiken und entspräche nicht der Stimmungslage unter denen, die in der DDR eine friedliche Veränderung der Verhältnisse wollten. Darauf beruhte die Passage in der von mir schon zitierten Entschließung des Parteivorstands vom 18. September, daß wir sich bildende oppositionelle Gruppen nicht zu belehren und nicht an ihrer Stelle zu handeln hätten, daß wir sie aber ermutigen wollten. Deshalb sahen wir übrigens damals auch davon ab, von uns aus die 1961 nach dem Bau der Mauer aufgelösten Kreisverbände und Abteilungen in Ost-Berlin wieder zu aktivieren.

Die am 7. Oktober im Pfarrhaus von Schwante – fünfzehn Kilometer nordwestlich von Berlin – vollzogene Gründung der SDP war deshalb für jedermann erkennbar nicht eine vom Westen her gesteuerte Aktion, sondern ein eigenständiger und deshalb besonders glaubwürdiger Akt der Beteiligten. Die Gründung ist von uns bereits vierundzwanzig Stunden später, nämlich am 8. Oktober, in einer Presseerklärung und am 9. Oktober auch vom Präsidium der Partei öffentlich begrüßt worden. Schon zwei Wochen später, am 24. Oktober 1989, nahm Steffen Reiche – heute Landesvorsitzender der SPD und Kultusminister in Brandenburg –, der zu einer Tagung eines internationalen Instituts für Ost-West-Sicherheitsstudien in Frankfurt am Main reisen durfte, als Repräsentant der SDP auf meine Initiative hin an einer Präsidiums- und an einer Fraktionsvorstandssitzung in Bonn teil. Das war ein bewegendes Ereignis, mit dem mir recht eigentlich bewußt wurde, was der Tag von Schwante bedeutete – nämlich nicht mehr und nicht weniger als die Annullierung der Zwangsvereinigung der SPD mit der KPD im Jahre 1946. Mir fiel es schwer, bei der

Begrüßung Steffen Reiches meine Bewegung zu unterdrücken; den meisten Anwesenden ging es ebenso. Was Reiche in seiner Erwiderung sagte, weiß ich nicht mehr genau. Aber ich erinnere mich noch deutlich, daß wir von dem ruhigen Selbstbewußtsein, mit dem er in dieser ihm ganz ungewohnten Umgebung auftrat, sehr beeindruckt waren. Ebenso souverän bestritt er dann auch eine Pressekonferenz und ein Fernsehinterview. Bereits im November 1989 wurde der Partei auf Betreiben von Willy Brandt und mir mit tatkräftiger Hilfe der schwedischen Freunde, die auch sonst die SDP nach Kräften unterstützt haben, ein förmlicher Status innerhalb der Sozialistischen Internationale eingeräumt. Das war schon wegen des Schutzes wichtig, der sich daraus für die soeben gegründete SDP gegenüber den noch amtierenden Machthabern in der DDR ergab.

Für den Umbruch in der DDR war das, was in Schwante ganz bewußt am Tage des vierzigjährigen Jubiläums geschah, wesentlich, weil erstmals eine neugegründete Partei die SED herausforderte und damit ihren Herrschaftsanspruch und ihr Herrschaftssystem fundamental in Frage stellte. Es besteht aller Anlaß, auf diese Tatsache immer wieder mit Nachdruck hinzuweisen. Die Sozialdemokratie in den heutigen neuen Bundesländern hat in Schwante bei Null begonnen. Da gab es kein überkommenes Vermögen und keine überkommenen hauptamtlichen Kader- oder Mitgliedsbestände, mit denen man hätte arbeiten können, so wie das die Blockparteien konnten und erst recht die PDS, die ja zumindest in diesem Sinne im Verhältnis zur SED keine Nachfolge-, sondern eine Fortsetzungspartei darstellt.

Steffen Reiche war damals nicht der einzige, der als Repräsentant einer neuen politischen Kraft aus der DDR nach Bonn kam. Mitte November kam beispielsweise auch Rainer Eppelmann, damals schon einer der Sprecher des Demokratischen Aufbruchs. Zusammen mit Wolfgang Schnur, der später wegen seiner Stasi-Kontakte als Vorsitzender dieser Gruppe zurücktreten mußte, besuchte er mich in meinem Büro. Wie schon erwähnt, hatten wir zu Eppelmann und seinem Kreis seit längerer Zeit regelmäßige

Verbindung. Auch ich hatte ihn bereits im Sommer 1989, als er schon einmal in Bonn war, kennengelernt. Jetzt erklärte er mir unter Zustimmung von Herrn Schnur, in der Bundesrepublik wäre er selbstverständlich Sozialdemokrat. Ich fragte ihn daraufhin, ob das nicht zu konkreten Konsequenzen und einer Zusammenarbeit mit den Sozialdemokraten in der DDR führen müsse. Das werde er prüfen und dann wieder von sich hören lassen, antwortete er. Offensichtlich ist er dann zu einer anderen Erkenntnis gekommen.

Den Wechsel von Honecker zu Krenz habe ich zurückhaltend kommentiert. Es bleibe abzuwarten – so schrieb ich –, ob der neue Generalsekretär bereit sei, den immer drängenderen Forderungen der Menschen in der DDR durch konkrete Veränderungen Rechnung zu tragen. Dazu gehöre die unverzügliche Verwirklichung der Informations-, der Meinungs- und der Reisefreiheit. Seine erste Rede nach seiner Wahl erweckte den Verdacht, daß er zwar in den äußeren Formen manches ändern, in der Sache aber an dem Machtanspruch der SED festhalten wolle. Außerdem war er, anders als beispielsweise Hans Modrow, stets ein treuer Gefolgsmann Honeckers gewesen und nie mit irgendwelchen reformerischen Ideen hervorgetreten. Zudem hatte er noch im Juni 1989 der chinesischen Führung nach der blutigen Niederschlagung der Studentenbewegung auf dem »Platz des himmlischen Friedens« in Peking die Glückwünsche der SED überbracht. Ich habe damals mit Modrow, nicht aber mit Krenz telefonisch Verbindung aufgenommen. Helmut Kohl hielt das anders, und der damalige bayerische Ministerpräsident Max Streibl wollte Krenz sogar unverzüglich besuchen. Mit Honecker gab es nach seinem Rücktritt keinen Kontakt mehr. An den nachträglichen Verurteilungen, die gerade auch von denen ausgingen, die noch nicht allzulange vorher seine Bedeutung für das deutsch-deutsche Verhältnis geradezu überschwenglich gewürdigt hatten, habe ich mich nicht beteiligt. Dafür habe ich Pastor Uwe Holmer, dem Leiter der Hoffnungstaler Anstalten in Lobetal, schriftlich meinen Respekt dafür bekundet, daß er

Honecker nach seiner ersten Haftentlassung Obdach gewährt hat. Für Honecker selbst mag die Tatsache, daß damals nur eine christliche Einrichtung bereit war, ihn aufzunehmen, ein Erlebnis eigener Art gewesen sein.

Mitten in diese Zeit fiel eine schon lange geplante Reise nach Warschau und nach Budapest. Als sie verabredet worden war, waren in beiden Staaten noch die alten Parteien am Ruder, wenn auch schon in einer den örtlichen Verhältnissen entsprechenden modifizierten Form. Zum Zeitpunkt meines Besuches – es war der 10. bis 14. Oktober – befanden sich beide Länder mitten im Umbruch und waren in der Veränderung der Machtverhältnisse weiter fortgeschritten als die anderen Mitgliedsstaaten des Warschauer Paktes, wobei in Ungarn – anders als in Polen – die vorandrängenden Kräfte in der Partei selbst agierten.

In Warschau traf ich unter anderem mit Tadeusz Mazowiecki, dem kurz zuvor gewählten ersten nichtkommunistischen Ministerpräsidenten Polens, dem Außenminister Krzystof Skubiszewski, mit Bronisław Geremek, Lech Wałęsa und Staatspräsident Jaruzelski zusammen; mit Wałęsa sprach ich in Danzig im Gemeindehaus der Brigittenkirche in Gegenwart seines Beichtvaters Hendryk Jankowski, der damals beträchtlichen Einfluß auf ihn hatte. Wałęsa war Anfang September in Bonn gewesen und dabei auch Willy Brandt und mir begegnet. Seinen Unmut darüber, daß Brandt bei seinem Aufenthalt in Warschau im Dezember 1985 wohl mit Mazowiecki, nicht aber mit ihm zusammengetroffen war, ließ er sich auch jetzt noch anmerken. In seinem Auftreten und seiner Art sich auszudrücken erinnerte er mich an Betriebsratsvorsitzende großer deutscher Montanunternehmen. Mir imponierte die Festigkeit, mit der er seit 1970 zunächst in Danzig und dann in ganz Polen für die Rechte der Arbeiter und für Reformen gekämpft und die unabhängige Gewerkschaftsbewegung Solidarność zu einem gesellschaftlichen Faktor gemacht hatte, der sich schließlich als stärker erwies als die kommunistische Partei. Dem Reformprozeß hat er dadurch auch außerhalb Polens starke Impulse gegeben. Daß Moskau 1981 nicht militärisch intervenierte, war aber weniger sein Verdienst als das General Jaruzelskis. Nicht sicher war ich mir, ob Wałęsa die Rolle des unerschrockenen Arbeiterführers mit der des verantwortlichen Staatsmanns würde vertauschen können. Auf unseren Kontakt mit der Solidarność in den vorangegangenen Jahren bin ich weiter oben schon eingegangen. Daraus geht hervor, daß ich zu Selbstkritik in diesem Punkt kaum Anlaß sah. Ich traf ja Geremek und andere Solidarność-Repräsentanten auch jetzt nicht zum erstenmal. Mit Geremek, der sich von Anfang an als Sozialdemokrat verstand, ergab sich ein besonders guter Kontakt.

Mazowiecki und Skubiszewski machten auf mich einen ebenso besonnenen wie entschlossenen Eindruck. Während ich mit ihnen sprach, hielt ich mir vor Augen, daß sie als Demokraten erst vier Wochen im Amt waren und an der Spitze von Apparaten standen, in denen die meisten Mitarbeiter schon seit Jahr und Tag tätig waren; außerdem trugen sie für ein Land Verantwortung, das für die Sowjetunion zumindest wegen der Verbindungslinien zu den in der DDR stationierten sowjetischen Truppen unverändert eine große strategische Bedeutung besaß. Da waren schon ausgezeichnete Nerven und ein fester innerer Halt erforderlich. Diesen bot ihnen wohl in erster Linie die katholische Kirche, deren Einfluß zu dieser Zeit den Kulminationspunkt erreicht hatte. General Jaruzelski wirkte auch diesmal ruhig und verantwortungsbewußt.

Die Gespräche drehten sich um die wirtschaftliche Notlage Polens, das dringend auch deutsche Hilfe benötigte, den Stand der Reformen in Polen, die Haltung der Sowjetunion gegenüber den Reformprozessen in den Staaten des Warschauer Paktes und natürlich um die Lage in der DDR. Bemerkenswerterweise war es Wałęsa, der sich über die Entwicklung in der DDR eher besorgt zeigte. »Dort bewegt man sich zu schnell in unserem Fahrwasser«, sagte er. Es sei besser, wenn sich zunächst die Entwicklung in Polen stabilisiere. Er fügte aber hinzu, daß die Teilung Deutschlands nicht logisch sei. Sie könne durch die Einigung Europas überwunden werden. Alle Gesprächspartner hoben hervor, wie wichtig für Polen die endgültige Anerkennung ihrer Westgrenze unter Verzicht auf Korrekturforderungen jeglicher Art sei. Zugesagt wurde mir, daß Polen Flüchtlinge aus der DDR nicht mehr zwangsweise zurückschicken werde.

In Budapest war zwar noch eine Regierung im Amt, die mit Ministerpräsident Miklos Németh an der Spitze ausschließlich aus Mitgliedern der kommunistischen Partei bestand, die sich dort Ungarische Sozialistische Arbeiterpartei nannte. Die Reformentwicklung war aber in Ungarn noch weiter fortgeschritten als in Polen. So gab es bereits mehrere unabhängige Parteien. Die Erhebung von 1956 wurde auch in der Öffentlichkeit wieder als Versuch der Befreiung bezeichnet. Und es wurde auch schon die Forderung nach einer Auflösung des Warschauer Paktes diskutiert. Symbolisch kam das alles darin zum Ausdruck, daß der rote Stern, der seit Jahrzehnten nachts über dem Budapester Parlamentsgebäude gestrahlt hatte, in den Tagen meines Besuches endgültig abgeschaltet und bald darauf auch beseitigt wurde. Den Mut zu selbständigen Schritten hatte Ungarn schon vorher durch die Öffnung seiner Grenze zu Österreich unter Beweis gestellt. In einem Vortrag, den ich in Budapest auf Einladung der Friedrich-Ebert-Stiftung vor mehreren hundert Zuhörern hielt, habe ich der ungarischen Regierung für diese Entscheidung gedankt und hinzugefügt, daß sie die historische Chance für die Überwindung der Spaltung Europas und für die Sicherung des Friedens auf unserem Kontinent biete.

Gesprochen habe ich in Budapest unter anderem mit dem Ministerpräsidenten, dem Parlamentspräsidenten Matyas Szürös, den ich schon von früheren Begegnungen her kannte, und den Vorsitzenden der neugegründeten oder wieder selbständig gewordenen Parteien. Unter diesen war auch der spätere Ministerpräsident József Antall, dessen politische Vorstellungen damals in vielen Punkten denen der Union entsprachen. Auffallend war, wie selbstverständlich alle Gesprächspartner davon ausgingen, daß die Sowjetunion ihre Truppen in absehbarer Zeit aus Ungarn abziehen werde. Der in diesen Tagen noch im Amt befindlichen alten DDR-Führung gab keiner irgendeine Chance. Einer – es war wohl Szürös – schnitt sogar die Frage an, ob ein vereinigtes Deutschland weiterhin der NATO angehören würde.

Zwiespältig waren die Eindrücke über die Chancen sozialdemokratischer Parteien. Einerseits vertraten viele Gesprächspartner ohne Rücksicht auf ihre Parteizugehörigkeit auf wichtigen Feldern sozialdemokratische Positionen. Andererseits gab es in Polen überhaupt keine Partei, die in Kontinuität zur früheren Sozialdemokratie gestanden hätte. Die ungarische Partei, die eine solche Kontinuität besaß, war klein und in sich gespalten. Die bis dahin in Warschau und in Budapest herrschenden Parteien sondierten, wie wir eine Namensänderung und einen Antrag auf Mitgliedschaft in der Sozialistischen Internationale aufnehmen würden. Ich verhielt mich rezeptiv und deutete an, daß unsere Stellungnahme dazu von der Glaubwürdigkeit der inhaltlichen Wandlung abhinge.

In Bonn traf ich nach meiner Rückkehr Anna Larina Bucharina, die hochbetagte Witwe Nikolai Bucharins. Sie war zur Präsentation ihres Buches über das Leben ihres Mannes in die Bundesrepublik gekommen. Daß ihr Besuch gerade in diesen Tagen an das Schicksal eines Kommunisten der ersten Stunde erinnerte, der im Zuge der Stalinschen Säuberungen ermordet worden und damit einem System zum Opfer gefallen war, für das er als Revolutionär gekämpft hatte, dessen unmenschliche Entartung er aber zu spät erkannt und dann nicht mehr hatte verhindern können, erschien mir wie eine Rückblende auf den Beginn einer Entwicklung, deren Ende jetzt näherrückte.

Die erste größere parlamentarische Debatte über die Veränderungen in der DDR fand am 8. November 1989 statt. Vorangegangen war am 5. September im Rahmen einer Haushaltsdebatte ein ziemlich übler Rundumschlag Volker Rühes gegen die SPD, der er unter anderem vorwarf, daß sie sich bei der SED angebiedert habe und weiter anbiedere. Offenbar wollte und mußte sich Rühe kurz vor dem CDU-Parteitag in Bremen als der von Kohl vorgeschlagene Nachfolger Geißlers im Amt des Generalsekretärs profilieren. Wir blieben ihm die Antwort nicht schuldig. Eine ernsthaftere Diskussion über die Lage in der DDR, zu der es in den Reden des Bundeskanzlers und von Jürgen Schmude Ansätze gab, kam auf diese Weise nicht zustande. Mitte September 1989 befaßte sich der Bundestag in einer kurzen Aussprache mit der anhaltenden Fluchtbewegung. Auch diese Debatte ging über eine Augenblicksbetrachtung kaum hinaus. Da sich die Lage in der DDR weiter zuspitzte und bei mir die Überzeugung wuchs, das Thema könne in Bonn nicht mehr länger in den üblichen routinemäßigen Formen behandelt werden, suchte ich Anfang Oktober den Bundeskanzler zu einem längeren Gespräch auf. Dabei ergaben sich in der Beurteilung der aktuellen Situation und der möglichen weiteren Entwicklungen keine größeren Divergenzen. Auch darüber, wie sich die Bundesrepublik künftig gegenüber diesen Entwicklungen verhalten sollte, waren wir im Grunde einig. Erstmals habe ich bei dieser Gelegenheit die Frage aufgeworfen, ob es angesichts der Situation in der DDR nicht geboten sei, in der Deutschlandpolitik eine konkretere Form der Verständigung und Zusammenarbeit zwischen Koalition und Opposition zu finden. Die sich abzeichnenden Herausforderungen seien – natürlich auf ganz andere Weise – noch essentieller als die durch die terroristischen Aktivitäten der siebziger Jahre, bei denen man ja auch zu besonderen Formen der Kooperation gefunden habe. Helmut Kohl erachtete das als bedenkenswert und erklärte, er werde darauf zurückkommen.

Am 8. November erstattete der Bundeskanzler den ohnehin fälligen Bericht zur Lage der Nation. Er tat das sachlich und vertrat Positionen, denen wir in vielen Punkten zustimmen konnten. Kernpunkt war auch für ihn das Selbstbestimmungsrecht der Deutschen in der DDR.

Ich erwiderte mit einer Rede, die ebenfalls auf Polemik verzichtete. In der DDR, so sagte ich, sei ein revolutionärer Prozeß in Gang gekommen, der bereits jetzt Geschichte gemacht habe. Träger dieses Prozesses seien die Menschen, die in Leipzig und Dresden, an vielen anderen Orten und zuletzt in Berlin auf die Straße gegangen seien. Sie hätten im Buch der wechselvollen Geschichte des Verhältnisses der Deutschen zur Demokratie ein neues Kapitel geschrieben, und das mit einer Würde und mit einer Sprachkraft, die auch für uns Maßstäbe setzen sollte. Nunmehr gehe es darum, daß die SED ihren Führungsanspruch aufgäbe, daß freie Wahlen stattfänden und durchgreifende wirtschaftliche Reformen in Gang kämen. Auch müßten die Mauer sofort geöffnet und die Sperranlagen entlang der deutsch-deutschen Grenze beseitigt werden. Nur so könne der Exodus insbesondere jüngerer Menschen beendet und die DDR vor dem Ausbluten bewahrt werden. Anderes, auch die Frage der Staatlichkeit, trete demgegenüber zurück. Unsere Position dazu sei unverändert. Sie beruhe auf der uneingeschränkten Anerkennung des Selbstbestimmungsrechts. Das Selbstbestimmungsrecht sei die zentrale Antwort auf die deutsche Frage. Deshalb sei es zunächst einmal Sache der Deutschen in der DDR, dann, wenn sie dazu imstande sind, darüber zu befinden, für welche Form des Zusammenlebens mit uns sie sich entscheiden wollten. Wie immer diese Entscheidung ausfalle, wir würden sie respektieren. Mit den Reformkräften in der DDR träten wir dafür ein, die Entscheidung so zu treffen, daß sie den europäischen Einigungsprozeß nicht hemme, sondern fördere. Dann machte ich konkrete Vorschläge zur Unterstützung des weiteren Prozesses in der DDR und zur Bewältigung des Übersiedlerstroms. Zwei Stellen der Rede zitiere ich im Wortlaut, weil sie viel rascher Wirklichkeit wurden, als ich das selber annahm. Die eine lautete: »Zur Lösung dieser Probleme sind... öffentliche Mittel in einem Ausmaß erforderlich, das uns allen noch nicht genügend deutlich vor Augen steht.« Damit wandte ich mich gegen die von der Bundesregierung neuerlich eingeleiteten Steuersenkungen. Und die andere: »Eine zusätzliche Probe steht West-Berlin bevor, sobald die Reisefreiheit in Kraft tritt. Schätzungen rechnen mit 200 000 bis 300 000 Besuchern (aus Ost-Berlin und der DDR).« Zuletzt forderte ich ein Gesamtkonzept und erklärte mich für die Opposition bereit, zusammen mit allen anderen gesellschaft-

lichen Kräften unseres Landes an einem solchen Konzept mitzu-
arbeiten.

Der zweite von mir angesprochene Fall trat schon dreißig
Stunden später ein. Nicht weil die Reisefreiheit in Kraft gesetzt
wurde, sondern weil am frühen Abend des 9. November die
Mauer fiel und Hunderttausende nach West-Berlin strömten. Ich
befand mich zu diesem Zeitpunkt im Bundeskanzleramt. Dort
war auf mein Drängen hin endlich eine Besprechung über den
Stand und die weiteren Perspektiven der Entwicklung in der
DDR zustande gekommen, an der unter anderem Alfred Dregger
und Wolfgang Mischnick als Vorsitzende der Koalitionsfraktionen und Rudolf Seiters als Chef des Bundeskanzleramts teilnahmen. Mein Vorschlag, auch in Bonn einen runden Tisch einzurichten, stieß in dieser Besprechung auf keine Gegenliebe.
Helmut Kohl, der am Vormittag nach Polen geflogen war, hatte
ihn schon zuvor öffentlich abgelehnt. Die Besprechung war noch
im Gange, als eine erste Agenturmeldung über die Äußerungen
des Herrn Schabowski auf seiner berühmten Pressekonferenz
hereingereicht wurde. Bald danach wurde uns mitgeteilt, der
Bundestag habe seine Verhandlungen unterbrochen und erwarte,
daß wir unverzüglich kämen.

Dregger, Mischnick und ich warteten noch eine telefonische
Bestätigung aus Berlin ab, daß die ersten Ost-Berliner inzwischen
die Grenzübergänge in Richtung West-Berlin ungehindert pas-
siert hätten und die Mauer offenbar nach achtundzwanzig Jahren
wirklich geöffnet sei. Dann eilten wir in den Bundestag, dessen
sich eine tiefe Erregung bemächtigt hatte. Jeder von uns und
Rudolf Seiters als Mitglied der Bundesregierung gaben eine kurze
Erklärung ab. Meine lautete:

»... Wir begrüßen die Entscheidung, die von der DDR-Führung heute getroffen worden ist. Die Einzelheiten bedürfen noch
der Prüfung, aber schon jetzt steht fest: Diese Entscheidung
bedeutet, daß die Mauer nach achtundzwanzig Jahren ihre Funktion verloren hat. Sie werden verstehen, daß sich mein Blick in
diesem Augenblick auf Willy Brandt richtet, den Regierenden

Bürgermeister von Berlin an dem Tage, an dem 13. August 1961, an dem dieses inhumane Bauwerk entstanden ist.

Die Entscheidung bedeutet weiter, daß wir der Freizügigkeit in Deutschland ein wesentliches Stück nähergekommen sind. Sie bedeutet aber auch, daß die neuen Männer in Ost-Berlin ihren Ankündigungen und Worten offenbar Taten folgen lassen. Das verstärkt unsere Erwartungen und unsere Hoffnung, daß auch die anderen Forderungen, insbesondere die Forderung nach freien Wahlen in der DDR, bald erfüllt werden. Die Einrichtung eines runden Tisches, wie er in Polen und Ungarn den Übergang zu mehr Freiheit und Demokratie ermöglichen wird, ist jetzt auch dort die Hoffnung der Menschen.

Das Ende der Mauer, das sich abzeichnet, ist ein bewegendes Ereignis. Wir sollten in diesem Moment unserer Entschlossenheit Ausdruck geben, Auseinandersetzungen, die sonst geführt werden müssen, zurückzustellen und gemeinsame große Anstrengungen zu unternehmen, damit die Menschen, die in der DDR zu Hause sind, dort zu Hause bleiben können, und sich für die Veränderung ihrer Situation einsetzen und engagieren. Der bewegende Appell von Christa Wolf vom gestrigen Abend hat damit eine konstruktive Antwort gefunden. Wir respektieren auch die Entscheidung derer, die zu uns kommen. Sie machen von einem verbrieften Grundrecht Gebrauch. Aber wir bitten sie zu überlegen, ob jetzt nicht die Hoffnung für die Zukunft in der DDR stärker geworden ist.«

Ich sah, daß Willy Brandt, der im Wasserwerk nur vier Meter vom Rednerpult entfernt in der ersten Reihe saß, Tränen in den Augen hatte. Nach den Erklärungen stimmten einige Abgeordnete die dritte Strophe des »Deutschlandliedes« an. Fast alle erhoben sich. Die meisten – bei den Sozialdemokraten vor allem die älteren, darunter Willy Brandt und ich – sangen mit. Es war ein bewegender und – hier ist das Wort wirklich am Platze – ein historischer Moment. Mir erschien auch die Art und Weise, in der der Bundestag auf den Fall der Mauer reagierte, eindrucksvoll: tief bewegt, aber ohne nationalistischen Überschwang und ohne

Verleugnung der Divergenzen, die es in der Frage der richtigen spontanen Reaktion auf das geschichtliche Ereignis der Maueröffnung gab.

Am nächsten Tag nahm ich an einer Sondersitzung des Berliner Abgeordnetenhauses und an der anschließenden Kundgebung vor dem Schöneberger Rathaus teil. Es war die Kundgebung, auf der Willy Brandt den denkwürdigen Satz sprach: »Jetzt wächst zusammen, was zusammengehört.« Die 35 000 bis 40 000 Menschen, die sich dort eingefunden hatten, feierten Brandt enthusiastisch. Die Rede Helmut Kohls, der seine Polenreise wegen des Falls der Mauer unterbrochen hatte, wurde hingegen von Pfiffen und Sprechchören begleitet. Gelegentlich hatte er Mühe, sich verständlich zu machen. Da seine Ausführungen dazu eigentlich keinen Anlaß gaben, bezogen sich diese Mißfallenskundgebungen wohl auf seine Person als solche. Walter Mompers Rede wurde wiederum freundlich aufgenommen. Berlin sei – so rief er unter stürmischem Beifall aus – heute die glücklichste Stadt der Welt. Sinngemäß sagte er auch, es gehe jetzt nicht um eine Wiedervereinigung, sondern um ein Wiedersehen. Das wurde besonders lebhaft beklatscht. Auch Hans-Dietrich Genscher, der als weiterer Redner sprach, hatte keinen Anlaß, sich über das Publikum zu beklagen.

Kurz vor der Kundgebung informierte mich Willy Brandt, daß ihm soeben ein Schreiben Gorbatschows übergeben worden sei, in dem dieser sich über die Lage in Berlin besorgt zeigte und die Befürchtung äußerte, es könne in Ost-Berlin zu unkontrollierten Aktionen und Entwicklungen kommen. Ob die sowjetische Führung für diesen Fall ein Eingreifen ihrer Streitkräfte erwog, ging aus dem Brief nicht hervor. Auf die Verantwortung der Sowjetunion für die Sicherheit in Ost-Berlin wurde aber hingewiesen. Wie ich später erfuhr, hatte Kohl zur gleichen Zeit einen entsprechenden Brief erhalten. Brandt ließ Gorbatschow eine beruhigende Antwort zukommen, und Kohl tat offenbar das gleiche. Damit war der Vorgang für den Augenblick erledigt. Eine nachdrückliche Erinnerung daran, daß die Sowjetunion in Ost-

Berlin und der DDR noch immer das letzte Wort hatte, blieb er allemal – und sollte er wohl auch sein.

Nach der Kundgebung fuhren Willy Brandt, Dietrich Stobbe und ich zum Grenzübergang Invalidenstraße, um von da in das Evangelische Hospiz im Ostteil der Stadt zu gelangen. Dort waren wir mit Ibrahim Böhme und anderen Mitgliedern der SDP verabredet. Schon auf dem Weg zum Übergang kamen uns zu Tausenden die Menschen aus dem Osten entgegen, die von der noch nicht vierundzwanzig Stunden alten Freiheit Gebrauch machten, die Grenze so passieren zu können, als ob es sie schon nicht mehr gäbe. Am Übergang mußten wir einige Zeit warten, weil Willy Brandt keinen Personalausweis dabei hatte. Das setzte den Grenzoffizier, dessen Vorstellungswelt angesichts der Menschenströme, die den Übergang in beiden Richtungen querten, wohl ohnehin schon zusammengebrochen war, in zusätzliche Verlegenheiten. Nach einigen Minuten, während der er anscheinend mit seinen Vorgesetzten telefonierte und zwischendurch immer wieder salutierend an unserem Wagen erschien, ließ er uns fahren; er sprach noch von »einreisen«. Natürlich hatte er Willy Brandt und mich erkannt. Und meine Bemerkung, wir wollten als Präsident und Vizepräsident der Sozialistischen Internationale zu einer Zusammenkunft mit Ost-Berliner Sozialdemokraten, tat ein übriges. Wer wie ich den Übergang unter Beachtung der üblichen Prozeduren – eine bevorzugte Behandlung habe ich stets abgelehnt – viele Male benutzt hatte, mußte sich in die Nase kneifen, um sich zu vergewissern, daß er nicht träumte. Erkannt hatten Willy Brandt und mich auch die Menschen, die an uns vorüberzogen, während wir am Übergang warteten. Sie riefen und winkten uns zu und waren von einer unbeschreiblichen Freude erfüllt. Ich habe selten in meinem Leben so frohe Gesichter gesehen wie an diesem Abend. Im Evangelischen Hospiz trafen wir Martin Gutzeit, Steffen Reiche, Ibrahim Böhme und den Vater von Stephan Hilsberg an. Was wir im einzelnen besprachen, weiß ich nicht mehr genau. Wichtiger waren das Ereignis als solches und die Tatsache, daß es in Ost-Berlin und darüber hinaus in der DDR wieder Sozialdemokraten und Sozialdemokratinnen gab, mit denen wir uns völlig ungehindert treffen konnten.

Helmut Kohl war über die Ablehnung, die ihm vor dem Schöneberger Rathaus entgegengeschlagen war, außerordentlich verbittert. Das ließ er insbesondere Walter Momper, aber auch die SPD insgesamt spüren. Zu einem neuerlichen Kontakt zwischen ihm und mir kam es – trotz meiner auch jetzt noch öffentlich mehrfach wiederholten Bereitschaft zur Zusammenarbeit – wohl auch deshalb nicht. Statt dessen wurde mir aus den Reihen der Union und auch vom Kanzler selbst entgegengehalten, runde Tische brauche man nur, wenn es darum gehe, eine Diktatur zu überwinden, nicht aber in einer Demokratie.

Wenig Freude machte ihm auch, daß der Bundestag am 8. November 1989 mit unseren Stimmen eine Entschließung angenommen hatte, die wörtlich mit einer Passage aus der Rede Hans-Dietrich Genschers vor der Vollversammlung der Vereinten Nationen vom 27. September 1989 übereinstimmte. Dort hatte er gesagt, daß das Recht des polnischen Volkes, in sicheren Grenzen zu leben, von uns Deutschen weder jetzt noch in Zukunft in Frage gestellt werde. Gerade diese Aussage war anschließend aus der Union heraus lebhaft kritisiert und am 8. November von sechsundzwanzig den Vertriebenenverbänden nahestehenden Unionsabgeordneten in einer gesonderten Erklärung abgelehnt worden. Die Uneinigkeit der Union in der Frage der polnischen Westgrenze wurde so unmittelbar vor der Polenreise Kohls noch einmal deutlich sichtbar.

In der eigenen Partei sorgte Oskar Lafontaine für Zündstoff. Gegenstand seines überraschenden Vorstoßes waren der unverminderte Zugang von Übersiedlern aus der DDR und die unbestreitbare Tatsache, daß sie das soziale Sicherungssystem und insbesondere die Gemeinden nachhaltig in Anspruch nahmen. Damit hatte er sich schon seit längerem auch öffentlich auseinandergesetzt und Abhilfe verlangt. Was er dazu sagte, entsprach einer sich vor allem im Westen der Bundesrepublik unter einem Teil der Bevölkerung ausbreitenden Stimmung, die die anfängliche Solidarität mit denen, die da aus der DDR kamen, mehr und mehr verdrängte. Sie könnten nach den Veränderungen in der DDR durchaus dort bleiben und sollten nicht im Westen als Konkurrenten um Arbeitsplätze und Wohnungen auftreten, wurde gesagt. In ähnlicher Weise hatte Lafontaine schon 1988 – und das mit einer noch stärkeren Resonanz unter der Bevölkerung – gegen die andauernde Zuwanderung einer großen Zahl deutschstämmiger Aussiedler aus der ehemaligen Sowjetunion und aus Polen argumentiert und dabei das Wort von der »Deutschtümelei« verwandt, der es entgegenzutreten gelte.

Ich hatte schon vor dem Lafontaineschen Vorstoß die Meinung vertreten, es sei im Interesse der sich verändernden DDR besser, wenn gerade die jungen Menschen dort blieben und sich für die Reformen engagierten. Ebenso hatte ich die Bundesregierung mehrfach aufgefordert, die Gemeinden und die Länder bei der Integration derer, die dennoch kamen, finanziell zu unterstützen. Gesetzliche Maßnahmen zur Einschränkung der Freizügigkeit, die gerade auch wir für die Bewohner der DDR jahrzehntelang gefordert hatten, lehnte ich hingegen entschieden ab. Dieser Position hatten der Parteivorstand und die Fraktion mehrfach zugestimmt.

Oskar Lafontaine erschien das unzureichend. In einem Interview mit der »Süddeutschen Zeitung« vom 25. November 1989 überraschte er die Öffentlichkeit und die eigene Partei mit dem Vorschlag, die Bürger und Bürgerinnen der DDR künftig nicht mehr als Deutsche im Sinne des Grundgesetzes zu behandeln. Das sei geboten gewesen, solange ihnen in der DDR die Ausübung der Menschenrechte und des Selbstbestimmungsrechts versagt worden sei. Jetzt könne ihnen der Zugriff auf die sozialen Sicherungssysteme der Bundesrepublik nicht mehr offengehalten werden. Zur gleichen Zeit versandte er ein von ihm veranlaßtes Rechtsgutachten, in dem auf ein längst in Vergessenheit geratenes Bundesaufnahmegesetz aus dem Jahre 1950 verwiesen wurde. Nach diesem Gesetz bedurften Deutsche aus der DDR in der Bundesrepublik einer Aufnahmegenehmigung, die bei Gefahr für Leib oder Leben oder für die persönliche Freiheit erteilt werden mußte. Da diese Gefahren in der DDR infolge der jüngsten Entwicklung nicht mehr bestünden – so folgerte das Gutachten –, könne die Genehmigung nunmehr im allgemeinen versagt werden.

Das Echo auf diesen Vorstoß war überaus schrill. Wohl traf er bei dem von mir erwähnten Teil der Bevölkerung auf unterschwellige, gelegentlich aber auch laut geäußerte Zustimmung. Im übrigen stieß er jedoch auf einhellige Ablehnung – und das auch bei der großen Mehrheit der eigenen Partei. Das wurde in der Präsidiumssitzung vom 27. November besonders deutlich. Ich hielt Oskar Lafontaine mit Zustimmung nahezu aller Präsidiumsmitglieder vor, daß sein Vorstoß die Menschen in der DDR irritiere, dem politischen Gegner eine willkommene Gelegenheit biete, die deutschlandpolitische Glaubwürdigkeit der SPD in Zweifel zu ziehen, und Streit in die eigenen Reihen trage. Außerdem würde wohl niemand einen Übersiedlungswilligen an der eben erst geöffneten Grenze aus rechtlichen Gründen zurückweisen. Lafontaine verteidigte sich mit dem Argument, die Sozialdemokratie müsse die Interessen der sogenannten kleinen Leute im eigenen Land vertreten. Er wolle aber den Vorschlag einer eigenen DDR-Staatsbürgerschaft nicht weiter verfolgen. In einer noch am gleichen Tage veröffentlichten Entschließung des Präsidiums hieß es:

»Die Übersiedler sind deutsche Staatsangehörige und machen von einem Recht Gebrauch, das sie durch das Grundgesetz haben. Die SPD hat nicht die Absicht, diese Rechtslage zu ändern.«

Außerdem brachte die Bundestagsfraktion einen Antrag ein, in dem die Gewährleistung der Freizügigkeit und die sofortige förmliche Aufhebung des Aufnahmegesetzes gefordert wurden. Im Saarland mag Lafontaines Vorstoß – das Ergebnis der Landtagswahl vom Januar 1990 spricht dafür – der SPD geholfen haben. Der Gesamtpartei hat er geschadet, zumal die Union ihn immer wieder gegen uns verwandte.

In derselben Sitzung kündigte ich an, daß ich in der am nächsten Tag im Bundestag beginnenden Haushaltsdebatte in meiner Rede den Vorschlag einer deutsch-deutschen Konföderation vorzutragen beabsichtige. Die bisherigen Aussagen zur Organisation des Zusammenwachsens dessen, was nach Willy Brandts inzwischen schon geflügeltem Wort zusammengehöre, reiche nicht mehr aus. Wir seien in Gefahr, auf diesem Feld ins Hintertreffen zu geraten. Eine solche Konföderation müsse gemeinsame Organe einschließlich gemeinsamer parlamentarischer Gremien besitzen und solle bis zur Schaffung eines geeinten Deutschlands in einem geeinten Europa Bestand haben.

In der Aussprache zeigten sich die Divergenzen, auf die ich bereits bei der Schilderung der Beratungen über die Entschließung vom 18. September eingegangen bin und die uns seitdem begleiteten, in verstärktem Maße. Hans-Ulrich Klose plädierte dafür, die staatliche Einigung Deutschlands nicht mit der europäischen Einigung zu verknüpfen, sondern von dieser unabhängig zu betreiben. Dem widersprach die Mehrheit. Mir erschien eine solche Position zu diesem Zeitpunkt mit Blick auf die Sowjetunion, aber auch auf unsere westlichen Verbündeten riskant, zumal – ich räume das unumwunden ein – auch meine Phantasie damals nicht ausreichte, um mir vorzustellen, daß die Sowjetunion ein dreiviertel Jahr später die NATO-Zugehörigkeit des vereinigten Deutschlands akzeptieren würde. Der Konföderationsgedanke fand hingegen Zustimmung. Dennoch war ich mir darüber im klaren, daß eine Konföderation, deren Partner unterschiedlichen Bündnissen angehörten, ein Novum sein würde. Ein Schritt nach vorne war der Vorschlag jedoch allemal.

In der Haushaltsdebatte am folgenden Tag – es handelte sich um die traditionelle Generalaussprache anläßlich der Behandlung des Haushalts des Bundeskanzleramts – trug ich als erster Redner ein Fünf-Punkte-Konzept zur Deutschlandpolitik vor. Die entscheidende Passage des dritten Punktes lautete:

»Die Einheit und Freiheit Deutschlands soll spätestens zusammen mit der Einheit und Freiheit Europas im Einklang mit dem Helsinki-Prozeß vollendet werden. Auf dem Wege zu diesem Ziel – und ich wiederhole, auf dem Wege zu diesem Ziel, nicht als Endziel – können die Einrichtung gemeinsamer Institutionen und Schaffung einer deutschen Konföderation ebenso wichtige Schritte wie die Überführung der bestehenden Bündnisse in eine europäische Friedensordnung sein. Eine solche Konföderation mit frei gewählten gemeinsamen Organen und gemeinsamen Institutionen und Gremien könnte auf wichtigen Gebieten, so auf dem der Wirtschaft, des Verkehrs, der Kultur oder des Umweltschutzes, einheitliche Lebensverhältnisse schon in der Phase herstellen, in der die Bündnisse noch bestehen. Auch die Anbindung der DDR an die Europäische Gemeinschaft könnte eine solche Konföderation erleichtern.«

Weiter sagte ich:

»Die Bereitschaft, über all das zu reden, alle Kräfte zu mobilisieren, Mitverantwortung zu übernehmen, haben wir in den letzten Wochen mehrfach erklärt. Mitverantwortung übrigens auch für die Beschaffung der notwendigen finanziellen Mittel durch deutliche Kürzungen im Verteidigungshaushalt und durch den Verzicht auf die bereits angekündigten weiteren Steuersenkungen für Unternehmen und Spitzenverdiener. Ich wiederhole hier und heute diese Bereitschaft. Dabei kommt es uns nicht auf den Namen und die Terminologie, sondern auf die Sache an. Es kommt uns darauf an, daß wir uns des Beispiels im solidarischen Zusammenwirken, das uns die Deutschen in der DDR geben, würdig erweisen. Es wäre schlimm und würde uns lange anhaften, wenn wir nicht jetzt das Selbstverständliche tun, sondern uns in der Suche von parteipolitischen Vorteilen und gar im Austausch von Polemik überbieten würden.«

In derselben Debatte entwickelte Helmut Kohl ein Zehn-Punkte-Programm. Zur institutionellen Frage führte er zunächst aus, daß die Zusammenarbeit der beiden deutschen Staaten zunehmend auch gemeinsame Institutionen erfordere. Dann fuhr er fort:

»Wir sind aber auch bereit, noch einen entscheidenden Schritt weiterzugehen, nämlich konföderative Strukturen zwischen beiden Staaten in Deutschland zu entwickeln mit dem Ziel, eine Föderation, das heißt eine bundesstaatliche Ordnung, in Deutschland zu schaffen. Das setzt aber eine demokratisch legitimierte Regierung in der DDR zwingend voraus. Dabei könnten wir uns schon bald nach freien Wahlen folgende Institutionen vorstellen: einen gemeinsamen Regierungsausschuß zur ständigen Konsultation und politischen Abstimmung, gemeinsame Fachausschüsse, ein gemeinsames parlamentarisches Gremium und manches andere mehr angesichts einer völlig neuen Entwicklung.«

Und:

»Wie ein wiedervereinigtes Deutschland schließlich aussehen wird, das weiß heute niemand. Daß aber die Einheit kommen wird, wenn die Menschen in Deutschland sie wollen, dessen bin ich sicher.«

Selbst bei kritischer Betrachtung waren Kohls Aussage und die meine zu diesem Punkt nahezu deckungsgleich. Auch bei den übrigen Programmpunkten ergaben sich keine essentiellen Unterschiede. Eine Divergenz lag allerdings darin, daß Kohl die Frage der polnischen Westgrenze nicht angesprochen hatte. Aber dazu gab es die Bundestagsentschließung vom 8. November. Und daß Kohl die Verbündeten und die Sowjetunion vor seiner Rede nicht konsultiert hatte, konnten wir ihm nur begrenzt vorwerfen. Das hatten wir trotz unseres ständigen Kontaktes mit den Schwesterparteien auf unserer Ebene auch nur sehr kursorisch getan. Ich sah daher keinen Grund, die weitgehende Übereinstimmung zu verschweigen. Im Einvernehmen mit mir erklärte Karsten Voigt deshalb als nächster sozialdemokratischer Redner unsere Zustimmung zum Inhalt des Kohlschen Zehn-Punkte-Programms, da es zu unserem Programm keine wesentlichen Differenzen erkennen lasse. Und er wiederholte erneut unsere Bereitschaft zur Zusammenarbeit.

Das war ein entscheidender Moment.

Er bot noch einmal die Chance, die deutsche Einigung als eine Aufgabe zu behandeln, bei deren Bewältigung Koalition und Opposition Trennendes zurückstellten, ihre Kräfte bündelten und gleichberechtigt zusammenwirkten. Ich dachte dabei nicht an eine Koalition und auch nicht an parteitaktische Vorteile. Mich motivierte einfach der Gedanke, daß die Größe der Herausforderung die Zusammenfassung aller Kräfte und die Minimierung aller Reibungsverluste verlangte. Meine Sorge war, daß wir in der Bundesrepublik im Engagement und in der Veränderungsbereitschaft weit hinter den Deutschen in der DDR und vor allem hinter den Kräften der Bürgerbewegung zurückbleiben könnten.

Die Chance wurde nicht genutzt.

Schon im weiteren Verlauf der Debatte ging die Union mit keinem Wort auf unsere Kooperationsbereitschaft ein. Im Gegenteil richteten ihre Redner auf mäßigem Niveau polemische Angriffe gegen uns. Der Bundeskanzler, von dem ich es immerhin für denkbar gehalten hatte, daß er noch einmal das Wort ergreifen und einen Schritt in die von mir angesprochene Richtung tun würde, schwieg. In der Folgezeit wurde immer deutlicher, daß er eine Gemeinsamkeit der mir vorschwebenden Art zu keiner Zeit ernsthaft in Betracht gezogen hat. Selbst ein eigenes parlamentarisches Gremium zur Behandlung der mit der deutschen Einigung zusammenhängenden Fragen – der Ausschuß für die deutsche Einigung – kam erst im Mai 1990 zustande. Daß dabei auch parteitaktische Gründe eine Rolle spielten, mußte ich für wahrscheinlich halten.

Aber diese Haltung hatte in unseren Reihen eine Entsprechung. Oskar Lafontaine zeigte sich bestürzt, äußerte von Saarbrücken aus in wiederholten Telefonanrufen die Befürchtung, daß uns die Voraussetzungen für eine harte Auseinandersetzung im bevorstehenden Bundestagswahlkampf verlorengingen, wenn man in der Deutschlandpolitik keine klaren Unterschiede und Gegensätze mehr erkennen könne. Inhaltlich rügte Lafontaine die beiden von mir schon erwähnten Defizite des Kohlschen Programms. Auf eine Änderung des von mir vorgetragenen Konzeptes, das kurz darauf auch der Parteitag guthieß, zielte seine Kritik hingegen nicht ab. Sie schwächte aber unsere deutschland-politische Position insgesamt und nahm uns überdies die Möglichkeit, der Union ihre Verweigerung der Kooperation vorzuhalten. Ich habe damals überlegt, ob ich es auf eine grundsätzliche Auseinandersetzung ankommen lassen soll. Eine solche Auseinandersetzung hätte indes zwangsläufig auf die gesamte Deutschlandpolitik übergegriffen und selbst die Positionen gefährdet, in denen ich – mühsam genug – eine Übereinstimmung zuwege gebracht hatte. Der Gedanke, wir könnten uns an die Spitze der Befürworter einer raschen Einigung setzen und die Koalition in diesem Punkt überholen, war ohnehin unrealistisch. Geblieben wäre also nur der Eindruck eines schweren innerparteilichen Konflikts, bei dem ich zwar aller Wahrscheinlichkeit nach die Oberhand behalten, die Partei aber tief gespalten hätte. Deshalb orientierte ich mich an dem, was ich für das Gesamtinteresse der Partei hielt, und sah davon ab, den Konflikt auszutragen. In diese Situation sollte ich in den nächsten Monaten noch öfter kommen.

Willy Brandt unterstützte in dieser Zeit regelmäßig meine Position, ohne sich dabei besonders zu exponieren. Er nahm auch nur gelegentlich an den Sitzungen der Gremien teil. Statt dessen reiste er ab Anfang Dezember 1989 immer wieder in die DDR und sprach dort in Rostock, in Magdeburg und in anderen Städten zu den Menschen, die zu Zehntausenden zusammenströmten und ihn begeistert feierten. Was er sagte, unterschied sich inhaltlich kaum von dem, was auch die Partei in ihren Erklärungen und Entschließungen vertrat. Aber wie kein anderer faszinierte er die Menschen und machte ihnen Mut. Und er half den Sozialdemokratinnen und Sozialdemokraten in der DDR, unter schwierigsten Bedingungen voranzukommen.

Das Erich-Ollenhauer-Haus und ich waren mit ihnen seit den ersten Kontakten in Bonn und im Christlichen Hospiz in Berlin in ständiger Verbindung. Dietrich Stobbe hatte auf meine Bitte die Funktion eines permanenten Beraters für den Parteivorstand und die Volkskammerfraktion der SDP übernommen, eine Aufgabe, die er ebenso geräuschlos wie effektiv wahrnahm. Gerhard Hirschfeld arbeitete als persönlicher Verbindungsmann zum SDP-Vorstand. Andere halfen im Büro des Vorstands, der sich in Berlin in einem zuletzt als Parteischule der SED genutzten früheren Gebäude der Arbeiterwohlfahrt und der Allgemeinen Ortskrankenkasse an der Rungestraße etablierte. Weiter wurde die Bildung eines gemeinsamen politischen Ausschusses in Aussicht genommen, der aus Repräsentanten der beiden Parteien bestand und der unter Vorsitz von Johannes Rau und Stephan Hilsberg Anfang 1990 erstmals zusammentrat. Auch materiell halfen wir, so gut es nur ging. Bei all dem achtete ich – von Johannes Rau und anderen unterstützt – streng darauf, daß die Eigenständigkeit und Selbstverantwortung der Schwesterpartei respektiert wurden.

In Ost-Berlin hatte Mitte November Hans Modrow das Amt des Ministerpräsidenten angetreten. Ihn hatte ich im Mai 1989 als Ersten Sekretär des Bezirks Dresden kennengelernt. In der Öffentlichkeit galt er damals als reformwillig; manche sahen in ihm sogar den Gorbatschow der DDR. Bei unserem Gespräch klang sein Reformwille gelegentlich an; so sprach er davon, daß volkseigene Betriebe künftig nach dem Prinzip der Eigenwirtschaftlichkeit mehr Selbständigkeit haben und miteinander in Wettbewerb treten müßten. Auch sonst unterschied er sich bei dieser Gelegenheit zu seinem Vorteil von anderen SED-Funktionären seines Ranges. Als Ministerpräsident stand er vor einer unlösbaren Aufgabe. Wahrscheinlich schwebten ihm die Aufrechterhaltung der Zweistaatlichkeit und die Fortexistenz einer reformierten DDR vor. In dieser wollte er seiner Partei, die sich Anfang Dezember nicht aufgelöst, sondern unter dem maßgebenden Einfluß von Gregor Gysi einen neuen Namen und ein neues Programm gegeben hatte, einen möglichst großen Einfluß bewahren. Demgemäß waren Modrows Reforminitiativen insbesondere auf wirtschaftlichem Gebiet zögerlich. Ebenso zögerlich ging er mit dem Stasi-Apparat um, den er eine Zeitlang im verkleinerten Umfang als Amt für nationale Sicherheit fortgeführt wissen wollte. Auch kann ich mich nicht entsinnen, daß er als ein maßgebender Repräsentant seiner Partei eindeutige Worte des Bedauerns dafür gefunden hätte, was die SED den Menschen in der DDR in den Jahren ihrer Herrschaft angetan hat.

Eine solche Entschuldigung habe ich überhaupt nur ein einziges Mal gehört, und zwar aus dem Munde des PDS-Bundestagsabgeordneten Dietmar Keller, der vor 1989 in der DDR stellvertretender Kulturminister gewesen war. Er sagte im Juni 1994 bei der Diskussion über den Bericht der Enquete-Kommission »Aufarbeitung von Geschichte und Folgen der SED-Diktatur in Deutschland« im Plenum des Bundestags: »Ich betrachte es als Mitglied der Enquete-Kommission der PDS/Linke Liste als meine moralische Pflicht und Verantwortung, mich bei den Opfern der SED-Diktatur zu entschuldigen.« Das trug ihm den Beifall des ganzen Hauses, bei seiner eigenen Partei aber erheblichen Ärger ein.

Dennoch sollte Modrows objektiver Beitrag zum gewaltlosen Ablauf des Einigungsprozesses nicht unterschätzt werden. Er akzeptierte nach einigem Widerstand den runden Tisch aller gesellschaftlichen Kräfte und räumte ihm einen beträchtlichen Einfluß ein. Er sprach sich für freie Wahlen und für ihre Vorverlegung auf den 18. März 1990 aus, als Anfang Januar Hardliner des alten Systems wieder nach vorne zu drängen schienen. Und – das sollte nicht vergessen werden – er brachte Ende Januar 1990 von einem Besuch in Moskau das prinzipielle Ja Gorbatschows zur deutschen Einheit mit.

Als Ministerpräsident habe ich ihn am 13. Januar 1990 in Berlin und Mitte Februar 1990 bei seinem Besuch in Bonn getroffen. Im Februar jedenfalls machte er sich über seine politische Zukunft keine Illusionen mehr und sprach dies auch ganz offen aus. Er tat das ohne Wehleidigkeit und mit einer Nüchternheit, die ich als wohltuend empfand. Die herablassende Behandlung, die ihm die Bundesregierung bei diesem Besuch angedeihen ließ, erschien mir auch deshalb unangemessen. Was er später als Abgeordneter in Bonn und anderswo gesagt hat, konnte in vielen Fällen nicht meinen Beifall finden. Aber einen persönlichen Respekt habe ich ihm bewahrt.

Inzwischen rückte der Parteitag näher, der von Bremen nach Berlin verlegt worden war. Er sollte sich ursprünglich allein mit dem neuen Grundsatzprogramm befassen. Angesichts der neuen Lage war aber abzusehen, daß die Deutschlandpolitik zu dem zentralen Thema des Parteitags werden und in erster Linie die öffentliche Aufmerksamkeit auf sich ziehen würde. Die Entwicklung hatte sich inzwischen in der DDR weiter beschleunigt. Aus der Parole »Wir sind das Volk« war immer häufiger die Parole »Wir sind ein Volk« geworden. Und ebenso häufig wurde aus der ersten Strophe der Hymne der DDR, die schon seit Jahren nur noch intoniert, aber nicht mehr gesungen werden durfte, die Stelle skandiert, an der von »Deutschland, einig Vaterland« die Rede war. Auch traten die desolate Wirtschaftslage der DDR und das Fehlen geordneter Verwaltungsstrukturen von Tag zu Tag mehr in Erscheinung. Die Menschen drängten daher schon im November und Dezember 1989 auf einen wie auch immer gearteten Zusammenschluß mit der Bundesrepublik, von dem sie sich eine durchgreifende Verbesserung ihrer Lebensverhältnisse erwarteten. Die Vorstellungen und Wünsche breiter Schichten begannen von diesem Zeitpunkt an, den Positionen der Bürgerbewegung immer weiter vorauszueilen.

Auf diesem Hintergrund zeigte sich im unmittelbaren Vorfeld des Parteitags ein weiteres Mal die ganze Spannweite der Meinungen innerhalb der Sozialdemokratie über das, was Inhalt unserer Deutschlandpolitik sein sollte. Eine Arbeitsgruppe hatte für den Parteitag den Text einer deutschlandpolitischen Erklärung entworfen. Da er aus mancherlei Gründen den Anforderungen nicht entsprach, legte ich einen alternativen Entwurf vor. In diesem wurde

– der einheitliche deutsche Bundesstaat als Ziel der Entwicklung beschrieben;
– festgestellt, daß die deutsche Einheit spätestens mit der europäischen Einheit verwirklicht werden müsse, und

– die Konföderation als ein Zwischenschritt auf dem Weg zur
  Einheit charakterisiert.

Außerdem müsse der Grundsatz, daß das, was die Bürger der
DDR in freier Selbstbestimmung entschieden, von uns akzeptiert
werde, ausdrücklich auch für den Fall bekräftigt werden, daß sie
sich für die sofortige Herstellung der Einheit aussprächen. Das
erschien mittlerweile keineswegs mehr ausgeschlossen. In zähen
Bemühungen, die sich bis zum Vorabend des Parteitags hinzogen,
gelang es, über diese Punkte im Vorstand einen Konsens herbeizuführen. Zuletzt wurde noch lange darüber diskutiert, ob die
deutsche Einigung über eine Vertragsgemeinschaft und eine Konföderation »vielleicht auch« oder – wie es in meiner Vorlage
hieß – »schließlich auch« zu einer bundesstaatlichen Einheit führen werde. Am Ende blieb es beim »schließlich auch« und damit
bei einer zielgerichteten Aussage.

Der Parteitag billigte den Text mit großer Mehrheit. Er billigte
ebenso eine Entschließung, die die SDP als unsere Schwesterpartei und als einzige Partei in der DDR bezeichnete, die in
der Tradition der deutschen Sozialdemokratie stehe. Ihre Grüße
überbrachte Markus Meckel, der die Konföderation als das jetzt
Gebotene unterstützte und vor jedem nationalstaatlichen Denken warnte. Der Beifall, der ihm dankte, war herzlich. Und die
Freude darüber, daß nach Jahrzehnten erstmals wieder ein Sozialdemokrat aus den Stammlanden der Partei in Mitteldeutschland
sprach, war aufrichtig und allgemein.

Im Mittelpunkt des Parteitags standen die Reden von Willy
Brandt, der in diesen Tagen seinen 76. Geburtstag feierte, und von
Oskar Lafontaine. Es ist damals und erst recht später behauptet
worden, die beiden Reden seien in der deutschen Frage diametral
auseinandergegangen. Die Texte der Reden geben das nicht ohne
weiteres her. Eine gewisse Divergenz war aber zu spüren. Oskar
Lafontaine betonte, für die Beantwortung der deutschen Frage sei
entscheidend, daß es den Menschen in Leipzig, in Dresden und
überall in der DDR genauso gehe wie ihm oder seinen Freunden
in Wien. Sei das erreicht, werde »die Frage der staatlichen Orga-

nisation eine zweite Frage wert, die gleichwohl zur Lösung der internationalen Frage wichtig« sei. Brandts Rede widersprach dem nicht direkt, räumte aber der staatlichen Einigung und dem nationalen Kontext einen höheren Stellenwert ein. Jedenfalls lagen die beiden Reden näher beieinander als die Reden von Lafontaine und Günter Grass. Der äußerte sich als Gast dezidiert gegen die staatliche Einigung und warnte davor, über den Status einer Konföderation hinauszugehen. Daß Brandt gegenüber Oskar Lafontaine auch nach dessen Rede keine Vorbehalte hatte, sondern ihn im Gegenteil besonders auszeichnen wollte, ging für alle sichtbar daraus hervor, daß er seinen Platz verließ, auf ihn zuging und ihn mit einem langen Händedruck beglückwünschte.

Oskar Lafontaine war überhaupt derjenige, auf den sich die Sympathie der Delegierten – von Willy Brandt abgesehen – am stärksten konzentrierte. Sie bereiteten ihm eine stehende Ovation und gaben auf mancherlei Weise zu erkennen, daß sie in ihm jetzt schon den nächsten Herausforderer Helmut Kohls sahen. Seine umstrittenen Vorstöße in den vergangenen Monaten hatten ihm bei den Delegierten nicht geschadet. Große Beachtung fand auf dem Parteitag auch Walter Momper. Er hatte in Berlin – von Dieter Schröder unterstützt – bereits unmittelbar nach dem Fall der Mauer die praktische Zusammenarbeit der beiden Stadthälften in Gang gesetzt. Nach den Kommunalwahlen in der DDR und in Ost-Berlin am 6. Mai 1990 mündete diese Kooperation in den sogenannten Magi-Senat, das heißt in die de facto vorweggenommene Vereinigung des Senats von West- und des Magistrats von Ost-Berlin zu einer gemeinsamen Institution. Mit seinem roten Schal war Momper in diesen Monaten eine international bekannte Erscheinung. Meine eigene Rolle war auf diesem Parteitag eher die des Integrators, des Mannes, der sich zurücknimmt, wenn es der gemeinsamen Sache dient.

Nach der Weihnachtspause traten am 13. Januar 1990 Delegierte der SDP in Berlin zu ihrer ersten Parteikonferenz zusammen. Sie waren von einer enormen Aufbruchstimmung und Zuversicht beherrscht. Die Delegierten berichteten von großer Zustimmung, die die Sozialdemokratie in der ganzen DDR finde, und von raschem Mitgliederzuwachs. Ein Sieg bei den Volkskammerwahlen erschien ihnen denkbar, ja wahrscheinlich. In ihrer Begeisterung spendeten sie den Rednern nicht nur in der herkömmlichen Weise Beifall. An Stellen, die ihnen besonders zusagten, erhoben sie sich vielmehr und applaudierten stehend. Mir widerfuhr das während meiner Rede mehrmals. Während der Konferenz wurden zwei wichtige Beschlüsse gefaßt. Der eine hatte zum Inhalt, daß der Name der Partei künftig »Sozialdemokratische Partei Deutschlands (SPD)« lauten solle. Das schob der Gefahr, daß sich die SED in einer weiteren Umbenennung dieses Namens oder zumindest der Abkürzung SPD bemächtigen könnte – solche Gerüchte waren im Umlauf –, einen Riegel vor. Zugleich war es ein erster konkreter Schritt auf dem Wege zur Vereinigung mit der Sozialdemokratischen Partei der Bundesrepublik. Der zweite Beschluß besagte, daß eine sozialdemokratisch geführte Regierung der DDR die notwendigen Schritte auf dem Wege zur deutschen Einheit in Abstimmung mit der Regierung der Bundesrepublik gehen werde. Was sofort möglich sei, solle sofort geschehen. Vorrangig sei ein Wirtschafts- und Währungsverbund. Das war der Abschied von der Option der Zweistaatlichkeit.

Dies erkannten jetzt auch die Anhänger der Zweistaatlichkeit in der Bundesrepublik. Die Auseinandersetzung verlagerte sich deshalb nunmehr in der Sozialdemokratie auf die Frage, auf welchem rechtlichen Wege die staatliche Einheit zustande kommen sollte. Nach dem Grundgesetz standen dafür zwei Möglichkeiten zur Verfügung. Einerseits die Bestimmung des Artikels 146 Grundgesetz, nach der die Einheit an dem Tage zustande kommt, an dem eine Verfassung in Kraft tritt, die von dem deutschen Volke in freier Entscheidung beschlossen worden ist. Zum anderen die – von der Union sogleich propagierte – Bestimmung des Artikels 23 Grundgesetz, nach der es genügt, daß ein demokratisch dazu legitimiertes Organ – und das würde die Volkskammer nach ihrer Neuwahl sein – den Beitritt zum Geltungsbereich des Grundgesetzes beschließt. Auch in meinen Augen sprach vieles für den Weg des Artikels 146 Grundgesetz. Er bot die Gelegenheit zu einem gründlichen Dialog zwischen den Deutschen in der alten Bundesrepublik und denen in der DDR und diesen zudem die Möglichkeit, mit Hilfe eines Verfassungsrats an der Gestaltung der Grundordnung des gemeinsamen Staatswesens mitzuwirken. Sie wären dann nicht einfach zu etwas Fertigem und für sie Unbeeinflußbarem hinzugetreten. Auch hätte die Einheit dann auf einem unmittelbaren Willensakt des ganzen Volkes beruht. Schließlich wäre für den Prozeß des Zusammenwachsens mehr Zeit geblieben. Ein Gesichtspunkt, auf den damals auch Richard von Weizsäcker in einem Interview mit der französischen Zeitung »Le Monde« hinwies. Der zeitliche Aspekt erschien mir überdies im Hinblick auf die notwendige Verständigung mit der Sowjetunion und den drei westlichen Alliierten bedeutsam, die ja noch immer die »Rechte und Verantwortlichkeiten in bezug auf Berlin und Deutschland als Ganzes« innehatten. Bis wann und unter welchen Bedingungen ihre Zustimmung zu erreichen war, ließ sich damals noch nicht absehen.

Gerade gegen die längere Dauer des Verfahrens nach Artikel 146 Grundgesetz richtete sich aber die Kritik derer, die den Weg über den Artikel 23 befürworteten. Sie konnten darauf hinweisen, daß der Druck auf eine rasche, besser noch sofortige Herstellung der staatlichen Einheit in der DDR weiter zunahm. Auch könne es notwendig werden, sogleich zu reagieren, wenn die Zustimmung der vier Mächte vorliege. Dies sei aber nur bei Anwendung des Artikels 23 möglich. Eher außerhalb als innerhalb der SPD gab es auch die Befürchtung, das Verfahren nach Artikel 146 könnte bewährte Prinzipien und Einzelbestimmungen des Grundgesetzes in Frage stellen.

Die Repräsentanten der Ost-SPD traten in einer gemeinsamen Sitzung beider Parteiführungen Mitte Februar auch mit Rücksicht auf die bevorstehenden Volkskammerwahlen in ihrer Mehrheit für die Alternative des Artikels 23 Grundgesetz ein. Auf westlicher Seite war es jedenfalls im Parteivorstand – die Fraktion war in ihrer Meinung gespalten – eher umgekehrt. Ich empfahl, dem Weg nach Artikel 146 Grundgesetz den Vorrang einzuräumen, den Weg nach Artikel 23 Grundgesetz aber nicht auszuschließen. Diese Position fand sich denn auch in einem Papier, das der Parteivorstand am 6. März 1990 unter dem Titel »Schritte zur deutschen Einheit« verabschiedete. In der Koalitionsvereinbarung, die der Bildung der Regierung de Maizière zugrunde lag, war dann bereits nur noch vom Artikel 23 Grundgesetz die Rede.

Die Beurteilung der sozialdemokratischen Erfolgsaussichten verlief während des Wahlkampfes in der DDR in Form einer Kurve. Zunächst nahm die Zuversicht noch zu. Meinungsumfragen wollten sogar von einer absoluten sozialdemokratischen Mehrheit wissen. In der Tat: nicht nur die Kundgebungen von Willy Brandt, sondern auch die anderer westdeutscher Sozialdemokratinnen und Sozialdemokraten hatten einen gewaltigen Zulauf. Zehntausende, bei Willy Brandt auch hunderttausend Teilnehmer waren bis in die erste Februarhälfte hinein keine Seltenheit. Alte Erinnerungen an die örtliche SPD vor 1933, ja vor dem ersten Weltkrieg wurden wach. Und die Blockparteien schienen zunächst wie gelähmt.

Schon im Februar änderte sich das aber. Kohl gelang der Zusammenschluß der Ost-CDU, der DSU und des Demokratischen Aufbruchs zu einer »Allianz für Deutschland«. Damit verfügte die Union in der DDR über den personalstarken Apparat der Ost-CDU und deren weitverzweigte Mitgliederstruktur, dem die SPD – trotz unserer Unterstützung – nicht annähernd Gleichwertiges entgegenzusetzen hatte. Dann gab er am 7. Februar mit der Ankündigung einer Wirtschafts- und Währungsunion und des Umtausches von Mark der DDR in DM der Hoffnung der Menschen in der DDR, bald ebenso leben zu können wie die Menschen in der Bundesrepublik, eine Perspektive, deren Anziehungskraft durch die illusionären Aspekte, die ihr innewohnten, kaum gemindert wurde. Im Februar 1990 startete dann noch eine üble Verleumdungskampagne, die die SPD der DDR in die Nähe der SED und des Kommunismus zu rücken trachtete. Ein Plakat mit der halbkreisförmigen Buchstabenfolge »PDSPD« war der Höhepunkt dieser perfiden Aktion. Solche Vorwürfe gegenüber einer neugegründeten Partei gerade aus dem Munde einer Blockpartei, die der SED an vielen Orten und bei vielen Gelegenheiten jahrzehntelang aufs engste verbunden, ja geradezu hörig gewesen war, waren absurd – ja geradezu infam. Dennoch verunsicherte die Kampagne nicht wenige Wählerinnen und Wähler und – was nicht minder schlimm war – die Sozialdemokratinnen und Sozialdemokraten in der DDR selber. Es stellte sich auch allmählich heraus, daß die vor allem von Ibrahim Böhme häufig genannte Mitgliederzahl – mir gegenüber sprach er einmal von 100 000 – ins Reich der Phantasie gehörte.

Ich reiste während des Wahlkampfes rastlos in der DDR umher, dämpfte auf dem Leipziger Parteitag der DDR-SPD überoptimistische Erwartungen, ermutigte verzagte Freundinnen und Freunde, sprach zu den Menschen, schlichtete Streitigkeiten, versuchte aus Ibrahim Böhme schlau zu werden und hielt es schließlich am Wahltag selber doch für möglich, daß wir stärkste Partei werden würden. Böhme bat mich, für diesen Fall bei der Suche nach kompetenten Persönlichkeiten aus Westdeutschland für sein etwaiges Kabinett zu helfen; dabei ging es ihm vor allem um das Wirtschaftsministerium. Heinz Dürr, damals AEG-Chef, den ich darauf ansprach, zeigte aus Verantwortungsgefühl und Solidarität mit den Menschen in der DDR Interesse. Wir trafen uns am Wahltag – dem 18. März 1990 – zu dritt in meinem Berliner Bürgerbüro zu einem Gespräch, an dessen Ende Dürr Böhme eine bedingte Zusage gab. Böhme und ich fuhren anschließend zum Saalbau an der Friedrichstraße, wo die Sozialdemokraten und Sozialdemokratinnen auf die Wahlergebnisse warteten. Schon die erste Hochrechnung zeigte die Allianz – also die Union – knapp unter fünfzig Prozent und die SPD knapp über zwanzig Prozent. So schnell wie an diesem Tag ist selten ein Gespräch Makulatur geworden.

In Erwartung eines besseren Wahlergebnisses war die Nominierung unseres Kanzlerkandidaten für die Bundestagswahl 1991 schon Anfang 1990 auf den Tag nach der Volkskammerwahl in Hannover – dort fanden im Mai Landtagswahlen statt – festgelegt worden. Nun mußte sie ohne den Schub stattfinden, den wir von einem Wahlsieg in der DDR erhofft hatten. Einstimmig wurde Oskar Lafontaine auf meinen Vorschlag hin vom Parteivorstand und vom Parteirat benannt. Diese Nominierung hatte eine längere Vorgeschichte. Erstmals war Lafontaines Name für diese Kandidatur von mir schon im Februar 1987 genannt worden, als Willy Brandt Oskar Lafontaine als denkbaren Nachfolger für sich selbst ins Gespräch gebracht hatte. Im Laufe des Jahres 1989 wurde er immer öfter als derjenige genannt, der für diese Aufgabe am geeignetsten sei. Die Übernahme des Vorsitzes in der Arbeitsgruppe »Fortschritt 90«, die de facto das Wahlprogramm vorbereiten sollte, sowie des geschäftsführenden Vorsitzes der Grundsatzprogramm-Kommission durch ihn ließen vermuten, daß er selbst in eine ähnliche Richtung dachte. Sein Engagement und sein Auftreten insgesamt sprachen jedenfalls nicht dagegen. Anfang November 1989 hat er das Thema selber in einer Kundgebung aufgegriffen.

An für einen Herausforderer wünschenswerten Eigenschaften mangelte es ihm nicht. Er war deutlich jünger als der, gegen den er antreten sollte. Er hatte Kampfeswillen und Durchsetzungsfähigkeit in seinem bisherigen politischen Leben mehr als einmal unter Beweis gestellt, besonders erfolgreich im Saarland. Er verfügte über Erfahrungen in unterschiedlichen Funktionen. Seine sozialdemokratische Grundeinstellung war trotz gelegentlicher Eigenwilligkeiten nicht zweifelhaft. Und wo er eigenwillig war, verstand er es jedenfalls, lebhafte und öffentlichkeitswirksame Diskussionen auszulösen. Mitunter geradezu bestechend war seine Eloquenz, vor allem seine Fähigkeit, im Parlament und auch sonst in der Öffentlichkeit aus dem Stand frei zu reden.

Natürlich ließen sich auch Bedenken vorbringen. Etwa, daß er sehr stark auf seine eigene Person bezogen sei, oder seine von mir schon erwähnte Neigung zu unabgestimmten, zum Teil sogar vorherige Abreden und Beschlüsse außer acht lassenden Vorstößen und auch seine Eigenheit, andere seine Überlegenheit oder seine recht bestimmte Meinung über sie durchaus merken zu lassen. Aber gerade die jüngeren Führungspersonen sahen darin eher zusätzliche Qualifikationen und waren ziemlich einhellig für ihn. Ich hinwiederum war überzeugt, daß ihn seine Persönlichkeitsstruktur eher zum ersten als zum zweiten Mann qualifizierte, das heißt, daß ihm die Wahrnehmung der vollen Verantwortung in einer Spitzenfunktion leichterfallen würde als Ein- oder gar Unterordnung. Davon ganz abgesehen, war eine andere zur Kandidatur geeignete und bereite Führungsperson nicht zu sehen. Johannes Rau und ich hatten gute Gründe, nicht ein zweites Mal anzutreten. Und auch sonst ließ niemand erkennen, daß er antreten wolle.

Angesichts der Haltung, die Oskar Lafontaine im Zuge des in Gang gekommenen Änderungsprozesses in der DDR an verschiedenen Stellen einnahm, und des Umstandes, daß die Deutschen in der DDR möglicherweise schon an der nächsten Bundestagswahl teilnehmen würden, war es Pflicht aller Beteiligten, die Kandidatenfrage noch einmal zu überdenken. Ich verschweige nicht, daß mir gewisse Zweifel über die Reaktion der DDR-Bürger und -Bürgerinnen nicht unberechtigt erschienen. Aber das Endergebnis meiner Überlegungen war das gleiche wie zuvor. Dabei spielte die Resonanz, die er auf dem Berliner Parteitag ausgelöst hatte, eine Rolle. Außerdem war ich zuversichtlich, daß er die DDR-Deutschen nicht – oder besser nicht mehr – vor den Kopf stoßen würde; denn wenn er kandidierte, dann wollte er auch siegen. Und er mußte wissen, daß ein Sieg ohne eine ausreichende Zahl von Stimmen aus der – in diesem Falle dann ehemaligen – DDR nicht zu erringen war.

Nur um in diesem Zusammenhang eine Legende, von der ich gelegentlich gehört habe, auszuräumen, füge ich hinzu: Willy Brandt hat mir gegenüber nicht die leiseste Andeutung gemacht, daß er angesichts des Umbruchs in der DDR noch einmal selber antreten wolle. Von mir aus an ihn heranzutreten verbot mir die

Rücksicht auf sein Alter und seinen schon damals nicht mehr völlig stabilen Gesundheitszustand.

Anfang Januar 1990 sagte ich auch öffentlich, was ohnehin jeder Bonner Beobachter wußte – nämlich, daß die Kandidatur auf Oskar Lafontaine zuliefe. Er sah darin, wie er mich wissen ließ, eine Gefährdung seines saarländischen Wahlkampfes. Wie das Ergebnis am 28. Januar 1990 zeigte – die SPD steigerte sich gegenüber der letzten Wahl um 5,2 Prozent und erreichte mit 54,4 Prozent ein Rekordresultat –, hielt sich die Gefährdung, wenn es denn wirklich eine war, in Grenzen. Meine Äußerung und die klare Entscheidung von Hannover verhinderten auch, daß die Frage der Kanzlerkandidatur Gegenstand von Spekulationen und Vermutungen werden konnte. Kraft und Aufmerksamkeit wurden auch bereits wieder zur Gänze von anderen Problemen in Anspruch genommen.

Da erklärte nämlich zwei Wochen nach der Volkskammerwahl Ibrahim Böhme seinen Rücktritt als Partei- und als Fraktionsvorsitzender. Gegen ihn war öffentlich der Vorwurf erhoben worden, jahrelang informell mit der Staatssicherheit zusammengearbeitet zu haben. Er bestritt die Vorwürfe zwar, wollte aber seine Funktionen und die Partei nicht darunter leiden lassen, daß ihre Widerlegung längere Zeit in Anspruch nehmen würde. Böhme ist dann im Laufe des Jahres noch einmal als Polizeibeauftragter für Ost-Berlin bestellt und beim letzten Parteitag der DDR-SPD am Vorabend der Vereinigung beider Parteien sogar in den Parteivorstand gewählt worden, weil viele die Stichhaltigkeit der Vorwürfe bezweifelten. Sie haben sich jedoch letzten Endes als berechtigt erwiesen. Böhme ist deshalb 1992 aus der Partei ausgeschlossen worden.

Ich hatte seit unserer ersten Begegnung am Abend des 10. November 1989 im Christlichen Hospiz in Berlin regelmäßig mit ihm zu tun, zuletzt noch am 26. März 1990, als er mit mir in Bonn über die Frage sprach, ob sich die DDR-SPD an einer Koalition beteiligen solle. In meinem Urteil über ihn blieb ich bis zuletzt unsicher. In guten Momenten argumentierte er, der sich gerne als

demokratischen Marxisten bezeichnete, eindrucksvoll und überzeugend. Eindrucksvoll war auch seine Rede auf dem Leipziger
Parteitag im Februar 1990. Dann wieder wirkte er wie geistes-
abwesend und verhielt sich mehr wie ein Zuschauer denn wie ein
Vorsitzender. Nicht ganz leicht zu verstehen war auch, was er
über seine Herkunft als Sohn jüdischer Eltern und über seinen
Lebensweg in der DDR erzählte. Als typischer Verräter im land-
läufigen Sinn will er mir auch im nachhinein nicht erscheinen.
Vielmehr glaube ich, daß er mit seinen verschiedenen Identitäten,
deren jede er jeweils für die reale hielt, nicht mehr zurechtkam.
Dabei mag Geltungsdrang eine Rolle gespielt haben. Wahrscheinlich gehört er zu denen, bei denen sich Täter- und Opfereigen-
schaft in schwer zu trennender Weise vermischen. Ein Beispiel
mehr dafür, wie die Staatssicherheit Menschen instrumentalisierte und ihrer Würde beraubte, bleibt er allemal.

Er war übrigens nicht der einzige Fall dieser Art. Aus ähnlichen Gründen mußte sich die schon über siebzigjährige Käthe
Woltemath 1992 aus der Partei zurückziehen. Sie trat zunächst in
Rostock, dann aber auch DDR-weit als alte Sozialdemokratin
und strenge Wahrerin sozialdemokratischer Parteitraditionen auf
und behauptete auch, aus politischen Gründen verfolgt worden
zu sein. Parteitage und Delegiertenkonferenzen zeigten sich von
ihr so beeindruckt, daß sie von der Ost-SPD sogar in den ersten
Parteivorstand nach der Vereinigung der beiden Parteien gewählt
wurde. Auch sie wußte schließlich Dichtung und Wahrheit nicht
mehr zu unterscheiden und versäumte es daher, sich rechtzeitig
zu offenbaren.

An Böhmes Stelle traten Markus Meckel als amtierender Parteivorsitzender und Richard Schröder als Fraktionsvorsitzender.
Meckel war einer der Hauptinitiatoren der Parteigründung in
Schwante und ein Exponent derer, die aus der protestantisch-
kirchlichen Opposition den Weg zur Sozialdemokratie genommen haben. Dieser Hintergrund wurde auch während seiner kurzen Amtszeit als Außenminister der DDR deutlich. Für das sozialdemokratische Spektrum war er über die Vereinigung hinaus

eine Bereicherung. Ich habe mich deshalb gerne für ihn verwendet, als 1993 seine Wiederaufstellung als Bundestagskandidat infolge der Gegenkandidatur eines Westdeutschen in seinem brandenburgischen Wahlkreis gefährdet schien. Richard Schröder hat vergleichbare Wurzeln. Seine Stärke lag und liegt in einer umfassenden philosophischen und theologischen Bildung und einer seltenen Formulierungsgabe. Seine Reden und Aufsätze gehören mit zum Besten, was zu den Problemen der deutschen Einigung im allgemeinen und zur Geschichte und zum Verständnis der Lebenswirklichkeit der DDR im besonderen gesagt worden ist.

In ihren neuen Funktionen waren beide als erstes mit der Frage befaßt, ob sich die SPD an der jetzt zu bildenden neuen Regierung der DDR beteiligen sollte. Beide waren für eine Regierungsbeteiligung, in der Partei gab es aber auch Gegner einer solchen Beteiligung. Oskar Lafontaine und ich rieten zum Eintritt in die Regierung. Die Situation erfordere ein Höchstmaß an gemeinsamer Verantwortung der demokratischen Kräfte. Auch sei es aus der Regierung heraus leichter, auf die Entwicklung Einfluß zu nehmen. Verbunden sei damit jedoch ein erhöhter Koordinierungsbedarf. Denn es sei politisch schwer zu vertreten, daß die ostdeutsche SPD in der Regierung und in der Volkskammer in wichtigen Fragen anders votiere als die Bundestagsfraktion oder die sozialdemokratisch regierten Bundesländer in Bonn. Der Koalitionsvertrag, der nach längeren Verhandlungen Anfang April zustande kam, trug sozialdemokratischen Positionen hinlänglich Rechnung. Partei und Fraktion entschieden sich deshalb für die Regierungsbeteiligung.

Inzwischen gewann die deutsche Frage weiter an Dynamik. In den Vordergrund traten nunmehr das Projekt einer Wirtschafts- und Währungsunion und die Frage der Bündniszugehörigkeit eines vereinigten Deutschlands. In der Haltung der Sowjetunion, aber auch Frankreichs und Englands zur staatlichen Einheit der Deutschen – die Vereinigten Staaten standen ihr von Anfang an positiv gegenüber – hatte sich seit dem Herbst 1989 eine deutliche Veränderung ergeben. Immerhin waren die Botschafter der vier

Mächte Mitte Dezember 1989 noch zu einem Treffen im Kontrollratsgebäude in Berlin zusammengekommen, ein symbolischer Akt, der an die Vier-Mächte-Verantwortung für Deutschland und Berlin als Ganzes erinnern sollte. François Mitterrand hatte Modrow und der DDR kurz darauf einen mehrtägigen Besuch abgestattet. Und Margaret Thatcher ließ – wie wir heute wissen – ihre Bedenken gegen eine rasche Vereinigung sogar in Moskau notifizieren. Von Michail Gorbatschow gab es zwar prinzipiell positive Äußerungen, die konkrete Position der Sowjetunion war aber noch nicht hinreichend deutlich. Dieses Stadium war mit der Aufnahme der Zwei-plus-vier-Verhandlungen, auf die man sich Mitte Februar verständigt hatte, überwunden.

Das schwierigste Thema der Verhandlungen, über die ich von Hans-Dietrich Genscher korrekt auf dem laufenden gehalten wurde, waren der militärische und der Bündnisstatus des vereinigten Deutschlands. In der SPD gab es auch dazu mannigfaltige Meinungen. Einzelne traten für eine Neutralisierung des vereinigten Deutschlands ein, andere hielten anfänglich eine fortdauernde Mitgliedschaft des vereinten Deutschlands in der NATO für unmöglich; zumindest müsse es aus der militärischen Integration der NATO ausscheiden. Die meisten von ihnen – auch Oskar Lafontaine – änderten ihren Standpunkt aber bald. Dazu hatte vielleicht auch Willy Brandt beigetragen, der in einer Sitzung im April 1990 sagte, die Bundesrepublik müsse »bekloppt« sein, wenn sie jetzt aus der NATO austreten wolle. Wieder andere entwickelten Konzepte dafür, wie die bestehenden Militärbündnisse und die KSZE auf mittlere oder längere Sicht in ein kollektives europäisches Sicherheitssystem übergeleitet werden könnten. Eines dieser Konzepte, das ein schrittweises Vorgehen vorsah, trug Egon Bahr Ende Februar 1990 auch in Moskau vor, wo es zwar Interesse fand, aber nicht weiter verfolgt wurde.

Bei realistischer Betrachtung war die Kernfrage, ob die Sowjetunion der NATO-Zugehörigkeit des vereinigten Deutschlands zustimmen würde. Ich leugne nicht, daß mir das bis in das Frühjahr 1990 hinein schwer vorstellbar erschien. Wahrscheinlich war ich zu sehr in den Vorstellungen der vorangegangenen Jahrzehnte befangen. Daß die Zustimmung erreicht wurde, ist einmal mehr Gorbatschow zu verdanken, der am 15. Juli dem Bundeskanzler in Moskau – und nicht, wie oft behauptet, einen Tag später im Kaukasus – erklärte, Deutschland könne in Zukunft »selbst und frei« über seine Bündniszugehörigkeit entscheiden. Seine Erwägungen und Gründe für diese Entscheidung sind mir im einzelnen bis heute nicht völlig klar geworden. Helmut Kohls und Hans-Dietrich Genschers Verdienst ist es, daß sie die Chance nutzten und auch die Vereinbarung über den Abzug der sowjetischen Truppen aus der DDR unter Dach und Fach brachten. Die Bedingungen, unter denen das geschah – keine Stationierung von NATO-Verbänden auf dem Territorium der, dann ehemaligen, DDR, Begrenzung der deutschen Streitkräfte auf 370 000 Mann und erhebliche finanzielle Leistungen an die Sowjetunion –, waren akzeptabel.

Ich habe in der Partei dahin gewirkt, daß wir uns nicht verkämpften und nicht ständig öffentlich geäußerte Positionen aufgeben mußten, weil sie durch die Entwicklung schon wieder überholt waren. Auch war ich der Ansicht, die fortdauernde Einbindung in die NATO-Struktur sei nicht nur für uns so lange notwendig, als keine realistische gesamteuropäische Alternative zur Verfügung stand; sie erleichtere vielmehr auch unseren Verbündeten und Nachbarn das Einverständnis mit dem Wiedererstehen eines Deutschlands mit rund 80 Millionen Einwohnern in dem gleichen Maße, wie das unsere Einbindung in die Struktur der Europäischen Gemeinschaft tat. Die Vorstellung eines – wenn auch mit geringerer militärischer Macht – allein für sich stehenden Deutschlands dieser Größe wäre für sie viel beunruhigender gewesen. Der Ratifizierung des Zwei-plus-vier-Vertrags hat die SPD dann ohne weiteres zugestimmt. Wir haben bei dieser Gelegenheit unseren Dank an die Beteiligten und insbesondere an Hans-Dietrich Genscher auch im Bundestag ausgesprochen.

Blieb uns auf diesem Gebiet eine Zerreißprobe erspart, so hatten wir sie im Zusammenhang mit der Währungs- und Wirtschaftsunion um so intensiver zu bestehen. Ausgangspunkt der Diskussion war die Erkenntnis, daß sich eine eigene DDR-Währung gegenüber der DM nach dem Fall der Mauer nicht mehr lange werde behaupten und daß die DDR als eigenes Wirtschaftsgebiet neben der Bundesrepublik nur noch ganz kurzfristig werde bestehen können. Über diesen Punkt bestand ebenso Einigkeit wie darüber, daß die Menschen in der DDR mit steigender Ungeduld auf die Einführung der DM warteten und viele auch die Entscheidung über Bleiben oder Übersiedlung in die Bundesrepublik davon abhängig machten. Zum Teil erbitterter Streit entwickelte sich über das Wie.

Ingrid Matthäus-Maier und Wolfgang Roth, die zuständigen Arbeitskreisvorsitzenden der Bundestagsfraktion, traten schon früh für eine Währungsunion ein. Helmut Kohl führte am 7. Februar einen Kabinettsbeschluß herbei, in dem sich die Bundesregierung bereit erklärte, mit der DDR unverzüglich in Verhandlungen über eine »Währungsunion mit Wirtschaftsreform« einzutreten. Der Sachverständigenrat zur Begutachtung der gesamtwirtschaftlichen Entwicklung meldete gegen das Vorhaben mit Schreiben vom 9. Februar schwere Bedenken an und machte vor allem geltend, die in der DDR vorhandenen Wirtschaftsstrukturen seien der Einführung der DM und dem nationalen und dem internationalen Wettbewerb keinesfalls gewachsen. Auch Bundesbankpräsident Karl Otto Pöhl widersprach. Hingegen forderte die mehrfach erwähnte Koalitionsvereinbarung der Regierung de Maizière die Einführung der Währungsunion zum 1. Juli 1990. Gestritten wurde auch über das Verhältnis, in dem die Guthaben, die Schulden, die Löhne und die Renten von Mark der DDR auf DM umgestellt werden sollten, sowie darüber, welche finanziellen Lasten durch die Währungsunion auf die Bundesrepublik zukämen. Erschwert wurde die Diskussion dadurch, daß die Bundesregierung den Entwurf des entsprechenden Vertrags mit der DDR, des ersten Staatsvertrags, erst im April vorlegte und – so füge ich heute hinzu – wohl auch beim besten Willen kaum eher vorlegen konnte.

Oskar Lafontaine äußerte seine Bedenken, die weitgehend mit denen des Sachverständigenrats übereinstimmten, frühzeitig; so unter anderem in einer gemeinsamen Sitzung der Führungsgremien beider sozialdemokratischer Parteien am 22. April 1990. Auch warnte er vor einer Überforderung der westdeutschen Bürger. Der Transferbedarf der DDR werde weit über die Schätzungen der Bundesregierung hinausgehen und jeden finanzpolitischen Rahmen sprengen. Er stimmte dort aber auch meiner Feststellung zu, daß die Einführung fester Wechselkurse zwischen der Mark der DDR und der DM jetzt nicht mehr möglich sei. Weiter teilte er die Meinung aller Anwesenden, die Löhne müßten eins zu eins und nicht, wie die Bundesregierung es inzwischen unter Korrektur einer Ankündigung vor den Volkskammerwahlen beabsichtigte, zwei zu eins umgestellt werden. In der gleichen Sitzung erklärten die Repräsentanten der Ost-SPD – unter ihnen Richard Schröder und Wolfgang Thierse –, die Währungs- und Wirtschaftsunion sei eine zwingende Notwendigkeit.

Meine Absicht war, die Diskussion mit Oskar Lafontaine mit dem Ziel einer Verständigung fortzuführen. Seine Kritik und die der Sachverständigen erschien mir durchaus relevant. Ihre Schwäche bestand jedoch darin, daß sie keine realistische Alternative vorschlagen konnten. Ein Nein zur Währungsunion ohne eine solche realistische Alternative wäre aber als ein Nein zur Einigung überhaupt gedeutet und von vielen – nicht nur in der DDR – auch so verstanden worden. Dies um so mehr, als die Sozialdemokraten in Ost und West in diesem Fall gegeneinander gestimmt hätten. Wir sollten deshalb – so meinte ich – in Ost und West gemeinsam für Verbesserungen kämpfen, dem Staatsvertrag aber schließlich unter Darlegung unserer Bedenken und Vorbehalte zustimmen. Ich war mir ziemlich sicher, ihn davon überzeugen zu können.

Ein tragisches Ereignis vereitelte diese Absicht. Am Abend des 25. April stach eine geistig verwirrte Frau, die nach dem Ende einer Kundgebung in Köln-Mülheim mit einem Blumenstrauß auf ihn zuging, Oskar Lafontaine nieder und verletzte ihn schwer. Er schwebte infolge des starken Blutverlusts vorübergehend in großer Gefahr. Eine rasche Operation in der Kölner Universitäts-klinik rettete ihm das Leben. Die Nachricht von dem Attentat erschütterte mich. Ich besuchte ihn noch in der Nacht und dann mehrfach bis zu seiner Entlassung im Krankenhaus. Dabei gewann ich den Eindruck, daß er wohl Zeit brauchte, um den erlittenen Schock zu verarbeiten, daß er aber die Kandidatur nicht in Frage stellte. Eine Diskussion über die Staatsvertragsproble-matik verbot sich aber unter diesen Umständen.

Als er sich von zu Hause aus imstande erklärte, diese Diskus-sion wiederaufzunehmen, stellte ich ihm schriftlich drei theore-tische Möglichkeiten dar, mit dem Entwurf der Bundesregierung umzugehen. Dabei berücksichtigte ich, daß Gerhard Schröder am 13. Mai – erfreulicherweise – den bisherigen niedersächsischen Ministerpräsidenten Ernst Albrecht bei der Landtagswahl ge-schlagen hatte und wir deshalb im Bundesrat erstmals seit 1949 eine Mehrheit besaßen. Da der Entwurf zustimmungspflichtig war, konnte die Währungsunion also nicht mehr ohne sozial-demokratische Stimmen im Bundesrat in Kraft treten. Diese drei Möglichkeiten waren

– Ablehnung des Entwurfs im Bundestag und im Bundesrat und damit Verhinderung seines Inkrafttretens oder
– zeitliche Streckung des Inkrafttretens und Vorwegumtausch eines bestimmten Betrages oder
– Zustimmung nach Bemühung um Verbesserungen.

Meine Präferenz galt der dritten Möglichkeit. Oskar Lafontaine reagierte heftig und brachte erstmals den Rücktritt von der Kanz-lerkandidatur für den Fall ins Spiel, daß seiner Auffassung nicht gefolgt werde. In den nächsten Tagen kam es telefonisch, aber auch in Saarbrücken zu einer Serie von Gesprächen, an denen in einem Fall auch Johannes Rau teilnahm. Willy Brandt teilte mir mit, daß er keinesfalls mit Nein stimmen werde. Als Ergebnis der Dialoge ließ mich Oskar Lafontaine am 20. Mai wissen, die Wäh-rungsunion könne jetzt nicht mehr verhindert werden, weil es sonst in der DDR zu einem Chaos komme. Er bestehe aber darauf, daß die Fraktion im Bundestag mit Nein stimme. Im

Bundesrat sollten die sozialdemokratisch regierten Länder, bis auf Hamburg, ebenfalls mit Nein stimmen. Das Ja Hamburgs stelle die Annahme sicher. Würde nicht so verfahren, müsse er seine Kandidatur beenden. Mein Hinweis, daß ich das jedenfalls bei der Bundestagsfraktion selbst dann nicht durchsetzen könnte, wenn ich es durchsetzen wollte, blieb ebenso ohne Wirkung wie meine dringende Bitte, die Kandidatur nicht mit dieser Frage zu verknüpfen.

Am nächsten Tag faßte der Parteivorstand in Kenntnis der Umstände den Beschluß, daß der Entwurf so für uns nicht zustimmungsfähig sei. Es müßten hinsichtlich der wirtschaftlichen Struktur, des Umweltschutzes und der sozialen Sicherungen Verbesserungen vorgenommen werden. Auch müsse die Einziehung des Vermögens der SED, der Blockparteien und der sogenannten Massenorganisationen sichergestellt werden. Helmut Kohl lud daraufhin zu Verhandlungen ein, die am 29. Mai im Bundeskanzleramt begannen und teils von den Spitzenrepräsentanten beider Seiten, teils in Arbeitsgruppen geführt wurden. Einen Tag zuvor – am 28. Mai – hatte Oskar Lafontaine seinen Standpunkt in einem »Spiegel«-Gespräch auch öffentlich zur Kenntnis gebracht. Die Reaktion auf das »Spiegel«-Gespräch war innerhalb und außerhalb der Partei lebhaft bis stürmisch, die Ablehnung überwog und war hinsichtlich des Vorschlags über ein unterschiedliches Abstimmungsverhalten im Bundestag und im Bundesrat – von einigen Teilen der westdeutschen Partei abgesehen, zu denen Gerhard Schröder zählte – nahezu einhellig. Besonders bedrückt, ja verärgert äußerten sich die ostdeutschen Sozialdemokraten. Die Verhandlungen mit der Koalition wurden dadurch nicht erleichtert.

Als diese Verhandlungen noch im Gange waren, kamen neue alarmierende Informationen. Oskar Lafontaine habe einen Brief, in dem er den Rücktritt von der Kandidatur mitteilte, schon abgefaßt und werde ihn in den nächsten Tagen an mich absenden, hieß es. Am 7. Juni sprach Willy Brandt, der ähnliches gehört hatte, mit Lafontaine; er war danach etwas optimistischer. Am

8. Juni versammelte sich in Saarbrücken eine größere Runde bei Lafontaine, darunter Gerhard Schröder, Horst Ehmke und Rudolf Scharping. In dieser Runde wurde ein sogenannter Kompensationsgedanke diskutiert. Lafontaine, der sich selber rezeptiv verhielt, solle bei der Kandidatur bleiben und auf seine Abstimmungsbedingungen verzichten. Dafür solle er auf dem schon in Aussicht genommenen Vereinigungsparteitag im September an meiner Stelle den Parteivorsitz übernehmen. Am 9. Juni erklärte ich auf dem außerordentlichen Parteitag der Ost-SPD in Halle, auf dem Befürchtungen laut wurden, daß der Staatsvertrag nicht zustande komme, er werde keinesfalls mehr scheitern; auf die Abstimmungsmodalitäten ging ich nicht näher ein.

Am 10. Juni suchte ich Oskar Lafontaine zu dem entscheidenden Gespräch in seiner Saarbrücker Wohnung auf. Weitere Gesprächsteilnehmer waren Björn Engholm und Reinhard Klimmt. Johannes Rau, der ebenfalls kommen wollte, konnte aus Witterungsgründen mit dem Hubschrauber nicht starten. Ich begann das Gespräch mit dem Bemerken, mir sei klar, daß die Umstände Oskar Lafontaine in den Wochen nach dem Attentat fast Unzumutbares abverlangten. Dies zu ändern stehe aber nicht in meiner Macht. Dann legte ich ihm dar, daß das von ihm gewünschte Abstimmungsverhalten nicht erreichbar und auch mir selbst ein Nein nicht möglich sei. Schließlich bat ich ihn, an der Kandidatur festzuhalten und der Partei zu ersparen, was mit seinem Rücktritt für sie verbunden wäre. Über alles andere könne heute geredet werden. Über den ordentlichen Parteitag 1991 hinaus wolle ich ohnehin nicht als Parteivorsitzender amtieren. Falls das für ihn wichtig sei, könne man auch darüber reden, ob er nicht schon auf dem Vereinigungsparteitag zum Vorsitzenden gewählt werden sollte. Voraussetzung sei aber, daß dies nicht so erscheine, als ob ich auf öffentlichen Druck einzelner ihm besonders verbundener Führungspersonen das Feld geräumt hätte. Das könnte ich mit meiner Selbstachtung nicht vereinbaren.

Oskar Lafontaine sprach, verständlicherweise, zunächst über den Einfluß, den das Attentat auf sein Dasein gehabt hatte und noch habe. Er habe sich nach dem 25. April überlegt, ob er nicht eine völlig neue Lebensentscheidung treffen solle. Die Nichteinführung der DM in der DDR habe er als Bedingung seiner Kandidatur verstanden. Komme sie nun unter Zustimmung der SPD doch, fühle er sich im Stich gelassen. Die Übernahme auch noch des Parteivorsitzes wäre für ihn eine zusätzliche Belastung. Der Gedanke stamme überdies nicht von ihm, sondern von Teilnehmern der Runde, die am 8. Juni bei ihm gewesen seien.

Ich mußte der Ansicht, seine Kandidatur habe im März unter einer Bedingung gestanden, widersprechen. Danach nahm das Gespräch eine konstruktive Wendung, zu der Björn Engholm und Reinhard Klimmt wesentlich beitrugen. Das Ergebnis des Gesprächs faßte ich dahin zusammen, daß ein Konsens folgendermaßen aussehen könne:

- Der Entscheidungsprozeß über die Währungsunion läuft wie von mir skizziert weiter;
- Oskar Lafontaine führt seine Kandidatur fort;
- die Frage, ob er den Parteivorsitz schon beim Vereinigungsparteitag übernehmen soll und will, wird zwischen uns nach seinem Erholungsurlaub weiter erörtert.

Oskar Lafontaine erwiderte, er wolle sich das Ganze noch einmal überlegen und mir am nächsten Tag einen endgültigen Bescheid geben. Am nächsten Tag rief er mich an und sagte mir, daß er bei der Kandidatur bleibe. Eine schwere Krise war damit abgewendet.

Viele haben mich danach gefragt, warum ich so weit gegangen bin und es nicht auf einen Rücktritt von der Kandidatur habe ankommen lassen. Auch ich hatte manchmal den Eindruck, mich an der Grenze meiner Selbstachtung zu bewegen. Dennoch glaube ich unverändert, richtig gehandelt zu haben. Und das aus einer ganzen Reihe von Gründen. Zuerst und vor allem hatte Oskar Lafontaine nach dem Trauma seiner lebensgefährlichen Verletzungen Anspruch auf einen Umgang, der dem Rechnung trug. Deshalb war es für mich selbstverständlich, daß ich nach Saarbrücken fuhr und die Gespräche dort stattfanden. Daß in den Medien von »Wallfahrten« die Rede war, störte mich nicht. Dann hätte Lafontaines Rücktritt die Partei in eine schwere Krise gestürzt. Er besaß in der Partei – und auch darüber hinaus – eine sehr motivierte Anhängerschaft, die einen solchen Schritt nicht kampflos hingenommen hätte. Der neue Kandidat – und das hätte nach den Umständen nur ich sein können – hätte folglich einen Zweifrontenkampf führen müssen und die Partei in der Auseinandersetzung mit Helmut Kohl nur zu einem Teil hinter sich gehabt. An die Stelle auseinandergehender Meinungen, die ich mit Hilfe anderer immer wieder zu einem Konsens bündelte, wäre in der Endphase der deutschen Einigung und während des Bundestagswahlkampfes das Bild einer tief gespaltenen, auch nach Ost und West getrennten Partei getreten, deren Hälften nicht mehr zueinander fanden. Für meine Einschätzung war zudem wichtig, daß Willy Brandt eigens nach Saarbrücken gefahren war, um Oskar Lafontaines Rücktritt von der Kandidatur abzuwenden. Herta Däubler-Gmelin und Johannes Rau bestärkten mich in meiner Haltung.

Der Erleichterung über das Gesprächsergebnis folgte ein empfindlicher Dämpfer unmittelbar auf dem Fuß. Als ich mich von Oskar Lafontaine und Björn Engholm verabschiedet hatte und im Auto die Nachrichten einschaltete, hörte ich als eine der ersten Meldungen, Horst Ehmke habe in einem Interview für die Ausgabe der »Bild-Zeitung« vom nächsten Tag gefordert, ich müßte auf dem Vereinigungsparteitag als Vorsitzender abgelöst werden. Bei einem so tiefen Einschnitt müsse der Stab an die jüngere Generation weitergegeben werden. Das war eine schwere Belastung unseres Vertrauensverhältnisses – Ehmke war immerhin mein Erster Stellvertreter im Fraktionsvorsitz – und tangierte die Voraussetzung, von der ich wenige Minuten zuvor weitere Erörterungen zwischen Oskar Lafontaine und mir über diesen Punkt abhängig gemacht hatte. Daß Gerhard Schröder sich der Ehmkeschen Forderung alsbald öffentlich anschloß, machte die Sache nicht besser.

Das Präsidium verurteilte Ehmkes Vorstoß in seiner Sitzung vom 11. Juni. Oskar Lafontaines Entscheidung nahm es mit Befriedigung zur Kenntnis. Am 14. Juni gab es jedoch im Parteivorstand und im Parteirat bei der Bewertung des Ergebnisses der Verhandlungen mit der Koalition noch einmal schwierige Diskussionen. In der Tat hatten wir – auch infolge des Drucks der DDR-Regierung und der ihr angehörenden Sozialdemokraten – einiges erreicht. So wurden die Umweltbestimmungen ergänzt, das Kernkraftwerk Greifswald stillgelegt, DDR-Produkte in bestimmten Branchen für eine Übergangszeit steuerbegünstigt, die Errichtung von Beschäftigungsgesellschaften möglich gemacht und die Vermögen der Blockparteien beschlagnahmt. Auch wurde dem Vertrag ein Artikel hinzugefügt, der besagte, daß sich die Durchführung der Wirtschaftsunion an der Sozialpflichtigkeit des Eigentums, am sozialen Wohn- und Mietwesen, am Verbraucherschutz, am Ausbau der Infrastruktur, an Schutz- und Umstellungsfristen, an der Einführung eines Vergleichs- und Vertragshilfeverfahrens und am Vorrang einer aktiven Arbeitsmarktpolitik vor der bloßen Arbeitslosenunterstützung zu orientieren habe. In der Substanz der Punkte, gegen die sich Lafontaines Kritik richtete, hatte sich allerdings nichts Entscheidendes verändert. Dennoch billigten schließlich beide Gremien das Inkrafttreten des Staatsvertrags zum 1. Juli und damit ein positives Votum der Fraktion und der sozialdemokratisch regierten Länder.

Bei der zweiten Lesung des Staatsvertragsentwurfs stimmten am 21. Juni fünfundzwanzig Mitglieder der Bundestagsfraktion gegen und alle übrigen für die Währungsunion. Die Gründe derer, die anders stimmten als die große Mehrheit der Fraktion, legte Peter Glotz in fairer Weise vor dem Plenum dar. Am 22. Juni billigte auch der Bundesrat den Vertrag. Dort stimmten von den sozialdemokratisch regierten Ländern nur das Saarland und Niedersachsen dagegen. Damit war eine der schwierigsten Operationen meiner Vorsitzendenzeit abgeschlossen. Von heute her betrachtet – und das stellte sich schon damals bald heraus – hat Oskar Lafontaine mit seinen pessimistischen Prognosen in vielen Punkten recht behalten. Das Fehlen einer realistischen Alternative zur Währungsunion, die auch den Menschen in der DDR eingeleuchtet hätte, gleicht das aber nicht aus.

In der ganzen Zeit bemühte ich mich um einen möglichst engen Kontakt mit der Ost-SPD. An ihre Spitze war vom außerordentlichen Parteitag in Halle in einer Kampfabstimmung, bei der er sich deutlich gegen zwei Mitbewerber durchsetzte, Wolfgang Thierse gewählt worden. Er gehörte nicht zu dem Kreis der Parteigründer von Schwante, sondern war vom Neuen Forum im Januar 1990 zur Sozialdemokratie gekommen und hatte als praktizierender Katholik einen eigenständigen Hintergrund. Er war – und ist – ein brillanter Analytiker und Redner. Das verhalf ihm rasch zu starker öffentlicher Beachtung zunächst in der DDR und später in der deutschen Öffentlichkeit insgesamt. Deshalb und nicht nur seiner Funktion wegen wurde er zu einem der anerkannten sozialdemokratischen Repräsentanten der Menschen in der ehemaligen DDR. Der Partei- und Gremienarbeit im engeren Sinn stand er etwas ferner. Nach dem Bruch der DDR-Koalition und dem Rücktritt Richard Schröders im August 1990 übernahm er auch den Vorsitz der sozialdemokratischen Volkskammer-Fraktion.

Die Volkskammer war in dieser Zeit für die DDR der Ort, an dem sich die politische Entwicklung am sichtbarsten vollzog. Zugleich war sie die Institution, in der sich parlamentarische Praxis in der DDR fast sechzig Jahre nach dem Ende der Weimarer Republik erstmals wieder entfalten konnte. In der Volkskammer war Reinhard Höppner eine der maßgebenden Persönlichkeiten. Nominell war er einer von sechs Vizepräsidenten. Tatsächlich trat er aber immer dann als amtierender Präsident in Funktion, wenn die Dinge schwierig wurden. Die Präsidentin und die anderen Vizepräsidenten ließen ihm dann gerne den Vortritt, weil er als Präses der Magdeburger Synode seiner Kirche der einzige war, der über praktische Erfahrungen in der Leitung eines demokratischen Gremiums verfügte. Und an schwierigen Situationen war ja in der Volkskammer wahrlich kein Mangel.

Sehr häufig baten mich die Freundinnen und Freunde der Schwesterpartei, zu ihnen nach Berlin zu kommen und die jeweilige Situation mit ihnen zu beraten. Ich erinnere mich an

Treffen im Flughafen Tegel, im Reichstag und in der Volkskammer. Dietrich Stobbe und ich bemühten uns in der Hektik, die damals allenthalben herrschte, Ruhe zu bewahren und nicht als Oberinstanz aufzutreten. Es ließ sich aber nicht vermeiden, daß wir konkrete Ratschläge und Empfehlungen gaben. Mitunter boten auch erst diese Treffen den Freunden aus der Regierung, der Fraktion und den Parteigremien der Schwesterpartei die Gelegenheit, sich untereinander abzustimmen.

Als besonders stürmisch habe ich den Ablauf der Beratungen und Gespräche in der Volkskammer am 17. Juni im Gedächtnis. Die DSU-Fraktion – die Deutsche Soziale Union war ein vorübergehender Ableger der CSU – hatte an diesem Tag den Antrag eingebracht, den Beitritt zur Bundesrepublik gemäß Artikel 23 Grundgesetz sofort zu beschließen. Die Unionsfraktion schwankte, und auch in der SPD-Fraktion stieß der Antrag durchaus nicht nur auf Ablehnung. Wechselnde Gruppen eilten hin und her. Ministerpräsident Lothar de Maizière erschien in der SPD-Fraktion, die ihm teils stehend, teils sitzend zuhörte. Seine Rede ging mitunter in Zwiegespräche über und endete ziemlich abrupt, weil er zu einer anderen dringenden Beratung abgerufen wurde. Der dynamische Charakter des Geschehens trat in diesen Stunden sehr deutlich hervor, insbesondere für jemanden, der wie ich die routinierten Abläufe des Bundestags gewohnt war. In der Sache riet ich, ebenso wie de Maizière, den Antrag nicht anzunehmen. Der Beitritt setze den Abschluß der Zwei-plus-vier-Verhandlungen voraus. Werde er jetzt vollzogen, laufe das auf eine Herausforderung der vier Mächte hinaus; unter Vorbehalt aber könne er nicht beschlossen werden. Nach einem Beitrittsbeschluß könne die DDR-Seite auch ihre Interessen gegenüber der Bundesrepublik nicht mehr genügend vertreten. Deshalb sei es notwendig, vor dem Beitritt auch die Verhandlungen über den Einigungsvertrag zu Ende zu bringen.

Lothar de Maizière habe ich in dieser Zeit auch zu persönlichen Gesprächen aufgesucht. Ich bestärkte ihn, bei den Verhandlungen über den Einigungsvertrag die Interessen der Menschen in der DDR nachdrücklich zu vertreten. Die westdeutsche Sozialdemokratie werde ihn dabei unterstützen. Von ihm gewann ich während des Gesprächs einen günstigen Eindruck. Er sprach leise, aber konzentriert, war gut unterrichtet und sich seiner Verantwortung für einen möglichst menschenverträglichen Ablauf des Übergangsprozesses wohl bewußt. Pathos war ihm fremd, vielmehr äußerte er sich mit betonter Nüchternheit.

Um so erstaunter war ich darüber, daß er im August mit der Entlassung des sozialdemokratischen Finanzministers Walther Romberg wegen angeblicher Mißachtung der Richtlinienkompetenz des Ministerpräsidenten eine Koalitionskrise herbeiführte und über die Modalitäten der Bundestagswahl verwirrende Vorschläge entwickelte. Ich schließe nicht völlig aus, daß hier wahltaktisch motivierte Einflüsse aus Bonn eine Rolle spielten, denen er allerdings hätte widerstehen sollen.

Anders als Richard Schröder hielt ich nach der Entlassung Rombergs den Austritt der Sozialdemokratie aus der Koalition für unvermeidbar. Eine solche Behandlung konnte sie sich nicht gefallen lassen. Übrigens war ein Entlassungsgrund, daß Romberg die von der Bundesregierung bewilligte Transferleistung von 20 Milliarden DM für das zweite Halbjahr 1990 als ungenügend bezeichnete und den Bedarf deutlich höher schätzte. Wenn man die tatsächliche Entwicklung bedenkt, hätte eher Theo Waigel als Bundesfinanzminister entlassen und Romberg öffentlich belobigt oder später rehabilitiert werden müssen.

Verwundert hat mich später der Umgang der Union mit Lothar de Maizière einschließlich der Behandlung der Stasi-Vorwürfe, die auch gegen ihn erhoben wurden. Daß ein Anwalt, der in einer Diktatur Mandanten in politischen Strafsachen verteidigt, mit den Staatsorganen in Verbindung treten muß, ist eigentlich eine Binsenwahrheit. Der Verdacht, de Maizière sei der Union wegen seiner Eigenwilligkeit lästig geworden und man habe ihn deshalb nach dem Prinzip behandelt, »der Mohr hat seine Schuldigkeit getan, der Mohr kann gehn«, ist jedenfalls nicht ganz abwegig.

Das zentrale Thema der Deutschlandpolitik war nach dem Inkrafttreten der Währungsunion der Zweite Staatsvertrag, der sogenannte Einigungsvertrag. Er regelte in seinen fünfundvierzig Artikeln und den umfangreichen Anlagen die Fragen, die sich aus dem Beitritt der DDR zur Bundesrepublik Deutschland ergaben, und erstreckte die Geltung der Rechtsordnung der Bundesrepublik mit zahlreichen Modifikationen und Übergangsbestimmungen auf das Gebiet der neuen Bundesländer. Unbeschadet aller Mängel und Fehler, die er enthielt, war die Erarbeitung des Vertragsentwurfs innerhalb weniger Wochen eine beachtliche Leistung der Bonner Ministerialbeamten.

Da der Entwurf Verfassungsänderungen enthalten mußte, hat die Bundesregierung die SPD von vornherein stärker in die Verhandlungen einbezogen. Der unter der Leitung von Herrn Schäuble stehenden Verhandlungsdelegation der Bundesrepublik gehörten für die sozialdemokratisch regierten Länder Wolfgang Clement, Hans-Joachim Kruse und Dieter Schröder als Chefs der nordrhein-westfälischen Staatskanzlei und der Hamburger und der Berliner Senatskanzlei an. Der Ausschuß zur deutschen Einigung beriet den Entwurf des Zweiten Staatsvertrags in acht Sitzungen relativ gründlich. Zur Klärung verbliebener Streitfragen gab es außerdem vier Spitzengespräche zwischen uns und der Koalition unter Vorsitz des Bundeskanzlers. Allerdings war unser Druckpotential nicht sehr groß, weil niemand ernsthaft damit rechnete, daß wir den Einigungsvertrag ablehnen könnten. Ich selbst sprach zwar einmal davon, daß dann, wenn uns Unvertretbares zugemutet werde, an die Stelle des Einigungsvertrags ja auch ein Überleitungsgesetz treten könne, das die Union allein verantworten müsse. Aber das hatte mehr taktische Bedeutung. Mir war klar, daß der Einigungsvertrag nicht an uns scheitern durfte und konnte. Auch Oskar Lafontaine sah dies am Ende im Ergebnis nicht anders.

Es würde zu weit führen, an dieser Stelle alle strittigen Punkte noch einmal abzuhandeln. Diejenigen, die bis zum Schluß eine Rolle spielten, waren die offenen Vermögensfragen, die finanzielle Ausstattung der Gebietskörperschaften in der DDR, die Zuständigkeit der Gemeinden für die örtliche Energieversorgung, die Überarbeitung des Grundgesetzes nach der Intention des Artikels 146 Grundgesetz und das Schwangerschaftsrecht. In diesen Fragen waren wir unterschiedlich erfolgreich.

Vergeblich blieben unsere Bemühungen, die vor ihrer Gründung stehenden Länder und die Gemeinden von Anfang an mit den erforderlichen finanziellen Mitteln zu versehen und so vor allem ihre Investitionsfähigkeit zu gewährleisten. Hier waren auch die SPD-regierten alten Bundesländer eher zögerlich. Zu den Regelungen, die schon damals notwendig gewesen wären, kam es in Gestalt des sogenannten Solidarpaktes erst 1993. Rascher – nämlich schon im Einigungsvertrag selbst – kam eine Regelung zustande, die den Ländern Baden-Württemberg, Bayern, Niedersachsen und Nordrhein-Westfalen im Bundesrat je eine sechste Stimme zubilligte. Diese Regelung, gegen die sich Berlin bis zuletzt wehrte, bewirkte, daß diese vier westdeutschen Länder, wenn sie einig waren, im Bundesrat auch in der größeren Bundesrepublik nicht überstimmt werden konnten. Ein frühes, damals aber kaum beachtetes Zeichen dafür, daß starke Kräfte im Westen keine sonderliche Neigung hatten, ihnen gewohnte und liebgewordene Machtstrukturen durch die Einigung in Frage stellen zu lassen.

Die Energieversorgung in der DDR hatte ein noch von der DDR-Regierung abgeschlossener Vertrag den größten westdeutschen Elektrizitätsversorgungs-Unternehmen übertragen, die daran zum Zwecke der Erhaltung ihrer beherrschenden Stellung sehr interessiert waren und dafür die Aufrechterhaltung der Versorgung und umfangreiche Investitionen versprachen. Der Vertrag sah auf Verlangen der Unternehmen vor, daß sich die Kommunen – anders als in der Bundesrepublik – an der örtlichen Energieversorgung nur als Minderheitsgesellschafter beteiligen durften. Diese Bestimmung übernahm auch der Entwurf des Einigungsvertrags. Das war ein schwerer Eingriff in das Selbstverwaltungsrecht der Kommunen. Unsere Anstrengungen, ihn rückgängig zu machen, scheiterten, obwohl sie auch der Bundeskanzler vorübergehend unterstützte. Die großen westdeutschen Versorgungsunternehmen waren stärker als die politischen Kräfte. Korrigiert wurde die fragliche Regelung erst später mit Hilfe des Bundesverfassungsgerichts.

Einen Teilerfolg, der dann allerdings von den Konservativen weitgehend verwässert wurde – ich komme darauf noch im 12. Kapitel zu sprechen –, erzielten wir hinsichtlich der Beibehaltung des Artikels 146 Grundgesetz. Die Union wollte ihn völlig streichen und damit die Erinnerung daran tilgen, daß den Vätern und Müttern des Grundgesetzes eine Überarbeitung der Verfassung unter Mitwirkung derer, die an der Ausarbeitung des Grundgesetzes nicht hatten teilnehmen können, für den Fall der deutschen Einigung auch dann vorschwebte, wenn die Einigung nach Artikel 23 Grundgesetz zustande kam. Das konnten wir verhindern. Zusätzlich wurde den gesetzgebenden Körperschaften des vereinten Deutschlands aufgegeben, sich in einer Zweijahresfrist insbesondere mit den im Zusammenhang mit der deutschen Einigung aufgeworfenen Fragen zur Änderung oder Ergänzung des Grundgesetzes zu befassen, darunter auch mit der Frage der Anwendung des Artikels 146 Grundgesetz und in deren Rahmen mit der Frage einer Volksabstimmung.

Bei den offenen Vermögensfragen scheiterten wir mit unserem Verlangen, den Grundsatz »Rückerstattung vor Entschädigung« umzukehren. Das hätte den Menschen in der DDR viele soziale Spannungen erspart und manche Investitionsverzögerung verhindert. Durchsetzen konnten wir nur eine Reihe von Durchbrechungen dieses Prinzips. Der Einwand, die DDR-Regierung habe dem Prinzip zugestimmt und die SPD werde wohl nicht besser als diese wissen, was den Menschen in der DDR fromme, war nicht auszuräumen. Schon bald zeigte sich, daß wir es besser gewußt hatten. Und die Koalition sah sich zu einem Flickwerk von Nachbesserungen gezwungen.

Am härtesten wurde um das Schwangerschaftsrecht gerungen, das in beiden Staaten erheblich voneinander abwich. Die Frauen in der DDR zumal befürchteten, daß nun auch für sie an Stelle der in der DDR geltenden Fristenlösung das Indikationenrecht der Bundesrepublik in Kraft treten werde. Man einigte sich schließlich darauf, daß das Recht der DDR zwei Jahre lang weitergelten und in dieser Zeit vom gesamtdeutschen Gesetzgeber eine Regelung getroffen werden solle. Sie sollte den Schutz vorgeburtlichen Lebens und die verfassungskonforme Bewältigung von Konfliktsituationen schwangerer Frauen vor allem durch rechtlich gesicherte Ansprüche der Frauen, insbesondere durch Beratung und soziale Hilfe, besser gewährleisten, als dies in beiden Teilen Deutschlands bis dahin der Fall war. Das war der Anstoß zu dem Lebensschutzkonzept, das 1995 endgültig in Kraft getreten ist. Herta Däubler-Gmelin hat sich dafür in den Verhandlungen besonders engagiert.

Ein Problem tauchte noch ganz zum Schluß auf: die Frage einer Amnestie für die in der Auslandsspionage gegen die Bundesrepublik tätigen Mitarbeiter der Staatssicherheit. Die Bundesregierung und die Koalitionsfraktion brachten dazu einen Gesetzentwurf ein, dem zufolge für die typischen Taten der Angehörigen der Auslandsnachrichtendienste der DDR und ihrer Agenten sowie für sogenannte Begleitdelikte Straffreiheit eintreten sollte. Wir entgegneten, daß wir für den Gedanken einer allgemeinen Amnestie aus Anlaß der deutschen Einigung, also beispielsweise für alle Straftaten in Ost und West, für die nicht mehr als ein Jahr Freiheitsstrafe zu erwarten sei, offen seien. Eine Amnestie allein für Staatssicherheitsagenten lehnten wir ab. Das sei zu einem Zeitpunkt, in dem die Opfer des SED-Regimes noch lange auf ihre Rehabilitierung zu warten hätten, unvertretbar. Die Koalition hat den Entwurf nicht weiterverfolgt.

Ein längeres Hin und Her ergab sich schließlich noch über das bei der ersten gesamtdeutschen Bundestagswahl anzuwendende Wahlrecht. Als Wahltermin einigte man sich auf den 2. Dezember 1990, der in den Grenzen der normalerweise am Ende einer Legislaturperiode zu wahrenden Fristen lag. Einer Vorverlegung auf den für die ersten Landtagswahlen in den neuen Bundesländern bereits festgelegten 14. Oktober, die die Koalition aus taktischen Gründen wünschte, hatten wir widersprochen. Sie hätte eine Verfassungsänderung vorausgesetzt und war deshalb gegen uns nicht zu machen. Das zwischen der DDR und der Bundesrepublik Ende August in einem Staatsvertrag vereinbarte Wahlrecht sah die Anwendung der Fünf-Prozent-Sperrklausel auf das Gesamtgebiet des dann vereinigten Deutschlands vor. Zugleich wurden ausnahmsweise für diese Wahllisten Verbindungen von Parteien zugelassen, die in keinem Bundesland gegeneinander kandidierten. Die Grünen brachten diese Regelung zusammen mit der PDS durch eine Klage beim Bundesverfassungsgericht zu Fall. Statt dessen mußte die Anwendung der Fünf-Prozent-Klausel für diese Wahl dahin modifiziert werden, daß sie für die alte Bundesrepublik und die ehemalige DDR je gesondert anzuwenden war. Eine Folge dieser Änderung war, daß die PDS in den neuen Bundestag einzog, während die West-Grünen den Einzug verfehlten. Nach der ursprünglichen Regelung wäre es umgekehrt gewesen. Zusammen mit dem Bündnis 90 hätten sie die Fünf-Prozent-Hürde ganz knapp übersprungen. Und die PDS wäre nicht in den Bundestag gelangt.

Verabschiedet wurde der Einigungsvertrag im Bundestag am 20. September 1990. Die sozialdemokratischen Abgeordneten stimmten ihm ohne Ausnahme zu. Von der Union stimmten dreizehn Abgeordnete aus unterschiedlichen Gründen dagegen. Ich hatte Willy Brandt gebeten, für uns die Hauptrede zu halten. Als Oskar Lafontaine erkennen ließ, daß er sprechen wolle, verzichtete Willy Brandt.

Eine Vereinigung sollte nach unserem Willen der deutschen Einigung noch vorangehen. Und das war die Vereinigung der beiden sozialdemokratischen Parteien. Sie wurde seit dem Frühjahr 1990 sorgfältig vorbereitet. Die letzten Beschlüsse faßten am 26. September getrennte Parteitage der West- und der Ost-SPD. Sie hatten zum Inhalt, daß von einer allgemeinen Neuwahl des Vorstandes abgesehen und statt dessen der Westvorstand, ergänzt durch Wolfgang Thierse als stellvertretendem Parteivorsitzenden, und zehn vom Ost-Parteitag gewählte weitere Mitglieder als Vorstand der vereinigten Partei amtieren sollten. Auf die Erwägung, bei dieser Gelegenheit einen neuen Parteivorsitzenden zu wählen, die im Juni eine Rolle gespielt hatte, war niemand mehr zurückgekommen. Beschlossen wurde auch ein Beitragszuschlag zur Finanzierung einer Solidarhilfe für die Parteigliederungen in der neuen Bundesrepublik, die sich in der Folge auf rund zehn Millionen DM jährlich belief. Soweit ich sehe, sind wir die einzige Partei, die aus Anlaß der Einheit den Mut zu einer solchen solidarischen Kraftanstrengung fand.

Der Vereinigungsparteitag bestätigte am folgenden Tage diese Beschlüsse. Im Mittelpunkt standen dabei die Reden von Willy Brandt, von Wolfgang Thierse und mir und die Verabschiedung eines Manifestes zur Wiederherstellung der Einheit der Sozialdemokratischen Partei Deutschlands. Alle Schwierigkeiten und Konflikte der letzten Zeit verblaßten in dieser Stunde. Freude und Stolz waren die beherrschenden Gefühle. Freude darüber, daß die SPD nun tatsächlich wieder die Partei aller auf deutschem Boden tätigen Sozialdemokraten und Sozialdemokratinnen, also wirklich wieder die Sozialdemokratische Partei *Deutschlands* war, und stolz darauf, daß die SPD als einzige deutsche Partei seit ihrer Gründung im Jahre 1863 allen Anfechtungen und Verfolgungen zum Trotze ihre Kontinuität gewahrt hatte. Eine mitreißende Rede des damals schon neunzigjährigen Josef Felder machte diese Kontinuität besonders anschaulich.

Das Manifest bringt das in seinen Eingangssätzen so zum Ausdruck:

»Die SPD ist vom heutigen Tage an wieder, was sie seit ihrer Gründung vor weit über hundert Jahren hat sein wollen: die Partei der Sozialdemokratie für das ganze Deutschland. Das bittere Unrecht, das durch die Zwangsvereinigung in der damaligen Ostzone geschaffen worden war, hat sein Ende gefunden.

Die Gliederungen der Partei in Brandenburg, Mecklenburg-Vorpommern, Sachsen, Sachsen-Anhalt und Thüringen sind wieder aktiv. Sie sind mit ihren Mitgliedern wieder in ihre Rechte und Pflichten eingetreten und bilden mit den Gliederungen in der bisherigen Bundesrepublik zusammen aufs neue die Sozialdemokratische Partei Deutschlands.

Die älteste demokratische Partei in Deutschland nimmt ihre Arbeit auf im ganzen Land und für das ganze Land.

Das gleiche gilt für Berlin, das der Gesamtpartei mit dem Beschluß über die Vereinigung der Berliner Parteiorganisationen am 15. September 1990 vorausgegangen ist.

Der Beschluß vom 23. August 1961 über die Suspendierung der Parteiarbeit im Ostteil der Stadt ist damit gegenstandslos geworden. Dreimal in der deutschen Geschichte wollte antidemokratische Gewalt die stabilste Stütze der deutschen Demokratie umreißen: 1878, 1933, 1946. Dreimal ist es mißlungen. Alle, die sich vorgenommen hatten, die SPD zu vernichten, sind selbst von der Geschichte eingeholt worden.

Jedesmal waren die Feinde der Sozialdemokratie auch die Feinde der Demokratie. Und jedesmal hat sich die Idee der Sozialdemokratie als stärker erwiesen: allen Bürgerinnen und Bürgern das Recht und die Möglichkeit zu geben, daß sie in demokratischer Freiheit leben und in sozialer Verantwortung über sich selbst bestimmen können.«

An einer anderen Stelle sagt es:

»Gemeinsam gehen wir an die Arbeit, damit zum ersten Mal in der Geschichte Deutschland als ganzes seinen Platz in einem friedlichen Europa finden kann. Jetzt gilt es zu zeigen, daß die Deutschen ihre Vereinigung als überzeugte Europäer vollziehen. Wir freuen uns darüber, daß Kurt Schumacher und Erich Ollenhauer, Ernst Reuter und Fritz Erler, Herbert Wehner und Gustav Heinemann nicht vergeblich für die deutsche Einheit gestritten haben. Daß die Friedenspolitik Willy Brandts und Helmut Schmidts den Wandel im Osten fördern und die Einheit vorbereiten konnte.

Weder nationale Selbstzufriedenheit noch gar nationalistischer Überschwang sind jetzt gefragt, sondern Solidarität der

Deutschen untereinander: derer, die sich vier Jahrzehnte lang gängeln lassen mußten, und derer, die ihre Geschicke unter den Bedingungen des Grundgesetzes haben gestalten können. Gefragt ist aber auch Solidarität mit den Völkern Zentral- und Osteuropas, die sich um ihren neuen Weg bemühen, und mit jenem Großteil der Menschheit, der bitterer Armut ausgesetzt ist.«

Und am Ende dieses Manifestes heißt es:

»Noch nie ist Großes ohne Leistung erreicht worden. Es ist nicht unsere Art, eine geschichtliche Stunde zu beschwören und dann hinzuzufügen, sie sei garantiert gratis zu haben. Wir sind sicher, daß unser Volk zu Opfern bereit ist, wenn ihm die Wahrheit gesagt wird, wenn es sich endlich ernstgenommen fühlt. Die Sozialdemokratische Partei Deutschlands erhebt den Anspruch, das Deutschland der neunziger Jahre als bestimmende demokratische Kraft zu führen.«

Der Text des Manifestes ist weitgehend von Willy Brandt entworfen worden. Unterzeichnet wurde es nach seiner Verabschiedung von ihm und mir, von der engeren Parteiführung und von den Vorsitzenden aller Landes- und Bezirksverbände. Wahrscheinlich liegt es heute irgendwo im Parteiarchiv. Ich meine, es sollte im neuen Parteihaus in Berlin einen Ehrenplatz an gut sichtbarer Stelle finden.

Der zweite Tag des Vereinigungsparteitags stand ganz im Zeichen Oskar Lafontaines. Er legte sein Regierungsprogramm »Der neue Weg« vor und faszinierte einmal mehr einen Parteitag mit einer außergewöhnlichen Rede. In der Rede und im Regierungsprogramm tat er etwas, was Politiker vor Wahlen nicht ausnahmslos tun. Er sagte den Menschen auch die unangenehmen Wahrheiten. Zumal die, daß die westdeutsche Bevölkerung zur Angleichung der Lebensbedingungen im geeinten Deutschland einen spürbaren Solidaritätsbeitrag zu leisten haben werde. Darin unterschied er sich von Helmut Kohl, der zur gleichen Zeit versprach, zu diesem Zweck werde es keine Steuererhöhungen geben. Der Antrag nach Ende seiner Rede lautete:

»Oskar Lafontaine soll Bundeskanzler werden.«

In geheimer Abstimmung erhielt er 470 von 482 abgegebenen Stimmen. Das war kein schlechter Auftakt für die Hauptphase des Wahlkampfes.

Wenige Tage später, in der Nacht vom 2. auf den 3. Oktober 1990, nahm das vereinigte Deutschland seinen Anfang. Ich habe an allen Veranstaltungen, die aus diesem Anlaß stattfanden, teilgenommen: an dem Festakt, bei dem Lothar de Maizière am 2. Oktober mit einer Rede im Berliner Schauspielhaus formal das Ende der DDR besiegelte; an der Verabschiedung der West-Berliner Stadtkommandanten; am ökumenischen Gottesdienst in der traditionsreichen Sankt-Marien-Kirche am Morgen des 3. Oktober und am ersten Staatsakt des neuen, vereinigten Deutschlands in der Berliner Philharmonie, bei dem Richard von Weizsäcker einmal mehr seiner Aufgabe, den Menschen Orientierung zu geben, in eindrucksvoller Weise gerecht wurde. Das galt auch für die folgende Stelle seiner Rede, die bei den Konservativen trotz des feierlichen Ambientes mühsam unterdrücktes Murren auslöste:

»Oft hört man heute, niemandem soll etwas genommen werden, es komme nur auf die Verteilung der Zuwächse an. Das ist schön gesagt in der Marketingsprache zeitgemäßer politischer Kommunikation. Bei nüchterner Betrachtung würde jedoch auch dies nichts anderes bedeuten als die Vertagung des Teilens auf die Zukunft. Das kann dann für viele menschliche Schicksale zu spät sein.«

Am stärksten haftet mir aber die Mitternachtsstunde am Reichstag im Gedächtnis, vor dem sich einige Zehntausende von Menschen versammelt hatten. Als die Bundesfahne an dem neu aufgestellten Mast hochgezogen wurde und die Nationalhymne erklang, blickte ich zu dem Fenster hinauf, von dem aus Philipp Scheidemann am 9. November 1918 die erste deutsche Republik ausgerufen hatte. Ich hoffte, unser Volk werde gerade jetzt die Lehren beherzigen, die ihm in seiner Geschichte seitdem zuteil geworden waren. Daß nationaler Überschwang und schmetternde Kundgebungen ausblieben, daß der Jubel und die Freude eher nachdenklich klangen, erschien mir als ein gutes Omen. Meinen Platz in der ersten Reihe neben Richard von Weizsäcker, Willy Brandt und Helmut Kohl hatte ich Oskar Lafontaine überlassen. So stand auch einer ganz vorne, der erst 1943 geboren war und die Generation repräsentierte, die bis dahin nur ein geteiltes Deutschland kannte. Auf diese Generation schien es mir jetzt und in Zukunft besonders anzukommen.

Noch etwas ging mir durch den Kopf. Nämlich der von Bert Brecht verfaßte Text der sogenannten »Kinderhymne«. Er schien mir all das auszudrücken, was man unserem Lande in diesem Augenblick wünschen sollte. Da heißt es zu Beginn:

»Anmut sparet nicht noch Mühe
Leidenschaft nicht noch Verstand
Daß ein gutes Deutschland blühe
Wie ein andres gutes Land.«

Und am Ende:

»Und nicht über und nicht unter
Andern Völkern wolln wir sein
Von der See bis zu den Alpen
Von der Oder bis zum Rhein.

Und weil wir dies Land verbessern
Lieben und beschirmen wir's
Und das Liebste mag's uns scheinen
So wie andern Völkern ihrs.«

Besser kann man die Sympathie für sein eigenes Land, für Deutschland, auch am Ende unseres Jahrhunderts und nach der Vereinigung kaum ausdrücken.

Mit dem 3. Oktober 1990 hatte ein besonders schwieriges Kapitel unserer Nachkriegsgeschichte sein Ende gefunden. Es liegt deshalb nahe, an dieser Stelle ein Resümee der sozialdemokratischen Deutschlandpolitik zu ziehen. Auf einzelne Aspekte dieser Politik bin ich schon im zeitlichen Zusammenhang eingegangen. Hier geht es mir um eine Gesamtbeurteilung und um die Auseinandersetzung mit den von konservativer Seite kontinuierlich gegen diese Politik erhobenen Vorwürfen.

Ausgangspunkt der sozialdemokratischen Deutschlandpolitik war die Erkenntnis, daß die Konfrontation des kalten Krieges, die im August 1961 mit dem Bau der Mauer ihren Höhepunkt erreichte, zur völligen Einsperrung der Menschen in der DDR und in Ost-Berlin und zur Unterbrechung fast aller persönlichen Beziehungen zwischen Ost und West geführt hatte. Diese Tatsache und die Reaktion der westlichen Verbündeten auf den Mauerbau – sie ging bekanntlich über Proteste und eine Bestandsgarantie für West-Berlin nicht hinaus – ließen die Sozialdemokratie erkennen, daß ein Wandel der Verhältnisse nicht durch Konfrontation oder durch verstärkten äußeren Druck, sondern nur durch konkrete Schritte zur Verbesserung der Beziehungen zur Sowjetunion und zur DDR erreicht werden konnte. Und ebenso, daß die Wahrung und Sicherung des Friedens der nationalen Frage vorgeordnet war. Ein Wandel in Europa konnte sich nur im Frieden vollziehen. Ein Krieg hätte gerade für Mitteleuropa die völlige Zerstörung dessen bedeutet, was unter Beachtung des Prinzips der freien Selbstbestimmung von neuem zusammengefügt werden sollte. Das war die Geburtsstunde des von Willy Brandt und Egon Bahr entwickelten Konzepts des Wandels durch Annäherung, das sich die Partei – nicht ohne lebhafte Auseinandersetzungen – im Laufe einiger Jahre zu eigen machte.

Ziel dieser neuen Deutschlandpolitik war es, die Folgen der deutschen Teilung für die davon betroffenen Menschen – also vor allem für die Menschen in der DDR – zu lindern, ihre Lebensverhältnisse zu verbessern, die Nation als Geschichts-, Kultur-, Sprach- und Gefühlsgemeinschaft zu bewahren und auf einen Zustand des Friedens in Europa hinzuwirken, in dem das deutsche Volk in freier Selbstbestimmung die Einheit und Freiheit

Deutschlands vollenden kann. Eingebettet war diese Politik in eine Ostpolitik, die den durch den zweiten Weltkrieg geschaffenen Gegebenheiten Rechnung trug und die Westintegration der Bundesrepublik durch die Normalisierung der Beziehungen zur Sowjetunion und zu den mittelosteuropäischen Nachbarn Deutschlands – den Mitgliedern des sogenannten Warschauer Paktes – ergänzte. Die entscheidenden Schritte auf diesem Weg waren der Moskauer Vertrag nebst dem Brief zur deutschen Einheit, das Vier-Mächte-Abkommen über Berlin, das Transitabkommen, der Grundlagenvertrag und die Schlußakte von Helsinki. Alle diese Vereinbarungen sind in der Zeit sozialdemokratischer Regierungsverantwortung gegen den Widerstand der damaligen Opposition, also der Union, zustande gekommen.

Vielen ist heute nicht mehr gegenwärtig, daß die Union Willy Brandt wegen der Ostverträge als Bundeskanzler stürzen und daß sie Helmut Schmidt noch im Juli 1975 – Helmut Kohl war damals schon Vorsitzender der Union – an der Unterzeichnung der Schlußakte von Helsinki hindern wollte. Die Ergebnisse von Helsinki – so hieß es in der Begründung des entsprechenden Antrags – drohten »zu Instrumenten zur Durchsetzung langfristiger sowjetischer Interessen insbesondere in Deutschland zu werden, die elementaren Interessen des Westens in Europa zuwiderlaufen«. Das war ein fundamentaler Irrtum! Mit ihrem Nein zu Helsinki befand sich die Union übrigens in merkwürdiger Gesellschaft. Außer ihr lehnten nämlich damals nur die albanischen Kommunisten und die italienischen Neofaschisten Helsinki und die dort vereinbarte Schlußakte ab. Zumindest als Fußnote gehört in diesen Zusammenhang der Hinweis, daß die Union als Regierungspartei den Beitritt der Bundesrepublik zum Vertrag über die Nichtverbreitung von Kernwaffen hartnäckig abgelehnt hat. Das sei ein Versailles in kosmischen Ausmaßen, meinte Franz Josef Strauß damals. Erst die sozial-liberale Koalition holte dann im November 1969 das nach, wozu auch die große Koalition nicht fähig gewesen war. Das von der sozial-liberalen Koalition vertretene Konzept der Sicherheits- und Verantwortungspartnerschaft erwies sich unter all diesen Aspekten als das konstruktivere.

Die sozialdemokratische Deutschlandpolitik hat während der Regierungszeit der Bundeskanzler Brandt und Schmidt zu beachtlichen Resultaten geführt. So stieg beispielsweise bis zum Jahre 1982 die Zahl der Bundesbürger, die die DDR besuchen konnten, auf sechs Millionen und die der Menschen, die aus der DDR in die umgekehrte Richtung reisten, auf zwei Millionen – also gegenüber 1969 bei den Reisen in die DDR auf mehr als das Fünffache und bei den Reisen aus der DDR in die Bundesrepublik auf das Zweieinhalbfache. Die wirtschaftlichen Beziehungen entwickelten sich günstig. Die Akkreditierung westdeutscher Journalisten ermöglichte insbesondere mit Hilfe der elektronischen Medien eine für die Menschen in der DDR wahrnehmbare kritische Begleitung der Vorgänge in der DDR durch dort anwesende Beobachter. Der Transitverkehr von und nach Berlin verlief nahezu störungsfrei, und die Einbeziehung West-Berlins in das Rechts-, Wirtschafts- und Finanzsystem der Bundesrepublik und in ihr politisches, gesellschaftliches und kulturelles Leben war kaum mehr Gegenstand ernsthafter Kontroversen. Auch die internationalen Berlinkrisen, die die Welt bis an den Rand nuklearer Konfrontationen geführt hatten, gehörten der Vergangenheit an.

Die Union hatte ungeachtet ihrer öffentlichen Polemik und des häufig erhobenen Vorwurfs, die Sozialdemokratie verrate deutsche Interessen, schon während dieser Zeit vertrauliche Kontakte zur SED-Führung geknüpft. Hauptsächlicher Verbindungsmann war auf seiten der Union seit 1975 Walther Leisler Kiep; später waren daran auch Peter Lorenz, Ottfried Hennig und Gerhard Stoltenberg beteiligt. Die DDR werde mit einer von der CDU geführten Bundesregierung »letztendlich besser zurechtkommen als mit der labilen sozial-liberalen Koalition. Konservative Politiker hätten weit mehr Möglichkeiten, mit der DDR zusammenzuarbeiten, als die jetzige Regierung« – so lautete spätestens seit 1978 die Botschaft, die die Unionsführung Erich Honecker zukommen ließ.

Im Einklang damit hat Helmut Kohl nach seiner Wahl zum Bundeskanzler Erich Honecker alsbald versichert, es gelte auf Grund der Verträge das »mühsam Aufgebaute« fortzuentwickeln. Er, Kohl, wolle nichts unternehmen, um ihn, Honecker, in eine »ungute Lage zu bringen«. Kohl hat denn auch die Deutschlandpolitik seiner Vorgänger im großen und ganzen kontinuierlich fortgesetzt. Mit der Zustimmung zu dem von Franz Josef Strauß 1983 initiierten und von der Bundesregierung verbürgten Milliardenkredit, dem 1984 ein von der Öffentlichkeit weniger beachteter zweiter Kredit in Höhe von drei Milliarden folgte, von dem die DDR allerdings nur eine erste Rate abrief, hat die von ihm geführte Koalition sogar stärker und direkter zur Stabilisierung der DDR und ihres internationalen ökonomischen Ansehens beigetragen, als das bis dahin seitens der Bundesrepublik geschehen war. Auch diese Politik hatte für das deutsch-deutsche Verhältnis, für die Milderung der Teilungsfolgen und für die Situation entlang der Grenze der beiden Blöcke überwiegend günstige Konsequenzen, und zwar auch während der Spannungen zur Zeit der beiderseitigen Raketenstationierungen. Wir haben diese Politik daher – unbeschadet kritischer Kommentare zu einzelnen Punkten – begrüßt und, wo notwendig, unterstützt. Dies insbesondere dann, wenn Kohl und noch mehr Hans-Dietrich Genscher, der die Kontinuität verkörperte, mit ihrer Linie auf den Widerstand der Hardliner innerhalb der Union stießen.

Damit haben wir uns allerdings nicht begnügt. Wir haben vielmehr auch als Opposition immer wieder deutschlandpolitische Initiativen entfaltet, die ich im Detail beschrieben habe. Sie dienten dem gleichen Ziel wie die Deutschlandpolitik während unserer Regierungszeit und haben auf ihre Weise auf die Entwicklung in der DDR beachtlichen Einfluß genommen. Für das gemeinsame Papier des Jahres 1987 habe ich das schon dargetan. Um die Jahreswende 1991/92 hat mir eine ganze Reihe von Bürgerrechtlern auf meine Anfrage hin die für sie positiven Auswirkungen des Papiers ausdrücklich bestätigt. Und Rainer Eppelmann – also ein ganz unverdächtiger Zeuge – hat das in seinem 1993 erschienenen Buch »Fremd im eigenen Haus« mit den Worten bestätigt: »Das Papier nutzte der SED letztlich nicht viel, uns brachte es aber taktische Vorteile im Umgang mit unserer Staatsführung.« Inzwischen ist auch ein Vermerk bekannt geworden, aus dem hervorgeht, daß Erich Mielke noch im April 1989 gegenüber dem Vizechef des KGB Leonid Schebarschin diejenigen heftig kritisierte, die von der SED-Führung verlangten, den Inhalt des Papiers zu verwirklichen – gemeint war offenbar die damalige sowjetische Führung unter Gorbatschow. Das unterstreicht, welche Unruhe das Papier in der SED ausgelöst hat. Von nicht wenigen SED-Mitgliedern wurde es dahin gedeutet, daß nunmehr ein Reformkurs im Sinne Gorbatschowscher Vorstellungen auch in der DDR eingeschlagen werden solle. Die Union und vor allem ihre Hardliner polemisierten also gegen ein Papier in bezeichnender Übereinstimmung mit den Hardlinern in der SED-Führung. Eine Parallelität, die nicht nur in diesem Falle zu beobachten war.

Die Angriffe der Union gegen uns waren und sind aber auch sonst unbegründet. Wir haben als Partei zu keiner Zeit die gemeinsame Staatsangehörigkeit oder die Präambel des Grundgesetzes in Frage gestellt. Und wir haben die Frage der deutschen Einheit völkerrechtlich und politisch stets offengehalten. Die Bedeutung der Formulierung, die Staatsbürgerschaft der DDR solle respektiert werden, und die Tatsache, daß Herr Schäuble diese Formulierung gegenüber der DDR-Führung ebenso und im gleichen Sinne gebraucht hat, habe ich schon erwähnt. Aber auch in der – irrigen – Einschätzung des Zeitpunktes, zu dem die deutsche Einigung aktuell werden könnte, gab es zwischen der Union und uns keinen Unterschied.

Noch 1988 legten die Herren Geißler und Schäuble und Dorothee Wilms, die damalige Bundesministerin für innerdeutsche Beziehungen, den Entwurf eines Leitantrags für den CDU-Parteitag vor, in dem es heißt:

»Unter den Bedingungen der andauernden Teilung Deutschlands ist die Politik des Dialogs, der praktischen Zusammenarbeit und der vertraglichen Abmachungen mit der DDR der geeignete Weg, um den Menschen im geteilten Deutschland konkret zu helfen.«

Und Helmut Kohl selbst meinte noch im August 1989 in einem Interview:

»Die Zeichen der Zeit stehen auch für die Einigung Europas. Die Einheit der Deutschen ist nach meiner festen Überzeugung nur unter einem europäischen Dach – ich zitiere hier bewußt Franz Josef Strauß – zu denken. Das dauert natürlich alles seine Zeit.«

Die Liste solcher Zitate ließe sich noch beliebig verlängern. Kürzer als die Liste unserer Irrtümer zu diesem Punkt wäre sie jedenfalls nicht. Es hat eben keiner die rasche Implosion – wie Heinrich Potthoff es zutreffend nennt – des kommunistischen Herrschaftssystems vorausgesehen oder auch nur vorausgeahnt.

Nuancen gab es innerhalb der SPD bei den Aussagen zur Nation und in der Beurteilung des Stellenwerts der nationalen Einheit. Nicht alle folgten hier den von mir stets konsequent vertretenen Grundsatzbeschlüssen der Partei. Manche hatten sich zu sehr in der Zweistaatlichkeit eingerichtet und darüber das eigentliche Ziel der sozialdemokratischen Deutschlandpolitik aus den Augen verloren. Aber wiederum hätten sie sich auf entsprechende Aussagen von Unionspolitikern berufen können. Etwa auf Dorothee Wilms, die 1988 in einem Vortrag in Paris ausführte:

»Der Nationalstaat um seiner selbst willen, das ist weder der Auftrag des Grundgesetzes, noch entspricht dies unserem politischen Bewußtsein.«

Auch mit der Behauptung, wir hätten uns zuwenig um die oppositionellen Kräfte in der DDR gekümmert, habe ich mich schon auseinandergesetzt. Sicher kann man darüber streiten, ob wir nicht noch mehr hätten tun sollen. Egon Bahr beispielsweise hat im nachhinein kritisch – und selbstkritisch – erwogen, daß der Umgang mit den Machthabern vielleicht zu sehr im Vordergrund stand. Immerhin heißt es aber in einer Information Mielkes für die Mitglieder des Politbüros vom Sommer 1989:

»Beachtenswert sind auch die Kontakte politischer Führungskräfte der SPD zu feindlichen, oppositionellen Kräften in der DDR. Neben der Informationsabschöpfung über Vorhaben und konkrete feindlich-negative Aktivitäten dieser Kräfte einschließlich der darauf erfolgten staatlichen Reaktionen wird der Inhalt derartiger Kontakte wesentlich dadurch bestimmt, diese DDR-Kontaktpartner in ihrem subversiven Wirksamwerden zu bestärken, ihnen Orientierungen für sogenannte Alternativprogramme sozialreformistischen Inhalts zu vermitteln und Handlungsanleitungen für feindlich-negative Aktivitäten unter demagogischer Bezugnahme auf Aussagen des gemeinsamen Dokuments SED–SPD zu geben.«

Auch spricht nichts dafür, daß die Entwicklung in der DDR beschleunigt worden wäre, wenn wir unsere Bemühungen in diese Richtung noch verstärkt hätten. Zum einen gab es in der DDR bis in den Sommer 1989 hinein wohl eine wachsende Fluchtbewegung und Widerstandskerne im Bereich der Friedens- und Ökologiebewegung, aber keine oppositionellen Strukturen, die denen der Solidarność in Polen vergleichbar gewesen wären.

Bleibt der Vorwurf eines zu vertrauten, ja kumpelhaften Umgangs mit der SED-Spitze und Angehörigen des SED-Apparats. Gewiß gab es da auf unserer Seite Äußerungen und Verhaltensweisen, die besser unterblieben wären und im nachhinein geradezu peinlich wirken. Aber niemand aus unserer Führungsebene erreichte jemals den Grad an inniger Vertrautheit, ja Intimität, wie sie Franz Josef Strauß im Umgang mit Herrn Schalck-Golodkowski praktizierte. Mindestens dreiundzwanzigmal traf er sich mit ihm, darunter des öfteren auch in seiner Privatwohnung. Und weitere zwanzigmal sprach der Rosenheimer Fleischgroßhändler und frühere CSU-Schatzmeister Josef März mit Schalck-Golodkowski im Auftrag von Franz Josef Strauß. Ein Blick in die Aufzeichnungen über diese Treffen und Gespräche zeigt, daß es hier keinerlei Zurückhaltung oder Grenzen gab – nicht einmal in bezug auf abschätzige Bewertungen sogenannter Parteifreunde oder auf NATO-Interna. Auch Herr Schäuble ließ es an enger

Verbundenheit mit dem Genannten nicht fehlen. Die fürsorgliche Behandlung, die Herrn Schalck-Golodkowski nach seinem Übertritt in die Bundesrepublik im Januar 1990 zuteil wurde, spricht da Bände. Sie ging so weit, daß der Pressesprecher der Generalbundesanwaltschaft Schalck-Golodkowski Ratschläge gab, wie er sich gegenüber bundesdeutschen Medien verhalten sollte. Die Union sitzt da in einem Glashaus, aus dem sie besser keine Steine werfen sollte.

Als Fazit leite ich aus all dem die Feststellung ab: Die sozialdemokratische Deutschlandpolitik und ihre Fortsetzung durch Helmut Kohl hat geleistet, was unter den gegebenen und den voraussehbaren Umständen möglich war. Das gilt auch für unsere deutschlandpolitischen Aktivitäten nach 1982. Der Streit über diese Politik war ungeachtet seiner Heftigkeit deklaratorischer, wenn nicht sogar deklamatorischer, und gelegentlich auch denunziatorischer Natur. Den Konsens in den Grundfragen hat er unberührt gelassen.

Für den eigentlichen Einigungsprozeß lautet mein Fazit nicht wesentlich anders. Bis zum 28. November – das ist der Tag, an dem Kohl und ich fast zur gleichen Stunde den Konföderationsgedanken vortrugen – liegt das auf der Hand. Dann ergab sich eine gewisse zeitliche Divergenz, weil Kohl im Besitz der Regierungsmacht der Dynamik rascher folgen konnte als wir. Ich mußte meine Kraft darauf konzentrieren, daß die Partei nicht von der Dynamik überrollt wurde und auf dem Wege zur deutschen Einheit in zwei sich befehdende Lager zerfiel. Daß es besser gewesen wäre, wenn unser Volk für den Einigungsprozeß mehr Zeit gehabt hätte, steht auf einem anderen Blatt.

11 Der Generationswechsel

Mit dem Wirksamwerden der staatlichen Einheit erweiterte sich der Bundestag für den kurzen Rest der Legislaturperiode um einhundertvierundvierzig noch von der Volkskammer aus ihrer Mitte bestimmte Abgeordnete. Dreiunddreißig von ihnen waren Sozialdemokraten und traten deshalb zu unserer Bundestagsfraktion hinzu. Zu ihnen gehörten unter anderen Wolfgang Thierse, Markus Meckel, Stephan Hilsberg, Angelika Barbe, Christel Hanewinckel und Rolf Schwanitz. Wir hießen sie herzlich willkommen und gaben uns Mühe, sie möglichst rasch in der neuen Umgebung heimisch werden zu lassen. Wolfgang Thierse wurde noch am selben Tag zum stellvertretenden Fraktionsvorsitzenden gewählt. Auch die Vorstandsgremien der Fraktion wurden entsprechend erweitert. Daß nun in der Fraktion auch Kollegen und Kolleginnen aus Leipzig, Magdeburg oder Rostock das Wort ergriffen, war ebenso erfreulich wie ungewohnt. Aber rascher als vorauszusehen wurde es zu einer Selbstverständlichkeit.

Der Bundestagswahlkampf war inzwischen in seine letzte Phase getreten. Die Zeichen standen nicht sonderlich günstig. Wir erwarteten aber, daß die DM-Euphorie in den neuen Bundesländern allmählich abklingen und die Menschen der realistischen Argumentation Oskar Lafontaines und der Sozialdemokratie mehr Gehör schenken würden. Als Spitzenkandidaten für die Landtagswahlen am 14. Oktober kämpften in den neuen Bundesländern Manfred Stolpe, der sich im Juli 1990 der SPD angeschlossen hatte, in Brandenburg, Reinhard Höppner in Sachsen-Anhalt, Anke Fuchs in Sachsen, Friedhelm Farthmann in Thüringen und Klaus Klingner, der schleswig-holsteinische Justizminister, in Mecklenburg-Vorpommern. Wir unterstützten sie nach Kräften.

Am Wahltag hatten wir dann zwar gegenüber der Volkskammerwahl einiges zugelegt und die in der »Allianz für Deutschland« zusammengeschlossenen Parteien einiges verloren. Ein zur Regierungsbildung ausreichendes Ergebnis erzielten wir aber nur in Brandenburg. Das war vor allem Manfred Stolpes Verdienst. In Mecklenburg-Vorpommern lagen wir mit der Union gleichauf. Da ein als Sozialdemokrat nominierter Landtagskandidat noch vor der Wahl zur Union übertrat, wurde sie stärkste Fraktion und konnte die Regierung ohne uns bilden. In den anderen neuen Bundesländern hatte die Union deutlich die Nase vorn. In Sachsen errang sie mit Kurt Biedenkopf an der Spitze sogar die absolute Mehrheit.

Das war nicht sehr ermutigend. Ärger noch traf uns indes einmal mehr das bayerische Ergebnis, wo am gleichen Tag der Landtag gewählt wurde. Die SPD fiel dort auf sechsundzwanzig Prozent und erzielte damit ihr schlechtestes Wahlergebnis seit 1945. Ob die Gründe dafür mehr in Bayern oder mehr auf der Bundesebene lagen, ließ sich nicht hinreichend klären. Üblicherweise sucht in solchen Fällen die eine Ebene die Ursachen gerne bei der jeweils anderen Ebene. So war es auch hier.

Da und dort gab es die Neigung, die Bundestagswahl schon verloren zu geben. Oskar Lafontaine ließ sich davon nicht anstecken. Er agierte unermüdlich, hatte vor allem bei jungen Menschen Resonanz und fand auch Anklang bei Schriftstellern und Künstlern. Sogar Friedrich Dürrenmatt engagierte sich für ihn. Ich riet Oskar Lafontaine, für die neuen Bundesländer ein konkretes Sofortprogramm vorzulegen und für die Bundesrepublik insgesamt eine Regierungsmannschaft aufzustellen. Das hatte er zuvor abgelehnt. Jetzt hätte es gezeigt, daß die, die er benennen würde, kämpfen wollten und keineswegs aufgegeben hatten. Ich dachte dabei unter anderem an Detlev Carsten Rohwedder, Hans Koschnick, Wolfgang Thierse, Reinhard Höppner, Herta Däubler-Gmelin, Renate Schmidt, Ingrid Matthäus-Maier, Regine Hildebrandt, Rudolf Dreßler, Klaus Matthiesen und Jürgen Schmude. Ein Sofortprogramm für die neuen Bundesländer hätte deutlich machen sollen, daß wir mit Helmut Kohl nicht über das Ob der Hilfe und der damit verbundenen Kosten stritten, sondern über das Wie ihrer Finanzierung und die gerechte Verteilung der Kosten. Oskar Lafontaine blieb bei seiner Ablehnung. Dafür sei es zu spät, meinte er.

Im November gab es einen unerwarteten Querschuß. Er kam von Helmut Schmidt. Der hatte in einem Interview mit einer holländischen Tageszeitung beiläufig gesagt, »Lafontaine wird die Wahlen verlieren, und das verdient er auch«. »Aber das ist privat«, fügte er noch hinzu. Das Blatt veröffentlichte das Interview am 17. November einschließlich der beiläufigen Bemerkung. Die Union und die deutschen Medien griffen die Äußerung Helmut Schmidts unverzüglich auf und gaben ihr eine breite Resonanz. Helmut Schmidt, den ich um eine Stellungnahme ersuchte, bestritt die Äußerung nicht, rechtfertigte sich aber damit, daß er die Veröffentlichung dieser Passage nicht autorisiert habe. Als erfahrener Mann mußte er jedoch damit rechnen, daß eine derart brisante Äußerung nicht vertraulich bleiben würde. Am 19. November befaßte sich das Präsidium mit dem Vorgang. Es einigte sich nach längerer Debatte auf folgende Presseerklärung:

»Zu den Äußerungen Helmut Schmidts hat das Präsidium in seiner heutigen Sitzung folgendes festgestellt:

Alle sozialdemokratischen Kanzlerkandidaten haben in der Vergangenheit in ihren Wahlkämpfen mit Recht die Solidarität der Partei gefordert und auch erhalten. Die gleiche Solidarität erwartet die Partei jetzt von allen ihren Mitgliedern für Oskar Lafontaine.«

Einige hatten gemeint, man solle die Sache mit Stillschweigen übergehen. Das widerstrebte mir. Ein derart unsolidarisches Verhalten durfte man auch, nein gerade einem ehemaligen sozialdemokratischen Bundeskanzler nicht durchgehen lassen. Das selbst dann nicht, wenn es eine späte Reaktion auf die Sekundärtugenden-Affäre im Jahre 1982 gewesen sein sollte.

Kurz darauf benutzte Karl Schiller die Gelegenheit seiner Anhörung vor dem Haushaltsausschuß des Bundestags dazu, die wirtschafts- und finanzpolitischen Vorstellungen Oskar Lafontaines zu kritisieren, die der Bundesregierung hingegen zu unterstützen. Auch das fand breite Beachtung, war aber weniger überraschend, weil Schiller auch in früheren Wahlkämpfen eher den politischen Gegner als die eigene Partei unterstützt hatte. Ein Telefongespräch, das ich daraufhin mit ihm führte, verlief recht unerfreulich.

Das Wahlergebnis vom 2. Dezember 1990 fiel schließlich etwas besser aus, als auch ich es in den letzten Tagen vor der Wahl erwartet hatte. Dennoch war es eine empfindliche Niederlage. Wir verloren in den alten Bundesländern gegenüber 1987 noch einmal 1,1 Prozent und sanken auf 35,9 Prozent und damit auf einen Stand unter dem Ergebnis von 1961. In den neuen Bundesländern steigerten wir uns gegenüber der Volkskammerwahl vom März 1990 um 2,4 Prozent auf 24,3 Prozent. Insgesamt ergab das enttäuschende 33,5 Prozent. Die Niederlage bei den Abgeordnetenhauswahlen in Berlin bedrückte uns noch zusätzlich. Daß die Union ihrerseits aus dem Einigungsprozeß keinen Vorteil ziehen konnte und sowohl im Westen wie im Osten Stimmen einbüßte, war ein schwacher Trost und wurde auch kaum zur Kenntnis genommen. Hauptgewinner war die F.D.P., bei der sich die Popularität des Hallensers Hans-Dietrich Genscher positiv auswirkte. Von den sogenannten sonstigen Parteien brachten es die Republikaner immerhin auf 2,1 Prozent. Die Grünen überschritten in den neuen Bundesländern die Fünf-Prozent-Grenze knapp, in den alten Bundesländern hatten sie aber fast die Hälfte ihrer Stimmen eingebüßt.

Zur Erklärung dieses Ergebnisses wurden die unterschiedlichten Analysen angeboten. Sie trugen auch diesmal mehr zur Verwirrung als zur Erhellung bei. Offenkundig war es uns jedenfalls nicht gelungen, das Vertrauen der Menschen in den neuen Bundesländern in die Regierungskoalition zu erschüttern und sie in einem weiteren Umfang für uns zu gewinnen. Und auch in den alten Bundesländern hatten wir die Menschen nicht von der Notwendigkeit eines Wechsels zu überzeugen vermocht. Manche legten das in erster Linie dem Spitzenkandidaten zur Last. Ich verwies demgegenüber darauf, daß alle programmatischen und personellen Entscheidungen für die Wahl nahezu einstimmig getroffen worden waren und wir das Ergebnis deshalb gemeinsam zu verantworten hätten. Nicht zu bestreiten war allerdings, daß sich die im vorigen Kapitel behandelten innerparteilichen Konflikte nachteilig ausgewirkt haben, insbesondere derjenige, der sich an der Empfehlung entzündete, den ersten Staatsvertrag im Bundestag abzulehnen, im Bundesrat aber passieren zu lassen. Und an diesen Konflikten, dem letzten zumal, war der Spitzenkandidat ja durchaus beteiligt. Er hat auch bis zuletzt den Eindruck nicht abschütteln können, daß er gegen die deutsche Einigung als solche innere Vorbehalte habe und daß er in diesem Zusammenhang eher die Ängste als die Hoffnungen artikuliere.

Natürlich taucht nach solchen Niederlagen auch regelmäßig die Frage auf, ob ein anderer Spitzenkandidat mehr erreicht hätte. Sie war aus den von mir bereits geschilderten Gründen akademisch. Ich sehe auch im nachhinein nicht, wer den Vorteil, den die Regierungsparteien in der konkreten Situation als die von Tag zu Tag Agierenden nun einmal besaßen, hätte neutralisieren und gegen sie eine Mehrheit hätte gewinnen können. Das wäre auch dann nicht gelungen, wenn wir versucht hätten, Helmut Kohl und die Union in der Forcierung des Einigungsprozesses zu übertrumpfen. Große Teile der Partei hätten sich dem auch – mit guten Gründen – widersetzt. Noch bedenklicher wäre es aus den bereits dargelegten Gründen gewesen, den Prozeß zu verzögern oder gar aufzuhalten. Schon das von Oskar Lafontaine thematisierte Nein zum ersten Staatsvertrag hatte da spürbar negative Wirkungen.

Oskar Lafontaine hat später und in Andeutungen auch bereits vor der Wahl darüber geklagt, daß er nicht genügend Solidarität erfahren habe. Soweit er dabei an Helmut Schmidt oder Karl Schiller dachte, kann man ihm nicht widersprechen. Willy Brandt verhielt sich während des Wahlkampfes durchaus solidarisch und hob sich seine kritischen Anmerkungen für die Zeit danach auf. Und was mich selbst angeht, so habe ich den Spitzenkandidaten bis an den Rand der Selbstverleugnung unterstützt. Auch die Partei hat getan, was sie konnte. Anders als 1986 gab es auch keine Rivalitäten zwischen dem Erich-Ollenhauer-Haus und dem Wahlkampfstab des Kandidaten. Vielmehr war von Anfang an der gesamte Apparat der Partei auf den Spitzenkandidaten orientiert, und Reinhard Klimmt, der als engster Vertrauter Oskar Lafontaines als Wahlkampfleiter fungierte, machte davon einen ebenso vernünftigen wie effektiven Gebrauch. Überhaupt hat Reinhard Klimmt damals eine konstruktive Rolle gespielt. Richtig ist aber auch, daß sich Oskar Lafontaine in diesen Monaten wahrlich nicht geschont und ein gewaltiges Pensum absolviert hat. Eine Leistung, die auf dem Hintergrund des Attentats vom April 1990 besonderen Respekt verdient.

Dies alles kam dann auch schon am Tag nach der Wahl in den Sitzungen des Präsidiums und des Parteivorstands zur Sprache. Im Zentrum stand aber eine andere Frage, nämlich die nach der Person des nächsten Parteivorsitzenden. Ich war seit längerer Zeit entschlossen, den Wechsel in dieser Funktion im Laufe des Jahres 1991 eintreten zu lassen. Dafür waren mehrere Gründe maßgebend. Einmal erschien mir der Generationswechsel an der Spitze jetzt geboten. Im Falle meiner erneuten Kandidatur wäre meine Ablösung wohl erst wieder nach der dann folgenden Bundestagswahl in Frage gekommen; dann wäre ich aber schon über siebzig gewesen und die für meine Nachfolge in Betracht kommenden Jüngeren auch schon wieder ein Stück älter. Ich hielt auch meine Kraft nicht für unerschöpflich, und mir war kein Gedanke mehr zuwider als die Vorstellung, andere würden ein Nachlassen meiner Präsenz, Konzentration und Leistungsfähigkeit konstatieren können. Schließlich brauchte die Partei nach drei aufeinanderfolgenden Niederlagen bei Bundestagswahlen einen sichtbaren personellen Neuanfang. Programmatisch war sie mit dem Berliner Grundsatzprogramm auf der Höhe der Zeit. Jetzt mußte auch eine neue Person an der Spitze der Partei deutlich machen, daß die Phase des Übergangs beendet und die deutsche Sozialdemokratie bereit war, die Konservativen mit langem Atem herauszufordern und abzulösen. Eine solche Entscheidung würde gerade nach der neuerlichen Niederlage auch die Handlungsfähigkeit der Partei unter Beweis stellen.

Nach meiner Vorstellung sollte die Nachfolge auf Oskar Lafontaine zulaufen. Wegen seiner Eignung für diese Funktion und der Gründe, aus denen mir vorhandene Bedenken nicht durchgreifend erschienen, galt unverändert das, was ich schon im Zusammenhang mit seiner Nominierung als Kanzlerkandidat dargelegt habe. Die Wahlniederlage sah ich nicht als entscheidendes Hindernis an, zumal sich ja bald herausstellen würde, daß seine Voraussagen über die Entwicklung in den neuen Bundesländern und über die Notwendigkeit von Steuererhöhungen zutreffend waren. Ihm würde deshalb ein Glaubwürdigkeitsbonus zuwachsen, der ihm in der Auseinandersetzung mit Helmut Kohl zustatten käme.

Bereits während der letzten Wochen des Wahlkampfes habe ich Oskar Lafontaine in Anknüpfung an unser Saarbrücker Gespräch vom 10. Juni darauf vorbereitet, daß ich einen entsprechenden Vorschlag machen würde. Als ich aus seinen Einlassungen seine Sorge vor Komplikationen mit dem Vorsitzenden der Bundestagsfraktion heraushörte – er ging offenbar davon aus, daß ich diese Funktion beibehalten wolle –, bot ich ihm bei einem ausführlichen Gespräch nach einer gemeinsamen Wahlkundgebung in Saarbrücken am 30. November 1990 an, auch dieses Amt für ihn freizumachen. Nach dem Wahltag dürften die Dinge aber nicht lange in der Schwebe bleiben. Er sagte mir sorgfältige Überlegung zu.

Am 3. Dezember trug ich meinen Vorschlag und seine Begründung in Lafontaines Anwesenheit zunächst im Präsidium vor. Dort fand er einhellige Zustimmung. Auch in der anschließenden Vorstandssitzung, an der er ebenfalls teilnahm, sprachen sich die meisten Diskussionsredner für den Vorschlag aus. Er selbst schien zu Beginn der Sitzung für meinen Plan offen zu sein, erklärte aber, daß er sich keinesfalls schon heute positiv entscheiden könne. Dann folgten einige Beiträge, die sich mit einzelnen Elementen seiner Wahlkampfführung kritischer auseinandersetzten. Auch Willy Brandt äußerte sich in einer Weise, die als Kritik an Lafontaines Haltung zu bestimmten Aspekten der deutschen Einigung verstanden werden konnte. Ob dies den Ausschlag für eine Sinnesänderung gab, vermag ich nicht mit letzter Sicherheit zu sagen. Ich spürte indes, daß die Sache nun auf Messers Schneide stand. In meinem Schlußwort bat ich Oskar Lafontaine deshalb, den Appell der großen Mehrheit des Vorstandes während seines anschließenden dreiwöchigen Urlaubs gründlich zu überdenken und uns nach seiner Rückkehr seine endgültige Entscheidung mitzuteilen. Dazu war er jedoch nicht mehr bereit. Das ergäbe eine Hängepartie, während der er ständig bedrängt würde, sagte er. Er wolle Klarheit und erkläre daher, daß er sich zur Kandidatur für den Vorsitz der Partei außerstande sehe. Ich erwiderte, daß ich diese Entscheidung bedaure, sie aber respektiere. Ganz verstanden habe ich allerdings nicht, daß sich jemand das Amt des Bundeskanzlers zutraut und dafür kämpft, es zu erringen, das Amt des Oppositionsvorsitzenden aber ablehnt. Besonders enttäuscht waren diejenigen, die Oskar Lafontaine schon im Sommer im Zuge der Vereinigung an der Spitze der Gesamtpartei sehen wollten, zumal es für sie nach Norderstedt das zweite Erlebnis dieser Art war. Einige von ihnen haben das Oskar Lafontaine in der Folgezeit spüren lassen.

In meiner Absicht, auf dem nächsten Parteitag nicht mehr für den Parteivorsitz zu kandidieren, ließ ich mich durch Lafontaines Entscheidung nicht beirren. Wichtig war aber, nun rasch Klarheit zu schaffen. Ein wochenlanges Gezerre um den Vorsitz oder – noch schlimmer – eine wochenlange Ratlosigkeit über seine Besetzung war das letzte, was die Sozialdemokratie jetzt brauchen konnte. Inakzeptabel wäre in dieser Situation auch ein Vakuum an der Spitze der Bundestagsfraktion gewesen. Deshalb wählte mich die Fraktion schon am 5. Dezember 1990 wiederum zu ihrem Vorsitzenden. Die erneute Vereinigung der Vorsitze von

Partei und Fraktion in einer Hand war damit ausgeschlossen. Sie wäre auch nur in der Hand von Oskar Lafontaine möglich gewesen, weil er ja am 2. Dezember 1990 in den Bundestag gewählt worden war und diese Wahl hätte annehmen können. Von den übrigen Fraktionsmitgliedern ließ keiner erkennen, daß er sich die Doppelaufgabe zutrauen würde. Die Überlegungen wegen der Nachfolge im Parteivorsitz konzentrierten sich deshalb auf die Mitglieder des Präsidiums, die der Fraktion nicht angehörten, und hier wieder auf die Ministerpräsidenten. Von ihnen machte Johannes Rau deutlich, daß für ihn die Gründe fortbestanden, aus denen er 1987 nicht hatte kandidieren wollen. So richteten sich die Erwartungen sehr bald auf Björn Engholm.

Er war in der Landespolitik und als langjähriger Bundestagsabgeordneter, als parlamentarischer Staatssekretär und Bundesminister auch in der Bundespolitik erfahren. In der Partei und in der Öffentlichkeit besaß er seit seinen Wahlsiegen vom September 1987 und vom Mai 1988 über Schleswig-Holstein hinaus großes Ansehen. Sympathien genoß er auch in den neuen Bundesländern. Sein persönlicher Stil unterschied sich durch Nachdenklichkeit, Sachlichkeit und Sensibilität wohltuend von dem weithin Üblichen. Dabei mangelte es ihm durchaus nicht an Zähigkeit und Durchsetzungsvermögen. Auch konnte man ihm zutrauen, mit der notwendigen Aufteilung seiner Arbeitskraft zwischen Kiel und Bonn zurechtzukommen. Willy Brandt war damit als Regierender Bürgermeister von Berlin nach seiner Wahl zum Parteivorsitzenden zwischen 1963 und 1966 ebenfalls fertig geworden. Mit seinen damals einundfünfzig Jahren war Engholm deutlich jünger als ich und ein Repräsentant seiner Generation, auf den sich die ganze Partei verständigen konnte.

In einem Gespräch, das ich mit Engholm am 6. Dezember 1990 am Bonner Flughafen führte, gewann ich den Eindruck, daß er sich nicht verweigern würde. Mit seinem Einverständnis wurden anschließend die Präsidiumsmitglieder und weitere von ihm benannte Führungspersonen für den 9. Dezember zu einem informellen Gespräch nach Frankfurt eingeladen. Oskar Lafontaine, der inzwischen seinen Urlaub angetreten hatte, ließ sich durch Reinhard Klimmt vertreten. Alle Anwesenden, darunter auch Johannes Rau, Herta Däubler-Gmelin, Wolfgang Thierse und Manfred Stolpe, baten Björn Engholm, sich zur Verfügung zu stellen. Sie beriefen sich dabei auch auf die breite Zustimmung, die seine Nominierung in den Gliederungen der Partei bereits jetzt fand. Willy Brandt hatte sich schon vorher in einem Zeitungsinterview für Engholms Kandidatur ausgesprochen und ihn als guten und starken Kandidaten bezeichnet. Schließlich erklärte sich Björn Engholm bereit, allerdings mit der Maßgabe, daß damit keine Entscheidung über die Spitzenkandidatur für die nächste Bundestagswahl verbunden sei. Eindringlich appellierte er an die Loyalität der Anwesenden – aber auch der Abwesenden –, die sich nicht nur auf den gegenwärtigen Moment beschränken dürfe; sie müsse sich vielmehr gerade in kritischen Phasen bewähren, die es unweigerlich auch in Zukunft geben werde. Das Präsidium und der Parteivorstand nominierten Engholm daraufhin am 10. und am 17. Dezember 1990 jeweils einstimmig als meinen Nachfolger. Damit war in exakt zwei Wochen eine Krise überwunden, die bei längerer Dauer die Partei empfindlich beeinträchtigt hätte. Auch die Öffentlichkeit nahm die Entscheidung positiv auf, und selbst der Partei distanziert gegenüberstehende Kritiker konstatierten, sie habe sich ungeachtet der Wahlniederlage als bemerkenswert handlungs- und entscheidungsfreudig erwiesen. Daß die Amtszeit Björn Engholms nur knapp zwei Jahre dauern würde, sah damals niemand voraus.

Die rasche Entscheidung wirkte sich auch günstig auf die hessischen Landtagswahlen aus. Sie erleichterte es mir, den hessischen Freunden und Freundinnen bei ihrer Auftaktkundgebung in Darmstadt im Dezember 1990 wenige Tage nach der Bundestagswahl wieder Zuversicht zu vermitteln. Daß die Sozialdemokratie dann mit Hans Eichel als Spitzenkandidat am 20. Januar 1991 Hessen nach vier Jahren zurückholte und die Union erhebliche Verluste erlitt, brachte uns die Mehrheit im Bundesrat und gab der Partei insgesamt weiteren Auftrieb.

Mehr und mehr in den Vordergrund rückte inzwischen der Konflikt am Persischen Golf. Saddam Hussein hatte im August 1990 Kuwait überfallen und dem Irak einverleibt. Der UN-Sicherheitsrat forderte den Irak daraufhin ultimativ auf, sich unverzüglich aus Kuwait zurückzuziehen, und verhängte über das Land ein Handelsembargo und eine Seeblockade. Saddam antwortete mit der Festsetzung der im Irak und in Kuwait befindlichen ausländischen Staatsangehörigen, die er unter krasser Verletzung des Völkerrechts de facto als Geiseln behandelte. Zur gleichen Zeit ging er in brutaler Weise gegen die Kurden im Norden seines Landes und dann auch gegen die schiitische Minderheit vor. Der Westen bereitete sich deshalb unter Führung der Vereinigten Staaten im Zusammenwirken mit den meisten arabischen Staaten vom Spätsommer an auf ein militärisches Eingreifen vor. Anfang Januar 1991 stand im Norden Saudi-Arabiens und im Golf unter amerikanischem Oberbefehl eine Invasionsstreitmacht bereit, die rund 700 000 Soldaten und starke Luftstreitkräfte umfaßte. In der Bundesrepublik wurde diese Entwicklung mit großer Besorgnis verfolgt. Die Sanktionen fanden einhellige Zustimmung, und niemand hatte für Saddam Sympathien. Im Gegenteil: Er war geradezu verhaßt. Dennoch beunruhigte der Gedanke, es könne zu einem blutigen Krieg kommen, viele Menschen. Auch wuchs die Sorge, daß die Bundesrepublik in einen solchen Krieg einbezogen werden könnte. Die allgemeine Hoffnung richtete sich deshalb darauf, daß die Sanktionen Saddam zum Einlenken zwingen und diplomatische Initiativen, wie sie beispielsweise Michail Gorbatschow ergriff, dabei helfen würden.

Im Einklang mit dieser vor allem von den Sozialdemokraten vertretenen Position reiste Willy Brandt im November 1990 nach Bagdad, wo er die Freilassung von einhundertsiebzig überwiegend deutschen Staatsangehörigen durchsetzte. Sie trafen mit ihm zusammen am Abend des 9. November 1990 am Frankfurter Flughafen ein. Ich war bei ihrem Empfang zugegen und dankte Willy Brandt für seinen Einsatz. Zu diesem Zweck hatten wir in einer Halle eine schwankende Fluggastbrücke erklommen, von der aus Willy Brandt eine Stegreifansprache hielt. Dabei mahnte er zur Geduld und rief dazu auf, den Sanktionen genügend Zeit einzuräumen, damit sie wirksam werden konnten. Was er intern über seine Gespräche mit Saddam berichtete, war wenig ermutigend.

In der Partei und auch in der Bundestagsfraktion zeichneten sich im Blick auf weitere denkbare Entwicklungen erhebliche Spannungen ab. Einerseits war allen bewußt, daß Saddam vom Westen so lange gefördert worden war, als er mit dem Iran Krieg führte. Damals erschien er im Vergleich zu Chomeini als das geringere Übel. Und es war der Westen, der ihm in dieser Zeit einen erheblichen Teil der Waffen lieferte, mit denen er jetzt drohte und die Menschen in seinem Machtbereich terrorisierte. Für uns war besonders bedrückend, daß deutsche Firmen und Ingenieure ihm bei der Produktion chemischer Waffen geholfen hatten. Ein ungutes Gefühl verband sich auch quer durch die Partei und die Fraktion mit der Vorstellung, daß der Westen in diesem Falle deshalb so entschieden auftrat, weil Ölinteressen auf dem Spiel standen. Immerhin gab es andere Konflikte, unter denen die betroffenen Völker und Menschen ebenso, wenn nicht sogar stärker litten als unter dem Golfkonflikt, ohne daß sich der Westen in vergleichbarer Weise engagiert hätte. Man mußte sich nur an den jahrelangen brutalen Bürgerkrieg im Südsudan und das massenhafte Sterben in Äthiopien oder in Kambodscha erinnern. Andererseits bezweifelte niemand, daß es sich bei Saddam um einen brutalen Diktator handelte, der die Menschenrechte mit Füßen trat. Daß er seine ärgsten Drohungen gegen Israel richtete, kam noch hinzu.

Die Spannungen bezogen sich auch kaum auf die Beurteilung der tatsächlichen Gegebenheiten als vielmehr auf die Frage, welche Folgerungen daraus für die Haltung der Bundesrepublik im weiteren gezogen werden sollten. Die einen bejahten die Sanktionen, lehnten aber nicht nur jede deutsche Beteiligung an militärischen Aktionen ab, sondern forderten auch einen harten Protest gegen solche Aktionen. Die anderen waren zwar auch gegen eine

Beteiligung der Bundeswehr, verlangten jedoch eine klare Befürwortung der militärischen Operationen und deutsche Kooperation im zivilen und im logistischen Bereich. Letztere war ohnehin zwangsläufig, weil die amerikanischen Streitkräfte die NATO-Einrichtungen auf deutschem Boden für ihre Operationen benutzten. Die Spannungen nahmen noch zu, als die Bundesregierung Anfang 1991 der Verlegung deutscher Kampfflugzeuge in die Türkei im Rahmen eines NATO-Verbandes zustimmte. Und sie erreichten ihren Höhepunkt, als der Westen am 17. Januar mit Luftangriffen und am 24. Februar mit den Bodenoperationen begann. Ein zusätzliches Spannungsmoment ergab sich schon Mitte Januar 1991, als Saddam anfing, Raketen auf Israel abzufeuern.

Einmal mehr kann man an mich die Frage richten, warum ich mir als Vorsitzender nicht die eine oder die andere der sich gegenüberstehenden Meinungen zu eigen gemacht und ihr zur Mehrheit verholfen habe. Ich habe mich das damals und danach auch selbst gefragt. Meine Antwort ist, daß ich wohl eine Mehrheit hinter mich gebracht, die Fraktion und die Partei aber tief gespalten hätte. Die emotionale Spannung war seinerzeit viel stärker, als das von außen wahrgenommen wurde. In manchen Sitzungen war sie geradezu explosiv. So entschied ich mich für eine vermittelnde Linie, die die Explosion vermied und die Geschlossenheit einigermaßen wahrte. Sie entsprach auch inhaltlich meiner Ansicht.

Auf dieser Grundlage widersetzten wir uns der Entsendung deutscher Kampfflugzeuge in die Türkei. Es sprach ja auch nichts dafür, daß der Irak die Türkei angreifen würde. Und wenn, wäre es eine Reaktion darauf gewesen, daß amerikanische Bomber von türkischen Flugplätzen aus Einsätze gegen irakische Ziele flogen. Von einem NATO-Bündnisfall, der die Bundesrepublik zudem nach dem Vertrag nicht automatisch zur militärischen Hilfe verpflichtet hätte, konnte deshalb keine Rede sein. In diesem Zusammenhang tauchte vorübergehend auch die Frage auf, ob die Bundesregierung berechtigt sei, von sich aus festzustellen, daß für die Bundesrepublik der militärische Bündnisfall eingetreten sei. Der Bundeskanzler bejahte das mit der Begründung, das Grundgesetz habe dem Bundestag eine solche Entscheidung nur für den Verteidigungsfall vorbehalten, das heißt für den Fall eines bewaffneten Angriffs auf das Territorium der Republik. Ich widersprach mit dem Argument, daß der Bundestag erst recht entscheiden müsse, wenn es sich um eine Maßnahme handle, von der Leben oder Tod deutscher Soldaten abhänge, ohne daß die Existenz der Bundesrepublik auf dem Spiel stehe. Die Frage blieb – erfreulicherweise – theoretisch. Mittlerweile ist sie wohl durch das Urteil des Bundesverfassungsgerichts vom Juli 1994 zum Blauhelm-Einsatz in meinem Sinne beantwortet. Da schon ein solcher Einsatz nach dem Urteil eines konstitutiven Aktes des Bundestags bedarf, muß das für einen Kriegseinsatz um so mehr gelten.

Die irakischen Raketenangriffe auf israelische Städte berührten einen für uns besonders sensiblen Punkt. Es mußte ja sogar damit gerechnet werden, daß Saddam die Raketen mit Giftgas bestücken würde, über das er mit Hilfe von Deutschen verfügte. Daß jüdische Menschen noch einmal durch Gas zu Tode kämen, das unter Mitwirkung von Deutschen produziert worden war, war ein unerträglicher Gedanke. Unter Abweichung von unserer grundsätzlichen Position in Fragen des Waffenexports stimmte die Fraktion deshalb auf meinen Vorschlag dem Transfer von Patriot-Raketen zu, weil sie geeignet waren, anfliegende Raketen schon in der Luft zu zerstören. Außerdem reiste ich am 24. Januar zusammen mit Hans Koschnick und Norbert Gansel nach Tel Aviv und Jerusalem, um Israel an Ort und Stelle unsere Solidarität zu bekunden. Bei Präsident Chaim Herzog geschah das in Anwesenheit von Hans-Dietrich Genscher, der nach Bekanntwerden meiner Reiseabsicht – ich hatte den Bundeskanzler davon verständigt – ebenfalls in den Nahen Osten flog.

Während meines Aufenthalts mußte ich in Tel Aviv in meinem Hotel erstmals nach über fünfundvierzig Jahren wieder einen Luftschutzkeller aufsuchen, weil eine irakische Rakete im Anflug war. Im Schutzraum wurden die Türritzen vorsorglich mit Folien verklebt und Gasmasken ausgegeben. Nach einiger Zeit konnte man erst den Anflug der Rakete und dann ihren Abschuß auf dem Bildschirm eines Fernsehgeräts verfolgen. Das und die Gasgefahr waren für mich neu, das übrige – also das Schutzsuchen vor einem Luftangriff – nicht. Mir gingen in dieser Stunde, in der ich mit jüdischen Menschen zusammen einen Gasangriff für möglich halten mußte, die bedrückendsten Gedanken durch den Kopf. Auch der, daß ein Verbrecher, der dazu fähig war, ein für allemal ausgeschaltet werden müsse. Dann bedachte ich, daß es auch Deutsche waren, die ihn dazu in den Stand gesetzt hatten. Und ich schämte mich für diese Landsleute.

Nach dem Beginn der Luftoperationen äußerte ich mich für die Fraktion mehrfach im Plenum des Bundestags. Ich machte deutlich, daß wir den Einsatz militärischer Gewalt nicht grundsätzlich ablehnen. Auch wir schlössen sie als Ultima ratio nicht aus. Im konkreten Falle hätte aber den Sanktionen mehr Zeit gelassen werden müssen. Dabei konnte ich mich auf Äußerungen eines so unverdächtigen Zeugen wie Paul Nitze, Vertreter der Vereinigten Staaten bei den Genfer Raketenverhandlungen, berufen. Nunmehr müsse alles geschehen, um den Krieg so rasch wie möglich zu beenden. Zur Verhinderung des Bodenkriegs könne der Friedensplan Gorbatschows in letzter Minute vielleicht noch eine Handhabe bieten. Ein einseitiger Abbruch der Operationen komme aber vor der Räumung Kuwaits durch den Irak nicht in Betracht. Dieser Punkt war im Parteivorstand und in der Fraktion umstritten. Den zum Teil leidenschaftlich vorgetragenen Forderungen, einen solchen einseitigen Abbruch zu verlangen, trat ich mit dem Argument entgegen, daß wir uns damit sogar im Kreise der europäischen Schwesterparteien vollständig isolieren würden.

Der Bodenkrieg war nach seinem Beginn so rasch beendet, daß für streitige Diskussionen während seines Ablaufs kein Raum blieb. Der Bundeskanzler unterrichtete mich noch am 24. Februar 1991 über die Gründe, aus denen Präsident Bush den

Angriffsbefehl gab, ohne die endgültige Reaktion Saddams auf Gorbatschows Friedensplan der letzten Stunde abzuwarten. Ich habe bei diesem Gespräch noch einmal unsere grundsätzliche Position vertreten, machte aber kein Hehl daraus, daß auch nach unserer Meinung die Schuld für diese weitere Eskalation bei Saddam liege.

Ein Nachspiel gab es noch in Gestalt der finanziellen Leistungen der Bundesrepublik an die Vereinigten Staaten und an Großbritannien. Sie beliefen sich auf 17 Milliarden DM und wurden praktisch von einem Tag auf den anderen bewilligt. Wir waren einverstanden, soweit mit diesem Geld Hilfe für humanitäre Zwecke, zur Beseitigung der schweren ökologischen Schäden und zum Ausgleich von Nachteilen geleistet wurde, die Nachbarländern durch das Handelsembargo entstanden waren. Eine Beteiligung an militärischen Kosten lehnten wir ab. Deutschland komme in eine peinliche Lage, wenn es andere für etwas bezahle, was es selber nicht tun wolle und könne, nämlich für die Entsendung von Truppen. Und dazu war ja die Koalition auch nicht bereit gewesen. Im übrigen wünschte ich mir, daß Mittel zur friedlichen Vorbeugung oder Überwindung von Krisen genauso schnell und umfangreich genehmigt würden wie zur Finanzierung eines Krieges. Schon im Falle Somalia war es aber wieder so, daß für die Beteiligung der Bundeswehr an der UNO-Operation sofort 300 Millionen DM bewilligt wurden. Für zivile Hilfsaktionen in diesem oder in einem anderen krisengeschüttelten afrikanischen Staat wären sie in so kurzer Zeit nie und nimmer bereitgestellt worden.

Die Großzügigkeit der Bundesregierung bei der Bewilligung finanzieller Mittel für den Golfkrieg bot auch vor dem Hintergrund der Entwicklung in den neuen Bundesländern Anlaß zu Verdruß und Ärger. Dort machte sich angesichts des raschen Zusammenbruchs der Beschäftigungsstrukturen, und weil sich die Wahlversprechungen Helmut Kohls als illusionär erwiesen, Enttäuschung breit, die zunehmend in Verbitterung und Wut umschlug. Es kam an vielen Orten zu Protestkundgebungen. In

Leipzig wurden die Montagsdemonstrationen wiederaufgenommen. Ich habe an einer dieser Demonstrationen teilgenommen und bei meinen Besuchen Gespräche mit Unternehmensleitungen, mit Betriebsräten und mit Kommunal- und Landespolitikern geführt. Nach meinem Eindruck bestand durchaus die Gefahr ernster sozialer Unruhen. In dieser Situation widerstrebte es mir, nur auf die Verantwortung der Bundesregierung und des Bundeskanzlers hinzuweisen – das taten wir ohnehin – und im übrigen darauf zu hoffen, daß die Enttäuschung uns als Opposition zugute kommen werde. Eine Hoffnung, die übrigens leicht trügen konnte. Manches sprach nämlich dafür, daß die PDS, die mit ihren radikalen Parolen nicht befürchten mußte, einmal beim Wort genommen zu werden, die Wasser des Unmuts und des Zorns eher auf ihre Mühlen leiten werde. Mir ging es darum, daß etwas geschah und die Menschen wieder Zuversicht schöpfen konnten. Außerdem wollte ich deutlich machen, daß sich meine Partei auch in der Opposition für die Menschen in der ehemaligen DDR besonders verantwortlich fühlte.

In diese Zeit fiel Anfang April die Ermordung Detlev Carsten Rohwedders, des damaligen Präsidenten der Treuhandanstalt. Ich kannte ihn als Sozialdemokraten schon aus der Zeit unserer gemeinsamen Zugehörigkeit zur sozial-liberalen Bundesregierung, für die er als Staatssekretär im Bundeswirtschaftsministerium tätig gewesen war. Später begleitete er mich als Vorstandsvorsitzender der Hoesch-AG bei meinem ersten Gorbatschow-Besuch nach Moskau. Dort knüpfte er auch die Kontakte, die dazu führten, daß Gorbatschow im Juni 1989 vor der Betriebsversammlung seines Unternehmens sprach. Das letzte Mal trafen wir uns in Berlin zu einem langen Frühstücksgespräch über die Lage in den neuen Bundesländern und die Situation der Treuhandanstalt. Fünf Tage später war er tot, ermordet durch ein »Kommando Ulrich Wessel«. Sein Tod berührte mich sehr. Was er mir bei der letzten Begegnung sagte, hat mich in meiner Überzeugung bestärkt, daß außergewöhnliche Schritte notwendig seien. Er schätzte damals, daß über fünfzig Prozent der

Beschäftigten in der ehemaligen DDR binnen kurzem ihren Arbeitsplatz verlieren würden und dann auf neu zu schaffende Arbeitsplätze angewiesen sein würden. Das mache beispiellose Anstrengungen und auch ganz unorthodoxe Hilfsmaßnahmen des Staates notwendig.

So forderte ich Ende März den Bundeskanzler in einem Schreiben auf, unverzüglich alle politischen und gesellschaftlichen Kräfte zu einer Analyse der Situation und zur Vorbereitung außerordentlicher Maßnahmen einzuladen. Zugleich entwickelte ich konkrete Vorschläge zur Stärkung der Verwaltungskraft der neuen Bundesländer und ihrer Gemeinden, zur Korrektur des unseligen Prinzips »Rückgabe vor Entschädigung« und zur Absicherung der Strukturveränderungen durch Beschäftigungs- und Qualifizierungsgesellschaften. Es war im Grunde mein alter Gedanke eines runden Tisches in aktualisierter Gestalt. Helmut Kohl reagierte diesmal positiv. Dazu mag beigetragen haben, daß er gerade dabei war, sein Wahlversprechen, es werde im Hinblick auf die deutsche Einigung keine Steuererhöhungen geben, zurückzunehmen. Mir war der Beweggrund nebensächlich – zumal wir ja nicht die Absicht hatten, auf die Kritik an seinem Wortbruch zu verzichten. Ich wollte, daß den Menschen in den neuen Bundesländern geholfen wurde. Helmut Kohl und ich trafen uns am 12. April und vereinbarten die Bildung von zwei Arbeitsgruppen, bestehend aus Vertretern der Bundesregierung und Vertretern der SPD-Bundestagsfraktion. Die Ergebnisse der Arbeitsgruppen sollten dann in Zusammenkünften der Partei- und Fraktionsvorsitzenden mit dem Ziel erörtert werden, entsprechende Initiativen einzuleiten. Die Grünen wurden zur Teilnahme eingeladen, beteiligten sich aber nicht.

Nunmehr setzte in beiden Lagern eine interessante Reaktion ein. Der Bundeskanzler wurde in seiner Fraktion gerügt, weil er durch die Arbeitsgruppen die Opposition aufwerte. Es könne sich äußerstenfalls um unverbindliche Gesprächsrunden handeln. Mir wurde im Präsidium entgegengehalten, die Arbeitsgruppen hülfen der Regierung aus ihren Schwierigkeiten. Oskar Lafontaine vertrat diese Auffassung am pointiertesten und meinte, wir müßten statt dessen Neuwahlen fordern. Die Arbeitsgruppen wurden dennoch konstituiert und trafen sich eine Zeitlang regelmäßig. Unmittelbare Ergebnisse erbrachten sie nicht. Sie wirkten sich aber dahin aus, daß die Koalition mehr Mittel für Arbeitsförderungsmaßnahmen und damit auch für Beschäftigungsgesellschaften bereitstellte und im Gesetz zur Regelung offener Vermögensfragen zugunsten neuer Investitionen weitere Ausnahmen vom Prinzip der Rückgabe vorsah. Generell zeigte der Vorgang, wie schwer es Parteien fällt, aus dem üblichen Rollenverhalten herauszutreten und in besonderen Situationen über den Schatten ihrer eigenen Interessen zu springen – oder dessen, was sie dafür halten. Bis dahin hatte ich diese Feststellung in bezug auf die deutsche Einigung nur in Richtung der Union und des Bundeskanzlers zu treffen gehabt. Danach war es mir zweifelhaft, ob sich meine Partei im umgekehrten Falle wesentlich anders verhalten hätte.

Einige in unseren Reihen befürchteten von der Bildung der Arbeitsgruppen negative Auswirkungen auf die rheinland-pfälzischen Landtagswahlen. Diese Sorge erwies sich als unbegründet. Rudolf Scharping gelang es nämlich am 21. April 1991, die CDU auch in diesem Land als Regierungspartei abzulösen. Dabei handelte es sich immerhin um das Land, in dem der Bundeskanzler zu Hause und dessen Ministerpräsident er lange Jahre gewesen war. Die Gewichte im Bundesrat veränderten sich dadurch noch weiter zu unseren Gunsten. Für Rudolf Scharping waren der Sieg und seine anschließende Wahl zum Ministerpräsidenten der wohlverdiente Lohn für eine jahrelange kluge und zielbewußte politische Arbeit, mit der er sich Vertrauen auch bei den Handwerkern, den Winzern und dem Mittelstand erwarb, ohne das Vertrauen der Arbeitnehmerschaft aufs Spiel zu setzen. Geholfen hatten ihm am Ende auch diejenigen in der Union, die 1988 meinem Bruder so lange übel mitspielten, bis er das Amt des Ministerpräsidenten aufgab.

Für den Bremer Parteitag Ende Mai 1991 war das eine ebenso erfreuliche Einstimmung wie drei Jahre zuvor der Sieg Björn Engholms für den Münsteraner Parteitag. Im Mittelpunkt dieses Parteitags stand die Wahl Björn Engholms zu meinem Nachfolger und damit die Weitergabe der Stafette, die ich knapp vier Jahre zuvor von Willy Brandt übernommen hatte. Björn Engholm hatte mit einer eindrucksvollen Rede und einem respektablen Stimmergebnis einen guten Start. Ich konnte ihm die Partei in einer passablen Verfassung übergeben, jedenfalls in einer besseren als der, in der sie sich im Juni 1987 bei meinem Amtsantritt befunden hatte. In meiner Abschiedsrede legte ich ziemlich penibel die Aktiv- und Passivposten meiner Bilanz dar. Die Vereinigung mit der Sozialdemokratie der ehemaligen DDR, das neue Grundsatzprogramm, die konstruktive Arbeit der Bundestagsfraktion, die Pflege unserer internationalen Kontakte, die Vermehrung der Zahl der sozialdemokratisch regierten Bundesländer von vier auf neun und den Durchbruch hinsichtlich der stärkeren Mitwirkung der Frauen in verantwortlichen Positionen nannte ich unter den Aktiva. Als Passiva stellte ich dem die Niederlage bei der Bundestagswahl 1990, die enttäuschenden Wahlergebnisse bei den Wahlen in der ehemaligen DDR und die nicht weit genug fortgeschrittene Reform des Parteilebens gegenüber. Ein kundiger Journalist überschrieb seinen Bericht über diese Bilanz mit dem Satz: »Hans-Jochen Vogel hat an der Spitze der SPD Respekt erworben, aber keinen Ruhm geerntet.« Wahrscheinlich hatte er recht. Aber der mangelnde Ruhm schloß nicht aus, daß mich eine Gruppe auf dem Parteitag geradezu spektakulär verabschiedete – nämlich die Frauen. Sie trugen auf Tafeln, auf denen die Buchstaben mit Blumen gesteckt waren, das Wort »Quote« über die Bühne und scharten sich dann zu einem Erinnerungsfoto um mich. Und sie wußten, warum sie es taten. Immerhin gehörten der Partei an jenem Tage 253 000 Frauen an. Das waren mehr als je zuvor in der Geschichte der Sozialdemokratie.

Von den Sachfragen war die Blauhelm-Frage die umstrittenste. In mühevollen Beratungen hatte sich der Parteivorstand auf eine

Vorlage verständigt, in der es hieß: »Eine deutsche Beteiligung an militärischen Kampfeinsätzen unter UNO-Kommando oder durch Ermächtigung der UNO lehnen wir ab. Die Bundesrepublik Deutschland muß jedoch in der Lage sein, sich im Rahmen der UNO an friedenserhaltenden Maßnahmen (Blauhelm-Einsätze) zu beteiligen.« In der Vorlage wurde auch die Bereitschaft erklärt, an einer entsprechenden Grundgesetzänderung mitzuwirken. Das war gegenüber dem Münsteraner Parteitag ein Fortschritt. Nach stundenlanger Debatte schien es am Abend des dritten Tages, als ob die Vorlage, für die sich auch der neue Vorsitzende sehr engagiert hatte, keine Mehrheit finden würde. Da sich die meisten Führungspersonen schon zu den für diesen Abend im Umland anberaumten Versammlungen entfernt hatten, sprang ich ein und trug mit meinen Argumenten dazu bei, daß die Vorlage am nächsten Morgen eine deutliche Mehrheit erhielt. Mir war allerdings klar, daß uns das Thema noch lange beschäftigen würde. Daß wir es uns damit so schwermachen, erscheint mitunter frustrierend. Aber mir ist das allemal lieber, als wenn wir an der Spitze derer marschieren würden, die meinen, unser außenpolitisches Gewicht hänge wesentlich davon ab, daß wir uns in aller Welt militärisch engagieren können. Auch unseren Nachbarn wäre ein Deutschland, das auf diesem Felde glänzen will, unheimlicher als ein Deutschland, das mit militärischer Machtentfaltung zögert.

Noch eine Frage wurde heiß diskutiert, und das war die Hauptstadt-Frage. Fünundzwanzig Redner beteiligten sich an der Debatte. Am Ende stimmten 203 Delegierte für Bonn und 202 Delegierte für Berlin. Allen war klar, daß die eigentliche Entscheidung erst im Bundestag fallen und die Abstimmung des Parteitags darauf kaum Einfluß haben würde.

Diese Sitzung fand am 20. Juni 1991 statt. Das Ringen um den Parlaments- und den Regierungssitz hatte schon lange vorher bei der Formulierung der einschlägigen Bestimmungen des Einigungsvertrags begonnen. Dessen Artikel 2 Abs. 1 lautete: »Hauptstadt Deutschlands ist Berlin. Die Frage des Sitzes von

Parlament und Regierung wird nach der Herstellung der Einheit Deutschlands entschieden.« Daraus und aus einem unklar gehaltenen Protokollvermerk lasen die Bonn-Befürworter heraus, daß die Entscheidung durch Gesetz getroffen werden müsse. Das war ihnen wichtig, weil dann der Bundesrat beteiligt gewesen wäre und sie sich dort anfänglich einer Mehrheit sicher wähnten. Als sie merkten, daß dies zweifelhaft wurde, kamen sie darauf nicht mehr zurück. Statt dessen entwickelte sich ein zähes Ringen, bei dem alle Mittel eingesetzt wurden und Bonn bis zuletzt vorne zu liegen schien. Die Fronten liefen quer durch die Fraktionen und auch durch die SPD-Fraktion, in der sich in den Personen von Horst Ehmke und Ingrid Matthäus-Maier einerseits und Wolfgang Thierse und Gerd Wartenberg andererseits besonders engagierte Befürworter der beiden Städte gegenüberstanden. Ich setzte mich als Berliner Abgeordneter und ehemaliger Bürgermeister der Stadt natürlich für Berlin ein, half bei der Formulierung des Antrags, der sich für Berlin aussprach, und warb auch sonst für Berlin, wo immer ich konnte.

Mein Hauptargument war das des Vertrauens, der Glaubwürdigkeit und der Verläßlichkeit. Jahrzehntelang sei Berlin für den Fall der deutschen Einheit die Rückkehr von Parlament und Regierung versprochen worden. Noch im Sommer 1989 hätte selbst der Bonner Stadtrat nicht im Traum daran gedacht, eine Resolution vorzulegen, die den Verbleib beider Institutionen in Bonn forderte. Im Gegenteil hat der Bonner Oberbürgermeister noch im Juni 1989 bei einem Besuch Gorbatschows im Bonner Rathaus wörtlich erklärt:

»Gerade wir Bonner sind uns immer der Tatsache bewußt, daß unsere Stadt entsprechend der Präambel des Grundgesetzes die Aufgabe der Hauptstadt nur stellvertretend für Berlin bis zu dem Zeitpunkt wahrnimmt, an dem eine Wiedervereinigung Deutschlands in Frieden und Freiheit möglich ist.«

Es dürfe doch wohl nicht wahr sein, so argumentierte ich, daß ein Versprechen deshalb als gegenstandslos angesehen werde, weil die Bedingung, unter der es stand, nämlich die deutsche

Einigung, eingetreten sei. Wer so handle, schlage Wunden, die lange nicht heilen würden. Weiter machte ich geltend, daß die Entscheidung für Berlin das Zusammenwachsen fördern und den Deutschen in den alten Bundesländern ins Bewußtsein heben werde, wie sehr sich im Zuge des Einigungsprozesses auch ihre Lebensverhältnisse, nicht nur die der Menschen in den neuen Bundesländern, ändern müßten. Bonn, das seine Aufgabe seit 1949 vorzüglich erfüllt habe, solle ebenso wie der ganzen Region durch großzügige Ausgleichsmaßnahmen geholfen werden.

Die Mehrheit für Berlin kam erst in der Bundestagssitzung zustande. Maßgebend dafür waren die Reden von Willy Brandt und Wolfgang Schäuble. Auch meine Rede leistete dazu einen Beitrag. Von den Bonn-Befürwortern sprach Johannes Rau maßvoll. Andere überspannten den Bogen und bestätigten so den Satz, daß Positionen gelegentlich mehr unter ihren Befürwortern als unter ihren Gegnern leiden. Diese Erfahrung hatten zuvor allerdings einige Berlin-Befürworter ebenfalls machen müssen. In der Sitzung, die von zehn Uhr morgens bis kurz nach zweiundzwanzig Uhr dauerte, nahmen insgesamt 109 Abgeordnete das Wort. Weitere 105 gaben ihre Reden zu Protokoll. Am Ende stimmten 320 Abgeordnete für Bonn und 338 für Berlin. Einer enthielt sich, eine Stimme war ungültig, und nur zwei von 662 Abgeordneten fehlten. Es war eine Sternstunde des Parlaments und eine der eindrucksvollsten Sitzungen, die ich erlebt habe. Das empfanden übrigens auch die Unterlegenen so.

Den Ausschlag für Berlin hatten in der Abstimmung die F.D.P.-Kollegen gegeben, die mit großer Mehrheit für Berlin votierten. In der Unionsfraktion und in unserer Fraktion hatten jeweils die Bonn-Befürworter eine Mehrheit. Einige Bonn-Befürworter kolportierten nach der Sitzung, Berlin habe nur dank der PDS-Stimmen gewonnen. Das war unfair. Bonn hätte nämlich nur dann eine Mehrheit erreicht, wenn sich die fünfzehn PDS-Abgeordneten, die für Berlin votierten – einer stimmte für Bonn –, für Bonn entschieden hätten. Hätten sie sich der

Stimme enthalten, hätte es immer noch eine Mehrheit für Berlin gegeben.

Natürlich ging auch die normale Fraktionsarbeit weiter. Zu Beginn der Legislaturperiode wurden gewisse Einwände gegen die Fraktionsstruktur laut, die mich aber nicht überzeugten und auch von der Fraktion nicht aufgegriffen wurden. Hingegen gab es in der Geschäftsführung ein größeres Revirement. Gerhard Jahn, bis dahin der politische Geschäftsführer, schied aus dem Bundestag aus, Helmuth Becker wurde Vizepräsident des Bundestags. Beide waren mir in all diesen Jahren gute Weggefährten gewesen, auf die ich mich jederzeit verlassen konnte. An ihre Stelle traten Peter Struck und Franz Müntefering. Sie setzten ihre Akzente anders als ihre Vorgänger, waren mir aber nicht minder zuverlässige Helfer. Als Geschäftsführer aus den neuen Bundesländern trat Uwe Küster hinzu, der sich rasch in der für ihn völlig neuen Aufgabe zurechtfand. Bei den stellvertretenden Vorsitzenden zog sich Horst Ehmke zurück. Seine Funktion – und damit den Arbeitskreis Außen- und Sicherheitspolitik – übernahm Norbert Gansel. Der war nie ein bequemer Kollege, aber er war in seiner Kreativität und seiner Offenheit, seiner ethisch motivierten Konsequenz und der Art und Weise, wie er sich um seinen Wahlkreis kümmerte, vorbildlich. Um die Nominierung für die zweite auf unseren Vorschlag zu besetzende Vizepräsidentenstelle kam es in der Fraktion zu einem Wettbewerb zwischen Renate Schmidt und Anke Fuchs, den Renate Schmidt in der Stichwahl knapp für sich entschied. Anke Fuchs hat das erst nach einiger Zeit verwunden.

Zu befassen hatte sich die Fraktion schon im Frühjahr 1991 mit Vorwürfen gegen die Bundestagspräsidentin Rita Süßmuth. Sie habe häufiger einen Dienstwagen aus dem Fuhrpark des Bundestags ihrem Mann überlassen, lautete die Beschuldigung. Zwischen Rita Süßmuth und mir hatte sich im Laufe der Zeit ein Verhältnis gegenseitigen Vertrauens entwickelt. Mir gefiel die Art und Weise, in der sie ihr Amt führte, und auch die Selbständigkeit, die sie sich innerhalb ihrer Partei bewahrte. In einer ganzen Reihe von Fragen stand sie unseren Auffassungen näher als denen eines großen Teils ihrer Parteifreunde. Darin ließ sie sich auch von Helmut Kohl nicht beirren. Als die Vorwürfe laut wurden, vermutete ich, daß einige Erzkonservative sie bei dieser Gelegenheit ganz gerne aus ihrem Amt scheiden sehen würden. Ich empfahl der Fraktion deshalb, wohl auf die Aufklärung der Vorwürfe zu dringen, den Vorgang aber nicht von unserer Seite zum Gegenstand öffentlicher Polemik zu machen. Ihr selbst riet ich, sich sorgfältig zu prüfen und die Sache durchzustehen, wenn sie sich nichts vorzuwerfen habe. Wir würden ihr das nicht unnötig schwermachen. Sie hat das Ganze dann mit Anstand hinter sich gebracht. Und von den Vorwürfen blieb nichts übrig, was sie belastet hätte.

Partei und Fraktion mußten sich nach dem Bremer Parteitag daran gewöhnen, daß es wieder einen Partei- und daneben einen eigenen Fraktionsvorsitzenden gab. Das wurde dadurch erleichtert, daß sich zwischen Björn Engholm und mir eine vernünftige Form der Zusammenarbeit entwickelte. Ich gab mir Mühe, mich zurückzunehmen und Engholm jeweils die Vorhand zu lassen, insbesondere in den Präsidiums- und Vorstandssitzungen, an denen ich als Fraktionsvorsitzender weiterhin teilnahm. Es gelang mir im großen und ganzen. Karlheinz Blessing, der auf Vorschlag Engholms gewählte neue Bundesgeschäftsführer, erleichterte unsere Kooperation ebenso wie Cornelie Sonntag, die neue Pressesprecherin des Erich-Ollenhauer-Hauses. Allerdings gab es in der fraglichen Zeit kaum konfliktträchtige Themen. Eine Äußerung über den Abbau von ungerechtfertigten Sozialleistungen, die als Absage an die Pflegeversicherung mißinterpretiert wurde, stellte Engholm sogleich klar. Auf die gleiche Weise beendete er eine aufkommende Debatte, bei der ihm unterstellt wurde, er halte Blauhelm-Einsätze auch ohne Grundgesetzänderung für möglich. Nach einer Zeitungsüberschrift vom September 1991 war Engholm »wohlgerüstet für das Ende der Schonzeit«. Ein sehr gutes Wahlergebnis in Hamburg unterstrich diese Feststellung.

Während der Sommerpause wurde die Welt am 19. August von der Nachricht aufgeschreckt, in Moskau habe ein Putsch gegen Gorbatschow stattgefunden. An der Spitze des Putsches stand sein Vizepräsident Gennadi Janajew, der einige Monate zuvor Bonn einen Besuch abgestattet hatte und auch mit mir zusammengetroffen war. Er war mir als ziemlich farbloser Funktionär des herkömmlichen Typs in Erinnerung geblieben. Die Ereignisse waren zunächst schwer einzuschätzen und weckten bei mir auch wegen der 200 000 sowjetischen Soldaten, die sich noch auf deutschem Boden befanden, große Besorgnis. In Bonn rieten manche zu äußerster Vorsicht und empfahlen, erst einmal abzuwarten. Das erschien mir unangemessen. Ich flog deshalb am 20. August nach Berlin und nahm dort an einem Schweigemarsch und einer überparteilichen Kundgebung für Freiheit und Demokratie in der Sowjetunion vor dem Brandenburger Tor teil. In meiner Rede appellierte ich an die sowjetischen Soldaten, nicht auf ihre Landsleute zu schießen, sondern sich mit ihnen zu solidarisieren. Denen, die die Macht an sich gerissen hatten, werde es nicht gelingen, das Rad der Geschichte zurückzudrehen. Die Sozialdemokratie stehe mit mir auf seiten Michail Gorbatschows und Boris Jelzins. Zweimal kam in diesen Tagen im Amtszimmer Hans-Dietrich Genschers, bei dem ich mich befand, um mit ihm die Lage zu erörtern, eine telefonische Verbindung mit Eduard Schewardnadse zustande. Beim ersten Gespräch klang das, was er sagte, pessimistisch. Er fürchtete, die Putschisten könnten Erfolg haben. Am nächsten Tag war er zuversichtlicher. Als Gorbatschow am 22. August nach Moskau zurückkehrte, atmeten wir erleichtert auf. Die Art und Weise, wie Boris Jelzin ihn anschließend im russischen Parlament öffentlich demütigte, verhieß jedoch nichts Gutes.

Besorgnis erregte zunehmend auch die Entwicklung in Jugoslawien. Der Bundesstaat brach auseinander. Slowenien, Kroatien und zuletzt Bosnien-Herzegowina erklärten sich für unabhängig. In Kroatien kam es zu Kampfhandlungen. Die Ratlosigkeit darüber, was getan werden solle und könne, um den Frieden zu bewahren oder wiederherzustellen, war schon zu dieser Zeit allgemein. Das galt für die Parteien und die Bundesregierung ebenso wie für die europäischen und die internationalen Institutionen und Gremien, die Sozialistische Internationale und den Bund der sozialdemokratischen Parteien in der Europäischen Gemeinschaft eingeschlossen. Der vor allem von Hans-Dietrich Genscher betriebenen Politik der raschen Anerkennung der Republiken, die sich unabhängig erklärt hatten, haben wir nicht widersprochen, obwohl Peter Glotz und andere Bedenken äußerten. Mutmaßungen, daß die Dinge besser verlaufen wären, wenn die Anerkennungen hinausgeschoben oder ganz unterblieben wären, sind spekulativer Natur. Genauso spekulativ ist die Annahme, ein massives militärisches Eingreifen von außen hätte die späteren Tragödien verhindert.

Widersprochen haben wir der Beteiligung der Bundeswehr an Blauhelm-Einsätzen in Jugoslawien, weil dem die Auslegung des Grundgesetzes entgegenstand, die seit den siebziger Jahren von allen Bundesregierungen vertreten wurde. Auf Grund dieser Auslegung hat im Frühjahr 1993 die F.D.P. der Bundesregierung, der sie selbst angehörte, wegen der Beteiligung der Bundeswehr an den sogenannten AWACS-Einsätzen Verfassungsbruch vorgeworfen und sie – ein in der Verfassungspraxis der Bundesrepublik einmaliger Vorgang – vor das Bundesverfassungsgericht gezogen. Mit dem Urteil des Bundesverfassungsgerichts vom Juli 1994 hat dieser Aspekt seine Erledigung gefunden.

Geblieben ist das Gefühl der Rat- und Hilflosigkeit gegenüber dem, was Menschen an Gewalt und Brutalität wenige hundert Kilometer von uns entfernt tagtäglich erleiden. Ich teile die Empfindungen derer, die das unerträglich finden. Aber ihre mitunter wütende Kritik an den Vereinten Nationen, der Europäischen Union, der NATO und der eigenen Regierung vermag ich so lange nicht zu teilen, wie sie keine Alternativen zu den Bemühungen dieser Institutionen vorbringen. Da halte ich das Eingeständnis der Ratlosigkeit – so ungern sich die Politik dazu bequemt – für ehrlicher. Vor allem, wenn es mit Hilfsbereitschaft gegenüber den Opfern, etwa gegenüber denen, die zu uns flüchten, oder mit einem Engagement wie dem Hans Koschnicks in Mostar einhergeht.

Wir sollten auch nicht vergessen, daß ein früherer Konflikt in dieser Region deshalb mit zum Ausbruch des ersten Weltkriegs beitrug, weil die europäischen Mächte damals auf verschiedenen Seiten offen Partei ergriffen. Die Wiederholung einer solchen Entwicklung, für die es ja Ansätze gibt, ist bisher verhindert worden. Daß dies auch künftig gelingt, ist von elementarer Bedeutung. Noch einen Gedanken füge ich an, den auszusprechen offenbar weit verbreitete Hemmungen bestehen. Die Erinnerung daran nämlich, daß die Völker und Ethnien, die sich jetzt zerfleischen, unter Tito jahrzehntelang bei offenen Grenzen friedlich in einem Staat zusammenlebten. In einem Staat, der als Vormacht der Blockfreien samt seinem Staatsoberhaupt weltweit respektiert und – wenn man an die Bekundungen bei Titos Tod denkt – sogar geachtet war.

Im Herbst trat die Asylproblematik, die in den zurückliegenden Jahren immer wieder streitige Diskussionen ausgelöst und auch zu mehreren Gesetzesnovellen mit dem Ziel der Verfahrensbeschleunigung geführt hatte, erneut in den Vordergrund. Anlaß dazu gaben die steigenden Asylbewerberzahlen, die im Sommer 1991 zwischen 22 000 und 28 000 pro Monat lagen, und die Ausschreitungen in Hoyerswerda, die sich ebenso wie eine Serie von Anschlägen in Westdeutschland gegen Asylbewerber und ihre Unterkünfte richteten. Die Union versteifte sich auf die Position, nur eine Verfassungsänderung könne das Problem lösen. Die F.D.P. lehnte eine Änderung des Artikels 16 damals noch ab. In der SPD und ihrer Bundestagsfraktion gab es ebenfalls bereits Befürworter einer Verfassungsänderung, unter ihnen der Obmann der Fraktion im Innenausschuß, Gerd Wartenberg, der wegen seiner Sachkunde und Sorgfalt in der Fraktion großes Ansehen genoß.

In enger Abstimmung mit Björn Engholm und unter Federführung von Herta Däubler-Gmelin wurden in der Fraktion und dann in den Parteigremien alle Argumente sorgfältig geprüft. Als Ergebnis einigten sich Partei und Fraktion darauf, das Grundrecht auf Asyl für politisch Verfolgte nicht anzutasten, aber sämtliche in Betracht kommenden Verwaltungsverfahren beim Bund zusammenzufassen, bei Gerichtsverfahren Einzelrichter entscheiden zu lassen und die Asylsuchenden während der ersten sechs Wochen in Sammelunterkünften unterzubringen. Die Anerkennungsbehörde und die Gerichte sollten personell so verstärkt werden, daß die Verfahren in der Regel in diesen sechs Wochen abgeschlossen werden konnten. Ich habe dabei aus zwei Gründen für die unveränderte Beibehaltung des Grundrechts plädiert. Einmal war es eine zentrale Folgerung aus den schlimmen Erfahrungen der Zeit vor 1945. Seine Beseitigung – und die wurde ja von der CSU ausdrücklich und von der CDU de facto verlangt – hätte in meinen Augen die menschenrechtliche Qualität des Grundgesetzes an ihrer sensibelsten Stelle getroffen. Zum anderen hingen die lange Verfahrensdauer und der daraus resultierende Anreiz auch für nicht Verfolgte, in die Bundesrepublik zu kommen, mehr mit der ungenügenden Personalausstattung als mit dem Grundrechtscharakter des Asylrechts zusammen.

In zwei Gesprächsrunden beim Bundeskanzler verständigten sich die Fraktionen Ende September/Anfang Oktober 1991 im wesentlichen auf die soeben genannten Regelungen. Die Union entwertete jedoch das erzielte Ergebnis sofort dadurch, daß Herr Schäuble als Bundesinnenminister noch an ebendem Tage, an dem das erzielte Ergebnis öffentlich bekanntgegeben wurde, sinngemäß erklärte, die Regelungen seien unbrauchbar. Die Wurzel des Übels sei der Artikel 16. Die Bundesregierung legte dann auch bei der Umsetzung des gefundenen Kompromisses und der Realisierung der in ihre Zuständigkeit fallenden personellen Maßnahmen keinen besonderen Eifer an den Tag. Statt dessen forderte die Union – vor allem in Wahlkampfzeiten – unentwegt die Beseitigung des Artikels 16, und das, bevor die neuen Regelungen überhaupt in Kraft getreten waren.

Die Gesprächsrunden beim Bundeskanzler sind mir auch deshalb in unguter Erinnerung, weil insbesondere Herr Schäuble den Eindruck erweckte, er finde den Stand der Dinge, aus seinem Blickwinkel betrachtet, parteipolitisch recht komfortabel. Um uns das möglichst anschaulich zu verstehen zu geben, lehnte er bei einer der Zusammenkünfte an seine vor ihm stehende Namenstafel einen Zeitungsausschnitt, dessen Überschrift mitteilte, ein SPD-Bundestagsabgeordneter habe die Änderung des Artikels 16 verlangt, und zeigte dann immer wieder mit ironischer Miene auf diese plakatähnliche Konstruktion. Das erschien mir dem Thema, bei dem es um Hunderttausende menschlicher Schicksale ging, nicht angemessen. Meine Bitte, die Montage zu beseitigen, blieb vergeblich. Das hat zu einer nachhaltigen Störung unseres bis dahin korrekten Verhältnisses geführt. Mit der parteipolitischen Einschätzung der Konstellation hat er sich außerdem geirrt. Die Instrumentalisierung des Problems kam nämlich zumeist nicht der Union, sondern den rechtsextremen Parteien zugute.

In der zweiten Jahreshälfte rückte der Zeitpunkt näher, zu dem der Fraktionsvorstand und der Fraktionsvorsitzende für die nächsten anderthalb Jahre zu wählen waren. Nach der Geschäftsordnung der SPD-Fraktion wird über diese Funktion nicht für die ganze Legislaturperiode, sondern einmal zu Beginn, dann nach anderthalb Jahren und noch einmal nach weiteren anderthalb Jahren entschieden. Schon im Sommer überlegte ich, ob für einen Generationswechsel an der Fraktionsspitze nicht die gleichen Gründe sprächen wie für den bereits vollzogenen Wechsel an der Spitze der Partei. Auch hier sollte der oder die nächste – ich hatte da meine konkrete Vorstellung – im Blick auf das Wahljahr 1994 genügend Zeit zur Entfaltung haben. Die Partei befand sich zudem in einem so weit konsolidierten Zustand, daß von einem solchen Wechsel keine Turbulenzen, sondern im Falle seines guten Gelingens sogar positive Impulse zu erwarten waren. Außerdem hatte ich den Karren inzwischen achteinhalb Jahre gezogen und spürte gelegentlich den damit verbundenen Ver-

schleiß. Ich entschloß mich daher, auch diese Stafette weiter-
zugeben, behielt das aber zunächst wohlweislich für mich und
vermied jede Anspielung. Spekulationen über die Frage hat es im
Frühjahr in einigen Medien gegeben. Sie waren aber über den
Sommer wieder verstummt.

So gelang mir etwas, was in Bonn zu den absoluten Ausnahmen gehört: Die Presse erfuhr von meiner Entscheidung erst nach
dem geschäftsführenden Fraktionsvorstand, dem ich sie zu Beginn einer normalen Montagssitzung am 28. Oktober 1991 mitteilte. Vorher hatte ich nur Björn Engholm und Willy Brandt ins
Vertrauen gezogen. Mit Verständnis für meinen Schritt verband
sich ehrliches Bedauern über meinen Abgang. Auch die meisten
von denen, die mitunter hörbar über meine Pedanterie, meine
Klarsichthüllen und Wiedervorlagen und das sogenannte Dezer-
nentenwesen gestöhnt hatten, fühlten sich eben im Grunde doch
bei mir gut aufgehoben und gaben das jetzt auch zu erkennen. Für
die Nachfolge kandidierten Herta Däubler-Gmelin, kurz darauf
Rudolf Dreßler und einige Tage später telefonisch von Mexiko
aus, wo er sich in Urlaub befand, auch Hans-Ulrich Klose.

Ich bezeichnete auf Fragen alle drei in dem Sinne als qualifiziert, daß ich bei keinem Sorge hätte, er oder sie sei der Aufgabe
nicht gewachsen. Auch Rudolf Dreßler und Hans-Ulrich Klose
gegenüber verheimlichte ich aber nicht, daß ich meine Stimme
Herta Däubler-Gmelin geben würde. Sie erschien mir auf Grund
ihrer vielseitigen Tätigkeit auf verschiedensten Gebieten – nicht
nur auf dem der Rechtspolitik –, wegen ihrer internationalen
Aktivitäten, ihrer langen Zugehörigkeit zur Fraktion und ihrer
Argumentationskraft besonders geeignet. Ich hätte sie auch unterstützt, wenn sie ein Mann gewesen wäre. Ein weiterer relevan-
ter Aspekt war für mich jedoch, daß mit ihr zum erstenmal eine
Frau an die Spitze einer großen Fraktion treten könnte. Natürlich
hatte sie auch ihre Ecken und Kanten. Und sie pflegte mit ihrem
Widerspruch nicht hinter dem Berg zu halten, wenn ihr eine von
anderen geäußerte Meinung nicht behagte. Doch das sprach in
meinen Augen eher für sie.

Der Wettbewerb zwischen den dreien verlief fair. Am 12. November präsentierten sie sich in der Fraktion mit kurzen Kandidatenreden. Hans-Ulrich Klose kündigte dabei für den Fall seiner Wahl die Aufhebung der Arbeitskreise und andere Veränderungen der Fraktionsstrukturen an. Sonst zeigten sich inhaltlich keine wesentlichen Unterschiede. Dann wurde gewählt. Im ersten Wahlgang hatte Herta Däubler-Gmelin mit einhundertdrei Stimmen die Nase vorn, verfehlte aber die absolute Mehrheit. In der Stichwahl siegte Hans-Ulrich Klose mit fünfzehn Stimmen Vorsprung. Die Mehrheit derer, die im ersten Wahlgang für Rudolf Dreßler votierten, hatte sich offensichtlich im zweiten Wahlgang für Klose entschieden. Ich gratulierte ihm herzlich und wünschte ihm Glück und Erfolg. Anschließend besuchte ich Rudolf Dreßler in seinem Büro, um ihm ein wenig zu helfen, mit dem Ergebnis fertig zu werden. Den Rest des Abends verbrachte ich mit Herta Däubler-Gmelin. Es war nicht die erste Niederlage in ihrem politischen Leben. Aber diese machte ihr mehr zu schaffen als frühere Niederlagen.

Ich wurde ein weiteres Mal freundlich verabschiedet und konnte ja auch insgesamt mit dem Verlauf und dem Ergebnis meiner Amtszeit als Fraktionsvorsitzender einigermaßen zufrieden sein. Wichtig war mir dabei wiederum, daß ich den Schlußpunkt selber gesetzt und nicht gewartet hatte, bis andere versteckt oder offen zu erkennen gaben, jetzt sei es Zeit, den Platz zu räumen. Meine Maxime war, man müsse gehen, solange man seinen Mitmenschen die Bekundungen des Bedauerns noch glauben könne. Wenn die Seufzer der Erleichterung über diesen Schritt nicht mehr zu überhören seien, habe man zu lange gewartet. Diesen Fehler, für den es bis in jüngste Zeit Beispiele gibt, habe ich vermieden. Um ihn in einem anderen Zusammenhang nicht doch noch zu machen, entschloß ich mich in diesen Tagen auch bereits, 1994 nicht mehr für den Bundestag zu kandidieren.

Anläßlich meines Ausscheidens aus dem Fraktionsvorsitz erhielt ich viele Briefe. Einen davon habe ich mir besonders aufgehoben. Er stammte von einem Leipziger Bürger, der als Kultursekretär der SED-Bezirksleitung zusammen mit Kurt Masur zu den Leipziger Sechs gehört hatte, die am 9. Oktober 1989 mit ihrem Aufruf zur Gewaltlosigkeit Mut bewiesen und dazu beigetragen hatten, daß die große Demonstration an diesem Tage ungehindert stattfinden konnte. Ich hatte ihn und Kurt Masur am Tage darauf angerufen und ihnen meine Hochachtung ausgedrückt. Jetzt schrieb er mir, er habe meinen arbeitsreichen Weg in den zurückliegenden Jahren als ehemaliger DDR-Bürger mit Respekt und persönlicher Sympathie verfolgt und wolle mir dafür gerade auch als eine sogenannte »Altlast« danken. Auch wenn er selbst glaube, keine Schuld auf sich geladen zu haben, trage er doch schwer daran, daß er sich habe mißbrauchen lassen. Das erschien mir als ein sehr authentischer deutsch-deutscher Zuruf.

12 Die letzten Jahre in Bonn und Berlin

Mit der Beendigung meiner Funktion als Fraktionsvorsitzender war ich das erste Mal in meinem politischen Leben ein ganz normaler Bundestagsabgeordneter. Daraus ergaben sich eine Reihe von Änderungen im täglichen Dasein, an die man zwar schon vorher gelegentlich denkt, die einem aber doch erst richtig ins Bewußtsein treten, wenn sie Wirklichkeit werden.

Das beginnt mit dem eigenen Dienstwagen, der mir in Bonn als Bundesminister und dann als Fraktionsvorsitzender vom ersten Tage an zur Verfügung stand. Mit ihm war nicht nur eine angenehme Art des Transports in und außerhalb Bonns verbunden. Wichtig war mir auch der tägliche Kontakt mit meinem Fahrer, der mit seinem gesunden Menschenverstand manches klarer und lebensnäher kommentierte und beurteilte als hauptamtliche Politiker. Außerdem fühlte ich mich bei ihm auch in den kritischsten Verkehrssituationen absolut sicher. Das galt für Willi Kramprich, der mich seit 1983 fuhr, ebenso wie für seine Vorgänger, von denen der erste – Ewald Oppermann – schon den Direktor des Zwei-Zonen-Wirtschaftsrats für Finanzen, Alfred Hartmann, und später Fritz Schäffer als Bundesfinanzminister gefahren hatte. Er wußte aus diesen Jahren nicht nur Anekdotisches zu berichten. Mancher Biograph zeitgeschichtlicher Persönlichkeiten wäre gut beraten, wenn er sich bei seiner Arbeit auch solcher sehr persönlicher Quellen bedienen würde. Am 12. November 1991 – meinem letzten Amtstag als Fraktionsvorsitzender – ließ ich mich noch mit dem Dienstwagen in die Fraktionssitzung bringen. Für die Heimfahrt am Abend benutzte ich schon den Fahrdienst des Bundestags, mit dem ich in den folgenden drei Jahren ebenfalls gute Erfahrungen machte. Aber es ist doch ein Unterschied, ob ein und derselbe Wagen mit ein und demselben Fahrer jederzeit bereitsteht oder ob man sich jeweils von Fall zu Fall um die Fahrgelegenheit bemühen muß.

Eine weitere Umstellung war der Wechsel des Büros. Die Fraktion erwies sich in diesem Punkt als durchaus großzügig und stellte mir eine Räumlichkeit in der Nähe des Plenarsaals zur Verfügung. Sie beließ mir auch einige meiner bisherigen Mitarbeiterinnen und als Büroleiter einen bewährten Mitarbeiter der Fraktion. Dennoch war es ein Einschnitt, als ich das Büro, in dem ich jahrelang als Vorsitzender amtiert hatte, am Morgen nach der Wahl Hans-Ulrich Klose übergab. Erinnerungen an Ereignisse und Begebenheiten lassen sich eben kaum von den Räumlichkeiten trennen, in denen sie stattgefunden haben. Sich von diesen zu lösen ist mir auch in meinen früheren Funktionen nicht ganz leichtgefallen. Dabei denke ich vor allem an meine Amtszimmer im Münchner und im Schöneberger Rathaus in Berlin.

Ein Ende fand jetzt auch der Personenschutz, also die kontinuierliche Begleitung durch Beamte des Bundeskriminalamts und des Bundesgrenzschutzes. Ich habe diejenigen Beamten, die noch erreichbar waren, Anfang Januar 1992 zu einem Abschiedsempfang in die Parlamentarische Gesellschaft in Bonn eingeladen. Am Tage des Empfangs lag ich mit einer Salmonellenvergiftung zu Bett, die ich mir kurz zuvor bei einer Einkehrtagung im Kloster Maria Laach zugezogen hatte. An meiner Stelle hat deshalb meine Frau den Männern und Frauen gedankt, die über siebzehn Jahre lang Tag für Tag um uns gewesen waren und ihren Dienst diskret und mit viel Fingerspitzengefühl versehen hatten.

Wenig Kopfzerbrechen machte mir die Frage, wo ich künftig im Plenarsaal und im Fraktionssaal sitzen sollte. Die Fraktionsführung bot mir jeweils Plätze in der ersten Reihe und am Fraktionsvorstandstisch an. Ich habe das dankend abgelehnt, mich im Fraktionssaal an den Tisch der Berliner Abgeordneten gesetzt und mich im Plenum mit der dritten oder vierten Reihe begnügt. Das entsprach meinem Selbstverständnis – nicht weil ich Bescheidenheit demonstrieren wollte, sondern weil ich die Alternative als ein Anzeichen dafür empfunden hätte, daß man sich nicht von seinem bisherigen Status zu lösen vermag.

Sensibler als zu Björn Engholm erwies sich zunächst das Verhältnis zu meinem Nachfolger im Amt des Fraktionsvorsitzenden. Hans-Ulrich Klose war, anders als Björn Engholm, nicht auf Grund meines Vorschlags in sein Amt gelangt. Außerdem veränderte er – wie angekündigt – die Fraktionsstruktur sogleich nach seiner Wahl. Vorübergehend entstand dadurch und durch andere Umstände der Eindruck, in der Vergangenheit sei zu vieles falsch gemacht worden. Ich habe mir damals hin und wieder auf die Zunge beißen müssen. Heute bin ich froh, daß ich mich nicht zu öffentlichem Widerspruch hinreißen, sondern es bei internen Bemerkungen bewenden ließ. Das Klima hat sich dann auch bald gebessert und sogar die schwierige Phase der neuerlichen Asyldebatte unbeschädigt überstanden, so daß auch meine regelmäßige Teilnahme an den Vorstandssitzungen sinnvoll und mitunter nützlich war. Wenn es wirklich wieder einmal zu knistern begann, war Peter Struck rasch zur Stelle und sorgte dafür, daß es beim Knistern blieb.

Auch in der Folgezeit beschränkte ich mich aber nicht auf die Rolle eines interessierten Beobachters. Vielmehr engagierte ich mich unter anderem in der Gemeinsamen Verfassungskommission des Bundestags und des Bundesrats, deren sozialdemokratische Mitglieder mich im Januar 1992 zu ihrem Obmann bestimmten. Diese Kommission, die aus je zweiunddreißig Mitgliedern des Bundesrats und des Bundestags bestand, sollte im Einklang mit Artikel 5 des Einigungsvertrags prüfen, welche Verfassungsänderungen im Zuge der deutschen Einigung oder sonst geboten erschienen, und mit Zweidrittelmehrheit entsprechende Vorschläge unterbreiten. Das hat sie im Laufe von zweieinhalb Jahren in einem mühseligen und mitunter frustrierenden Verfahren getan. Die Mühseligkeit lag nicht an der Arbeitsatmosphäre. Die war – auch dank der Vorsitzführung von Rupert Scholz und Henning Voscherau – durchaus erträglich. Hinderlich war vielmehr, daß die Ausgangspositionen der Union und der Sozialdemokratie weit auseinanderlagen – für Zweidrittel-mehrheiten mußten beide Gruppen übereinstimmen – und daß die Unionsführung gelegentlich rigoros in die Entscheidungs-prozesse eingriff, wenn ihr sich abzeichnende Kompromisse nicht behagten. In einem Fall – es ging um die Formulierung des Staatsziels Umweltschutz, über dessen Aufnahme in die Ver-fassung man sich einig war – verhinderte sie sogar in letzter Minute eine Zweidrittelmehrheit für einen Vorschlag ihres eige-nen Fraktionskollegen Scholz, indem sie den Unionsmitgliedern, die diesem Vorschlag zustimmen wollten, mit der Abberufung aus der Kommission drohte. Rupert Scholz reagierte darauf mit der zeitweisen Niederlegung des Vorsitzes, ein in der Parlaments-praxis höchst ungewöhnlicher Vorgang.

Ich verwandte auf die Arbeit in der Kommission viel Zeit und Kraft und kümmerte mich vor allem um die Koordination zwischen der Bundestagsfraktion, den SPD-regierten Ländern und den Gremien der Partei. Von anderen unterstützt, erreichte ich, daß die sozialdemokratischen Mitglieder der Kommission in den meisten Fragen einheitliche Auffassungen vertraten. Erleich-tert wurde das durch den Umstand, daß sich besonders publizi-täts- und profilierungsfreudige Führungspersonen der Kommis-sionsarbeit im allgemeinen fernhielten. Manchmal konnte ich die innerparteiliche Verständigung auch durch den von den An-gesprochenen gelegentlich als verblüffend empfundenen Nach-weis fördern, daß die von mir befürwortete Position exakt dem Berliner Grundsatzprogramm entsprach. Nur einmal ge-riet ich damit in gewisse Schwierigkeiten. Das war Anfang 1993, als von der niedersächsischen Landesregierung – immerhin einer rot-grünen Koalition – gleichzeitig eine schärfere Fassung des Rüstungsexportverbots gefordert und der Bau von U-Boo-ten unterstützt wurde, die nach Taiwan exportiert werden soll-ten.

Die Ergebnisse, die schließlich zustande gekommen und in-zwischen in Kraft getreten sind, schätze ich nicht gering. Manche werden sich da über die Auswirkungen des Europaartikels oder über die Tragweite der neuen Regelungen zum Umweltschutz, zur Frauenförderung und gegen die Diskriminierung von Behinderten noch wundern; spätestens dann, wenn dazu die ersten Entscheidungen des Bundesverfassungsgerichts ergehen. Auch die Gemeinden und ihre Verbände werden früher oder später entdecken, daß die Ergänzung des Artikels 28 Abs. 2 Grundgesetz, wonach die Gewährleistung der Selbstverwaltung auch die Grundlagen der finanziellen Eigenverantwortung umfaßt, ihre Position im Ringen um eine gerechte Verteilung der Finanzkraft zwischen den Kommunen, den Ländern und dem Bund merklich gestärkt hat.

Als positiv betrachte ich es zudem, daß ungeachtet aller Divergenzen bei der Einschätzung des konkreten Reformbedarfs der Grundkonsens über die wesentlichen Elemente und Prinzipien des Grundgesetzes bestätigt worden ist. So über die Organisation und die Befugnisse der Verfassungsorgane, über das Rechts- und Sozialstaatsprinzip und das Demokratie- und das Bundesstaatsprinzip oder über das System der Grundrechte. Das Bundesstaatsprinzip, das in den vergangenen Jahrzehnten durch eine immer weitergehende Verlagerung von Kompetenzen auf die Bundesebene beeinträchtigt wurde, ist durch Korrekturen zugunsten der Länder sogar erstmals wieder gestärkt worden. Ein Resultat, das gegen den stets von neuem aufflackernden Widerstand der CDU und der F.D.P. durch eine nicht alltägliche Zusammenarbeit zwischen SPD und CSU erreicht wurde. Erwähnenswert ist ferner die breite Mehrheit für die Beibehaltung der Passage in der Präambel des Grundgesetzes, daß das Grundgesetz in Verantwortung vor Gott (und den Menschen) zustande gekommen sei. Diese Selbsterinnerung an die Grenzen menschlichen Tuns und die Fehlbarkeit von Menschen, die die Väter und Mütter des Grundgesetzes 1949 unter dem Eindruck des Allmachtwahns des NS-Gewaltregimes der Verfassung vorangestellt haben, steht uns auch heute noch wohl an.

Aber all das ändert nichts daran, daß eine große Chance ungenutzt blieb – die Chance nämlich, die Einigung der Deut-

schen auch im Bewußtsein zu verankern und das Zueinander-
finden in der neuen Bundesrepublik durch die gemeinsame Arbeit
an der Erneuerung des Grundgesetzes zu fördern. Zu diesem
Zweck hätte nach unserer Vorstellung ein Verfassungsrat ins
Leben gerufen werden sollen, dem nicht nur Abgeordnete und
Landesminister, sondern auch Männer und Frauen der Bürgerbewegung der ehemaligen DDR und Repräsentanten des geistigen, kulturellen und sozialen Lebens aus Ost und West hätten
angehören müssen. Über seinen Entwurf einer erneuerten Verfassung hätte sodann nach Beschlußfassung des Bundesrats und
des Bundestags das Volk selbst zu entscheiden gehabt. Das hätte
den Landsleuten in den neuen Bundesländern das bedrückende
Gefühl genommen, sie seien nur zu einer fertigen, seinerzeit ohne
ihre Mitwirkung zustande gekommenen und nahezu unveränder-
lichen Ordnung hinzugetreten, der sie sich nun auf Punkt und
Komma anzupassen haben. Und es hätte uns in den alten Bundesländern deutlicher zu Bewußtsein gebracht, daß der Einigungsprozeß auch uns kein einfaches »Weiter so« erlaubt, sondern
die Bereitschaft verlangt, Dinge zu ändern, die uns bis dahin
selbstverständlich erschienen. Eine gemeinsame Abstimmung
der Deutschen in Ost und West hätte die identitätstiftende Wirkung solcher Anstrengungen noch erhöht. Das alles ist gescheitert.

Gescheitert ist aber auch das Bemühen, Vorstellungen den Weg
in das Grundgesetz zu öffnen, die der Bürgerbewegung und
darüber hinaus vielen Menschen in der ehemaligen DDR wichtig
waren und die deshalb nach der Wende in die Verfassungen der
neuen Bundesländer aufgenommen worden sind. Dabei ging es
vor allem um die Einführung der unmittelbaren Bürgerbeteiligung und die Aufnahme weiterer konkreter Staatsziele in Gestalt
von Schutz- und Förderungsaufträgen in die Verfassung. Dem
Widerstand gegen die unmittelbare Bürgerbeteiligung lag auf
konservativer Seite eine tief eingewurzelte Skepsis gegenüber
dem Volk zugrunde. Das Volk könne Bundesangelegenheiten
nicht genügend beurteilen und sei geneigt, emotional zu ent-

scheiden. Ja/Nein-Entscheidungen seien überdies zu starr und zu kompromißfeindlich, hieß es da.

Ich hielt dem entgegen, daß man mit dem Einwand ungenügender Urteilsfähigkeit und übermäßiger Emotionalität auch die periodischen Wahlen in Zweifel ziehen könne. Alternativen ließen sich ermöglichen, indem – wie in vielen Landesverfassungen vorgesehen – dem Volksentscheid zu einem konkreten Thema neben der Initiative aus der Mitte des Volkes auch eine abweichende Parlamentsvorlage unterbreitet wird. Es sei auch nicht einzusehen, warum unser Volk, von dem ja nach Artikel 20 Grundgesetz alle Staatsgewalt ausgeht, weniger reif sei als unsere Nachbarvölker, fundamentale Fragen selbst zu entscheiden. So wäre es gut gewesen, wenn – wie in Frankreich oder Österreich – auch bei uns das Volk über die Europäische Union befunden hätte. Sicher hätte ein Volksentscheid – nach gründlicher und lebhafter Diskussion – dafür keine hundertprozentige Zustimmung ergeben. Eher wären es vierundfünfzig oder siebenundfünfzig Prozent gewesen. Aber der Fortgang der europäischen Einigung hätte sich fortan auf einem belastbaren Fundament vollzogen und würde nicht von so vielen als Fremdbestimmung von oben empfunden.

Die Aufnahme der Verpflichtung des Staates, sich für die Befriedigung der elementaren Lebensbedürfnisse, also für einen hohen Beschäftigungsstand, für eine angemessene Versorgung mit menschenwürdigem Wohnraum und den Schutz des Wohnrechts von Mietern, für soziale Sicherheit sowie für den Schutz und die Förderung des Zugangs zur Bildung und des kulturellen Lebens einzusetzen, wäre gerade in einer Zeit am Platz gewesen, in der sich immer mehr Stimmen erheben, die das alles allein dem deregulierten und privatisierten freien Spiel der Kräfte überlassen wollen und mehr oder weniger offen die Ansicht vertreten, wer dabei unter die Räder komme, sei im Grunde selber schuld. Auch für solche Staatsziele fand sich infolge des konservativen Widerstands keine Zweidrittelmehrheit. Dabei hat selbst der heutige Bundespräsident, Roman Herzog, im April 1993 noch als Bundesverfassungsgerichtspräsident die Ansicht geäußert, es sei gut, wenn eine Verfassung nicht nur sage, wie der Staat organisiert, sondern auch, wozu er eigentlich da sei.

Erfolglos blieben auch weitere Reformempfehlungen, die darauf abzielten, an einigen Punkten deutlich hervorgetretene Spannungsverhältnisse zwischen Norm und Realität im Sinne der prinzipiellen Wertentscheidungen des Grundgesetzes aufzulösen – nämlich zugunsten der menschlichen Würde, der Gleichberechtigung und des Schutzes der Schwächeren. Ich erinnere insoweit nur an den Schutz der Minderheiten, die Erstreckung des kommunalen Ausländerwahlrechts auch auf Nicht-EG-Staatsangehörige – also insbesondere auf türkische Mitbürger –, die rechtliche Wahrnehmung auf Dauer angelegter nichtehelicher Lebensgemeinschaften, die Verbesserung der rechtlichen Stellung des Kindes, die Anerkennung der sexuellen Identität jedes Menschen sowie die Achtung der Schutzwürdigkeit der Tiere. Das hätte die Verfassung nicht überlastet, sondern dazu beigetragen, ihre Lebens- und Wirkungskraft zu verstärken. Gleiches gilt für die von Konrad Elmer unermüdlich betriebene Aufnahme einer Mahnung zu Mitmenschlichkeit und Gemeinsinn, für die sich in einem Gruppenantrag zuletzt vierhundert Abgeordnete aller Parteien ausgesprochen hatten und die dennoch nicht zustande kam, weil die Fraktionsführung der Union das verhinderte.

Die Sozialdemokratie wäre gut beraten, die wichtigsten dieser Reformvorschläge in der laufenden Legislaturperiode wieder aufzugreifen und sie mit langem Atem weiterzuverfolgen. Auch das wäre ein Dienst an der Verfassung und an der Erneuerung unserer Gesellschaft. Es ist übrigens nicht wahr, daß sich die Menschen für solch grundsätzliche Fragen nicht interessieren. Obwohl die Medien nur sporadisch berichteten, haben sich während der Beratungen nicht weniger als 800 000 Mitbürgerinnen und Mitbürger mit Einzel- und mit Sammeleingaben an die Gemeinsame Verfassungskommission gewandt.

Ein anderes Feld, auf dem ich mich einmal mehr engagierte, war das Asylthema. Warum es mir für die Sozialdemokraten von zentraler Bedeutung zu sein schien und mir auch selbst besonders am Herzen lag, habe ich schon ausgeführt. Die Hoffnung, daß der mit der Koalition im Herbst 1991 ausgehandelte Kompromiß, der den Artikel 16 Grundgesetz unangetastet ließ, zu einer gewissen Beruhigung führen würde, trog. Die Union setzte vielmehr ihre Kampagne gegen den Artikel 16 unvermindert fort, gleichzeitig stiegen die Asylbewerberzahlen neuerdings stark an. Auf der anderen Seite geschah wenig zur personellen Verstärkung der Anerkennungsbehörden, zur Beschleunigung der Verfahren und zur raschen Abschiebung derer, die kein Bleiberecht besaßen. Die Unterbringung der Asylbewerber stieß daher auf wachsende Schwierigkeiten. Parolen wie »Das Boot ist voll« oder »Ausländer raus«, die von bestimmten Medien der Tendenz nach beharrlich wiederholt wurden, schürten die Emotionen. Im zeitlichen Zusammenhang damit kam es in kürzeren Abständen erneut zu Gewalttätigkeiten gegen Asylbewerberunterkünfte und ihre Bewohner.

Diese Entwicklung setzte die Parteiführung zunehmend unter Druck. Forderungen nach einer Grundgesetzänderung wurden auch aus den eigenen Reihen laut, so etwa aus dem Münchner Rathaus. Björn Engholm, die meisten sozialdemokratischen Ministerpräsidenten und Teile des Präsidiums hielten deshalb im Sommer 1992 eine Kursänderung für geboten. Entsprechende Vereinbarungen kamen am 21. und 22. August 1992 auf dem Bonner Petersberg zustande, wobei offenbar die darüber verbreitete Presseerklärung noch etwas weiter ging als die ursprüngliche Vorlage. Danach sollte Personen, die aus Staaten kommen, in denen nach verbindlicher Feststellung des Hohen Flüchtlingskommissars der Vereinten Nationen allgemein politische Verfolgung derzeit nicht stattfindet, kein Asyl gewährt werden, falls sie nicht spezifische individuelle Verfolgungsgründe glaubhaft vortragen. Außerdem sollten bestimmte Personen überhaupt nicht in das individuelle Asylverfahren aufgenommen werden.

Ich war zufällig zur gleichen Zeit auf Bitte des Erich-Ollenhauer-Hauses in Rostock, wo im Stadtteil Lichtenhagen schwere

Ausschreitungen gegen Asylbewerber und andere Ausländer stattgefunden hatten. Etwa hundert Vietnamesen, die als Arbeitskräfte noch zur DDR-Zeit nach Rostock geholt worden waren, entgingen dabei in ihrem Wohnheim nur mit Mühe einem Brandanschlag. An Ort und Stelle sah ich, wie Jugendliche und sogar Kinder hinter Polizeibeamten, die eine Straße räumten, mit Steinen herrannten und sie zu treffen versuchten. Umstehende bekundeten ihnen Beifall. Ich mischte mich unter sie und versuchte zu erfahren, warum sie sich so verhielten. Zunächst war die Antwort ein allgemeines Gebrüll. Dann hieß es, Ausländer hätten sich vor der Annahmestelle, die inmitten dieses Neubaugebiets lag, schlecht benommen und die Grünflächen verunreinigt. Meine Frage, ob das denn Gewalt und die Gefährdung von Menschenleben rechtfertige und ob die Aufforderung »Ausländer raus« nicht fatal an die NS-Parole »Juden raus« erinnere, machte einige nachdenklich, andere noch aggressiver.

Meine Gespräche mit den Repräsentanten der Stadt, dem mecklenburgischen Innenminister und der Einsatzleitung ergaben über die Hintergründe nicht viel Erhellendes. Es blieb der Verdacht, man habe die unhaltbaren Verhältnisse in und um die Annahmestelle längere Zeit sich selbst überlassen, um so diese ungeliebte und inmitten eines Wohnviertels sicherlich auch falsch plazierte Einrichtung loszuwerden. Sie ist denn auch kurz darauf an einen Ort außerhalb Rostocks verlegt worden. Warum sich die Polizei zurückzog, als das Wohnheim der Vietnamesen zu brennen begann, blieb ebenfalls unklar. Um so erfreulicher war das entschlossene Eingreifen der Feuerwehr, der ich dafür bei einem Besuch der Feuerwache meinen Respekt zum Ausdruck brachte. Daß es überhaupt zu solchen Eruptionen kam, hatte vielfältige Ursachen. Die mangelnde Erfahrung im Umgang mit Ausländern – die wenigen, die in der DDR lebten, wurden streng abgesondert – und die schwer zu zügelnde Versuchung, wenn es einem selber schlechtgeht – in Lichtenhagen gab es damals eine besonders hohe Arbeitslosigkeit –, die noch Schwächeren zu treten, mögen dabei ebenso eine Rolle gespielt haben wie die Vorstellung, man wehre sich nur gegen etwas, was maßgebende Politiker ja selber Tag für Tag als unerträglich bezeichneten. Prompt warfen dann auch Konservative in Bonn der SPD vor, sie sei an den Ausschreitungen schuld, weil sie die Änderung des Artikels 16 Grundgesetz verhindere.

Um meine persönlichen Eindrücke zu vervollständigen, habe ich Mitte September 1992 die Erstaufnahmeeinrichtung in Eisenhüttenstadt besucht und dort das Registrierungsverfahren so durchlaufen, als ob ich selber ein Asylbewerber wäre. Zusammen mit mir wurden Sinti und Roma aus Rumänien registriert. Sie hatten mit hoher Wahrscheinlichkeit keinen Asylgrund. Aber es waren Menschen, die erkennbar in bitterer wirtschaftlicher Not gelebt hatten. Mich hat es stets empört, wenn solche Menschen als »Wirtschafts«-Flüchtlinge bezeichnet wurden. Es sind in Wahrheit Elendsflüchtlinge. Wirtschaftsflüchtlinge sind für mich Konkursverbrecher und Steuerdefraudanten, die sich durch Flucht der Strafverfolgung entziehen, oder Einkommensmillionäre, die durch Wohnsitzwechsel der Besteuerung in Deutschland entgehen wollen. Die Eisenhüttenstädter Eintrittsbestätigung mit meinem Paßfoto trage ich seitdem in meinem Personalausweis mit mir. Sie erinnert mich stets von neuem an das Elend von Menschen, die ihre Heimat verlassen und sich auf eine ungewisse Wanderung begeben, weil sie hoffen, in Deutschland wenigstens ein paar Monate besser leben zu können als zu Hause. Die in Eisenhüttenstadt tätigen Landes- und Bundesbediensteten vertraten übrigens ziemlich einhellig die Ansicht, bei entsprechender Personalverstärkung kämen sie auch ohne Grundgesetzänderung mit dem im Herbst 1991 verabredeten Beschleunigungsgesetz zurecht.

Die Partei reagierte auf die Petersberger Kurskorrektur und die Konkretisierungen, die dazu einige Zeit später in einer Klausur in Bad Salzuflen beschlossen wurden, zwiespältig. Ein Teil, darunter die meisten Kommunalpolitiker, begrüßten sie, die Mehrheit hingegen fürchtete einen Identitätsverlust und forderte einen Sonderparteitag, den der Parteivorstand auf Vorschlag Björn Engholms für den 17. November nach Bonn einberief. Ich beteiligte mich an der Debatte mit dem Ziel, sie zu versachlichen und das Asylrecht jedenfalls als Grundrecht zu erhalten. Deshalb arbeitete ich auch als Gast in einer Arbeitsgruppe des Parteirats mit, die am 2. November 1992 einen umfassenden Bericht vorlegte. Dieser Bericht stellte die ernsten Probleme, vor denen sich insbesondere die Gemeinden sahen, keineswegs in Abrede. Aber er erinnerte die Partei daran, daß das individuelle Recht auf Asyl ein Stück sozialdemokratischer Identität und seit 1949 ein prägendes Merkmal der Grundordnung unserer Republik darstellte. Auch lieferte er nüchternes Zahlenmaterial, aus dem unter anderem hervorging, daß die Quote der Bleibeberechtigten im Jahre 1990 – für 1991 war die Auswertung noch nicht abgeschlossen – zwischen vierzig und fünfundvierzig Prozent und nicht, wie von konservativer Seite immer wieder behauptet, bei vier bis fünf Prozent oder sogar noch niedriger lag. Weiter wurde nachgewiesen, daß beim Bundesamt für die Anerkennung ausländischer Flüchtlinge im Oktober 1992 über zweitausend oder sechsundfünfzig Prozent aller Stellen unbesetzt waren.

Dann entwickelte der Bericht zahlreiche konkrete Vorschläge dafür, was ohne Verfassungsänderung zur Bewältigung des Problems getan werden könne und müsse. Eine Verfassungsänderung wurde nur für die Erstreckung der Wirkung ablehnender Asylentscheidungen der europäischen Mitgliedstaaten der Genfer Flüchtlingskonvention auf die Bundesrepublik für angemessen gehalten. In solchen Fällen hätte dann beispielsweise nach einer Ablehnung in Frankreich das Verfahren in der Bundesrepublik nicht wiederholt zu werden brauchen. Auf dieser Grundlage und auf Grund einer schriftlichen Stellungnahme von Björn Engholm kam es zu einer Empfehlung an den Parteitag. Diese sah entsprechende Klarstellungen und Ergänzungen des Artikels 16 Grundgesetz und die Einführung einer widerleglichen Vermutung vor, daß in bestimmten Ländern keine Verfolgungen stattfinden, sowie die Rückführung von Bewerbern, die über sogenannte sichere Drittstaaten eingereist waren. Ausdrücklich wurde jedoch gesagt, daß es bei einem gerichtlichen Mindestrechtschutz gemäß Artikel 19 Abs. 4 Grundgesetz bleiben solle.

Im Vorfeld des Parteitags nahmen die Emotionen weiter zu. Der Bundeskanzler sprach von einem »Staatsnotstand«. Herr Stoiber, damals bayerischer Innenminister, dachte öffentlich darüber nach, wie man die bisherige einhellige Auslegung und Anwendung des Artikels 16 Grundgesetz auch ohne Zweidrittelmehrheit abschaffen könne. Im September und Oktober kam es in zahlreichen Städten zu weiteren Anschlägen gegen Asylbewerberunterkünfte. Andererseits demonstrierten in Berlin am 8. November 1992 300 000 Menschen unter der Schirmherrschaft Richard von Weizsäckers gegen Ausländerfeindlichkeit.

Die Wirkung dieser eindrucksvollen Veranstaltung wurde allerdings dadurch beeinträchtigt, daß das Fernsehen seine Aufmerksamkeit auf eine Gruppe von zwei- bis dreihundert Störern konzentrierte, die den Bundespräsidenten mit Eiern bewarfen und dadurch bewirkten, daß er hinter einem Wall von Polizeischilden sprechen mußte. Ich stand zufällig in nächster Nähe dieser Gruppe und war deshalb im Fernsehen zu sehen, als ich bei einem Gerangel stolperte und zu Boden zu stürzen schien. Das führte zu vielen besorgten Anfragen. Glücklicherweise blieb verborgen, daß sich bei der gleichen Gelegenheit ein Schuß aus der Dienstpistole eines Polizeibeamten löste, der mich an diesem Tag ausnahmsweise wieder einmal begleitete. Einer der Störer hatte den Beamten zu Boden gerissen und war, als dieser die Waffe in die Hand nahm, an den Abzug geraten. Zum Glück ging der Schuß in die Luft und verletzte niemanden.

Am Ende der Veranstaltung trat Ignatz Bubis spontan ans Rednerpult und stellte mit wenigen Worten die richtige Relation zwischen 300 000 friedlichen Demonstranten und 300 Störern wieder her. Das Fernsehen hatte allerdings vorher abgeschaltet und war nicht flexibel genug, sich in diesem Augenblick wieder einzublenden.

Der Parteitag diskutierte am 17. November 1992 die Empfehlung der Antragskommission von elf Uhr bis kurz vor Mitternacht mit großer Leidenschaft. Eine junge Sozialdemokratin griff die Parteiführung mit ähnlicher Schärfe an, wie manche ihrer Mitglieder es zwanzig Jahre zuvor gegenüber Teilen der damaligen Parteiführung getan hatten. Mir wurde vorgeworfen, ich hätte während der Mittagspause in der Antragskommission im Sinne einer Erschwerung der Verfassungsänderung noch »draufgesattelt«. Ich nahm deshalb im Einvernehmen mit Björn Engholm als vorletzter Redner das Wort und erklärte, für mich sei die Beibehaltung der richterlichen Kontrolle jeder die Asylgewährung ablehnenden Entscheidung in dem Umfang, in dem sie im sogenannten Eilverfahren des vorläufigen Rechtsschutzes geübt werde, das absolute Minimum. Sei eine solche Kontrolle gewährleistet und mit Polen eine vertragliche Vereinbarung über die Behandlung zurückgebrachter Asylbewerber zustande gekommen, könnte ich sowohl die Festlegung von Ländern, in denen keine Verfolgung vermutet werde, als auch die Drittstaatenregelung mittragen. Die wechselseitige Anerkennung von Asylentscheidungen in der Europäischen Gemeinschaft sei nach der Beseitigung der Grenzkontrollen durch das Schengener Abkommen ohnehin zwangsläufig und vom Parteirat schon im Mai akzeptiert worden. Der Parteitag beschloß in diesem Sinne. Zusätzlich forderte er die generelle Zulassung der Doppelstaatsangehörigkeit und ein europäisch abgestimmtes Einwanderungsrecht mit jährlichen Quoten. Dabei sollte die unbegründete Inanspruchnahme des Asylrechts die Zulassung als Einwanderer ausschließen.

Die Verhandlungen mit der Koalition führten zu einem Ergebnis, das in dem sensiblen Punkt von der soeben geschilderten Position abwich. Ein neuer Paragraph 34a des Asylverfahrensgesetzes sollte nämlich den Gerichten jedes Eingreifen verbieten, wenn die Abschiebeverfügung mit der Feststellung begründet war, der Bewerber habe die Bundesrepublik über einen sicheren Drittstaat erreicht. Ähnliches sollte für Bewerber gelten, die über einen deutschen Flughafen eintrafen. Im Grundgesetz sollte ein neuer Artikel 16a zu diesem Zweck in seinem ersten Absatz eine Fassung erhalten, die das ermöglichte. Da auch die Vereinbarung mit Polen noch ausstand, habe ich der Einbringung der entsprechenden Vorlagen im Bundestag nicht zugestimmt.

Bei der zweiten und dritten Lesung Ende Mai 1993 kam es dann auch für mich zum Schwur. Die Vereinbarung mit Polen war inzwischen paraphiert. Aber an der Neufassung der gerade erwähnten Bestimmungen hatte sich nichts geändert. Ich erwog deshalb, gegen die Verfassungsänderung und gegen die Novelle zum Verfahrensgesetz zu stimmen. Da die Mehrheit für die Verfassungsänderung bei der Abstimmung in der Fraktion nur wenige Stimmen betrug, hätte das wahrscheinlich die Ablehnung der Verfassungsänderung durch die Mehrheit der Fraktion zur Folge gehabt. Angenommen worden wäre sie aber dennoch, weil mehr als die für die Zweidrittelmehrheit im Plenum erforderlichen vierundvierzig SPD-Abgeordneten auf jeden Fall entschlossen waren, ihr zuzustimmen. Geblieben wäre das Bild einer tief gespaltenen Sozialdemokratie, deren Mehrheit Björn Engholm und Hans-Ulrich Klose in einem substantiellen Punkt die Gefolgschaft versagte. Das konnte und wollte ich bei Abwägung aller Umstände nicht verantworten. Als einer, der selbst Partei- und Fraktionsvorsitzender gewesen war, unterlag ich auch besonderen Loyalitätspflichten.

Ich lehnte deshalb in der Schlußabstimmung die Novelle zum Verfahrensgesetz ab, der Verfassungsänderung stimmte ich schweren Herzens zu. Ermöglicht wurde das durch die Überlegung, daß der neue Artikel 16a nach seinem Wortlaut auch eine gesetzliche Regelung erlaubt, die den Mindestrechtschutz – also die richterliche Nachprüfung im Eilverfahren – nicht antastet. Der Verstoß gegen das Rechtsstaatsprinzip wurzelte also nicht in der Verfassungsänderung, sondern im Verfahrensänderungsgesetz. Die bisherigen vorläufigen Entscheidungen des Bundesverfassungsgerichts deuten darauf hin, daß dies dort ähnlich beurteilt wird. Eine solche Korrektur wäre aber kaum zu erhoffen, wenn das Asylgrundrecht überhaupt beseitigt worden wäre. Das Verdienst, dies verhindert zu haben, kann die Sozialdemokratie insgesamt für sich in Anspruch nehmen. Dennoch: Nur wenige

Entscheidungen sind mir so schwergefallen wie diese. Etwas erleichtert fühlte ich mich erst, als ich bei mehreren tausend jüngeren Menschen, denen ich im Juni 1993 auf dem Evangelischen Kirchentag in München die Gründe für mein Verhalten vortrug, wohl keine Zustimmung, aber doch Verständnis fand.

In der Partei wurde von vielen auch lebhaft bedauert, daß bei den Verhandlungen mit der Koalition kein Fortschritt in Richtung auf ein Einwanderungsgesetz erreicht werden konnte. Ich habe mich in diesem Punkt zurückgehalten, aber meine Skepsis nicht verborgen. Niemand konnte mir nämlich bis jetzt sagen, wer die Einwanderungskontingente für bestimmte Länder festsetzen und darüber entscheiden soll, wer im Rahmen dieser Kontingente zur Einwanderung zugelassen wird und wer nicht und welche Kriterien dafür gelten sollen. Wahrscheinlich würde dabei dann doch unser nationales Interesse und nicht die Notlage und Hilfsbedürftigkeit des einzelnen den Ausschlag geben. Das heißt, der Angepaßte, Deutschsprechende und schon Qualifizierte hätte eine Chance, der Elendsflüchtling aber nicht. Und damit kann ich mich nicht anfreunden.

Den deutschen Einigungsprozeß habe ich von Anfang an nicht nur als ein von den Bonner Schreibtischen aus zu lösendes Sachproblem, sondern ebensosehr als eine mitmenschliche Herausforderung und als einen ständigen Appell zu persönlicher Solidarität verstanden. Mir war schon vor dem 3. Oktober 1990 klar geworden, daß auf die Menschen in den neuen Bundesländern Veränderungen fast aller Lebensverhältnisse und Lebensgewohnheiten zukommen würden; Veränderungen, die viele existentiell treffen und in ihrem Selbstwertgefühl berühren mußten. Ebenso war mir schon von meinen früheren privaten Reisen in die DDR her bewußt, daß ich selbst nur eine sehr allgemeine und die meisten Westdeutschen so gut wie gar keine Vorstellung von der konkreten Situation der Menschen in den neuen Bundesländern besaßen. Ich habe deshalb noch als Fraktionsvorsitzender im Frühjahr 1991 angekündigt, daß ich bis zum Ende der Legislaturperiode alle sechsunddreißig Wahlkreise in den neuen Bundesländern besuchen würde, in denen es sozialdemokratische Bundestagsabgeordnete gab. Beabsichtigt waren dabei nicht flüchtige Stippvisiten, sondern jeweils mehrtägige Aufenthalte mit sehr detaillierten Programmen.

Mit der Verwirklichung dieser Ankündigung habe ich im Juli 1991 im Wahlkreis Königswusterhausen begonnen. Drei Jahre später, im Juli 1994, habe ich als letzten der sechsunddreißig Wahlkreise den Wahlkreis Berlin-Friedrichshain besucht. Insgesamt habe ich bei diesen Reisen über dreißig Stadt- und Kreisverwaltungen, ebenso viele Betriebe und etwa zwanzig Arbeitsämter kennengelernt. Hinzu kamen Ortstermine in Schulen und Krankenhäusern, bei Bundeswehreinheiten und kirchlichen Stellen sowie Begegnungen mit rund fünftausend Bürgerinnen und Bürgern in Versammlungen und Zusammenkünften aller Art. Stets waren mir dabei das Zuhören und das Beantworten von Fragen noch wichtiger, als selber zu reden. Nach diesen Reisen war ich wohl der westliche Bundestagsabgeordnete, der sich am häufigsten und längsten in den neuen Bundesländern aufgehalten hatte und der deshalb über die umfassendsten unmittelbaren Eindrücke verfügte.

Diese Eindrücke waren sehr mannigfaltig und auch widersprüchlich. Einerseits waren von der zweiten Hälfte 1993 an auf Teilgebieten Fortschritte deutlich zu erkennen. Die Zahl der Baustellen wuchs, die Infrastruktur verbesserte sich, einzelne Betriebe begannen Fuß zu fassen, und im Dienstleistungssektor nahm auch die Zahl der Arbeitsplätze zu. Imponierend war, wie die große Mehrheit der in den kommunalen Landesverwaltungen und den Bundesbehörden Tätigen mit der Fülle der ihnen bis dahin unbekannten bundesrepublikanischen Rechtsvorschriften – mit dem Einigungsvertrag traten in den neuen Bundesländern am 3. Oktober 1990 viele tausend Westparagraphen in Kraft – zurechtzukommen versuchte. Mir erschien das stets so, als ob sie sich von einem Tag auf den anderen in einer ihnen bis dahin fremden Sprache hätten ausdrücken müssen. Respekt verdienen nicht minder die Männer und Frauen, die

sich in demokratischen Funktionen engagierten; so die rund
30 000 Sozialdemokratinnen und Sozialdemokraten, die infolge
ihrer geringen Zahl ein Vielfaches von dem leisten müssen, was
ihre westdeutschen Parteifreunde je zu tun gewohnt waren. Ich
habe unter ihnen immer wieder großartige Männer und Frauen
getroffen, die ihren Mitmenschen Mut machten und ihr Gemeinwesen unter schwierigsten Umständen voranbrachten.

Stellvertretend für viele erwähne ich Katja Wolle, die Bürgermeisterin von Eggersdorf, einer Gemeinde im östlichen Umland
von Berlin. Sie war ebenso findig wie erfolgreich im Aufspüren
von Bundes- und Landeszuschüssen und hatte mit Hilfe ihrer
Mitbürgerinnen und Mitbürger, die sie in vielfältiger Weise zu
aktivieren verstand, das Erscheinungsbild ihrer Gemeinde bereits
1993 so verändert, daß nur noch wenig an das Grau der DDR-Zeit
erinnerte. Eine andere Erinnerung an diese Zeit wurde allerdings
höchst lebendig, als mir die Bürgermeisterin am Morgen vor
meiner Abreise den landschaftlich besonders schönen Bötzsee
zeigte und mich dabei auf ein schmuckes Häuschen am anderen
Ende des Sees mit dem Bemerken aufmerksam machte, dort
wohne seit Jahren Herr Guillaume. Ich spürte kein Verlangen,
seiner noch einmal ansichtig zu werden.

Natürlich traf ich auch Westdeutsche, die auf Zeit oder auch
für dauernd in die neuen Bundesländer gekommen waren und
dort mit Fingerspitzengefühl und ohne Besserwisserei mithal-
fen, marktwirtschaftliche und rechtsstaatliche Strukturen aufzu-
bauen. Zu ihnen zählen einige meiner früheren Mitarbeiterinnen
und Mitarbeiter in Bonn, von denen einer, Rainer Faupel –
seinerzeit Leiter meines Büros im Bundesjustizministerium –, als
Staatssekretär im brandenburgischen Justizministerium arbeitet,
und der andere, Peter Macke – damals ebenfalls im Bundesjustizministerium –, als Präsident des Oberlandesgerichts Brandenburg und des brandenburgischen Verfassungsgerichts tätig ist.
Auch Peter Winkelmann, langjähriger Leiter meines Büros in der
Bundestagsfraktion, arbeitet heute in Potsdam in gleicher Funktion bei Regine Hildebrandt.

Beispielhaft für eine gelungene Integration erschien mir an Ort und Stelle die Bundeswehr. Sie hatte am 3. Oktober 1990 ohne großes Aufheben rund 1500 Offiziere und Unteroffiziere in die neuen Bundesländer entsandt, die im Umgang mit den Soldaten der Nationalen Volksarmee offenbar den richtigen Ton trafen. Jedenfalls habe ich weder bei Truppenbesuchen noch in den Versammlungen Kritik an ihrem Auftreten oder an der Art und Weise der Übernahme ehemaliger Angehöriger der Nationalen Volksarmee gehört. Auch ein längeres Gespräch mit General Jörg Schönbohm, damals Befehlshaber des Bundeswehrkommandos Ost in Potsdam, und seinem Stab habe ich wegen des Verständnisses, das dabei für die menschliche Situation der NVA-Angehörigen zu spüren war, in guter Erinnerung. Deren Probleme und nicht die der versetzten oder abkommandierten westdeutschen Offiziere standen bei ihnen im Vordergrund.

Alle diese positiven Ansätze, die ich zu keiner Zeit leugnete, wurden jedoch in bedrückender Weise von dem Zusammenbruch des Arbeitsmarktes und der daraus resultierenden Arbeitslosigkeit überschattet. In der DDR gab es sicherlich eine Überbesetzung vieler Betriebe mit der Folge, daß es schwierig war, alle Arbeitnehmer sinnvoll zu beschäftigen. Aber fast alle Erwerbsfähigen standen in einem festen und gegen Kündigung weitgehend geschützten Arbeitsverhältnis. Insofern war Arbeitslosigkeit in der DDR unbekannt.

Um so härter traf es die Menschen in ihrer Selbstachtung, daß in den ersten zwei Jahren nach der Einigung rund drei Millionen von ihnen, das sind mehr als ein Drittel der Erwerbsfähigen überhaupt, ihren Arbeitsplatz verloren und lange Zeit nur geringe Aussicht hatten, einen neuen zu finden. Ich habe Regionen besucht – insbesondere landwirtschaftlich strukturierte –, in denen über sechzig Prozent der Erwerbsfähigen entweder im Rechtssinne arbeitslos oder ohne normalen Arbeitsvertrag waren, weil ihnen die Maßnahmen nach dem Arbeitsförderungsgesetz nur eine vorübergehende Sicherheit boten oder sie auf dem Wege über den Vorruhestand schon vorzeitig aus dem Arbeitsleben ausgesondert worden waren. Ich glaube nicht, daß wir in den alten Bundesländern ermessen können, was eine solche extreme Arbeitslosigkeit für die betroffenen Regionen und für die Menschen bedeutet, die dort leben; und welche Schockwirkungen es auslöst, wenn Unternehmen mit Tausenden von Beschäftigten, von denen das wirtschaftliche Leben einer ganzen Region abhängt, von einem Tag auf den anderen stillgelegt werden. Letzten Endes heißt das für die so arbeitslos Gewordenen ja nichts anderes, als daß sie überflüssig sind, daß die Gesellschaft sie nicht brauchen kann. Noch heute wundere ich mich darüber, daß die Betroffenen das – von wenigen Ausnahmen wie in Bischoferode abgesehen – ohne lauten und öffentlichen Widerstand hingenommen haben. In Rheinhausen beispielsweise war das 1988 anders gewesen.

Die Frage, wie dieser Prozeß hätte gemildert werden können und welche Härten zwangsläufig waren, weil ihre Ursachen im Zustand der Wirtschaft der DDR zum Zeitpunkt der deutschen Einigung lagen, hat mich bei diesen Reisen immer wieder beschäftigt. Für die Zeit nach der Einigung war der Hauptgrund das Tempo der Umstellung. Außerdem spielte eine Rolle, daß die privaten Investitionen durch die offenen Vermögensfragen gehemmt wurden. Dieses Defizit konnte durch die durchaus beachtlichen öffentlichen Investitionen nicht ausgeglichen werden. Für die Umstrukturierung des Ruhrgebiets oder der Landwirtschaft haben wir uns in der alten Bundesrepublik Jahrzehnte Zeit genommen und gewaltige Summen aufgebracht. So viel Zeit haben wir in den neuen Bundesländern nicht gehabt. Die Zeitspanne jedoch, in der dieser Prozeß dort ablief, war zu kurz bemessen und mußte deshalb die Menschen über Gebühr in Mitleidenschaft ziehen. Natürlich: Die Verlängerung der Umstellungsphase hätte Geld gekostet, das in den alten Bundesländern zusätzlich hätte aufgebracht werden müssen. Dazu hat anfangs im Westen durchaus Bereitschaft bestanden. Solche finanziellen Anforderungen wurden von den Menschen auch als zwangsläufig erwartet. Es war sogar von der Notwendigkeit eines Lastenausgleichs die Rede – ein Wort, das Bundespräsident Richard von Weizsäcker mehrmals verwendete. Aber diese Chance hat die Koalition und voran der Bundeskanzler mit den unbekümmerten Versprechungen, niemand im Westen müsse mehr Steuern zahlen, und im Osten werde es keinem schlechter und vielen bald besser gehen, bereits 1990 verspielt. Der Preis dafür war hoch.

Die Enttäuschung darüber, daß sich diese Versprechungen alsbald nach den Wahlen vom Dezember 1990 als illusionär erwiesen, hat die Stimmung der Menschen in den neuen Bundesländern lange negativ beeinflußt und sich insbesondere in wütenden Angriffen gegen die Treuhandanstalt Luft gemacht. Das hat der PDS geholfen, die diese Stimmung für sich zu nutzen wußte. Und die Enttäuschung verdrängte auch die Erinnerung daran, in welchem Maße das vergangene Regime die Substanz der Produktionsanlagen verschlissen und die Eigeninitiative der am Wirtschaftsleben Beteiligten gelähmt hat. Wäre den Menschen 1990 klipp und klar gesagt worden, welche gewaltigen Schwierigkeiten es gemeinsam zu überwinden galt, wäre beides vermieden oder doch gemindert worden. Anderes hätte noch hinzukommen müssen, etwa die Bereitschaft der Westdeutschen, zu differenzieren, sich nicht unentwegt als Lehrmeister aufzuspielen und anzuerkennen, daß wir von unseren Landsleuten in den neuen Bundesländern lernen können. In bezug auf die alte DDR war häufig von einer Nischengesellschaft die Rede – das heißt von Nischen außerhalb der offiziellen Strukturen, in die sich die Menschen zurückzogen, um dort ungestört nach ihren eigenen Vorstellungen leben zu können. In einem anderen Sinne fiel es vielen Westdeutschen nach 1990 schwer, aus der Gesamtnische herauszukommen, in der sich die alte Bundesrepublik in den Jahrzehnten seit Kriegsende häuslich eingerichtet hatte. Das zähe Festhalten nicht weniger an Bonn als Parlaments- und Regierungssitz war nur ein Beispiel dafür.

Viele dieser Einsichten erschlossen sich mir bei meinen Besuchen. Klar wurde mir auch ein Faktum, das in der alten Bundesrepublik bis heute noch nicht ins allgemeine Bewußtsein gedrungen ist. Nämlich die Tatsache, daß in den neuen Bundesländern nur rund dreißig Prozent der Bevölkerung einer christlichen Kirche angehören. Bei den jüngeren Jahrgängen ist der Prozentsatz noch geringer. Um so höher veranschlage ich die Leistungen insbesondere der evangelischen Kirche während der DDR-Zeit und ihren Beitrag zur gewaltlosen Überwindung des alten Systems. Sie war die einzige Institution, die sich einen gewissen Freiraum bewahrte, Menschen in Bedrängnis half und oppositionellen Kräften Schutz und eine Möglichkeit bot, sich kennenzulernen und miteinander zu diskutieren. Ich bedaure es deshalb, daß sie sich nach 1990 – hoffentlich nur vorübergehend – derart hat in die Defensive drängen lassen. Ebenso bedaure ich, daß sich als Ankläger auch hier Westdeutsche hervortun, von denen die wenigsten jemals unter den Bedingungen eines allgegenwärtigen und alle Lebensäußerungen reglementierenden Systems gelebt haben. Sicher gab es auch in den Kirchen Fälle, in denen Geistliche und andere Repräsentanten versagt oder sogar Menschen verraten haben, die ihnen vertrauten. Aber es ist unzulässig, diese Fälle zu verallgemeinern. Und deren Beurteilung ist für mich primär, wenn nicht sogar ausschließlich Sache der Menschen in den neuen Bundesländern.

Sehr gefreut habe ich mich deshalb über das klare Urteil, das die Brandenburger und Brandenburgerinnen bei der Landtagswahl im September 1994 über Manfred Stolpe gesprochen haben. Die hohe absolute Mehrheit für ihn war ein Vertrauensbeweis derer, die aus eigener Erfahrung urteilten, und eine eindeutige Absage an seine westdeutschen Widersacher, die ihn aus unterschiedlichen Motiven zu diskreditieren versuchten. Wie Helmut Schmidt, der das als Zeuge vor dem Untersuchungsausschuß des brandenburgischen Landtags bekundet hat, kann auch ich nur bestätigen, daß Manfred Stolpe für mich schon seit 1981 ein kluger und vertrauenswürdiger Gesprächspartner war, der sich eher auf seine Weise der DDR-Strukturen zu bedienen wußte und sie zu benutzen verstand, als daß er sich von ihnen in Anspruch nehmen ließ. Bis heute sehe ich im übrigen nicht, daß er vor 1989 Menschen geschadet hat. Vielmehr hat er sehr vielen geholfen und einen wesentlichen Beitrag dazu geleistet, daß es im Herbst 1989 nicht zum Blutvergießen kam. Nur im sicheren Wissen um seine eigene Haltung hat er wohl auch die Kraft aufbringen können, den Kampagnen zu widerstehen, die westdeutsche Medien in einer merkwürdigen Konstellation lange Zeit gegen ihn geführt haben. Ich habe ihn damals bestärkt, so gut ich das konnte.

Was ich über die evangelische Kirche sagte, gilt für die katholische Kirche schon wegen der viel geringeren Zahl ihrer Gläubigen nur mit Einschränkungen. Sie neigte auch mehr dazu sich abzuschotten, als sich mit der gesellschaftlichen Wirklichkeit der DDR auseinanderzusetzen, zumal sie in sehr vielen Fragen auf die Zuständigkeit des Vatikans verweisen konnte. Dennoch gab es auch dort ermutigende Initiativen, mit denen sie aus ihrer Zurückhaltung heraustrat. So etwa die katholischen Kirchentage in der zweiten Hälfte der achtziger Jahre.

Begegnet bin ich auch Männern und Frauen, die sich zur PDS bekannten oder als Funktionäre für sie sprachen. Einzeln traten sie zumeist sachlich und nicht selten kompetent auf. Wo sie in einer Versammlung stärker vertreten waren, gaben sie sich gelegentlich auch aggressiv. Von der Verantwortung der SED für die Vergangenheit sprachen sie nicht gerne. Manche verharrten wohl deshalb bei ihrer Mitgliedschaft, weil sie sich und anderen die Irrtümer, denen sie erlegen waren, nicht eingestehen und an ihrer bisherigen Lebensgeschichte festhalten wollten. Die Wahlerfolge der PDS beruhen nach meinem Eindruck aber vor allem auch auf Fehlern der Konservativen, von denen die »Rote-Socken-Kampagne« des Jahres 1994 nicht der geringste war. Für die Zukunft gebe ich der PDS keine übermäßige Chance. Setzen sich in ihr die ideologischen Hardliner durch, wird sie auf Dauer das Schicksal der kommunistischen Parteien in der alten Bundesrepublik teilen. Entwickelt sie sich hingegen zu einer demokratisch-sozialistischen Partei, besteht für sie neben der Sozialdemokratie kein Bedürfnis.

Geblieben sind mir von den Reisen, bei denen mich Mitarbeiterinnen und Mitarbeiter der Berliner Büros, des Parteivorstands und der Bundestagsfraktion hilfreich begleiteten, viele persönliche Kontakte. Auch befähigten sie mich, in der Fraktion und im Bundestag mit lebensnahen Argumenten für die Belange der Menschen in den neuen Bundesländern einzutreten.

Reisen ganz anderer Art führten mich 1992, 1993 und 1994 in die Nachfolgerepubliken der Sowjetunion. Ich unternahm sie auf Anregung von Willy Brandt auch in meiner Eigenschaft als einer der Vizepräsidenten der Sozialistischen Internationale. Die umfassendste Reise war die des Jahres 1992, in deren Verlauf ich nach sorgfältiger Vorbereitung durch die Friedrich-Ebert-Stiftung zusammen mit einer kleinen Delegation – ihr gehörten unter anderem mein Bundestagskollege Gernot Erler und die Journalisten Christian Schmidt-Häuer, Korrespondent der »Zeit« in Moskau, und Herbert Riehl-Heyse, leitender Redakteur der »Süddeutschen Zeitung«, an – in der Zeit vom 23. Februar bis zum 13. März 1992 die Hauptstädte der russischen Föderation und der Republiken Weißrußland, Ukraine, Moldawien, Armenien, Georgien, Aserbaidschan, Turkmenistan, Tadschikistan, Usbekistan, Kirgistan und Kasachstan besuchte. Über die Ergebnisse der Reise habe ich seinerzeit einen umfassenden Bericht vorgelegt, in dem es unter anderem heißt:

»In der ehemaligen Sowjetunion sind fundamentale Veränderungen historischen Ausmaßes im Gange, für die nur schwer Parallelen zu finden sind, da es sich um das Ende einer dogmatischen Ideologie und eines Weltreichs handelt. ... Die Schwierigkeiten dieses Veränderungsprozesses und der in seinem Verlauf auf fast allen Gebieten, so auf wirtschaftlichem und sozialem Gebiet, auf ökologischem Gebiet, hinsichtlich der Schaffung politischer und administrativer Strukturen sowie der Bewältigung der zwischen den Nationalitäten, zu lösenden Probleme sind größer, als uns das bewußt ist. Das Engagement derer, die sich dieser Aufgabe stellen, verdient Respekt, wobei von uns kaum zu beurteilen ist, ob schockartiges Vorgehen oder schrittweise Änderungen den

Vorzug verdienen. Die Risiken sind in jedem Falle erheblich, und zwar in erster Linie das Risiko nationaler, aber auch sozialer Explosion. In Rußland könnte die Problematik eines verletzten Selbstwertgefühls hinzukommen. Gefahren drohen deshalb eher von rechts als von orthodoxen Kommunisten.«

Ergänzend führte ich aus:

»Es ist keineswegs sicher, daß die Gefahr eines eskalierenden Nationalismus und die Gefahr akuter Nationalitäten- und Grenzkonflikte nicht auf die russische Föderation übergreifen und dort Unabhängigkeitsbestrebungen in ähnlicher Weise und mit ähnlichen Folgen wirksam werden, wie das auf der Ebene der früheren Sowjetunion zur Bildung einer Vielzahl souveräner Republiken geführt hat. Ansätze dazu sind in den von den Tataren und von den Tschetschenen und Inguschen besiedelten Gebieten schon vorhanden. Umgekehrt ist nicht auszuschließen, daß auch die russischen Minderheiten etwa in der Ukraine, in Kasachstan und in Usbekistan ihrerseits aktiv werden.«

Und:

»Die Gefahr einer sozialen Explosion ergibt sich aus dem Absinken des Lebensstandards einer sehr großen Zahl von Menschen unter die Grenze dessen, was sie auf längere Zeit ertragen wollen und können. Das gilt schon heute für Teile der städtischen Bevölkerung. Die Gefahr erhöht sich noch, wenn es im Zuge des Umstellungsprozesses zur Massenarbeitslosigkeit kommen und sich die Mindestsicherung der Arbeitslosen als unzureichend erweisen sollte.«

Diese Einschätzungen haben sich ebenso als zutreffend erwiesen wie die Feststellung, daß nach dem Wegfall anderer Fixpunkte für viele Menschen nur noch die – oft lange unterdrückte – eigene Sprache und Nationalität als Identität stiftendes und Geborgenheit spendendes Element geblieben sind. Auch der Hinweis auf die katastrophale ökologische Situation in manchen Regionen der ehemaligen Sowjetunion hat sich bewahrheitet. Eine weitere Feststellung würde ich heute hingegen nicht mehr mit der gleichen Bestimmtheit treffen wie damals. Und zwar die, daß über

das Ziel des Veränderungsprozesses, nämlich das friedliche Ne-
ben- und Miteinander souveräner Staaten, die den Prinzipien der
parlamentarischen und rechtsstaatlichen Demokratie und der sozialen Marktwirtschaft folgen, weithin Einigkeit herrsche. Das
war schon in Anbetracht der geschichtlichen Gegebenheiten wohl
zu optimistisch und jedenfalls nicht realistisch genug.

Von den etwa hundertfünfzig Begegnungen während dieser
Reise – ich traf dabei mit fast allen Präsidenten der Republiken
zusammen – sind mir einige noch in besonderer Erinnerung. Vier
von ihnen erwähne ich hier, weil sie über den Tag hinaus zeit-
geschichtliches oder aktuelles Interesse beanspruchen können.

In Moskau traf ich mit Alexander Ruzkoi und Ruslan Chasbulatow, den späteren Gegenspielern Boris Jelzins, zusammen.
Dieser befand sich nicht in der Stadt. Ruzkoi, damals Vizepräsident, wirkte wie ein Haudegen älteren Typs. Über Jelzin sprach
er kritisch bis unfreundlich. Soweit seine politischen Vorstellungen überhaupt erkennbar wurden, klangen sie nach einem de-
mokratisierten Kommunismus. Militärische Gesichtspunkte betonte er stärker als andere Gesprächspartner.

Chasbulatow, damals Parlamentspräsident, gab sich als welt-
läufiger Politiker und trat sehr selbstbewußt auf. Jelzin werde sich
auf Dauer nicht gegen das Parlament durchsetzen können. Vielmehr werde er mit ihm kooperieren müssen. Wo er in konkreten
Sachfragen stand, wurde nicht recht deutlich. Ihm schien es in
erster Linie um die Macht und um die Teilhabe an der Macht zu
gehen.

Von den Präsidenten waren Nasarbajew und Akajew besonders bemerkenswert. Nursultan Nasarbajew, Präsident von Kasachstan, strahlte Sicherheit und Gelassenheit aus. Er erläuterte
sein Konzept maßvoller und schrittweiser Reformen und befürwortete einen gemeinsamen Wirtschafts- und Währungsraum
im Rahmen der GUS. Den Status seines Landes als Atommacht
reklamierte er nachdrücklich.

Askar Akajew, Präsident von Kirgistan, ist das einzige Staatsoberhaupt, das nicht unmittelbar aus den Führungskadern der

alten Nomenklatura hervorgegangen ist. Er war ein qualifizierter Naturwissenschaftler und verleugnete auch in seinem jetzigen Amt den hochgebildeten Wissenschaftler nicht. Mühelos flocht er in seine Darlegungen Goethe-Zitate ein. Bekenntnisse zur Demokratie und zu einer zivilisierten Gesellschaft klangen aus seinem Mund ehrlicher und überzeugender als bei anderen. Mit Deutschland war er erstaunlich gut vertraut.

Ein Zweck der Reise war die Aufnahme von Kontakten zu Parteien, die sich als sozialdemokratisch bezeichneten oder sich der internationalen Sozialdemokratie im weiteren Sinne zugehörig fühlten. Solche gab es in allen Republiken mit Ausnahme von Turkmenistan, Tadschikistan und Usbekistan. Sie waren jedoch durchweg organisatorisch schwach und politisch ohne wesentlichen Einfluß. Einige litten unter internen Gegensätzen. In verschiedenen Republiken, so in der Ukraine, existierten mehrere sozialdemokratische Parteien. Es lag auf der Hand, daß alle diese Zusammenschlüsse eine längere Anlaufzeit und Hilfe von außen brauchen würden. Sie erhielten deshalb auf mein Betreiben beim Kongreß der Sozialistischen Internationale in Berlin im September 1992 den Status ständiger Gäste. 1993 und 1994 fanden mit deutscher Hilfe Kongresse der Parteien in der kasachischen Hauptstadt Alma-Ata und in Chişinău, der Hauptstadt Moldawiens, statt, denen ich zeitweise präsidierte. Ungeachtet der Sympathie, die ich für die meisten derer empfand, die sich unter so schwierigen Verhältnissen engagierten, rechtfertigten die Umstände keine sonderlich günstige Prognose. Politische Faktoren von Gewicht werden diese Parteien – in manchen Fällen muß man eher von politischen Zirkeln oder von Bürgergruppen reden – wohl noch auf längere Zeit nicht sein.

An mehr oder weniger ungewöhnlichen Ereignissen war auf dieser großen Reise kein Mangel. Ungewöhnlich war es schon, daß wir die ganze Reise innerhalb der ehemaligen Sowjetunion mit einem gecharterten Privatflugzeug zurücklegen mußten. Mit Linienflugzeugen wäre das wegen der Ungewißheit, ob und wann sie tatsächlich flogen und ob man einen Platz bekommen würde, nicht zu schaffen gewesen. Das kleine Flugzeug erwies sich als sehr leistungsfähig. Nur auf dem Flug von Chișinău nach Eriwan gerieten wir in Schwierigkeiten. Zuerst mußten wir am nördlichen Rande des Kaukasus zwischenlanden, weil die Bodenleitstation in Suchumi ihre Tätigkeit eingestellt hatte. Als wir bei Anbruch der Dämmerung dennoch starteten, gerieten wir zwischen zwei hohen Gebirgszügen in dichte Wolken, die uns und – was schlimmer war – dem Piloten die Sicht versperrten. Einmal kamen wir einem Gipfel näher, als uns das lieb sein konnte. Da zu unserer Delegation auch ein Luftwaffenoffizier gehörte, entwickelte sich in viertausend Meter Höhe eine ebenso sachverständige wie lebhafte Debatte, die erst mit der glücklichen Landung in Eriwan ihr Ende fand.

In Eriwan wurden wir auch zur Besichtigung einer sehr alten und berühmten Kognakbrennerei eingeladen. Dort fand eine ausgiebige Probe statt. Sie verlief insofern merkwürdig, als der sehr freundliche Direktor eher als wir Wirkung zeigte und seine Erläuterungen nicht mehr fortsetzen konnte. Er war, den Kopf an meine Schulter gelehnt, eingeschlafen.

In Baku wurden wir vor dem Parlament Zeugen einer großen Demonstration, die am nächsten Tag zum Rücktritt des Präsidenten führte. Wir wurden deshalb vom Ministerpräsidenten empfangen. Der reagierte seine Nervosität dadurch ab, daß er uns lautstark einseitige Parteinahme für Armenien vorwarf. Als sich herausstellte, daß meine Stimmstärke der seinen gewachsen war, ja sie sogar übertraf, kehrte die Unterhaltung wieder in zivile Bahnen zurück. Der Ministerpräsident verlor seinen Posten bald darauf ebenfalls, obwohl er ein Gegenspieler des alten Präsidenten war.

Der tadschikische Präsident – auch er verlor im Zuge der bürgerkriegsähnlichen Wirren einige Zeit später sein Amt – weigerte sich zunächst, die uns begleitenden Journalisten am Gespräch teilnehmen zu lassen. Erst der energische Hinweis, daß Helmut Schmidt Herausgeber der »Zeit« sei und er folglich den ehemaligen Bundeskanzler der Bundesrepublik Deutschland beleidige, führte zu einem Sinneswandel.

In Duschanbe, der Hauptstadt Tadschikistans, besuchte ich einen katholischen Gottesdienst, der von einem Priester deutscher Abstammung zum Teil in deutscher Sprache gehalten wurde. Auch die Lieder wurden deutsch gesungen. Nach dem Gottesdienst baten mich viele Gemeindeangehörige, ihre Anträge auf Übersiedlung in die Bundesrepublik zu unterstützen. Tags darauf versammelten sich in einer Turnhalle über zweihundert Antragsteller aus der näheren und weiteren Umgebung und brachten das gleiche Anliegen vor. Viele von ihnen stammten aus den ehemaligen deutschen Siedlungen im Wolgagebiet und waren zu Zeiten Stalins nach Tadschikistan deportiert und dort lange als Zwangsarbeiter eingesetzt worden. Zu Hause hatte ich zu denen gehört, die eher einer restriktiven Handhabung der Aufnahme solcher Aussiedler zuneigten. Unter dem Eindruck der Lebensläufe und Schicksale, die mir da geschildert wurden, habe ich meine Einstellung korrigiert und in der Folgezeit in vielen Einzelfällen einen intensiven Schriftwechsel mit dem Bundesverwaltungsamt und den sonst zuständigen Behörden geführt. Mir war klar geworden, daß die meisten von ihnen deshalb Schweres erduldet hatten, weil sie deutscher Abstammung waren. Mit »Deutschtümelei«, von der Oskar Lafontaine in diesem Zusammenhang einmal sprach, hatte das nichts zu tun.

In Alma-Ata besichtigten wir in einer Programmpause das große Eisstadion »Medeo« am Rande der Stadt. Der Leiter des Stadions überraschte mich durch detaillierte Kenntnisse über die zwischen Traunstein und Berchtesgaden gelegene Gemeinde Inzell, zu deren Eisstadion er offenbar seit langem enge Kontakte hatte. Bevor wir das Stadion verließen, bat er mich um einen Eintrag in sein Gästebuch. Das tat er offenbar nur hin und wieder. Denn beim Blättern entdeckte ich drei oder vier Seiten zuvor die Unterschrift Leonid Breschnews.

Die Reise des Jahres 1993 führte erneut nach Kasachstan und nach Kirgistan, die des Jahres 1994 noch einmal in die Ukraine, nach Georgien und nach Moldawien. Abgesehen von einer Begegnung mit Eduard Schewardnadse in Tiflis und der Fortsetzung der 1992 angeknüpften Kontakte stand bei beiden Reisen die Information über ökologische Katastrophen an Ort und Stelle im Vordergrund; 1993 bei einem dreitägigen Aufenthalt am Aralsee und 1994 bei einem Besuch in Tschernobyl. Von beiden Orten habe ich Eindrücke mitgenommen, die mich seitdem nicht mehr loslassen.

Der Aralsee schrumpft seit rund dreißig Jahren und bedeckt heute noch etwas mehr als die Hälfte seiner ursprünglichen Fläche von 66 000 Quadratkilometern. Das Wasservolumen ist in der gleichen Zeit auf ein Drittel zurückgegangen. Die fortschreitende Verlandung teilt den See zunehmend in eine kleinere nördliche und in eine größere südliche Hälfte. Aralsk, früher eine lebendige Hafenstadt, ist jetzt rund sechzig Kilometer von der nächsten größeren zusammenhängenden Wasserfläche entfernt. Die ehemalige Schiffahrtsroute von Aralsk auf den offenen See ist ebenso wie der frühere Hafen von zahlreichen Schiffsruinen gesäumt, die einen trostlosen Anblick bieten. Die trockengefallenen Flächen sind teils mit einer dichten Salzschicht, teils mit Sand oder auch mit einem Gemisch von beidem bedeckt. Der beständig wehende Wind wirbelt täglich 240 000 Tonnen dieses Salz-Sand-Gemisches auf, das im Mund und auf der Haut spürbar ist und nicht nur in der Nähe abgelagert, sondern über weite Strecken bis nach China und Sibirien getragen wird. Das Gemisch enthält wegen des starken Einsatzes von Düngemitteln und Pestiziden im Einzugsgebiet der Zuflüsse Amu-Darja und Syr-Darja zusätzlich gefährliche Chemikalien, die auch die verbliebenen Gewässer völlig vergiften und den ehemals blauen See in eine schmutzig-braune Brühe verwandelt haben, in der jedes Leben erstickt ist. Für das Auge des europäischen Betrachters ergeben sich schon aus der Luft geradezu apokalyptische Bilder.

Die schlimmsten Folgen der ökologischen Katastrophe sind gesundheitlicher Art. Achtundsiebzig Prozent der Bevölkerung gelten als krank. Von den Ärzten wurden als häufigste Krankheiten Erkrankungen der Atmungsorgane, Infektionskrankheiten, Krebs – vor allem Speiseröhrenkrebs –, Leukämie, Anämie und Entzündungen aller Art genannt. 1990/91 seien auch Pest und Cholera aufgetreten. Die mittlere Lebenserwartung liegt um mindestens zehn Jahre unter dem Landesdurchschnitt. Die Kindersterblichkeit beläuft sich auf bis zu fünfzehn Prozent, Früh- und Fehlgeburten und angeborene Anomalien sind an der Tagesordnung, fünfundneunzig Prozent der Mütter sind zum Zeitpunkt der Geburt selbst krank. Dennoch sind fünf bis sechs Kinder pro Familie die Regel. Zunehmend macht sich auch die psychische Belastung bemerkbar, sogar Kinderselbstmorde sind keine Seltenheit.

Bei einem Besuch im Krankenhaus von Aralsk war das ganze Elend mit Händen zu greifen. Mütter saßen oder lagen dort genauso apathisch wie ihre Neugeborenen und die älteren Kinder, die sie mitgebracht hatten. Ein fünfunddreißigjähriger Lehrer, der wie ein Fünfundsechzigjähriger aussah, antwortete auf die Frage, was während seiner Abwesenheit mit den Kindern seiner Schulklasse geschehe: »Die sind alle auch krank!« Am tapfersten waren zwei Ärztinnen, die in diesem Krankenhaus seit Jahren Dienst tun. Die Charité in Berlin hat sie auf meine Bitte hin Ende 1994 für zwei Monate nach Berlin eingeladen. Ihr Aufenthalt dort kam ihnen wie ein Besuch in einer anderen Welt vor. Dennoch sind sie ohne Zögern wieder nach Hause zurückgekehrt.

Der ursächliche Zusammenhang zwischen der ökologischen Katastrophe und dem beängstigenden Gesundheitszustand der Bevölkerung steht außer Zweifel. Er ergibt sich auch daraus, daß die Erkrankungs- und die Sterblichkeitswerte in vierzehn Dörfern, die Wasser ungereinigt aus dem Syr-Darja entnehmen, noch erheblich höher liegen. Als weitere mögliche Ursache wurden Versuche mit chemischen und bakteriologischen Waffen genannt, die von 1950 an auf einer im Aralsee gelegenen Insel – paradoxerweise trägt sie den Namen »Insel der Wiedergeburt« –

unternommen worden sind. An der offiziellen Erklärung, die Versuche seien seit 1989 eingestellt, wurden Zweifel geäußert. Jedenfalls dauert die durch die Versuche geschaffene Gefahrenlage noch an.

Eine weitere Folge der Katastrophe ist die wirtschaftliche Verödung des Gebiets: Das Fischverarbeitungskombinat hat seine Tätigkeit eingestellt, ein Militärstützpunkt wurde aufgelöst, der Umschlagverkehr, der für den Süden bestimmte Waren in Aralsk von der Bahn auf Schiffe verlud, kam zum Erliegen. Die Salzverarbeitung und kleinere Produktionen bieten keinen Ausgleich.

Die Gründe für die Katastrophe liegen ausschließlich in dem brutalen Eingriff des Menschen in das natürliche Gleichgewicht und in der völligen Mißachtung der naturgegebenen Ordnung. Den beiden Zuflüssen des Sees, dem Syr-Darja und dem Amu-Darja, wird seit Jahrzehnten für weit ausgedehnte, zumeist in den fünfziger und sechziger Jahren angelegte Baumwoll- und Reiskulturen an die neunzig Prozent der Wassermenge entzogen, die dem See ursprünglich zufloß und zur Stabilisierung des Sees und zur Aufrechterhaltung seines Gleichgewichts notwendig ist. Die Vergiftung durch Düngemittel und Pestizide kommt noch hinzu.

Als Gegenmaßnahmen sind die Umleitung nach Norden fließender sibirischer Flüsse in die Gegenrichtung oder massive Wasserüberleitungen von dem zwanzig Meter tiefer liegenden Kaspischen Meer in den Aralsee erwogen worden. Sie würden jedoch nicht minder brutal in die Natur eingreifen und stoßen deshalb auf entschiedenen Widerstand. Verfolgt wird jetzt nur noch eine Rettung und teilweise Wiederherstellung des Sees auf natürliche Weise, also durch Verminderung des Reis- und Baumwollanbaus, weitgehenden Verzicht auf Chemikalien, Anwendung sparsamerer Bewässerungsmethoden und die Erneuerung verrotteter Kanäle und Bewässerungssysteme. Dadurch würde die Wasserzuführung zum See wieder steigen. Anfangserfolge sollen im Bereich des Syr-Darja, der vorübergehend ganz versiegt war, schon eingetreten sein. Zumindest hofft man auf diese Weise den nördlichen Teil des Sees – den sogenannten Kleinen Aralsee – bis zum früheren Ufer am Stadtrand von Aralsk hin wieder auffüllen zu können. Dies könnte allerdings die Situation des südlichen, zu Usbekistan gehörenden Teils des Sees zusätzlich verschärfen.

Erstaunlich ist, daß die Menschen ungeachtet der bedrückenden Lebensverhältnisse in diesem Gebiet ausharren und keine Abwanderungstendenz zu erkennen ist. Die Bevölkerungszahl nimmt wegen der überdurchschnittlichen Geburtenhäufigkeit sogar leicht zu. Erklärt wurde dieses Verhalten mit der kasachischen Tradition, auf jeden Fall an der Heimat festzuhalten. Inwieweit dabei auch eine gewisse durch die Umstände bedingte Apathie oder die fortdauernde Wirksamkeit der alten Bevormundungsstrukturen mitschwingt, ist nach einem Aufenthalt von wenigen Tagen schwer zu beurteilen.

Die zentrale Botschaft, die von dieser Katastrophe ausgeht, ist eine weltweite, auch an uns gerichtete Warnung. Die Warnung nämlich vor den Folgen, die eintreten, wenn der Mensch sich in seiner Verblendung für allmächtig hält, und die Mahnung, sich endlich als Teil der natürlichen Ordnung zu begreifen.

Der gleiche Gedanke ging mir durch den Kopf, als ich im Mai 1994 in Tschernobyl in sechzig Meter Entfernung vor dem Sarkophag des Blocks stand, in dem sich 1986 die bislang schwerste Katastrophe der Atomtechnik ereignet hat. Das Bild, das die Anlage bietet, ist niederdrückend. Sie wirkt verlassen und verwahrlost. Für einen Laien ist es kaum verständlich, daß drei der Blöcke weiterhin in Betrieb sind. Tief eingeprägt hat sich mir vor allem der Anblick des Sarkophags und der zweieinhalb Kilometer von der Anlage entfernten Stadt Pripjat, die früher von 50 000 Menschen bewohnt war und heute menschenleer ist.

Der Sarkophag stellt sich äußerlich als eine Stahlbetonkonstruktion dar, die die eine Hälfte des von der Katastrophe betroffenen Kraftwerksgebäudes bis in die Höhe des Gebäudedaches umschließt. In ihm befinden sich die Reste des durch eine Kernschmelze zerstörten Reaktors. In Nebengebäuden werden ohne jede erkennbare Sicherung abgebrannte Brennstäbe aufbewahrt. Alle Bauwerke befinden sich in einem heruntergekommenen Zustand, die Metallteile des Sarkophags sind stark verrostet. Wenige Tage vor meinem Besuch hatte ein in Kiew ansässiger Wissenschaftler in einem Zeitungsaufsatz die Befürchtung geäußert, der Sarkophag könnte bald infolge einer Kernfusion explodieren. In den Straßen der verlassenen Stadt und in der Nähe des Sarkophags halten sich Schwärme schwarzer Krähen auf. Sie erscheinen in dieser Umgebung geradezu als Totenvögel. Besonders makaber wirkt eine silbern strahlende Leninbüste am Eingang zum Verwaltungsgebäude der Anlage.

Meine Überzeugung, daß der Mensch mit der Nutzung der Kernreaktion die ihm gezogenen Grenzen überschritten und in einer ihm nicht zustehenden Weise in das Wirken der Natur eingegriffen hat, ist durch das, was ich dort gesehen habe, noch verstärkt worden. Und der Gedanke, daß in der ehemaligen Sowjetunion noch eine ganze Anzahl von Blöcken des Tschernobyl-Typs in Betrieb sind, kann einem den Schlaf rauben.

Übrigens ist weder die Katastrophe von Tschernobyl noch die Katastrophe des Aralsees ein nationales Problem. In beiden Fällen handelt es sich vielmehr um globale Probleme, die die jeweiligen politischen Grenzen sprengen. Bei Tschernobyl liegt das auf der Hand, beim Aralsee ergibt es sich aus der Luftverschmutzung, die sich auf Hunderte von Kilometern auswirkt. Die Menschheit wird vor diesen globalen Dimensionen spätestens nach der nächsten oder übernächsten Reaktorkatastrophe nicht mehr die Augen verschließen können.

Mit den Ergebnissen meiner Reise im Jahre 1992 befaßte sich im März 1992 bei einer Sitzung in Madrid unter Leitung Willy Brandts auch der Vorstand der Sozialistischen Internationale. Ich reiste unmittelbar von Moskau dorthin, um meine Eindrücke zu schildern. Willy Brandt kündigte auf dieser Sitzung die Aufgabe seines Präsidentenamtes an und schlug als seinen Nachfolger

Pierre Maurois vor. Mir kam Brandt bei dieser Gelegenheit verändert und auch ein wenig müde vor. Das fiel mir auf, weil er sich von einer Darmkrebsoperation im Jahre 1991 zunächst gut erholt hatte.

Die Anzeichen trogen nicht. Nach einer mehrtägigen Untersuchung Anfang Mai 1992 mußte er sich Ende Mai erneut einem chirurgischen Eingriff unterziehen. Als er aus der Klinik nach Hause kam, wußte er, daß er nur noch begrenzte Zeit zu leben hatte. Am Kongreß der Sozialistischen Internationale im September konnte er nicht mehr teilnehmen. Er verfaßte deshalb eine schriftliche Grußbotschaft und bat mich, sie in seinem Namen zu verlesen. Das tat ich im Reichstag in Berlin, in dem der Kongreß tagte. Uns allen war bewußt, daß dies Willy Brandts Abschiedsbotschaft war. Die folgenden Sätze sind mir vor allem in Erinnerung geblieben:

»Auch nach der Epochenwende 1989 und 1990 konnte die Welt nicht nur gut werden. Unsere Zeit allerdings steckt wie kaum eine andere zuvor voller Möglichkeiten – zum Guten und zum Bösen. Nichts kommt von selbst. Und nur wenig ist von Dauer. Darum – besinnt euch auf eure Kraft und darauf, daß jede Zeit eigene Antworten will und man auf ihrer Höhe zu sein hat, wenn Gutes bewirkt werden soll.«

Und:

»Wo immer schweres Leid über die Menschen gebracht wird, geht es uns alle an. Vergeßt nicht: Wer Unrecht lange geschehen läßt, bahnt dem nächsten den Weg.«

Es war in Inhalt und Sprache Willy Brandts Vermächtnis.

In dieser Zeit habe ich ihn noch einige Male in Unkel besucht, zuletzt zwei Wochen vor seinem Tode. Da war er schon bettlägerig und mußte durch Infusionen ernährt werden. Wir sprachen ein wenig von aktuellen Dingen und etwas mehr von alten Zeiten. Zwischendurch überfielen ihn quälende Beschwerden. Als ich Abschied nahm, sah er mich noch einmal an und sagte: »Jochen, ich danke dir für vieles.« Ich strich ihm leise mit der Hand über seine Stirn. Es war der Ausklang einer freundschaftlichen

Beziehung, die seit unserer ersten Begegnung im Sommer 1953 fast vierzig Jahre gedauert hat.

Während meiner zweiten Reise nach Zentralasien wurde ich Anfang Mai 1993 in Alma-Ata von der Nachricht überrascht, Björn Engholm sei vom Parteivorsitz zurückgetreten. Das schloß die Kanzlerkandidatur ein, zu deren Annahme er sich Anfang 1992 nach einigem Zögern und längerem öffentlichen Drängen anderer Führungspersonen entschlossen hatte. Vor meiner Abreise gab es bereits einige Irritationen im Zusammenhang mit neuen Behauptungen über den Zeitpunkt, zu dem Engholm 1987 von den gegen ihn aus der Staatskanzlei Schleswig-Holstein betriebenen Machenschaften erfahren habe. Engholm hatte sich im März und April 1993 auf mehreren Kreisparteitagen in Schleswig-Holstein entschieden gegen die Vorwürfe zur Wehr gesetzt. Danach jedoch ließ er Zeichen der Resignation erkennen. Mein Rat war, er solle einen etwaigen Fehler bei seinen zeitlichen Angaben öffentlich korrigieren, seine Funktion aber nicht aufgeben. Er hat sich anders entschieden. Wie er dann auch öffentlich wissen ließ, hätten seines Erachtens andere so verfahren können; er selbst aber habe sich an den hohen Maßstäben messen lassen müssen, die er im Zusammenhang mit der Barschel-Affäre als unabdingbar bezeichnet habe. Das ist eine ehrenhafte Erwägung. Sie verdient auch den Respekt derer, die sie nicht für zwingend hielten.

Die Partei stand damit erneut vor einer kritischen Situation. Erfreulicherweise meldeten sich aber diesmal für die Nachfolge – anders als im Dezember 1990 – sogleich mehrere Bewerber, nämlich Rudolf Scharping, Gerhard Schröder und Heidi Wieczorek-Zeul, für die Kanzlerkandidatur vorübergehend auch Renate Schmidt. Der Vorstand einigte sich rasch darauf, die Entscheidung jedenfalls de facto – de jure blieb sie für die Funktion des Parteivorsitzenden nach dem Parteiengesetz Sache des Parteitags – von den Parteimitgliedern selbst treffen zu lassen. Aus dem Wettbewerb ging Rudolf Scharping als Sieger hervor, und der Parteitag wählte ihn demgemäß am 25. Juni 1993 in Essen zum dritten Nachfolger Willy Brandts. Ich habe ihm bei der Mitgliederbefragung meine Stimme gegeben, weil ich ihn für denjenigen hielt, der den Anforderungen am besten entsprach. Stehvermögen und Durchsetzungswillen hatte er ohne Preisgabe sozialdemokratischer Grundprinzipien in Rheinland-Pfalz bewiesen. Ich hatte auch die gelegentliche Mahnung Willy Brandts im Ohr: »Vergeßt mir den Mainzer nicht!«

Mit dem Amtsantritt Rudolf Scharpings habe ich aufgehört, regelmäßig an den Präsidiums- und Vorstandssitzungen teilzunehmen. Immerhin gab es von da an schon zwei ehemalige Vorsitzende, und für den Nachfolger ist die ständige Präsenz des oder der Vorgänger nicht immer eine reine Freude. Es gibt da nicht unbedingt ermutigende Beispiele in einer kleineren Bundestagspartei. Im nachhinein frage ich mich, ob ich nicht schon nach der Wahl Engholms die von ihm ausgesprochene Dauereinladung hätte auf sich beruhen lassen sollen.

In dieser Zeit begann auch die Diskussion um die Nachfolge Richard von Weizsäckers. Dabei wurde – unter anderem im »Spiegel« von Rudolf Augstein – auch mein Name genannt. Ich gebe zu, daß mich das nicht gekränkt hat. Dennoch habe ich von vornherein nein gesagt. Ich hatte meine früheren Ämter nicht aufgegeben, um ein anderes zu übernehmen. Auch sollte nach meiner Vorstellung auf Richard von Weizsäcker ein Mann oder eine Frau folgen, der oder die dem Anspruch dieses Amtes in anderer Weise gerecht zu werden versucht, als das Richard von Weizsäcker in so vorbildlicher Weise gelungen war. Diese Überlegung sprach für Johannes Rau, der auch sonst alle Voraussetzungen mitbrachte und sein Interesse am Amt des Staatsoberhauptes rechtzeitig zu erkennen gab.

Daß er im Mai 1994 die notwendige Mehrheit nicht erreichte, hat mich weniger überrascht als andere. Schon etwas mehr überraschte mich, wie rasch Helmut Kohl eine Idee aufgab, der er wohl eine Zeitlang zuneigte, nämlich der Union die Wahl von Johannes Rau so zu empfehlen, wie das Willy Brandt und ich umgekehrt zehn Jahre zuvor in bezug auf Richard von Weizsäcker getan hatten. Unserem Gemeinwesen hätte das gut zu Gesicht gestanden. Kohl hat statt dessen geraume Zeit eine Kandidatur befürwortet, die alle Beteiligten in große Verlegenheit gebracht hat und im Falle ihres Erfolgs zu noch größeren Verlegenheiten geführt hätte. Manche meinen, Rau hätte am 23. Mai 1994 spätestens nach dem zweiten Wahlgang seine Kandidatur zurückziehen und die Wahl von Hildegard Hamm-Brücher empfehlen sollen. Ich verstehe, daß er dazu nicht bereit war. Das Amt des Staatsoberhauptes wäre damit auch von unserer Seite zum Gegenstand taktischer Überlegungen gemacht worden. Auch war es sehr zweifelhaft, ob Hildegard Hamm-Brücher im entscheidenden dritten Wahlgang alle Stimmen ihrer eigenen Partei bekommen würde. Einige Stimmen aus dem eigenen Lager hatte sie bereits im zweiten Wahlgang eingebüßt. Mit der Wahl Roman Herzogs ist das alles Vergangenheit. Seine Stegreifrede unmittelbar nach der Annahme der Wahl hat mich erschreckt. Seit seinem Amtsantritt hat er aber auch die meisten von denen überzeugt, die damals skeptisch waren. Mich jedenfalls.

Kurz nach dem Tode Willy Brandts wurde auf der Bonner Bühne ein altes Stück noch ein weiteres Mal aufgeführt. Der Titel war allgemein bekannt: »Herbert Wehner – der Bösewicht«. Zwei Dinge allerdings waren neu. Einmal richteten sich die Vorwürfe jetzt gegen einen Toten. Und zum zweiten trat als Protagonistin eine Frau auf, die hauptsächlich deshalb Resonanz fand, weil Willy Brandt sie einige Jahre zuvor geheiratet hatte. Sie behauptete, Herbert Wehner habe die »Sache der anderen Seite« betrieben, womit sie entweder die DDR oder die Sowjetunion oder beide meinte. Außerdem habe er geheime Kontakte zur DDR-Führung unterhalten und Willy Brandt im Frühjahr 1974 unter Nutzung dieser Kontakte gestürzt. Zum Beweis berief sie sich auf Aufzeichnungen Willy Brandts aus dem Jahre 1974, die sie Ende Januar 1994 in der »FAZ« veröffentlichen ließ. Am Rande versuchte sie auch mich für ihre Behauptungen in Anspruch zu nehmen.

Letzteres war abwegig. Ich hatte Willy Brandt an dem Tage, an dem ich ihm meine Absicht mitteilte, nicht wieder für den Fraktionsvorsitz zu kandidieren, bei der Verabschiedung gefragt, ob er sich über meine Mitteilung wundere. Das verneinte er. Seine Frau war nur bei der Verabschiedung – nicht bei dem Gespräch – zugegen und unterlegte der Frage und der Antwort später, es habe sich um eine Information über Herbert Wehner gehandelt. Auf die Vorwürfe gab Greta Wehner am 20. Januar 1994 in einem Brief an die Mitglieder der Bundestagsfraktion eine würdige Antwort, der sie Kopien eines Schreibens von Herbert Wehner an Erich Honecker vom 2. Dezember 1973 und an Helmut Schmidt vom 15. Juni 1974 beifügte. Einen so profunden Kenner wie Timothy Garton Ash brachten diese Schreiben, eine genaue Analyse der Aufzeichnung Willy Brandts – sie hatten sowohl Vermutungen und Schlußfolgerungen wie auch schwer nachprüfbare Mitteilungen von Dritten zum Gegenstand und enthielten kaum etwas, was nicht schon vorher an vielen Stellen veröffentlicht worden war – und seine eigenen Kenntnisse in einem ebenfalls in der »FAZ« veröffentlichten Essay zu der Schlußfolgerung, es sei »sicherlich eine schreckliche, schlicht inakzeptable Vereinfachung, wenn man suggeriere, Wehner habe die Sache der anderen Seite betrieben, oder gar ihn mit angeblichen informellen Mitarbeitern in einem Atemzug nennt«. In Wahrheit – und das geht aus den genannten Schreiben hervor – hat Herbert Wehner den inoffiziellen Kontakt zur DDR-Spitze zur Sicherung und Vertiefung der Ost- und Deutschlandpolitik und zur Hilfe in zahllosen humanitären Fällen genutzt. Die Schreiben beweisen auch, daß er die Informationen nicht für sich behielt, sondern an die weiterleitete, die ihr Inhalt anging.

Vorher schon war Material aus den Moskauer KGB-Archiven, darunter ein Vermerk Herbert Wehners aus der Zeit der Stalinschen Säuberungen, publiziert worden, den er während seiner Moskauer Jahre im Hotel »Lux« für den NKWD gefertigt hatte. Daraus wurde der Vorwurf abgeleitet, er habe andere deutsche Kommunisten belastet, um selbst zu überleben. Das konnte auf den ersten Blick so erscheinen. Eine nähere Prüfung zeigt jedoch, daß es sich zumeist um Äußerungen über für den NKWD nicht Greifbare, schon anderweitig dem Tod Geweihte, über Tote oder

Personen handelte, die ihrerseits zuvor Wehner belastet hatten. Im Kern laufen alle diese Beschuldigungen auf den Vorwurf hinaus, daß Herbert Wehner Stalins mörderischer Maschinerie entronnen ist und nicht erschossen wurde. Sich darüber aber ein Urteil anzumaßen, wie sich Menschen, die sich selbst in Lebensgefahr befanden, in dem, was Alexander Solschenizyn den innersten Kreis der Hölle nannte, hätten verhalten sollen oder dürfen, erscheint mir vermessen. Ebenso vermessen und auch unlogisch ist die Folgerung, Wehner sei in Wirklichkeit Kommunist geblieben. Tatsächlich hat er gerade wegen jener Jahre mit dem Kommunismus gebrochen.

Schließlich hat die Gauck-Behörde im Januar 1994 eine Sammlung von Stasi-Aufzeichnungen veröffentlicht. Aus ihnen ergibt sich, daß das Ministerium für Staatssicherheit auf Anweisung Walter Ulbrichts im Jahre 1964 und dann noch einmal im Jahre 1967 plante, Herbert Wehner mit Hilfe des Moskauer Materials zu diskreditieren, um so – wie es dort wörtlich heißt – »einen der gefährlichsten Funktionäre des rechten Flügels der SPD« von der »politischen Bühne zu entfernen«. Die Veröffentlichung dessen, was seinerzeit im und um das Hotel »Lux« geschehen ist, hätte aber weltweit Stalin und seine Helfer – unter ihnen Ulbricht – als Urheber des Terrors entlarvt – nicht den, der Gefahr lief, ein Opfer dieses Terrors zu werden. Moskau und Ost-Berlin haben deshalb auch wohlweislich von den zum Teil bereits vorbereiteten »operativen Maßnahmen« gegen Herbert Wehner Abstand genommen. Er war also auch nicht erpreßbar.

Das, was ich hier ausführe und im Januar 1994 öffentlich vertreten habe, zielt nicht darauf ab, Herbert Wehner als Übermenschen erscheinen zu lassen. Sein Leben war voller Spannungen und Widersprüche. Er ist in der ersten Hälfte seines Lebens schweren Irrtümern erlegen, und er ist sicher nicht ohne Schuld geblieben. Wer ihn näher kannte, wußte, wie er darunter litt. Aber der ahnte auch, daß gerade darin ein entscheidender Antrieb für sein rastloses Engagement für Demokratie, Frieden und Gerechtigkeit lag.

Herbert Wehner hat einmal gesagt, das deutsche Volk müsse nicht nur Wiedergutmachung leisten, sondern sich auch selbst wieder »gutmachen«. Vielleicht hat er dabei auch an sich selbst gedacht. So gehandelt hat er, der sich immer wieder als einen »Gebrannten« bezeichnete, jedenfalls. Die ihn nach seinem Tode ein weiteres Mal richten wollen, sollten das bedenken und mit ihrem verwerflichen Tun innehalten.

Die Witwe Willy Brandts hat kurz darauf und noch einmal im Frühjahr 1995 zu einem weiteren Komplex Vorwürfe gegen Johannes Rau, Egon Bahr und mich in die Welt gesetzt. Diesmal behauptete sie, wir hätten einen Verdacht gegen Karl Wienand, den Willy Brandt einem Gespräch mit dem ehemaligen sowjetischen Botschafter Walentin Falin entnehmen zu müssen glaubte, entgegen Brandts Wunsch nicht an die Behörden weitergeleitet und ihr einen handschriftlichen Vermerk Willy Brandts über den Vorgang vorenthalten. Auch das ist abwegig. Ich habe in dieser Sache genau das getan, was Willy Brandt wollte, nämlich den Präsidenten des Bundesnachrichtendienstes gefragt, ob dort irgendwelche Anhaltspunkte dafür bestünden, daß Karl Wienand für den KGB gearbeitet habe. Das hat dieser verneint. Mit dieser Mitteilung gab sich Willy Brandt zufrieden. Meine Frage, ob weiteres veranlaßt werden solle, hat er verneint. Und der Vermerk, den ich selbst nie in Händen hatte, befand sich genau dort, wo Willy Brandt ihn aufbewahrt wissen wollte – nämlich in einem gesonderten Depositum.

Die erwähnte Publikation der Gauck-Behörde war korrekt. Ihr lagen entsprechende Anfragen von Journalisten vor, die sie nach dem Stasi-Unterlagen-Gesetz beantworten mußte. Die Veröffentlichungen aus den Moskauer Archivbeständen entsprangen journalistischem Wetteifer, bei sensiblem Material als erster zur Stelle zu sein. Die Beweggründe der Frau Seebacher-Brandt entziehen sich meiner Deutung. Die einen sagen, sie habe geglaubt, im Sinne Willy Brandts zu handeln. Dagegen spricht, daß er 1984 in einem »Spiegel«-Gespräch auf die Frage, ob er seine Aufzeichnungen für eine öffentliche Auseinandersetzung nutzen wolle, geantwortet hat: »Ich habe nicht vor, daraus etwas Operatives zu machen oder etwas, was ich in die politische Auseinandersetzung bringe.« Und er hätte sich auch für eine postume Auseinandersetzung mit Herbert Wehner wohl kaum die Unterstützung derer gefallen lassen, deren publizistische Vorgänger früher – vor allem 1971 und 1972 – ähnliche Kampagnen gegen ihn selbst geführt haben. Andere sagen, sie habe der Sozialdemokratischen Partei, von der sie sich im Laufe der Jahre weit entfernt habe, offensiv begegnen wollen. Dafür spräche, daß die Vorwürfe jeweils vor Wahlen – einmal vor der Bundestagswahl 1994, zum anderen vor der nordrhein-westfälischen Landtagswahl 1995 – erhoben wurden. Sicher ist sie eine intelligente Frau; ob sie auch klug ist und was für sie der Grundwert der Solidarität bedeutet, lasse ich hingegen dahingestellt. Ihr Austritt aus der SPD im Frühjahr 1995 war jedenfalls folgerichtig.

Die jüngere deutsche Geschichte und das, was die beiden Diktaturen auf deutschem Boden insbesondere für diejenigen bedeutet haben, die ihnen zu widerstehen versuchten, hat mich immer wieder in ihren Bann gezogen. Als mich im Jahre 1993 Heinz Putzrath, der Vorsitzende der Arbeitsgemeinschaft verfolgter Sozialdemokraten, und Heinz Westphal einluden, an die Spitze eines Projektes zu treten, das unter dem Motto »Gegen Vergessen – für Demokratie« verhindern sollte, daß mit dem wachsenden zeitlichen Abstand die Erinnerung an das Geschehene, an seine Ursachen und an den Widerstand verlorengeht, habe ich deshalb nicht lange gezögert.

Ich sah darin auch eine notwendige Antwort auf die Welle rechtsextremistischer Gewalt und das Wiederaufleben gefährlicher Parolen, die Minderheiten verteufeln, einem Freund-Feind-Denken Vorschub leisten und Gewalt als ein zulässiges Mittel der politischen Auseinandersetzung propagieren. Ausländerfeindlichkeit und Rassismus griffen bedrohlich um sich und machten auch vor Mordanschlägen und der Verwüstung jüdischer Friedhöfe nicht halt. Die Leugnung der NS-Verbrechen, insbesondere die Leugnung des Holocaust, war an der

Tagesordnung. Da erschien es nicht genug, nach dem Staat zu rufen. Auch spontane Demonstrationen wie die Lichterketten, so wichtig und erfreulich sie waren und sosehr sie den Unterschied in der Grundeinstellung unseres Volkes zwischen den frühen dreißiger Jahren und heute deutlich machen, reichen für sich allein nicht aus, diesen schlimmen Anfängen zu wehren. Vielmehr war es notwendig, selber etwas zu tun – gegen das Vergessen und für die Demokratie.

Inzwischen haben sich dem Projekt über 750 Männer und Frauen angeschlossen, die zu ganz unterschiedlichen politischen und gesellschaftlichen Richtungen und Gruppen gehören. Hanna-Renate Laurien, Mitglied des CDU-Bundesvorstands, und Friedrich Schorlemmer, Repräsentant der Bürgerbewegungen in der ehemaligen DDR, arbeiten als stellvertretende Vorsitzende genauso mit wie Rita Süßmuth, Antje Vollmer, Burkhard Hirsch und Hans-Ulrich Klose – um nur einige Namen zu nennen. Das Projekt hat in den ersten drei Jahren seines Bestehens bereits eine Vielzahl von Initiativen ergriffen und örtliche Aktivitäten unterstützt, darunter Vortragsveranstaltungen, Ausstellungen und Appelle an den Bundestag. So beispielsweise den, die Todesurteile der Kriegsgerichte aus dem zweiten Weltkrieg endlich als das zu charakterisieren, was sie fast ausnahmslos waren, nämlich Terrorakte zur Aufrechterhaltung der Gewaltherrschaft und zur Verlängerung eines verbrecherischen Krieges.

Inzwischen rückte das Ende der Legislaturperiode und damit mein Ausscheiden aus dem Bundestag näher. In den Jahren 1992 und 1993 hatte ich nur noch gelegentlich das Wort ergriffen. Am 30. Juli 1994 hielt ich während einer Berliner Plenarsitzung – und deshalb im Reichstag – meine letzte Rede. Sie galt der Verfassungsreform, die an diesem Tag in zweiter und dritter Lesung behandelt wurde. An die Ausführung zu diesem Gegenstand knüpfte ich noch einige Gedanken, die mich in diesem Augenblick des Abschieds bewegten. Was ich dabei gesagt habe, habe ich in diesem Buch jeweils dort aufgegriffen, wo es mir am Platz erschien. Das Protokoll vermerkte am Ende meiner Rede:

»Langanhaltender Beifall bei der SPD – Anhaltender Beifall bei der CDU/CSU, der F.D.P., der PDS/Linke Liste und dem Bündnis 90/Die Grünen – Die Abgeordneten der SPD-Fraktion erheben sich – Abg. Dr. Hans-Jochen Vogel (SPD) wird von Mitgliedern der Fraktionen und Gruppen sowie von Bundeskanzler Dr. Helmut Kohl und weiteren Mitgliedern der Bundesregierung beglückwünscht.«

Rita Süßmuth fügte als Präsidentin noch einige Sätze hinzu. Sie sagte:

»Lieber Kollege Vogel, was sich gerade in unserem Parlament ereignet hat, gehört zum schönsten und besten, zu dem, was im Parlamentarismus eine Sternstunde genannt werden kann. Es zeigt, wie mitten aus der streitigen Debatte der Konsens erwachsen kann.

Ich sage von diesem Orte aus: Es ist noch nicht der Augenblick des Abschieds, aber des Dankes, des Respektes und der ganz hohen Wertschätzung. Dies wage ich im Namen aller Mitglieder des Hauses zu sagen. Herzlichen Dank für Ihre große parlamentarische Arbeit.«

Darüber habe ich mich aufrichtig gefreut.

Ich hatte der Union im ersten Teil meiner Rede nichts erspart und ihre ablehnende Haltung zu unseren Änderungsvorschlägen sachlich, aber deutlich kritisiert. Darauf und auf die lebhaften Zwischenrufe, mit denen Unionskollegen meine Rede begleitet haben, bezog sich die Bemerkung der Präsidentin, daß der Konsens am Ende mitten aus einer streitigen Debatte erwachsen sei. Bei dieser Gelegenheit leistete ich mir auch meinen letzten Versprecher. Ich wollte sagen, daß mir übrigbliebe, mich bei denen zu entschuldigen, die ich in diesem Hause im Laufe der Jahre gekränkt habe. Aus unerfindlichen Gründen sagte ich aber: »Mir bleibt übrig, mich bei denen zu entschuldigen, die ich in diesem *Haufen* im Laufe dieses Jahres gekränkt habe.« Die Heiterkeit war allgemein. Meine Versicherung, es sei ein unabsichtlicher Versprecher, wurde mir aber von den meisten geglaubt. Weil es der letzte war, habe ich ihn im Protokoll stehenlassen. Als ich vom Rednerpult abtrat, war mir bewußt, daß ich soeben zum letztenmal in meinem Leben in einem Parlament gesprochen hatte. Da wurde es mir einen Augenblick wehmütig ums Herz. Jeder Abschied, so dachte ich, ist eben doch ein Stück Sterben.

Abschiede ganz anderer Art habe ich im August und September 1994 erlebt. Am 31. August wurden in Berlin die letzten Soldaten der ehemaligen Roten Armee, der sogenannten Westgruppe, aus Deutschland verabschiedet. Acht Tage später verabschiedeten sich die Truppen der westlichen Alliierten aus Berlin. Für einen, der wie ich noch selbst im Krieg Soldat gewesen war, waren das bewegende Momente, in gewissem Sinne sogar historische Zäsuren. Vor allem der Abzug der ehemals sowjetischen Soldaten markierte für mich in sinnfälliger Weise das definitive Ende der Kriegs- und Nachkriegszeit. Hinter das, was 1939 mit dem Überfall auf Polen und 1941 mit dem deutschen Einmarsch in die Sowjetunion begonnen hatte, wurde an diesem Tag der endgültige Schlußpunkt gesetzt. Das sowjetische Ehrenmal in Treptow gab dafür einen eindrucksvollen Hintergrund ab. Als die russischen und die deutschen Ehrenformationen dort gemeinsam zur Totenehrung aufzogen und die russischen Soldaten beim Abmarsch auf deutsch ein eigens zu diesem Zweck komponiertes Lied sangen, in dem es unter anderem hieß:

»Deutschland, wir reichen dir die Hand.
Wir bleiben Freunde alle Zeit!«

war das für mich einer der Momente des Zurückerinnerns und der tiefen Dankbarkeit für den Lauf der deutschen und der europäischen Geschichte in den letzten fünfzig Jahren. Ein Moment auch, in dem ich bedachte, was es bedeutet, daß ich nicht zu den Millionen Gefallenen gehörte, deren bei solchen Gelegenheiten gedacht wird, sondern zu denen, die überlebten und einen bescheidenen Beitrag dazu leisten konnten, daß dieser Tag möglich wurde.

Bei der Verabschiedung der amerikanischen, britischen und französischen Soldaten beschäftigten mich ähnliche Gedanken. Weil es kein Abschied aus Deutschland war – im Rahmen der NATO bleiben ja Verbände dieser Länder in der Bundesrepublik –, sondern ein Abschied aus Berlin, stand hier die Erinnerung an die Nachkriegsgeschichte dieser Stadt im Vordergrund. Sie wäre wohl ganz anders verlaufen ohne die Anwesenheit der Alliierten seit Juli 1945 und ohne das wechselseitige Vertrauen, das sich zwischen der Berliner Bevölkerung und den Westmächten in der Zeit der Blockade und der Luftbrücke entwickelte und die Besatzungsmächte zu Schutzmächten werden ließ. Darum war es richtig, an diesem Tage am Denkmal in Tempelhof in einer eigenen Veranstaltung gerade auch der Opfer der Luftbrücke zu gedenken. Zu Recht würdigten die Redner die Bedeutung jener Zeit für Deutschlands Rückkehr in die Völkergemeinschaft. Und keiner unterließ es, dabei an Ernst Reuter zu erinnern, in dessen Persönlichkeit sich damals der Freiheitswille Berlins für die ganze Welt sichtbar verkörperte.

In den Wochen darauf gab es noch viele persönliche Abschiede. Einen bereitete mir mein Neuköllner SPD-Kreisverband, dessen Bundestagsabgeordneter ich elf Jahre lang gewesen war. Einen anderen die Herrnhuter Brüdergemeine im böhmischen Dorf, in dessen unmittelbarer Nähe ich seit 1983 meine Berliner Wohnung hatte. Bei beiden Veranstaltungen war von Politikverdrossenheit nichts zu spüren. Im Gegenteil – man gab mir mit großer Herzlichkeit zu verstehen, daß man mich und meine Frau ungern ziehen sah. Und ich empfand das umgekehrt genauso.

Am schwersten fiel mir der Abschied von meinem Berliner Bürgerbüro. Im Juli 1983 im Herzen Neuköllns an der Schönstedtstraße eingerichtet, wurde es in den dreizehn Jahren, in denen es bestand, von mehr als 46 000 Bürgerinnen und Bürgern in Anspruch genommen. Rund 3 900 von ihnen waren in meinen persönlichen Sprechstunden. Um die anderen kümmerten sich meine Mitarbeiterinnen und Mitarbeiter. Von ihnen wurden einige aus der Mitarbeiterpauschale bezahlt, die mir als Bundestagsabgeordneter zustand, die übrigen waren ehrenamtlich tätig. Die Anliegen, die dem Büro und mir vorgetragen wurden, verteilten sich auf alle Lebensgebiete. Arbeitslose kamen ebenso wie Wohnungsuchende, ausländische Mitbürger ebenso wie Menschen aus Westdeutschland, die von dem Büro gehört hatten. Frauen, die mit ihren Rentenbescheiden nicht zurechtkamen, Sozialhilfeempfänger, die sich ungerecht behandelt fühlten, Selbsthilfegruppen, die sich um einen Zuschuß bemühten, Aids-Infizierte, die Hilfe benötigten – sie alle sprachen vor und erhofften sich Unterstützung. Vor der Wende kamen auch viele, denen die Erlaubnis zu einem Besuch in der DDR verweigert worden war oder die um Unterstützung für Angehörige oder Bekannte in der DDR baten, die nicht in die Bundesrepublik übersiedeln durften. Nach der Wende stieg der Anteil der Besucher aus dem Ostteil Berlins und den neuen Bundesländern stark an. Bei ihnen ging es häufig um offene Vermögensfragen, insbesondere um Fälle, in denen westliche Erben in robuster Weise die Rückgabe von Grundstücken verlangten, von deren Existenz sie vorher kaum etwas gewußt hatten.

Die Hilfe bestand zunächst einmal im Zuhören und im Rat, wohin man sich wenden und wie man ein Problem angehen sollte. Dann in Anrufen bei den zuständigen Behörden. Und schließlich in unzähligen Schreiben, die ich jeweils sofort nach den Sprechstunden diktierte und mit Hilfe meines berüchtigten Wiedervorlagesystems hartnäckig in Erinnerung brachte. Es werden im ganzen wohl rund 12 000 Briefe gewesen sein. Die Antworten auf diese Schreiben, die sich an viele Bundesminister, fast alle Berliner Senatorinnen und Senatoren, zahlreiche ausländische Missionen und Dienststellen der Schutzmächte wie überhaupt an alle nur erdenklichen Behörden und Ämter, in besonderen Fällen aber auch an den Bundespräsidenten richteten, waren in aller Regel korrekt und erkennbar um eine angemessene Lösung bemüht. Die Erfolgsquote ist nicht leicht zu veranschlagen. Schätzungsweise wurde in fünfundzwanzig bis dreißig Prozent der Fälle dem

Anliegen des Besuchers ganz oder teilweise entsprochen. In den übrigen Fällen bestand die Hilfe darin, daß der Besucher einen Partner fand, der ihm zuhörte und seine Sorgen ernst nahm oder ihm auch deutlichmachte, daß in seinem Fall alle Möglichkeiten erschöpft waren und er deshalb in seinem eigenen Interesse unter die Sache einen Schlußstrich ziehen sollte.

Viele Einzelfälle haften noch in meinem Gedächtnis. Der bedrückendste war der Fall eines taubstummen jüdischen Mitbürgers, der während der NS-Gewaltherrschaft ungeachtet seiner schweren Behinderung in ein KZ gesperrt worden war. In den achtziger Jahren drohte er auch noch das Augenlicht zu verlieren. Nach Kontakten mit den zuständigen Stellen ließ er sich deshalb von einem Schweizer Spezialisten operieren. Die hohen Kosten sollten ihm danach aber nur zu einem Teil ersetzt werden. Ich wandte mich an die Behörden und führte ihnen vor Augen, daß ihr Verhalten möglicherweise juristisch korrekt sei, aber jedes Verständnis für die besondere Situation des Betroffenen vermissen lasse. Ablichtungen meiner Schreiben sandte ich auch an den Schweizer Arzt. Der Erfolg war durchschlagend. Der Arzt verzichtete auf sein Honorar, die Behörden übernahmen alle verbliebenen Kosten. Es wäre besser gewesen, wenn es meiner Intervention nicht bedurft hätte, um dieses Ergebnis zu erreichen.

Das Bürgerbüro war aber nicht nur ein Zufluchtsort für Rat- und Hilfesuchende. Es war auch Anlaufstelle für viele gesellschaftliche Gruppen, die ihre Projekte vorstellten und um Unterstützung baten. So etwa »Zeynom«, ein drogenfreies Jugendcafé, in dem ausländische und deutsche Jugendliche betreut werden, oder der Verein »Deutsch-russischer Austausch e.V.«, der sich für die verschiedenartigsten Projekte zur Förderung der Entwicklung in Rußland engagiert. Manchen dieser Initiativen konnte ich die Türen öffnen oder doch zumindest die Fortführung ihrer Aktivitäten sichern. Das Ausmaß, in dem sich einzelne und auch Gruppen für ihre Mitmenschen einsetzen, war immer wieder beeindruckend. Nicht selten hätte ich mir dafür mehr öffentliche Beachtung gewünscht.

Unter diesen Kontakten befanden sich schon vor der Wende auch solche, die sich auf Vorhaben in der damaligen DDR bezogen. So fanden die ersten Gespräche darüber, was zum Wiederaufbau der Frauenkirche in Dresden geschehen könne und müsse, bereits 1987 im Bürgerbüro statt. Teilnehmer an diesem Gespräch waren unter anderem Otto Bär, Dombaumeister in Meißen und ehemaliger Leiter des Kirchenbauamtes der Evangelisch-Lutherischen Landeskirche Sachsen, Elisabeth Hütter, Mitarbeiterin im Dresdener Institut für Denkmalpflege, und Kurt Leucht, Stadtarchitekt von Dresden. Angeregt hatte die Begegnung Rudolf Stephan, ein in Sachsen geborener und aufgewachsener Freund des Bürgerbüros. Nach der Wende habe ich mein Engagement für die Frauenkirche fortgesetzt und mit anderen Bundestagskollegen zusammen erreicht, daß eine Gedenkmünze geprägt wurde, die für die Finanzierung des Wiederaufbaus einen Beitrag von 45 Millionen DM erbringen soll. Dabei stand mir der Erfolg der Olympiamünze anläßlich der Spiele des Jahres 1972 vor Augen.

Das Bürgerbüro hat selbst häufig Veranstaltungen durchgeführt, um Menschen Anregungen zu geben oder sie ganz einfach zusammenzubringen. Außer Straßen- und Hoffesten haben Autorenlesungen, Ausstellungen und Diskussionsabende stattgefunden, an denen im Laufe der Zeit schätzungsweise 20 000 Bürgerinnen und Bürger teilgenommen haben. Darunter waren auch Veranstaltungen, an denen noch vor der Wende Künstler und Literaten aus der damaligen DDR mitwirkten. So Heinz Knobloch, Kolumnist der Ost-Berliner »Wochenpost« und Autor mehrerer für die offizielle DDR-Literatur ganz untypischer Bücher – etwa über Moses Mendelssohn und die jüdischen Friedhöfe in Ost-Berlin –, aus denen er vor einem aufmerksamen Publikum las. Aus Dresden kam im Juni 1989 auch Friedrich-Wilhelm Junge, ein angesehener Schauspieler, spontan zu einem Straßenfest des Bürgerbüros, wo er mit seinen Sketchen großen Beifall erntete.

Mancher mag sich wundern, daß einem Partei- und Fraktionsvorsitzenden diese Aktivitäten, die kaum mit Publizität verbunden gewesen sind, so wichtig waren. Sie waren es, weil sie mich vor der Gefahr bewahrten, die Berührung mit den konkreten Sorgen und Problemen meiner Mitmenschen zu verlieren und den politischen Betrieb in Bonn für die Lebenswirklichkeit zu halten. Umgekehrt haben sie es mir erleichtert, parlamentarische Initiativen in Bonn mit Argumenten aus dem praktischen Leben zu begründen und voranzubringen. Auch verdanke ich der Arbeit in meinem Bürgerbüro Erfolgserlebnisse, die mich ermutigt und vor dem Gefühl der Vergeblichkeit meines Tuns bewahrt haben. Natürlich gab es solche Erfolgserlebnisse auch in Bonn. Aber die Befriedigung, die sich einstellt, wenn man einem Mitmenschen in einer konkreten Not ganz konkret geholfen hat, ist von besonderer Art und durch andere Empfindungen über die Relevanz des eigenen Tuns nicht zu ersetzen. Wenn mich einer fragt, was mir von meiner Bonner und Berliner Zeit am meisten fehlt, dann würde das Bürgerbüro sehr weit vorne rangieren.

An den Bundestagssitzungen habe ich auch nach dem 30. Juni 1994 regelmäßig teilgenommen. Als der Bundesrat wegen des Bundestagsbeschlusses zur Verfassungsänderung den Vermittlungsausschuß anrief, bin ich im September sogar noch Mitglied dieses Gremiums geworden, das in zwei Sitzungen Hindernisse ausräumte, an denen das Unternehmen im letzten Augenblick noch zu scheitern drohte.

Geredet habe ich im Plenum nicht mehr. Nur Zwischenrufe von mir sind noch im Protokoll zu finden. Der letzte zum letzten Tagesordnungspunkt der letzten Sitzung der Legislaturperiode am 22. September 1994 um zwei Uhr morgens. »Helft doch den Glasbläsern!« hat er gelautet. Es ging um einen Antrag, den Beruf der Glasbläser als eigenständigen Lehrberuf in die Handwerksordnung aufzunehmen. Eingebracht hatte ihn die jüngste Abgeordnete der SPD-Fraktion, Iris Gleicke, zu deren Wahlkreis die Stadt Lauscha und damit das Zentrum des Glasbläserhandwerks und der Herstellung von Christbaumkugeln gehörte. Eine Delegation der Glasbläser hatte bis zu dieser späten Stunde auf der

Tribüne des Bundestags ausgeharrt. Mir erschien das Anliegen berechtigt. Und in der Tat – den Glasbläsern wurde geholfen, obwohl der Ausschuß anders entschieden hatte und sich der parlamentarische Staatssekretär beim Bundesminister für Wirtschaft noch im Plenum in längeren Ausführungen dagegen sperrte. Ich ging zu Herrn Rüttgers, dem damaligen parlamentarischen Geschäftsführer der Union, und bat ihn und die noch anwesenden Unionskollegen mit Erfolg, sich den guten Argumenten für das Anliegen der Glasbläser nicht zu verschließen. So kam als letzter Beschluß der Legislaturperiode ein fast einstimmiges Votum für den Antrag zustande. Andere Parlamentarier hatten sicher einen dramatischeren Abgang. Mir war dieser durchaus gemäß.

Das war aber noch nicht der letzte Tag meiner Parlamentszugehörigkeit. Der kam erst mit dem Zusammentritt des neuen Bundestags am 10. November 1994. Ich ging am Morgen in mein schon leergeräumtes Büro. Um zwölf Uhr gab ich in der Bundestagsverwaltung meinen Abgeordnetenausweis ab. Anschließend flog ich nach München. Mein zweiter Lebensabschnitt war beendet – der dritte und letzte hat begonnen.

13   Parlamentserfahrungen

In den bisherigen Kapiteln war immer wieder vom Bundestag – und für meine Berliner Zeit vom dortigen Abgeordnetenhaus – die Rede. Das ist kein Wunder, denn mein politisches Leben hat sich seit 1972 zunächst neben meiner Regierungszugehörigkeit zur Hälfte und ab 1981 ganz überwiegend im Parlament und in meiner jeweiligen Fraktion abgespielt. Dort habe ich in jeder Legislaturperiode Hunderte von Stunden im Plenum und mindestens ebenso viele Stunden in Fraktionssitzungen zugebracht. Allein im Plenum habe ich an die 250 Reden gehalten. Die Protokolle zeigen übrigens, daß ich auch ein recht fleißiger Zwischenrufer war. Bei einer besonderen Zählung während der ersten vier Plenarsitzungen nach dem Umzug des Plenums in das Wasserwerk brachte ich es im Herbst 1986 auf 242 Zwischenrufe. Der nächste in der Tabelle folgte erst mit 109 Zwischenrufen. Einen Ordnungsruf habe ich mir nur einmal, nämlich im Oktober 1984, eingehandelt, und zwar deshalb, weil ich einen CSU-Abgeordneten in einem Zwischenruf als Heuchler bezeichnet hatte. Hätte ich statt dessen »Heuchelei!« gerufen, wäre ich nach den geheimnisvollen Regeln des parlamentarisch Erlaubten und Verbotenen wahrscheinlich ungerügt geblieben. In dieser Zeit – insgesamt waren es ziemlich genau zweiundzwanzig Jahre – bin ich im Bundestag rund 1250 Parlamentskolleginnen und -kollegen begegnet, davon 470 eigenen Fraktionsmitgliedern.

Ich weiß also einigermaßen, wovon die Rede ist, wenn über das Erscheinungsbild des Bundestags, seine Zusammensetzung und Arbeitsweise, den Umgang der Abgeordneten miteinander und mit sich selbst zumeist im Tone kritischer Distanz gesprochen oder geschrieben wird. Und um es gleich vorweg zu sagen: Bei aller Unzulänglichkeit und Reformbedürftigkeit im einzelnen – der Bundestag und auch die Abgeordneten sind besser als ihr gegenwärtiger Ruf! Sie sind jedenfalls nicht schlechter als der Querschnitt der Gesellschaft, die sie repräsentieren.

Sicher gibt es – um mit der Zusammensetzung des Bundestags anzufangen – inzwischen zu viele Insider-Karrieren, die beim Studium der politischen Wissenschaften beginnen und über die Zwischenstationen des Abgeordnetenmitarbeiters und des Fraktionsmitarbeiters zum Mandat und mitunter sogar bis in ein Regierungsamt führen, ohne daß der Betreffende wenigstens ein paar Jahre lang in einem normalen Beruf Erfahrungen gesammelt hat. Es stimmt auch, daß der öffentliche Dienst über-, andere Berufssparten hingegen und nicht nur die jüngere, sondern auch die ältere Generation unterrepräsentiert sind. Die Zahl der Frauen hat erfreulicherweise und sehr zum Vorteil des Bundestags in den letzten Jahren zugenommen. Dies vor allem dank der veränderten Nominierungspraxis der Sozialdemokratie und der bei den Grünen herrschenden De-facto-Parität.

Die genannten Defizite in der Zusammensetzung des Parlaments haben aber nicht allein die Parteien zu verantworten. Vielmehr müssen sich diejenigen, die diese Defizite beklagen, auch selber fragen lassen, warum sie denn nicht die Mühe einer Kandidatur auf sich nehmen. Der häufig zu hörende Hinweis auf die »Ochsentour«, der man sich nicht unterziehen wolle, ist gegenüber den vielen, die sich in den Parteien engagieren, weil sie es mit der Demokratie ernst meinen, unfair und auch nicht frei von Überheblichkeit. Ich stelle gar nicht in Abrede, daß es in allen Fraktionen Versager gegeben hat und gibt. Ich werbe auch nicht um Mitleid. Aber ich plädiere für eine gerechte Beurteilung der ganz überwiegenden Mehrheit der Abgeordneten. Auf Grund meiner Erfahrungen weiß ich, daß bei den meisten von ihnen für die Kandidatur und den Verbleib im Parlament nicht materielle Beweggründe oder die Aussicht auf ein bequemes Leben ausschlaggebend waren, sondern der Wille, dem Gemeinwesen zu dienen. Ohne einen gewissen Idealismus wäre es ja auch nicht recht zu erklären, daß jemand eine Tätigkeit anstrebt oder beibehalten will, die ihn rund achtzig Stunden in der Woche in Atem hält – davon mindestens die Hälfte außerhalb seines Wohnorts – und die mit einem geringeren Einkommen verbunden ist, als es ein mittlerer Bankdirektor oder der Bürgermeister einer mittelgroßen Stadt bezieht. Und das alles unter den Augen einer zunehmend kritischen Öffentlichkeit, die den Bundestag und den einzelnen Abgeordneten immer häufiger als eine Frustverarbeitungsanlage in Anspruch nimmt, und das sowohl für individuellen wie für allgemeinen Frust.

Gruppendynamische Prozesse spielen im Bundestag natürlich ebenso eine Rolle wie in anderen sozialen Verbänden. Und mehr Souveränität im Umgang mit dem jeweiligen politischen Gegner würde dem Ansehen des Parlaments durchaus guttun. Ich habe es selber an streitigen Auseinandersetzungen und zugespitzten Aussagen im Verhältnis zur Union wahrlich nicht fehlen lassen. Gerade deshalb aber sage ich, jeder Abgeordnete und jede Fraktion sollte die Möglichkeit im Auge behalten, daß der jeweils andere oder die jeweils andere Fraktion recht und man selber oder die eigene Fraktion unrecht haben könnte. Auch stünde es dem Parlament wohl an, wenn Ausführungen von Mitgliedern anderer Fraktionen nicht allzu häufig von vornherein auf Ablehnung stießen und mit dem Ausdruck – meist ist es schon der Gesichtsausdruck – unerschütterlicher Selbstgerechtigkeit entgegengenommen oder erst gar nicht angehört werden, weil man vorher ostentativ den Saal verläßt. Gerade weil mir dies mißfiel, habe ich oft auch Rednern anderer Fraktionen und Mitgliedern der Bundesregierung Beifall gespendet, wenn sie etwas sagten, was mir zutreffend erschien. Ähnliches gilt für den Schlagabtausch mittels holzschnittartiger Presseerklärungen, die den jeweiligen Gegner als bösartig und abgefeimt, im besten Falle als inkompetent, beschränkt oder zumindest ahnungslos qualifizieren. Ich gebe zu, da auch mitunter gesündigt zu haben.

Reden im Bundestag sind in der Regel sogenannte Gebrauchsware. Ihr Zweck war nur ausnahmsweise – und konnte es auch nur ausnahmsweise sein –, im Plenum noch Mehrheiten zu verändern. Sitzungen, in denen das möglich erschien oder gar gelang, waren denn auch meist Sternstunden des Parlaments; also Debatten, bei denen das Haus voll besetzt war, Argumente und Rhetorik eine ganz andere Wirkung entfalteten und die Spannung sich auch den Zuhörern und Zuschauern mitteilte. Erlebt habe ich das etwa bei der Debatte über die Aufhebung der Mordverjährung im Jahre 1979, bei der Hauptstadt-Debatte im Juni 1991, die buchstäblich erst in letzter Minute eine – für viele überraschende – Mehrheit für Berlin erbrachte, und bei der zweiten und dritten Lesung des Gesetzes zur Regelung des Schwangerschaftsrechts im Jahre 1993. Gelegentlich konnte eine vergleichbare Stimmung auch einmal bei der alljährlichen Debatte über den Haushalt des Bundeskanzleramts oder bei aktuellen Stunden aufkommen.

In allen anderen Fällen dienten die Reden dazu, die in den Fraktionen und Ausschüssen vorbereiteten Entscheidungen vor der Öffentlichkeit zu begründen, den eigenen Standpunkt möglichst wirkungsvoll darzustellen und Widersprüche und Schwächen in der Argumentation der Gegenseite aufzudecken. Das heißt nicht, daß nicht auch bei solchen Gelegenheiten bedeutsame Reden gehalten worden wären. Und wenn einer der sogenannten Elefanten – also der Bundeskanzler und die Fraktionsvorsitzenden – oder Männer und Frauen wie etwa Willy Brandt, Herbert Wehner, Richard von Weizsäcker, Helmut Schmidt, Hildegard Hamm-Brücher oder Franz Josef Strauß sprachen, war ihnen zumeist die Aufmerksamkeit des ganzen Hauses sicher. Um so ernüchternder ist die Situation dann aber in der Regel für diejenigen, die erst im weiteren Verlauf zu Wort kommen oder deren Tagesordnungspunkt überhaupt erst zu später Stunde aufgerufen wird. Sie reden dann häufig vor leerem Haus und haben so gut wie keine Chance, daß irgendwo über ihre Ausführungen auch nur eine Zeile zu lesen ist.

Die Auseinandersetzungen darüber, wer an welcher Stelle mit welcher Redezeit sprechen darf oder soll, sind dennoch in vielen Fällen ebenso intensiv wie heikel, hängen davon doch bis zu einem gewissen Grade die Reputation im Bundestag, der formelle oder auch informelle Rang innerhalb der Fraktion und damit auch das eigene Selbstwertgefühl ab. Ich habe als Fraktionsvorsitzender viel Mühe darauf verwendet, in dieser Frage Verständigungen zustande zu bringen und Verstimmungen zu verhindern. Nach der Geschäftsordnung des Bundestags sind die Reden frei, also ohne vorbereitete Texte – allenfalls an Hand von Stichworten – zu halten. Das ist aber – von Repliken abgesehen – die Ausnahme. Der Hauptgrund dafür ist nicht so sehr die mangelnde Befähigung zur freien Rede, sondern die Tatsache, daß die Nachrichtenagenturen und die Medien die Redetexte schon im voraus erwarten. Wer dem nicht Rechnung trägt, kann nicht sicher sein, ob die Außenwelt von seinen Ausführungen überhaupt etwas erfährt und wenn ja, was.

Ob ich selbst ein guter Redner war, das zu beurteilen steht mir hier nicht zu. Jedenfalls war ich einer aus eigenem Recht, weil ich alle meine Reden selbst entwarf und in meiner etwas altmodischen Sütterlin-Handschrift selbst zu Papier brachte. Zuarbeit leisteten meine Mitarbeiter und der wissenschaftliche Dienst des Bundestags, den ich auch sonst gern in Anspruch nahm. Ich bemühte mich um einen klaren Aufbau und verständliche Ausdrucksweise. Polemik kleidete ich gern in Form von Fragen. Über einen Mangel an mehr oder weniger geistreichen Zwischenrufen hatte ich mich nicht zu beklagen. Bei einer Rede von knapp fünfzig Minuten verzeichnete das Protokoll einmal nicht weniger als vierundsiebzig Zwischenrufe. Sie kann also nicht sehr langweilig gewesen sein. Zu beklagen hatte ich mich auch nicht über mangelnden Beifall, zumindest aus den eigenen Reihen. Dabei ist allerdings zu berücksichtigen, daß nach einem ungeschriebenen Brauch den sogenannten Elefanten am Ende ihrer Reden von Anhängern mindestens »anhaltender Beifall« gespendet wird. Manchmal erreichte ich aber auch die Stufe »lebhafter, lang anhaltender Beifall«, auf die kein Anspruch besteht. Lampenfieber im engeren Sinne hatte ich nicht. Ganz ohne eine gewisse Nervosität trat ich aber selten ans Rednerpult. Einmal geriet ich in Verlegenheit, weil mehrere Seiten meines Textes fehlten. Aber nur einigen besonders Aufmerksamen fiel auf, daß ich sie – auch aus Zeitgründen – einfach übersprang.

Also sollte im Parlament alles so bleiben, wie es ist? Keineswegs! Eine ganze Reihe von Mängeln sind nämlich nicht zwangsläufig; sie könnten durch Reformen durchaus behoben werden – darunter solchen, für die eine Gruppe von Abgeordneten unter Federführung von Hildegard Hamm-Brücher schon in den achtziger Jahren gekämpft hat. Die kürzlichen Bundestagsbeschlüsse, die unter keinem guten Stern standen, leisten das nur zum Teil. Meines Erachtens sollte bei den weiteren Beratungen folgendes erwogen werden.

Der Bundestag ist zu groß. Fünfhundert Abgeordnete würden genügen. Dann könnten auch die Ausschüsse, die zur Zeit bis zu einundvierzig Mitglieder umfassen, wieder effektiver arbeiten. Allerdings müßte die Reduzierung bei den Landeslisten mit der Folge vorgenommen werden, daß dann weiterhin 328 Abgeordnete in den Wahlkreisen direkt und nur noch die Hälfte der bisherigen Anzahl über die Landeslisten indirekt gewählt werden. Die nun in Aussicht genommene Lösung, die die Verringerung gleichmäßig auf die Direkt- und die Listenmandate verteilt, würde zwangsläufig zu einer Vergrößerung der Wahlkreise führen. Die sind aber von den Abgeordneten der ländlichen Wahlkreise schon jetzt flächenmäßig kaum zu bewältigen. Ernster zu nehmen ist der Einwand, daß dann die Zahl der Überhangmandate zunehmen könne. Aber dem läßt sich durch Vorkehrungen vorbeugen, auf die ich gleich noch zu sprechen komme. Warum die Halbierung der über die Landeslisten zu Wählenden die kleineren Fraktionen, die kaum mit Direktmandaten rechnen können, benachteiligen sollte, leuchtet mir nicht ein. Die Zahl der auf sie entfallenden Listenmandate errechnet sich nach dem Verhältnis der für die Verteilung der Listenmandate maßgebenden Stimmen. Daran und an der Gesamtverrechnung der Direkt- und der Listenmandate ändert sich ja nichts.

Das Wahlrecht sollte in diesem Zusammenhang noch an anderer Stelle geändert werden. Die Wähler und Wählerinnen können gegenwärtig mit der Zweitstimme nur eine Liste ankreuzen, auf der lediglich die Namen der ersten fünf Kandidaten vermerkt sind. Die Wählerschaft verhilft also – insbesondere bei den großen Parteien – Bewerbern ins Parlament, die sie gar nicht kennt und über deren Plazierung und Erfolgsaussichten die jeweiligen Parteigremien allein entscheiden. Im bayerischen Landtagswahlrecht haben die Wahlberechtigten die Möglichkeit, ihre Stimme einem bestimmten Listenkandidaten zu geben. Das schafft einen persönlichen Bezug zwischen Wählern und Gewählten und ist auch demokratischer. Deshalb sollte diese Regelung in das Bundeswahlrecht übernommen werden.

Bei der letzten Bundestagswahl gab es nicht weniger als sechzehn sogenannte Überhangmandate. Sie entstanden, weil die Union, in vier Fällen aber auch die SPD, in bestimmten Bundesländern mehr Direktmandate eroberte, als ihr nach dem Verhältnis der Zweitstimmen zugestanden hätten, und man aus guten Gründen direkt gewählten Bewerbern den Einzug in den Bundestag nicht verwehren will. Dadurch bedingte Verzerrungen des Wahlergebnisses – ohne Überhangmandate hätte die gegenwärtige Koalition statt einer Mehrheit von zehn Mandaten eine solche von zwei Mandaten erreicht – ließen sich, so wie das in einzelnen Bundesländern geschieht, durch die Zuteilung sogenannter Ausgleichsmandate beheben. Das würde den Bundestag aber noch stärker anwachsen lassen. Und zwar insbesondere dann, wenn die Zahl der Überhangmandate infolge der Halbierung der Listenmandate noch zunähme. Dem könnte dadurch begegnet werden, daß die in Paragraph 7 des Bundeswahlgesetzes vorgeschriebene bundesweite Verrechnung der Zweitstimmen einer Partei künftig mit einigen Modifikationen auch auf die Berücksichtigung von Direktmandaten erstreckt wird. Solche Modifikationen sieht beispielsweise ein sogenanntes »repräsentanzförderndes Kompensationsmodell« vor, bei dessen Anwendung es bei der letzten Bundestagswahl keine Überhangmandate gegeben hätte und der dem Stimmergebnis entsprechende Erfolg der Landesliste der Parteien fast vollständig gewahrt worden wäre. Weiter ließe sich das Entstehen von Überhangmandaten auch dadurch einschränken, daß in Zukunft – wieder nach bayerischem Vorbild – die Sitze auf die Parteien nicht allein nach dem Verhältnis der Zweitstimmen, sondern nach dem Verhältnis der zusammengezählten Erst- und Zweitstimmen verteilt werden. Das würde übrigens auch die nach jeder Bundestagswahl aufkommende Diskussion darüber zu einem Ende bringen, ob denn die Wählerschaft den Unterschied zwischen der Erst- und der Zweitstimme richtig verstanden habe.

Schließlich sollte noch eine Ungereimtheit beseitigt werden, die mit der Fünf-Prozent-Klausel zusammenhängt. Diese Klausel hat wesentlich zur Stabilität unseres parlamentarischen Systems beigetragen. Daß in ihren Wahlkreisen gewählte Kandidaten auch dann in den Bundestag gehören, wenn ihre Partei unter fünf Prozent geblieben ist, wird von niemandem bestritten. Nicht einzusehen ist aber, warum die Fünf-Prozent-Klausel außer Kraft gesetzt wird, wenn eine Partei drei ihrer Kandidaten durchgebracht hat. Das kann im konkreten Fall bedeuten, daß eine Partei, die bundesweit 4,9 Prozent der Stimmen erzielt hat, außen vor bleibt, während eine andere wegen der drei Direktmandate schon mit einem deutlich geringeren Prozentsatz, aber mit zehn oder fünfzehn Mandaten im Bundestag sitzt. Kaum einer weiß übrigens mehr, daß diese Regelung auf Verlangen Konrad Adenauers eingeführt worden ist. Er wollte dadurch die Deutsche Partei – damals eine niedersächsische Regionalpartei – für sich als willfährigen Koalitionspartner parlamentarisch am Leben halten. Aus demokratiepolitischen Gründen sollte die Korrektur aber erst in einer Legislaturperiode vorgenommen werden, in der dem Bundestag keine Abgeordneten angehören, die auf Grund dieser Ausnahmeregelung ins Parlament gelangt sind. Anderenfalls entstünde der Eindruck, das eigentliche Motiv der Korrektur sei es, einer bestimmten Partei – gegenwärtig wäre es die PDS – die Rückkehr in den Bundestag unmöglich zu machen. Schon der Anschein einer solchen Manipulation muß aber bei Wahlrechtsänderungen vermieden werden.

Ein Dauerthema jeder Bundestagskritik sind die Diäten – also die Bezüge – und die sogenannte Amtsausstattung der Abgeordneten. Kein anderer Gegenstand weckt so viele Emotionen gegen das Parlament; das vor allem dann, wenn es um die periodischen Erhöhungen geht. Dazu lädt schon der sonderbare Begriff »Diäten« ein, der aus dem letzten Jahrhundert stammt und ganz irreführende Assoziationen, etwa mit karger Ernährung, weckt. Und in der Tat: Es hat auf diesem Gebiet in mehreren Landesparlamenten schlimme Fehlentscheidungen gegeben. Entscheidungen, bei denen die Art und Weise ihres Zustandekommens dazu noch den Verdacht entstehen ließ, man wolle die Öffentlichkeit über das Beschlossene und seine materiellen Auswirkungen bewußt im unklaren lassen. Es ist nicht zuletzt einer Reihe hartnäckiger, unbequemer Kritiker – etwa Hans Herbert von Arnim, der seitdem auf manche Parlamentarier wie ein rotes Tuch wirkt – zu danken, daß solche Regelungen wieder rückgängig gemacht wurden.

Der Bundestag hat sich da aber am wenigsten vorzuwerfen. Sechs Jahre lang, vom 1. April 1977 bis zum 30. Juni 1983, hat er unter dem ständigen Druck vor allem Herbert Wehners die – seit 1977 steuerpflichtigen – Abgeordnetenbezüge überhaupt nicht erhöht. In der Folgezeit – ich bin da durchaus in die Fußstapfen Herbert Wehners getreten – wurden sie nur maßvoll angehoben, nämlich zwischen 1983 und 1995 im Jahresdurchschnitt um rund drei Prozent. Auch die Regelungen über die Kostenerstattung, die Mitarbeiterpauschale und die Büroausstattung fallen nicht aus dem Rahmen. Bei den Übergangs- und Versorgungsleistungen nach dem Ausscheiden aus dem Parlament, deren Regelung auch für Insider nicht leicht zu verstehen ist, gibt es hingegen kritische Punkte, die durch den jüngsten Gesetzesbeschluß auch dann nicht hinreichend ausgeräumt würden, wenn er denn – zumindest in diesem Teil – tatsächlich in Kraft treten sollte. Reichtümer hat aber ein Abgeordneter mit Hilfe der sogenannten Diäten in all den Jahren nicht ansammeln können. Die Berichte, die einzelne Abgeordnete – so Peter Conradi und Norbert Gansel – jährlich über ihre Einnahmen und Ausgaben veröffentlichen, lassen das deutlich erkennen.

Der springende Punkt liegt deshalb nicht in der Höhe des Entgelts und in der Struktur als solcher, sondern im Entscheidungsverfahren und in der Entscheidungszuständigkeit. Die Parlamentarier sind nämlich die einzige Gruppe in unserem Gemeinwesen, die jedes Jahr selbst entscheiden muß, welche Beträge sie sich aus Steuermitteln bewilligt. Das ruft den ärgerlichen Eindruck der Selbstbedienung hervor. Die Einschaltung von Kommissionen, die dem Parlament Empfehlungen geben, hilft da wenig. Die Entscheidungen sollten vielmehr von einer unabhängigen Kommission getroffen werden, die aus neun bis elf Persönlichkeiten aus den verschiedensten Lebensbereichen besteht, vom Bundespräsidenten berufen wird und öffentlich verhandelt. Während der Reformdiskussion war die Gemeinsame Verfassungskommission im Jahre 1993 nahe daran, eine Grundgesetzänderung vorzuschlagen, die es dem Bundestag erlaubt hätte, die Entscheidung auf eine solche Kommission zu übertragen. Leider verließ einige Mitglieder im letzten Augenblick der Mut. Die inzwischen gescheiterte Koppelung der Abgeordnetenbezüge an die Besoldung der Bundesrichter hätte das Problem nicht gelöst. Denn auch nach einer derartigen Koppelung bliebe es dabei, daß die Abgeordneten mit der Festlegung der Richterbezüge zugleich in eigener Sache entscheiden. Die Verquickung, die im übrigen die Transparenz deutlich mindert, hätte auch für die Bundesrichter zu unerfreulichen Auswirkungen führen können. Dies schon deshalb, weil die Erhöhung ihrer Bezüge künftig ausgesprochen oder unausgesprochen mit Erwägungen einhergegangen wäre, ob denn die Erhöhung auch für die Abgeordneten angemessen erscheint. Oder dann, wenn sich die Richter dem Vorwurf ausgesetzt gesehen hätten, ihre Bezüge seien um einen bestimmten Prozentsatz erhöht worden, weil die Abgeordneten für sich eine solche Erhöhung für notwendig gehalten hätten. Dabei lasse ich die Frage ganz dahingestellt, ob der Status und die Aufgaben eines Abgeordneten mit dem Status und den Aufgaben eines Bundesrichters auch nur für die Bestimmung der Höhe der jeweiligen Bezüge gleichgestellt werden können. Zweifel erscheinen da durchaus begründet.

Zwei weitere Reizthemen sind der Fraktionszwang und das leere Plenum. Einen Fraktionszwang im Rechtssinne, also eine rechtlich sanktionierte Verpflichtung, so zu stimmen, wie es die Mehrheit der Fraktion beschlossen hat, gibt es nicht. Artikel 38 Abs. 1 Satz 2 Grundgesetz bestimmt sogar ausdrücklich das Gegenteil. Und die Praxis, beispielsweise der SPD-Fraktion, macht dem, der anders stimmen will als die Mehrheit der Fraktion, nur zur Auflage, seine Absicht der Fraktionsführung vorher mitzuteilen und ihr so noch einmal die Gelegenheit zu einem Gespräch zu geben. Ich habe viele solcher Gespräche geführt und dabei meine Gesprächspartner gebeten, erneut abzuwägen, ob sie nicht ihrerseits bei nächster Gelegenheit auf ein geschlossenes Abstimmungsverhalten der Fraktion Wert legen würden oder ob sie sich gegebenenfalls zu einer ausdrücklichen Festlegung im Wahlprogramm der Partei in Widerspruch setzen wollten. Die Entscheidung, die sie danach trafen, habe ich stets akzeptiert. Und es gab auch immer wieder Abstimmungen, bei denen einzelne oder sogar eine größere Anzahl von Mitgliedern meiner Fraktion anders votierten als die Mehrheit. So stimmten beispielsweise fünfundzwanzig Sozialdemokratinnen und Sozialdemokraten im November 1983 im Ergebnis für die Raketenstationierung, ebenso viele im Mai 1990 gegen die Wirtschafts- und Währungsunion mit der DDR und sogar einhunderteins – also über vierzig Prozent – im Mai 1993 gegen den sogenannten Asylkompromiß. Merkwürdigerweise hat sich das der Öffentlichkeit genausowenig eingeprägt wie die Tatsache, daß im September 1990 vierzehn Abgeordnete der Union aus unterschiedlichen Gründen nicht für den Einigungsvertrag votierten.

In diesen und den meisten anderen Fällen dieser Art kam es allerdings für die Annahme oder das Scheitern der betreffenden Vorlage nicht auf das abweichende Stimmverhalten an. Politisch brisanter ist die Situation hingegen, wenn das Zustandekommen eines von der jeweiligen Regierung vorgelegten Gesetzentwurfs gefährdet erscheint. Dann droht die sogenannte Koalitionsfrage oder eine Niederlage der Regierung. Um dies zu verhindern, wird in der Tat ein erheblicher moralischer Druck ausgeübt, der einem politischen Fraktionszwang ziemlich nahekommen kann und sich schon daraus ergibt, daß Abgeordnete in aller Regel die eigene Regierung nicht in Bedrängnis bringen wollen. Das wird wohl auch in Zukunft so sein. Die Fraktionen im allgemeinen und die Koalitionen im besonderen sollten sich aber häufiger als bisher darauf verständigen, auch in derartigen Fällen nicht jede Abstimmung als koalitionsrelevant anzusehen. Vor allem, wenn die Auffassungsunterschiede quer durch alle Fraktionen laufen, würde das das Parlament beleben – auch wenn es sicher nicht jedesmal zu einer der von mir erwähnten Sternstunden käme.

Es bleibt das leere Plenum. Das ist wahrlich ein Ärgernis. Wenn in der Tagesschau immer wieder Bundestagssitzungen gezeigt werden, in denen ein verlorenes Häuflein von zwanzig oder dreißig Abgeordneten und eine leere Regierungsbank zu sehen sind, hilft keine noch so gut begründete Entschuldigung, obwohl es an solchen durchaus nicht mangelt. Schließlich kann man von niemandem erwarten, daß er an einem Plenartag von morgens neun Uhr bis nach Mitternacht den Beratungen pausenlos folgt. Auch stehen die Entscheidungen ja zumeist vorher fest. Da ist es kein Wunder, wenn Abgeordnete in ihrem Büro oder auch außerhalb des Bundeshauses andere dringende Geschäfte erledigen. Der Fehler liegt im System, nämlich darin, daß alle Vorlagen abschließend im Plenum behandelt werden müssen. Bei den meisten würde es durchaus genügen, sie in öffentlichen Ausschußsitzungen zu erledigen. Das Plenum könnte sich dann auf die politisch wirklich bedeutsamen Themen konzentrieren. Dafür würden zwei Halbtagssitzungen in der Woche ausreichen. Für diese Sitzungen könnte dann aber auch ein zwingendes Anwesenheitsquorum – etwa die Hälfte der gesetzlichen Abgeordnetenzahl – festgelegt werden. Und für sie käme dann auch ein bundestagseigener Fernsehkanal in Betracht, der die Debatten von

Anfang bis Ende überträgt. Entsprechende Regelungen hat der Bundestag kürzlich zumindest teilweise beschlossen.

Allheilmittel sind das natürlich nicht. Und sicher wird es weiterhin Abgeordnete geben, die etwas gleicher sind als andere; die parlamentarischen Geschäftsführer zum Beispiel oder die Mitglieder des Haushaltsausschusses oder des Vermittlungsausschusses – von den Angehörigen des Präsidiums und den Fraktionsvorsitzenden einmal ganz abgesehen. Aber der Parlamentsverdrossenheit, die sich in den letzten Jahren verstärkt hat, ließe sich auf diese Weise entgegenwirken.

Einem kann man jedoch mit solchen Mitteln kaum beikommen – nämlich dem menschlich-persönlichen Klima in einem Parlament. Es hängt von vielem ab. Etwa von der Sitzungsleitung, bei der ich die beiden während meiner Zeit amtierenden Präsidentinnen Annemarie Renger und Rita Süßmuth in besonders guter Erinnerung habe. Ohne Nichtgenannte kränken zu wollen, erwähne ich zusätzlich von den Vizepräsidenten Heinz Westphal deshalb, weil er, als am zweiten Sitzungstag der Stationierungsdebatte im November 1983 nach dreizehnstündiger Diskussion über fünfzig persönliche Erklärungen anstanden, durch seine Verhandlungsführung eine Meisterleistung an Geduld und an Beruhigung einer stark emotionalisierten Atmosphäre vollbrachte.

Eine wichtige Rolle spielen auch die feierlich gekleideten Parlamentsassistenten, zu denen neuerdings auch einige Parlamentsassistentinnen gehören. Sie und die Stenographen sind die einzigen, die sich außer den Abgeordneten während der Sitzungen im Plenarsaal aufhalten dürfen. In dieser Zeit übermitteln sie Nachrichten, bringen den Rednern die erste Fassung der stenographischen Protokolle zur Durchsicht oder erledigen andere Aufträge. Auch helfen sie bei der Abwicklung der namentlichen Abstimmungen und der – seltenen – Hammelsprünge. Ob sie einem dabei und schon zu Beginn am Eingang freundlich begegnen und ob man sich die Zeit zu einer kleinen Unterhaltung nimmt, kann die gute oder schlechte Laune für den ganzen Tag beeinflussen.

Außerdem sind viele von ihnen scharfe Beobachter. Karl-Heinz Schmitt, der dem Plenardienst einundvierzig Jahre angehörte, davon dreizehn Jahre als Platzmeister – also als Chef des Parlamentsdienstes –, hat über seine Beobachtungen und Erinnerungen ein lesenswertes Buch geschrieben. Mit ihm und den meisten seiner Kollegen stand ich auf gutem, ja kameradschaftlichem Fuße. Ebenso mit den Stenographen, denen es mancher Abgeordnete übrigens verdankt, daß seine Rede im Protokoll als eine geordnete Gedankenfolge erscheint. Eine freundliche Erinnerung bewahre ich ebenso den Pförtnern und den Raumpflegerinnen.

Wesentlich für das mitmenschliche Klima ist ferner, wie und bei welchen Gelegenheiten die Abgeordneten sich außerhalb der üblichen Parlamentsstrukturen treffen. Ich denke da weniger an die abendliche Geselligkeit in der Parlamentarischen Gesellschaft oder an die berühmte Bundestagsbar, obwohl gerade deren kommunikative Bedeutung durchaus nicht geringzuschätzen ist. Aber Vergleichbares gibt es auch anderswo. Eine Bonner Besonderheit war und ist hingegen eine ökumenische Gesprächsrunde, in der sich einmal im Monat zwanzig bis dreißig Abgeordnete aus allen Fraktionen zu einem Frühstück treffen. Dort kommentiert einer der Anwesenden eine Bibelstelle seiner Wahl, über die anschließend eine lebhafte Diskussion stattfindet. Hier lernt man Kollegen und Kolleginnen, die man bis dahin nur als politische Kombattanten betrachtet hatte, als Mitmenschen von einer ganz anderen Seite kennen. Und das überträgt sich dann auch auf den Umgang bei anderen Gelegenheiten. Erfreulicherweise hielt sich der Kreis von jedem Anflug von Frömmelei ebenso frei wie von der Versuchung politischer Kungelei.

Eine zweite Besonderheit liegt auf einem ganz anderen Gebiet. Das waren die »Wasserwerker«, ein sozusagen bundestagseigenes Kabarett. Sie hatten sich im Jahre 1992 auf Initiative von Gerlinde Hämmerle, Eckart Kuhlwein und Manfred Richter zusammengefunden und stellten mit ihren Sketchen und Couplets aus dem Leben der Parlamentarier jedes professionelle Kabarett in den

Schatten. Insbesondere die Initiatoren, aber auch Peter Conradi und Ulrike Mehl erwiesen sich mit ihren gepfefferten, aber nie verletzenden Texten und Songs als wahre Meister dieses Genres und vor allem der Selbstironie. Einen dieser Texte gebe ich hier wieder, weil er viel mehr über die Lebenswirklichkeit und das Lebensgefühl vieler Bonner Abgeordneter aussagt als manche langatmige soziologische Betrachtung. Er lautet in Anlehnung an die »Sixteen Tons« der fünfziger Jahre:

»So mancher denkt, ein MdB, der hat's gut:
verdient 'ne Menge Geld, obwohl er nicht viel tut.
Doch frag mal seine Frau und glaube mir,
das ist kein Bürojob von halb neuen bis vier.
Du schaffst sechzehn Stunden, und du fragst dich, wozu.
Du bist 'nen Tag älter, und die Müdigkeit nimmt zu.
Sankt Peter, hol mich nicht, ich hab' keine Zeit,
ich hab' noch drei Ausschußsitzungen heut.

Du kommst in den Langen Eugen um acht,
die Post hat zwanzig Briefe aus dem Wahlkreis gebracht.
Du rennst in deinen Ausschuß, der von zehn bis eins tagt,
ißt zu Mittag mit 'nem Wähler, der sich über was beklagt.
Na, du und dein Wähler, ihr seid euch einig schnell,
als klingeling es zur Abstimmung schellt,
du rennst ins Plenum, stimmst mit Ja oder Nein,
du weißt kaum, um was es geht, es wird schon richtig sein.
Du schaffst sechzehn Stunden, und du fragst dich, wozu.
Du bist 'nen Tag älter, und dein Bauch nimmt zu.
Sankt Peter, hol mich jetzt noch nicht ins Grab,
weil ich noch drei Reden und 'nen Frühschoppen hab'.

Um drei trifft sich dein Arbeitskreis,
es geht mal wieder um den Jäger-90-Preis,
dann diktierst du ein paar Briefe, ziehst um dich im Nu,
denn um acht triffst du den Botschafter von Timbuktu.

Ihr redet über Gatt und übers BMZ,
was Delors wohl vorhat und was Major gerne tät'.
Ihr seid völlig einer Meinung zu den USA,
da fragt er plötzlich, was in Rostock war.
Du schaffst sechzehn Stunden, und du fragst dich, wozu,
du bist 'nen Tag älter, und dein Frust nimmt zu.
Sankt Peter, hol mich nicht, ich bitte dich,
'ne Besuchergruppe aus dem Wahlkreis wartet noch auf mich.«

Von den vielen Verabschiedungen, die mir 1994 zuteil wurden, war übrigens die durch ein Sondergastspiel der »Wasserwerker« in Berlin eine der originellsten. Zwei der Verse, die dabei gesungen wurden, haben mir besonders gut gefallen. Sie wandten sich unmittelbar an mich:

»Was wirst du deiner SPD wohl sagen,
wenn du jetzt in Rente gehst?
Und viele MdBs frustriert verzagen,
wo bleibt dein Manifest?
Steht auf ganz früh,
sonst lernt ihr's nie!

Was wirst du deiner SPD wohl sagen,
wenn du jetzt in Rente gehst?
Und keiner kann dich künftig fragen,
was du denn diesmal tätst:
Egal, was käm'…
bleibt unbequem…!«

Auch in diesen Texten steckt ein Stück Parlamentsphilosophie.

14 Die Macht der Medien

Die Politik und die Medien leben – jedenfalls in der Demokratie –
in einer Symbiose eigener Art. Ein Politiker, über den nirgends
berichtet wird, ist in der Regel keine graue Eminenz, sondern
einfach nicht existent. Und ein Medium, das umgekehrt von der
Politik keine Notiz nimmt, wird kaum eine breitere Wirkung
entfalten. Insofern sind beide Bereiche aufeinander verwiesen
und sogar voneinander abhängig.

Die Medien werden nicht nur bei feierlichen Gelegenheiten als
vierte Staatsgewalt bezeichnet. Darin steckt mehr als ein Korn
Wahrheit. Denn die drei anderen Staatsgewalten werden in ihrem
Tun und Lassen von der Öffentlichkeit im wesentlichen so wahrgenommen, wie die vierte Gewalt sie schildert. Insofern hat –
leider – Herr Geißler recht, wenn er nicht ohne Zynismus häufig
den von Aristoteles stammenden Satz zitiert, daß es nicht die
Taten sind, die Menschen bewegen, sondern die Worte über die
Taten. Dabei denkt er in Erinnerung an seine Amtszeit als Generalsekretär wohl in erster Linie an die parteipolitische Besetzung von Begriffen und die kampagnenhafte Wiederholung
herabsetzender Behauptungen über den politischen Gegner ohne
Rücksicht auf deren Wahrheitsgehalt.

Außerdem ist eine einigermaßen ausreichende Unterrichtung
über Entwicklungen und Probleme inner- und außerhalb des
eigenen Landes ohne kontinuierliche Berichte, Analysen und
Kommentare der Medien kaum möglich und ihre Wächterrolle
für eine funktionierende Demokratie schlechterdings unerläßlich. Viele Fehlleistungen und Skandale wären ohne sie nicht
ans Licht gekommen, und viele unterbleiben auch nur deshalb, weil die Furcht vor der öffentlichen Bloßstellung stärker
ist als die Verlockung, sich unsauberer Machenschaften zu bedienen.

Dennoch gehen die Ansichten über die tatsächliche Macht und den realen Einfluß der Medien weit auseinander. Die einen sagen, ihr Einfluß stehe zumeist im umgekehrten Verhältnis zur Nervenstärke und dem Stehvermögen der jeweils ins Visier genommenen Politiker. Sei beides vorhanden, so tendiere der Einfluß gegen null, weil jedem Medium früher oder später die Luft ausgehe. Als Beispiel wird dann gerne das Verhältnis zwischen Helmut Kohl und dem »Spiegel« genannt. Die anderen meinen, daß eine lang anhaltende und breit übereinstimmende Medientendenz unabhängig von der Standfestigkeit der betroffenen Politiker eines Tages doch auf die Meinungsbildung und schließlich auch auf das Wahlverhalten breiterer Schichten durchschlage. Auch dafür werden dann Beispiele und Untersuchungsergebnisse angeführt.

Meines Erachtens liegt die Wahrheit ziemlich in der Mitte. Die Bundestagswahl 1972 beispielsweise hat die Sozialdemokratie trotz der geradezu erbitterten Gegnerschaft der »Bild-Zeitung«, weiterer Blätter des Axel-Springer-Verlages und anderer konservativer Medien gewonnen, die tagtäglich nicht nur im Meinungsteil, sondern auch in der Nachrichtenauswahl die Union massiv unterstützten. Helmut Kohl hat zu Beginn des Jahres 1994 ein für ihn überaus bedrohliches Tief überwunden, obwohl die Mehrheit der Medien ihm nicht mehr sehr viele Chancen gab. Andererseits mußten nicht wenige Politiker konkrete Vorhaben aufgeben oder gar den Hut nehmen, weil sie angesichts einer verfestigten öffentlichen Meinung keine Unterstützung mehr fanden oder einfach die Nerven verloren. Besonders schwierig wird es für eine Partei dann, wenn sie in einem konkreten Fall längere Zeit von einer Seite kritisiert wird, die ihr sonst eher mit Wohlwollen begegnet. Es ist eben etwas ganz anderes, ob etwa ein Vorhaben oder ein Repräsentant der Union von der »Frankfurter Rundschau« oder von der »Welt« bekämpft wird. Und Franz Josef Strauß wußte schon, warum er es nicht auf sich beruhen ließ, als sich in den Jahren 1980/81 ausgerechnet der »Münchner Merkur« eine Zeitlang gegen ihn stellte. Nur um einen Druckfehler, nicht aber um eine unterschwellige Herabwürdigung hat es sich hingegen wohl gehandelt, als die »Welt« im Mai 1994 den Bundeskanzler in einem Bericht über eine Wahlreise als »Helmut Hohl (CDU)« titulierte. Obwohl – Druckfehler geschehen ebenso wie Versprecher nicht immer unabsichtlich! Mich reizte dieser Druckfehler zu einem Leserbrief an die »Welt«, in dem ich in meiner Eigenschaft als »Oberlehrer« eine Entschuldigung bei Helmut Kohl anregte.

Wie jede Macht bedarf auch die der Medien der Kontrolle. Die allgemein gültigen Gesetze, der Wettbewerb und – in eher bescheidenem Ausmaß – die freiwillige Selbstkontrolle durch den Deutschen Presserat leisten hier einiges. Bei den öffentlich-rechtlichen Anstalten mischt sich in den Rundfunk- und Verwaltungsräten Kontrolle mit kontinuierlicher teils direkter, teils subkutaner Einflußnahme. Sie ist aber noch immer wirksamer als das, was an Kontrolle über die privaten Sender von den meisten Landesmedienanstalten praktiziert wird. Ansätze für eine stärkere Beteiligung der Redaktionsmitglieder an personellen und an Richtungsentscheidungen, die in den siebziger Jahren da und dort zu Teilerfolgen in Gestalt von Redaktionsstatuten geführt haben, sind leider bald versandet. Einige dieser damaligen Statuten lesen sich heute übrigens fast wie vorrevolutionäre Pronunciamentos. Von einer weiteren, sehr demokratischen Kontrollmöglichkeit, die jedermann zur Verfügung steht, wird erstaunlicherweise wenig Gebrauch gemacht. Das ist die Abbestellung einer Zeitung oder das Abschalten eines Fernsehprogramms, mit der oder dem man nichts mehr zu tun haben will. Dabei reagieren auch große Medienveranstalter auf solche Willensbekundungen mindestens so sensibel wie politische Parteien auf Stimmenverluste.

Entscheidend ist aber, ob es gelingt, eine ausreichende Vielfalt selbständiger Medieneinheiten zu erhalten, oder ob sich der Konzentrationsprozeß weiter fortsetzt. Im elektronischen Bereich hat die Konzentration im Zuge der Privatisierung bereits ein bedrohliches Maß erreicht. Was dabei herauskommen kann und wie rasch sich publizistische Macht in politische Macht umsetzen läßt, hat uns das Beispiel Berlusconi in Italien gezeigt. Glücklicherweise ist Herr Kirch offenbar öffentlichkeitsscheuer und auch weniger telegen als Herr Berlusconi. Sein Einfluß auf die politische Entwicklung ist dennoch schon heute beträchtlich. Und Herrn Kirchs kürzlicher Versuch, die Abberufung des Chefredakteurs der »Welt« durchzusetzen, weil dieser einen ihm – Kirch – nicht genehmen Kommentar in seinem Blatt abdrucken ließ, zeigt, daß er durchaus willens ist, von seiner Macht und seinem Einfluß im gegebenen Falle auch Gebrauch zu machen. Die jüngsten Auseinandersetzungen über die öffentlich-rechtlichen Anstalten, ihren Grundversorgungsauftrag, ihre Finanzierung und ihre Zusammenarbeit, bei der auch durchaus bedenkenswerte Kritik vorgebracht wird, bedürfen von daher größter Aufmerksamkeit. Sie könnten im Ergebnis auf eine weitere Stärkung privater Medienkonzentration hinauslaufen – und nach der Absicht einiger Beteiligter sollen sie es ja auch.

Bislang habe ich von der Macht und damit von der Verantwortung der Medien im Blick auf die politischen Prozesse im engeren Sinne gesprochen. Einen solchen Einfluß und eine entsprechende Verantwortung gibt es aber auch hinsichtlich der allgemeinen Bewußtseinsbildung, der generellen Verhaltensstandards und der Orientierung darüber, ob überhaupt, und wenn ja, welche Werte und Maßstäbe für das Verhalten des einzelnen maßgebend sein sollen.

Ungern setze ich mich dem Verdacht aus, ich wolle in die bei Älteren nicht seltene Klage einstimmen, früher sei alles besser gewesen, jetzt sinke das Niveau beständig. Aber es ist kaum zu bestreiten, daß seit der Privatisierung der elektronischen Medien ein sich ständig verschärfender Kampf um die Einschaltquoten in Gang gekommen ist. Brutalität, Gewalt und andere Darstellungen, die die Menschenwürde massiv verletzen, haben seither auf den Bildschirmen hohe Konjunktur. Mancher, der sich in den siebziger und Anfang der achtziger Jahre vehement für die Privatisierung eingesetzt hat – und die gab es in allen Parteien und bekanntlich auch in den Kirchen –, mag sich daran inzwischen nicht mehr so gern erinnern. Und daß die »Entwortung«, also die Beschränkung auf schlagzeilentypische Wortfetzen, die für eine verständliche Schilderung von Zusammenhängen und Hintergründen keinen Raum mehr lassen, auch im Hörfunk voranschreitet, ist ebenso offensichtlich. Nimmt man noch hinzu, was an Videos und Bilddarstellungen »on demand« schon jetzt angeboten wird, dann läßt sich die Gefahr, daß eine mediale Scheinwelt mehr und mehr an die Stelle der realen Lebenswirklichkeit treten könnte, jedenfalls nicht ausschließen.

Ich selbst bin von den Medien während meiner Münchner Zeit gut und während der Bonner Jahre im allgemeinen nicht unfair behandelt worden. Das hatte ich in Bonn nicht zuletzt den Pressesprechern zu verdanken, die mich in meinen verschiedenen Funktionen begleiteten. Von ihnen habe ich Sepp Binder, der auch in Berlin mit dabei war, schon mehrfach erwähnt. Zu nennen sind hier ebenso Alwin Steinke als Pressesprecher der Bundestagsfraktion bis 1988 und Eduard Heußen als Sprecher des Parteivorstands von 1988 bis Anfang 1991. Beigetragen hat zu dem fairen Umgang aber auch, daß ich den Journalisten in meinen verschiedenen Funktionen regelmäßig und ohne lange Umschweife zur Verfügung stand. So als Fraktions- und Parteivorsitzender beim wöchentlichen Pressefrühstück, das stets gut besucht war, obwohl es schon um acht Uhr dreißig und damit für Bonner Usancen zu nachtschlafender Zeit stattfand. Zur Arbeitserleichterung brachte ich Vorabexemplare des Politischen Berichts mit, den ich am gleichen Tage der Fraktion erstattete. Fragen beantwortete ich möglichst konkret. Hatte ich meine Gründe, auf eine Frage keine Antwort zu geben, dann sagte ich das, ohne lange herumzureden. Als ich beispielsweise zu Beginn des Jahres 1987 immer wieder zu einer Stellungnahme in Sachen Parteivorsitz aufgefordert wurde, las ich anfänglich von einem Zettel, den ich in meiner Brieftasche stets mit mir führte, jedesmal die handgeschriebenen Stichworte ab:

»Debatte ist schädlich. Schädigt den, der den Vorsitz innehat, die genannt werden oder genannt worden sind. Ich beteilige mich daran nicht. Im übrigen hat die Partei ihre Führungsfragen zu gegebener Zeit noch immer so gelöst, daß es zu Vorschlägen gekommen ist, die breite Mehrheiten gefunden haben.«

Später genügte es, wenn ich einfach den Zettel hochhielt. Interviews habe ich ausnahmslos vor der Freigabe noch einmal selbst gelesen und notfalls überarbeitet. Das hat meinen Partnern und mir viel Ärger erspart.

Bei aller Kooperationsbereitschaft habe ich auf die Wahrung der Distanz Wert gelegt, ohne die nach meinem Verständnis Politik und Medien ihrer jeweiligen gesonderten Verantwortung nicht gerecht werden können. Deshalb habe ich mich auch an dem in Bonn nicht ungewöhnlichen Spiel: exklusive Informationen – möglichst über vertrauliche oder geheimzuhaltende Vorgänge – gegen bevorzugte Behandlung, nie beteiligt. Dafür ist mir aber auch erspart geblieben, was einigen Kollegen recht schmerzlich widerfuhr: nämlich zunächst übermäßig hochgeschrieben und dann – manchmal von einem Tag auf den anderen – ebenso rücksichtslos fallengelassen zu werden. Insbesondere zwei Ministerpräsidenten – ein ehemaliger und ein noch amtierender – könnten davon ein Lied singen.

Wenn es notwendig war, habe ich mich entschieden gewehrt. Am nachdrücklichsten im Dezember 1992 in einer »ZAK«-Sendung im Streit mit Friedrich Küppersbusch, der offenbar devotere Studiogäste gewohnt war. In Erinnerung ist mir auch noch ein Disput mit Günther von Lojewski – damals noch bei »Report-München« –, in dessen Sendung ich von Hamburg aus zugeschaltet wurde und mit dem ich deshalb sehr von oben herab diskutierte, weil mein Bild ihn – wahrscheinlich infolge eines technischen Fehlers – um anderthalb Meter überragte und er folglich die ganze Zeit angestrengt zu mir aufschauen mußte. Wenn es einmal ganz dick kam, habe ich die Gerichte bemüht. Das war in den zweiundzwanzig Jahren vielleicht fünf- oder sechsmal der Fall und hing meist mit Wahlkämpfen zusammen. Einen dieser Fälle – es ging um den Vorwurf in einer Sonntagszeitung, ich sei Goebbels' verlängerter Arm gewesen – habe ich schon erwähnt.

Ein anderer freut mich noch heute, weil ich erstmals eine gerichtliche Entscheidung erstritt, in der dieselbe Sonntagszeitung – sie hatte zwei Wochen vor der bayerischen Landtagswahl 1974 auf der ersten Seite in einer Balkenüberschrift behauptet, ich sei in einen Millionenskandal verwickelt – dazu verurteilt wurde, meine Gegendarstellung in der gleichen Größe ebenfalls auf der ersten Seite abzudrucken. Dafür mußte sie sogar eine kommerzielle Anzeige wegfallen lassen.

Ansonsten habe ich mich über manches einfach nur gewundert. Etwa über die Leichtigkeit, mit der ein und derselbe Vorschlag oder Standpunkt gelobt oder getadelt wurde, je nachdem, von wem er ausging. Oder darüber, daß eine Partei, die ein Thema kontrovers diskutierte, regelmäßig als zerstritten und ihr Vorsitzender als führungsschwach, dieselbe Partei aber, wenn sie ihrem Vorsitzenden ohne längeres Hin und Her folgte, ebenso regelmäßig als steril und langweilig charakterisiert wurde. Mehr Anlaß zum Schmunzeln als zum Wundern gaben einige immer wiederkehrende sprachliche Stereotypen, die sich insbesondere bei den Nachrichtenagenturen finden. Da spitzten sich Streite »immer weiter zu« oder »verschärften sich dramatisch« und verschwanden dann einfach aus den Meldungen, als ob es sie nie gegeben hätte. Ebenso waren Absperrungen stets »hermetisch«, Aktivitäten sehr häufig »hektisch« oder »fieberhaft« und Polizeibeamte – von seltenen Ausnahmen abgesehen – »schwer bewaffnet«. Und wenn ein Politiker einem anderen widersprach, dann hieß es stets, er habe »scharfe« Kritik »geübt«. »Kritik« allein hätte wohl nicht professionell genug geklungen. Außerdem – warum nur »geübt«? Wenn die meisten Politiker etwas nicht mehr »üben« müssen, weil sie es schon können, dann ist es doch wohl, andere zu kritisieren.

Natürlich wäre es reizvoll, dem bisher Gesagten noch einige Bemerkungen über einzelne Medien und über konkrete Personen hinzuzufügen. Mit drei Ausnahmen versage ich es mir, weil ich ziemlich genau weiß, wie ich selbst – zumindest insgeheim – reagieren würde, wenn ich in einem solchen Zusammenhang nicht zu den Genannten gehörte. Deshalb nur so viel:

Die interessanteste überregionale Tageszeitung ist für mich unverändert die »Süddeutsche Zeitung«, nicht weil ich sie seit bald fünfzig Jahren lese, sondern weil ich auch nach so vielen Jahren nicht regelmäßig schon im voraus sagen kann, wie sie ein bestimmtes Ereignis kommentieren wird – was ich mir bei fast allen anderen vergleichbaren Blättern durchaus zutraue.

»Der Spiegel« ist sicher das publizistische Organ, das in der deutschen Nachkriegsgeschichte die größte Rolle gespielt hat. Wenn er gelegentlich auch einmal etwas gut fände und nicht nur erkennen ließe, wogegen er ist, sondern hin und wieder auch, wofür, wäre es wahrscheinlicher, daß er diese Rolle auch in Zukunft spielen kann. Amüsieren würde es mich übrigens, wenn er die Häme, deren er in mehr oder meist weniger sublimer Form so fähig ist, auch einmal seinen eigenen Verhältnissen zuteil werden ließe.

Viele Journalisten und Journalistinnen schätze ich. Eine liebe und verehre ich: Marion Gräfin Dönhoff. Sie verkörpert für mich alle Eigenschaften, die zu einer großen Publizistin gehören, und ist der lebende Beweis dafür, daß man auch in diesem Beruf Erfolg haben und dennoch ein Herr oder in diesem Falle eine Dame bleiben kann.

15 Über den Tag hinaus (I):
Zur Lage unseres Gemeinwesens

Wo steht unser Gemeinwesen vier Jahre vor der Jahrtausend-
wende? Wie sehen seine Zukunftsperspektiven aus? Mit welchen
Chancen und Gefahren werden wir oder vielmehr diejenigen es
zu tun bekommen, die den größten Teil ihres Lebens noch vor
sich haben? Das sind Fragen über den Tag hinaus, denen sich die
Bonner Politik unter dem Druck der Routinegeschäfte nicht in
ausreichendem Maße widmet. Diejenigen, die dazu auffordern
oder es selbst versuchen, geraten leicht in den Geruch, etwas
abgehobene Weltverbesserer zu sein.

Zunächst: Ich spreche in diesem Zusammenhang bewußt von
unserem Gemeinwesen, nicht von unserem Staat, unserer Gesellschaft, unserer Nation oder gar von der Menschheit insgesamt.
Denn Gemeinwesen ist für mich der Gesamtverband, in dem wir
auf unserem Territorium rechtlich geordnet zusammenleben. Er
umschließt den Staat ebenso wie die Gesellschaft, die in der Demokratie eng miteinander verwoben sind. Außerdem relativiert
er den gerade jetzt wieder eskalierenden Streit über Inhalt und
Tragweite des Begriffs der Nation. Zu unserem Gemeinwesen
nämlich gehören – jedenfalls für mich – diejenigen, die im Einklang mit unserer Rechtsordnung nicht nur vorübergehend unter
uns leben, auch dann, wenn sie sich nicht oder noch nicht als
Glieder unserer Geschichts-, Kultur-, Sprach- und Gefühlsgemeinschaft – so definiere ich die Nation – betrachten. Und
Äußerungen zu Menschheitsfragen, die auch für uns rascher an
Gewicht zunehmen werden, als das vielen bewußt ist, setzen voraus, daß man sich vorher über die Fragen einigermaßen klar geworden ist, die den eigenen Verantwortungsbereich betreffen.

Der gegenwärtige Zustand unseres Gemeinwesens und die
Lebensbedingungen, die sich daraus für die in ihm lebenden

Menschen ergeben, werden am anschaulichsten, wenn man sie nicht nur mit denen anderer Völker, sondern auch mit dem Zustand und den Lebensbedingungen der eigenen Vergangenheit vergleicht. Etwa mit denen des Jahres 1945, an die zu erinnern in diesem Jahr vielfältiger Anlaß bestand. Danach überwiegen für mich bei allen Defiziten, Widersprüchen und Gefährdungen die positiven Aspekte. Erstmals in unserer Geschichte leben wir in einer breit akzeptierten und nicht nur oberflächlich verwurzelten demokratisch-parlamentarischen Ordnung, die sogar die Vorstellung, es gäbe so etwas wie einen Verfassungspatriotismus, nicht als eine Sonntagsillusion erscheinen läßt. Die deutsche Teilung ist ohne Blutvergießen überwunden, die europäische Einigung weit gediehen. In der Völkergemeinschaft haben wir rascher wieder einen geachteten Platz einnehmen können, als das angesichts all des Schrecklichen zu erwarten war, das von Deutschland in der Zeit der NS-Gewaltherrschaft seinen Ausgang nahm und am Ende des Krieges so zerstörerisch auf uns selbst zurückschlug. Seit einem halben Jahrhundert leben wir im Frieden. Die Gefahr einer atomaren Weltkatastrophe hat uns begleitet, ist aber selbst während der Kubakrise unter Kontrolle geblieben. Die soziale Sicherheit und der Lebensstandard übertreffen den internationalen Durchschnitt weit. Die mittlere Lebenserwartung liegt höher als in den meisten Ländern der Welt. Und in unserer Mitte leben rund sieben Millionen Menschen – das sind etwa 8,6 Prozent der Gesamtbevölkerung –, von denen die meisten aus anderen Ländern zu uns gekommen sind, weil sie sich bei uns sicherer oder auch materiell besser aufgehoben fühlen oder – und das wird zu häufig verdrängt – weil wir sie oder ihre Eltern in den fünfziger und sechziger Jahren gerufen haben, damit sie unseren Wohlstand mehren.

Ich weiß, daß zu jeder dieser Feststellungen Einschränkungen und Vorbehalte gehören. Die Welle rechtsradikaler Gewalt etwa, mit der wir es seit Anfang der neunziger Jahre zu tun haben, schlimme Fälle von Ausländerfeindlichkeit, Ansätze zu einer

Zweidrittelgesellschaft, rücksichtsloser Umgang mit unseren natürlichen Ressourcen und andere besorgniserregende Fehlentwicklungen, auf die ich in diesem Buch an verschiedenen Stellen eingegangen bin. Und ich werde gleich anschließend auf die absehbaren substantiellen Gefahren eingehen, die das alles in Frage stellen können. Aber ich bin im Laufe meines Lebens gegen Analysen, die nur das Negative beschreiben und eine mitunter zynisch verbrämte Hoffnungslosigkeit verbreiten, immer allergischer geworden. So wird nämlich der Wille, zu ändern, umzukehren und zu reformieren, nicht geweckt und gestärkt, sondern erstickt und einer Einstellung Vorschub geleistet, die alles sinnlos erscheinen läßt und schon jetzt verloren gibt. Außerdem halte ich eine derartige Beschreibung unseres Ist-Zustandes aus zwei Gründen für grob ungerecht. Was sollen eigentlich die Milliarden von Menschen – nicht nur in der südlichen Hemisphäre – von derartigen Maßlosigkeiten halten, die – verglichen mit uns – im bittersten Elend und unter Bedingungen leben, nein vegetieren müssen, unter denen von uns selbst die nicht existieren möchten, denen es für unsere Verhältnisse erbärmlich geht? Jeder, der mit offenen Augen in solche Länder reist, spürt doch schon nach wenigen Tagen, wie – verglichen damit – unsere eigenen Probleme bei aller internen Dringlichkeit so zu schrumpfen beginnen, daß es Verlegenheit bereitet, sie auch nur breiter zu erwähnen.

Zum anderen laufen derartige Einseitigkeiten und Verzerrungen auf eine Mißachtung, ja Beleidigung derer hinaus, die in den vergangenen fünfzig Jahren das Ihre getan haben, damit unser Volk wieder auf die Füße kam und aus dem dunkelsten Kapitel seiner Geschichte vernünftige Folgerungen zu ziehen versuchte. Der Parlamentarische Rat und das Grundgesetz, die Westintegration und die Ost- und Deutschlandpolitik, die Entwicklung einer sozialen Marktwirtschaft, der Ausbau der Mitbestimmung, die Bildungsreform, die das de facto bis in die Mitte unseres Jahrhunderts bestehende Bildungsmonopol endlich außer Kraft setzte, aber auch das Aufbegehren der Achtundsechziger-Generation – das waren schließlich keine Bagatellen, Zufälle oder Selbstverständlichkeiten. Das waren Ergebnisse demokratischer Prozesse und damit gemeinsamer Anstrengungen, die bei aller Gegensätzlichkeit im Detail oder auch im Grundsätzlichen einem Grundkonsens entsprangen. Auch das sollte vor dem Vergessen bewahrt werden.

Aber der Zustand unseres Gemeinwesens ist alles andere als statisch. In den letzten dreißig Jahren haben sich die für unser Dasein maßgebenden Umstände stärker geändert als vorher in Jahrhunderten. Dieses Tempo wird sich eher noch beschleunigen. Und unser Bewußtsein wird noch mehr Mühe haben, dem zu folgen. Hauptfaktor dieses Prozesses ist noch immer der Zuwachs an naturwissenschaftlichen Erkenntnissen und Einsichten und ihre technische Umsetzung. Automatisierung, Computerisierung und Aufbau immer engmaschigerer Datenvernetzungen werden die wirtschaftlichen Strukturen weiter in dem Sinn verändern, daß der Dienstleistungssektor auf Kosten des Produktionssektors wächst. Der Dienstleistungssektor wird sich dabei in Richtung auf einfache Dienstleistungen einerseits und hochqualifizierte Dienstleistungen andererseits noch stärker differenzieren. Der Übergang aus der Produktion in die Dienstleistung kann deshalb für den einzelnen künftig auch Einkommens- und Statusminderung bedeuten. Die neuen Informations- und Kommunikationstechnologien – ich nenne nur die Stichworte Datenautobahn, Multimedia und Telekommunikation – werden den Unternehmen bei der Standortwahl über das Zusammenwachsen der Wirtschaftsräume und den Abbau der Zollschranken hinaus eine viel größere Dispositionsfreiheit verschaffen. Und die unterschiedlichen Kostenbedingungen werden auf den Gebieten der Produktion und der Dienstleistung, auf denen die Schwellenländer das Niveau der Industriestaaten erreicht haben, hinsichtlich der Standortwahl ein übriges tun.

Gleichzeitig wird das materielle Wachstum noch stärker an ökologische Grenzen stoßen, deren Mißachtung zunehmend härtere Konsequenzen nach sich zieht. Die Erwerbsarbeit wird zugunsten anderer Aktivitäten, die weder in der Produktions- noch in der Reproduktionssphäre liegen, jedenfalls zeitlich an Bedeutung verlieren. Nach Art und Umfang und dem sich daraus ergebenden Lohnertrag wird sie für einen größer werdenden Teil der Erwerbsfähigen für sich allein zur Bestreitung des Lebens- unterhalts nicht mehr ausreichen. Mit den Fragen, die gegen- wärtig im Rahmen der sogenannten Standortdebatte diskutiert werden, hat das nur mittelbar zu tun, weil es bei dieser mehr um die internationale Aufteilung des Arbeitsvolumens geht, dessen Erbringung nicht an bestimmte Orte gebunden ist. Die einfachen Dienstleistungen, deren wirtschaftlicher Ertrag keine ausreichen- den Löhne ermöglicht – zum Beispiel einfache Dienstleistungen im Haushalt, in der Gastronomie oder im sozialen Bereich und einfache Aktivitäten zur Pflege der Umwelt –, sind aber zumeist ortsgebunden.

Die Kommerzialisierung – also die Maßgeblichkeit des öko- nomischen Prinzips – dringt in Lebensbereiche vor, die ihr bis- lang verschlossen waren. Den Sport, die Unterhaltung und das Mediengeschehen hat sie schon weitgehend erfaßt. Jetzt macht sie sich unter dem Stichwort der Privatisierung legal und als Korruption illegal auch im öffentlich-rechtlichen Bereich breit. Mitunter löst sie sich – wie die immer höheren Währungs- summen zeigen, die immer schneller um den Erdball kreisen – von sinnvollen wirtschaftlichen Bezügen. Die Individualisierung nimmt zu. Überkommene Milieus lösen sich auf. Die Bindekraft von Institutionen und Organisationen lockert sich. Daß neben die reale Wirklichkeit oder sogar an ihre Stelle eine mediale Wirklichkeit treten könnte, habe ich oben schon angedeutet. Alte Konfliktmechanismen – etwa Nationalitätenkonflikte – ge- winnen nach der Überwindung des Ost-West-Gegensatzes und dem Zusammenbruch des kommunistischen Systems wieder an Aktualität und erhöhen die Gefahr massenhaften Unheils ebenso wie neue Formen terroristischer Gewaltanwendung bis hin zum Einsatz nuklearer, biologischer und chemischer Kampf- mittel.

Mehr und mehr Probleme – etwa die Aufheizung der Erdatmosphäre und die Ausdünnung der Ozonschicht – sind nur noch global lösbar. Insbesondere ist die soziale Frage heute zu einer globalen Frage geworden. Die weltweite Verteilung von Wohlstand und Macht und damit der Inanspruchnahme der globalen Ressourcen ist heute explosiver und ungerechter, als sie es im 19. Jahrhundert im nationalen Bereich war. Die Bevölkerungsexplosion, die sich auf die armen und ärmsten Länder der Welt konzentriert, verschärft die Spannungen noch. Auch die auf dem Gebiet der Informationstechnik in Gang gekommene Revolution trägt zur Globalisierung bei, weil sie die Grenzen von Raum und Zeit partiell obsolet werden und die nationalen Gestaltungsmöglichkeiten schrumpfen läßt.

Das ist kein Schreckensszenario, das in allen Details so Wirklichkeit werden müßte. Dazu ist schon die Fehlermarge wissenschaftlicher und erst recht politischer Prognosen viel zu groß. Und wir haben ja gerade in den letzten Jahren die Grenzen unserer Prognosefähigkeit nachhaltig erfahren. Ich erinnere insoweit nur an das, was ich weiter oben über die bis Ende der achtziger Jahre herrschenden Ansichten zur zeitlichen Dimension der deutschen Einigung oder zur Wahrscheinlichkeit eines kurzfristigen In-sich-Zusammenfallens des kommunistischen Weltsystems ausgeführt habe. Aber die Ursachen der geschilderten Entwicklungstendenzen kennen wir heute schon, und sie können zum größten Teil auch nur mit langen Vorlauffristen korrigiert werden. Deshalb duldet die Auseinandersetzung mit dem, was da heraufzieht, keinen Aufschub. Und wo Wege aus der Gefahr bereits bekannt oder doch erkennbar sind, müssen sie jetzt beschritten werden.

Dazu gehört, den Menschen die Wahrheit zu sagen und ihnen dennoch Hoffnung zu machen. Hoffnung – so hat Ernst Bloch gesagt – ist ins Gelingen verliebt, nicht ins Scheitern. Und Hans Jonas hat dem Prinzip Hoffnung das Prinzip Verantwortung hinzugefügt, aus dem er die Pflicht des einzelnen und der Menschheit insgesamt ableitet, so zu handeln, daß der unbegrenzte Fortbestand der Menschheit auf Erden nicht gefährdet wird. Und daraus wiederum entwickelt er ein Ethos des verantwortungsvollen Unterlassens.

Aus dem Gesagten ergeben sich für mich vor allem diese Folgerungen:

Wir müssen unser Gemeinwesen in seinen tagtäglichen Belangen in Ordnung halten und den Grundkonsens bewahren. Dazu muß diskutiert, dann aber auch entschieden und in nicht wenigen Fällen letzten Endes auch staatliche Macht ausgeübt werden. Aber es muß kontrollierte oder, wie Adolf Arndt es anschaulich gesagt hat, »gefesselte Macht« sein, die auf mehrere Ebenen und auf mehrere Staatsorgane verteilt, an das Recht gebunden und dem Volk verantwortlich ist. Macht, gegen die der einzelne die Gerichte, notfalls das Bundesverfassungsgericht, anrufen kann. Und unsere Demokratie muß daran festhalten, daß es Unabstimmbares gibt, also Grundrechte und Grundfreiheiten, in die eine Mehrheit – und sei sie noch so groß – keinesfalls eingreifen kann, beispielsweise das Recht auf Leben, die Meinungs- und die Glaubensfreiheit des einzelnen.

Wir müssen auf dem Wege der europäischen Einigung fortschreiten und zugleich den erreichten Stand der Integration konsolidieren. Das heißt, die Europäische Union muß räumlich erweitert und zugleich vertieft werden. Dies auch durch die Einführung der gemeinsamen europäischen Währung. Nur so können wir an einem Wirtschaftsraum partizipieren, der mit seiner Größe und mit seinem Gewicht mit dem amerikanischen und dem ostasiatischen Wirtschaftsraum konkurrieren und auf wirtschaftliche Entwicklungen den Einfluß nehmen kann, den auszuüben die einzelnen Staaten – auch die Bundesrepublik – infolge des Wegfalls nationaler Schranken nur noch unvollkommen imstande sind. Nur die europäische Integration bewahrt uns auch vor einem Wiederaufleben nationalistischer Konfrontationen, wie sie zur Zeit Ost- und Südosteuropa erschüttern. Ich bejahe die Nation als Sprach-, Kultur-, Gefühls- und Geschichtsgemeinschaft. Aber ich widerspreche – gerade auf dem Hintergrund unserer Geschichte – entschieden Versuchen, ihr eine transzendente Dimension beizumessen, also eine Dimension, die die Grenzen der Erfahrung, des Bewußtseins und des Diesseits überschreitet, und eine solche Transzendenz der Nation »der religiösen Transzendenz als mögliche Ersatzalternative gegenüberzustellen«, wie das zu meiner Überraschung und zu meinem Leidwesen Herr Schäuble befürwortet.

Natürlich müssen wir auch unsere Wirtschaft modernisieren. Dazu bedarf es weiterer Rationalisierung, gewisser Kostenentlastungen und einer höheren Flexibilität. Die Kostenentlastung muß insbesondere durch eine Umschichtung der steuerlichen Belastung der Arbeit auf den Energieverbrauch, durch die Befreiung der sozialen Sicherungssysteme von Aufgaben, die in die Zuständigkeit der Allgemeinheit fallen und deshalb nicht durch Beiträge, sondern durch Steuern zu finanzieren sind, und dadurch bewirkt werden, daß an die Stelle von Lohnerhöhungen teilweise die Beteiligung der Arbeitnehmer am Produktivvermögen tritt. Die fortschreitende Akkumulation des Produktivvermögens in den Händen einer kleinen Minderheit ist ohnehin eine soziale Ungerechtigkeit ersten Ranges.

Noch wichtiger aber ist die Innovation auf den Gebieten, auf denen unsere Stärken – hoher Stand der Naturwissenschaften, hohe Qualifikation der Arbeitnehmerschaft und noch immer überdurchschnittliche Zuverlässigkeit bei der Einhaltung von Qualitätsstandards und Terminen – zum Tragen kommen und uns Angebote erlauben, zu denen andere nicht oder noch nicht in der Lage sind. Das alles kann aber nicht dem Selbstlauf überlassen werden. Und ebensowenig kann die Konkurrenzfähigkeit gegenüber Niedriglohnländern auf den Gebieten, auf denen sie unsere Standards erreicht haben, durch den Abbau oder gar die Zerstörung unseres sozialen Sicherungssystems verbessert werden. Das hätte eine noch höhere Massenarbeitslosigkeit zur Folge und eine noch stärkere Aufspaltung in eine schrumpfende Mehrheit, der es gut und noch besser geht, und eine wachsende Minderheit, der es schlecht und noch schlechter geht. An die Stelle des sozialen Friedens, den die Bundesrepublik seit Jahrzehnten genießt, könnte so wieder der soziale Dauerkonflikt des vergangenen Jahrhunderts treten. Ein Schritt in die richtige Richtung wäre hingegen die Aufstockung der Löhne für einfache Dienstleistungen aus öffentlichen Mitteln auf eine Höhe, die über den Sozialhilfesätzen liegt. Das würde zugleich den Sozialhilfeetat der Gemeinden und den Etat der Bundesanstalt für Arbeit entlasten.

Die gesellschaftlichen Gruppen – auch die Parteien – müssen sich stärker um den einzelnen bemühen und ihn durch Beispiel und Argumentation zur Mitarbeit gewinnen, weil der »stumme Zwang« des Milieus, in das hinein jemand geboren wird und in dem er aufwächst, kaum mehr wirkt. Dabei müssen sie die Grenzen der Selbstverwirklichung aufzeigen und den dienenden, auf Solidarität zielenden Charakter ihres Engagements glaubhaft machen. Auf ein Mindestmaß an sogenannten Sekundärtugenden können sie ebensowenig verzichten wie das Gemeinwesen. Die Verabsolutierung des Egoismus und das Messen des Erfolgs allein an materiellen Maßstäben zerstören das Gemeinwesen und letzten Endes die Menschenwürde und würden uns zu einer Wolfsgesellschaft werden lassen. Das, was Willy Brandt 1972 über die »compassion«, also über die Bereitschaft mitzuleiden und über die Fähigkeit, ein Herz für den anderen zu haben, gesagt hat, ist in diesem Zusammenhang noch wichtiger geworden.

Die Orientierung der Politik und des gesellschaftlichen Handelns an Grundwerten muß deutlicher hervortreten. Die jeweiligen Führungspersonen sollten auch zu erkennen geben, von welchen Überzeugungen sie mit welchen Begründungen für sich die Grundwerte ableiten. Ihre eigene Lebensführung muß im Einklang mit dem bleiben, was sie öffentlich vertreten und von anderen fordern. Der Begriff der Askese könnte in diesem Zusammenhang neue Bedeutung gewinnen, nicht im Sinne der Selbstkasteiung, aber als freiwilliger Verzicht auf erreichbare materielle Güter, die zudem häufig nur als Statussymbole begehrt werden.

Wir benötigen eine neue Definition des Fortschritts und neue Kriterien für die Beurteilung der Erfolge und Mißerfolge unserer Gesellschaft. Der Automatismus der wissenschaftlichen, technischen und ökonomischen Entwicklung garantiert nicht länger die Durchsetzung humaner Werte. Fortschritt muß künftig auf eine höhere Qualität menschlichen Lebens zielen. Das verlangt Umdenken, Umsteuern, Auswählen und Gestalten vor allem in Technik und Wirtschaft. Eine bessere Zukunft hängt nicht nur von dem ab, was wir tun, sondern auch von dem, was wir unterlassen, obwohl wir es tun könnten. Technologien, die den Menschen zumindest partiell als allwissend oder allmächtig erscheinen lassen, wie zum Beispiel die Atomenergie und die das Humanum berührenden Spielarten der Gentechnologie, überschreiten die dem Menschen von seiner Bestimmung her gesetzten Grenzen und sind deshalb nicht zu verantworten.

Wir brauchen die stimulierende Kraft einer besseren und gerechteren Gesellschaftsordnung. Ohne eine solche Vision, die der Vergangenheit Bedeutung zuschreibt, die Gegenwart erklärt und für die Zukunft Orientierung liefert, wären die Reformen, die unsere gesellschaftliche Ordnung im Laufe dieses Jahrhunderts menschenwürdig gemacht haben, nicht durchzusetzen gewesen. Und ohne diese Vision wird die dringend erforderliche Bewußtseinsänderung schon deswegen nicht gelingen, weil wir ohne sie in einer Flut von widersprüchlichen Informationen ertrinken und die Orientierung verlieren. Die politischen und gesellschaftlichen Gruppen müssen einen Wettbewerb solcher realer Utopien in Gang bringen und in Gang halten. Das setzt auch fundamentalistischen Tendenzen stärkeren Widerstand entgegen als die bloße Verteidigung des Bestehenden oder gar ein passives Sichabfinden mit den Ergebnissen, die eintreten, wenn man die Dinge ihrem Selbstlauf überläßt.

In unserer Zeit ist – ich sagte das schon – die soziale Frage zu einer globalen Frage geworden. Wir sollten uns deshalb daran erinnern, welche Forderung Ferdinand Lassalle um die Mitte des letzten Jahrhunderts als die erste und vornehmste zur Lösung der sozialen Frage auf der nationalen Ebene propagiert hat. Es war die nach dem allgemeinen, unmittelbaren, gleichen und geheimen Wahlrecht. Sind wir uns bewußt, was es bedeuten würde, wenn diese Forderung heute weltweit erhoben und in die Tat umgesetzt würde? Wie der Weltsicherheitsrat, die Weltbank oder der Weltwährungsfonds dann zusammengesetzt wären?

Lassalle sprach damals für eine Mehrheit unseres Volkes, für die Mehrheit derer, die um einen gerechten Anteil an der Macht und am Wohlstand und deshalb gegen die Privilegien einer Minderheit kämpften. Heute, im globalen Maßstab, gehören wir insgesamt zur Minderheit der Privilegierten, gehören wir zu denen, die Macht und Wohlstand abzugeben haben. Je früher wir uns darüber klar werden, desto besser. Und je evolutionärer es geschieht, um so weniger blutige Konfrontationen werden diesen Prozeß begleiten. Nur so läßt sich auf Dauer auch den fundamentalen Bewegungen der Nährboden entziehen, auf dem sie gegenwärtig in nicht wenigen Regionen gedeihen. Da läßt sich einiges aus den sozialen Kämpfen des 19. und des ersten Drittels des 20. Jahrhunderts in Europa lernen. Und aus der erfolgreichen Überwindung der Apartheid in Südafrika ebenfalls. Sicher: Das weltweite allgemeine und gleiche Wahlrecht steht gegenwärtig noch ebensowenig auf der aktuellen politischen Tagesordnung wie die Schaffung einer Weltregierung als Trägerin eines weltweiten Gewaltmonopols. Aber davon, daß beides zentrale Themen des nächsten Jahrhunderts sein werden und daß sie auch unser Gemeinwesen auf existentielle Proben stellen werden, bin ich fest überzeugt.

Über den Tag hinaus (II):
Zur Rolle der deutschen Sozialdemokratie

Die deutsche Sozialdemokratie ist die älteste demokratische Partei unseres Landes. Zu Recht nimmt sie traditionell den 23. Mai
1863, an dem Ferdinand Lassalle in Leipzig zum Präsidenten
des Allgemeinen Deutschen Arbeitervereins gewählt wurde, als
den Tag ihrer Gründung in Anspruch. Der im August 1869 von
August Bebel und Wilhelm Liebknecht initiierten Gründung der
Sozialdemokratischen Arbeiterpartei folgte 1875 in Gotha die
Vereinigung beider Organisationen zur Sozialistischen Arbeiterpartei. Seit 1891 – also seit über hundert Jahren – führt sie
unverändert den Namen Sozialdemokratische Partei Deutschlands. Keine andere der heutigen Parteien kann auf eine vergleichbare geschichtliche Kontinuität zurückblicken.

Wer die deutsche Sozialdemokratie verstehen und ihr Gerechtigkeit widerfahren lassen will, muß sich deshalb mit dieser Geschichte beschäftigen. Mit ihrer Programm- und Ideen-
geschichte und der Geschichte ihrer inneren Konflikte ebenso wie
mit der Geschichte ihrer Erfolge und ihrer Niederlagen, mit ihren
Führungspersönlichkeiten ebenso wie mit den Opfern, die zahllose ihrer Anhänger und Anhängerinnen im Laufe von 130 Jahren,
insbesondere aber in der Zeit der nationalsozialistischen Gewaltherrschaft gebracht haben. Sicher ist auch diese Geschichte nicht
frei von Irrtümern, Fehlern und tragischem Versagen. Aber die
Ursachen für die deutschen Katastrophen dieses Jahrhunderts
waren nicht bei den Sozialdemokraten, sondern zumeist in der
rechten Ecke unseres politischen Spektrums zu finden. Und Kurt
Schumacher hat noch heute recht mit dem, was er 1946 auf dem
ersten Nachkriegsparteitag ausgesprochen hat. Dort sagte er:

»Wir sprechen die SPD nicht heilig. Aber das beste und sauberste Stück deutscher Geschichte ist trotz aller Fehler und aller Versehen die Sozialdemokratische Partei Deutschlands.«

Manchmal fürchte ich, die Erinnerung an diese große Tradition könnte abreißen. Geschichtslosigkeit könnte um sich greifen und die Sozialdemokratie eines ihrer tragfähigsten Fundamente berauben. Das nicht nur, weil die Überflutung unserer Gegenwart mit aktuellen Informationen und Reizen für die Besinnung auf die Vergangenheit kaum noch Zeit läßt oder weil konkurrierende und gegnerische Kräfte immer wieder der Versuchung erliegen, einzelne Elemente dieser Geschichte zu verfälschen und in der täglichen Auseinandersetzung – vor allem in Wahlkämpfen – gegen uns zu wenden. Sondern auch, weil wir selber bis in die Führungsebene hinein zu kurzatmig und zu augenblicksverliebt zu werden drohen. Darum sage ich: Die deutsche Sozialdemokratie ist keine Weltanschauungsgemeinschaft und erst recht kein in sich abgeschlossener Bruderbund. Aber sie ist mehr als eine Zweckvereinigung zur Durchsetzung und wechselseitigen Förderung von Interessen. Nämlich eine soziale Gesinnungsgemeinschaft, die sich über ihr Menschenbild verständigt hat und die Werte vermitteln und verwirklichen will. Und eine Gemeinschaft, für deren Ziele Menschen ihr Leben geopfert haben. Das ist ein Vermächtnis, das uns verpflichtet und an dem sich auch diejenigen messen lassen müssen, die heute für die Partei Verantwortung tragen.

Der Bogen unserer Programmgeschichte spannt sich vom Erfurter Programm des Jahres 1891, dem einige kürzere Programme vorausgegangen waren, bis zum Berliner Programm des Jahres 1989. Es ist eine Geschichte, an deren Anfang der Widerspruch zwischen dem ersten und dem zweiten Teil des Erfurter Programms stand. Nämlich der Widerspruch zwischen der an Karl Marx orientierten Theorie von der historischen Zwangsläufigkeit des Sozialismus als Endzustand der gesellschaftlichen Entwicklung und der Vergesellschaftung der Produktionsmittel als des entscheidenden Schrittes zur Überwindung der Klassengesellschaft und den aus der Praxis hergeleiteten Forderungen zur schrittweisen Reform der bestehenden Gesellschaftsordnung. Es war unbeschadet dieses Widerspruchs die auf der marxistischen Theorie beruhende und von August Bebel charismatisch verkörperte Siegeszuversicht, die die Sozialdemokratie in kurzer Zeit zu einer machtvollen, von Repressionsmaßnahmen des Staates und der Gesellschaft eher beflügelten als eingeschüchterten Organisation werden ließ. Eine Organisation, die übrigens schon vor Beginn des ersten Weltkriegs mehr Wähler auf sich vereinigte als jede andere Partei. Diese theoretische Fixierung, die jedenfalls auf den Parteitagen und in der sozialdemokratischen Rhetorik und Publizistik eine wichtige Rolle spielte, brachte indes die Partei von dem Zeitpunkt an in wachsende Schwierigkeiten, von dem an sie nach dem Ende des Kaiserreichs staatliche Verantwortung übernehmen und sich dabei – wie schon vorher bei der Bewilligung der Kriegskredite – auch zu Konzessionen bereit finden mußte, die mit ihrer theoretischen Programmatik nur schwer oder auch gar nicht zu vereinbaren waren. Daß die Partei in der Weimarer Republik zeitweise unbeweglich, ja fast wie gelähmt erschien, hat hierin und insbesondere in der Vorstellung von der Gesetzmäßigkeit und Unbeeinflußbarkeit geschichtlicher Abläufe eine ihrer wesentlichen Ursachen. Julius Leber hat das im Jahre 1933 in seiner während seiner ersten Haftzeit unter dem unmittelbaren Eindruck des Scheiterns verfaßten Schrift »Die Todesursachen der Sozialdemokratie« bitter beklagt. Auch die Spaltung der Arbeiterbewegung, für die es natürlich auch noch andere Gründe gab, ist durch diesen Widerspruch begünstigt worden.

Überwunden hat diesen Widerspruch erst das Godesberger Programm von 1959. Es hielt am Begriff des demokratischen Sozialismus fest, definiert ihn aber nicht mehr als einen mit der Vergesellschaftung der Produktionsmittel verknüpften Endzustand, sondern als die dauernde Aufgabe, die Grundwerte der Freiheit, der Gerechtigkeit und der Solidarität in der jeweiligen konkreten Situation durch gesellschaftliche Reformen immer aufs neue zu verwirklichen. Das war – wenn man so will – ein später Sieg Eduard Bernsteins und Leonard Nelsons über Karl Kautsky, und es war jedenfalls die endgültige Abkehr von einem dogmatischen, vielleicht fundamentalistischen Ansatz. Alle übrigen Neuerungen des Godesberger Programms – so ein verändertes Staats- und Rechtsverständnis, die Gleichwertigkeit der unterschiedlichen Begründungen für die Grundwerte und die Anerkennung des eigenständigen Auftrags der Kirchen – folgen daraus. Auch der so oft zitierte Satz »Wettbewerb so weit wie möglich, Planung so weit wie nötig« hängt damit zusammen. Das Berliner Programm von 1989 hat die Grundentscheidungen von Godesberg bekräftigt und weitergeführt. Davon sprach ich bereits weiter oben.

Zweierlei darf dabei allerdings nicht aus dem Blick geraten. Nämlich daß es vor aller Programmatik und Theorie die Empörung über die Ungerechtigkeit der bestehenden gesellschaftlichen Zustände, daß es das verletzte Gerechtigkeitsgefühl war, das zur Entstehung der Sozialdemokratie führte und bis zum heutigen Tag die Haupttriebfeder ihres Handelns geblieben ist. Zum anderen, daß das Bismarcksche Sozialistengesetz, das die Partei von 1878 bis 1890 zwölf Jahre lang unter Ausnahmerecht stellte, das Verhältnis der Sozialdemokratie zum Staat für lange Zeit negativ geprägt hat.

Damit habe ich bereits den ersten und wichtigsten der inneren Konflikte genannt. Er hat übrigens auch nach Godesberg zumindest im Unterbewußtsein der Partei, manchmal aber auch expressis verbis noch gelegentlich fortgewirkt. Etwa bei dem Widerstand gegen den Eintritt in die große Koalition des Jahres 1966 oder bei den internen Auseinandersetzungen der siebziger Jahre, von denen schon die Rede war. Andere Konflikte hatten nicht dieses Gewicht. Aber sie haben die Kräfte der Partei jeweils über kürzere oder längere Zeit in Anspruch genommen, für gewisse Phasen ihr Erscheinungsbild geprägt, sie in aller Regel aber auch vorangebracht und jedenfalls vor Erstarrung bewahrt. Schon deshalb gehören sie ebenfalls zur Geschichte der Partei, und deshalb erwähne ich die wichtigsten von ihnen aus der Nachkriegszeit wenigstens stichwortartig. Näher behandelt habe ich einige von ihnen bereits in ihrem jeweiligen zeitlichen Zusammenhang.

Da war in den späten fünfziger Jahren der Konflikt mit dem Sozialistischen Deutschen Studentenbund (SDS), bei dem es um ideologische Streitfragen ging – der SDS tendierte weit nach links und schloß auch die Zusammenarbeit mit Kommunisten nicht aus – und der mit einem Unvereinbarkeitsbeschluß endete. Da war die Auseinandersetzung über den Radikalenerlaß, die bis Anfang der achtziger Jahre andauerte. Da gab es – und gibt es immer noch – den Streit über das Verhältnis zu den Grünen und die Haltung zur Kernkraft, zu bestimmten Technologien und zur Umweltproblematik insgesamt. Und da gab es vor allem den Streit um die Nachrüstung. In jüngster Zeit kamen die Auseinandersetzungen über das Asylrecht und über die Beteiligung der Bundeswehr an UNO-Einsätzen hinzu, von denen die letztere durchaus noch nicht abgeschlossen ist. Ich zögere, auch die parteiinternen Kontroversen über die Frauenförderung und die Modalitäten der deutschen Einigung als solche Streitthemen zu nennen. Wie ich schon schilderte, vollzog sich nämlich die deutsche Einigung in einem so rasanten Tempo, daß Meinungsverschiedenheiten über einzelne Modalitäten jeweils schon wieder überholt waren, bevor sie sich richtig entfalten konnten. Und bei der Frauenförderung ging es nicht um einen programmatischen Konflikt, sondern um die praktische Umsetzung eines in der Theorie unstreitigen Zieles.

Die Erfolge, die sich die Sozialdemokratie selbst dann zurechnen kann, wenn man strenge Maßstäbe anlegt, sind so durchschlagend, daß seit einiger Zeit sogar Kritiker und Gegner von einer Sozialdemokratisierung unserer Gesellschaft reden. Manche allerdings mit der bemerkenswerten Schlußfolgerung, daß damit das, was sie das sozialdemokratische Jahrhundert nennen, ein Ende erreicht, die Sozialdemokratie sich also selber überflüssig gemacht habe. Hinsichtlich der Erfolge, also der positiven

Veränderungen unserer staatlichen und gesellschaftlichen Strukturen und der Verbesserung der konkreten Lebensbedingungen für die große Mehrheit unseres Volkes, stimme ich dem zu. In der Tat: Die meisten großen Reformen auf dem Weg zu mehr sozialer Gerechtigkeit, zur Gleichberechtigung aller Bürger und Bürgerinnen und zu einem friedlichen Zusammenleben der Völker über die nationalen Grenzen hinweg sind von der Sozialdemokratie ausgegangen und von ihr – häufig genug gegen den Widerstand der Konservativen – durchgesetzt worden. Auch am ideellen und materiellen Aufbau nach dem zweiten Weltkrieg hat sie einen entscheidenden Anteil. Nichts von dem, was den Menschen heute an Freiheit, Selbstbestimmung und Teilhabe als selbstverständlich erscheint, wäre ohne das unablässige Engagement der Sozialdemokratie zustande gekommen. Daß sich die Sozialdemokratie damit überflüssig gemacht habe, halte ich allerdings für einen fundamentalen Irrtum.

Den Erfolgen stehen bittere Rückschläge und schwere Niederlagen gegenüber, die jedoch oft genug erst die subjektiven und objektiven Voraussetzungen für spätere Erfolge schufen, weil sie die Partei dazu zwangen, die Gegebenheiten von neuem zu durchdenken und nach besseren Wegen zur Erreichung ihrer Ziele zu suchen. Die schwerste Niederlage war, gemessen an den Folgen für unser Volk, aber auch für die Partei, die im Kampf gegen den Nationalsozialismus. Ob sie hätte verhindert werden können, welche Mittel dazu zusätzlich hätten eingesetzt werden sollen und welches gegebenenfalls der letzte Zeitpunkt gewesen wäre, um die Machtübernahme Hitlers noch abzuwenden, ist nach wie vor streitig. Einige Historiker glauben, das sei der 20. Juli 1932 gewesen, an dem Herr von Papen die demokratisch legitimierte Preußenregierung Otto Brauns aus dem Amt jagte. Unstreitig ist hingegen, daß die Sozialdemokratie früher und eindringlicher gewarnt hat als andere und daß sie noch Widerstand leistete, als viele Hitler schon unterstützten oder vor ihm kapitulierten. Und unstreitig ist auch, daß die Verblendung der Kommunisten, die auf Geheiß Stalins nicht in den Nationalsozialisten, sondern in den Sozialdemokraten, die sie als Sozialfaschisten schmähten, den Hauptfeind sahen, wesentlich zum Siege Hitlers beitrug. Ein Irrtum, den die Kommunisten später blutig gebüßt haben. Aber die Niederlage der Weimarer Republik war schon deswegen vor allem die Niederlage der Sozialdemokratie, weil sie lange die stärkste und am Ende nahezu die einzige Verteidigerin dieser Republik war.

Was die Warnungen angeht, erscheinen mir zwei Beispiele noch heute besonders eindrucksvoll. Das eine ist die Parole »Wer Hitler wählt, wählt Krieg!«, die die Partei spätestens ab 1930 immer wieder artikulierte. Das andere ist die Rede Kurt Schumachers in einer Reichstagssitzung vom Februar 1932, in der er den Nationalsozialisten, die seit der Reichstagswahl des Jahres 1930 bereits mit einhundertsieben Abgeordneten im Reichstag saßen, den Satz entgegenschleuderte: »Die ganze nationalsozialistische Agitation ist ein dauernder Appell an den inneren Schweinehund.« Eine der kürzesten, aber auch eine der treffendsten Charakterisierungen des Nationalsozialismus.

Dieser Niederlage ging eine frustrierende Erfahrung in der Weimarer Republik voraus. Sie stellte sich im Ergebnis ebenfalls als Niederlage, jedenfalls als schwerer Rückschlag dar. Das war die Tatsache, daß die Sozialdemokratie im Herbst und Winter 1918/19 nur für kurze Zeit die bestimmende politische Kraft war und daß es ihr nicht gelang, auch zur bestimmenden Kraft der neuen Republik zu werden; daß die alten Kräfte rasch wieder hervortraten und daß ihre Machtstrukturen praktisch unangetastet blieben; und das selbst nach dem Kapp-Putsch und selbst in Preußen, wo immerhin länger als zehn Jahre eine sozialdemokratisch geführte Regierung im Amt war. Auch hier ist die Frage nach den Alternativen schwer zu beantworten. Aber das ist kein Grund, sich mit ihr nicht ernsthaft zu beschäftigen. Nicht um nachträglich Schuldvorwürfe zu erheben, wie manche das leichtfertig tun, sondern um daraus zu lernen.

Eine weitere Niederlage von historischer Dimension war die Auslöschung der Sozialdemokratie in der damaligen sowjetischen

Besatzungszone im Jahre 1946. Hier ist die Frage nach der Vermeidbarkeit müßig, der Grund offenkundig: Sie ist von der sowjetischen Besatzungsmacht erzwungen worden. Ohne den von ihr rücksichtslos ausgeübten Druck wäre, wie die Urabstimmung in Berlin gezeigt hat, schon die sogenannte Vereinigung der Arbeiterparteien nicht zustande gekommen. Es ist eines der großen Verdienste Kurt Schumachers, das vom ersten Augenblick an klar und deutlich zum Ausdruck gebracht zu haben.

Als eine andere gravierende Niederlage habe ich – dann schon aus eigenem Miterleben – das Ergebnis der ersten Bundestagswahl im August 1949 empfunden. Mit vielen hielt ich es für selbstverständlich, daß nun die Stunde Kurt Schumachers und der Sozialdemokratie gekommen sei. Daß sie noch nicht einmal stärkste Partei wurde, ja um fast zwanzig Prozent hinter den bürgerlichen Parteien zurückblieb, war eine bittere Enttäuschung. Und es dauerte ja auch siebzehn Jahre, bis es zur Korrektur der damals vollzogenen Verteilung der politischen Rollen kam. Wieder muß die Frage nach den Gründen an dieser Stelle auf sich beruhen. Wahrscheinlich spielten die Wirtschaftspolitik und die Meinung, Ludwig Erhard habe bereits gezeigt, daß er die Wirtschaft eher wieder in Gang bringen könne als die Sozialdemokraten, die entscheidende Rolle.

Von den Männern, die das Profil der Partei seit ihrer Gründung bis 1933 bestimmten, sind für mich neben Ferdinand Lassalle und August Bebel, die ich bereits erwähnte, Georg von Vollmar und danach Friedrich Ebert und Otto Wels die wichtigsten. Otto Wels wegen der historischen Rede, mit der er am 23. März 1933 in der Kroll-Oper das Nein der sozialdemokratischen Reichstagsfraktion zum Ermächtigungsgesetz begründete. Und Friedrich Ebert als die Verkörperung des sozialdemokratischen Funktionärs im besten Sinne des Wortes. Als ein Mann des Vertrauens – und das ist die korrekte Wiedergabe dessen, was der zu Unrecht abgewertete Begriff des Funktionärs eigentlich bedeutet –, von dem weder Charisma noch Glanz ausging, der aber seinem Volk in der Stunde der Not bis zur Selbstaufgabe diente und den seine konservativen Feinde haßerfüllt mit dem abwegigen Vorwurf des Landesverrats in einen frühen Tod hetzten, weil sie es nicht ertragen konnten, daß ein Arbeiter, ein Sattlergeselle, wie sie ihn höhnisch nannten, als Staatsoberhaupt den Platz des Kaisers eingenommen hatte.

Georg von Vollmar gilt meine Sympathie als dem eigentlichen Begründer der bayerischen Sozialdemokratie. Er hat bereits 1891 in einer seiner berühmten Eldorado-Reden – so genannt nach der Münchner Gaststätte, in deren Saal er diese Reden hielt – zwei Sätze formuliert, die Godesberg im Grunde schon damals vorwegnahmen und die ich bei vielen Gelegenheiten zitiert habe. Sie lauteten:

»Wie die natürlichen Verhältnisse nicht in ruckweisen, plötzlich und unvermittelt einander folgenden Umwälzungen sich entwickeln, so lösen die gesellschaftlichen Ordnungen einander nicht als abgeschlossene, unvermittelte Einheiten ab. Es gibt auch hier so wenig ein künstliches Machen als ein plötzliches Abreißen und Wiederbeginnen, sondern das Alte wächst allmählich, viel zu langsam für den hochfliegenden Sinn, aber sicher in das Neue hinein. Dieses tausendfache Wurzeln des Heutigen im Gestrigen und des Morgen im Heute läßt nichts Absolutes aufkommen; alle politischen und gesellschaftlichen Zustände sind etwas Relatives, sind Übergangsformen. Die heutige Form zu benützen, um auf die Gestaltung der morgigen Einfluß zu üben – das muß unsere Aufgabe sein.«

Rosa Luxemburg hat solchen Gedanken sicher energisch widersprochen. Und ihre theoretischen Positionen waren bestimmt noch fundamentalistischer als die ihrer meisten männlichen Kollegen. Dennoch fasziniert mich immer aufs neue, was sie am Rande ihres unvollendeten Manuskripts »Zur russischen Revolution« zu Papier brachte, nämlich:

»Freiheit nur für die Anhänger der Regierung, nur für Mitglieder einer Partei – mögen sie noch so zahlreich sein – ist keine Freiheit. Freiheit ist immer Freiheit der Andersdenkenden. Nicht wegen des Fanatismus der Gerechtigkeit, sondern weil all das

Belebende, Heilsame und Reinigende der politischen Freiheit an diesem Wesen hängt und seine Wirkung versagt, wenn die Freiheit zum Privilegium wird.«

Ihre feige Ermordung im Jahre 1919 verdient es noch heute, in den Geschichtsbüchern als Beispiel für die Brutalität derer festgehalten zu werden, die den Nationalsozialisten als frühe Vorbilder dienten. Deshalb bedaure ich es auch, daß wir das Andenken an Rosa Luxemburg fast völlig der SED überlassen haben, die es jahrzehntelang für ihre Zwecke mißbrauchte.

Über die sozialdemokratischen Führungspersönlichkeiten, denen ich selbst begegnet bin, insbesondere über Willy Brandt, Herbert Wehner und Helmut Schmidt, habe ich mich schon an vielen Stellen dieses Buches geäußert. Über Kurt Schumacher, Fritz Erler, Wilhelm Hoegner und Waldemar von Knoeringen füge ich noch einige Bemerkungen an, weil sie ebenso wie die zuvor genannten für meine politische Entwicklung zu bestimmten Zeiten eine unmittelbare persönliche Bedeutung gehabt haben.

Kurt Schumacher habe ich selber nur ein einziges Mal gesehen. Das war im Sommer 1949 bei einer Kundgebung in Rosenheim, zu der ich von weit her mit dem Rad gekommen war. Er mußte wegen seines körperlichen Zustandes im Sitzen sprechen. Für bayerische Ohren war auch seine Sprachfärbung ungewohnt. Dennoch beeindruckte er seine Zuhörer nachhaltig. Mir erschien er, den zehn Jahre KZ-Haft gezeichnet, aber nicht gebrochen hatten, als die Verkörperung dessen, was ein unbeugsamer Wille im Dienste einer großen Idee vermag. Für meinen Entschluß, der SPD beizutreten, hat diese Begegnung mit Kurt Schumacher eine erhebliche Rolle gespielt.

Auch Wilhelm Hoegner, von Beruf Staatsanwalt, hat schon vor 1933 als junger Landtagsabgeordneter und dann als Reichstagsabgeordneter gegen den Nationalsozialismus gekämpft. Er war deshalb denen, die 1933 an die Macht kamen, besonders verhaßt und konnte nur im österreichischen und nach 1934 im Schweizer Exil überleben. Nach 1945 war er zweimal bayerischer Ministerpräsident, zuletzt von 1954 bis 1957. In dieser Zeit habe ich in der Bayerischen Staatskanzlei in seiner näheren Umgebung an der Bereinigung des bayerischen Landesrechts gearbeitet. Dabei habe ich ihn als einen strengen und unermüdlichen Arbeiter kennengelernt, der jeden an ihn gerichteten Brief persönlich beantwortete. Als Miturheber der bayerischen Verfassung war er ein überzeugter Föderalist. Mir war er mit all diesen Eigenschaften ein Vorbild.

Waldemar von Knoeringen hat als engagierter junger Sozialdemokrat die Zeit des NS-Gewaltregimes in der Tschechoslowakei und dann in England überlebt. Ihn habe ich zum erstenmal bei der Kundgebung in Rosenheim gehört, bei der Kurt Schumacher sprach. Er war damals Vorsitzender der bayerischen SPD und später mit Hoegner zusammen der Schöpfer der legendären Viererkoalition, die die CSU in Bayern von 1954 bis 1957 ein einziges Mal in die Opposition verwies. Seine Stärke waren seine Fähigkeit, Menschen zu begeistern, und seine Weitsicht, die ihn Entwicklungen, Chancen und Gefahren schon zu einem Zeitpunkt erkennen ließ, in dem andere sie noch nicht einmal ahnten. Persönlich von vorbildlicher Bescheidenheit, verstand er es, vor allem junge Menschen um sich zu sammeln und für die Mitarbeit in der Sozialdemokratie zu gewinnen. Mich zog er bald nach meinem Parteibeitritt gerade deshalb in seinen Bann, weil seine Eigenschaften die Wilhelm Hoegners ergänzten. War der eine der eher nüchterne und skeptische Mann der Pflicht, glänzte der andere durch seine Phantasie, den Bilderreichtum seiner Sprache und seinen unerschütterlichen Optimismus.

Fritz Erler habe ich während meiner Oberbürgermeisterzeit wiederholt in Bonn aufgesucht und in seiner Eigenschaft als Fraktionsvorsitzender um Unterstützung bei Münchner und bei allgemeinen kommunalen Anliegen gebeten. In den Diskussionen, die sich dabei ergaben, kennzeichneten ihn die Eigenschaften, die ich schon von seinen Bundestags- und Parteitagsreden her kannte: umfassende Sachkunde, Präzision, Klarheit und Sicherheit des Urteils. Er bestach durch Kühle und Logik, wo andere zur Langatmigkeit und zu Wortgirlanden neigten. Sein früher Tod im Jahre 1967 war für die Partei ein schwerer Verlust.

Ich sagte soeben, daß wir das Andenken Rosa Luxemburgs zu lange vernachlässigt haben. Damit bin ich bei einem Punkt, der uns generell Anlaß zur Selbstkritik geben muß. Das ist die Art und Weise, in der wir als Partei lange Zeit mit dem sozialdemokratischen Widerstand gegen die NS-Gewaltherrschaft und mit den Opfern umgegangen sind, die dieser Widerstand gefordert hat. Sozialdemokratinnen und Sozialdemokraten waren nach 1933 unter den ersten, die verhaftet, gefoltert, in Konzentrationslager geworfen und ermordet wurden. Viele mußten aus Deutschland flüchten, Tausende wurden verfolgt, weil sie allein, gemeinsam mit Gleichgesinnten oder auch zusammen mit Männern und Frauen aus anderen Lagern Widerstand leisteten und die Tyrannei beseitigen wollten. So auch im Kreis der am Attentat vom 20. Juli 1944 Beteiligten. Insgesamt haben in jener Zeit viele Sozialdemokraten und Sozialdemokratinnen ihr Leben verloren. Aber von all dem war bis in die siebziger Jahre kaum die Rede. Gewiß – bei entsprechenden Gelegenheiten wurde der Widerstand erwähnt. Doch das geschah mehr nach Art einer Pflichtübung. Konkrete Namen wurden nur selten genannt. Die Überlebenden standen als solche auch nicht im Zentrum der parteiinternen Aufmerksamkeit. Die in Deutschland Verfolgten sprachen selber, ebenso wie die aus dem Exil Zurückgekehrten, nur wenig von ihren Erlebnissen. Erst im Juni 1979 kam es zur Gründung einer Arbeitsgemeinschaft verfolgter Sozialdemokraten. Und eine Tafel, die an die sozialdemokratischen Opfer der Gewaltherrschaft erinnert, ist im Erich-Ollenhauer-Haus erst zur Zeit meines Parteivorsitzes beschlossen und dort im März 1994 angebracht worden. Auch örtliche Aktivitäten kamen erst in den siebziger Jahren breiter in Gang.

Warum das so war, läßt sich im nachhinein schwer erklären und schon gar nicht rechtfertigen. Es wird berichtet, Kurt Schumacher habe befürchtet, eine zu starke Hervorhebung dieses Personenkreises hätte die Öffnung der Partei gegenüber der

Mehrheit jener erschwert, die nicht zu diesem Kreis zählten. Viele Verfolgte erachteten ihr Verhalten wohl auch als selbstverständlich und wollten es deshalb nicht besonders herausgestellt wissen. Auch standen ja zunächst die drängenden Alltagssorgen völlig im Vordergrund. Aber warum haben wir Jüngeren über dieses Kapitel unserer Geschichte so lange geschwiegen? Mir geht es dabei gar nicht in erster Linie darum, daß der sozialdemokratische Widerstand aus diesen Gründen in der öffentlichen Wahrnehmung zu lange im Schatten des sogenannten bürgerlichen und militärischen Widerstands blieb. Um nur einige Beispiele zu nennen: Männer und Frauen wie Julius Leber, Adolf Reichwein, Carlo Mierendorff, Wilhelm Leuschner, Toni Pfülf, Johanna Kirchner, Max Westphal, Theodor Haubach und Gustav Dahrendorf wurden lange Zeit nur am Rande erwähnt. Die Namen von Ernst Heilmann, des Vorsitzenden der preußischen Landtagsfraktion, den die Nationalsozialisten 1940 in Buchenwald ermordeten, oder von Hans Frieb und Bebo Wager, die 1943 hingerichtet wurden, weil sie in München und Augsburg Vorbereitungen für die Zeit nach Hitler trafen, sagen den heute Lebenden kaum mehr etwas. Daß die Kommunisten den Widerstand insgesamt für sich vereinnahmten und den Antifaschismus zur bald in Äußerlichkeiten erstarrenden Partei- und Staatsdoktrin der ehemaligen DDR erhoben, steht ohnehin auf einem anderen Blatt.

Das eigentlich Bedrückende daran ist für mich, daß wir es so lange an der Solidarität mit denen haben fehlen lassen, die ihrerseits der Solidarität mit unserer Gemeinschaft schwere und schwerste Opfer gebracht haben. Außerdem: Daß Menschen für Ideen und Überzeugungen und für die Gemeinschaft, die diese Ideen und Überzeugungen vertritt, sogar ihr Leben hingeben, ist doch ein wahrlich nicht alltäglicher Beweis für die Kraft und die Glaubwürdigkeit dieser Gemeinschaft. Und der Mut, mit dem die Abgeordneten unserer Partei als einzige in namentlicher Abstimmung Hitlers Ermächtigungsgesetz am 23. März 1933 abgelehnt haben, nicht minder. Wenn diese Gemeinschaft die Erinnerung daran nicht vor dem Vergessen bewahrt, gibt sie leichtfertig ein Stück ihrer Identität und ihrer ethisch-moralischen Legitimation preis.

Inzwischen ist einiges geschehen, um das Versäumte nachzuholen. Heinz Putzrath und Josef Felder – ich nenne sie stellvertretend für eine ganze Reihe anderer Verfolgter – haben dazu wesentlich beigetragen. Der inzwischen über fünfundneunzigjährige Josef Felder ist der letzte Überlebende derer, die in jener Reichstagssitzung nein gesagt haben; eine Sitzung, über die er ungeachtet seines Alters noch immer mit einer Leidenschaft zu berichten weiß, die seinen Zuhörern den Atem verschlägt. Weiteres ist notwendig. Mein Vorschlag, ein Gedenkbuch anzulegen, in dem die Namen aller Männer und Frauen festgehalten werden, die gestorben sind, weil sie als Sozialdemokraten und Sozialdemokratinnen verfolgt wurden, gehört dazu. Selbstverständlich bezieht sich das auch auf die Opfer von Verfolgung in der sowjetischen Besatzungszone und der DDR. Gerade an denjenigen, die dort als Sozialdemokraten und Sozialdemokratinnen Widerstand geleistet haben und verfolgt worden sind, dürfen wir nicht die gleichen Fehler wiederholen, die ich soeben beklagt habe.

So viel zur Geschichte der Partei. Ich habe sie bewußt breiter behandelt, weil sie sich von der aller anderen Parteien unseres Landes unterscheidet und weil jede Äußerung zur gegenwärtigen und zur künftigen Rolle der deutschen Sozialdemokratie oberflächlich bleibt, wenn sie ihre Geschichte außer acht läßt. Wie nun sehe ich die heutige Rolle meiner Partei? Wo liegen ihre Chancen? Wo ihre Gefährdungen? Und wie steht es mit dem angeblichen Ende des sozialdemokratischen Jahrhunderts?

Von einem solchen Ende kann schon deshalb nicht die Rede sein, weil der Kampf um Freiheit, Gerechtigkeit und Solidarität keineswegs beendet ist. Im Gegenteil – er wird uns in Zukunft stärker denn je herausfordern. Gerade auch wegen des Zusammenbruchs der kommunistischen Ideologie. Marion Gräfin Dönhoff hat doch recht, wenn sie dazu meint, der Kapitalismus habe auch in seiner gegenwärtigen, durch unser Zutun reformierten

Form noch lange nicht deshalb gesiegt, weil der Kommunismus verloren habe. Er wird jetzt härter auf die Probe gestellt, weil das Argument, der Kommunismus führe zu schlechteren Ergebnissen, nicht mehr genügt. Und diese Probe kann er nur durch kontinuierliche Fortentwicklung im Sinne unserer Vorstellungen bestehen. Wenn die Sozialdemokratie als Partei dennoch zu Ende käme, dann, weil Menschen versagen, weil sie ihre Glaubwürdigkeit verlieren, weil die Partei sich selbst untreu wird. Das jedenfalls waren und sind die Gründe, warum unsere Schwesterparteien in Italien verschwunden und in Spanien gefährdet sind. Nicht jedoch, weil ihre Zielsetzungen hinfällig geworden wären.

Im vorhergehenden Kapitel habe ich den Zustand unseres Gemeinwesens und die wichtigsten Herausforderungen beschrieben, denen es nach meiner Ansicht gegenübersteht. Ihre Bewältigung erfordert eine Politik, die die ordentliche Erledigung der täglichen Aufgaben mit dem Willen und der Fähigkeit zu substantiellen Reformen verbindet; eine Politik, die nicht nur Sachzwänge verwaltet und auf Entwicklungen schadensbegrenzend reagiert, sondern die diese Entwicklungen gestalten will. Und das nach Kriterien, über die man sich auf längere Sicht verständigt hat, und mit Mitteln, die diesen Kriterien standhalten. Gerade das aber ist der Kern der sozialdemokratischen Programmatik, wie sie zuletzt im Berliner Programm festgelegt worden ist. Auch zu den einzelnen Problemfeldern gibt das Programm Punkt für Punkt begründete Antworten. Vier Beispiele belegen das besonders eindrucksvoll: seine Aussagen über die Zukunft der Arbeit, über die ökologische Erneuerung, über die Nord-Süd-Politik und über die internationale Gemeinschaft. Diese Abschnitte sind konkrete Antworten auf die entsprechenden Herausforderungen, von denen ich im vorigen Kapitel gesprochen habe.

Keine andere Partei verfügt über vergleichbare programmatische Perspektiven, die Erfahrung und Vision derart schlüssig miteinander verbinden. Die Sozialdemokratie ist hier den übrigen politischen Kräften überlegen. Den Konservativen ohnehin, weil sie der Programmatik kaum Bedeutung beimessen. Aber auch den Grünen, weil ihnen bisher die Erfahrung fehlt, die wir in vielen Jahrzehnten erworben haben.

Diese Überlegenheit steht allerdings unter einem entscheidenden Vorbehalt – nämlich dem, daß die Partei ihr eigenes Programm kennt und es ernst nimmt. Daran sind gegenwärtig Zweifel erlaubt. Die Neigung, sorgfältig erarbeitete Papiere am Tage der Verabschiedung zu den Akten zu legen und so zu tun, als ob es sie nie gegeben hätte, habe ich schon beim »Orientierungsrahmen '85« konstatiert. Auch dem Godesberger Programm ging es in den ersten fünf Jahren nicht viel besser. Beim Berliner Programm habe ich manchmal sogar den Eindruck, es gäbe ein förmliches Zitierverbot. Jedenfalls müßte es mir entgangen sein, daß sich in den letzten Jahren aus der Führungsebene jemand auf das Programm berufen hat. Wenn der eine oder andere glaubt, dieses oder jenes sei inzwischen überholt, dann soll er das sagen. Dann kann man darüber reden. Der augenblickliche Umgang mit dem Programm bedeutet, daß wertvolle politische Ressourcen verschwendet werden. Denn richtig genutzt – und das ist etwas anderes, als es nur formelhaft im Munde zu führen –, gibt das Programm der politischen Arbeit Kontinuität und Glaubwürdigkeit, Transparenz und Ernsthaftigkeit. Auch vermag es – nicht zuletzt unter dem Gesichtspunkt des Strebens nach sozialer Gerechtigkeit und Solidarität – Bindungswirkungen zu entfalten und der Partei ein Profil zu geben, das sie im Vergleich zu anderen Parteien nicht beliebig austauschbar erscheinen läßt. Aber das erfordert Beharrlichkeit und Verzicht auf manche kurzatmigen – wenn auch medienwirksamen – Aktivitäten, mit denen man künstliche Fronten auf Nebenschauplätzen aufbaut, weil man sich an die großen Probleme nicht herantraut.

Ich weiß: Programme sind nicht alles. Solide tägliche Arbeit in den Parlamenten und Regierungen, im Bund, in den Ländern und in den Gemeinden, überzeugende Führungspersonen, eine gute öffentliche Präsentation, eine leistungsfähige Organisation, eine breite und motivierte Mitgliedschaft und eine ebenso breite Verwurzelung in den gesellschaftlichen Strukturen, zur Kooperation, jedenfalls aber zum Dialog bereite Partner, lebendige Kontakte über die deutschen Grenzen hinweg und last but – weiß Gott – not least ordentliche Mehrheiten bei den Wahlen sind nicht minder wichtig. Das muß man einem, der so viele politische Funktionen innegehabt hat wie ich, nicht erst erklären. Aber all das muß sich in einen größeren Zusammenhang einordnen und von daher auch beurteilt werden können – und das sind eben der Sinn und die Aufgabe eines Programms.

Es braucht niemand zu erschrecken. Ich habe nicht vor, jetzt zu allen Stichworten, die ich gerade aufgezählt habe, Ratschläge zu geben oder Zensuren zu erteilen. Johannes Rau hat recht: Auch Ratschläge – vor allem öffentliche Ratschläge – können Schläge sein. Und der Versuchung, Schläge auszuteilen, widerstehe ich auch in diesem Zusammenhang. Deshalb beschränke ich mich auf wenige Bemerkungen.

Zunächst: Die Ausgangslage für die laufende Legislaturperiode war gut und jedenfalls deutlich besser als vor vier Jahren. Die SPD regierte und regiert gegenwärtig noch immer in vierzehn von sechzehn Bundesländern, in vieren mit absoluter Mehrheit, in weiteren sechs als stärkste Regierungspartei und in vier Ländern als Partner in einer großen Koalition. Selbst in ihren besten Zeiten konnte die Union mit solchen Zahlen nicht aufwarten. Im Bundestag ist die Mehrheit der Koalition auf zehn Mandate geschrumpft. Rudolf Scharping hat bei der letzten Bundestagswahl – mit anderen zusammen – geschafft, was das letzte Mal Willy Brandt im Jahre 1972 gelungen ist, nämlich einen deutlichen Zuwachs von fast drei Prozent. Nimmt man noch die Tatsache hinzu, daß die SPD bundesweit in den Großstädten sechsundfünfzig von vierundachtzig Oberbürgermeistern stellt, dann ist auch das nicht gerade ein Anlaß zur Verzweiflung.

Die Partei war und ist noch immer – ich sagte das schon – programmatisch auf der Höhe der Zeit. Auch die sozialdemokratischen Sachkonzepte für die konkreten Politikfelder brauchen den Vergleich mit denen der Union keineswegs zu scheuen. Die Bundesregierung bietet für eine entschlossene und handlungsfähige Opposition auch genügend Angriffsflächen.

Warum ist die SPD alsbald nach der Bundestagswahl dennoch derart in die Defensive geraten? Wo liegen die Gründe dafür, daß sich ihr Erscheinungsbild so drastisch verschlechtert und daß sich in der Mitgliedschaft eine so bedrückende Mischung von Enttäuschung, Mißvergnügen, ja gelegentlich Wut breit gemacht hat? Weshalb sind die Wahlergebnisse in Bremen und in Frankfurt am Main so bedrückend ausgefallen, und weshalb droht in Berlin eine weitere empfindliche Niederlage?

Der wesentliche Grund dafür liegt in dem andauernden und öffentlich ausgetragenen Streit zwischen einzelnen Führungspersonen und dem Parteivorsitzenden. Gewiß haben da auch objektive Interessenunterschiede unter den sozialdemokratisch geführten Bundesländern und sachliche Divergenzen zwischen diesen Bundesländern und der Bundestagsfraktion eine Rolle gespielt. Und diese Divergenzen treten naturgemäß deutlicher hervor, wenn die sozialdemokratisch regierten Länder auf Grund ihrer Stimmenzahl im Bundesrat jeweils die Anrufung des Vermittlungsausschusses durchsetzen und bestimmte Gesetze sogar ganz verhindern können. Diese Situation verlangt ein Höchstmaß an Koordination. Das Gerangel darüber, wo dabei das eigentliche Machtzentrum liegt, ist überflüssig und hilft nur der Koalition. Das Zentrum muß beim Vorsitzenden liegen. Er muß die Beteiligten so lange wieder und wieder zusammenführen, bis eine gemeinsame Linie gefunden ist oder sich herausstellt, daß legitime Länderinteressen oder die Koalitionsverhältnisse in den sozialdemokratisch regierten Ländern eine solche gemeinsame Linie nicht erlauben. Welch schlimme Folgen es hat, wenn diese Klärung nicht rechtzeitig – und das heißt in der Regel vor Beginn der parlamentarischen Aktion – zustande kommt, hat zuletzt das Debakel anläßlich der im Zusammenhang mit der Diätenreform beabsichtigten Grundgesetzänderung gezeigt. Solche Klärungen erfordern von allen, die in Bund und Ländern Verantwortung tragen, ein Mindestmaß an Loyalität – wechselseitig und dem Vorsitzenden gegenüber. Johannes Rau ist ein überzeugendes und nachahmenswertes Beispiel dafür, daß eine solche Loyalität durchaus mit der Wahrung der Interessen des eigenen Landes und hohem persönlichen Ansehen einhergehen kann.

Die entscheidende Ursache für das abschreckende Bild, das die Parteiführung seit langer Zeit bietet, lag aber nicht hier. Sie lag auch nicht bei Rudolf Scharping. Natürlich hat er zu Beginn in Bonn die eine oder andere Anlaufschwierigkeit gehabt. Die hatte ich bei meinem Übergang nach Bonn auch. Viel wesentlicher für die Beurteilung seiner Persönlichkeit und seiner Entschlossenheit ist, daß Rudolf Scharping während des Wahlkampfes und danach Stehvermögen bewiesen hat und sogleich nach Bonn über-wechselte.

Entscheidend war, daß Führungspersonen, denen die Tugen-den der Loyalität und der Disziplin nur in beschränktem Umfang zu Gebote stehen, Scharping die Unterstützung versagten, auf die jeder gewählte Vorsitzende um der Partei willen Anspruch hat; daß sie ihm in schwierigen Situationen nicht halfen, sondern durch fortgesetzte öffentliche Kritik, die zum Teil in persönlich verletzender und geschmackloser Form vorgebracht wurde, den Eindruck erweckten, es gehe darum, ihn zur Strecke zu bringen und zum Rücktritt zu zwingen. Soweit dies Gerhard Schröder betrifft, ist seine Niederlage bei der Mitgliederbefragung viel-leicht eine Erklärung, aber keinesfalls eine Entschuldigung für sein Verhalten. Schröders Verhalten wird auch durch seine wirt-schaftspolitischen Positionen nicht gerechtfertigt. Die unter-scheiden sich nämlich bei näherem Zusehen nicht substantiell von den Beschlüssen der Gesamtpartei. Und wo sie es in Einzel-fragen tun, handelt es sich um Beschlüsse, an denen er mitge-wirkt und denen er selber zugestimmt hat. Sein Machtwille ist sicher eindrucksvoll. Aber mehr und mehr stellt sich die Frage, wofür er die Macht, um die er kämpft, eigentlich einzusetzen gedenkt. Und ob ihm die eigene Medienpräsenz nicht wichtiger ist als das Gesamtinteresse der deutschen Sozialdemokratie, die keiner als Trampolin für eigene hohe Sprünge mißbrauchen darf. Das alles würde ich weniger kritisch beurteilen, wenn Schröder mit offenem Visier auf dem kommenden Parteitag als Gegenkandidat zu Rudolf Scharping antreten würde. Meine Zustimmung würde er auch dann nicht finden. Aber es wäre dann eine Auseinandersetzung im Rahmen demokratischer Spielregeln. So wie Schröder bislang agiert, hat er nicht nur der Partei Schaden zugefügt, sondern sich auch selbst beschädigt. Und das bedaure ich angesichts der großen Aufgaben, vor denen er in seinem eigenen Land steht, und seiner unbestreitbaren politischen Begabung, die mit einer hochentwickelten Kunst der Selbstdarstellung einhergeht.

An Experten für wirksame Medienpräsenz mangelt es in der Führungsebene derzeit auch sonst nicht. Die Fähigkeiten, die mir seinerzeit zu Gebote standen, werden da von manchen erheblich übertroffen. Einige müssen aber daran erinnert werden, daß man diese Fähigkeiten durchaus auch für andere – etwa für die Gesamtpartei oder für den Vorsitzenden – und nicht nur für sich oder gegen andere einsetzen kann. Außerdem: Zu dem Verhältnis zwischen inhaltlicher Substanz und äußerem Medieneffekt kann man in Abwandlung eines Ausspruchs von Abraham Lincoln nur sagen: Man kann durch intensive Medienpräsenz über den Mangel an Substanz einige auf Dauer und alle für kurze Zeit, aber niemals alle für alle Zeiten täuschen. Schließlich: In der Politik kommt keiner ohne gelegentliche taktische Manöver und eine Prise Opportunismus aus. Aber auf längere Sicht erwächst Autorität aus Glaubwürdigkeit und Glaubwürdigkeit daraus, daß die eigene Lebensführung mit dem, was man öffentlich vertritt und von anderen fordert, übereinstimmt.

Die Mitgliederentwicklung gibt Anlaß zur Sorge. Zu meiner Zeit konnte dank des überproportionalen Beitritts von Frauen die Mitgliederzahl nicht nur konstant gehalten werden; sie stieg sogar von 910 000 auf 920 000 leicht an. Seit 1991 sinkt sie in den alten Bundesländern kontinuierlich, in den neuen behauptet sie sich auf niedrigem Niveau. Insgesamt liegt sie derzeit deutlich unter 850 000. Das ist ein Politikum hohen Ranges – nicht nur deshalb, weil erfahrungsgemäß zwischen der Mitgliederdichte und den Wahlergebnissen ein unmittelbarer Zusammenhang besteht, sondern weil so auch die Kontakt- und Berührungsflächen zwischen den Menschen und den sozialdemokratischen Strukturen immer schmaler und undurchlässiger werden. Diese Gefahr besteht ohnehin schon, weil die Zusammensetzung der Mitgliedschaft nach Alter, Geschlecht und Beruf – in manchen Städten erscheint die Partei inzwischen als Partei des öffentlichen Dienstes – erheblich von der Zusammensetzung der Bevölkerung abweicht. Das auch nach der Nationalität. Von rund sieben Millionen nichtdeutschen Mitbürgerinnen und Mitbürgern in der Bundesrepublik gehören ganze 6360 der SPD als Mitglieder an!

Ein Wunderrezept zur Behebung dieses Defizits gibt es nicht. Ich erinnere aber daran, daß der Neuzugang an Mitgliedern dann am höchsten war, wenn die Menschen meinten, jetzt komme es auf sie und ihre Mitwirkung besonders an – nämlich 1972 zur Zeit des Mißtrauensvotums gegen Willy Brandt und dann noch einmal 1982/83 zur Zeit des Regierungswechsels. Insofern war die Einführung der Urabstimmung anläßlich der Entscheidung über die Nachfolge für Björn Engholm ein Schritt in die richtige Richtung. Aber sie sollte jetzt bald auch einmal in einer Sachfrage zum Tragen kommen – etwa zur Entscheidung des Streits über die Beteiligung der Bundesrepublik an friedenschaffenden Maßnahmen der Vereinten Nationen oder über die Einführung einer wirksamen Ökologiesteuer. Hingegen verspreche ich mir nichts von einer immer stärkeren Verwischung der Grenzen zwischen Mitgliedschaft und Nichtmitgliedschaft. Der Kernbereich der Mitgliedschaftsrechte muß denen vorbehalten bleiben, die auch die entsprechenden Pflichten akzeptieren. Sonst wird bald die Frage laut werden, warum man eigentlich überhaupt förmliches Mitglied werden soll.

Die innere Struktur der Partei entspricht in etwa den Bedürfnissen. Einer noch weiter gehenden Auffächerung in Arbeitsgemeinschaften widerrate ich. Sie würde die Partei am Ende zu einer Art Dachverband werden lassen und ihr selber auch zuviel Aktivitätspotential entziehen, das dann eben nur noch in den Arbeitsgemeinschaften wirksam wird. Die richtungsorientierten Sonderstrukturen, von denen schon häufig die Rede war, sind bei einer Partei unserer Größe und Tradition wohl unvermeidlich, bis zu einem gewissen Grade sogar schwer entbehrlich. Sie müssen sich aber ihres dienenden Charakters bewußt bleiben und sollten nicht als eine Art innerparteilicher Verhandlungspartner akzeptiert oder sogar öffentlich als solche bezeichnet werden.

Das Verhältnis zu den Gewerkschaften ist nicht mehr das altgewohnte. Die wechselseitige Distanz ist gewachsen, Doppelmitgliedschaft selbst bei den Vertrauensleuten und hauptamtlichen Funktionären nicht mehr selbstverständlich. Das muß kein Schaden sein, wenn das Bewußtsein lebendig bleibt, daß Partei und Gewerkschaften aus derselben Wurzel hervorgegangen sind und ihre großen Ziele auch heute noch nur gemeinsam oder gar nicht, aber keinesfalls im Kampf gegeneinander erreichen können. Weiter bleiben die Kirchen, die Sozialverbände, aber auch Umweltverbände, Wirtschaftsverbände, kommunale Organisationen und Kunst, Kultur und Wissenschaft wichtige Dialogpartner, wobei die Reihenfolge keine Rangfolge bedeutet.

Insgesamt ist mir trotz des gegenwärtigen Tiefs um die Partei nicht bange. Sie hat schon ganz andere Krisen bestanden. Und sie wird auch mit der akuten Krise fertig werden, wenn sie ihre Eigenart als Programm-, als Reform- und als Mitgliederpartei bewahrt, ihre Geschichte nicht vergißt und im eigenen Bereich all das praktiziert, was sie anderen predigt. Und dazu gehört eben nicht zuletzt die Solidarität der Führungspersonen im Umgang miteinander. Dann wird sie ihre Rolle auch in Zukunft spielen, auf der Bundesebene in die Regierungsverantwortung zurückkehren und bewirken, daß auch das 21. Jahrhundert als ein sozialdemokratisches Jahrhundert angesehen werden wird.

Übrigens – weil immer wieder danach gefragt wird, sozusagen als Fußnote: Mir macht der Begriff »demokratischer Sozialismus« kein Beschwer. Mit diesem Begriff bezeichnet das Berliner Programm sowohl die Gesellschaftsordnung, nach der die Sozialdemokratie strebt, wie auch die Kräfte, die sich zusammengeschlossen haben, um sich für diese Aufgabe zu engagieren. Manche raten uns, künftig auf diesen Begriff zu verzichten. Er sei ein für allemal durch den Mißbrauch diskreditiert worden, den die zusammengebrochenen kommunistischen Systeme mit ihm getrieben haben. Denen, die aus echter Besorgnis so argumentieren, gebe ich zu bedenken, daß neben Personen auch Begriffe die Geschichte und die Identität einer Gemeinschaft prägen. Wir sollten auch nicht vergessen, daß die Kommunisten dort, wo sie an die Macht gelangten, überall und zuerst diejenigen verfolgten und unterdrückten, die sich weiterhin zu den Grundwerten des demokratischen Sozialismus bekannten. Schließlich sollte man dem Versuch, einen Begriff zu entwenden, nicht durch Preisgabe ebendieses Begriffs begegnen. Und das schon gar nicht, wenn dieser Versuch ersichtlich gescheitert ist. Ähnliches gilt für die Anrede »Genosse«, die im Mittelalter ursprünglich einmal den Mitbesitzer gemeinsamen Eigentums – etwa des Viehs auf der Allmende – und seit den achtziger Jahren des 19. Jahrhunderts den Gefährten bei der Verfolgung gleicher politischer Ziele meint. Aber das mag ebenso wie das genossenschaftliche »Du« auch eine Generationenfrage sein. Hingegen bereitet es mir bei allem Respekt vor dem altehrwürdigen Lied »Brüder, zur Sonne, zur Freiheit« jedesmal Unbehagen, wenn dort in der dritten Strophe dazu aufgefordert wird, das Sterben zu verlachen und die letzte Schlacht als heilig zu betrachten. Da gebe ich dem inzwischen nicht weniger traditionellen Lied »Wann wir schreiten Seit' an Seit'« den Vorzug. Enthält es doch schon seit über achtzig Jahren in der Sprache der damaligen Zeit eine ökologische Aussage und eine Aussage zur Gleichberechtigung der Geschlechter, von denen man ihrem Inhalt nach glauben könnte, sie seien erst vor kurzem formuliert worden. Die eine lautet:

»Birkengrün und Saatengrün:
Wie mit bittender Gebärde
hält die alte Mutter Erde,
daß der Mensch ihr eigen werde,
ihm die vollen Hände hin,
ihm die vollen Hände hin.«

Und die andere:

»Mann und Weib und Weib und Mann
sind nicht Wasser mehr und Feuer.
Um die Leiber legt ein neuer
Frieden sich. Wir blicken freier,
Mann und Weib, uns freier an,
Mann und Weib, uns freier an.«

Durchaus ein Beweis mehr dafür, daß unsere Geschichte noch immer eine Menge hergibt.

Meine Rückschau auf das, was mir in meinen Bonner und Berliner Jahren bedeutsam erschien, nähert sich ihrem Ende. Wo es mir jeweils am Platze schien, habe ich dabei auch über mich selbst, meine Beweggründe und meine Empfindungen gesprochen. Aber die »Nachsichten« wären nicht vollständig, wenn ich nicht noch einiges darüber sagen würde, wie ich mein Leben und mich selbst auf dem Hintergrund des Lebensabschnitts sehe, der jetzt abgeschlossen hinter mir liegt. Nicht im Sinne einer sogenannten Lebensbeichte. Die erschiene mir aufdringlich und würde auch meinen Vorstellungen von der Zurückhaltung widersprechen, die man bei der Ausbreitung persönlicher Details wahren sollte. Auch nicht deshalb, weil ich mich selbst überschätze. Da halte ich es mit Johannes XXIII., dessen berühmter Ausspruch »Giovanni, nimm dich nicht so wichtig« mir mit zunehmendem Alter immer sympathischer geworden ist. Aber für jüngere Leser könnte es von Interesse sein zu erfahren, was einer von den Älteren, die eine Zeitlang auf das Gemeinwesen – und damit vielleicht auch auf das Dasein seiner Bürgerinnen und Bürger – Einfluß gehabt haben, über sich und den Sinn seines Tuns und seines Lebens zu sagen weiß. Zumal ich zu einer Generation gehöre, deren Lebenszeit mit geschichtlichen Ereignissen, mit Katastrophen, Zerstörung und Wiederaufbau, mit technischen Revolutionen und umwälzenden Veränderungen in fast allen Lebensbereichen und mit Ängsten und Hoffnungen in einer Dichte angefüllt war wie kaum eine Lebenszeit einer früheren Generation.

Da folgten aufeinander – ohne daß ich das in meinen frühen Jahren anders zu verstehen vermocht hätte, wie das einem Kind und dann einem Schulbuben eben möglich ist – das Ende von Weimar, die Machtergreifung Hitlers, die feste Etablierung seiner

Herrschaft und seine bejubelten Erfolge, mit denen allerdings in meiner Erinnerung das Bild der – nur hundert Meter von meiner Schule entfernt – brennenden Synagoge als Mahn- und Warnzeichen deutlich kontrastiert. Dann der Krieg, die Anfangssiege, die Wende von Stalingrad, der Luftkrieg und der näherrückende Zusammenbruch, den ich ab 1943 als Soldat und dann als Kriegsgefangener erlebte. Der Abwurf der ersten Atombombe. Die Not der Nachkriegsjahre und die Vertreibungen, das allmähliche Bewußtwerden des Holocaust und der Greueltaten, die darüber hinaus von uns Deutschen begangen worden waren, die Besatzungszeit, der beginnende Aufbau demokratischer Strukturen. Das Grundgesetz, das Wirtschaftswunder, die deutsche Teilung, die Westintegration, die Wiederbewaffnung und der Anfang der europäischen Einigung. Der kalte Krieg, der 17. Juni 1953 und der Bau der Mauer. Die Ost- und Deutschlandpolitik und der Helsinki-Prozeß. Der Vietnamkrieg und die Achtundsechziger-Bewegung. Die Zeit des atomaren Wettlaufs. Gorbatschow und seine Politik der Perestroika und der Glasnost. Tschernobyl. Der Zerfall des Warschauer Paktes und der Sowjetunion. Die deutsche Einigung und das Ende des kommunistischen Weltsystems. Und zuletzt der Krieg im ehemaligen Jugoslawien.

Das klingt nach nüchterner Aufzählung. Aber sie umschließt eine unendliche Zahl von Einzelschicksalen, Millionen von Opfern des Krieges und der Gewalt ebenso wie große Anstrengungen zur Erhaltung und Sicherung des Friedens und zur Wohlfahrt unseres Volkes. Und darin ist die Anhäufung eines atomaren Vernichtungspotentials, das ausreicht, unseren Planeten viele Male zu zerstören, ebenso enthalten wie der Aufbau eines gewaltigen Produktionspotentials für die Befriedigung ziviler Bedürfnisse. Und ununterbrochen haben sich in dieser Zeit Grenzen und Strukturen geändert.

Besonders dramatisch verlief dabei die technische Entwicklung. In meiner Jugend war es ein Ereignis, wenn ein Privatmann mit dem Flugzeug reiste. Wenn ein Zeppelin die Stadt überflog, liefen die Leute zusammen. Heute sind Weltraumflüge eine

Selbstverständlichkeit, und die Erde ist so geschrumpft, daß es keinen Ort mehr gibt, der nicht in kürzester Zeit zu erreichen ist. Zudem verbreitet das Fernsehen jede Neuigkeit in Minutenschnelle um den gesamten Globus. Die technische Gewalt des Menschen übertrifft inzwischen die Naturgewalten bei weitem. Der Gedanke, die Natur könne den Menschen überwältigen, ist uns von alters her vertraut. Meine Generation hat lernen müssen, daß jetzt umgekehrt auch der Mensch imstande ist, die Natur zu überwältigen und irreparabel zu beschädigen. Und wie verletzlich unsere modernen technischen Strukturen selbst geworden sind, das haben zuletzt die Giftgasanschläge in Japan gezeigt. Auf einem anderen Gebiet – dem der Sexualität – hat die Pille überkommene Verhaltensweisen von Grund auf verändert.

Wie lebt man in einer Phase solch gewaltiger Umbrüche? Kommt es da überhaupt noch auf die eigenen Wurzeln, die eigenen Fähigkeiten und die eigenen Orientierungsmaßstäbe an? Auf Vorbilder und auf Lebenserfahrung? Und wozu? Nur um sich selbst zu behaupten und um die eigenen Bedürfnisse oder das, was man dafür hält, optimal zu befriedigen? Oder gibt es doch einen tieferen Sinn des Daseins?

Um die letzte Frage zuerst zu beantworten: Ja, für mich gab und gibt es einen solchen Sinn. Und dieser Sinn hängt für mich mit meiner Vorstellung von der Existenz eines persönlichen Gottes und der Gottesebenbildlichkeit jedes einzelnen Menschen zusammen. Das verpflichtet mich, meine Kräfte nicht nur zum eigenen Vorteil zu nutzen, sondern sie so einzusetzen, daß ich es vor Gott und meinen Mitmenschen verantworten kann. Und es verbietet mir, Menschen als Objekt, also als Mittel zum Zweck zu instrumentalisieren. Nicht daß ich mir nicht auch selbst Gutes tun dürfte. Aber eben stets nur in dem Maße, in dem ich Gutes auch meinen Mitmenschen zuteil werden lasse. Das nämlich ist – wie ich es verstehe – der Inhalt des Gebotes der Nächstenliebe: Liebe deinen Nächsten wie dich selbst! Mir ist bewußt, daß andere auf anderen Wegen – etwa mit Hilfe des kategorischen Imperativs – zu vergleichbaren Folgerungen gelangen. Deshalb verbinde ich mit meinen Vorstellungen keinerlei Überlegenheitsgefühl. Aber ich käme mir leer und orientierungslos, ich käme mir wie ein Sandkorn im All vor, wenn ich diesen archimedischen Punkt nicht besäße oder wenn ich ihn verlöre.

Hier liegt ein wesentliches Motiv dafür, daß ich mich politisch engagiert habe, auch dafür, daß ich Sozialdemokrat geworden bin. Ich wollte es einfach nicht beim Reden und beim Kritisieren von außen bewenden lassen. Ich wollte vor mir selbst bestehen können und die innere Unabhängigkeit und Sicherheit erlangen, die sich dann einstellt, wenn man mit sich einigermaßen im reinen ist. Das aber setzt voraus, daß man seinen Egoismus bändigt und sein Reden und sein Tun im Einklang hält.

Noch etwas kam hinzu. Das war die Erkenntnis, wohin es führt, wenn die gleiche Würde aller Menschen geleugnet wird, wenn sich der einzelne seiner eigenen Verantwortung – unter welchem Vorwand auch immer – entschlägt und anderen absolute Macht über sich einräumt. Diese Erkenntnis erschloß sich mir nach dem Ende der Gewaltherrschaft nicht von einem Tag auf den anderen, sondern sie wuchs im Laufe mehrerer Jahre. Vielleicht spielte auch der Gedanke, wiedergutmachen zu wollen, eine Rolle. Nicht, daß ich mir für die Zeit meiner Zugehörigkeit zur Hitlerjugend Vorwürfe zu machen gehabt hätte, aber ich bin – auch nach dem Synagogenbrand – im allgemeinen Strom mitgeschwommen und habe meine Fragen und Bedenken nur im vertrauten Kreis geäußert. Und daß ich im Frühjahr 1943 vor meiner Einberufung zur Wehrmacht den mir zugeleiteten Antrag auf Aufnahme in die NSDAP nicht abgesandt habe, verdanke ich mehr dem Eingreifen meiner Eltern als meiner eigenen Einsicht. Mein Vater war übrigens derjenige, der mir neben einem meiner damaligen Lehrer schon vor dem Kriege, und dann erst recht während des Krieges, am nachdrücklichsten die Augen zu öffnen versuchte. Er tat es mit der Bitterkeit dessen, dem sein eigener Irrtum – er war 1932 der NSDAP beigetreten, hatte sich aber spätestens 1936 von allen Aktivitäten zurückgezogen – früh bewußt geworden war und der mit sich selbst darüber bis an sein Lebensende haderte.

Mitgebracht habe ich, als ich 1950 in München auch förmlich Sozialdemokrat wurde, eine fast friedensmäßige und vom Nationalsozialismus kaum beeinflußte Schulzeit an einem humanistischen Gymnasium mit normalem Abitur, zwei Jahre als Soldat in Frankreich und Italien und Erfahrungen, wie man in Kriegs- und Nachkriegszeiten auch unter schwierigsten Bedingungen überlebt und seinen Unterhalt vorübergehend auch einmal mit 75 DM im Monat bestreiten kann, und ein abgeschlossenes juristisches Studium mit Referendarexamen und Promotion. Ergänzt wurde das ein Jahr später durch das Assessorexamen und meine Übernahme in das Bayerische Staatsministerium der Justiz. Für einen, der in einem Münchner Arbeitervorort in einem sozialdemokratischen Ortsverein mitarbeiten wollte, war das damals kein sehr typischer Lebenslauf. Auch meine Vorfahren boten für meinen Entschluß kaum Anknüpfungspunkte. Es waren zurück bis zu den Urgroßeltern durchweg Professoren, Beamte oder Richter im bayerischen Staatsdienst. Ein Ururgroßvater war sogar 1847/48 kurze Zeit Innenminister unter König Ludwig I., mußte aber bald gehen, weil er sich den Unwillen der Lola Montez zuzog. Noch weiter zurück waren es Gastwirte, Bauern und Handwerker, letztere übrigens zu einem guten Teil aus dem Friaul, von wo sie im 18. Jahrhundert in das bayerische Schwaben einwanderten. Ich wurde denn auch zu Anfang von den älteren Mitgliedern des Ortsvereins mit einer gewissen Skepsis betrachtet. Darauf, daß ich diese Skepsis überwand und sie mich schon 1951 zu ihrem Vorsitzenden wählten, halte ich mir noch heute etwas zugute.

Nach Bonn habe ich noch zusätzlich das mitgenommen, was ich mir an Kenntnissen und praktischen Erfahrungen als Amtsrichter in Traunstein, als Mitarbeiter in der Bayerischen Staatskanzlei unter Wilhelm Hoegner, als Leiter des Rechtsreferats und zwölf Jahre lang als Münchner Oberbürgermeister erworben habe. Und das war eine ganze Menge. Was hat sich daraus dann in Bonn und Berlin an Fähigkeiten, aber auch an Unzulänglichkeiten entwickelt? Es ist nicht ganz leicht, diese Frage selber zu beantworten und damit über sich selbst zu urteilen. Aber ich will ihr schon deshalb nicht ausweichen, weil es anderen ihr Urteil erleichtern mag.

Für meine größte Stärke halte ich eine nur schwer zu erschöpfende Arbeitskraft, die es mir erlaubt, bei der täglichen Arbeit in aller Regel als erster zu kommen und als einer der letzten zu gehen. Von anderen habe ich selten mehr verlangt als von mir selber. Als ich das bei meiner Wahl zum Parteivorsitzenden auf dem Sonderparteitag im Juni 1987 in meiner Rede als Versprechen formulierte, bezeichnete ein Zwischenrufer dies Versprechen unter allgemeiner Heiterkeit als eine gefährliche Drohung. Ich empfand das als ein besonderes Kompliment. Mit der Arbeitskraft verbanden sich ein ziemlich breites Tatsachenwissen, ein intaktes Auffassungsvermögen, ein ganz manierliches Gedächtnis und ein ausreichendes Maß an Menschenkenntnis. Zustatten kam mir auch die während meiner juristischen Ausbildung und Tätigkeit erworbene Fähigkeit, zwischen Sachverhalt und Bewertung sorgfältig unterscheiden und das jeweils Gemeinte und Gewollte schriftlich und mündlich einigermaßen exakt und klar ausdrücken zu können.

Bei aller mir angeborenen Ungeduld und einer ziemlich ausgeprägten Neigung, recht zu behalten, die zu kontrollieren mir mitunter Mühe bereitete, hatte ich auch gelernt, zuzuhören, Argumente anderer aufzugreifen und keine einsamen Entscheidungen zu treffen. Besondere Mühe gab ich mir mit der Leitung und der Zusammenfassung der meist viele Stunden andauernden Fraktions- oder auch Parteivorstandsdiskussionen über strittige Themen. Nicht nur, daß jeder, der es wünschte, zu Wort kam, es sollte auch jeder die Sitzung mit dem Gefühl verlassen, daß sein Beitrag vor der Entscheidung gewürdigt worden war. Das kostete Zeit, aber es war ein wichtiges Instrument, die Gremien zusammenzuhalten und auch bei gegensätzlichen Positionen eine Atmosphäre des vertrauensvollen Miteinanders zu schaffen. Dabei war es nicht etwa so, daß ich einfach aus der Vielfalt der jeweiligen Meinungen die Quersumme gezogen hätte. Ich hatte vielmehr in den meisten Fällen von Beginn an eine klare Vorstellung, was schließlich herauskommen sollte. Aber ich oktroyierte diese Vorstellung nicht, sondern vertraute auf die Überzeugungskraft meiner Argumente und wurde darin nur selten enttäuscht. Es machte mir auch keine Mühe, von mir aus auf Menschen zuzugehen und ihre Anliegen ernst zu nehmen – einerlei, ob es sich um einen Fraktionskollegen oder um einen Besucher meines Bürgerbüros handelte. Und jeder, der sich an mich wandte, bekam auch eine Antwort. Daß man jeden Brief zu beantworten hat, habe ich schon als junger Mann bei Wilhelm Hoegner gelernt, und daran habe ich eisern festgehalten.

Mein wichtigstes Kapital in der politischen Arbeit war indes, daß mir die Menschen vertrauten. Daß sie mir glaubten, was ich sagte. Und daß selbst die meisten von denen, die mir ihre Stimme bei den Wahlen nicht gaben, mir jederzeit den berühmten Gebrauchtwagen abgekauft hätten. Dazu mag beigetragen haben, daß ich Ordnung auch in täglichen Angelegenheiten – etwa Pünktlichkeit – nicht für einen Charaktermangel oder ein Zeichen innerer Unsicherheit hielt, sondern ganz bewußt pflegte. Sitzungen, die ich zu leiten hatte, begannen stets auf die Minute. Und jeder, der mit der Erledigung einer Anfrage oder eines Auftrags in Verzug war, konnte dank eines funktionierenden Wiedervorlagesystems sicher sein, nach einiger Zeit gemahnt zu werden. Ich weiß, das klingt bürokratisch, und es ist bestimmt kein Ausweis von Genialität. Aber die Zusammenarbeit und das Zusammenleben hat es erleichtert. Auch mit wechselseitigem Respekt hat das etwas zu tun. Um Ordnung habe ich mich auch in allen finanziellen Dingen bemüht. »Amigo«-Vorwürfe sind deshalb auch in den wenigen Fällen, in denen sie mir gegenüber überhaupt erhoben wurden, stets ins Leere gegangen. Den Beleg dafür, daß für die Mitnahme in einem firmeneigenen Privatflugzeug während meiner Oberbürgermeisterzeit der Betrag, den der Linienflug gekostet hätte, als Spende überwiesen wurde, kann ich noch heute vorlegen.

Etwas anderes habe ich erst allmählich gelernt – nämlich im voraus sorgfältig einzuschätzen, was sich ändern läßt und was bei aller Anstrengung für eine Änderung noch nicht reif ist und deshalb nur unnötig Kräfte verschleißt. Geholfen hat mir dabei ein weiser Spruch von Friedrich Christoph Oetinger, einem württembergischen Theologen aus dem 18. Jahrhundert. Den Text hatte ich in meinem Fraktionsbüro meinem Schreibtisch gegenüber aufgehängt und daher ständig vor Augen. Er lautet:

»O Herr, gib mir die Kraft, Dinge, die ich nicht ändern kann, mit Gelassenheit hinzunehmen. Gib mir den Mut, zu ändern, was geändert werden kann und muß. Und gib mir die Weisheit, das eine vom anderen zu unterscheiden.«

Das Wichtigste, aber auch das Schwierigste dabei ist das in den letzten beiden Zeilen angesprochene Unterscheidungsvermögen.

Solchen Fähigkeiten standen mindestens ebenso viele Unzulänglichkeiten gegenüber. Vor allem habe ich zuwenig delegiert und zuviel selber machen wollen. Es fiel mir schwer, weniger Wichtiges zurückzustellen oder auch einfach liegenzulassen. Konfliktscheu war ich auch in meinem späteren Leben nicht. Aber wahrscheinlich hätte ich viel öfter nein sagen sollen, wenn immer noch eine zusätzliche Anwesenheit, Intervention, Rede oder Versammlung von mir erbeten oder gefordert wurde. Daß ich dazu neigte, die Pedanterie zu übertreiben und den Spitznamen »Oberlehrer« nicht ganz zu Unrecht trug, habe ich schon in einem früheren Kapitel eingeräumt.

Eine große Gefahr, der sich jeder in wichtigen politischen Funktionen Tätige ausgesetzt sieht und deren auch ich mich nicht ganz erwehren konnte, ist die der Oberflächlichkeit und der Austrocknung. Oberflächlichkeit entsteht, wenn man sich mit ständig wechselnden Themen befassen muß und deshalb auf vielen Gebieten dilettiert und in keinem mehr richtig zu Hause ist. Man weiß dann von mehr und mehr weniger und weniger, bis man von allem nichts mehr weiß – so hat ein Spötter dieses Syndrom beschrieben und hinzugefügt, das sei allemal noch besser, als wenn man von weniger und weniger mehr und mehr weiß, bis man schließlich von nichts alles weiß. Austrocknung meint den Zustand intellektueller und emotionaler Erschöpfung, der dann eintritt, wenn für ein Konzert, eine interessante Theateraufführung, ein Buch, das sich nicht mit Politik beschäftigt, ein zweckfreies Gespräch mit Freunden oder einfach für einige Stunden des Garnichtstuns keine Zeit mehr bleibt.

Der Oberflächlichkeit habe ich zu widerstehen gesucht, indem ich auf meinem engeren Fachgebiet, der Juristerei, weiterhin literarisch tätig war, beispielsweise als Mitherausgeber und Mitautor eines Handbuchs für Verfassungsrecht. Auch auf anderen Feldern habe ich dann und wann anspruchsvollere Aufsätze geschrieben. Aber damit war ich nur unter den Einäugigen König. Den Zustand der Austrocknung habe ich gelegentlich fast körperlich empfunden. Ich kam mir dann vor wie ein Expander, der sich nicht mehr zusammenzieht, wenn man ihn losläßt. Geholfen hat mir dagegen am ehesten ein Wochenende in meinem niederbayerischen Refugium, einem alten Waldarbeiterhaus weitab von jeder anderen Behausung, oder die Sommerurlaube in Südtirol oder auf der Kanalinsel Guernsey. Ein gutes Gegenmittel waren auch die Abende auf der Cäcilienhöhe, meinem italienischen Stammlokal in Bonn, zu dem ich in unregelmäßigen Abständen die stellvertretenden Fraktionsvorsitzenden und einen besonderen Gast einlud, von dem Einsichten aus ganz anderen Lebensbereichen und nicht alltägliche Anregungen zu erwarten waren. Der Kreis der Eingeladenen – im Laufe der Jahre waren es fast vierzig – reichte von Siegfried Lenz, Ulrich Beck und Otl Aicher über Edzard Reuter und Karl-Heinz Böhm bis zu Georg Meistermann, Michael Ende, Jürgen Habermas, Johannes Mario Simmel und Hans-Joachim Friedrichs.

Eine typische Politikergefährdung ist schließlich der Opportunismus, also die Neigung, jeweils mit der Mehrheit zu gehen, jedem recht zu geben und, je nach den Umständen, sowohl die eine Auffassung als auch ihr Gegenteil zu vertreten. In diesem Sinne war ich kein Opportunist. Aber die Grenzen zwischen Höflichkeit, Vermeidung unnötigen Streits und taktischem

Zugeständnis einerseits und einer Haltung, die in bestimmten Fragen keine klare Linie mehr erkennen läßt, andererseits – die habe ich schon gelegentlich gestreift. Daß ich es – wie an mehreren Stellen erwähnt – stets vermieden habe, zwischen Willy Brandt und Herbert Wehner oder Helmut Schmidt und Willy Brandt definitiv Partei zu ergreifen, hat damit nichts zu tun. Das waren bewußte Entscheidungen, die auf meiner ausgeprägten Hochachtung und meinem persönlichen Respekt vor jedem der drei beruhten.

Gefragt worden bin ich gelegentlich auch nach meinem Verhältnis zur Macht. Was sie mir bedeutet habe und ob ich sie nach dem Ende meiner aktiven Zeit vermisse. Macht wird nach Max Weber üblicherweise als die Chance definiert, innerhalb einer sozialen Beziehung den eigenen Willen auch gegen Widerstreben durchzusetzen, gleichviel, worauf diese Chance beruht. In diesem Sinne war sie mit all meinen Funktionen in Bonn und Berlin in größerem oder geringerem Umfang verbunden – in der Opposition meist in geringerem Umfang. Und sie war mir auch willkommen, weil ich ohne sie kaum etwas hätte bewegen können. Aber es war stets eine gefesselte, eine in unsere rechtliche Ordnung eingebundene und eine zweckgerichtete Macht; keine Macht um ihrer selbst willen. Subjektive Vorteile waren mit ihr insofern verbunden, als ihr Vorhandensein und ihre Ausübung das Selbstwertgefühl stabilisierten. Schon die öffentliche Wahrnehmung des eigenen Tuns spielte da eine gewisse Rolle. Das ist auch der einzige Aspekt, unter dem ich sie zu Beginn meines Ruhestandes eine Zeitlang vermißte. Das Gefühl, nicht mehr so häufig wie früher gefragt zu werden, macht einem anfangs schon ein wenig zu schaffen. Aber das hat sich bald verloren.

Bei den persönlichen Beziehungen unterscheide ich – auch im eigenen politischen Umfeld – zwischen Kollegen, Freunden und Gegnern. Feinde im strengen Sinne des Wortes habe ich kaum gehabt. Hingegen gab es Leute, die ich nicht ausstehen konnte. Herr Geißler gehörte zu ihnen. Bei ihm hatte ich von Anfang an den Eindruck, daß er Konflikte nicht so sehr der jeweiligen Sache wegen, sondern aus Gründen anzettelte, die mit seiner Person und ihrer öffentlichen Wahrnehmung zusammenhingen. Das hat er übrigens kürzlich mit folgender Empfehlung erstaunlich freimütig selbst eingeräumt: »Du mußt Streit anfangen, und zwar wegen einer wichtigen Sache mit dem politischen Gegner. Wenn das ebensowenig geht wie Streit wegen einer weniger wichtigen Sache, dann mußt du Streit beginnen wegen einer wichtigen Sache im eigenen Lager. Streit wegen einer Nebensache im eigenen Lager ist zwar schlecht, aber am miserabelsten ist es, gar nicht zu streiten und gar nichts zu tun.« Gegner hatte ich viele, erfreulicherweise – von der Zeit der Münchner Kämpfe abgesehen – überwiegend außerhalb der eigenen Reihen und zumeist solche, bei denen sich die Gegnerschaft aus der politischen Konstellation, nicht aus persönlichen Gründen ergab. Stellvertretend für eine lange Reihe derer, mit denen ich die Klingen gekreuzt habe, nenne ich Helmut Kohl, Alfred Dregger, Theo Waigel und Otto Graf Lambsdorff.

Über die eben Genannten habe ich mich schon an vielen Stellen dieses Buches jeweils im konkreten Zusammenhang geäußert. Da Helmut Kohl und ich in den Jahren 1983 bis 1991 auf der Bonner Bühne nach dem parlamentarischen Rollenverständnis herausgehobene Gegenspieler waren, füge ich hier noch eine allgemeinere Bemerkung über meinen Widerpart an. Meine Einstellung zu Helmut Kohl habe ich anläßlich seines fünfundsechzigsten Geburtstags in einem Artikel mit den Begriffen »Respekt und Widerspruch« gekennzeichnet. Daß es an Anlässen und Gründen zum Widerspruch nicht gemangelt hat, beweist fast jedes Kapitel dieses Buches. Wo es geboten war, habe ich es aber auch an Respekt nicht fehlen lassen, und davor, ihn zu unterschätzen, habe ich schon Helmut Schmidt gewarnt. Respekt verdienen vor allem Kohls Beitrag zur staatlichen Einigung Deutschlands und sein unermüdliches Eintreten für die europäische Einigung. Und daß Kohl in seiner Person unseren Nachbarn und der Welt ein Deutschlandbild vermittelt, das keine nationalistischen Züge aufweist und ungeeignet ist, Furcht oder gar Schrecken zu verbreiten, verdient ebenfalls Anerkennung. Auf vielen Gebieten – ich nenne nur die Beschäftigungssituation, die Lage der Staatsfinanzen und die Entwicklung des sozialen Gefüges – muß hingegen die Beurteilung schon dann kritisch ausfallen, wenn man nur die Maßstäbe anlegt, an denen Kohl seinerzeit die Regierungstätigkeit seines Amtsvorgängers Helmut Schmidt gemessen hat. Unsere persönlichen Beziehungen waren zu Beginn schwierig. Die Gespräche, die wir sechs- oder siebenmal im Jahr führten, müssen sich damals streckenweise wie der Austausch von Verlautbarungen angehört haben. Später ist das anders geworden. Und das nicht nur, weil wir uns besser kannten, sondern weil die Wertschätzung gewachsen war.

Die inflationäre Verwendung des Begriffs »Freund«, bei der das Wort überhaupt nichts mehr bedeutet, habe ich nie mitgemacht. Freund oder Freundin, das waren einige wenige, zu denen ein absolutes Vertrauensverhältnis bestand, vor denen es keine Geheimnisse gab und auf die man sich unbedingt verlassen konnte. Im bundespolitischen Bereich waren das zuletzt Jürgen Schmude, Herta Däubler-Gmelin, Gerhard Jahn, Helmuth Becker und Johannes Rau. Zu Willy Brandt, Herbert Wehner und Helmut Schmidt war oder ist mein Verhältnis in diesem Sinne ebenfalls freundschaftlich. Dennoch zögere ich, sie so als Freunde zu bezeichnen wie die soeben Genannten. Denn schon des Altersabstandes wegen blieb oder bleibt ihnen gegenüber ein Rest von – respektvoller – Distanz.

Ein Vertrauensverhältnis besonderer Art hat sich in den Jahren nach 1984 noch zu einem anderen Manne entwickelt, nämlich zu Richard von Weizsäcker. Als ich ihn nach seiner Wahl zum Bundespräsidenten im Juli 1984 das erste Mal in der Villa Hammerschmidt aufsuchte, kannten wir uns bereits aus unserer gemeinsamen Berliner Zeit. Wie sehr ich ihn dort schätzen gelernt habe, wußte er. Auf seiner Seite war es wohl nicht viel anders. Einzelheiten darüber habe ich in einem früheren Kapitel berichtet. Ebenso habe ich bereits geschildert, daß und warum meine Partei auf meinen Rat hin schon bei seiner ersten Wahl darauf verzichtete, einen Gegenkandidaten aufzustellen, und die sozial-demokratischen Mitglieder der Bundesversammlung statt dessen ihm zum größten Teil ihre Stimme gaben. Das erwies sich als eine tragfähige Grundlage für einen kontinuierlichen Gedanken- und Meinungsaustausch. Zunächst als Fraktionsvorsitzender, dann als Parteivorsitzender und schließlich als Bundestagsabgeordneter bin ich an die vierzigmal bei ihm gewesen. Dabei kam meinerseits alles zur Sprache, was mich bewegte, mir Sorge bereitete oder mir Freude machte. Umgekehrt äußerte auch er sich mit großem Freimut. Jeder wußte, daß er sich auf die Diskretion des anderen verlassen konnte. Wir waren in der Einschätzung konkreter Fragen und auch in der Beurteilung von Personen häufig, aber durchaus nicht immer einer Meinung. Wenn ich ihn richtig verstanden habe, hätte er mich in bestimmten Situationen lieber weniger zurückhaltend und etwas entschiedener gesehen. Für mich jedenfalls waren diese Begegnungen in der Routine des Bonner Alltagsbetriebs stets eine Wohltat. Und es war für mich immer eine Ermutigung, wenn meine Analysen und Absichten seiner nachdenklichen Betrachtung standgehalten hatten.

Der Kreis derer, mit denen ich kollegial zusammenarbeitete, hat – wenn ich nur die einbeziehe, zu denen es wegen ihrer Funktion oder aus sonstigen Gründen einen individuellen Kontakt gab – im Lauf der Jahre mehrere hundert, wenn nicht sogar mehr als tausend Männer und Frauen umfaßt. Gewundert habe ich mich dabei über den einen oder anderen schon. Ernsthafte Enttäuschungen habe ich aber nur selten erlebt. Am ehesten noch in der Phase, in der es eine Zeitlang fraglich erschien, ob Oskar Lafontaine an seiner Spitzenkandidatur festhalten würde. In dem einschlägigen Kapitel habe ich das angedeutet. Anderes ist wohl unvermeidlich und wird deshalb am besten rasch zu den Akten genommen, zum Beispiel Vorhaltungen, die erstmals in Memoiren artikuliert werden. Oder eine allzu offensichtliche Diskrepanz zwischen der Häufigkeit der gesuchten Kontakte während der Zeit, in der ich als Vorsitzender amtierte, und in der Zeit danach.

Einen gab und gibt es, der in keine dieser drei Kategorien richtig hineinpaßt – und das ist mein Bruder. Politisch gesehen, war er als Spitzenmann der Union mein Gegner. Persönlich war und ist unser Verhältnis so gut, wie es unter Brüdern nur sein kann. Warum unsere politischen Wege so unterschiedlich verlaufen sind, ist nicht ganz leicht zu erklären. Wahrscheinlich war dafür der Altersunterschied bedeutsam, der ihn seinen Entschluß zum politischen Engagement in der Glanzzeit Konrad Adenauers treffen ließ, während meine für diesen Entschluß maßgebenden Eindrücke aus der unmittelbaren Nachkriegszeit stammten. Vielleicht steckte in seiner Wahl auch unbewußt ein Stück Opposition gegen den älteren Bruder, unter dessen pädagogischen Neigungen er sicherlich hin und wieder gelitten hat. An unserem herzlichen Einvernehmen hat das nichts geändert. Wir waren allerdings auch klug genug, in den Jahrzehnten, die wir gleichzeitig im politischen Leben verbrachten, nie gemeinsam oder gar gegeneinander aufzutreten. Nur einmal erschienen unsere Namen gemeinsam auf einem Gesetzesdokument. Das war im Jahre 1977, als er als Präsident des Bundesrats den Bundespräsidenten vertrat und in dieser Eigenschaft mit seiner Unterschrift ein Gesetz ausfertigte, das ich zuvor gegengezeichnet hatte, weil es in die Zuständigkeit meines Ressorts fiel. Anläßlich seines sechzigsten Geburtstags habe ich in meiner Gratulationsrede erwähnt, daß wir gelegentlich miteinander verwechselt worden sind und ich dann an Begegnungen auf CDU-Parteitagen erinnert wurde oder mir Grüße an mich selbst aufgetragen worden sind. Und ich habe hinzugefügt, daß mir solche Verwechslungen nie ärgerlich waren. Das ist wohl das beste Kompliment, das man einem Bruder machen kann.

Über mein Verhältnis zu meinen Mitarbeiterinnen und Mitarbeitern sind immer wieder Horrorgeschichten verbreitet worden. Dabei lagen die Dinge ziemlich einfach. Wer mit meinem – ja nicht unbekannten – Arbeitsstil Schwierigkeiten hatte, kam erst gar nicht zu mir oder ging nach kurzer Zeit wieder. Die anderen – und das war die große Mehrheit – blieben trotz der hohen Anforderungen jahrelang und haben sich dabei nach eigenem Bekunden sogar ausgesprochen wohl gefühlt, weil ihnen das, was sie zu tun hatten, sinnvoll erschien. Auch war es für den weiteren beruflichen Weg keine schlechte Empfehlung, wenn man es bei mir und meinen Klarsichthüllen »ausgehalten« hatte. Ich habe meinerseits allen Anlaß, denen, die da tagaus, tagein weit mehr als ihre Pflicht getan haben, auch an dieser Stelle noch einmal zu danken. Der Abend, an dem im Oktober 1994 aus eigener Initiative noch einmal an die hundert meiner ehemaligen unmittelbaren Mitarbeiterinnen und Mitarbeiter aus über zwanzig Jahren zusammenkamen, um mich zu verabschieden, war eines der schönsten Zeugnisse, die dem »Oberlehrer« ausgestellt worden sind.

Häufig werde ich gefragt, welche von meinen verschiedenen Funktionen mir eigentlich die liebste gewesen sei. Die meisten vermuten dann, daß ich das Amt des Münchner Oberbürgermeisters nenne. Dafür gäbe es ja auch gute Gründe. Dennoch möchte ich eine solche Bewertung meiner Funktionen vermeiden. Sie käme mir gegenüber denjenigen Funktionen, die ich dann an zweiter oder dritter Stelle nennen müßte, ungerecht vor. Und in der Tat habe ich mich mit meiner jeweiligen Aufgabe so vollständig identifiziert, daß sie für mich zu den vorausgegangenen nicht in Konkurrenz stand. Wenn man sich schon mit der nicht alltäglichen Aufeinanderfolge meiner Funktionen beschäftigt, dann erscheint mir ein anderer Aspekt aufschlußreicher. Nämlich, welche Umstände sich in meiner Person erstmals mit der betreffenden Funktion verbunden haben. Daraus lassen sich – soweit es sich nicht einfach um Kuriosa handelt – sogar, wenn man so will, Indizien für bestimmte Entwicklungen ableiten.

Von den mit meiner Person verbundenen »Erstmaligkeiten« erregte 1960 die früheste das größte Aufsehen. Mit vierunddreißig Jahren war ich nicht nur vierzig Jahre jünger als mein Vorgänger, sondern auch der bis dahin jüngste – zudem noch unmittelbar gewählte – Oberbürgermeister einer bundesdeutschen Großstadt in der Nachkriegszeit. Das war damals ein

Durchbruch für die jüngere Generation. Er spielte übrigens auch für Willy Brandt eine Rolle, als er sich entschloß, 1961 zum erstenmal gegen den ebenfalls fast vierzig Jahre älteren Konrad Adenauer zu kandidieren. Die Tatsache, daß ich wohl der einzige bleiben werde, der sowohl Oberbürgermeister von München als auch Regierender Bürgermeister von Berlin war, rechne ich mehr zu den Kuriositäten. In der Gestalt von Julius Kardinal Döpfner, der erst Bischof in Berlin und dann Erzbischof in München war, gibt es zudem eine Parallele, wenn auch in umgekehrter Richtung. Politisch bedeutsam hingegen erscheint mir, daß ich der erste Vorsitzende der SPD war, der aus einer bürgerlichen Beamtenfamilie stammte, der Herkunft nach Bayer und zudem noch praktizierender Katholik war. Das wäre jedenfalls in dieser Kombination in der Partei während der längsten Zeit ihrer Existenz kaum vorstellbar gewesen. Wenn man so will, war das auf seine Art eine Bekräftigung bestimmter Aussagen des Godesberger Programms. Und ein überzeugender Beweis dafür, daß die Sozialdemokratie nicht mehr in überholten Kategorien des 19. Jahrhunderts dachte, war es allemal.

Weil ich soeben mehrmals von der Aufeinanderfolge meiner Funktionen gesprochen habe, möchte ich noch ein Stichwort aufgreifen, das Politikern häufig mit vorwurfsvollem Unterton entgegengehalten wird, und das ist das Stichwort vom Karriereplan. Natürlich gibt es das, ebenso wie im beruflichen Leben, auch in der Politik. Dagegen ist so lange nichts einzuwenden, wie die Absicht, erst einmal dieses und dann jenes zu machen und schließlich nach Möglichkeit auch noch die nächsthöheren Ebenen zu erreichen, die anderen Motivationen für das eigene Tun und Verhalten nicht überwuchert und der personelle Wettbewerb fair ausgetragen wird. Werden diese Grenzen mißachtet, dann bekommt die Sache einen schlechten Beigeschmack und läßt den, der so handelt, zum »Karrieristen« werden. In solche Versuchungen bin ich erfreulicherweise nicht geraten. Keines der Ämter, die ich innehatte, habe ich als Ergebnis einer mittel- oder gar längerfristigen Planung erreicht. Sie wurden mir samt und sonders –

zumeist kurzfristig – angetragen, und ich habe sie dann aus den von mir beschriebenen Gründen akzeptiert. Längerfristig geplant habe ich nur das Gegenteil – nämlich den schrittweisen Rückzug aus der aktiven Politik.

Was ist nun die Summe meines Lebens? Was habe ich bewirken können?

Ich habe geholfen, daß München zu einer modernen europäischen Metropole wurde, ohne seine Eigenart einzubüßen. Ich habe dazu beigetragen, daß Berlin in einer schwierigen Phase den inneren Frieden bewahrt und die partielle Sprachlosigkeit zwischen unterschiedlichen sozialen Gruppen überwunden hat. Ich habe daran mitgewirkt, die Rechtsordnung unseres Gemeinwesens zu reformieren und zugleich gegen terroristische Gewalt zu verteidigen. Und ich habe schließlich das meine dazu getan, daß die deutsche Sozialdemokratie nach dem Verlust der Regierungsmacht 1982 wieder Tritt faßte, sich mit einem neuen Grundsatzprogramm eine Perspektive über die Jahrtausendgrenze hinweg gab, den Frauen in ihren Reihen zur wirklichen Gleichberechtigung verhalf, am Prozeß der deutschen Einigung verantwortungsbewußt mitwirkte und ihre Positionen in den Bundesländern verbreiterte. Außerdem habe ich vielen Tausenden meiner Mitbürgerinnen und Mitbürger in Not und Bedrängnis ganz konkret helfen können.

Mir ist bewußt: Im historischen Maßstab ist das, was ich tun konnte, nicht viel. Und es wird rascher aus der Erinnerung schwinden, als mich mancher, der es mit mir gut meint, heute glauben machen will. Aber es hat nicht wenigen meiner Mitmenschen zu einem erfüllteren, zumindest aber zu einem erträglicheren Leben verholfen. Darum empfinde ich am Ende des Lebensabschnitts, von dem hier die Rede war, ein Gefühl tiefer Dankbarkeit. Der Dankbarkeit für die Aufgaben, die mir gestellt wurden, und der Dankbarkeit auch dafür, daß ich ein solches Resümee ziehen kann.

Personenregister